★ **Cathedral of St John the Divine** ⑫
p. 224-225

Morningside Heights et Harlem ⑫

Upper West Side

Central Park

Upper East Side

Upper Midtown

Lower Midtown

EAST RIVER

N

★ **Solomon Guggenheim Museum** ⑪
p. 186-187

★ **Metropolitan Museum (MET)** ⑩
p. 188-195

★ **Le siège des Nations Unies** ⑧
p. 158-161

★ **St Patrick's Cathedral** ⑤
p. 176-177

```
0                    2 km
0                 1 mile
```

★ **Grand Central Terminal** ⑥
p. 154-155

À NE PAS MANQUER :

★ **The Cloisters** *p. 234-237*

★ **Le jardin botanique** *p. 240-241*

★ **Bronx Zoo/Wildlife Conservation Park** *p. 242-243*

★ **Brooklyn Museum** *p. 248-251*

GUIDES ◑ VOIR

NEW YORK

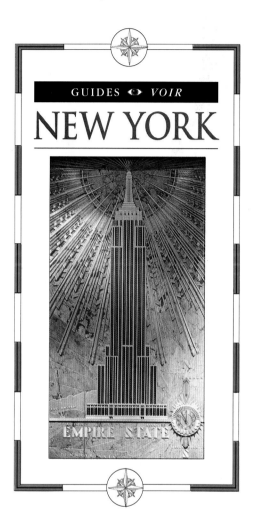

EMPIRE STATE

GUIDES ⊙ *VOIR*

NEW YORK

Libre Expression
@ QUEBECOR MEDIA

Libre Expression
QUEBECOR MEDIA

CE GUIDE VOIR A ÉTÉ ÉTABLI PAR
Eleanor Berman

DIRECTION
Cécile Boyer

DIRECTION ÉDITORIALE
Catherine Marquet

ÉDITION
Catherine Laussucq

TRADUIT ET ADAPTÉ DE L'ANGLAIS PAR
Nicolas Serpette et Christophe Watkins,
avec la collaboration de Romain Couderc.

MISE EN PAGE (P.A.O.)
Maogani

Publié pour la première fois en Grande-Bretagne en 1993,
sous le titre : *Eyewitness Travel Guide : New York*
© Dorling Kindersley Limited, London 2003
© Hachette Livre (Hachette Tourisme) 2003
pour la traduction et l'adaptation française.
Cartographie © Dorling Kindersley 2003

© Éditions Libre Expression Ltée, 2003,
pour l'édition française au Canada.

IMPRIMÉ ET RELIÉ EN CHINE PAR SOUTH CHINA PRINTING

Aussi soigneusement qu'il ait été établi, ce guide
n'est pas à l'abri des changements de dernière heure.
Faites-nous part de vos remarques, informez-nous
de vos découvertes personnelles : nous accordons
la plus grande attention au courrier de nos lecteurs.

Éditions Libre Expression
7, chemin Bates
Outremont (Québec) H2V 4V7

DÉPÔT LÉGAL : 3ᵉ trimestre 2003
ISBN: 2-7648-0018-5

La pointe sud de Manhattan

Solomon Guggenheim Museum, Upper East Side

COMMENT UTILISER CE GUIDE ?

Ce guide a pour but de vous aider à profiter au mieux de votre séjour à New York. L'introduction, *Présentation de New York*, situe la ville dans son contexte géographique et historique, et explique comment la vie y évolue au fil des saisons. *New York d'un coup d'œil* offre un condensé de ses merveilles. *New York quartier par quartier* est la partie la plus importante de ce livre. Elle présente en détail tous les principaux sites et monuments. Enfin, le chapitre proposant *Quatre promenades à pied* vous guide dans des endroits que vous auriez pu manquer. *Les bonnes adresses* vous fourniront des informations sur les hôtels, les marchés, les bars ou les théâtres, et les *Renseignements pratiques* vous donneront des conseils utiles, que ce soit pour poster une lettre ou prendre le métro.

NEW YORK QUARTIER PAR QUARTIER

Nous avons divisé la cité en 15 quartiers. Chaque chapitre débute par un portrait du quartier, de sa personnalité et de son histoire. Sur le *plan du quartier*, des numéros situent clairement les sites et monuments à découvrir. Un plan *pas à pas* développe ensuite la zone la plus intéressante. Le système de numérotation des monuments, constant tout au long de cette section, permet de se repérer facilement de page en page. Ils correspond à l'ordre dans lequel les sites sont décrits en détail.

1 Plan général du quartier
Un numéro signale les monuments du quartier. Sur ce plan figurent aussi les stations de métro, les héliports et les embarcadères de ferry.

2 Plan pas à pas
Il offre une vue aérienne du cœur de chaque quartier. Pour vous aider à les identifier en vous promenant, les bâtiments les plus intéressants ont une couleur plus vive.

Des photos d'ensemble ou de détail, permettent de reconnaître les monuments.

Des repères colorés aident à trouver le quartier dans le guide.

Une carte de situation indique où se trouve le quartier dans la ville.

La Trump Tower ❷ est aussi représentée sur ce plan.

Le quartier d'un coup d'œil classe par catégorie les centres d'intérêt du quartier : rues et bâtiments historiques, églises, musées, parcs et jardins.

La zone détaillée dans le *plan pas à pas* est ombrée de rouge.

Des numéros situent les monuments sur le plan. La Trump Tower, par exemple, est en ❷.

Vous savez comment atteindre le quartier rapidement.

Un itinéraire de promenade emprunte les rues les plus intéressantes.

Des étoiles rouges indiquent les sites à ne pas manquer.

NEW YORK D'UN COUP D'ŒIL

Chaque plan de cette partie
du guide est consacré à un
thème : *Musées, Architecture,
Diversité culturelle, Hôtes
célèbres*. Les lieux les plus
intéressants sont indiqués sur
le plan ; d'autres sont décrits
dans les deux pages suivantes.

Chaque quartier a sa couleur.

Le thème est développé
dans les pages suivantes.

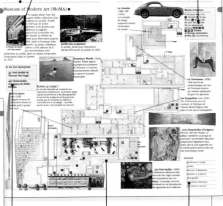

3 Renseignements détaillés

*Cette rubrique donne des informations
détaillées et des renseignements pratiques
sur tous les monuments intéressants.
Leur numérotation est celle du plan du
quartier.*

4 Principaux monuments à New York

*Deux pleines pages, ou plus, leur sont
réservées. La représentation des bâtiments
historiques en dévoile l'intérieur. Les
plans des musées, par étage, vous aident
à y localiser les plus belles expositions.*

INFORMATIONS PRATIQUES

Chaque rubrique donne les informations
nécessaires à l'organisation d'une visite.
Une table des symboles se trouve sur le
rabat de la dernière page.

**Report au plan
de l'atlas des rues**

Adresse

Numéro du site

Trump Tower ❷

725 5th Ave. **Plan** 12 F3.

C 832-2000. **M** *5th Ave-53rd St.*
Niveau jardin, boutique ouv. 10h-18h du
lun. au sam. **Bât. ouv.** 8h-22h tlj. **Entrée
libre.** *Voir* **Boutiques et marchés**
p. 311. ◻ **Concerts.**

**Heures
d'ouverture**

**Services et équipe-
ments disponibles**

Numéros de téléphone   **Station de métro**

Le mode d'emploi
vous aide à organiser
ou simplifier votre visite.

Une photo de la façade de
chaque lieu important vous
permet un repérage rapide.

Des étoiles rouges
signalent les détails
architecturaux les plus
intéressants et les
œuvres d'art les plus
remarquables.

Une légende vous
aide à trouver votre
chemin parmi les
collections.

Les étages sont indiqués
« à l'européenne ».
Notre rez-de-chaussée
correspond au premier
étage aux États-Unis.

PRÉSENTATION DE NEW YORK

New York dans son environnement

New York est une ville de huit millions d'habitants qui s'étend sur 780 km². Elle donne son nom à l'État de New York, dont la capitale est Albany, à 250 km au nord. New York est aussi une bonne base de départ pour aller visiter Boston, ou Washington, D.C, la capitale du pays.

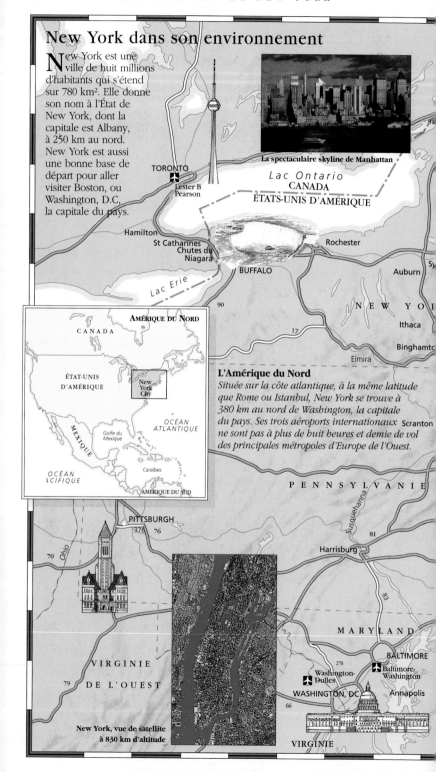

La spectaculaire skyline de Manhattan

TORONTO
Lester B Pearson

Lac Ontario
CANADA
ÉTATS-UNIS D'AMÉRIQUE

Hamilton
St Catharines
Chutes du Niagara
BUFFALO
Rochester
Auburn
Sy

Lac Érie
90
N E W   Y O R
Ithaca
Binghamtc
17
Elmira

AMÉRIQUE DU NORD

CANADA

ÉTAT-UNIS
D'AMÉRIQUE

New York City

OCÉAN
ATLANTIQUE

MEXIQUE
Golfe du Mexique

OCÉAN
PACIFIQUE
Caraïbes

AMÉRIQUE DU SUD

L'Amérique du Nord
Située sur la côte atlantique, à la même latitude que Rome ou Istanbul, New York se trouve à 380 km au nord de Washington, la capitale du pays. Ses trois aéroports internationaux ne sont pas à plus de huit heures et demie de vol des principales métropoles d'Europe de l'Ouest.

Scranton

P E N N S Y L V A N I E

PITTSBURGH
376 76
Ohio
70

Susquehanna
81
Harrisburg
83

M A R Y L A N D

BALTIMORE
Baltimore-Washington
270
Washington-Dulles
WASHINGTON, DC
66
Annapolis

V I R G I N I E

DE L'OUEST
79

New York, vue de satellite
à 830 km d'altitude

VIRGINIE

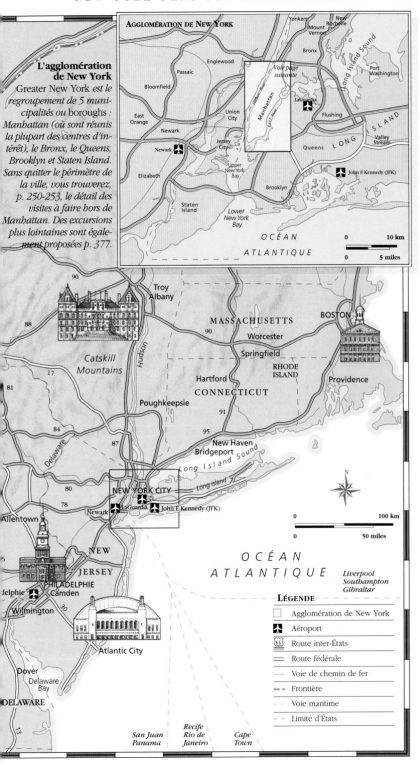

AGGLOMÉRATION DE NEW YORK

Yonkers
New Rochelle
Mount Vernon
Bronx
Englewood
Passaic
Bloomfield
Port Washington
Long Island Sound
Voir page suivante
Manhattan
LaGuardia
Flushing
East Orange
Union City
Newark
Jersey City
Queens
LONG ISLAND
Valley Stream
Newark
Upper New York Bay
Elizabeth
John F Kennedy (JFK)
Staten Island
Brooklyn
Lower New York Bay
OCÉAN ATLANTIQUE

0 — 10 km
0 — 5 miles

L'agglomération de New York

Greater New York *est le regroupement de 5 municipalités ou* boroughs *: Manhattan (où sont réunis la plupart des centres d'intérêt), le Bronx, le Queens, Brooklyn et Staten Island. Sans quitter le périmètre de la ville, vous trouverez, p. 250-253, le détail des visites à faire hors de Manhattan. Des excursions plus lointaines sont également proposées p. 377.*

90
Troy
Albany
90
MASSACHUSETTS
BOSTON
Worcester
88
Springfield
Catskill Mountains
17
Hudson
RHODE ISLAND
Hartford
Providence
81
CONNECTICUT
Poughkeepsie
84
91
80
95
New Haven
Bridgeport
Long Island Sound
87
NEW YORK CITY
Long Island
78
Newark
LaGuardia
John F Kennedy (JFK)
Allentown
Delaware

N

0 — 100 km
0 — 50 miles

NEW

JERSEY
PHILADELPHIE
delphie
Cámden
Wilmington
30

OCÉAN ATLANTIQUE

Liverpool
Southampton
Gibraltar

Atlantic City

Dover
Delaware Bay

DELAWARE

LÉGENDE

☐ Agglomération de New York
✈ Aéroport
🔲 Route inter-États
═ Route fédérale
---- Voie de chemin de fer
━■━ Frontière
- - - Voie maritime
- - - Limite d'États

San Juan
Panamá
Recife
Rio de Janeiro
Cape Town

Manhattan

L a plupart des sites décrits dans cet ouvrage sont répartis dans une quinzaine de quartiers de Manhattan, chacun faisant l'objet d'un chapitre particulier. Si vous avez peu de temps, ne visitez qu'un ou deux quartiers. Dans Lower Manhattan, les plus vieux bâtiments côtoient les plus modernes et c'est de là que vous pourrez embarquer pour Staten Island d'où vous admirerez la célèbre vue des gratte-ciel posés sur l'eau. Midtown comprend le quartier des théâtres et la Cinquième Avenue avec ses boutiques de luxe, ses musées et des gratte-ciel historiques comme le Chrysler Building. Dans Upper East Side, l'« avenue des musées », Museum Mile constitue un paradis culturel à proximité de l'oasis de verdure de Central Park.

PAGES 138-147
plans
8, 11-12

PAGES 128-137
plans
7-8

PAGES 106-113
plans
3-4

PAGES 100-105
plan
4

N

HUDSON RIVER

Chelsea et le quartier du vêtement

Gramercy et le quartier du Flatiron

Greenwich Village

SoHo et TriBeCa

East Village

Lower East Side

Lower Manhattan

Seaport et le Civic Center

PAGES 64-79
plans
1-2

PAGES 80-91
plans
1-2

PAGES 92-99
plans
4, 5

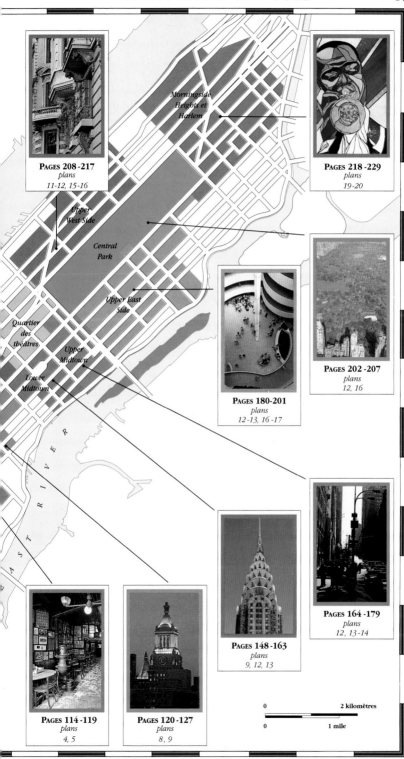

Morningside
Heights et
Harlem

PAGES 208-217
plans
11-12, 15-16

PAGES 218-229
plans
19-20

Upper
West Side

Central
Park

Upper East
Side

Quartier
des
théâtres

Upper
Midtown

Lower
Midtown

E A S T   R I V E R

PAGES 202-207
plans
12, 16

PAGES 180-201
plans
12-13, 16-17

PAGES 164-179
plans
12, 13-14

PAGES 148-163
plans
9, 12, 13

PAGES 114-119
plans
4, 5

PAGES 120-127
plans
8, 9

0   2 kilomètres

0   1 mile

HISTOIRE DE
NEW YORK

Depuis sa découverte il y a près de 500 ans par l'Italien Giovanni da Verrazano, le port de New York excite la convoitise de l'Europe entière. Les Hollandais commencent par y envoyer des trappeurs en 1621, mais leur comptoir, baptisé Nouvelle Amsterdam, passe aux Anglais en 1664. Le site est alors rebaptisé New York, nom qui a subsisté depuis, bien que l'Angleterre ait perdu la guerre d'Indépendance.

Manteau porté par un chef indien

UNE VILLE EN PLEINE EXPANSION

Au XIXᵉ siècle, New York grandit rapidement et devient un port important. Les industries s'y développent et des fortunes colossales sont constituées. En 1898, la réunion de Manhattan et des cinq municipalités de la périphérie en font la deuxième ville du monde. De 1800 à 1900, la population passe de 79 000 à 3 millions d'habitants, faisant de la ville la capitale des loisirs et le centre des affaires du pays.

LE « MELTING POT »

L'arrivée massive de milliers d'immigrants entraîne une forte surpopulation et nombre d'entre eux s'entassent dans des taudis. C'est cependant ce brassage culturel qui a enrichi la ville en lui apportant sa spécificité. Aujourd'hui, les huit millions de New-Yorkais ne parlent pas moins de 100 langues !

Le paysage de Manhattan s'est formé lorsque la cité, faute de place, a dû se développer verticalement pour abriter une population toujours plus nombreuse. L'histoire de New York est faite d'une alternance de périodes de croissance et de déclin, mais dans l'euphorie comme dans l'adversité, la ville est restée une des plus dynamiques du monde.

Acte notarié signé par le dernier gouverneur hollandais, Peter Stuyvesant, en 1664

La pointe sud de l'île de Manhattan et le nord de Brooklyn en 1767

New York à ses débuts

Masque indien

En 1625, lorsque des trappeurs hollandais s'installent dans un comptoir baptisé Nouvelle Amsterdam, Manhattan est un terrain boisé peuplé d'Indiens algonquins. Les premiers colons construisent leurs maisons un peu au hasard, si bien que, même aujourd'hui, les rues de Lower Manhattan sont encore sinueuses. La colonie, gouvernée d'une main de fer par Peter Stuyvesant, produit des revenus insuffisants. En 1664, les Hollandais la cèdent aux Anglais qui la rebaptisent New York. Mais comme dans Harlem ou Broadway, (« Breede Wegh » en néerlandais), la toponymie actuelle conserve beaucoup de souvenirs de la période hollandaise.

CROISSANCE DE LA MÉTROPOLE
☐ En 1664   ☐ Aujourd'hui

Sceau de la Nouvelle Hollande
La fourrure de castor et les ceintures faites de coquillages que l'on voit sur ce sceau étaient la monnaie de la Nouvelle Hollande.

PREMIER PANORAMA DE MANHATTAN (1626)
Avec son moulin à vent, la pointe sud de Manhattan ressemblait à un village de Hollande. Le fort dessiné ici n'était pas encore construit.

Les premiers New-Yorkais
Les Indiens algonquins étaient les premiers habitants de Manhattan.

Pot iroquois
Les Iroquois se rendaient fréquemment à Manhattan.

Navires au mouillage

Village indien
Avant l'arrivée des Hollandais, les Algonquins vivaient à Manhattan dans ces huttes tout en longueur.

Canoë indien

CHRONOLOGIE

1524 Giovanni Da Verrazano débarque à New York.

1624 Les Hollandais établissent le premier comptoir d'échange permanent.

1626 Peter Minuit achète Manhattan aux Indiens.

1653 Construction d'un mur d'enceinte, la rue adjacente est baptisée Wall Street.

1600   **1620**   **1640**

1609 Henry Hudson remonte Hudson River en quête d'un passage vers le nord-ouest.

1625 Les premiers esclaves noirs arrivent d'Afrique.

1643-45 Des escarmouches avec les Indiens se terminent par un traité de paix.

1647 Peter Stuyvesant devient gouverneur de la colonie.

1654 Les premiers colons juifs arrivent.

Faïence de Delft
Les colons apportèrent avec eux ces céramiques vernissées.

Les membrures du *Tigre*

OÙ VOIR LE NEW YORK HOLLANDAIS ?

Exhumés en 1916, ces restes d'un bateau hollandais, brûlé en 1613, constituent les plus vieux témoignages de cette période et sont maintenant exposés au Museum of the City of New York *(p. 197)*. Plusieurs salles de ce musée ainsi que de la Morris-Jumel Mansion *(p. 223)* et du Van Cortland House Museum *(p. 238)*, présentent aussi des poteries et du mobilier de cette même époque.

Manhattan
C'est sur le Strand (aujourd'hui Whitehall Street) que fut bâtie la 1ère maison de briques.

Le prix de Manhattan
En 1626, Peter Minuit acheta l'île aux Indiens contre des colifichets d'une valeur de 24 dollars.

Moulin à vent

Fort Amsterdam

Peter Stuyvesant
Le dernier gouverneur hollandais était un tyran qui imposa des lois sévères comme la fermeture des tavernes à 9 heures du soir.

1660 Premier hôpital de la ville.

1664 Les forces britanniques expulsent les Hollandais sans rencontrer de résistance. La ville est rebaptisée New York.

1676 Construction du grand dock sur East River.

1698 Consécration de Trinity Church.

1660	1680	1700

La Nouvelle Amsterdam se rend aux Britanniques.

Vers **1680**, des lois donnent à New York l'exclusivité de la minoterie et du commerce du grain.

1683 Établissement de la première charte de la ville.

1689 Le marchand Jacob Leisler conduit une révolte contre les impôts et dirige la ville pendant deux ans.

1693 Quatre-vingt-douze canons sont installés pour défendre la ville ; l'endroit est nommé la Battery.

1691 Leisler est condamné à mort pour trahison.

Le New York colonial

S ous pavillon anglais, New York connaît la prospérité et se développe rapidement. Avec ses 20 000 habitants c'est, avant la Révolution, la seconde ville des 13 colonies américaines. La minoterie est sa principale activité commerciale, mais la construction navale prospère également, favorisant la naissance d'une bourgeoisie pour laquelle on crée mobilier et objets d'art appliqué. Toutefois la métropole se

Riche colon désintéresse de cette colonie dans laquelle elle ne voit qu'une source de revenus. Le prélèvement de nouveaux impôts soulève l'hostilité de la population où l'idée d'indépendance commence à faire son chemin.

CROISSANCE DE LA MÉTROPOLE

☐ *En 1760*   ☐ *Aujourd'bui*

Monnaie coloniale

Chambre

Rue de New York à l'époque coloniale
Les chiens ou les cochons se promenaient en liberté dans les rues de New York.

Salle à manger

Mobilier
Cette armoire en pin, de style hollandais, a été réalisée dans la vallée de l'Hudson vers 1720.

Le commerce maritime
Le commerce maritime avec les Caraïbes et la Grande-Bretagne fit la prospérité de New York.

CHRONOLOGIE

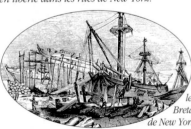

1702 Lord Cornbury, nommé gouverneur colonial, s'habillait souvent en femme.

1711 Le marché aux esclaves s'établit dans le bas de Wall Street.

1720 Ouverture du premier chantier naval.

| 1700 | 1710 | 1720 | 1730 |

1710 Le chef iroquois Hendrick en visite en Angleterre.

1732 Inauguration du premier théâtre de la ville.

1725 Lancement de la *New York Gazette,* premier journal de la ville.

Capitaine Kidd
Ce célèbre pirate fut un citoyen respecté qui contribua à la construction de Trinity Church (p. 68).

LA MAISON VAN CORTLAND
En 1748, Frederick Van Cortlandt construisit cette maison de style classique dans un champ de blé où se trouve aujourd'hui le quartier du Bronx. Transformée en musée (p. 238), elle évoque la vie quotidienne d'une famille de colons aisés.

Salon

OÙ VOIR LE NEW YORK COLONIAL ?
On peut visiter des bâtiments coloniaux dans Richmond Town, sur Staten Island (p. 252). De belles pièces d'argenterie et de mobilier sont exposées au Museum of the City of New York (p. 197).

Le magasin de Richmond Town

Cuisine coloniale
On servait souvent un fromage blanc appelé white meat *à la place de la viande. Les gaufres, introduites par les Hollandais, étaient très appréciées. On mangeait aussi des fruits au sirop.*

Biberon en étain   **Faisselle à fromage**   **Moule à gaufres**

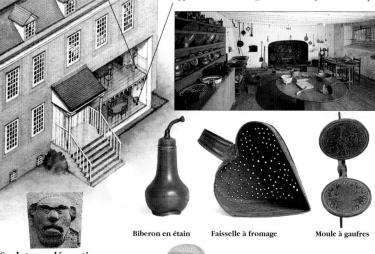

Cuiller à fruit

Sculptures décoratives
Un visage gravé dans la pierre guette au-dessus de chaque fenêtre.

1734 Le procès en diffamation de J. P. Zenger permet d'instaurer la liberté de la presse.	**1741** Une révolte d'esclaves est matée dans le sang : 30 seront exécutés et 150 emprisonnés.	**1754** Début des guerres française et indienne ; fondation de King's College (Columbia University).

Soldat britannique

1759 Construction de la première prison.

1740   **1750**   **1760**

1733 Bowling Green devient le premier parc municipal, lancement du premier bac pour Brooklyn.

King's College

1762 Création du premier corps de police.

1763 Fin de la guerre : les Britanniques contrôlent l'Amérique du Nord.

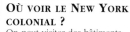

Le New York révolutionnaire

George Washington, général révolutionnaire

Protégée derrière ses tranchées, bombardée par les troupes britanniques et sous le feu des canons, New York souffre de la guerre d'Indépendance. Mais les New-Yorkais continuent d'assister aux matches de cricket, aux combats de boxe, aux courses et aux bals. La ville était depuis longtemps un bastion loyaliste mais, après que les Britanniques s'en soient emparé en 1776, les loyalistes des autres États viennent s'y réfugier et les troupes américaines ne peuvent finalement entrer à Manhattan qu'après la signature du traité de paix, en 1783.

CROISSANCE DE LA MÉTROPOLE

☐ En 1776   ☐ Aujourd'hui

Tenue de combat
Les soldats américains étaient en habit bleu, et les Britanniques en habit rouge.

Soldat américain

Le havresac du soldat
Les soldats américains portaient leurs provisions dans des musettes comme celle-ci.

LE RENVERSEMENT DU ROI
Les New-Yorkais mirent à bas la statue du roi George III dans Bowling Green et la fondirent pour en faire des munitions.

La bataille de Harlem Heights
Washington remporta cette bataille le 16 septembre 1776 mais, disposant de trop peu d'hommes il dut abandonner la ville aux Anglais.

Soldat britannique

Émeutier

Mort d'un patriote
Alors qu'il travaillait derrière les lignes anglaises en 1776, Nathan Hale fut pendu pour espionnage sans autre forme de procès.

CHRONOLOGIE

1765 Les New-Yorkais protestent à la suite du Stamp Act, qui impose l'usage de timbres officiels pour toute transaction.

1767 Le Townshend Act impose de nouvelles taxes, il est abrogé après force protestations.

1770 Les Fils de la Liberté se battent contre les Britanniques dans la bataille de Golden Hill.

1774 Pour protester contre les impôts, les rebelles jettent du thé dans le port.

1760

1770

1780

St Paul's Chapel

1766 Achèvement de St-Paul's Chapel ; abrogation du Stamp Act ; érection de la statue de George III dans Bowling Green.

Le général William Howe, commandant en chef des troupes britanniques

1776 Début de la guerre ; 500 navires aux ordres du général Howe mouillent dans le port de New York.

Les soldats du feu

Les incendies étaient courants à New York mais, pendant la guerre, plusieurs d'entre eux faillirent détruire la ville.
Après la retraite des indépendantistes, le 21 septembre 1776, un incendie détruisit Trinity Church et un millier de maisons.

Seau à eau en cuir

Les drapeaux de la révolution

L'armée de Washington arborait un drapeau portant une rayure pour chacune des treize colonies et un Union Jack dans un coin. La bannière étoilée ne fut officialisée qu'en 1777.

Première bannière étoilée

Drapeau des indépendantistes

Le retour de George Washington

Statue de George III

À son retour à New York, le 25 novembre 1783, après le départ des troupes britanniques, Washington est accueilli en héros.

Patriotes en liesse

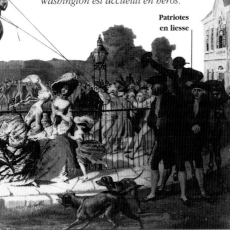

OÙ VOIR LE NEW YORK RÉVOLUTIONNAIRE ?

En 1776, George Washington établit son quartier général dans la maison Morris-Jumel *(p. 233)*. Il dormit aussi dans la maison Van Cortland *(p. 19 et p. 238)*. Après la guerre, il fit ses adieux à ses officiers à la taverne Fraunces *(p. 76)*.

La maison Morris-Jumel

1783 La signature du Traité de Paris donne leur indépendance aux États-Unis.

1785 New York devient capitale des États-Unis.

1784 Création de la Banque de New York.

1789 George Washington devient officiellement le premier président fédéral.

1790 Philadelphie devient capitale des États-Unis.

1794 Ouverture de l'hôpital Bellevue, sur les rives de East River.

1792 Construction de la Tontine Coffee House, premier siège de la Bourse.

1791 Inauguration du New York Hospital, le plus vieux de la ville.

L'investiture de Washington

1790

1801 Alexander Hamilton fonde le *New York Post.*

1800

1804 Le vice-président Aaron Burr tue en duel son rival politique, Alexander Hamilton.

New York au XIXᵉ siècle

Le gouverneur De Witt Clinton

CROISSANCE DE LA MÉTROPOLE

☐ *En 1840*   ☐ *Aujourd'hui*

Plus grande ville et premier port du pays, New York voit s'accroître sa richesse. L'industrie se développe grâce au commerce maritime favorisant la prospérité d'une grande bourgeoisie d'affaires. La haute société se déplace vers le nord de la ville et les transports publics suivent le mouvement. Mais cette croissance rapide multiplie les risques d'incendie et les problèmes d'insalubrité. L'arrivée d'un grand nombre d'immigrants entraîne une surpopulation et un développement des taudis. En 1846, un New-Yorkais sur sept est un pauvre.

La musique
Le New-Yorkais Stephen Foster écrivit de nombreuses ballades très populaires.

La forme
Des gymnases, comme celui du Dr Rich, font leur apparition dans les années 1830 et 1840.

Le réservoir Croton fut construit en 1842 ; jusque-là les New-Yorkais n'avaient pas l'eau potable et devaient se contenter de l'eau en bouteilles.

L'omnibus
C'est en 1832 que fut introduit l'omnibus hippomobile qui allait sillonner les rues de New York jusqu'à la première guerre mondiale.

Chronologie

1805 Ouverture des premières écoles publiques de New York.

1811 Le plan Randel établit le quadrillage des rues de Manhattan au nord de la 14ᵉ Rue.

1812-1814 Guerre de 1812 ; les Britanniques font le blocus du port.

Le Constitution *fut le plus célèbre bateau de la guerre de 1812.*

1835 Un grand incendie détruit la vieille ville.

1810	**1820**	**1830**

1807 Robert Fulton lance son premier bateau à vapeur sur Hudson River.

1822 Une épidémie de fièvre jaune fait évacuer Greenwich Village.

1823 New York dépasse Boston et Philadelphie et devient la plus grande ville américaine.

1827 New York abolit l'esclavage.

1837 Samuel Morse envoie son premier message télégraphique.

Les « Brownstones »
Ces maisons de grès brun furent construites dans la première moitié du siècle. L'entrée en était surélevée pour distinguer l'accès des maîtres de l'accès des domestiques, à l'entresol.

Crystal Palace, un bâtiment de fer et de verre, fut construit pour l'exposition Universelle de 1853.

NEW YORK EN 1855

En regardant vers le sud depuis la 42ᵉ Rue, on voyait Crystal Palace et le réservoir Croton là où se trouvent aujourd'hui la Main Public Library et Bryant Park.

LE PORT DE NEW YORK

L'importance du port de New York s'accroît par à-coups au début du XIXᵉ siècle. Robert Fulton y lance son premier bateau à vapeur, le *Clermont*, en 1807. Les navires à vapeur raccourcissent les distances : il ne faut plus que 72 heures pour rejoindre Albany, capitale de l'État et lieu de passage pour l'Ouest. Désormais, les bateaux à vapeur, les clippers ou les péniches relient New York au reste du monde.

Le *Clermont*

Crystal Palace en flammes
Le 5 octobre 1858 Crystal Palace fut détruit par les flammes.

Les fêtes du grand canal
Les bateaux du port paradent à l'occasion de l'inauguration du canal de l'Érié, en 1852. En reliant les grands lacs avec Albany, ce canal ouvrait une voie navigable entre le Midwest et New York. La ville en tira d'énormes bénéfices.

1849 Émeutes d'Astor Place ; des navires se lancent vers la Californie : c'est la ruée vers l'or.

1851 Première parution du *New York Times*.

1853 Première exposition Universelle.

1861 Début de la Guerre de Sécession.

1857 Panique financière et dépression économique.

1863 Violentes émeutes contre la conscription.

1865 Assassinat d'Abraham Lincoln.

1840	1850	1860

Joueur de base-ball à l'ancienne

1845 Première équipe de base-ball officielle, The New York Knickerbockers.

Publicité pour un clipper

FREE TRADE

1858 Vaux et Olmsted dessinent Central Park ; ouverture de Macy's.

La foule dans Central Park

1842 Construction du réservoir Croton.

Les années fastes

Le grand industriel Andrew Carnegie

A vec l'enrichissement des rois du commerce new-yorkais, la ville entre dans un âge d'or. Les buildings les plus fastueux sont construits : institutions culturelles (Metropolitan Museum, Public Library ou Carnegie Hall) et palaces comme le Plaza et le premier Waldorf-Astoria. En même temps de somptueux grands magasins ouvrent leurs portes pour satisfaire une riche clientèle. Cette période d'excès génère aussi ses personnages excentriques comme le politicien véreux Willam Tweed, ou le patron de cirque Phineas Barnum.

CROISSANCE DE LA MÉTROPOLE
En 1890   Aujourd'hui

Vue sur le parc
Le Dakota (1880) fut le premier immeuble d'appartements de luxe dans Upper West Side (p. 216).

La vie de château
Des hôtels particuliers bordaient la 5e Avenue. Lors de sa construction en 1883, le palais à l'italienne de Vanderbilt (au 660 de la 5e Avenue) était l'un des plus éloignés du centre.

Ville de la mode
Lord & Taylor ouvrirent un nouveau magasin sur le « Ladies' Mile » de Broadway ; la 6e Avenue était surnommée la « rue de la Mode ».

LE MÉTRO AÉRIEN
Vers 1875, le viaduc des voies ferrées court le long de plusieurs avenues. Pratiques, les transports urbains n'en sont pas moins source de nuisances.

CHRONOLOGIE

1867 Ouverture de Prospect Park, à Brooklyn.

1868 Construction du premier métro aérien dans Greenwich Street.

1869 Premier immeuble divisé en appartements sur la 18e Rue ; crise financière du « vendredi Noir » à Wall Street.

Intérieur de la Bourse

1870 John D. Rockefeller fonde la Standard Oil.

1871 Ouverture du premier dépôt de Grand Central, sur la 42e Rue ; arrestation de W. Tweed.

1872 Ouverture de Bloomingdale's.

1873 Faillites bancaires et panique à Wall Street.

1877 A.G. Bell fait une démonstration de son téléphone.

1879 Achèvement de St Patrick's Cathedral ; ouverture du premier standard téléphonique sur Nassau Street.

1865   1870   1875

L'anniversaire de Mark Twain
Mark Twain, dont le roman L'Age doré *stigmatisait le mode de vie décadent des New-Yorkais, fêta en 1873 son anniversaire chez Delmonico.*

NEW YORK
DES EXTRAVAGANCES
La Gold Room des Henry Villard Houses *(p. 174)* évoque bien cette période. Jadis salle de concert, elle sert aujourd'hui de salon de thé. Vous pourrez visiter deux salles d'époque au Museum of the City of New York *(p. 197).*

Le réseau de Tweed
William Tweed domina longtemps la vie politique de la ville et détourna des millions de dollars de fonds publics.

Caricature de Tweed par Nast

Le tigre des Tammany
Cette canne est conservée au Museum of the City of New York. Son pommeau est une tête de tigre en or, emblème des Tammany, le parti de William Tweed.

Métro aérien
Tramway
Bowery

Les temps changent
Ce tableau de Ralph Blakelock montre un bidonville de la 86ᵉ Rue. C'est, aujourd'hui, l'un des quartiers les plus chic de la ville.

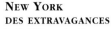

1880 Premières conserves d'alimentation en vente dans les boutiques ; ouverture du Metropolitan Museum of Art ; éclairage public électrique.

1883 Ouverture du Metropolitan Opera sur Broadway ; inauguration du pont de Brooklyn.

1886 Inauguration de la statue de la Liberté.

1891 Ouverture de Carnegie Hall.

1880

1885

1890

1888 Le Grand Blizzard recouvre New York de 56 cm de neige.

Feux d'artifice pour l'inauguration du pont de Brooklyn (1883)

1890 Premiers spectacles d'images animées à New York.

1892 Début des travaux de la Cathedral of St John the Divine. Ouverture d'Ellis Island.

New York
au début du siècle

Voiture à cheval

Dès 1900 New York est devenue le centre industriel du pays : 70 % des entreprises américaines y ont leur siège social et le port voit transiter les deux tiers des marchandises importées. Les disparités entre riches et pauvres s'accroissent. Les épidémies gagnent les taudis surpeuplés mais les immigrants continuent à s'y entasser. En 1900 le Syndicat international des femmes de l'industrie textile est fondé. Il défend les femmes et les enfants qui travaillent dans des conditions dangereuses. Mais il faut attendre l'incendie de l'usine Triangle Shirtwaist en 1911, pour que de véritables réformes soient adoptées.

CROISSANCE DE LA MÉTROPOLE

☐ *En 1914*   ☐ *Aujourd'hui*

Image de la pauvreté
Cinq fois plus peuplé que le reste de New York, Lower East Side avait la densité de population la plus élevée du monde.

La surpopulation
Les taudis étaient insalubres, surpeuplés, et fréquemment dépourvus de fenêtres, d'aération ou d'installations sanitaires.

NEW YORK

AU TOURNANT DU SIÈCLE
Le musée de Lower East Side Tenement *(p. 97),* évoque la vie quotidienne dans ce quartier déshérité.

Baignoire sabot

Ciseaux de tailleur

Dans un atelier
Dans les ateliers du quartier du textile, les ouvriers travaillaient de longues journées pour des salaires très bas. Cette vue de l'atelier de Moe Levy date de 1912.

Tramways sur Broadway

FLATIRON BUILDING

Dominant Madison Square à la jonction de Broadway, de la 5e Avenue et de la 23e Rue, se dresse l'un des premiers gratte-ciel de la ville (1902). Sa forme de triangle aplati lui valut le surnom de Flatiron Building, ou « fer à repasser » (p. 125).

Structure métallique

Façade en pierre de taille

La pointe du triangle ne mesure que 1,85 m de large

Soupers équestres
Les fêtes un peu folles étaient très à la mode. Le dîner à cheval donné par C.K.G. Billing au restaurant Sherry (1903) fit jaser toute la ville.

La promenade du Plaza
Le tronçon de la 5e Avenue devant l'hôtel Plaza était l'endroit le plus élégant de la ville.

Perruque ventilée

Haute couture
Au début du siècle, la mode était aux robes soutenues par des tournures et les arceaux des crinolines.

Crinoline

Tournure

1906 L'architecte Stanford White est abattu dans Madison Square Garden, qu'il avait dessiné en 1890.

1909 Wilbur Wright est le premier à survoler New York.

1910 Ouverture de la gare de Pennsylvania.

1913 Woolworth Building est le plus haut bâtiment du monde ; ouverture du nouveau Grand Central et de l'Apollo à Harlem.

1905

1910

1905 Voyage inaugural du bac de Staten Island.

1907 Premiers taxis à compteurs, premières Ziegfeld Follies.

1911 146 morts dans l'incendie de l'usine Triangle Shirtwaist ; fin des travaux de la Public Library.

Woolworth Building

New York entre les deux guerres

**Carte d'entrée
dans un speakeasy**

Les années 1920 sont une époque faste pour les New-Yorkais. Jimmy Walker, le maire, montre l'exemple, en s'affichant avec des danseuses, en buvant dans des *speakeasies* ou en assistant à des matches de base-ball. Mais les années folles prennent fin en 1929 avec le krach de Wall Street. En 1932, J. Walker, accusé de corruption, démissionne ; à cette date le chômage touche un New-Yorkais sur quatre. Après l'élection, en 1933, de F. LaGuardia, New York commence à renaître.

CROISSANCE DE LA MÉTROPOLE

☐ *En 1933*   ☐ *Aujourd'hui*

En petite tenue
*Les danseuses du Cotton Club
étaient une attraction de choix.*

COTTON CLUB
Cette boîte de Harlem reçut les meilleurs musiciens de jazz, comme Duke Ellington et Cab Calloway. On venait de toute la ville pour les entendre.

La prohibition
L'interdiction de l'alcool entraîna la multiplication des speakeasies, *bars illégaux semi-clandestins.*

Un champion de base-ball
En 1927, Babe Ruth réussit à faire 60 home runs pour les Yankees, performance record. Yankee Stadium (p. 239) fut surnommé « la maison de Ruth ».

**Fusil caché
dans un étui
à violon**

Les gangsters
Dutch Schultz était le chef d'un réseau clandestin de distribution d'alcool.

Chronologie

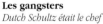

1918 Fin de la première guerre mondiale.

*L'ouverture de
Holland Tunnel*

1931 L'Empire State Building est le gratte-ciel le plus haut du monde.

1919 Interdiction de l'alcool par le 18ᵉ Amendement : c'est le début de la Prohibition.

1926 Jimmy Walker est élu maire.

1920 Droit de vote des femmes.

1920   **1925**   **1930**

NEW YORKER

1924 Naissance à Harlem du romancier James Baldwin.

1925 Lancement du *New Yorker.*

1927 Lindbergh traverse l'Atlantique ; sortie du premier film parlant : *Le Chanteur de jazz* ; ouverture de Holland Tunnel.

1929 Le krach de Wall Street marque le début de la crise.

1930 Achèvement de Chrysler Building.

Les folles nuits de Harlem

Interdits de scène dans de nombreux clubs du centre-ville, les artistes noirs comme Calloway sont les vedettes du Cotton Club.

LA GRANDE DÉPRESSION

Les années folles sombrent dans l'effondrement boursier du 29 octobre 1929 qui marque le début de la Crise. New York est durement frappée : un bidonville de sans-logis s'installe dans Central Park. Dans ce contexte, les arts sont pourtant florissants grâce à la Works Projects Administration qui finance la réalisation de grands murs peints dans toute la ville.

1931 : on fait la queue pour l'aide sociale

Broadway

Les années 1920 furent la grande époque des comédies musicales de Broadway.

L'avion de Lindbergh,
Spirit of St Louis

Menu de gala

La traversée de Lindbergh

Les New-Yorkais célébrèrent la traversée de l'Atlantique sans escale par Lindbergh, entre autres en donnant des repas de gala en son honneur.

Rockefeller Center

Le millionnaire John D. Rockefeller enfonce le dernier rivet avant l'ouverture du Rockefeller Center, le 1er mai 1939.

Un grand succès

L'exposition Universelle de 1939 attira 45 millions de visiteurs !

1933 Fin de la Prohibition ; Fiorello LaGuardia entame le premier de ses trois mandats de maire.

1935

1936 Robert Moses prend la direction du Service des Parcs.

1939 Ouverture du Rockefeller Center.

1940 Ouverture du tunnel Queens-Midtown.

1940

1941 Entrée en guerre des États-Unis.

1942 Black-out sur Times Square ; ouverture de l'aéroport Idlewild (aujourd'hui JFK).

1945

1944 Élection au Congrès du leader noir Adam Clayton Powell.

New York après-guerre

Depuis la fin de la guerre, New York connaît le meilleur comme le pire. Capitale financière de la planète, la ville elle-même frôle la faillite dans les années 1970. Wall Street connaît un boom dans les années 1980 avant de vivre sa pire récession depuis la crise de 1929. Depuis le début des années 1990, non seulement le taux de criminalité à New York a considérablement baissé, mais la ville connaît aussi une importante campagne de restauration et de rénovation de ses bâtiments historiques, tels que Grand Central Terminal et le « nouveau » Times Square. Sa constante reconstruction est emblématique de sa position comme centre culturel et commercial des États-Unis.

BILTMORE THEATER

1967 Première de la comédie musicale *Hair*. 1 836 représentations seront données !

1971 Rétrospective des œuvres d'Andy Warhol au Whitney Museum.

1966 Grève des transports et de la presse.

1953 Merce Cunningham fonde sa troupe de danse.

1963 On rase la gare de Pennsylvania.

1975 Un prêt fédéral sauve New York de la faillite.

1959 Ouverture du musée Guggenheim.

1945 Fin de la seconde guerre mondiale.

1946 L'O.N.U. s'installe à New York.

1954 Fermeture d'Ellis Island.

1945	1950	1955	1960	1965	1970	1975
MAIRES :	**IMPELLITERI**	**WAGNER**		**LINDSAY**		**BEAME**
1945	1950	1955	1960	1965	1970	1975

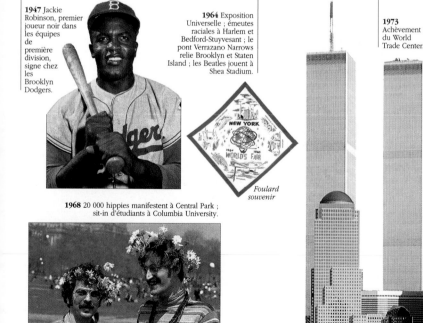

1947 Jackie Robinson, premier joueur noir dans les équipes de première division, signe chez les Brooklyn Dodgers.

1964 Exposition Universelle ; émeutes raciales à Harlem et Bedford-Stuyvesant ; le pont Verrazano Narrows relie Brooklyn et Staten Island ; les Beatles jouent à Shea Stadium.

1973 Achèvement du World Trade Center.

Foulard souvenir

1968 20 000 hippies manifestent à Central Park ; sit-in d'étudiants à Columbia University.

Andy Warhol avec les comédiennes Candy Darling et Ultra Violet

1983 Boom économique : l'immobilier s'envole et Donald Trump, symbole de la réussite des yuppies des années 1980, fait construire la Trump Tower.

1981 La municipalité redevient solvable.

1988 Un New-Yorkais sur quatre vit en-dessous du seuil de la pauvreté.

1990 David Dinkins devient le premier maire noir de New York ; Ellis Island devient un musée de l'immigration.

2001 Attaque terroriste sur le World Trade Center ; le maire, R. Giuliani, apporte un grand soutien aux New-Yorkais. Le président George W. Bush déclare la guerre au terrorisme.

1987 Effondrement boursier.

1994 Rudolph Giuliani devient maire.

1980	1985	1990	1995	2000	2005
KOCH		DINKINS	GIULIANI		BLOOMBERG
1980	1985	1990	1995	2000	2005

1986 Les scandales et la corruption ébranlent l'administration du maire Koch ; centenaire de la statue de la Liberté.

2000 Le nombre d'habitants atteint 8 millions.

1995 Les digues abandonnées de Chelsea sont rénovées et ouvertes sous la forme d'un gigantesque complexe sportif et de divertissements (p. 136).

2002 Les lumières se rallument dans la 42e Rue rénovée qui croise Broadway à Times Square. Avec sa voisine Chelsea et ses galeries d'avant-garde, Broadway a dépassé Soho et est devenu le nouveau quartier branché de la ville.

NEW YORK D'UN COUP D'ŒIL

Le chapitre *quartier par quartier* décrit près de 300 lieux à visiter : des synagogues aux gratte-ciel et de la fiévreuse Bourse de New York *(p. 70-71)* aux paisibles « Strawberry Fields » de Central Park *(p. 206)*. Les 16 pages qui suivent vous guideront vers les sites les plus intéressants. Les musées et l'architecture font chacun l'objet d'un chapitre indépendant, et vous trouverez aussi des informations sur un des aspects les plus caractéristiques de « Big Apple » : la diversité ethnique de ses habitants.

LES DIX « MUSTS » TOURISTIQUES DE NEW YORK

Ellis Island
Voir p. 78-79.

Empire State Building
Voir p. 134-135.

South Street Seaport
Voir p. 84.

Museum of Modern Art
Voir p. 170-73.

Rockefeller Center
Voir p. 142.

Central Park
Voir p. 202-207.

Statue de la Liberté
Voir p. 74-75.

Metropolitan Museum of Art
Voir p. 188-195.

Brooklyn Bridge
Voir p. 86-89.

Chinatown
Voir p. 96.

Sur Park Avenue, le trafic est toujours intense

Les plus beaux musées de New York

On trouve, à New York, des musées aussi divers que le Metropolitan ou les collections du financier J. Pierpont Morgan. Plusieurs d'entre eux mettent en valeur le patrimoine de la cité et font découvrir au visiteur les hommes ou les événements qui ont fait l'histoire de la ville. La carte ci-contre situe les musées les plus célèbres ; elle est suivie d'une présentation plus détaillée p. 36-37.

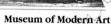

Museum of Modern Art
La Chèvre de Picasso (1950) fait partie de l'impressionnante collection qui a été transférée au MoMa Queens (p. 245).

Intrepid Sea-Air-Space Museum
Ce porte-avions amarré sur Hudson River abrite un musée naval et retrace les progrès de l'aéronautique et de l'exploration sous-marine.

Pierpont Morgan Library
Cette collection de manuscrits, gravures et livres, l'une des plus belles du monde, comprend cette bible française de 1230.

Merchant's House Museum
Cette demeure parfaitement conservée (1832) appartenait à un riche commerçant.

Ellis Island
Ce musée nous fait revivre l'expérience de plusieurs millions de familles immigrantes.

Upper West Side

Quartier des théâtres

Chelsea et le quartier du vêtement

Lower Midtown

Gramercy et le quartier du Flatiron

Greenwich Village

SoHo et TriBeCa

East Village

Lower East Side

Lower Manhattan

Seaport et le Civic Center

Ellis Island

0		2 km
0	1 mile	

American Museum of Natural History
Ses dinosaures, ses météorites et bien d'autres curiosités ont fasciné des générations de visiteurs.

Morningside Heights et Harlem

Museum of the City of New York
Costumes, œuvres d'art et ustensiles ménagers (tel ce plat en argent de 1725) évoquent l'histoire de New York.

Cooper-Hewitt Museum
L'hôtel particulier d'Andrew Carnegie, dans Upper East Side, abrite une multitude d'objets d'art décoratif.

Central Park

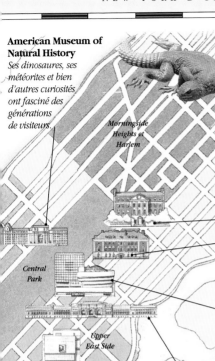

Upper East Side

Upper Town

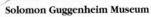

Solomon Guggenheim Museum
Ce Bleu, Vert, Jaune, Orange, Rouge *d'Ellsworth Kelly (1966) fait partie de la collection exposée dans le seul bâtiment dessiné par Frank Lloyd Wright.*

Metropolitan Museum of Art
Parmi les millions d'œuvres exposées, cet hippopotame égyptien en faïence de la 12e dynastie est la mascotte du musée.

Whitney Museum
Cette collection exceptionnelle comprend de nombreux paysages new-yorkais. L'un des plus réussis est le Brooklyn Bridge : *variation sur un vieux thème, de Joseph Stella (1939).*

Frick Collection
La collection particulière du magnat du rail Henry Clay Frick est exposée dans son ancienne demeure. On y voit, entre autres, un Saint François dans le Désert, *de Giovanni Bellini (vers 1480).*

À la découverte des musées de New York

Boîte à tabac de Richmond Town

Si vous vouliez visiter tous les musées de New York, un mois entier ne suffirait pas. Rien que dans Manhattan on en compte 60 et une trentaine de plus dans les autres *boroughs*. Les œuvres exposées ont toutes un intérêt comparable à celles qui se trouvent dans les plus grands musées du monde, des peintures de maîtres aux vieilles voitures de pompiers, des dinosaures aux poupées, des tapisseries tibétaines aux masques africains. Renseignez-vous sur les jours de fermeture. Beaucoup de ces musées restent ouverts en nocturne une ou deux fois par semaine. Certains sont gratuits un soir par semaine, mais vos dons seront toujours les bienvenus.

LA PEINTURE ET LA SCULPTURE

Les musées d'art de New York sont célébrissimes. Le **Metropolitan Museum of Art** (le « Met ») abrite une vaste collection d'art américain et de chefs-d'œuvre du monde entier. The **Cloisters** (les Cloîtres, une section du « Met » dans Upper Manhattan) renferment des trésors d'art et d'architecture du moyen âge. La **Frick Collection** rassemble des toiles de maîtres, tandis que certains des plus célèbres tableaux impressionnistes et modernes sont exposés provisoirement dans le Queens au **Museum of Modern Art (MoMA)**. Le **Whitney Museum of American Art** et le **Solomon Guggenheim Museum** sont aussi spécialisés dans l'art moderne et la biennale du Whitney est l'une des meilleures expositions d'artistes contemporains. Les œuvres d'avant-garde sont exposées au **New Museum of Contemporary Art** tandis que l'**American Folk Art Museum**

(musée de l'Art populaire américain) présente des œuvres d'artistes autodidactes. La **National Academy of Design** présente une collection des XIXᵉ et XXᵉ siècles. À Harlem, le **Studio Museum** est consacré aux œuvres d'artistes noirs.

LES ARTS DÉCORATIFS

Si vous vous intéressez à la porcelaine, aux tissus, à la broderie, à la dentelle, au papier peint ou à la gravure, allez visiter le **Cooper-Hewitt Museum**, qui est la section new-yorkaise de la **Smithsonian Institution** de Washington. Les collections d'art appliqué du MoMA sont aussi réputées que ses salles de peinture et retracent l'histoire du design. L'**American Craft Museum** (musée de l'Artisanat) conserve les réalisations d'artisans contemporains sur des supports aussi différents que le cuir et le verre tandis que l'**American Folk Art Museum** présente de l'artisanat plus traditionnel. On verra de belles collections d'argenterie au **Museum of the City of New York**, quant au **National Museum of the American Indian**, il expose de magnifiques objets : bijoux, tapis, poteries.

LA GRAVURE ET LA PHOTOGRAPHIE

L'**International Center of Photography**, petit mais très riche, est le seul musée de New York entièrement consacré à cet art. Par ailleurs, d'intéressantes collections sont exposées au **Metropolitan Museum of Art** et de nombreux spécimens de la photo à ses débuts se trouvent au **Museum of the City of New York** (musée de la Ville) et sur **Ellis Island**. La **Pierpont Morgan Library** expose les œuvres de grands illustrateurs tels que Kate Greenaway et John Tenniel. Le **Cooper-Hewitt Museum** illustre l'emploi de la gravure dans les arts décoratifs.

LE MOBILIER ET LES VÊTEMENTS

L'exposition annuelle de l'Institut du Vêtement au **Metropolitan** vaut toujours une visite. Les 24 salles de l'aile américaine du « Met », avec leur mobilier d'époque reconstituant la vie quotidienne de 1640 à nos jours sont également intéressantes. Au **Museum of the City of New York** (musée de la Ville), les salles évoquent l'histoire de la ville, depuis la période hollandaise. Le **Merchant's House Museum**, une résidence bien conservée de 1832, fut habitée par la même famille pendant 98 ans. **Gracie Mansion** était la résidence du maire Archibald Gracie ; il l'avait achetée en 1798 à un commerçant de la marine marchande. Elle est parfois ouverte à la visite. On peut aussi voir la **maison natale de Théodore Roosevelt**, le 26ᵉ président des États-Unis, et le **Mount Vernon Hotel Museum**, une demeure du début du XIXᵉ siècle.

Poupée de son, American Museum of Natural History

Le Royaume de la paix (env. 1840-1845) par Edward Hicks, au Brooklyn Museum

L'HISTOIRE

Pistolet de paume au Police Academy Museum

Au **Federal Hall**, vous verrez se dérouler l'histoire du pays depuis son indépendance : c'est sur son balcon que George Washington prêta serment en avril 1789. Pour un aperçu sur le New York colonial, visitez le **Fraunces Tavern Museum**. **Ellis Island** et le **Lower East Side Tenement Museum** recréent les épreuves endurées par les immigrants. Le nouveau **Museum of Jewish Heritage** dans Battery City est un mémorial de l'Holocauste. Le **NYC Fire Museum** et le **Police Academy Museum** enregistrent au jour le jour les actes héroïques et les tragédies connus par les pompiers et la police, tandis que le **South Street Seaport Museum** retrace l'histoire navale depuis ses débuts.

LA TECHNOLOGIE ET L'HISTOIRE NATURELLE

Antilope des bois, American Museum of Natural History

Dans les musées scientifiques, la nature comme la technologie spatiale ont leur place. L'**American Museum of Natural History** (Musée américain d'Histoire naturelle) abrite de vastes collections montrant la faune, la flore et les cultures du monde entier. Le Rose Center/Hayden Planetarium offre une vision unique de l'espace. L'**Intrepid Sea-Air-Space Museum** est le sanctuaire du progrès de la technologie militaire. Si vous avez manqué un épisode d'un feuilleton classique ou les premiers pas de l'homme sur la Lune, au **TV and Radio Museum**, vous pourrez voir et entendre des documents d'archives.

LES CIVILISATIONS EXTRA-OCCIDENTALES

Momie égyptienne (Brooklyn Museum)

Plusieurs musées présentent des objets appartenant à d'autres cultures. L'art oriental est la spécialité de l'**Asia Society** et de la **Japan Society.** Le **Jewish Museum** (Musée juif) présente une collection d'art ainsi que des expositions temporaires sur la vie quotidienne des juifs. **El Museo del Barrio**, consacré à l'art portoricain, expose de nombreuses œuvres précolombiennes. Le **Schomburg Center for Research in Black Culture** offre un immense panorama de l'art et de l'histoire des Noirs américains. Enfin, le **Metropolitan Museum** possède de superbes témoignages de cultures aussi différentes que l'Égypte ancienne ou l'Afrique contemporaine.

LES BIBLIOTHÈQUES

Les grandes bibliothèques new-yorkaises, telles que la **Pierpont Morgan Library**, renferment de superbes collections d'art et de livres rares. La **New York Public Library** possède une collection comprenant de nombreux manuscrits d'œuvres célèbres.

EN DEHORS DE MANHATTAN

Parmi les autres musées à visiter, citons le **musée de Brooklyn** (plus d'un million et d'œuvres), ainsi que l'**American Museum of the Moving Image,** dans le Queens, et son exceptionnelle collection cinématographique. Le **Jacques Marchais Center of Tibetan Art** est l'une des perles de Staten Island, où se trouve aussi l'**Historic Richmond Town**, un village restauré datant du XVIIe siècle.

L'architecture à New York

Même lorsqu'elle a suivi les modes internationales, l'architecture new-yorkaise a gardé une certaine originalité, liée aux impératifs de sa géographie et de son économie. En effet, dans cette ville sur une île, l'espace coûte cher. Très tôt, les maisons ont gagné en hauteur, puis les gratte-ciel sont apparus. On les construisait avec les matériaux les plus faciles à trouver et à utiliser : le grès brun et la fonte. Les pages 40-41 donnent un aperçu plus détaillé de l'architecture new-yorkaise.

Les appartements
Le Majestic est l'un des cinq bâtiments Art déco surmontés de tours jumelles de Central Park Ouest.

L'architecture en fonte
La fonte produite industriellement servit souvent à la réalisation de façades. C'est à SoHo qu'on en voit les meilleurs exemples, tel celui-ci, aux 28 et 30 de Greene Street.

Quartier des théâtres

Chelsea et le quartier du vêtement

Greenwich Village

Gramercy et le quartier du Flatiron

SoHo et TriBeCa

East Village

Lower East Side

Lower Manhattan

Le style post-moderne
Les formes tarabiscotées mais élégantes des bâtiments comme le World Financial Center, construits en 1985 (p. 69), innovaient par rapport aux cubes d'acier et de verre des années 1950 et 1960.

Les « brownstones »
Construites dans le grès de la région, les brownstones furent les demeures préférées de la bourgeoisie du XIXe siècle. India House, construite sur Wall Street dans le style des palais florentins, est typique des bâtiments commerciaux en brownstones.

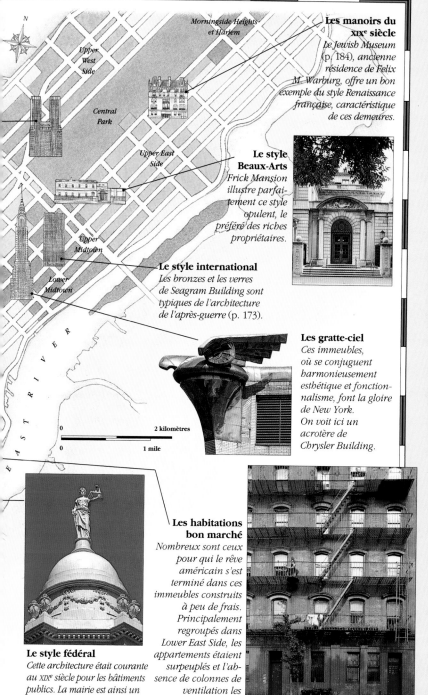

Les manoirs du XIXᵉ siècle
Le Jewish Museum (p. 184), ancienne résidence de Felix M. Warburg, offre un bon exemple du style Renaissance française, caractéristique de ces demeures.

Le style Beaux-Arts
Frick Mansion illustre parfaitement ce style opulent, le préféré des riches propriétaires.

Le style international
Les bronzes et les verres de Seagram Building sont typiques de l'architecture de l'après-guerre (p. 173).

Les gratte-ciel
Ces immeubles, où se conjuguent harmonieusement esthétique et fonctionnalisme, font la gloire de New York. On voit ici un acrotère de Chrysler Building.

Les habitations bon marché
Nombreux sont ceux pour qui le rêve américain s'est terminé dans ces immeubles construits à peu de frais. Principalement regroupés dans Lower East Side, les appartements étaient surpeuplés et l'absence de colonnes de ventilation les rendait encore plus insalubres.

Le style fédéral
Cette architecture était courante au XIXᵉ siècle pour les bâtiments publics. La mairie est ainsi un mélange de fédéral et de Renaissance française.

2 kilomètres

1 mile

Morningside Heights et Harlem

Upper West Side

Central Park

Upper East Side

Upper Midtown

Lower Midtown

EAST RIVER

À la découverte de l'architecture new-yorkaise

Porte de style fédéral

Pendant ses deux premiers siècles d'existence, New York, comme le reste de l'Amérique, a cherché son inspiration du côté de l'Europe. Aucun immeuble hollandais ne subsiste aujourd'hui dans Manhattan : la plupart furent détruits dans l'incendie de 1776 ou abattus au début du XIXᵉ siècle pour faire place à de nouveaux édifices. C'est à partir des années 1850, avec les premières constructions en fonte, que New York commença à développer sa propre architecture. L'Art déco puis l'incessante ascension des gratte-ciel allaient ensuite affirmer cette originalité.

L'ARCHITECTURE FÉDÉRALE

Cette adaptation du néo-classicisme fleurit dans les premières décennies suivant l'indépendance. Elle se caractérise par des immeubles de deux ou trois étages offrant un équilibre harmonieux entre leurs toits aux arêtes basses, leurs balustrades et leurs décorations. La mairie (**City Hall**), construite en 1811 par John McComb et Joseph-François Mangin, est un mélange de style fédéral et Renaissance. Les entrepôts de **Schermerhorn Row**, rénovés, sont aussi de style fédéral.

LES « BROWNSTONES »

L'abondance du grès brun dans la vallée du Connecticut et sur les rives de la Hackensack, dans le New Jersey, en fait le matériau de

Un perron conduit à la porte d'entrée d'une *brownstone* typique

construction le plus commun du XIXᵉ siècle. On peut voir des *brownstones* dans tous les quartiers résidentiels, mais c'est dans **Chelsea** que se trouvent les meilleurs exemples de ces maisons souvent divisées en appartements. Les contraintes d'espace en font des immeubles profonds mais de faible largeur. On y accède généralement par un perron qui conduit au logement des maîtres, tandis que des escaliers séparés descendent à l'entresol, autrefois réservé aux domestiques.

LES HABITATIONS BON MARCHÉ

Ces immeubles furent construits pour héberger les nombreux immigrants qui arrivèrent entre les années 1840 et la première guerre mondiale. Hauts de six étages, ils recevaient air et lumière uniquement par les conduits de ventilation et les fenêtres des murs latéraux, de sorte que les pièces du milieu étaient mal aérées et plongées dans l'obscurité. Ces minuscules appartements étaient surnommés *railroad* en raison de leur ressemblance avec des compartiments de chemin de fer. On peut voir des maquettes de ces immeubles au Lower East Side Tenement Museum.

L'ARCHITECTURE EN FONTE

Innovation américaine en architecture, la fonte, moins chère que la pierre ou la brique, permettait la préfabrication industrielle des décorations des façades. Aujourd'hui, c'est à New York que l'on trouve la plus grande concentration de façades entièrement ou partiellement réalisées en fonte. Les plus beaux spécimens, construits dans les années 1870, se trouvent à SoHo, dans le **Historic Cast-Iron District**.

Façade en fonte des 72-76 Greene Street dans SoHo

LE STYLE BEAUX-ARTS

Cette école d'architecture française influença la construction des bâtiments publics et des demeures bourgeoises de l'âge d'or new-yorkais (de 1880 à 1920). Beaucoup des plus importants architectes de la ville vécurent à cette période, parmi lesquels Richard Morris Hunt (**Carnegie Hall**, 1891, **Metropolitan Museum**, 1895) qui, en 1845, fut le premier architecte américain à étudier à Paris ; Cass Gilbert (le bâtiment de la Douane, 1907, **New York Life**

DÉGUISEMENTS ARCHITECTURAUX

Certaines des réalisations les plus originales sont dues à d'habiles architectes qui tentèrent de dissimuler les réservoirs d'eau, utiles mais disgracieux, placés sur les toits. En regardant en l'air, vous verrez des coupoles, des flèches et des dômes qui transforment ces banales citernes en véritables châteaux en plein ciel. On en aperçoit facilement deux exemples sur les toits de deux hôtels de la 5ᵉ Avenue : Sherry Netherland, à l'angle de la 60ᵉ Rue, et Pierre, à l'angle de la 61ᵉ Rue.

Citerne ordinaire

Le Dakota Building (1880-1884), dans Upper West Side, en face de Central Park

premiers immeubles de luxe, marqua le début de la vague de construction du début de notre siècle dans Upper West Side. Les cinq **Twin Towers** (tours jumelles) construites à Central Park à la grande époque de l'Art déco (de 1929 à 1931), l'Eldorado, le Century, le San Remo et le Majestic qui dessinent l'horizon caractéristique de Central Park, comptent parmi les plus célèbres.

Chrysler Building, alors le plus haut du monde supplanté l'année suivante par l'**Empire State Building**. Tous deux sont des classiques de l'Art déco, mais c'est le **Group Health Insurance Building** de R. Hood, anciennement McGraw-Hill Building, qui, en 1932, représenta New York dans une étude sur l'architecture internationale. Avec ses 411 m, le **World Trade Center** était le second plus haut bâtiment du monde. Il était la parfaite illustration du style international, supplanté par le style post-moderne.

Insurance Building, 1928), les cabinets de Warren & Westmore (la gare de **Grand Central**, 1913, **Helmsley Building**, 1929) ; Carrère & Hastings (**New York Public Library**, 1911, **Frick Mansion**, 1914) ; et enfin McKim, Mead & White, qui formèrent le plus célèbre cabinet d'architectes de la ville (**Villard Houses, 1884**, **United States General Post Office**, 1913, **Municipal Building**, 1914).

LES IMMEUBLES COLLECTIFS

L'augmentation de la population entraînant le rétrécissement de l'espace disponible, les maisons particulières devinrent trop chères pour la plupart des New-Yorkais, et même les plus aisés finirent par s'installer dans des immeubles collectifs. Nombre d'entre eux, construits autour d'arrière-cours invisibles de la rue, ressemblaient à des châteaux. En 1884, la construction du Dakota *(p. 216)*, l'un des

LES GRATTE-CIEL

C'est à Chicago que se sont dressés les premiers gratte-ciel, mais New York apporta à ce type de construction des innovations significatives. En 1902, Daniel Burnham, architecte de Chicago, construisit le **Flatiron Building,** un immeuble si haut (91 m) que certains dirent alors qu'il allait s'effondrer. Dès 1913, le **Woolworth** se dressait à 241 m et très vite des règles d'urbanisme imposèrent que les derniers étages soient construits en retrait pour permettre au soleil d'atteindre la chaussée, ce qui convenait parfaitement au style Art déco. En 1930 fut édifié le

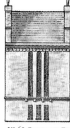

Motif Art déco sur la flèche du Chrysler Building

N° 245 5e Avenue (immeuble collectif)

N° 60 Gramercy Park nord *(brownstone)*

Hôtel Pierre (Beaux-Arts)

Hôtel Sherry Netherland (Beaux-Arts)

Le New York multiculturel

L e caractère multiculturel de New York est très
sensible, même dans les quartiers les plus animés
du centre : avec un seul ticket d'autobus on va de
Madras à Moscou ou de Haïti à Hong-Kong ! New
York continue à recevoir des immigrants, mais ils
sont peu nombreux comparés aux 17 millions de
personnes qui arrivèrent entre 1880 et 1910. Dans
les années 1980, un million d'étrangers, en majorité
antillais et asiatiques, débarquèrent et fondèrent
leurs propres petites colonies. Tout au long de
l'année, chaque ethnie continue à célébrer
ses fêtes traditionnelles. Pour en
savoir plus sur ces mani-
festations, reportez-vous
aux pages 50 à 53.

Hell's Kitchen
*Un temps rebaptisé « Clinton »
pour illustrer le récent
brassage social de ses
résidents, c'est le quartier où
s'établirent les premiers
immigrant italiens.*

Little Ukraine
*À T. Shevchenko Place,
on peut assister aux
cérémonies du 17 mai,
qui marquent la
conversion des Ukrai-
niens au christianisme.*

Little Korea
*Non loin de Times
Square s'est regroupée
une petite
communauté
coréenne.*

*Quartier
théâtre.*

*Chelsea et
le quartier
du
vêtement*

*Gramercy
et le
quartier
du Flatiron*

*Greenwich
Village*

Little Italy
*En septembre, pendant dix jours, la
communauté italienne se rassemble
dans les rues autour de Mulberry Street
pour la Festa di San Gennaro.*

*SoHo et
TriBeCa*

*East
Village*

Chinatown
*Tous les ans, à la
fin du mois de
janvier, une
foule de fêtards
envahit les rues
de Chinatown
pour célébrer
le Nouvel An
chinois.*

*Seaport
et le
Civic
Center*

*Lower
Manhattan*

*Lower East
Side*

Le quartier juif
*Les synagogues du quar-
tier de Rivington Street
témoignent des
traditions religieuses de
ce vieux quartier juif.*

0		2 km
0		1 mile

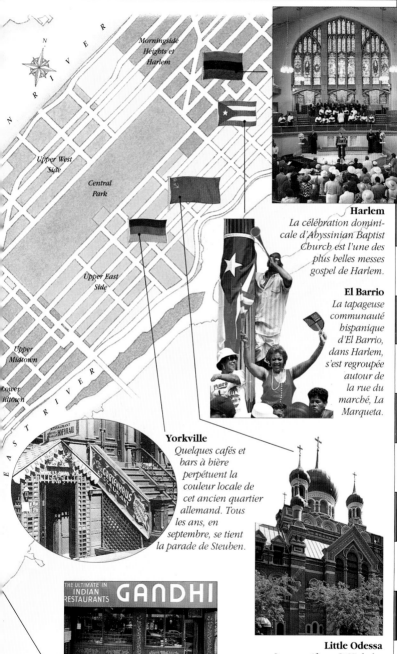

Harlem
*La célébration domini-
cale d'Abyssinian Baptist
Church est l'une des
plus belles messes
gospel de Harlem.*

El Barrio
*La tapageuse
communauté
hispanique
d'El Barrio,
dans Harlem,
s'est regroupée
autour de
la rue du
marché, La
Marqueta.*

Yorkville
*Quelques cafés et
bars à bière
perpétuent la
couleur locale de
cet ancien quartier
allemand. Tous
les ans, en
septembre, se tient
la parade de Steuben.*

Little Odessa
*La magnifique St Nicholas
Russian Orthodox Cathedral,
sur la 79e Rue Est, témoigne de
l'émigration russe blanche.
Une messe en russe y est
célébrée chaque dimanche.*

Little India
*Vous trouverez dans la 6e Rue Est une
ambiance orientale et des prix abordables.*

À la découverte du New York multiculturel

**Vitrail
au Cotton Club**

Tous les New-Yorkais « de souche » ont des racines dans d'autres pays. Au cours du XVIIe siècle, les Hollandais et les Anglais viennent s'installer à New York, et la ville devient un symbole d'espoir pour les Européens les plus pauvres. Ils traversent l'océan par bateaux entiers, les poches vides et souvent sans connaître un mot d'anglais. La famine des années 1840 lance sur les mers la première vague d'immigrants irlandais, bientôt suivie par des ouvriers allemands victimes de la révolution industrielle. Depuis lors, de nombreux immigrants ont quitté leur quartier d'origine pour se répandre dans toute la ville, où l'on parle aujourd'hui environ 100 langues différentes !

**Immigrants turcs arrivant
à Idlewild Airport en 1963**

LES JUIFS

Il y a une communauté juive à New York depuis 1654. La première synagogue, Shearith Israël, a été construite par des réfugiés venus d'une colonie hollandaise du Brésil. Elle est encore utilisée aujourd'hui. Ces premiers immigrants, des séfarades d'origine espagnole, comprenaient des familles importantes, comme celle des Baruch. Puis vinrent des juifs allemands, comme les frères Strauss, qui ouvrirent des commerces florissants. En Russie, vers la fin du XIXe siècle, des foules entières se rendirent aux États-Unis pour échapper aux persécutions. En 1914, environ 600 000 juifs vivaient dans Lower East Side. Aujourd'hui, ce quartier est plus hispanique et asiatique mais témoigne de l'époque où il était le refuge de ces immigrants.

LES ALLEMANDS

Les Allemands commencèrent à s'installer à New York au XVIIIe siècle. Depuis l'époque de Peter Zenger *(p. 19)*, la communauté allemande de la ville a toujours défendu la liberté d'opinion. Elle a aussi produit des magnats de l'industrie, tels John Jacob Astor, le premier millionnaire new-yorkais.

LES ITALIENS

Les Italiens commencèrent à arriver entre 1830 et 1840. Nombre d'entre eux fuyaient l'échec de leur révolution puis, dans les années 1870, beaucoup d'autres émigrèrent pour échapper à la pauvreté du Mezzogiorno. Ils constituèrent à New York une force politique considérable, comme en atteste le succès de F. LaGuardia, l'un des meilleurs maires de la ville.

LES CHINOIS

Les Chinois arrivèrent tardivement : dans les années 1880, ils n'étaient que de 700 à vivre à Mott Street. Dès les

**Temple chinois dans Chinatown
*(p. 96-97)***

années 1940, ils représentaient une population en rapide expansion et à forte mobilité sociale. Ils dépassèrent les limites de Chinatown pour aller s'établir dans certains quartiers de Brooklyn et du Queens. Ils formaient jadis une communauté fermée mais aujourd'hui Chinatown est envahie de touristes qui viennent explorer rues et marchés et s'attabler dans ses restaurants.

LES HISPANO-AMÉRICAINS

**Sculptures religieuses au
Museo del Barrio *(p. 229)***

Les Portoricains arrivèrent à New York dès 1838, mais ce n'est qu'après la première guerre mondiale qu'ils débarquèrent en grand nombre, en quête d'emplois. La plupart vivent dans El Barrio, autrefois appelé Spanish Harlem. Les Cubains des classes aisées qui avaient fui le régime castriste ont quitté la ville mais conservent une grande influence sur le commerce et la culture hispaniques. Washington Heights est le foyer dominicain et colombien.

LES IRLANDAIS

Les Irlandais, qui commencèrent à arriver au début des années 1840, rencontrèrent beaucoup de difficultés. Affamés et sans le sou, ils ont travaillé dur pour fuir les taudis de Five Points et Hell's Kitchen. Leur contribution à la modernisation de New York est essentielle. Ils ont souvent rejoint la police ou les pompiers où ils ont fait de brillantes carrières. D'autres ont ouvert des commerces prospères, notamment les fameux pubs, qui servent de points de rencontre aux membres d'une communauté dispersée.

LES AFRO-AMÉRICAINS

Les ancêtres de beaucoup d'Afro-Américains sont arrivés en Amérique comme esclaves dans les plantations du sud. Ils ont commencé à émigrer vers les grandes villes du nord après l'abolition de l'esclavage, dans les années 1860. Cependant, dans les années 1920, la population de Harlem est passée de 83 000 à 204 000 habitants et la municipalité s'est affirmée comme le centre d'une certaine renaissance noire *(p. 28-29)*. Aujourd'hui le ghetto noir le plus connu du monde, Harlem, attire des visiteurs qui viennent écouter des chants religieux, le gospel, et goûter sa cuisine *soul*.

LE « MELTING POT »

D'autres cultures new-yorkaises, moins bien représentées que les précédentes, n'en sont pas moins faciles à repérer. Les Ukrainiens sont rassemblés dans East Village, autour de St George's Ukrainian Catholic Church. Les restaurants indiens sont concentrés le long de la 6e Rue. Les Coréens tiennent de nombreuses épiceries dans Manhattan mais vivent surtout dans le quartier de Flushing. Le centre islamique de Riverside Drive, la cathédrale

Femme participant à la parade de la fête de l'indépendance grecque

orthodoxe de la 97e Rue Est *(p. 197)* et le nouveau centre culturel islamique de la 96e Rue attestent tous de la diversité religieuse de la ville.

LES AUTRES MUNICIPALITÉS

Brooklyn est de loin le plus international des *boroughs* new-yorkais. Les nouveaux arrivants de la

Jamaïque et d'Haïti y représentent l'un des groupes à l'expansion la plus rapide. Les Antillais vivent le long d'East Parkway entre Grand Army Plaza et Utica Avenue. Les juifs russes récemment arrivés à Brighton Beach, qu'ils ont transformé en un petit « Odessa-sur-mer », tandis que Libanais et Scandinaves se sont installés dans Bay Ridge et les Finlandais dans Sunset Park. Les juifs orthodoxes vivent dans Borough Park et Williamsburg alors que Midwood accueille des juifs du Moyen-Orient. Les Italiens sont installés dans le quartier de Bensonhurst. Greenpoint est une petite Pologne et Atlantic Avenue abrite la plus importante communauté arabe d'Amérique. Les Irlandais furent parmi les premiers à franchir Harlem River pour aller dans le Bronx. Les cadres japonais, eux, préfèrent le quartier plus chic de Riverdale. Astoria, dans le Queens, est l'un des quartiers les plus typés et abrite la plus vaste communauté grecque en dehors de la Grèce elle-même. Jackson Heights comprend un grand quartier de Latino-Américains, parmi lesquels on compte 300 000 Colombiens. Les Indiens aussi affectionnent cet endroit ainsi que Flushing, non loin de là. Mais ce sont les Orientaux qui ont si bien transformé Flushing que le train local a été surnommé l'*Orient Express*.

La police de New York, refuge des Irlando-Américains

QUELQUES IMMIGRANTS CÉLÈBRES Voir aussi p. 46-49.

Les dates indiquent l'année d'arrivée de ces immigrants aux États-Unis via New York.

1893 Irving Berlin (Russie), musicien.

1894 Al Jolson (Lituanie), chanteur.

1906 « Lucky » Luciano (Italie), gangster (déporté en 1946).

1908 Bob Hope (Angleterre), comédien.

1909 Lee Strasberg (Autriche), metteur en scène de théâtre.

1921 Bela Lugosi (Hongrie), acteur dans *Dracula*.

1932 George Balanchine (Russie), chorégraphe.

1933 Albert Einstein (Allemagne), scientifique.

1890	1895	1900	1905	1910	1915	1920	1925	1930	1935	1940

1896 Samuel Goldwyn (Pologne), magnat du cinéma.

1902 Joe Hill (Suède), syndicaliste.

1903 Frank Capra (Italie), cinéaste.

1904 Hyman Rickover (Russie), inventeur du sous-marin nucléaire.

1912 Claudette Colbert (France), actrice.

1913 Rudolph Valentino (Italie), acteur.

1923 Isaac Asimov (Russie), scientifique et écrivain.

1938 Famille von Trapp (Autriche), chanteurs.

Visiteurs et New-Yorkais célèbres

L a ville semble avoir stimulé la créativité des New-Yorkais. Ceux d'entre eux qui sont devenus célèbres furent souvent des immigrants venus aux États-Unis en quête de liberté d'expression ou pour fuir la répression de leur pays natal. C'est ainsi que New York s'est souvent distingué dans le domaine culturel grâce aux apports d'immigrants de première génération comme de ses résidents temporaires.

George Balanchine *(1904-1983)*
Ce chorégraphe émigra depuis la Russie en 1933 et forma le New York City Ballet.

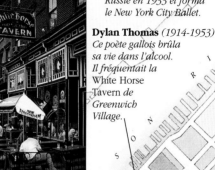

Dylan Thomas *(1914-1953)*
Ce poète gallois brûla sa vie dans l'alcool. Il fréquentait la White Horse Tavern de Greenwich Village.

Marcel Duchamp
(1887-1968)
En 1917, ce peintre dadaïste français grimpa sur l'arche de Washington Square pour protester contre l'entrée en guerre des États-Unis.

Giuseppe Garibaldi *(1807-1882)*
Dans Greenwich Village une statue rend hommage à ce révolutionnaire italien qui passa quatre ans en exil sur Staten Island avant de retourner lutter pour l'unification de l'Italie.

Quartier des théâtres

Chelsea et le quartier du vêtement

Lower Midtown

Gramercy et le quartier du Flatiron

East Village

Greenwich Village

SoHo et TriBeCa

Lower East Side

Seaport et le Civic Center

Lower Manhattan

Irving Berlin *(1888-1989)*
De son vrai nom Israël Baline, ce compositeur né en Sibérie grandit dans Lower East Side.

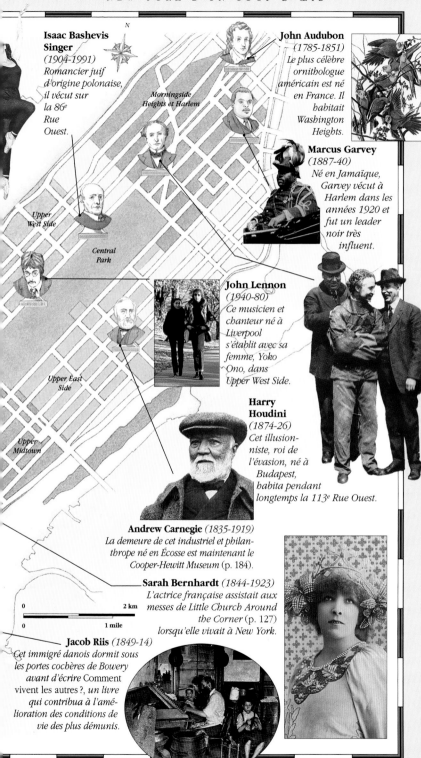

N

Isaac Bashevis Singer (1904-1991)
Romancier juif d'origine polonaise, il vécut sur la 86e Rue Ouest.

Morningside Heights et Harlem

John Audubon (1785-1851)
Le plus célèbre ornithologue américain est né en France. Il habitait Washington Heights.

Marcus Garvey (1887-40)
Né en Jamaïque, Garvey vécut à Harlem dans les années 1920 et fut un leader noir très influent.

Upper West Side

Central Park

John Lennon (1940-80)
Ce musicien et chanteur né à Liverpool s'établit avec sa femme, Yoko Ono, dans Upper West Side.

Upper East Side

Harry Houdini (1874-26)
Cet illusion-niste, roi de l'évasion, né à Budapest, habita pendant longtemps la 113e Rue Ouest.

Upper Midtown

Andrew Carnegie (1835-1919)
La demeure de cet industriel et philan-thrope né en Écosse est maintenant le Cooper-Hewitt Museum (p. 184).

0   2 km

0   1 mile

Sarah Bernhardt (1844-1923)
L'actrice française assistait aux messes de Little Church Around the Corner (p. 127) lorsqu'elle vivait à New York.

Jacob Riis (1849-14)
Cet immigré danois dormit sous les portes cochères de Bowery avant d'écrire Comment vivent les autres ?, *un livre qui contribua à l'amé-lioration des conditions de vie des plus démunis.*

Quelques New-Yorkais d'exception

N ew York a porté certains des plus grands créateurs de ce siècle. Le Pop Art a vu le jour à New York, et Manhattan est toujours un des centres mondiaux de l'art moderne. Les écrivains alternatifs des années 1950 et 1960, connus sous le nom de Beat Generation, puisaient souvent leur inspiration dans les clubs de jazz de la ville. Capitale financière, elle a attiré les plus grands capitaines d'industrie.

Andy Warhol, inventeur du Pop Art

LES ÉCRIVAINS

Le romancier James Baldwin

L a littérature américaine est née à New York. En 1791, Suzanna Rowson publia *Charlotte Temple,* un roman retraçant l'histoire d'une rencontre dans le décor de New York, qui devait rester un best-seller pendant cinquante ans. Le premier écrivain professionnel américain fut Charles Brockden Brown (1771-1810), qui arriva à New York en 1791. Les romans d'Edgar Allan Poe (1809-1849), pionnier des histoires policières modernes, virent le développement des thrillers. Henry James (1843-1916) publia *Les Bostoniennes* en 1886 et devint le maître du roman psychologique, tandis que son amie Edith Wharton (1861-1937) se fit connaître pour ses romans satiriques. La littérature américaine reçut enfin une reconnaissance internationale grâce à l'*Histoire de New York,* une satire de Washington Irving publiée en 1809. Ce roman lui rapporta alors deux mille dollars. C'est lui qui trouva le surnom de « Gotham » pour New York et de « Knicker-bockers » pour les New-Yorkais. Avec Fenimore Cooper (1789-1851), il forma l'école de roman new-yorkaise. Greenwich

Village a toujours attiré les écrivains, comme Herman Melville (1819-1891). Son chef-d'œuvre, *Moby Dick,* reçut d'abord un accueil très mitigé. Jack Kerouac (1922-1969), Allen Ginsberg et William Burroughs, qui étudièrent à Columbia University, fréquentaient le San Remo Café de Greenwich Village en compagnie d'autres hommes de lettres. Dylan Thomas (1914-1953) finit ses jours à l'hôtel Chelsea *(p. 317).* Le romancier Nathanael West (1902-1940) travailla à Gramercy Park et son ami Dashiell Hammett (1894-1961) écrivit *Le Faucon Maltais* alors qu'il résidait là-bas. James Baldwin (1924-1987), né à Harlem, écrivit *Un autre pays* en 1963 lors de son retour d'Europe.

LES ARTISTES

L'expressionnisme abstrait fut le premier mouvement artistique américain d'importance internationale. Il fut lancé par Hans Hofmann (1880-1966), Franz Kline et Willem de Kooning qui débuta aux États-Unis comme peintre en bâtiment. Adolph Gottlieb, Mark Rothko (1903-1970) et Jackson Pollock (1912-1956) contribuèrent beaucoup à la popularité de ce style. Les ateliers de Pollock, Kooning et Kline étaient situés dans Lower East Side. Le Pop Art vit le jour à New York dans les années 1960 avec les travaux de Roy Lichtenstein et

Andy Warhol (1926-1987), qui réalisa certains de ses films-cultes au 33 Union Square. Keith Haring (1958-1990) fut un artiste très prolifique dont on commence à vraiment comprendre l'importance. Robert Mapplethorpe (1946-1989) fut rendu célèbre par ses photos de jeunes homosexuels nus. Il n'est plus la bête noire de l'establishment artistique, remplacé dans ce rôle par Jeff Koons. Les peintures en trompe-l'œil de Richard Haas ornent de nombreux murs de la ville.

LES ACTEURS

E n 1849, l'acteur britannique Charles Macready déclencha une émeute en affirmant que les Américains étaient vulgaires. Une foule fit irruption dans Astor Place Opera House, où Macready jouait *Macbeth,* la police ouvrit le feu et 22 émeutiers furent tués.
En 1927, Mae West (1893-1980) passa dix jours en prison et acquitta une amende de 500 dollars pour avoir donné à Broadway un spectacle appelé *Sexe* et jugé obscène. Plus tard, un opéra de Marc Blitzstein, prenant fait et cause pour la classe ouvrière, monté par Orson Welles (1915-1985) et John Houseman (1902-1988),

L'actrice Mae West

fut aussitôt interdit et le spectacle dut être produit dans une autre salle. Les acteurs parvinrent à contourner l'interdiction en chantant leurs rôles depuis la salle. Les comédies musicales sont depuis longtemps une spécialité new-yorkaise. Les *Follies* de Florenz Ziegfeld (1869-1932) furent jouées de 1907 à 1931. La première d'*Oklahoma*, à Broadway en 1943, marqua le début du règne de Richard Rogers (1902-1979) et Oscar Hammerstein (1895-1960). Les Provincetown Players, au 33 McDougal Street, furent les premiers à jouer *Beyond the Horizon*, de Eugene O'Neill (1888-1953). Le deuxième grand innovateur du théâtre américain fut Edward Albee, l'auteur de *Qui a peur de Virginia Woolf ?* (1962).

LES MUSICIENS ET LES DANSEURS

Leonard Bernstein (1918-1990) appartient à une longue lignée de chefs d'orchestre du New York Philharmonic, parmi lesquels on compte Bruno Walter (1876-1962), Arturo Toscanini (1867-1957) et Leopold Stokowski (1882-1977). Maria Callas (1923-1977) naquit à New York mais émigra en Europe. Carnegie Hall *(p. 146)* a reçu Enrico Caruso (1873-1921), Bob Dylan et les Beatles. Le record du nombre de spectateurs appartient à Paul Simon qui, à Central Park, donna un concert gratuit devant un million de personnes. Les clubs de jazz légendaires des années 1930 et 1940 ont disparu de la 52e Rue, mais des plaques sur Jazz Walk à l'extérieur du CBS Building

Joséphine Baker

rendent hommage à des artistes comme Charlie Parker (1920-1955) ou Joséphine Baker (1906-1975).
Entre 1940 et 1965, New York devint la capitale de la danse grâce au New York City Ballet de Georges Balanchine (1904-1983) et à l'American Ballet Theater. En 1958, le chorégraphe Alvin Ailey (1931-89) lança l'American Dance Theater, où s'illustrait une troupe aux danseurs de multiples origines.

LES INDUSTRIELS ET LES ENTREPRENEURS

Cornelius Vanderbilt

Le mythe du self-made-man fait partie du rêve américain. Andrew Carnegie, le « baron de l'acier au cœur d'or », parti de rien, avait distribué plus de 350 millions de dollars lorsqu'il mourut. Parmi ses œuvres, on compte des bibliothèques et des universités dans tout le pays. De nombreuses fondations doivent beaucoup à d'autres philanthropes. Pour certains, tels Cornelius Vanderbilt (1794-1877), le mécénat était un moyen d'oublier leurs origines

modestes. Dans le monde des affaires, certains « barons voleurs » trafiquaient en toute impunité. Ainsi les financiers Jay Gould (1836-1892) et James Fisk (1834-1872) battirent Vanderbilt, en manipulant Wall Street, pendant la guerre pour le contrôle du chemin de fer de l'Érié. En septembre 1869, ils furent responsables du premier vendredi Noir en tentant d'accaparer le marché de l'or mais ils s'enfuirent lorsque leur manœuvre fut découverte. Gould mourut milliardaire et heureux tandis que Fisk fut tué par un rival dans une querelle amoureuse. Parmi les entrepreneurs d'aujourd'hui, il faut citer Donald Trump *(p. 31)* ainsi que feu Harry Helmsley et son épouse Loana qui fut emprisonnée pour fraude fiscale *(p. 156)*.

LES ARCHITECTES

Cass Gilbert (1858-1934), qui construisit des immeubles néo-gothiques comme le Woolworth Building *(p. 91)* fut l'un de ceux qui façonnèrent New York. On peut voir son portrait dans le hall, serrant contre lui une maquette de son chef-d'œuvre. Stanford White fut aussi célèbre pour les scandales de sa vie privée que pour la qualité de ses constructions de style Beaux-Arts, tel le Players Club *(p. 126)*. Pendant la majeure partie de sa carrière Frank Lloyd Wright dénigra l'architecture urbaine. Lorsqu'on parvint enfin à le convaincre d'apposer sa griffe à New York, il dessina le musée Guggenheim *(p. 186-187)*. Né en Allemagne, Mies van der Rohe (1886-1969), père du Seagram Building, recherchait une architecture pure, équilibrée et défiant le temps. Certains considèrent ses œuvres comme les plus réussies de la ville.

Florenz Ziegfeld, directeur des Ziegfeld Follies

New York au jour le jour

Au printemps, Park Avenue est entièrement fleurie tandis que pour la Saint-Patrick, la première des grandes fêtes de l'année, la 5e Avenue se pare de vert. L'été à New York est chaud et humide, mais il ne faut pas hésiter à quitter les intérieurs climatisés pour descendre dans les parcs où l'on peut assister à des concerts en plein air. Le premier lundi de septembre est le jour de la fête du travail ; les températures se radoucissent et les arbres s'habillent des couleurs de l'automne. Puis, à l'approche de Noël, les rues et les boutiques commencent à étinceler de tous leurs feux.

Les dates des événements cités dans les pages suivantes peuvent varier et il est bon de se reporter à la presse locale (p. 353). Le New York Convention and Visitors Bureau publie un calendrier trimestriel des principales fêtes.

Le printemps

Chaque saison modifie le caractère et l'atmosphère de la ville. New York sort de l'hiver au milieu des tulipes, des cerisiers en fleurs et des collections de printemps des magasins de mode. Tout le monde fait du lèche-vitrines. La Saint-Patrick est l'occasion de grandes réjouissances et des milliers de personnes se préparent pour descendre dans la 5e Avenue.

La créativité des New-Yorkais se manifeste pendant le défilé de Pâques

Mars

Saint-Patrick *(17 mars)*, 5e Avenue, entre les 44e et 86e Rues. Vêtements verts, bière, fleurs et cornemuses. **Fête de l'Indépendance grecque** *(25 mars)*, 5e Avenue, entre les 49e et 59e Rues. Danses et buffets grecs. **Saison de printemps du New York City Opera** *(de mars à mi-avril)*, au Lincoln Center (p. 338). **Cirque Barnum et Ringling Bros** *(fin mars à fin mai)*, Madison Square Garden (p. 133).

Tulipes et taxis jaunes dans Park Avenue

Pâques

Exposition florale *(semaine avant Pâques)*, chez Macy's *(p.132-133)*.
Easter Parade *(dim. de Pâques)*, sur la 5e Avenue entre les 44e et 59e Rues. Déguisements extravagants autour de St Patrick's Cathedral.

Avril

Cherry Blossom Festival (fête des Cerisiers ; *fin avril-mai)*, jardin botanique de Brooklyn. Célèbre pour la beauté de ses cerisiers du Japon. Activités du **Earth Day Festival** *(variable)*. **Base-ball** *(avril-mai)* début de la saison des Yankees et des Mets (p. 344). **Saison de printemps du New York City Ballet** *(avril-juin)*, aux New York State Theater et Metropolitan Opera House du Lincoln Center (p. 212).

Mai

Fête de Martin Luther King, *(3e dim.)*, 5e Avenue entre les 57e et 79e Rues. Défilé en l'honneur du leader qui défendit les droits des Noirs et fut assassiné en 1968.

Défilé en costume folklorique pour la Fête nationale grecque

Nineth Avenue Street Festival *(mi-mai)* de la 37e Rue Ouest à la 57e Ouest. Cuisine, musique et danses de toutes origines. **Washington Square Outdoor Art Exhibit** *(dernier week-end de mai et premier de juin)*. Peinture, sculpture et artisanat en plein air.

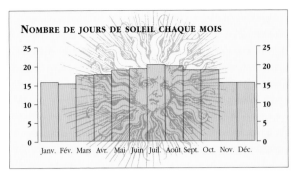

NOMBRE DE JOURS DE SOLEIL CHAQUE MOIS

Janv. Fév. Mars Avr. Mai Juin Juil. Août Sept. Oct. Nov. Déc.

L'ensoleillement à New York

New York bénéficie de longues journées de soleil de juin à août, particulièrement en juillet. Les journées d'hiver sont plus courtes, mais souvent claires. Le printemps et l'automne sont agréables, même si ce dernier est moins ensoleillé.

L'ÉTÉ

Dès que possible les New-Yorkais vont pique-niquer, ou se promener sur les plages. Le feu d'artifice de Macy's illumine la nuit du 4 juillet et lorsque les Yankees ou les Mets jouent en ville. L'été est la saison des fêtes de rue, des concerts de plein air, des pièces de Shakespeare et des opéras gratuits dans Central Park.

Policier dansant au cours d'un défilé portoricain

JUIN

La parade du Puerto Rican Day *(1er dim.)*, 5e Avenue, de la 44e à la 86e Rue. Chars et fanfares.
Museum Mile Festival *(2e mar.)*, 5e Avenue, entre les 827 et 105e Rues. Entrée gratuite dans les musées.
Central Park Summerstage *(juin-août)*, Central Park. Musiques et danses en tout genre, presque tous les jours par temps pluvieux ou par beau temps.
Concerts du Metropolitan Opera dans les parcs. Concerts gratuits dans les parcs de la ville *(p. 338-339)*.
Goldman Memorial Band Concerts *(juin-août)*, au Lincoln Center *(p. 212)*.

Concerts traditionnels.
Shakespeare au parc *(juin-sept.)*. Des acteurs célèbres se produisent au théâtre Delacorte, dans Central Park.
La parade de la Lesbian and Gay Pride *(mi-juin)*, remonte la 5e Avenue depuis Colombus Circle, jusqu'à Washington Square.
JVC Jazz Festival *(fin juin-début juil.)*. De grands musiciens de jazz jouent dans des salles de la ville *(p. 341)*.

JUILLET

Feux d'artifice de Macy's *(4 juillet)*, East River. Bouquet des célébrations de la fête de l'Indépendance.
Festival de l'Artisanat *(fin juin à début juillet)*, au Lincoln Center.
Festival de Chinatown *(mi-juillet à mi-septembre)*, à Chinatown *(p. 96-97)*.
Festival de Musique *de mi-juillet à fin août* à l'Avery Fisher Hall, Lincoln Center *(p. 338-339)*.
NY Philharmonic Parks

Festivités estivales à Greenwich Village

Concerts *(fin juillet-début août)*. Concerts gratuits dans les parcs de la ville.
Lincoln Center Festival *(juil.)*. Danse, opéra et autres spectacles du monde entier.

AOÛT

Semaine de Harlem *(mi-août)*. Films, peinture, musique et danse.
Out-of-doors Festival *(mi-juil. à début sept.)*, Lincoln Center. Spectacles théâtraux et chorégraphiques gratuits *(p. 334)*.
US Open de tennis *(fin août-début sept.)*, Flushing Meadows *(p. 345)*.

L'Open de Flushing Meadows attire les foules

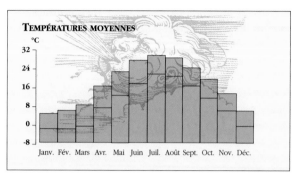

TEMPÉRATURES MOYENNES

°C

32

24

16

8

0

-8

Janv. Fév. Mars Avr. Mai Juin Juil. Août Sept. Oct. Nov. Déc.

Les températures
Ce graphique indique les minima et maxima moyens pour chaque mois. Avec un maximum moyen de 29°C, on voit que l'été peut être chaud et humide. Par contre, bien qu'il gèle rarement pendant les mois d'hiver, le froid peut alors sembler mordant.

L'AUTOMNE

La fête du Travail marque la fin de l'été. Les Giants et les Jets attaquent la saison de football tandis que la saison théâtrale commence. La Festa di San Gennaro est le point culminant d'une suite de fêtes de quartier hautes en couleur. Thanksgiving Day Parade de Macy's donne à tout le pays le signal de départ des fêtes de fin d'année.

SEPTEMBRE

Richmond County Fair, dans Richmond Town *(p.252)*, est la seule vraie foire de New York.
Carnaval antillais, à Brooklyn. Défilé, chars, musique, cuisine.
Brazilian Festival *(début septembre)*, 46e Rue Est, entre Times Square et Madison Avenue. Musique, nourriture et artisanat brésiliens.

Costume de carnaval antillais dans les rues de Brooklyn

New York is Book Country *(mi-sept.)*, 5eAvenue, de la 48e à la 59e Rues. Foire du livre.
Festa di San Gennaro *(3e semaine)*, Little Italy *(p. 96)*. Dix jours de fêtes et de processions.
Festival du film de New York *(mi-sept. à début oct.)*, Lincoln Center. Films américains et films d'art internationaux.
Von Steuben Day Parade *(3e sem.)*, haut de la 5e Avenue. Fêtes germano-américaines.
Football américain *(début de saison)*, Giants' Stadium, territoire des Giants et des Jets *(p.344)*.

OCTOBRE

Colombus Day Parade *(12 oct.)*, 5e Avenue, de la 44e à la 86e Rues. Défilés et concerts pour fêter la découverte de l'Amérique par Christophe Colomb.
Pulasky Day Parade *(plus proche dim. du 5 oct.)* 5e Avenue de la 26e à la 52e Rues. Fête du héros américano-polonais Casimir Pulasky.
Hallowe'en *(31 oct.)*, Greenwich Village. Grande fête et déguisements extraordinaires.
Big Apple Circus *(oct.-janv.)*, Damrosch Park, Lincoln Center. Un thème nouveau chaque année.
Basket-ball *(la saison peut débuter début nov.)*, Madison Square Garden. L'équipe new-yorkaise est celle des Knicks.
Marathon de New York *(dernier dim. d'oct. ou premier de nov.)*. Il traverse tous les *boroughs* au départ de Staten Island.

Un Superman géant flotte au-dessus du défilé de Thanksgiving de Macy's

NOVEMBRE

Thanksgiving de Macy's *(4e jeudi)*, de l'angle de Central Park Ouest et de la 79e Rue Ouest à celui de Broadway et de la 34e Rue Ouest. Un régal pour les enfants : chars, énormes ballons et père Noël.
Rockefeller Center Ice Skating Rink *(novembre-mars)*. Ouvert au public. Pour patiner sous le célèbre arbre de Noël.

Greenwich Village est le haut lieu de Halloween

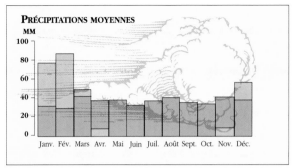

PRÉCIPITATIONS MOYENNES

Les précipitations
Mars et août sont les mois les plus pluvieux. Les pluies de printemps sont imprévisibles, alors prenez vos précautions. Les importantes chutes de neige hivernales peuvent paralyser la ville.

☐ Pluie

☐ Neige

L'HIVER

À Noël, New York est merveilleux et même les lions de pierre de la Public Library se parent de couronnes tandis que les vitrines se transforment en véritables œuvres d'art. De Times Square à Chinatown la ville s'anime et Central Park devient le théâtre de multiples jeux d'hiver.

Statue d'*Alice au Pays des Merveilles* dans Central Park

DÉCEMBRE

Tree-Lighting Ceremony
(début décembre), Rockefeller Center. Illumination de l'immense sapin devant le RCA Building.
Concert du Messie
(mi-déc.), Lincoln Center *(p. 212)*. Le public répète et chante le Messie sous la direction de plusieurs chefs d'orchestre.
Hannukah Menorah *(mi-fin déc.)*, Grand Army Plaza, Brooklyn. Illumination de la *menorah* (chandelier) tous les soirs du festival (huit jours).
Nouvel An. Feux d'artifice à Central Park *(p. 204-205)*, fête à Times Square, course de huit kilomètres dans Central Park et lecture de poésie à St Mark's Church.

JANVIER

National Boat Show
(mi-janv.), Jacob Javits Convention Center *(p. 136)*.
Nouvel An chinois
(fin janv.-fév.), Chinatown. Dragons, feux d'artifice.
Winter Antiques Show *(fin janv.)*, Seventh Regiment Armory *(p.185)*. La plus prestigieuse foire aux antiquités de New York.

FÉVRIER

Mois de l'Histoire noire. Événements afro-américains dans toute la ville.
Empire State Building Run-Up *(début fév.)*. Des coureurs montent jusqu'au 102e étage *(p. 134-135)*.
Anniversaires de Lincoln et Washington *(12-22 fév.)*. Soldes dans les grands magasins.
Exposition canine du Westminster Kennel Club *(mi-fév.)*, Madison Square Garden *(p. 133)*. Remarquable exposition canine.

Le Nouvel An chinois dans Chinatown

JOURS FÉRIÉS

Nouvel An (1er janv.)
Martin Luther King Day (3e lun. de janv.)
President's Day (mi-fév.)
Memorial Day (dernier lun. de mai)
Indépendance (4 juil.)
Labor Day (fête du Travail 1er lun. de sept.)
Columbus Day (2e lun. d'oct.)
Election Day (1er mar. de nov.)
Veterans Day (11 nov.)
Thanksgiving Day (4e jeu. de nov.)
Noël (25 déc.)

Arbre et décorations de Noël à Rockefeller Center

Manhattan d'un coup d'œil

Depuis Hudson River, la vue sur le sud de Manhattan embrasse plusieurs des plus spectaculaires bâtiments du paysage new-yorkais, comme le World Financial Center. Vous pourrez aussi apercevoir des vestiges du vieux Manhattan : Castle Clinton, devant Battery Park et, derrière, l'ancien bâtiment de la Douane. De 1973 à 2001, la zone était marquée par les tours jumelles du World Trade Center, le plus haut bâtiment de la ville, détruit par des terroristes.

CARTE DE SITUATION

☐ *La pointe sud*

LA DESTRUCTION DU WORLD TRADE CENTER

Le 11 septembre 2001, deux avions à destination de Los Angeles sont détournés et précipités chacun contre l'une des tours du World Trade Center. Des centaines de personnes seront tuées lors de l'impact et des milliers par l'effondrement des tours. Deux autres avions sont détournés le même jour ; l'un s'écrasera sur le Pentagone, l'autre non loin de Pittsburgh. Cette page dramatique de l'histoire américaine a été comparée à l'attaque de Pearl Harbour. Les images du désastre seront diffusées à travers le monde, suscitant un vaste élan de révolte contre le terrorisme.

World Financial Center
Au cœur de ce complexe se trouve le jardin d'hiver (Winter Garden), un endroit où manger, faire des courses, se distraire ou simplement admirer Hudson River (p. 69).

World Trade Center
Avant les attentats, les 110 étages de ces deux tours (p. 72) dominaient le panorama.

Détail de *Upper Room*

Upper Room
Cette sculpture environnementale de Ned Smyth est l'une des nombreuses œuvres d'art exposées dans Battery Park.

Manhattan au siècle dernier
Cette photo de 1898 montre à quel point le paysage a changé.

Athletic Club
C'est dans ce beau bâtiment Art déco que l'on garde le trophée Heisman (football américain).

US Custom House (la douane)
Ce remarquable bâtiment Beaux-Arts (1907) va abriter, début 1994, l'American Indian Museum (p. 73).

East Coast War Memorial
Dans Battery Park, un aigle de bronze d'Albino Manca honore les morts de la seconde guerre mondiale.

N° 26, Broadway
L'ancien building de la Standard Oil ressemble à une lampe à pétrole. L'intérieur est encore décoré des insignes de l'entreprise.

Banque de New York

N° 17 State Street

N° 26 Broadway

N° 1 Liberty Plaza

Liberty View

N° 1 Broadway

Castle Clinton

US Custom House

Monument à la marine marchande *(1991)*
Cette sculpture de Marisol se dresse sur le dernier des anciens quais de Manhattan. On y voit aussi une horloge qui sonne les heures sur des cloches de bateau.

Le sanctuaire de Mère Seton
La première sainte née aux États-Unis vécut ici (p. 76).

Lower Manhattan depuis East River

À première vue, la partie de la berge de East River qui remonte depuis le sud de Manhattan n'est qu'une suite ininterrompue d'immeubles de bureaux sans attrait. Depuis la mer, on aperçoit cependant encore des rues et des vestiges du vieux New York, ainsi que le quartier de la finance à l'ouest. Certains gratte-ciel historiques dépassent encore des immeubles plus récents mais plus anonymes.

CARTE DE SITUATION

◻ *Vue depuis East River*

India House
Cette brownstone *du 1, Hanover Square est l'un des plus beaux exemples de ce style.*

Vietnam Veterans Plaza
Ce monument aux morts, en verre, de couleur verte, domine l'ancien Coenties Slip, un bassin remblayé pour faire place à un parc (p.76).

Hanover Square
La statue d'un des maires hollandais, Abraham de Peyster, près de la maison où il naquit en 1657.

N° 1 New York Plaza

N° 55 Water Street

Barclay's Bank Building

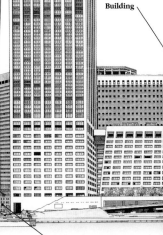

L'héliport
C'est le point de départ des sauvetages en mer et des excursions aériennes.

Battery Maritime Building
Cet embarcadère ne dessert plus que Governors Island (p. 77).

Delmonico's
Il y a un siècle, la haute société y dînait.

New York Stock Exchange
Ce bâtiment, dissimulé aux regards, est toujours le centre du fiévreux quartier de la finance (p. 70-71).

N° 40, Wall Sreet
Dans les années 1940, un avion de tourisme heurta la toiture pyramidale de l'ancienne Banque de Manhattan.

N° 70, Pine Street
Près des entrées de Pine et Cedar Streets on peut voir des copies de cette élégante tour de style néo-gothique.

Bank of New York
Cet intérieur lumineux de style Art déco se trouve dans la banque fondée par Alexandre Hamilton en 1784 (p. 21).

Morgan Bank
Ce bâtiment moderne se distingue par ses colonnes qui montent du hall au toit.

N° 1 Financial Square

New York Stock Exchange

Tour de la Chase Manhattan Bank

N° 120 Wall Street

N° 100 Old Slip

Citibank Building

N° 100 Old Slip
Quand il fut inauguré en 1911, ce petit commissariat de style florentin était le plus moderne de la ville. Il se tient aujourd'hui dans l'ombre du 1, Financial Square.

Médaillon sculpté du 100 Old Slip

Queen Elizabeth Monument
Plaque commémorative du paquebot qui coula en 1972.

South Street Seaport

Le panorama change du tout au tout quand se termine le quartier de la finance. Les bureaux sont alors remplacés par des quais, des immeubles peu élevés et les entrepôts de South Street Seaport *(p. 82-83)*. Le Civic Center n'est pas loin et l'on peut apercevoir certains de ses impressionnants édifices. Le pont de Brooklyn marque la fin de ce quartier. De là jusqu'au centre-ville se succèdent ensuite des immeubles résidentiels.

CARTE DE SITUATION

South Street

Sculpture sur Woolworth Building

Pier 17
S'élevant sur un môle, ce pavillon traditionnel abrite boutiques et restaurants. Il est le centre d'attraction du port.

Woolworth Building
Ce bâtiment, dont la flèche ouvragée domine le siège de l'empire de F.W. Woolworth, est toujours la plus belle « cathédrale commerciale » jamais construite (p. 91).

Fleet Bank Building

Seaport Plaza

Transportation Building

Bogardus Building

Maritime Crafts Center
Sur le quai 5, des artisans montrent d'anciennes techniques artisanales maritimes comme la sculpture sur bois ou la fabrication de maquettes.

Fulton Fish Market
Le plus important marché de poissons en gros des États-Unis s'y tient avant le lever du soleil.

Police Plaza
Five in One *(1971-1974), sur Police Plaza, est une sculpture de Bernard Rosenthal qui représente les cinq boroughs de New York.*

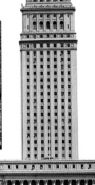

United States Courthouse
Le Civic Center se distingue par la pyramide dorée due à l'architecte Cass Gilbert (p. 85).

Surrogate's Court et Hall of Records
Ici sont entreposées et exposées les archives de la ville depuis 1664 (p. 85).

Municipal Building
Parmi les salles de ce vaste bâtiment se trouve la Chapelle des Mariages. La statue qui domine le paysage est le Civic Frame, *œuvre d'Adolph Weinman (p. 85).*

Verizon Telephone Company

Police Plaza

Pace University

Southbridge Towers

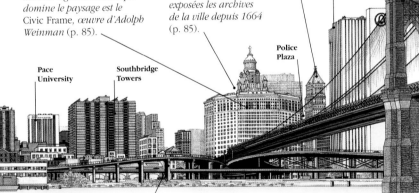

Le mural Con Edison
En 1975, l'artiste Richard Haas a peint le pont de Brooklyn sur les murs d'un ancien transformateur électrique.

Brooklyn Bridge
La vue de ce pont est l'une des images les plus typiques de New York (p. 86-89).

CARTE DE SITUATION

☐ Midtown

Midtown Manhattan

On peut voir dans cette partie de la ville certaines de ses plus belles tours et des plus belles flèches, depuis l'Empire State Building et son sommet Art déco jusqu'aux angles aigus du Citigroup. En remontant vers le nord on passe ensuite dans des quartiers plus chic. Le siège des Nations Unies occupe une bonne partie du paysage avant que ne commencent les îlots résidentiels à partir de Beekman Place, où personnalités riches et célèbres peuvent se soustraire à l'agitation ambiante.

Chrysler Building
Qu'elle scintille au soleil ou brille de tous ses feux pendant la nuit, sa flèche en acier inoxydable est sans doute la plus réussie (p. 153).

Grand Central Terminal
Maintenant écrasé par ses voisins, ce bâtiment historique contient de remarquables décorations d'époque, comme cette horloge (p. 154-155).

Empire State Building
Ses 449 m de hauteur lui valurent longtemps d'être le plus haut bâtiment du monde (p. 134-135).

The Highpoint

MetLife Building

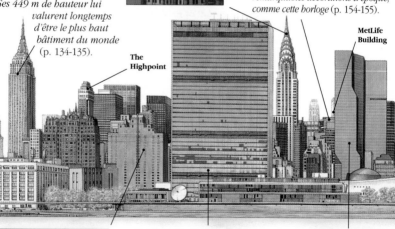

Tudor City
Construit dans les années 1920, ce complexe néo-Tudor comprend plus de trois mille appartements (p. 156).

Le siège des United Nations
Parmi les œuvres d'art exposées figure cette sculpture de Barbara Hepworth, donnée par la Grande-Bretagne. (p. 160-161).

N° 1 et 2 de U.N. Plaza
Les tours de verre de ce bâtiment abritent des bureaux et l'U.N. Plaza Hotel (p. 156 et 280).

General Electric Building
Ce bâtiment Art déco en briques (1931) est surmonté d'une haute couronne de béton dont les flèches pointues font penser à des ondes (p. 174).

Waldorf-Astoria
L'intérieur, splendide, de l'un des plus prestigieux hôtel new-yorkais s'abrite derrière ces tours jumelles couvertes de cuivre (p. 61).

Citigroup Center
St Peter's Church est nichée dans un des angles du Citigroup Center (p. 175).

Rockefeller Center
Les galeries et la patinoire extérieures de ce gigantesque ensemble d'immeubles sont un excellent endroit pour observer les New-Yorkais (p. 142).

Trump World Tower

N° 100 U.N. Plaza

General Electric Building

N° 866 U.N. Plaza

The Nail, d'Arnoldo Pomodoro, St Peter's Church, Citigroup Center

Japan Society
On peut y voir des œuvres japonaises : pièces d'avant-garde comme art ancien.

St Mary's Garden
Le jardin de Holy Family Church est un havre de paix.

Beekman Tower
La tour de cet hôtel Art déco, qui n'offre que des suites, fut construite en 1928 à l'intention de femmes membres des sociétés universitaires.

New York quartier par quartier

LOWER MANHATTAN

Le moderne et l'ancien se côtoient à la pointe sud de Manhattan, où églises coloniales et vieux bâtiments américains sont tapis à l'ombre des gratte-ciel. C'est là que naquit New York et que se tenait la première assemblée du pays. Le commerce y fleurit dès 1626, lorsque Peter Minuit fit une très bonne affaire en achetant l'île de *Man-a-hat-ta* aux Algonquins contre 24 dollars de colifichets *(p.17)*. Au moment où nous rédigeons ce guide, beaucoup d'édifices touchés par la destruction du World Trade Center *(p. 54)*, ont été remis en état. Il est conseillé de se renseigner avant d'envisager une visite de la zone sinistrée.

Le monument à Peter Minuit

La flèche néo-gothique de Trinity church, à l'extrémité de Wall Street

LE QUARTIER D'UN COUP D'ŒIL

Rues et bâtiments historiques
Federal Reserve Bank **1**
Federal Hall **2**
New York Stock Exchange p. 70-71 **3**
Downtown Athletic Club **8**
Cunard Building **9**
Fraunces Tavern Museum **13**
Battery Maritime Building **16**

Musées et galeries
US Custom House **11**
Ellis Island p. 78-79 **18**
Castle Clinton National

Monument **20**
Museum of Jewish Heritage **21**

Monuments et Statues
Statue de la Liberté p. 74-75 **17**

Parcs et jardins
Bowling Green **10**
Vietnam Veterans' Plaza **14**
Battery Park **19**

Visites en bateau
Staten Island Ferry **15**

Églises
Trinity Church **4**
St Elizabeth Ann Seton

Shrine **12**

Architecture moderne
World Financial Center **5**
Site du World Trade Center **6**
Battery Park City **7**

Taureau en bronze, symbole de Wall Street, près de Custom House

COMMENT Y ALLER ?
Les lignes de métro les plus pratiques pour gagner la pointe de Manhattan sont les lignes 4 et 5 de Lexington Avenue pour Bowling Green ; N ou R pour Whitehall Street 1 et 2 de la 7e Avenue pour South Ferry. Pour Wall Street, empruntez les lignes 2, 3, 4 ou 5 (arrêt Wall Street), ou bien N ou R (arrêt Rector Street). Les bus M1, M6 et M15 ainsi que l'itinéraire transversal M22 desservent aussi ce quartier.

LÉGENDE

▨	Plan du quartier pas à pas
Ⓜ	Station de métro
⚓	Embarcadère de ferry
🚁	Héliport

VOIR ÉGALEMENT :

• *Atlas des rues*, plans 1, 2

• *Hébergement* p. 274-275

• *Restaurants* p. 290-292

0 — 500 m
0 — 500 yards

Wall Street pas à pas

Aucun carrefour n'a eu plus d'importance dans l'histoire de la ville que celui de Wall et Broad Streets. On y trouve trois sites importants. Le monument du Federal Hall est l'endroit où Washington prêta serment lors de son investiture, Trinity Church est l'une des plus anciennes églises anglicanes du pays, enfin New York Stock Exchange (la Bourse), fondé en 1817, est toujours le centre nerveux de la finance, dont les fluctuations font trembler le monde entier. Les bâtiments des alentours forment le cœur même du quartier financier de New York.

Marine Midland Bank dresse fièrement ses 55 étages. Cette sombre tour de verre n'occupe que 40 pour cent de la surface de son terrain, le reste du parvis est occupé par une grosse sculpture rouge d'Isamu Noguchi, *Cube*, qui se dresse sur une pointe.

Trinity Building, un gratte-ciel néo-gothique du début du siècle, fut dessiné pour faire pendant à Trinity Church.

Equitable Building (1915) priva ses voisins de lumière et fut à l'origine d'une nouvelle loi : les gratte-ciel durent ensuite être construits en retrait de la rue.

★ Trinity Church
Construite en 1846, de style gothique, fut la troisième église de ce quartier. Son clocher, jadis l'un des plus hauts de New York, est aujourd'hui écrasé par les gratte-ciel avoisinants. De nombreux New-Yorkais célèbres sont enterrés dans le cimetière attenant ❹

Métro Wall Street (lignes 4, 5)

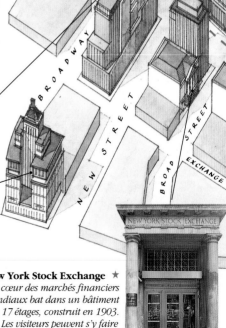

Irving Trust Building fut construit en 1932. L'un de ses murs extérieurs imite la texture d'un morceau de tissu. Belle mosaïque Art déco dans le hall.

Le n° 26 de Broadway fut construit pour abriter le Standard Oil Trust. Une lampe à pétrole orne son sommet.

New York Stock Exchange ★
Le cœur des marchés financiers mondiaux bat dans un bâtiment de 17 étages, construit en 1903. Les visiteurs peuvent s'y faire expliquer son histoire et le fonctionnement de la Bourse ❸

Liberty Tower, de style gothique, est revêtue de terre cuite blanche. On y a aménagé des appartements.

La Chambre de Commerce, de style Beaux-Arts, fut construite en 1901.

À NE PAS MANQUER

★ **Federal Hall National Monument**

★ **Federal Reserve Bank**

★ **New York Stock Exchange**

★ **Trinity Church**

CARTE DE SITUATION
Voir carte de Manhattan p. 12-13

LÉGENDE

– – – Itinéraire conseillé

| 0 | 100 mètres |
| 0 | 100 yards |

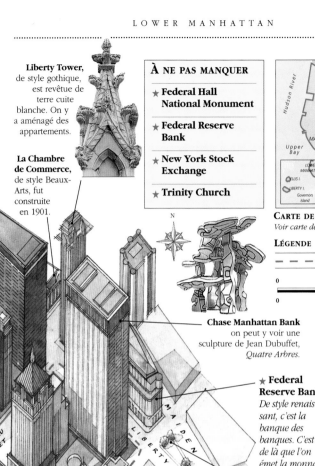

Chase Manhattan Bank
on peut y voir une sculpture de Jean Dubuffet, *Quatre Arbres.*

★ **Federal Reserve Bank**
De style renaissant, c'est la banque des banques. C'est de là que l'on émet la monnaie américaine ❶

Louise Nevelson Plaza
est un parc où l'on voit une sculpture de Nevelson, *Shadows and Flags.*

Wall Street, la « rue du Mur » porte le nom de l'enceinte qui protégeait Manhattan contre les Indiens algonquins. C'est aujourd'hui le centre des affaires.

Wall Street en 1920

★ **Federal Hall National Monument**
Ce bâtiment classique, après avoir été le siège des douanes américaines, est devenu un musée de la Constitution ❷

Federal Reserve Bank ➊

33 Liberty St. **Plan** 1 C2. 720-6130. **M** Wall St. 8h30-17h lun.-ven. j.f. gratuite, 9h30, 10h30, 11h30, 13h30,14h30 lun.-ven. Rés. à l'avance. **W** www.ny.frb.org

Entrée de Federal Reserve Bank

Dessiné par York & Sawyer, le bâtiment fut achevé en 1924. Il occupe tout un pâté de maisons et s'inspire des palais florentins de la Renaissance. À l'intérieur se trouve la « banque des banques », l'une des douze réserves fédérales du pays. Ses billets sont identifiables grâce à la lettre B portée dans le sceau fédéral. Les cinq niveaux du sous-sol abritent la plus importante réserve d'or internationale. L'or de chaque État est entreposé dans son propre compartiment, le tout est protégé par des portes de 90 tonnes. Les échanges entre États se faisaient jadis par de véritables transferts. De 10 h à 16 h, on peut voir l'exposition « L'histoire de la monnaie » avec plus de 800 pièces.

Federal Hall ➋

26 Wall St. **Plan** 1 C3. 825-6888. **M** Wall St. 9h-17h lun.-ven. ; sam., dim. en juil. et août. j.f. **W** www.nps.gov.feha

Sur les marches, une statue de George Washington rappelle l'endroit où il fit son serment d'investiture en 1789. Des milliers de New-Yorkais étaient venus ce jour-là (ce qui bloqua Wall Street et Broad Street) pour acclamer le chancelier de l'État de New York lorsque celui-ci déclara : « Longue vie à George Washington, Président des États-Unis ! ». L'édifice actuel, bâti entre 1834 et 1842 pour abriter la Douane, est l'un des plus beaux bâtiments de style classique de New York. Parmi les salles d'exposition on pourra voir celle de la Bill of Rights et celle où une présentation informatique interactive explique le fonctionnement de la Constitution.

New York Stock Exchange ➌

Voir p. 70-71.

Le cimetière de Trinity Church

Trinity Church ➍

À l'angle de Broadway et Wall St. **Plan** 1 C3. 602-0872. **M** Wall St, Rector St. 7h-18h lun. -ven., 8h-16h sam., 7h-16h dim. 9h, 11h15 le dim. sf pendant les offices. chaque jour à 14h et dim. après la messe de 11h15. **Concerts** le jeu. **W** www.trinitywallstreet.org

À l'extremité de Wall Street, cette église anglicane est la troisième à avoir été construite sur le site de l'une des plus vieilles paroisses américaines, fondée en 1697. Conçue en 1846 par Richard Upjohn, elle fut l'une des plus imposantes églises de son temps et annonça la mode de l'architecture néo-gothique en Amérique. Les portes sculptées de Richard Morris Hunt s'inspirent des Portes du Paradis, de Ghiberti, à Florence.

La restauration a permis de remettre au jour le grès rose de ses murs, depuis longtemps recouvert par la crasse. Son clocher de 86 m, qui resta le plus haut édifice de New York jusque dans les années 1860, est encore très imposant en dépit de la présence des gratte-ciel voisins. De nombreux grands New-Yorkais vivaient sur la paroisse de Trinity : Alexander Hamilton, homme d'État, Robert Fulton, inventeur du bateau à vapeur, et William Bradford, fondateur du premier journal de New York en 1725. Ils sont enterrés dans le cimetière qui jouxte l'église.

Rotonde aux colonnes de marbre dans Federal Hall

World Financial Center ⑤

West St. **Plan** 1 A2. ☏ 945-0505.
Ⓜ *A, C et J, M, Z et 1, 2 vers Chambers St et 4, 5, 6 vers Brooklyn Bridge/City Hall Station, E vers WTC Station, N, R vers City Hall.* 🚌 *M1, M6, M9, M10, M22.* 🅿️ ♿ 🍴 🎁 📷
Ⓦ www.worldfinancialcenter.com

Ce modèle d'architecture civile dû à Cesar Pelli & Associates a largement contribué à la réhabilitation de Lower Manhattan. Aussi fut-il rapidement remis en état après les dégâts causés par l'attentat du World Trade Center. Quatre tours de bureaux se dressent vers le ciel. Certaines des plus importantes entreprises mondiales y ont leur siège. Au cœur du Centre, un extraordinaire jardin d'hiver (Winter Garden), vaste espace de verre et d'acier (2 000 carreaux ont été remplacés) bordé de 45 restaurants et de boutiques, s'ouvre sur la marina de Hudson River. L'escalier de marbre qui descend vers le jardin d'hiver (qui a réouvert en septembre 2002) sert souvent de gradins aux spectateurs des concerts,

Étage principal du jardin d'hiver

L'atrium est une étincelante voûte d'acier et de verre de 36 m de haut.

L'escalier du « sablier » sert de siège aux spectateurs des concerts du jardin d'hiver.

Une esplanade longe l'Hudson.

Des cafés et des boutiques bordent l'atrium.

spectacles et ballets gratuits qui s'y donnent. Soixante palmiers *Washingtonia robusta*, d'une hauteur de 60 m ont été remplacés.

Inauguré en 1988 et toujours en perpétuelle évolution, le World Financial Center, conçu pour l'agrément du public, est considéré comme le Rockefeller Center du XXIe siècle.

World Financial Center vu de Hudson River

New York Stock Exchange (la Bourse) ❸

En 1790, les titres s'échangeaient – de manière anarchique – aux alentours de Wall Street. En 1792, 24 courtiers qui traitaient leurs affaires sous un platane, au 68 Wall Street, s'engagèrent à n'échanger des titres qu'entre eux. Cet accord marque la naissance de la Bourse de New York. Ce club est très fermé : en 1817, un « siège » valait $25 ; aujourd'hui, il peut coûter plus de 2 millions de dollars, et ce à condition de réussir un rigoureux test de respectabilité. Les visiteurs peuvent observer l'activité frénétique de l'endroit du haut d'une galerie. La Bourse a connu de nombreux krachs et booms, et les progrès de la technologie – du téléscripteur à la puce – ont conféré à ce marché local une dimension mondiale.

Téléscripteur
Introduites en 1870, ces machines imprimaient le détail des dernières cotes à l'achat sur des rubans de papier.

Entrée du public, Broad Street

Des téléscripteurs informatisés affichent un flux continu de cotations qui défile à la vitesse maximum supportée par l'œil humain.

Qu'est-ce qu'un comptoir ?

Les 17 comptoirs sont constitués chacun de 22 groupes ou *sections* de courtiers s'occupant des actions d'un nombre de sociétés pouvant atteindre 10. Les agents de change, qui travaillent pour des sociétés de courtage, vont et viennent entre leur cabine et les comptoirs et effectuent des transactions pour le public. Les offres sont cotées pour eux par des « spécialistes » ; ils traitent un titre à la fois et disposent d'écrans articulés affichant les cotes. Agents et spécialistes sont aidés de « flasheurs », qui leur apportent les ordres et assurent la liaison avec le comptoir. Les négociateurs indépendants passent des ordres pour des sociétés de courtage à forte activité. Quant aux « coteurs », ils traitent les ordres arrivant *via* l'ordinateur SuperDOT et

Comptoir

enregistrent les transactions sur le système de données de la Bourse de New York. Enfin, le superviseur assure la légalité et le bon fonctionnement des opérations de comptoir.

La journée de 48 heures

Lors du krach boursier de 1929, les coteurs de la Bourse travaillèrent 48 heures d'affilée. La bonne humeur était de mise malgré l'ambiance de panique.

MODE D'EMPLOI

20 Broad St. **Plan** 1 C3. 📞 656-5168. Ⓜ *2, 3, 4, 5 dir. Wall St, N, R vers Rector St.* 🚌 *M1, M6, M15. **Galerie d'observation*** ⬜ *9h-16h lun.-ven. (der. entrée 15h30).* ⬤ *jours fériés.* 🚫 ♿ 📷 🎬 **Étals de vidéos.** Ⓦ www.nyse.com

Galerie
d'observation
du public

Comptoir

Le parterre

Dans l'atmosphère trépidante du parterre, 200 millions de titres sont échangés chaque jour pour le compte de plus de 2 000 sociétés. Au plafond, une myriade de câbles et d'électronique alimente l'ordinateur SuperDOT.

Le grand krach de 1929

Mardi 29 octobre : plus de 16 millions de titres changent de mains tandis que le marché s'effondre. Hagards, les investisseurs ruinés errent dans Wall Street, mais contrairement au mythe, les courtiers ne se jetèrent pas par les fenêtres.

Entrée des membres,
Wall Street

CHRONOLOGIE

1792 17 mai : Accord du Platane.

1867 Introduction des téléscripteurs.

1844 Invention du télégraphe : traitement des titres à l'échelle du pays.

1903 Ouverture des locaux actuels.

1987 Lundi Noir : le 19 octobre, l'indice Dow Jones perd 508 points.

1976 Le système DOT remplace les téléscripteurs.

1750	1800	1850	1900	1950	2000

1817 Création de la Commission des échanges de titres de New York.

La foule devant la bourse lors du krach de 1929

1863 Naissance de la Bourse de New York.

1869 Vendredi Noir : le 24 septembre, le cours de l'or s'effondre.

1865 La Bourse emménage à l'angle de Wall et Broad Streets.

1929 Krach de Wall Street, 29 octobre.

1981 Les comptoirs se dotent de terminaux informatiques.

2001 Le marché, prospère pendant 8 ans, chute après les attentats du 11 septembre

World Trade Center ❻

Plan 1 B2. Ⓜ *Chambers St, Rector St. Plate-forme panoramique sur Broadway et Fulton.* ◯ *9h-18h t.l.j., tickets gratuits à retirer à la billeterie du Seaport's Museum à South Street (ouv. 10 h-18h).* Ⓒ *212 SEAPORT*

Immortalisées par les cinéastes et les photographes, les tours jumelles du World Trade Center ont dominé le sud de Manhattan de leurs 110 étages pendant 27 ans. Le 11 septembre 2001, elles s'écroulèrent suite à une attaque terroriste *(p. 54)*. Leur poids énorme était supporté par un grillage métallique qui fondit quand 2 avions de ligne détournés vinrent les frapper de plein fouet.

Elles faisaient partie d'un vaste ensemble d'immeubles couvrant 6 blocs, reliés par des galeries marchandes en sous-sol. Un pont menait au World Financial Center *(p. 69)*, qui a résisté au désastre.

Le World Trade Center abritait 450 sociétés, et 50 000 personnes y travaillaient chaque jour. De nombreux visiteurs venaient admirer la vue du haut de la galerie d'observation, au 107ᵉ étage de la tour 2. Un ascenseur y montait en moins de 58 secondes ! Dans la tour 1, la même vertigineuse ascension transportait les visiteurs jusqu'au restaurant Windows of the World *(p. 295)*.

Le 7 août 1974 est resté dans les annales. Ce jour-là, le funambule Philippe Petit effectua la traversée d'une tour à l'autre sur son filin d'acier. L'acte de bravoure dura près d'une heure.

Le périmètre « Ground Zero» rétrécit au fur et à mesure que les immeubles reprennent leurs activités. Un monument à la mémoire des victimes devrait être élevé et un petit groupe d'immeubles de bureaux construit.

Sur la corde raide...

Philippe Petit en 1974 sur le point de se lancer dans sa périlleuse traversée

Battery Park City ❼

Plan 1 A3. Ⓜ *Rector St.* 🅿 ♿ 🚻 📷 Ⓦ *www.batteryparkcity.org*

La promenade de Battery City Park

C'est en 1983 que le gouverneur de New York, Mario Cuomo, lance la construction de ce quartier, le plus récent de New York. Ce site ambitieux (son coût total est estimé à 4 milliards de dollars) s'étend sur 37 hectares le long de Hudson River. Ses bureaux, restaurants, appartements, sculptures et jardins sont remarquables par leur dimension humaine.

À terme, plus de 25 000 personnes se rendront chaque jour à Battery Park City. Le World Financial Center est l'élément le plus visible de l'ensemble. Au 1ᵉʳ étage du nouvel hôtel Ritz-Carlton, le Skyscrapper Museum devrait ouvrir ses portes au public fin 2002.

Downtown Athletic Club ❽

19 West St. **Plan** 1 B4. Ⓒ *425-7000.* Ⓜ *4,5, Bowling Green. Hall d'entrée ouvert au public.* Ⓦ *www.dacnyc.org*

Cet immeuble Art déco est l'un des plus étonnants du quartier. Construit en 1926, il se caractérise par ses arches d'inspiration mauresque et sa façade ornée de superbes tuiles Le club est réservé aux membres et à leurs invités. Il accueille chaque année le Heisman Trophy (du nom du premier directeur du Downtown Athletic Club) qui récompense le meilleur joueur de football de collège.

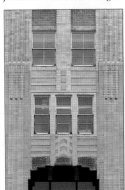

La façade de Downtown Athletic Club

Le plafond du Grand Hall du Cunard Building

Cunard Building ❾

25 Broadway. **Plan** 1 C3. 🅲 Service de poste : 800 275 8779 Ⓜ Bowling Green. 🅾 horaires de bureau (p.361).

Derrière la façade Renaissance et les lourdes portes en cuivre de cet immeuble de 1921, vous admirerez le magnifique hall du dôme central.

De superbes fresques couvrent les murs du hall et les voûtes qui soutiennent le plafond, sont ornées des peintures d'Ezra Winter représentant les navires des premiers explorateurs.

Le premier transatlantique de la Cunard arriva à New York en 1867, et en 1915, quand le *Lusitania* fut torpillé et que les survivants furent amenés au siège de la compagnie, la Cunard disposait déjà de son propre quai.

Dans les années 20, elle devint la plus importante compagnie mondiale de transport de passagers avec la White Star Line.

Bowling Green ❿

Plan 1 C4. Ⓜ Bowling Green.

Ce lopin de terre triangulaire, au nord de Battery Park, fut l'un des premiers jardins de la ville. Il a d'abord servi de marché aux bestiaux, puis de terrain de bowling. Une statue du roi George III, symbole de la domination britannique, se dressait là avant d'être fondue lors de la déclaration d'Indépendance pour fournir des munitions *(p. 20-21)*. La clôture, dressée en 1771, est toujours là ; il ne lui manque que les couronnes qui l'ornaient jadis, et qui ont connu le même sort que la statue royale. La pelouse, autrefois bordée de demeures élégantes, marque le début de Broadway, avenue qui traverse Manhattan en longueur avant de rejoindre, sous son nom officiel de « Route Nationale 9 », la capitale de l'État de New York, Albany.

Détail d'un chapiteau de l'US Custom House

La fontaine de Bowling Green

US Custom House ⓫

1 Bowling Green St. **Plan** 1 C4. 🅲 668-6624. Ⓜ Bowling Green. **National Museum of the American Indian** 🅲 514-3700. 🅾 10h-17h t.l.j., 10h-20h jeu. ⬤ 25 déc. 🅾 ♿ Ⓦ www.nmai.si.edu

Ce palais de granit bâti en 1907 par Cass Gilbert illustre le rôle historique prépondérant de New York en tant que port maritime. Il est décoré par les meilleurs sculpteurs et artistes de l'époque. Quarante-quatre colonnes ioniques, ornées d'une frise richement décorée, montent majestueusement la garde. Des sculptures de Daniel Chester French représentent des femmes assises symbolisent quatre continents : l'Asie (contemplative), l'Amérique (qui regarde vers l'avenir avec optimisme), l'Europe (entourée des symboles de son passé glorieux) et l'Afrique (encore endormie). À l'intérieur, des peintures murales de Reginald Marsh décorent la rotonde en marbre, illustrant l'entrée de navires dans le port de la ville. Abandonnée en 1973 par le service des douanes américaines, Custom House abrite depuis 1994, sur trois étages, le George Gustav Heyes Center, dépendant du **National Museum of the American Indian** *(p. 232)*. On peut y admirer près d'un million d'objets artisanaux et plusieurs milliers de photos relatant l'histoire de la culture indienne des Amériques. Les expositions comprennent des œuvres réalisées par des Indiens. Les pièces de la collection permanente sont exposées par roulement.

La statue de la Liberté ⑰

★ **Torche dorée**
L'ancienne torche corrodée a été remplacée en 1986 par une réplique plaquée or.

Cette statue, conçue par Frédéric-Auguste Bartholdi et offerte par la France aux Américains, est devenue le symbole de la liberté à travers le monde. Le poème d'Emma Lazarus gravé sur le socle rappelle : « Donnez-moi vos peuples fatigués, pauvres et opprimés qui aspirent à la liberté. » La statue, installée sur Liberty Island (autrefois Bedloe's Island), fut inaugurée par le président Cleveland le 28 octobre 1886 et restaurée à l'occasion de son centenaire. Les visiteurs ne peuvent plus, depuis les attentats du 11 septembre 2001, monter dans la couronne.

La couronne ne se visite plus.

De la tête aux pieds
La statue de la Liberté est composée de trois cents plaques de cuivre moulées et rivetées.

La structure a été conçue par Gustave Eiffel. L'enveloppe en cuivre est rattachée à un pylône central par des barres d'acier.

Un pylône central ancre la statue de 225 tonnes à son socle.

354 marches conduisent de l'entrée à la couronne.

Observatoire et musée

LA STATUE
Haute de 93 mètres, la statue de la Liberté domine le port de New York.

Le piédestal est situé dans l'enceinte d'un fort militaire. C'était alors la plus grosse masse de béton jamais coulée.

★ **Musée de la Statue**
Parmi les objets en vente, des affiches à l'effigie de la statue.

La torche d'origine est désormais exposée dans le hall d'entrée.

★ **Ferries pour Liberty Island**
De Liberty Island s'offrent quelques-unes des plus belles vues de la ville.

MODE D'EMPLOI

Liberty Island. **Plan** 1 A5.
363-3200. 1, 9, N, R vers
South Ferry, 4, 5 vers Bowling Green.
M6, M15 vers South Ferry, puis
Circle Line–Statue of Liberty Ferry
depuis Battery toutes les 30-45 min,
9h30-15h30 en été (horaires
variables en hiver). 269-5755.
juil-août, 9h-17h30 t.l.j. ; sept-
juin, 9h30-18h t.l.j. 25 déc.
Le prix du ferry comprend l'entrée
à Ellis et Liberty Is. asc. vers
observatoire.
W www.statueoflibertyferry.com

Le visage de la liberté
C'est la propre mère de Bartholdi qui servit de modèle à la statue. Les sept rayons de sa couronne symbolisent les sept mers et continents.

Fabrication de la main
Elle a d'abord été réalisée en plâtre puis en bois avant le moulage définitif en cuivre.

Les maquettes
Une série de modèles réduits à différentes échelles a permis à Bartholdi de concevoir la plus grande statue métallique jamais construite.

FRÉDÉRIC-AUGUSTE BARTHOLDI

Sa statue est un hymne à la liberté dont manquait la France de l'époque. Il a consacré 21 ans de sa vie à ce projet. Il s'est même rendu en Amérique en 1871 afin de s'entretenir avec le président Grant du financement et de l'installation de la statue dans le port de New York : « Je veux glorifier la république et la liberté ici, dans l'espoir de la retrouver un jour dans mon pays. »

À NE PAS MANQUER

★ **Torche dorée**

★ **Musée de la Statue**

★ **Ferries pour Liberty Island**

Célébration du centenaire
Le 3 juillet 1986, après 100 millions de dollars de travaux, la statue fut rouverte au public. Un extraordinaire feu d'artifice fut tiré pour l'occasion.

St Elizabeth Ann Seton Shrine ⑫

7-8 State St. **Plan** 1 C4. 🅒 269-6865
Ⓜ Whitehall, South Ferry. ⏰ 6h30-
17h lun.-ven. pour la messe 🚻
fréquent. 📷 🆆 www.setonshrine.org

**Elizabeth
Ann Seton**

Elizabeth Ann Seton (1774-1821) est la première Américaine canonisée par l'église catholique.

Elle a vécu ici de 1801 à 1803 et fondé les Sœurs américaines de la Charité, la première communauté de religieuses aux États-Unis. Après la guerre civile, la mission Notre-Dame-du-Rosaire transforma ce bâtiment en refuge pour les femmes irlandaises immigrées – 170 000 d'entre elles y séjournèrent. Cette mission entretient de nos jours le mémorial.

Fraunces Tavern Museum ⑬

54 Pearl St. **Plan** 1 C4. 🅒 425-1778
Ⓜ South Ferry, Bowling Green.
⏰ 10h-17h mar., mer., ven. ; 10h-19h
jeu. ; 11h-17h dim. ⏺ j.f. et lendemain
de Thanksgiving. 🚫 ☑
Conférences, films. 🍴 📷

🆆 www.frauncestavernmuseum.org
NYC Police Museum 100 Old Slip,
South Street. **Plan** 1 D3. 🅒 480 3100.
⏰ 10h-17h mar.-sam. gratuit.
🆆 www.nycpolicemuseum.org

L'unique pâté de maisons de New York datant du XVIIIe siècle contient une réplique fidèle de la Fraunces Tavern, (1719). Au début de la guerre d'Indépendance, en 1775, un boulet tiré du navire britannique *Asia* transperça sa toiture. C'est ici que George Washington fit ses adieux à ses officiers en 1783. Sa restauration en 1907 est l'un des premiers efforts du pays pour la conservation de son patrimoine.

Le restaurant du rez-de-chaussée est plein de charme. À l'étage, un musée propose des expositions tournantes de peintures, gravures et objets décoratifs traditionnels.

Le **Police Museum** contient des objets de la police new-yorkaise et des animations interactives, les visiteurs peuvent notamment simuler un exercice de tir.

Vietnam Veterans Plaza ⑭

Entre Water St et South St.
Plan 2 D4. Ⓜ Whitehall, South Ferry.

Au centre de cette place en briques au style dépouillé s'élève un énorme mur en verre transparent, sur lequel sont gravés des extraits de discours, de reportages et des lettres émouvantes envoyées aux familles des victimes de la guerre.

**Le ferry de Staten Island : la balade
en bateau la moins chère de la ville !**

Staten Island Ferry ⑮

Whitehall St. **Plan** 2 D5. 🅒 (718)
815-BOAT. Ⓜ South Ferry.
⏰ 24h t.l.j. **Gratuit.** 📷 ♿ Voir
Renseignements pratiques p. 353.

Créé par un jeune habitant de Staten Island, Cornelius Vanderbilt, futur magnat du chemin de fer, ce ferry fonctionne depuis 1810. Il est le moyen de transport quotidien des habitants des îles voisines et offre au

Fraunces Tavern Museum et son restaurant

visiteur un panorama inoubliable sur le port, la statue de la Liberté, Ellis Island et le sud de Manhattan. Le prix du billet est la meilleure affaire de la ville : c'est gratuit !

Battery Maritime Building

11 South St. **Plan** 2 D4. Ⓜ *South Ferry.* ● *au public.*

De 1909 à 1938, le terminal des ferries à destination de Brooklyn se trouvait sur un quai appelé Schreijers Hoek, nom qui remonte à l'époque coloniale hollandaise. Au temps glorieux des ferries, 17 lignes assuraient les traversées. Aujourd'hui, ce bâtiment construit en 1907 n'est utilisé que par les garde-côtes. En arrivant, les navires traversaient d'énormes arches de 91 mètres de hauteur flanquées de magnifiques colonnes ornées de moulures et de cocardes typiques de la période Beaux-Arts. L'ensemble a été peint en vert pour imiter le cuivre, mais le revêtement est en réalité composé de plaques d'acier.

Rambarde en fer forgé du Battery Maritime Building

La statue de la Liberté ⓱

Voir p. 74-75.

Ellis Island ⓲

Voir p. 78-79.

Le monument national de Castle Clinton au cœur de Battery Park

Battery Park ⓳

Plan 1 B4. Ⓜ *South Ferry, Bowling Green.*

Ce parc, qui doit son nom aux canons qui protégeaient jadis le port offre une vue dégagée sur la baie de New York. Au fil des années, des travaux de terrassement ont étendu Battery Park au-delà de State Street (ancienne limite). Au milieu du parc se

Bouche de métro de style Beaux-Arts aux abords de Battery Park

dressent de nombreux monuments et statues : mémoriaux des Pays-Bas, des premiers immigrés juifs new-yorkais, des pionniers wallons, de l'Armée du Salut et des garde-côtes, monuments à la mémoire de Giovanni Da Verrazano, premier explorateur à apercevoir ce rivage, et de la poétesse Emma Lazarus.

Castle Clinton National Monument ⓴

Battery Park. **Plan** 1 B4. ⓘ *344-7220.* Ⓜ *Bowling Green, South Ferry.* ○ *8h30-17h t.l.j.* ● *25 déc.* Ⓚ & Ⓕ *Concerts.* Ⓗ Ⓦ *www.nps.gov/cacl*

Castle Clinton est un fort construit en 1811.

À l'époque, il est situé à 91 mètres de la rive et relié à Battery Park par une chaussée surélevée. Des travaux de terrassement l'ont depuis intégré à la côte. Ses 28 canons n'ont jamais servi à des fins militaires. Le fort, fermé en 1824, est devenu un théâtre à la mode. En 1850, Phineas T. Barnum y produit Jenny Lind, le rossignol suédois. À partir de 1855, il sert de centre de transit à plus de 8 millions d'immigrants.

L'édifice est remodelé en 1896 pour accueillir l'aquarium de New York, qui déménage en 1941 à Coney Island (p. 247). Castle Clinton sert désormais de centre d'information des parcs de Manhattan et expose une rétrospective historique de New York. C'est également de là que partent les ferries pour la statue de la Liberté et Ellis Island (p. 353).

Museum of Jewish Heritage ㉑

18 First Place, entre West Street et Battery Place. **Plan** 1 B4. ⓘ *509-6130.* Ⓜ *Bowling Green.* ○ *10h-17h45 dim.-mer., 10h-20h mer., 10h-17h ven. et veille de fêtes juives.* ● *sam., fêtes juives.* Ⓚ & Ⓗ Ⓑ *Conférences.* Ⓦ *www.mjhny.org*

Le musée, mémorial de l'holocauste, va voir tripler sa surface d'exposition. L'aile est, de 6 500 m², doit abriter une salle de cinéma, de conférence et de spectacle, un jardin, des salles de classe, une bibliothèque, un centre sur l'histoire de familles ; un espace d'exposition agrandi, des bureaux et un café.

Ellis Island ⑱

Près de la moitié de la population américaine a ses racines sur cette île, qui accueillit entre 1892 et 1954 près de dix-sept millions d'immigrants. Centré autour du hall principal, le site abrite aujourd'hui sur trois étages l'Ellis Island Immigration Museum. Les expositions retracent, à l'aide de photos, d'enregistrements d'immigrants actuels, d'une base de données permettant de retrouver ses ancêtres, quatre siècles d'immigration.

À l'extérieur, l'American Immigrant Wall oh Honour est le plus vaste mur de noms au monde. Le musée est le meilleur endroit pour comprendre le « melting pot » à l'origine de la nation américaine.

Bâtiment principal

Bâtiment principal
Un bureau vendait des billets de train pour la suite du voyage.

Des tarifs spéciaux
incitèrent les immigrants à partir en Californie.

★ **Dortoir**
Hommes et femmes avaient leurs quartiers respectifs.

LA RESTAURATION
En 1990, des travaux pour un montant de 189 millions de dollars ont permis de restaurer les bâtiments en ruine, de remplacer les dômes de cuivre et de rénover à l'identique l'intérieur d'Ellis Island.

Ce bureau vendait des billets de ferry pour le New Jersey.

★ **Salle des bagages**
Les maigres bagages des immigrants étaient contrôlés dès leur arrivée.

Hall principal ★
Les familles devaient y attendre l'accomplissement des formalités. Les barrières métalliques furent remplacées par des bancs en bois en 1911.

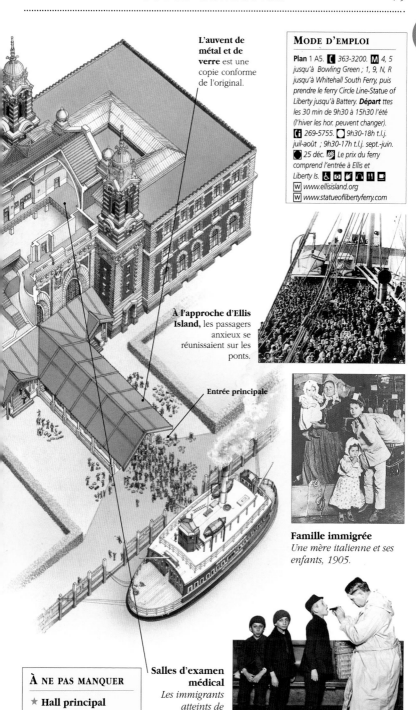

L'auvent de métal et de verre est une copie conforme de l'original.

À l'approche d'Ellis Island, les passagers anxieux se réunissaient sur les ponts.

Entrée principale

Famille immigrée
Une mère italienne et ses enfants, 1905.

Salles d'examen médical
Les immigrants atteints de maladies contagieuses pouvaient être refoulés.

À NE PAS MANQUER

★ **Hall principal**

★ **Dortoir**

★ **Salle des bagages**

SEAPORT ET
LE CIVIC CENTER

Situé à Manhattan, le Civic Center comprend un ensemble de tribunaux (de la ville, de l'État de New York et de l'État fédéral), ainsi que le siège de la police de New York. Dans les années 1880, de grands journaux y avaient leur adresse. Ce quartier se caractérise par l'élégance de ses constructions, comme Woolworth Building (XXe siècle), City Hall (XIXe siècle) ou St Paul's Chapel

**Figure de proue,
South Street Seaport**

(XVIIIe siècle). À proximité se trouve South Street Seaport, baptisé «la rue de la Voile» au XIXe siècle, en raison du grand nombre de navires qui y étaient amarrés. Ce port déclina à mesure que progressait la marine à vapeur. Aujourd'hui réhabilité, le quartier abrite un musée, des boutiques et des restaurants. Le pont suspendu de Brooklyn, autrefois le plus grand du monde, s'étire jusqu'au nord.

LE QUARTIER D'UN COUP D'ŒIL

Rues et bâtiments historiques
South Street Seaport ❶
Schermerhorn Row ❷
Brooklyn Bridge p. 86-89 ❸
Criminal Courts Building ❹
New York County
Courthouse ❺
United States Courthouse ❻
Municipal Building ❼
Surrogate's Court, Hall
of Records ❽
Old New York County
Courthouse ❾
City Hall ❿
Woolworth Building ⓬
AT&T Building ⓮

Église
St Paul's Chapel ⓭

Parcs, squares et places
City Hall Park et
Park Row ⓫

COMMENT Y ALLER ?
Le quartier est desservi par de nombreuses lignes de métro : lignes 2 et 3 (7e Ave./ Broadway), v. Park Place ; lignes 4, 5 et 6 (Lexington Ave.), v. Brooklyn Bridge ; lignes A, C et E (8e Ave.), v. Chambers St ; N et R, v. City Hall. Bus : M1, M6, M9, M10, M15, M101/102, ou M22 (transversal).

VOIR ÉGALEMENT :

LÉGENDE

▭	Plan du quartier pas à pas
Ⓜ	Station de métro
🚢	Départ des bateaux-mouches

0   500 mètres

0   500 yards

South Street Seaport pas à pas

Le développement de South Street Seaport a fait de ce qui était au XIXe siècle le haut lieu portuaire de New York un quartier animé, avec des boutiques et des cafés, où mouillent à nouveau de grands navires. South Street Seaport Museum, qui occupe des bâtiments historiques restaurés et une partie de l'ancien port, s'attache à retracer le passé maritime de New York au travers de reconstitutions, d'expositions et de visites de bateaux.

★ **South Street Seaport**
Jadis fréquenté par les marins des voiliers à quai, le port est devenu un ensemble de boutiques, de cafés et de musées ❶

Cannon's Walk, un ensemble de maisons des XIXe et XXe siècles, comprend un café en plein air, des boutiques et un marché animé.

Le mémorial du Titanic, phare élevé en 1913 à la mémoire des disparus du naufrage, se dresse sur Fulton Street vers la station de métro.

Vers le métro Fulton Street (4 blocks)

Schermerhorn Row
Ces anciens entrepôts (construits de 1811 à 1813) abritent des bistrots et des restaurants, dont North Star Pub (voir p.308) *et Brookstone* ❷

Boat Building Shop
L'on y voit des artisans construire et restaurer des maquettes de navires en bois.

Au Maritime Crafts Center,
l'on peut assister à des travaux de sculpture sur bois, des constructions de maquettes de bateaux ou de figures de proue.

Bateau dans une bouteille

Pilothouse
est l'ancienne timonerie d'un remorqueur construit en 1923 par la New York Central. Elle abrite aujourd'hui le bureau de renseignements du Seaport.

À NE PAS MANQUER

★ **Brooklyn Bridge**

★ **South Street Seaport**

La sous-station électrique de **la Consolidated Edison,** construite en 1975, est recouverte d'un *mural* peint en trompe-l'œil, de Richard Haas, qui a pour objet de l'intégrer aux édifices historiques voisins.

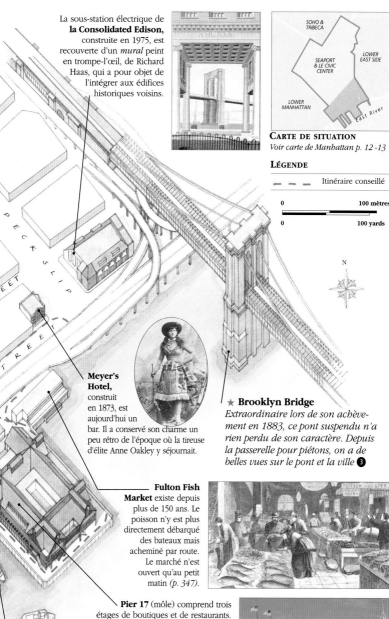

CARTE DE SITUATION
Voir carte de Manhattan p. 12 -13

LÉGENDE

— — — Itinéraire conseillé

0   100 mètres

0   100 yards

Meyer's Hotel, construit en 1873, est aujourd'hui un bar. Il a conservé son charme un peu rétro de l'époque où la tireuse d'élite Anne Oakley y séjournait.

★ **Brooklyn Bridge**
Extraordinaire lors de son achèvement en 1883, ce pont suspendu n'a rien perdu de son caractère. Depuis la passerelle pour piétons, on a de belles vues sur le pont et la ville ❸

Fulton Fish Market existe depuis plus de 150 ans. Le poisson n'y est plus directement débarqué des bateaux mais acheminé par route. Le marché n'est ouvert qu'au petit matin *(p. 347).*

Pier 17 (môle) comprend trois étages de boutiques et de restaurants. D'en haut on a de belles vues sur le pont et les vieux gréements à quai.

La goélette *Pioneer* assure des croisières sur le fleuve, l'*Ambrose*, bateau-phare de 1908 est également amarré ici.

Le bateau-phare, l'*Ambrose* est amarré dans le port d'East River

South Street Seaport **❶**

Fulton St. **Plan** 2 E2. **☎** 732-7678.
Ⓜ *Fulton St.* **◯** *10h-21h lun.- sam.,*
11h-20h dim. **◻ ⬛ ☑** *Concerts.*
⬛ ⬛
South Street Seaport Museum
207 Front St. **☎** 748-8600.
◯ *10h-18h t.l.j., jusqu'à 20h*
jeu. mai-sept. ; 10h-17h t.l.j. oct.-avr.
⬛ *mar., 1ᵉʳ janv., Thanksgiving,*
25 déc. **⬛ ◻ ⬛ ☑** *Conférences,*
expositions, films **⬛ ⬛**
Ⓦ www.southstseaport.com
Ⓦ www.southstseaport.org *(musée)*

L e cœur du port
du xixᵉ siècle recommence
à battre : des boutiques et des
cafés sympathiques
y côtoient ateliers d'artisans,
bâtiments historiques ou
musées. Les navires anciens
ancrés au long des môles
vont du petit remorqueur
W.O. Decker au grand quatre-
mâts *Peking*, deuxième plus
grand voilier du monde.
Les mini-croisières à bord de
la goélette *Pioneer* sont un
excellent moyen pour
admirer le port depuis le
fleuve. Le marché aux
poissons se tient ici depuis
1821. Bien que le poisson ne

Le marché aux poissons à l'aube

soit plus débarqué des
bateaux mais arrive par
camions frigorifiques,
l'animation qui règne à l'aube
vaut d'être vue. Ouvert en
1967, le **South Street
Seaport Museum**, qui
possède six bateaux anciens,
renferme plus de
10 000 pièces, dont des
œuvres d'art et des
documents sur l'histoire
maritime des xixᵉ et
xxᵉ siècles, ainsi que des
trouvailles archéologiques.
La construction d'un musée
Guggenheim par Franck
Gehry constituera une
attraction supplémentaire
pour South Street Seaport.

Schermerhorn Row **❷**

Fulton et South Sts. **Plan** 2 D3.
Ⓜ *Fulton St.*

C e bel ensemble architectural, construit en 1811
par l'armateur et shipchandler
Peter Schermerhorn sur un
terrain gagné sur le fleuve,
comprenait initialement des
entrepôts et des immeubles
de bureaux réservés aux
comptables. L'ouverture du
débarcadère du bac
de Brooklyn en 1814,
puis du marché aux
poissons en 1822, en
accrut la valeur.
Restaurés dans le
cadre du South Street
Seaport, les bâtiments
abritent aujourd'hui
un office du tourisme,
des boutiques,
restaurants et une patinoire.

Brooklyn Bridge **❸**

Voir p. 86-89.

Criminal Courts Building **❹**

100 Centre St. **Plan** 4 F5.
Ⓜ *Canal St.* **◯** *9h-17h lun.-ven.*
⬛ *j.f.*

C et édifice de 1939, de
style Art déco, évoque un
temple babylonien. L'entrée,
haute de trois étages, est en
retrait dans une cour, derrière
deux énormes colonnes de
granite : les accusés ne man-
quent pas d'en être impres-
sionnés. Le bâtiment abrite
aussi une prison pour
hommes, qui se trouvait jadis
de l'autre côté de la rue, dans
un immeuble baptisé The
Tombs (« Les Tombeaux ») en
raison de son architecture de
style égyptien. L'immeuble a
disparu, mais l'appellation est
restée. Un « pont des Soupirs »
relie le building au tribunal
correctionnel situé de l'autre
côté de la rue. Cet immeuble
abrite également les
tribunaux nocturnes, où les
affaires sont jugées en
semaine de 17h à 1h.

L'entrée de **Criminal Courts
Building**

New York County Courthouse **❺**

60 Centre St. **Plan** 2 D1.
Ⓜ *Brooklyn Br-City Hall.* **◯** *9h-17h*
lun.-ven. **⬛** *j.f.*

C ette cour de justice
du comté, construite
en remplacement de Tweed
Courthouse *(p. 90)* fut achevée

en 1926. Le portique corinthien au sommet d'un large escalier est la caractéristique majeure de cet édifice de plan hexagonal. L'austérité de l'extérieur contraste avec la rotonde à colonnade intérieure, éclairée de lustres de Tiffany, ornée de marbres somptueux et dont le plafond peint par Attilio Pusterla illustre les thèmes de la loi et de la justice. Les salles de tribunal sont situées dans les six ailes qui partent de la rotonde. C'est ici que fut tourné le célèbre film *Douze Hommes en colère*, avec Henry Fonda.

New York County Courthouse

United States Courthouse ❻

40 Centre St. **Plan** 2 D1.
 Brooklyn Br-City Hall. ⬜ *9h-17h lun.-ven.* ⬤ *j.f.*

Ce palais de justice fut la dernière œuvre entreprise par l'architecte Cass Gilbert (à qui l'on doit aussi Woolworth Building), en 1933, un an avant sa mort. La construction fut achevée par son fils. Cet

United States Courthouse

immeuble de 31 étages est constitué d'une tour surmontée d'une pyramide, appuyée sur un édifice en forme de temple classique. Le bronze ouvragé des portes est vraiment remarquable. Des passerelles relient l'édifice à son annexe de Police Plaza.

Municipal Building ❼

1 Centre St. **Plan** 1 C1. Ⓜ
Brooklyn Br-City Hall. 📷 ♿

Le Municipal Building, édifié en 1914, domine le Civic Center et enjambe Chambers Street. Premier gratte-ciel de McKim, Mead & White, il abrite des bureaux administratifs et une chapelle où sont célébrés des mariages. L'extérieur, en harmonie avec City Hall, ne dépare pas les édifices plus anciens. La caractéristique la plus remarquable réside dans les tours surmontées d'une statue d'Adolph Wienman, *Civic Fame*.
La gare de chemin de fer (désaffectée) qui s'enfonce à la base de l'immeuble et le parvis qui le relie à l'entrée d'une station de métro furent conçus pour répondre aux besoins modernes en matière de transport urbain. Ce buiding aurait inspiré la grande tour de l'université de Moscou.

Surrogate's Court, Hall of Records ❽

31 Chambers St. **Plan** 1 C1.
Ⓜ *City Hall.* ⬜ *9h-17h lun.-ven.*
⬤ *j.f.* 📷 ♿ ✏

Le Hall of Records fut construit de 1899 à 1911 pour abriter les archives de la ville. La façade à colonnes, en granite blanc du Maine, est surmontée d'un toit à la Mansard. Les sculptures de Henry K. Bush-Brown qui ornent le toit représentent les âges de la vie ; quant aux statues de Philip Martiny qui dominent la colonnade, elles figurent d'éminents New-

Municipal Building

Yorkais tels que Peter Stuyvesant. Martiny sculpta également des représentations de New York à ses origines et à l'époque révolutionnaire (entrée de Chambers Street). L'Opéra de Paris a servi de modèle pour les escaliers de marbre et le plafond peint de l'éblouissant hall central. Le plafond en mosaïque dû à William de Leftwich Dodge représente notamment les signes du zodiaque.
Hall of Records conserve des archives dont les plus anciennes datent de 1664. Une exposition permanente présente des documents, dessins, lettres et photographies historiques évoquant la vie à New York de 1626 à nos jours.

Surrogate's Court

Brooklyn Bridge ❸

Le pont de Brooklyn, achevé en 1883, était alors le plus grand pont suspendu du monde, et le premier de ce type à avoir été construit en acier. Alors qu'il était bloqué par les glaces sur le bac qui devait le conduire à Brooklyn, l'ingénieur John A. Roebling avait eu l'idée d'un pont enjambant East River. Outre Roebling lui-même, une vingtaine des six cents hommes qui prirent part à la construction trouvèrent la mort au cours du chantier. Après seize ans de travaux, le pont relia définitivement Manhattan à Brooklyn, qui étaient alors deux villes distinctes.

Médaille commémorative frappée à l'occasion de l'inauguration du pont

LE PONT DE BROOKLYN

De la conception des câbles à l'enfouissement des supports, le pont fut construit avec des techniques révolutionnaires pour l'époque.

Ancrage
Les extrémités des quatre câbles d'acier sont fixées à des barres d'ancrage maintenues par des plaques insérées dans d'énormes piliers. Les espaces intérieurs qui servaient d'entrepôts abritent aujourd'hui des expositions.

Les fondations
Les tours s'élèvent sur des caissons immergés dont chacun a la taille de 4 courts de tennis. À l'intérieur on pouvait travailler sous le niveau de la rivière. Au fil des travaux, ils se sont enfoncés dans le lit de East River.

Puits

Fondations de granite

Câble

Barre d'ancrage

Plaques d'ancrage
À chacune des quatre plaques d'ancrage en fonte est fixé un câble. La maçonnerie fut construite autour des plaques après leur mise en place.

Plaques d'ancrage

Plaque d'ancrage

Fondations

Longueur de la travée centrale : 486 m

Longueur de la chaussée d'un point d'ancrage à l'autre : 1 091 m

Fondations

Première traversée

Le maître mécanicien E.F. Farrington fut le premier à traverser East River en 1876, accroché à un treuil tiré par une machine à vapeur. Sa traversée dura 22 minutes.

MODE D'EMPLOI

Plan 2 D2. Ⓜ 4, 5, 6 vers Brooklyn Bridge-City Hall (côté Manhattan); A, C jusqu'à High St, Brooklyn Bridge (côté Brooklyn). 🚌 M9, M22, M101, M102. 📷 ♿

Les câbles d'acier

Chaque câble est constitué de 5 657 km de fil d'acier zingué et galvanisé pour le protéger des intempéries.

Brooklyn Tower (1875)

Deux doubles arches néo-gothiques de 83 m de haut, se dressant respectivement à Brooklyn et à Manhattan, devaient constituer les portes des 2 cités.

FOUNDATION LINE

À l'intérieur des caissons
Des travailleurs immigrés cassaient des pierres.

JOHN A. ROEBLING

Cet ingénieur d'origine allemande conçut le pont. En 1869, avant même le début des travaux, il se fit écraser le pied par un ferry et mourut trois semaines plus tard. Son fils Washington Roebling acheva la construction du pont, mais il fut victime en 1872 d'un accident de décompression qui le laissa partiellement paralysé. Sous son contrôle, son épouse prit alors la direction des travaux.

LA FABRICATION DES CÂBLES

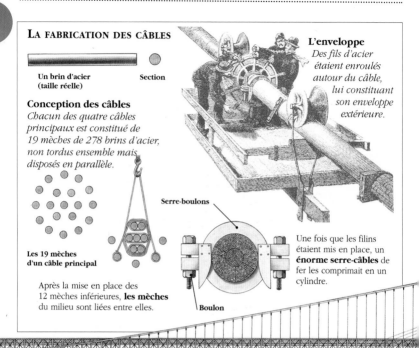

**Un brin d'acier
(taille réelle)**   **Section**

Conception des câbles
*Chacun des quatre câbles
principaux est constitué de
19 mèches de 278 brins d'acier,
non tordus ensemble mais
disposés en parallèle.*

**Les 19 mèches
d'un câble principal**

Après la mise en place des
12 mèches inférieures, **les mèches**
du milieu sont liées entre elles.

L'enveloppe
*Des fils d'acier
étaient enroulés
autour du câble,
lui constituant
son enveloppe
extérieure.*

Serre-boulons

Boulon

Une fois que les filins
étaient mis en place, un
énorme serre-câbles de
fer les comprimait en un
cylindre.

Feux d'artifice du centenaire, en 1983, du Brooklin Bridge
La célébration donna lieu à un spectacle impressionnant.

Le pont vu de Manhattan
*Sur cette vue datant
de 1883, l'on distingue
les deux voies exté-
rieures initialement
destinées aux voitures
hippomobiles, les deux
voies centrales réser-
vées aux tramways et
la passerelle pour
piétons, surélevée.*

La panique du 30 mai 1883
*Après qu'une femme eut chuté du
pont, la foule, d'une vingtaine de
milliers de personnes, fut prise de
panique. Il y eut douze morts.*

Les ultimes travaux (1883)
Des suspensoirs verticaux fixés aux haubans assujettissent le tablier.

La fixation des câbles
est assurée au sommet de chacun des deux pylônes par des plaques d'équilibrage.

Câble

Haubans

Suspensoirs

Les poutres du tablier
Elles sont en acier et pèsent chacune 4 tonnes.

Le saut d'Odlum
Robert Odlum fut le premier à sauter du pont, en mai 1885, à la suite d'un pari. Il devait mourir d'une hémorragie interne.

La passerelle surélevée
Le poète Walt Whitman considérait que la vue qui s'offrait depuis la passerelle, au-dessus de la chaussée, était pour son âme « le meilleur, le plus efficace des remèdes ».

Old New York County Courthouse ❾

52 Chambers St. **Plan** 1 C1.
Ⓜ *Chambers St-City Hall.* ⬤ *pour rénovation.*

Cet édifice est surtout connu pour le scandale qui accompagna sa construction : il est surnommé «le château Tweed», du nom du politicien qui dépensa vingt fois le budget initialement prévu et empocha 9 des 14 millions de dollars que coûta ce palais de justice. Tweed acheta une carrière de marbre et fit des profits faramineux en vendant des matériaux à la Ville. Il fut finalement arrêté en 1871 : jugé dans son propre palais de justice, il mourut dans une prison new-yorkaise *(p. 25).* Après des travaux de restauration s'élevant à 85 millions de $, l'ancien palais de justice doit accueillir le Museum of the City of New York.

Barnum's Museum détruit devant la foule de City Hall Park

L'imposante façade de City Hall, datant du début du XIXe siècle

City Hall ❿

City Hall Pk. **Plan** 1 C1. ☎ 788-3071. Ⓜ *Brooklyn Br-City Hall.* ⬤ *pour visites organisées uniquement* 📷 ♿ ✆ 319-9300.

City Hall, siège de l'administration municipale depuis 1812, est l'une des plus belles réalisations architecturales américaines du début du XIXe siècle. Cet imposant édifice de style fédéral fut conçu par le

Français Joseph Mangin et l'Américain John McComb Jr. L'arrière de l'hôtel de ville ne bénéficia pas d'un revêtement de marbre, car l'on pensait alors que la ville ne se développerait jamais vers le nord. En 1954, une restauration (en calcaire et granite) remédia à ce défaut; l'intérieur fut également remis à neuf.

On attribue habituellement à Mangin l'extérieur, et à McComb le magnifique intérieur, caractérisé par une rotonde surmontée d'un dôme entouré de dix colonnes. L'espace intérieur s'ouvre sur un élégant escalier de marbre à double volée, qui mène à la salle du Conseil et aux appartements du Gouverneur – ces derniers comprennent une galerie de portraits des premières personnalités new-yorkaises. Cette superbe entrée accueille depuis près de deux siècles les grands de ce monde. En 1865, la dépouille d'Abraham Lincoln y fut exposée. Du sommet des marches, on voit sur la droite une statue de Nathan Hale, soldat américain pendu par les Britanniques pour espionnage en septembre 1776. Ses dernières paroles («Mon seul regret est de n'avoir pas plus d'une vie à offrir au service de mon pays») lui ont valu de figurer en bonne place dans les manuels d'histoire américains.

City Hall Park et Park Row ⓫

Plan 1 C2. Ⓜ *Brooklyn Br-City Hall.*

Place gazonnée du village qu'était New York il y a deux siècles et demi, ce site fut, dans la période prérévolutionnaire, le théâtre de manifestations contre l'autorité coloniale britannique; sur la pelouse ouest de City Hall se dresse un monument commémorant les mâts de la Liberté qui y furent érigés. C'est là que fut donnée lecture de la déclaration d'Indépendance, devant George Washington et ses troupes, le 9 juillet 1776. De 1842 à sa destruction par un incendie en 1865, Phineas Barnum's Museum attira les foules à l'extrémité sud du parc. Park Row Building abritait le Park Theater, où de 1798 à 1848 se produisirent les meilleurs comédiens de l'époque (dont Edmund Kean et Fanny Kemble). Park Row, qui s'étend au long de la partie est de City Hall Park, était jadis baptisé «l'avenue de la Presse». Des journaux tels que *Sun, World, Tribune* y avaient leur siège.

Statue de Benjamin Frank
dans Printing House

Printing House Square s'enorgueillit d'une statue de Benjamin Franklin tenant un exemplaire de sa *Pennsylvania Gazette*. En 1983, d'importants travaux ont fait de City Hall Park, un endroit calme et aéré, idéal pour se détendre.

Woolworth Building ⓬

233 Broadway. **Plan** 1 C2. **M** *City Hall.* ⬭ *heures de bureau.*

Caricature de l'architecte Gilbert, dans le hall de Woolworth Building

E n 1879, Frank Woolworth ouvrit un nouveau type de commerce, où les clients pouvaient voir et toucher les marchandises proposées, et où tout était vendu au prix de 5 cents. Révolutionnant l'univers de la distribution, Woolworth fut bientôt à la tête d'une chaîne de magasins. Le siège de son empire, un édifice de style néo-gothique achevé en 1913, devait être jusqu'en 1930 le plus grand building du monde. Ce magnifique immeuble fut le modèle des gratte-ciel suivants.

Le sommet de ce bâtiment haut de 241 m dessiné par Cass Gilbert, orné de gargouilles représentant des chauves-souris et d'autres animaux, est surmonté d'un toit en pyramide, d'arcs-boutants, de pinacles et de 4 tourelles. Les intérieurs de marbre sont agrémentés d'ornements en filigrane, de bas-reliefs et de décorations peintes, ainsi que d'un somptueux plafond en mosaïque de verre.

Gilbert, dans le hall d'entrée démontra son sens de l'humour, en le dotant de caricatures en bas-relief montrant le fondateur en train de compter sa fortune en piécettes, et l'architecte lui-même tenant une maquette du building. Les 13 millions et demi de dollars que lui coûta l'immeuble furent réglés au comptant. La firme Woolworth a cessé toute activité commerciale en 1997. L'édifice appartient désormais au Witkoff Group.

St Paul's Chapel ⓭

209-211 Broadway. **Plan** 1 C2. ☎ *602-0874.* **M** *Fulton St.* ⬭ *9h-15h lun.-ven., 7h-15h dim.* ⬤ *j.f. sauf exception.* ⬆ *8h le dim.* ▣ ♿ *sur rdv. **Concerts** le lun. à 13h.* W *www.trinitywallstreet.org*

C 'est la seule église de Manhattan construite avant

La nef de style colonial St Paul's Chapel

l'indépendance américaine et encore debout. Des concerts gratuits sont organisés dans la nef éclairée de lourds lustres. Le banc où Washington vint prier dès son accession à la présidence a été conservé. Dans le cimetière, Actor's Monument perpétue la mémoire de George Frederick Cooke, qui interpréta maints grands rôles au Park Theater avant de sombrer dans l'alcool à la Shakespeare Tavern de Fulton Street.

AT&T Building ⓮

195 Broadway. **Plan** 1 C2. **M** *Broadway-Nassau.* ⬭ *heures de bureau.*

L a profusion des colonnes caractérise cet ancien siège social de l'American Telephone and Telegraph dessiné par Welles Bosworth et achevé en 1922 : la façade comprendrait plus de colonnes que tout autre édifice au monde, et l'intérieur abrite une véritable forêt de piliers de marbre. L'édifice dans son ensemble évoque une gigantesque pièce montée au sommet carré.

Divinité marine, au-dessus de la porte de AT & T Building

LOWER EAST SIDE

Le caractère cosmopolite de New York n'est nulle part aussi évident que dans Lower Manhattan, où s'établirent tant d'immigrants. Italiens, Chinois et juifs y créèrent leurs propres quartiers, où dans un pays nouveau pour eux ils surent préserver leurs langues, leurs coutumes, leurs arts culinaires et leurs religions. De nouveaux immigrés

Boîte ancienne au Lower East Side Tenement Museum

venus de nombreux pays occupent aujourd'hui ce quartier, qui a cependant conservé son ambiance inimitable. Les restaurants pullulent ici, tout comme les commerces, où l'on peut faire les meilleures affaires de la ville. Le compositeur Irving Berlin, qui grandit dans ces rues, déclarait : « Chacun devrait avoir un Lower East Side dans sa vie. »

LE QUARTIER D'UN COUP D'ŒIL

Rues et bâtiments historiques
Home Savings of America ❶
Police Headquarters Building ❷
Little Italy ❸
Chinatown ❹
Orchard Street ❽
Delancey Street ❿

East Houston Street ⓫
Puck Building ⓬
Engine Company n° 31 ⓮

Parcs, squares et places
Columbus Park ❺

Musées et galeries
Lower East Side Tenement Museum ❼

Églises et synagogues
Eldridge Street Synagogue ❻
Bialystoker Synagogue ❾
Old St Patrick's Cathedral ⓭

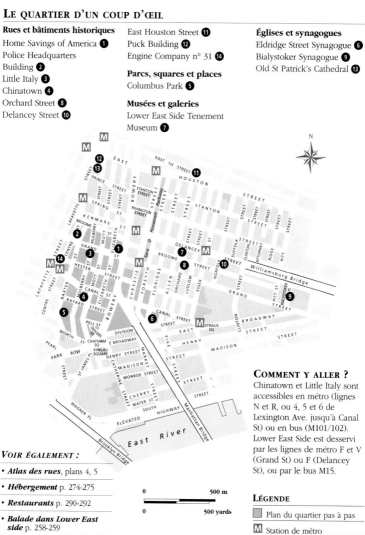

COMMENT Y ALLER ?
Chinatown et Little Italy sont accessibles en métro (lignes N et R, ou 4, 5 et 6 de Lexington Ave. jusqu'à Canal St) ou en bus (M101/102). Lower East Side est desservi par les lignes de métro F et V (Grand St) ou F (Delancey St), ou par le bus M15.

VOIR ÉGALEMENT :
- *Atlas des rues*, plans 4, 5
- *Hébergement* p. 274-275
- *Restaurants* p. 290-292
- *Balade dans Lower East side* p. 258-259

| 0 | 500 m |
| 0 | 500 yards |

LÉGENDE

▢ Plan du quartier pas à pas

Ⓜ Station de métro

Effigie de dragon dans Chinatown lors du Nouvel An chinois

Little Italy et Chinatown pas à pas

Le plus grand et le plus pittoresque des quartiers « ethniques » de New York est Chinatown, dont la croissance est si rapide qu'il est en passe de submerger Little Italy et le Lower East Side juif. Ses rues regorgent d'étals de primeurs, de boutiques de souvenirs et de centaines de restaurants chinois. Les vestiges de Little Italy occupent Mulberry Street et Grand Street, où flotte le parfum de l'Ancien Monde.

★ Little Italy
Jadis occupée par des milliers d'immigrants, Little Italy a conservé de ses origines maints restaurants et boulangeries ❸

★ Chinatown
Ce quartier habité par une communauté prospère d'origine chinoise est célèbre pour ses restaurants et l'animation de ses rues, particulièrement intense lors du Nouvel An chinois (en janvier ou février) ❹

Le marché de Canal Street propose produits frais, vêtements neufs et d'occasion à petits prix.

Station de Canal Street (lignes N, R, 4, 5, 6)

Le temple bouddhique du n° 64b Mott Street abrite plus de cent bouddhas dorés.

Le mur de la Démocratie a Bayard Street est couvert de journaux et de posters décrivant la situation en Chine.

Columbus Park s'étend sur le site de ce qui fut au XIXᵉ siècle le plus misérable taudis de New York.

Confucius Plaza, où se dresse le monument au Philosophe oriental du sculpteur Liu Shih.

Chatham Square, monument aux morts sino-américains.

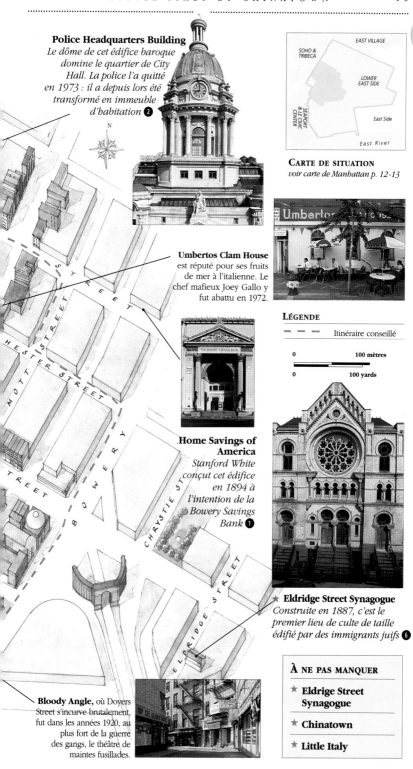

Police Headquarters Building
Le dôme de cet édifice baroque domine le quartier de City Hall. La police l'a quitté en 1973 : il a depuis lors été transformé en immeuble d'habitation ❷

CARTE DE SITUATION
voir carte de Manhattan p. 12-13

Umbertos Clam House
est réputé pour ses fruits de mer à l'italienne. Le chef mafieux Joey Gallo y fut abattu en 1972.

LÉGENDE

- - - Itinéraire conseillé

| 0 | 100 mètres |

| 0 | 100 yards |

Home Savings of America
Stanford White conçut cet édifice en 1894 à l'intention de la Bowery Savings Bank ❶

★ **Eldridge Street Synagogue**
Construite en 1887, c'est le premier lieu de culte de taille édifié par des immigrants juifs ❻

Bloody Angle, où Doyers Street s'incurve brutalement, fut dans les années 1920, au plus fort de la guerre des gangs, le théâtre de maintes fusillades.

À NE PAS MANQUER

★ **Eldrige Street Synagogue**

★ **Chinatown**

★ **Little Italy**

Home Savings of America ❶

130 Bowery. **Plan** 4 F4. Ⓜ *Grand St, Bowery.* ◯ *horaires de la banque.*

Aussi imposant à l'intérieur qu'à extérieur, cet édifice de style Classical Revival fut bâti en 1894 pour la Bowery Savings Bank. L'architecte Stanford White conçut la façade de grès de manière à engloutir la banque Butchers and Drovers qui avait refusé de vendre la parcelle du coin de la rue. L'intérieur est orné de colonnes de marbre et d'un plafond parsemé de rosettes dorées. Au début du siècle, le contraste avec la misère du quartier était saisissant.

Détail de l'immeuble des Home Savings

Police Headquarters Building ❷

240 Centre St. **Plan** 4 F4. Ⓜ *Canal St.* ⬛ *au public.*

Achevé en 1909, ce bâtiment surmonté d'une coupole était tout à fait adapté à sa fonction de quartier général des nouvelles forces de police professionnelles de la ville. Le portique principal et les pavillons latéraux sont bordés de colonnes corinthiennes. Le manque d'espace dont souffrait le site, au cœur de Little Italy, contraignit cependant l'architecte à adopter un plan en coin. Les « meilleurs hommes de New

York » vinrent travailler ici pendant 3/4 de siècle. Durant la Prohibition, Grand Street reçut le sobriquet de « Bootleggers' Row ». On y obtenait facilement de l'alcool. Les revendeurs de contrebande versaient de fortes sommes à leurs informateurs, qui œuvraient au sein même des forces de police. Celles-ci prirent possession de nouveaux locaux en 1973. Douze ans plus tard, le bâtiment fut transformé en immeuble d'appartements luxueux.

Little Italy ❸

Rues autour de Mulberry St. **Plan** 4 F4. Ⓜ *Canal St.* Ⓦ www.littleitalynyc;com

Les Italiens du Sud qui émigrèrent à New York à la fin du XIXᵉ siècle vinrent s'entasser dans de sordides appartements construits si près les uns des autres que la lumière du soleil ne parvenait jamais jusqu'aux fenêtres des étages inférieurs. Les maladies telles que la tuberculose régnaient dans ces immeubles insalubres qui abritaient plus de 40 000 habitants. En dépit des difficultés de la vie dans Lower East Side, la communauté italienne qui s'épanouit aux alentours de Mulberry Street sut préserver l'ambiance de son pays d'origine. Ceci est encore

partiellement vrai, même si la population italienne, réduite aujourd'hui à cinq mille personnes, est de plus en plus menacée par l'extension de Chinatown.

Le moment le plus propice à une visite du quartier se situe lors des fêtes de San Gennaro. *(p. 52).* Chaque année, Mulberry Street est pendant neuf jours rebaptisée Via San Gennaro. Le 19 septembre, une grande procession accompagne les reliques du saint dans les rues. Tout au long des festivités, la foule se saoule de musique, de danse, de spectacles, de boissons et de mets variés. Les restaurants de Little Italy proposent une cuisine simple et généreuse, servie à des prix raisonnables dans un cadre sympathique.

Café italien dans Little Italy

Chinatown ❹

Quartier de Mott St. **Plan** 4 F5. Ⓜ *Canal St.* **Eastern States Buddhist Temple** ◯ *9h-20h t.l.j.*

Le Chinatown du début du XXᵉ siècle était avant tout une communauté masculine, constituée par des immigrants chinois venus de Californie, qui envoyaient le fruit de leur travail à leurs familles restées en Chine (les lois américaines relatives à l'immigration leur interdisant d'entrer aux États-Unis). Le mah-jong et les jeux d'argent étaient pour ces hommes des divertissements quotidiens. Vivant isolée du reste de la ville, cette communauté demeura financée et contrôlée par ses propres organisations secrètes, les Tongs. Si certains de ces Tongs étaient simplement des associations familiales, d'autres (dont les On Leong et les Hip Sing) étaient des confréries criminelles. L'étroite et tortueuse Doyers Street fut

Fronton sculpté du Police Headquarters Building

Épicerie chinoise dans Canal Street

qualifiée de Bloody Angle (« le Coin Sanglant »), en raison des embuscades que s'y tendaient les gangsters rivaux. Une trêve conclue en 1933 entre les Tongs amena la paix à Chinatown, qui dès 1940 était occupée par de nombreuses familles bourgeoises. Après la guerre, les immigrants et les sociétés venus de Hong Kong accrurent la prospérité du quartier, où vivent actuellement plus de 80 000 Sino-Américains. On visite souvent ce quartier pour sa cuisine, mais il possède d'autres attraits : galeries d'art, magasins d'antiquités et de souvenirs, ou fêtes orientales (p. 53). Un autre aspect de Chinatown apparaît au temple bouddhique

Vitrail de Eldridge Street Synagogue

du n° 64b Mott Street où s'amoncellent les offrandes et où plus de cent effigies dorées du Bouddha luisent à la clarté des cierges.

Columbus Park ❺

Plan 4 F5. Ⓜ Canal St.

La tranquillité de Columbus Park est à mille lieues des scènes qui se déroulaient dans le voisinage au début du xixᵉ siècle. Le quartier, où régnaient des gangs, comme celui des « Lapins morts », était occupé en partie par les taudis de Five Points, dévolu à la prostitution et à la délinquance. En moyenne, un meurtre y était commis chaque jour et les policiers eux-mêmes craignaient de s'y aventurer. Par suite notamment des écrits du réformateur Jacob Riils (p. 47), les taudis furent rasés en 1892. Le parc est aujourd'hui le seul espace vert de Chinatown.

Eldridge Street Synagogue ❻

12 Eldridge St. **Plan** 5 A5. 📞 219-0888. Ⓜ E Broadway. ⭕ 11h-16h dim. ☀ au coucher du soleil le ven., à partir de 10h le sam. 📷 Ø 🎫 11h et 14h30 mar., jeu. et sur r.v. ⓦ www.eldridgestreet.org

Lorsque ce lieu de culte fut construit par des ashkenazes orthodoxes en 1887, il s'agissait du temple le plus somptueux des environs. Mais de nombreux immigrants juifs, qui ne considéraient Lower East Side que comme la première étape

d'une vie nouvelle, quittèrent ultérieurement l'immense synagogue. Dans les années 1930, ce sanctuaire orné de vitraux, de chandeliers de cuivre et de délicates sculptures ferma ses portes.

Trois décennies plus tard, un groupe de citoyens entreprit de réunir des fonds en vue de sa restauration, actuellement achevée. Une brève présentation audiovisuelle retrace l'histoire de la synagogue et de sa rénovation. Bien que laissée à l'abandon des années durant, la façade, où l'on décèle des influences romanes, gothiques et mauresques, demeure fort impressionnante. À l'intérieur, l'arche italienne sculptée à la main et le balcon de bois ouvragé suffisent à percevoir ce qui fit la gloire de cet édifice.

Lower East Side Tenement Museum ❼

90 Orchard St. **Plan** 5 A4. 📞 431-0233. Ⓜ Delancey, Grand St. ⭕ pour 🎫 uniquement 11h-17h30 (toutes les 20 min). ⬤ 1ᵉʳ janv, Thanksgiving, 25 déc. 📷 Ø 🎫 ♿ **Conférences, films, vidéos**.

Voiture de marchand des quatre-saisons (1890), exposée au musée

L'intérieur de l'édifice reconstitue les appartements à différentes époques : fins des années 1870, 1916, 1918 et 1935. Jusqu'en 1879, aucune loi ne régissait les conditions de vie des *tenements* (pièces sans fenêtres, lavabos et toilettes sur le palier, peu de conduit d'aération), et les occupants vivaient dans des conditions d'insalubrité déplorables.

Le musée propose notamment une exposition récente « L'atelier » et d'excellentes visites guidées dans tout le quartier.

Orchard Street ❽

Plan 5 A3. Ⓜ *Delancey, Grand St.*
Voir **Shopping** p. 312.
Ⓦ www.lowereastsideny.com

Des immigrants juifs
fondèrent l'industrie de
l'habillement à Orchard Street,
qui doit son nom aux vergers
(orchards) qui s'étendaient sur
le domaine colonial de James
de Lancey. Pendant des années,
la rue fut encombrée de
charrettes à bras, chargées
d'articles dont une bonne partie
étaient fabriqués dans les taudis
du quartier. Les charrettes ont
disparu depuis longtemps, et
tous les commerçants ne sont
pas juifs, mais l'ambiance
a subsisté et les boutiques
ferment toujours le samedi, jour
du sabbat. Le dimanche, jour
du marché en plein air, les
acheteurs se pressent de
Houston à Canal Streets, à la
recherche de bonnes affaires.

**Peinture murale à Bialystoker
Synagogue**

Bialystoker Synagogue ❾

7-11 Willett St. **Plan** 5 C4.
Ⓒ 475-0165. Ⓜ *Essex St.*
✪ *Services fréquents.* ◉

Ce lieu de culte de style
fédéral, édifié en 1826, était
à l'origine l'église méthodiste de
Willett Street. Rachetée en 1905
par des immigrants juifs de la
province polonaise de Bialystok,
l'édifice fut transformé en synagogue (c'est pourquoi elle est
orientée vers l'ouest, et non vers
l'est, comme le voudrait la
tradition). L'intérieur,

Le marché aux légumes de Canal Street

magnifique, se signale par ses
vitraux, son arche de bois
sculpté et ses peintures murales
figurant les signes du zodiaque
et des vues de la Terre sainte.

Delancey Street ❿

Plan 5 C4. Ⓜ *Essex St.*
Voir **Shopping** p. 312.

Jadis boulevard des plus
majestueux, Delancey Street
n'est aujourd'hui guère plus
qu'une voie d'accès au
Williambsburg Bridge. Cette rue
doit son nom à James de Lancey,
dont la ferme était située dans
les environs à l'époque coloniale.
Demeuré loyal à George II
durant la révolution, Lancey
s'enfuit en Angleterre à la fin de
la guerre d'Indépendance, avant
que ses biens ne soient saisis.
La plupart des magasins
de cette rue, qui fut une
prestigieuse artère commerçante,
sont aujourd'hui quelque peu
délabrés, mais l'on y peut encore
faire l'acquisition d'un authentique chapeau melon,
à la Buranelli Hat Company
(au n° 101).

East Houston Street ⓫

East Houston Street. **Plan** 4 F3-5 A3.
Ⓜ *Second Avenue.*

East Houston Street, entre
Forsyth et Ludlow streets
marque clairement la
séparation entre Lower East
Side et East Village et le
mélange changeant de
tradition et de modernité qui
caractérise le quartier. Entre
Forsyth et Eldridge se tient un

nouveau petit hôtel, juste à
côté de Yonah Schimmel
Knish, une boulangerie qui
existe depuis 90 ans et qui a
gardé ses vitrines d'origine.
Un peu plus loin, le Sunshine
Theater, qui s'est installé dans
une église hollandaise des
années 1840, a changé
plusieurs fois de vocation.
Arène de boxe, puis théâtre
de boulevard en yiddish, il
projette aujourd'hui des films
sur l'art.
   Alors que la plupart des
odeurs de cuisine yiddish ont
disparu de Lower East Side,
deux boutiques anciennes ont
survécu à East Houston Street.
Russ and Daughters est une
épicerie fine réputée depuis
trois générations. Le
fondateur commença autour
de 1900. Située à East
Houston Street depuis 1914,
l'épicerie est connue pour ses
poissons et harengs fumés et
propose de nombreuses
marques de caviar. À l'angle
de Ludlow street, Katz's

Bagels, East Houston Street

Delicatessen a fêté ses cent ans. Ses sandwiches au corned-beef et ses hot-dogs épicés sont toujours aussi recherchés.

Puck Building ⑫

295-309 Lafayette St. **Plan** 4 F3.
Ⓜ *Lafayette.* ⬤ *au public aux heures de bureau.* 𝄈 274-8900.

La statue de Puck, dans le coin nord-est du building du même nom

Cette curiosité architecturale, construite en 1885 par Albert et Herman Wagner, est inspirée du Rundbogenstil allemand, style du XIXᵉ siècle caractérisé par des bandes horizontales de fenêtres cintrées et par l'emploi habile de brique rouge moulée. Cet édifice appartient à l'histoire de l'édition new-yorkaise. Situé en bordure de l'ancien quartier des imprimeries de Manhattan, il fut de 1887 à 1916 le siège de la revue satirique *Puck*. C'était alors le plus grand bâtiment du monde consacré à la lithographie et à l'édition. Puck Building est aujourd'hui le théâtre d'élégantes soirées et de séances de photographie de mode. Les seuls liens actuels avec le mythique Puck résident dans la statue dorée qui se dresse à la hauteur du deuxième étage de l'immeuble, au coin de Mulberry et Houston Streets,

et dans la version réduite qui surmonte l'entrée de Lafayette Street.
À deux pas de là, des couvertures de *Puck* sont exposées chez Bars and Backbars (au 49, East Houston Street).

Old St Patrick's Cathedral ⑬

263 Mulberry St. **Plan** 4 F3. 𝄈 226-8075. Ⓜ *Prince St.* ⬤ *t.l.j. 8h-13h et 15h30- 21h.* ⬤ *mer.* ✝ *9h lun.-ven., 17h30 le sam., 9h30-12h30 dim. ; en espagnol : 7h30 ven., 9h sam., 10h45 dim.* Ⓦ www.oldsaintpatrick.org

La construction de la première cathédrale Saint-Patrick fut entreprise en 1809, ce qui en fait l'une des plus anciennes églises de la ville. Détruite par le feu dans les années 1860, elle fut relevée et prit alors un aspect très semblable à celui qui est aujourd'hui le sien. Lorsque l'archevêché prit la décision de transférer la cathédrale *uptown* (c'est-à-dire au nord) *(p.176-177)*, elle devint simple église de quartier. Les modifications ethniques intervenues au sein des paroissiens n'ont en rien nui à sa fréquentation. Les cryptes contiennent parmi d'autres tombes celles de l'une des familles de restaurateurs new-yorkais les plus célèbres, les Delmonico. Pierre Toussaint fut inhumé dans le cimetière adjacent, avant que sa dépouille ne fût transférée

Old St Patrick's Cathedral

(en 1990) dans une crypte de la nouvelle cathédrale. Né esclave à Haïti en 1766, Toussaint fut amené à New York, où il fut affranchi et devint un prospère perruquier. Il se consacra ensuite aux pauvres, aux victimes du choléra et aux orphelins. Sa canonisation est actuellement envisagée.

Engine Company n° 31 ⑭

87 Lafayette St. **Plan** 4 F3. 𝄈 966-4510. Ⓜ *Canal St.* ⬤ *au public.*

Au XIXᵉ siècle, l'importance des casernes de pompiers était telle qu'elles étaient jugées dignes d'avoir une belle architecture. Cette caserne bâtie en 1895 est l'une des plus intéressantes réalisations de l'agence Le Brun, qui s'en était fait une spécialité. Le bâtiment, qui évoque lointainement un château de la Loire, est actuellement occupé par le Downtown Community Television Center, qui propose des cours et organise des ateliers uniquement à ses membres.

La façade de l'Engine Company N° 31

SoHo et TriBeCa

L es arts et l'architecture sont les deux axes majeurs de la transformation de ces anciens quartiers industriels. SoHo (South of Houston) était menacé de démolition dans les années 1960, quand les défenseurs du patrimoine attirèrent l'attention sur l'architecture à structure métallique *(cast-iron)* caractéristique.

Devanture d'une boulangerie à SoHo

Dès lors, des artistes entreprirent de s'installer dans les lofts du quartier, où bientôt s'implantèrent galeries d'art, cafés et boutiques de stylistes. L'augmentation des loyers ayant ensuite chassé les artistes, ceux-ci s'établirent à TriBeCa (Triangle Below Canal), dont les galeries d'art et les restaurants sont aujourd'hui très en vogue.

Le quartier d'un coup d'œil

Rues et bâtiments historiques
Haughwout Building ❶
St Nicholas Hotel ❷
Greene Street ❸
Singer Building ❹

Harrison Street ❽
White Street ❾

Musées et galeries d'art
Museum for African Art ❻

New Museum of Contemporary Art ❺
New York City Fire Museum ❼

N

Comment y aller ?
Métro : lignes D ou F (6th Ave.), v. Broadway-Lafayette ; ligne 6 (Lexington Ave.), v. Bleecker St ; lignes N ou R v. Prince St Pour Canal St, lignes 1 ou 9 (7th Ave./Broadway) ; lignes A, C ou E (8th Ave) ; lignes 4, 5, 6, N ou R (Lexington Ave.). Bus : M1, M6, M21 Houston St (transversal).

Voir également :

• *Atlas des rues,* plan 4

• *Balade dans SoHo* p. 260

• *Restaurants* p. 290-292

Légende

▢ Plan du quartier pas à pas

Ⓜ Station de métro

0   500 m

0   500 yards

Façades métalliques de Greene Street

Le quartier de SoHo pas à pas

La plus grande concentration mondiale d'architecture à façade de fonte *(p. 40-41)* subsiste dans le quartier compris entre Canal et Houston Streets. Au cœur de ce quartier, Greene Street comprend 50 bâtiments élevés entre 1869 et 1895. Les façades richement ouvragées, produites en série dans des fonderies, sont aujourd'hui des œuvres rares d'art industriel, bien en accord avec le caractère du quartier.

West Broadway se caractérise dans la traversée de SoHo par une architecture remarquable et un nombre impressionnant de galeries d'art, de magasins d'artisanat, de boutiques de stylistes et de petits restaurants.

Au n° 72-76 Greene Street, King of Greene Street est un magnifique édifice à colonnes corinthiennes, dû à Isaac Duckworth, l'un des maîtres de l'architecture *cast-iron*.

Un hôte d'Enchanted Forest

Comme le laisse supposer son nom, **Enchanted Forest** est un magasin magique, où les jouets et livres pour enfants sont vendus dans un cadre féérique *(p. 314)*.

Performing Garage est un minuscule théâtre expérimental, où sont montées les œuvres d'artistes avant-gardistes.

★ Greene Street
L'un des plus beaux exemples d'architecture cast-iron *de Greene Street est sans doute le Queen, au n° 28-30, construit en 1872 par Duckworth* ❸

Vers la station de métro Canal Street-Broadway

L'immeuble du n° 10-14 Greene Street date de 1869. Les disques de verre des contremarches de la terrasse métallique permettaient à la lumière d'atteindre le sous-sol.

Le n° 15-17 a été bâti en 1895 dans un style corinthien empreint de simplicité.

★ Singer Building
Ce superbe édifice revêtu de terre cuite fut bâti en 1904 pour le célèbre fabricant de machines à coudre **4**

Richard Haas, prolifique spécialiste de la peinture murale, a transformé un mur nu en façade de fonte.

CARTE DE SITUATION
Voir carte de Manhattan p. 12-13

LÉGENDE

– – – Itinéraire conseillé

New Museum of Contemporary Art
Ce musée veut montrer le travail innovateur d'artistes vivants **5**

Station de métro de Prince Street (lignes N et R)

Dean & DeLuca est l'une des meilleures épiceries fines de New York, où l'on trouve notamment des cafés du monde entier *(p. 326).*

Le n° 101 de Spring Street, à la façade d'une simplicité géométrique et aux grandes fenêtres, permet de comprendre comment ce style a conduit à la naissance du gratte-ciel.

St Nicholas Hotel
Durant la guerre de Sécession, cet ancien hôtel servit de quartier général à l'armée de l'Union **2**

| 0 | 100 m |
| 0 | 100 yards |

À NE PAS MANQUER

★ Singer Building

★ Greene Street

Haughwout Building
En 1857, c'est dans cet ancien grand magasin que fut installé le premier ascenseur Otis **1**

Haughwout Building ❶

488-492 Broadway. **Plan** 4 E4.
Ⓜ *Canal St.*

La façade de Haughwout Building

Cet immeuble à structure et façade de fonte fut bâti en 1857 pour le fabricant de porcelaine, fournisseur de la Maison-Blanche, E.V. Haughwout. Malgré la crasse, la façade est superbe : des rangées de fenêtres sont encadrées d'arches reposant sur des colonnes flanquées de pilastres de plus grande taille. La production industrielle se traduit par une répétition des motifs. Cet immeuble fut le premier à être doté d'un ascenseur Otis (mû par une machine à vapeur).

St Nicholas Hotel ❷

521-523 Broadway. **Plan** 4 E4.
Ⓜ *Prince St.*

Le parlementaire anglais W.E. Baxter, qui séjourna à New York en 1854, écrivit au sujet du St Nicholas Hotel récemment inauguré : « Tous les tapis sont en velours de pure laine… les rideaux sont de soie ou de damas… les broderies des moustiquaires pourraient elles-

St Nicholas Hotel à l'apogée de sa gloire

mêmes être présentées à des membres de la famille royale. » Il n'est donc pas étonnant que la construction ait coûté plus d'un million de dollars (mais les bénéfices furent dès la première année supérieurs à cinquante mille dollars). Lors de la guerre de Sécession, l'armée de l'Union en fit un quartier général. Plus tard, les hôtels de qualité s'installèrent *uptown* (au nord) dans le quartier des théâtres. Au milieu des années 1870, il dut fermer ses portes. Il suffit aujourd'hui de lever les yeux pour distinguer dans la façade du bâtiment les vestiges de son opulence passée.

Greene Street ❸

Plan 4 E4. Ⓜ *Canal St.*

Trompe-l'œil de Haas

Au long d'une chaussée pavée, cinq pâtés de maisons construits de 1869 à 1895 constituent le cœur du quartier *cast-iron*. Le *block* qui s'étend entre Broome et Spring Streets comprend 13 façades entièrement en fonte ; du n° 8 au n° 34 s'étire la plus longue rangée d'immeubles à structure de fonte du monde. King of Greene Street est situé du n° 72 au n° 76, mais c'est pourtant Queen (du n° 28 au n° 30) qui est considérée comme le plus bel exemple de cette architecture *cast-iron*. Si certains immeubles sont particulièrement remarquables, c'est tout

l'ensemble du paysage de la rue qui vaut d'être apprécié. On pourra pénétrer dans l'une ou l'autre des galeries d'art pour admirer de superbes volumes intérieurs. Au croisement de Greene et Prince Streets, le peintre Richard Haas a réalisé un magnifique trompe-l'œil, qui transforme un mur de brique en façade de fonte.

Singer Building ❹

561-563 Broadway. **Plan** 4 E3.
Ⓜ *Prince St.*

Le « petit » Singer Building, bâti en 1904, est le deuxième édifice du même nom conçu par Ernest Flagg : la plupart des critiques le considèrent comme plus réussi que la tour de 41 étages jadis située au bas de Broadway (détruite en 1967). Cet immeuble est joliment décoré de balcons de fer forgé et d'élégantes arches peintes en vert foncé. La façade de terre cuite, de verre et d'acier annonce les murailles de verre et de métal des années 1940 et 1950. Cet immeuble accueillit des bureaux et des entrepôts de la célèbre firme Singer, dont le nom est moulé dans la fonte à l'entrée du magasin de Prince Street.

Une ancienne machine à coudre électrique Singer

New Museum of Contemporary Art ❺

583 Broadway. **Plan** 4 E3. ☎ 219-1222
Ⓜ Prince St. ⏱ 12h-18h mar., mer., ven.-dim., 12h-20h jeu. 🎦 🚫 ♿
Conférences, séances de lecture. 🔋
Ⓦ www.newmuseum.org

Marcia Tucker quitta en 1977 son poste de conservateur au Whitney Museum pour fonder ce musée. Les travaux de Jeff Koons et de John Cage, notamment, firent l'objet de spectacles thématiques, alliant peinture, sculpture et performances. Tucker présente des travaux absents des musées traditionnels. Le Zenith Media Lounge explore l'art digital et expose des travaux sur la vidéo et le son.

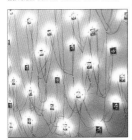

Les Enfants de Dijon, de Christian Boltanski, New Museum

Museum for African Art ❼

593 Broadway. **Plan** 4 E3
☎ 966-1313. Ⓜ Prince St.
⏱ 10h30-17h30 mar.-ven., 12h-18h sam. 🎦 (gratuit dim.).
🔋 Ⓦ www.africanart.org

C'est l'un des deux seuls musées consacrés à l'art africain. Ses galeries ont été décorées par Maya Lin, créateur du mémorial des Vétérans du Vietnam. Le musée va déménager pour s'installer provisoirement, à partir de septembre 2002, au 36-01 de la 43e Avenue à Long Island City, à deux pâtés de maisons de l'arrêt de la 33e rue de la ligne 7 du métro. Il s'installera définitivement au sommet du Museum Mile sur la 5ᵉ Avenue,

début 2005. Pendant ce temps, des expositions temporaires de grande qualité font le tour des principaux musées des États-Unis et du monde. Le musée continue d'organiser de superbes expositions et publie des ouvrages sur l'art ancien et contemporain.

Pompe à incendie hippomobile à vapeur *La France* (1901)

New York City Fire Museum ❼

278 Spring St. **Plan** 4 D4.
☎ 691-1303. Ⓜ Spring St. ⏱ 10h-17h mar.-sam., 10h-16h dim. 🎦 📷
♿ Ⓦ www.nycfiremuseum.org

Les superbes collections municipales d'équipement de lutte contre le feu sont présentées dans une caserne de pompiers de style Beaux-Arts datant de 1904. À l'étage, des voitures et des pompes sont alignées pour un défilé très fin de siècle.

Un jeu interactif de simulation d'incendie, récemment mis en place, plaît aux plus jeunes.

Harrison Street ❽

Plan 4 D5. Ⓜ Chambers St.

Entouré d'immeubles élevés, cet alignement de huit maisons de ville de style fédéral restaurées avec leurs toits inclinés et leurs lucarnes distinctives ressemble à un décor de théâtre. Ces maisons furent bâties à la fin du XVIIIᵉ siècle et au début du XIXᵉ. Deux d'entre elles, dessinées par John McComb Jr., premier grand architecte new-yorkais d'origine américaine, ont été transplantées depuis

Washington Street, leur emplacement d'origine pour des raisons de conservation.

Ces maisons employées comme entrepôts étaient sur le point d'être rasées quand, en 1969, la Commission des sites intervint afin de trouver les fonds pour les mettre à l'abri et les faire restaurer. Elles appartiennent aujourd'hui à des propriétaires privés.

Au-delà des gratte-ciel s'étend Washington Market Park, qui occupe l'ancien site d'un marché de gros transféré dans le Bronx au début des années 1970.

White Street ❾

Plan 4 E5. Ⓜ Franklin St.

Sans être aussi belle que celle de certains des *blocks* de SoHo, l'architecture *cast-iron* de TriBeCa permet aux visiteurs d'admirer une palette de styles très étendue. L'immeuble du n° 2 présente des caractéristiques du style fédéral et un toit à deux pentes d'un genre fort rare, très différent du toit mansardé du n° 17 (The Alternative Museum). Le n° 8-10, conçu en 1869 par Henry Fernbach, présente des arches et colonnes toscanes. C'est un bon exemple d'architecture néo-Renaissance avec des étages supérieurs de moindres dimensions construits pour donner l'impression que le bâtiment est encore plus élevé qu'il ne l'est réellement. Le n° 38 abrite la galerie de Rudi Stern, Let There Be Neon.

La galerie Let There Be Neon

GREENWICH VILLAGE

Les New-Yorkais l'appellent simplement « le Village ». Ce fut effectivement un village rural, où les citadins vinrent se réfugier lors de l'épidémie de fièvre jaune de 1822.

Le plan tortueux de ses rues (non conforme au plan en damier de la ville), qui reflète l'ancien tracé des parcelles et des cours d'eau, en a fait une sorte d'enclave, un

Enseigne d'un club de jazz sur West 3rd St.

havre de bohème cher à de nombreux peintres et écrivains. Aujourd'hui apprécié des gays, il s'est cependant embourgeoisé et les non-conformistes lui préfèrent désormais East Village, où les loyers sont moins élevés. West Village et Meatpacking District comptent de nombreuses boutiques et restaurants exclusifs.

LE QUARTIER D'UN COUP D'ŒIL

Rues et bâtiments historiques

St Luke's Place ❶
nᵒˢ 75 1/2 Bedford Street ❷
Isaacs-Hendricks House ❸

Grove Court ❹
Jefferson Market
Courthouse ❻
Patchin Place ❼
Salmagundi Club ❾
Washington Mews ❿
New York University ⓫

Musées et galeries d'art
Forbes Magazine Building ❽

Églises
First Presbyterian Church ❿
Church of the Ascension ⓫
Judson Memorial Church ⓮

Parcs, squares et places
Sheridan Square ❺
Washington Square ⓯

[Plan de Greenwich Village avec Hudson River, piers, stations de métro, et numéros de sites]

COMMENT Y ALLER ?
Métro : lignes A, C, E, F ou Q, v. West 4th St-Washington Sq, lignes 1 et 2 (7th Ave) v. Christopher St-Sheridan Sq, ligne R v. 8th St. Bus : M1, M5, M6 ou M8 (transversal).

0   500 mètres

VOIR ÉGALEMENT :

Atlas des rues, plans 3, 4

Balade dans le Village p. 260-261

Hébergement p. 274-275

Restaurants p. 290-292

LÉGENDE

Plan du quartier pas à pas

M Station de métro

Enseignes publicitaires au carrefour de Christopher Street et Seventh Avenue South

Greenwich Village pas à pas

Une promenade dans les rues du « Village » réserve toujours d'agréables surprises : jolies maisons, allées secrètes ou cours verdoyantes. L'architecture souvent désordonnée est bien en accord avec l'ambiance bohème du quartier. De nombreuses célébrités, dont le dramaturge Eugene O'Neill ou l'acteur Dustin Hoffman, se sont installées dans les maisons et les appartements qui bordent les vieilles rues étroites. C'est à la nuit tombée que le Village se réveille, pour vivre au rythme de ses cafés, de ses clubs et de ses théâtres d'avant-garde.

Le théâtre Lucille Lortel, au 121 Christopher Street, a ouvert ses portes en 1955. La première pièce jouée fut *L'Opéra de quat' sous.*

Christopher Street, point de rencontre de la communauté gay, est bordée de multiples boutiques, bars et librairies.

Twin Peaks, au n° 102 Bedford Street, fut une maison ordinaire, construite en 1830. En 1926, elle fut transformée par l'architecte Clifford Daily afin d'accueillir peintres, écrivains et acteurs car il la jugeait propice à l'épanouissement de la créativité artistique.

Grove Court
Six maisons bâties en 1853-1854 sont implantées au fond d'une paisible cour verdoyante ❹

Chumley's, au n° 86 Bedford Street *(p. 309),* fut un *speakeasy* avant d'être un restaurant. Il a conservé son goût du secret : seul le menu affiché permet de l'identifier.

★ **St Luke's Place**
Ce bel alignement de maisons de style italianisant fut édifié vers 1850 ❶

Vers la station de métro de Houston Street

Au n° 75 1/2 Bedford Street se dresse la maison la plus étroite de la ville, bâtie en 1873 dans une allée ❷

Cherry Lane Theater, fut fondé en 1924 dans ce qui était à l'origine une brasserie. Il fut l'un des premiers théâtres en dehors de Broadway.

Patchin Place fut construit en 1848 pour loger le personnel du Brevoort Hotel. Cet immeuble fut ensuite occupé par des écrivains célèbres des années 1920 et 1930, dont le poète E. Cummings **7**

Vers la station de métro W. 14th St.

CARTE DE SITUATION
Voir carte de Manhattan p. 12-13

HUDSON RIVER

CHELSEA & LE QUARTIER DU VÊTEMENT

GARMERCY & LE QUARTIER DU FLATIRON

GREENWICH VILLAGE

SOHO & TRIBECA

EAST VILLAGE

À NE PAS MANQUER

★ **St Luke's Place**

★ **Jefferson Market Courthouse**

PERRY ST

GREENWICH AVENUE

W 10TH STREET

WAVERLEY STREET

ST PLACE

SIXTH AVENUE

WASHINGTON PLACE

Balducci's (*p. 327*), où officient toujours trois générations d'une même famille, est l'une des meilleures épiceries de la ville, spécialisée dans les produits italiens.

Gay Street et ses belles maisons de style fédéral figurent dans un roman de R. McKenney, *My Sister Eileen.*

LÉGENDE

– – – Itinéraire conseillé

0   100 mètres

0   100 yards

Vers la station de métro de West 4th Street

Northern Dispensary soigne gratuitement les indigents depuis 1827. Edgar Allan Poe y fut traité pour un rhume.

★ **Jefferson Market Courthouse**
Transformé en bibliothèque, cet édifice construit en 1877 fut élu « cinquième plus beau bâtiment des États-Unis ». Il resta à l'abandon pendant plus de vingt ans avant d'être restauré en 1967 **6**

Maisons sur St Luke's Place

St Luke's Place ❶

Plan 3 C3. Ⓜ *Houston St.*

Un alignement de quinze belles maisons datant des années 1850 borde le côté nord de cette rue. Le parc qui leur fait face a reçu le nom d'un ancien résident de St Luke's Place, Jimmy Walker, maire de la ville de 1926 à 1932, qui dut démissionner à la suite d'un scandale financier. Devant le n° 6 se dressent les réverbères qui à New York permettent d'identifier la demeure d'un maire de la ville. La maison la plus célèbre est celle qui porte le n° 10, présentée à la télévision, dans *The Cosby Show*, en tant que demeure de la famille Huxtable. C'est également dans cette rue que fut tourné le film *Wait Until Dark*, dans lequel Audrey Hepburn interprétait une jeune aveugle vivant au n° 4. Theodore Dreiser habitait au n° 16 lorsqu'il rédigea *An American Tragedy* (d'autres gens de lettres, dont la poétesse Marianne Moore, vécurent également dans cette rue). À un *block* de distance, vers le nord, le carrefour de Hudson et Morton Streets est situé là où se trouvait il y a 3 siècles la rive de Hudson River.

Mayor's lamp au n° 6

N° 75½ Bedford Street ❷

Plan 3 C2. Ⓜ *Houston St.* ⬤ *au public.*

La maison la plus étroite de New York, large de 2,90 m, fut bâtie en 1893 dans un ancien passage. La poétesse Edna Saint Vincent Millay y vécut brièvement, tout comme les acteurs John Barrymore puis Cary Grant. Cette maison sur trois niveaux a été rénovée récemment et est indiquée par une plaque. À deux pas de là, au n° 38 Commerce Street, Miss Millay fonda en 1924 le théâtre de Cherry Lane, où sont encore créées des œuvres de jeunes auteurs, et qui connut son heure de gloire dans les années 1960 avec *Godspell*.

Un cottage de Bedford Place

Isaacs-Hendricks House ❸

77 Bedford Street. **Plan** 3 C2. Ⓜ *Houston St.* ⬤ *au public.*

Cette maison construite en 1799 est la plus ancienne subsistant dans le Village. Les vieux murs de bardeaux sont encore visibles

Isaacs-Hendricks House

sur l'arrière et les côtés ; la brique et le deuxième étage ont été ajoutés ultérieurement. Le premier propriétaire, John Isaacs, acquit le terrain en 1794 pour 295 dollars. Vint ensuite Harmon Hendricks, marchand de cuivre et associé du révolutionnaire Paul Revere ; il eut pour client Robert Fulton, qui utilisait le cuivre pour les chaudières de ses bateaux à vapeur.

Grove Court ❹

Plan 3 C2. Ⓜ *Christopher St-Sheridan Sq.*

Un épicier entreprenant du nom de Samuel Cocks décida de la construction de cet ensemble de six maisons de ville enchâssées dans un tournant que décrit la rue. Cocks escomptait que les habitants du terrain auparavant vacant situé entre les n°s 10 et 12 de Grove Street viendraient grossir la clientèle de son magasin du n° 18. Les *courts* résidentielles, aujourd'hui fort prisées, étaient en 1854 jugées peu respectables, ce qui valut à Grove Court d'être initialement fort mal fréquentée. En 1902, O. Henry fit de ce pâté de maisons le cadre de son roman *The Last Leaf*.

Maisons de ville du milieu du XIXᵉ siècle à Grove Court

Sheridan Square ❺

Plan 3 C2. Ⓜ *Christopher St-Sheridan Sq.*

C'est là le cœur du Village, formé par le regroupement de 7 rues en un labyrinthe qui s'attira le sobriquet de « souricière ». La place porte le nom du général Philip Sheridan, qui s'illustra lors de la guerre de Sécession et devint en 1883 commandant en chef de l'US Army. Sa statue se dresse non loin de là, dans Christopher Park. En 1863, des émeutiers en révolte contre le service militaire tentèrent de lyncher des esclaves affranchis sur la place. Plus d'un siècle plus tard, un autre épisode violent eut lieu : malgré l'interdiction qui frappait

Sheridan Square

les lieux de réunion homosexuels, Stonewall Inn, sur Christopher Street, était un bar resté ouvert au prix du versement de pots-de-vin à la police. Le 28 juin 1969, les clients se rebellèrent contre cet état de fait : à l'issue de la bataille rangée qui s'ensuivit, les policiers se barricadèrent pendant des heures à l'intérieur de l'établissement, sous les huées de la foule massée à l'extérieur. Cet événement fut perçu comme une victoire morale par le jeune mouvement pour la reconnaissance des droits des homosexuels. Depuis, le Village est resté un haut lieu de la communauté gay new-yorkaise, qui organise chaque année un défilé tonitruant et bariolé, à l'occasion de Halloween *(p. 52)*.

La statue du général Sheridan à Christopher Park

La tour de « Old Jeff »

Jefferson Market Courthouse ❻

425 6th Ave. **Plan** 4 D1. Ⓒ *243-4334.* Ⓜ *W 4th St-Washington Sq.* Ⓞ *10h-18h lun., ven.,10h-18h mar., jeu., 12h-20h mer., 10h-17h dim.* Ⓓ *dim. et j.f.* Ⓖ Ⓦ *www.nypl.org*

«Old Jeff », qui est l'un des édifices fétiches du Village, a échappé aux démolisseurs pour être transformé en annexe de la New York Public Library, à la suite d'une campagne animée qui s'ouvrit lors d'une fête de Noël à la fin des années 1950.

Le site, qui devint un marché en 1833, reçut le nom de l'ancien président des États-Unis Thomas Jefferson. Sa tour abritait une énorme cloche qui retentissait en cas d'incendie pour alerter les pompiers volontaires du quartier. En 1865, la création du corps municipal des sapeurs-pompiers rendit la cloche inutile ; le palais de justice de Jefferson Market qui fut alors construit, fut désigné comme l'un des dix plus beaux édifices du pays. La cloche fut installée dans sa tour. C'est là qu'en 1906 Harry Thaw fit juger pour le meurtre de Stanford White *(p. 124)*. En 1945, le marché avait déménagé, le tribunal était désaffecté, l'horloge était arrêtée et le bâtiment menaçait ruine. Dans les années 1950, des défenseurs du patrimoine luttèrent pour obtenir la restauration de l'horloge, puis celle de l'édifice tout entier. L'architecte Giorgio Cavaglieri a préservé nombre des détails originels, dont les vitraux et un bel escalier en colimaçon.

Une façade et un ailante de Patchin Place

Patchin Place ❼

W 10th St. **Plan** 4 D1. Ⓜ *W 4th St-Washington Sq.*

Ce minuscule pâté de petites demeures bordé d'ailantes plantés « pour régénérer l'atmosphère » est l'une des enclaves pleines de charme du Village. Ces maisons furent construites au milieu du XIXᵉ siècle pour loger les serveurs basques d'un grand hôtel de la 5ᵉ Avenue, Brevoort. Plus tard, de nombreux écrivains célèbres vinrent y habiter. Le poète E. Cummings vécut au nº 4 de 1923 jusqu'à sa mort en 1962. Le poète anglais John Masefield résida également dans l'une de ces maisons, tout comme le dramaturge Eugene O'Neill, ou encore John Reed, dont le témoignage sur la Révolution russe, *Les Dix Jours qui ébranlèrent le monde*, fut porté à l'écran par Warren Beatty, sous le titre de *Reds*.

Jouet mécanique appartenant
à la Forbes Collection

Forbes Building and Galleries ❽

62 5th Ave. **Plan** 4 E1. **☎** 206-5549.
Ⓜ *14th St-Union Sq.* **Musée d'art**
◯ *10h-16h mar., mer., ven.,
sam.(horaires variables). Poussettes
interdites.* 🚫 📷 *Jeu.*

D'aucuns jugent pompeux ce
cube de grès conçu
en 1925 par Carrère & Hastings,
qui fut d'abord le siège de la
maison d'édition MacMillan.
Lorsque celle-ci déménagea
uptown, Malcom Forbes y installa
sa revue financière *Forbes*.
Forbes Magazine Galleries
illustrent la diversité des goûts de
Forbes ; y sont notamment
exposés des œufs créés par
Fabergé pour le dernier tsar de
Russie, plus de 500 maquettes de
bateaux anciennes, 12 000 petits
soldats, et un exemplaire signé de
la main d'Abraham Lincoln du
Discours de Gettysburg, ainsi que
de nombreux tableaux français et
américains, d'inspiration militaire
pour la plupart.

Salmagundi Club ❾

47 5th Ave. **Plan** 4 E1. **☎** 255-7740.
Ⓜ *14th St-Union Sq.* **◯** *8h30-minuit
lun.-ven. ; 8h-17h sam. ; 12 h -17h
dim.* 🚫 **W** www.salmagundi.org

Ce club d'artistes, le plus
ancien du pays, occupe le
dernier hôtel particulier du bas de
la 5ᵉ Avenue. Construit en 1853
pour Irad Hawley, il est le siège
de l'American Artists' Professional
League, celui de l'American

Watercolor Society et celui
de la Greenwich Village
Society for Historic
Preservation. Le club
doit son nom à la revue
satirique créée par
W. Irving, *The Salmagundi
Papers*. Fondé en 1871, il
s'installa dans ces locaux en 1917.
À l'occasion d'expositions,
l'intérieur, datant de la fin du
XIXᵉ siècle, est ouvert au public.

Salmagundi Club

First Presbyterian Church ❿

5th Ave, 12th St. **Plan** 4 D1.
☎ 675-6150 **Ⓜ** *7th Ave-Union Sq.*
◯ *12h-12h45 lun., mer., ven. et 11h-
12h30 le dim.* **✝** *18h mer. dans la
chapelle.* **W** www.firstpresnyc.org

Cette église néo-gothique
fut érigée en 1846 par
Joseph C. Wells. Elle a pour
caractéristique principale une
tour en grès brun ou
brownstone. Le nom des
pasteurs depuis 1716 est gravé
sur des plaques de bois, sur
l'autel. Le transept sud, dû à
McKim, Mead & White, a été
ajouté en 1893. La clôture de
fer et de bois, construite en
1844, a été restaurée en 1981.

Church of the Ascension ⓫

5th Ave, 10th St. **Plan** 4 E1.
☎ 254-8620. **Ⓜ** *14th St-
Union Sq.* **◯** *12h-14h et 17h-19h
t.l.j.* **✝** *18h t.l.j., 9h, 11h et 17h le
dim.* 📷 *(interdit lors des services).*
W www.ascensionnyc.org

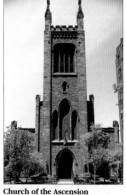

Church of the Ascension

Cette église de style néo-
gothique fut construite
en 1840-1841 par Richard
Upjohn, architecte de Trinity
Church. L'intérieur fut remanié
en 1888 par Stanford White.
Une peinture murale de John
La Farge, *L'Ascension*, domine
l'autel. Le clocher est illuminé
la nuit, ce qui permet
d'admirer les vitraux, dont
certains sont également
l'œuvre de La Farge. C'est
dans cette église qu'en 1844 le
président John Tyler épousa
Julia Gardiner, qui habitait
Colonnade Row *(p.118)*.

Washington Mews ⓬

Washington Sq N/E 8th St
Plan 4 E2. **Ⓜ** *W 4th St.*

Ces anciennes écuries
furent transformées
vers 1900. La partie sud fut
ajoutée en 1939. Gertrude
Vanderbilt Whitney, fondatrice
du Whitney Museum, y vécut
et y travailla. Au coin de
University Place se dresse la
maison de la France, qui se
consacre à la défense de la
culture française (par le biais
de films, de conférences
et de cours).

New York University ⑬

Washington Sq. **Plan** 4 E2.
📞 998-4636. Ⓜ W 4th St.
🕐 8h30-20h lun.-ven.
🌐 www.nyu.edu

Initialement baptisée University of the City of New York, NYU fut créée en 1831 pour faire pendant à Episcopalian Columbia University. Aujourd'hui la plus grande université privée américaine, occupe plusieurs *blocks* autour de Washington Square. La construction des premiers bâtiments, à Waverly Place, fut à l'origine d'émeutes provoquées en 1833 par la corporation des tailleurs de pierre, protestant contre l'emploi de détenus à la taille des pierres. La Garde nationale rétablit l'ordre. Ce bâtiment originel n'existe plus, mais l'on peut voir un monument comprenant un fragment de la tour sur un piédestal encastré dans le trottoir à Washington Square South. Cet édifice vit naître le télégraphe de

Le Buste de Sylvette, **par Picasso, entre Bleecker et West Houston Streets.**

Samuel Morse, le premier portrait photographique de John W. Draper et le pistolet à 6 coups de Samuel Colt. Brown Building (à Washington Place, près de Greene Street) était jadis occupé par la Triangle Shirtwaist Company ; en 1911, la mort de 146 ouvriers dans l'incendie du bâtiment conduisit à l'adoption d'une nouvelle législation du travail.

Judson Memorial Church ⑭

55 Washington Sq S. **Plan** 4 D2.
📞 477-0351. Ⓜ W 4th St.
🕐 10h-13h, et 14h-18h lun.-ven.
✝ dim. à 11h. 🌐 www.judson.org

Cette église construite en 1892 par McKim, Mead & White est un imposant édifice roman orné de vitraux de John La Farge.

Conçue par Stanford White, elle doit son nom au premier missionnaire américain envoyé en terre étrangère, Adoniram Judson, qui servit en Birmanie en 1811. Une copie de sa traduction de la Bible en birman fut insérée dans la pierre angulaire lors de la consécration de l'église. L'église est surtout remarquable par l'esprit qui y souffle. Judson Memorial joue depuis longtemps un rôle social actif, aux plans local et international, dans des domaines aussi divers que la lutte contre le sida ou l'action en faveur du désarmement mondial.

L'arc de triomphe de Washington Square

Washington Square ⑮

Plan 4 D2. Ⓜ W 4th St.

Washington Square, qui est aujourd'hui l'une des places les plus animées de New York, était jadis un marécage parcouru par un paisible ruisseau. À la fin du XVIIIe siècle, le secteur avait été transformé en cimetière : lorsque les travaux de création du parc commencèrent, quelque dix mille squelettes furent exhumés. La place fut un temps le pré carré des duellistes, puis des pendaisons y eurent lieu en public jusqu'en 1819. L'« orme des pendaisons » se dresse toujours dans le coin nord-ouest de la place. En 1826, le marais fut asséché et le ruisseau détourné sous terre. Il y coule toujours : son cours est indiqué par un petit panonceau apposé sur une fontaine à l'entrée du n° 2 de la 5e Avenue. Un arc de triomphe en marbre, dû à Stanford White et achevé en 1895, remplace un monument antérieur en bois, érigé à l'occasion du centenaire de l'accession de Washington à la présidence. En 1916, un groupe d'artistes conduit par Marcel Duchamp et John Sloan gagna le sommet de l'arc pour proclamer la naissance de l'État de Nouvelle-Bohème, « République libre et indépendante de Washington Square ». De l'autre côté de la rue, The Row, aujourd'hui intégré à NYU, eut jadis pour occupants les plus éminentes familles de New York. La famille Delano, les écrivains Edith Wharton, Henry James et John Dos Passos y vécurent, tout comme le peintre Edward Hopper. Le n° 8 fut la résidence officielle du maire. Étudiants et promeneurs fréquentent assidûment le parc, ainsi que quelques dealers – mais dans la journée la sécurité y est assurée.

Fenêtre à l'angle de 4th West Street et Washington Square

EAST VILLAGE

Peter Stuyvesant possédait un domaine campagnard dans East Village. Au XIXᵉ siècle, les Astor et les Vanderbilt y vécurent ; mais vers 1900, la haute société se déplaça vers le nord et fut remplacée par des immigrants. Irlandais, Allemands, juifs, Polonais, Ukrainiens et Porto-Ricains y ont laissé leur empreinte sous la forme d'églises, de monuments… ou de restaurants (qui sont parmi les plus var-

Mosaïque ornant la façade de St Georges's Ukrainian Catholic Church

iés et les moins chers de New York). Dans les années 1960, le niveau peu élevé des loyers attira la Beat Generation , puis les punks succédèrent aux hippies. Les clubs et les théâtres du quartier continuent de refléter les dernières tendances. Astor Place est le lieu de rencontre favori des étudiants de NYU et du collège Cooper Union. À l'est s'étend Alphabet City, quartier délabré défini par les Avenues A, B, C et D.

LE QUARTIER D'UN COUP D'ŒIL

Rues et bâtiments historiques
Cooper Union ❶
Colonnade Row ❸
Bayard-Condict Building ❽

Musées et galeries d'art
Merchant's House Museum ❹

Églises
St Mark's-in-the-Bowery Church ❺
Grace Church ❻

Parcs, squares et places
Tompkins Square ❼

Théâtres célèbres
Public Theater ❷

VOIR ÉGALEMENT :

• *Atlas des rues*, plans 4, 5

• *Hébergement* p. 274-275

• *Restaurants* p. 290-292

N

COMMENT Y ALLER ?
Métro : ligne 6 (Lexington Ave.), v. Astor Place. Bus : M15, M101/102, M8 (transversal).

| 0 | 500 mètres |
| 0 | 500 yards |

LÉGENDE

Plan du quartier pas à pas

Ⓜ Station de métro

Bas-relief néo-gothique de la façade de Grace Church

L'intérieur de McSorley's Old Ale House

East Village pas à pas

À l'angle des actuelles 10th et Stuyvesant Streets se dressait jadis la maison de campagne de Peter Stuyvesant. Ayant hérité de la majeure partie du domaine, son petit-fils (qui portait le même nom) y fit tracer des rues en 1787. Les hauts lieux du quartier historique de St Mark sont St Mark's-in-the-Bowery Church, la maison Stuyvesant-Fish et la demeure de Nicholas Stuyvesant (1795). De nombreuses autres maisons, bâties entre 1871 et 1890, ont conservé maints détails architecturaux d'origine.

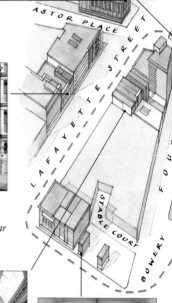

Station de métro Astor Place (ligne 6)

Astor Place fut en 1849 le théâtre de graves émeutes, après que l'acteur anglais William Macready, qui jouait *Hamlet* à l'Astor Place Opera House, eut critiqué l'acteur américain Edwin Forrest. Les admirateurs de ce dernier s'étant soulevés, la répression qui s'ensuivit fit 34 morts.

Alamo est un cube d'acier de Bernard Rosenthal, de 4,50 m de côté, qui pivote lorsqu'on le pousse.

E 8TH ST

ASTOR PLACE

LAFAYETTE STREET

FOUR

STABLE COURT

BOWERY

Colonnade Row
Aujourd'hui délabré, cet alignement jadis somptueux comptait neuf maisons (il n'en reste que quatre) unifiées par une façade unique. Le marbre des colonnes fut extrait par des détenus de Sing Sing ❸

Public Theater
En 1965, à l'instigation de Joseph Papp, la Ville racheta Astor Library (1849) pour la transformer en théâtre. À l'issue des travaux de restauration, de nombreuses pièces célèbres y furent créées.

À NE PAS MANQUER

★ **Cooper Union**

★ **Merchant's House Museum**

★ **Merchant's House Museum**
Ce musée abrite une intéressante collection de mobilier américain ❹

★ **Cooper Union**
Fondé en 1859 par le self-made man Peter Cooper, ce collège universitaire privé dispense un enseignement gratuit ❶

Stuyvesant-Fish House
(1803-1804), construite en brique, est un exemple classique de demeure de style fédéral.

St Mark's-in-the-Bowery Church
Cette église fut édifiée en 1799, le clocher a été ajouté en 1828 ❺

Renwick Triangle
est un ensemble de seize maisons bâties en 1861 dans un style anglo-italien.

Carte de situation
Voir carte de Manhattan p. 12-13

Stuyvesant Polyclinic
fut fondée en 1857 sous le nom de German Dispensary. Cette clinique se signale par sa façade ornée des bustes de médecins et savants célèbres.

St Mark's Place fut un haut lieu de la culture hippy. Des magasins « branchés » occupent nombre des sous-sols de cette rue.

Little India
permet de voyager en Inde à prix modique, au gré des restaurants indiens alignés sur le côté sud de la 6e Rue Est.

Little Ukraine est peuplée par 30 000 Ukrainiens regroupés autour de Saint Georges's Ukrainian Catholic Church.

LÉGENDE

— — — Itinéraire conseillé

0   100 mètres

0   100 yards

McSorley's Old Ale House continue de brasser sa propre bière, servie dans un cadre apparemment inchangé depuis 1854 *(p. 309)*.

Le grand hall de Cooper Union, où s'exprima Abraham Lincoln

Cooper Union ❶

30 Cooper Square. **Plan** 4 F2.
☎ 353-4000 **M** Astor Pl. **◯** sur
rdv, ou pour conférences et concerts
dans Great Hall. **●** juin-août et j.f.
⊘ ♿ W www.cooper.edu

Peter Cooper, riche
industriel qui construisit la
première locomotive à vapeur
américaine, les premiers rails
d'acier, et fut associé à la mise
en place du premier câble
transatlantique, n'avait pas fait
d'études. En 1859, il fonda le
premier collège privé gratuit,
mixte et non-confessionnel
de New York. Aujourd'hui, la
concurrence est rude pour y
entrer. L'immeuble de cinq
étages, rénové en 1974, fut le
premier à être construit autour
d'une armature d'acier
(faite des rails de Cooper).
Le grand hall fut inauguré
en 1859 par Mark Twain ;
l'année suivante, Lincoln y
prononça son célèbre discours
« Le droit fait la Force ».

Public Theater ❷

425 Lafayette St. **Plan** 4 F2. **☎** 239-
6200 (tickets) 539-8500 admin.
M Astor Pl. Voir aussi **Se distraire**
p. 333. **W** www.publitheater.org

Ce grand édifice de brique
rouge et de grès brun, siège
de la compagnie du New York
Shakespeare Festival, fut
construit
en 1849

Public Theater, sur Lafayette Street

sous le nom d'Astor Library
(première bibliothèque publique
gratuite de la ville). En 1965,
alors que le bâtiment était
menacé de démolition, Joseph
Papp, fondateur du Shakespeare
Festival, obtint que la Ville le
rachetât pour en faire le siège de
sa compagnie. Les travaux de
rénovation furent
entrepris en 1967.
Une grande partie
de l'intérieur a été
préservée lors de la
transformation en
six salles de
théâtre. Les œuvres
qui y sont mises en
scène sont surtout
à caractère expéri-
mental, mais le
Public Theater a
aussi vu la création
de comédies
musicales telles
que *Hair* ou
A Chorus Line
(qui allait ensuite
remporter un succès sans
précédent à Broadway).

Colonnade Row ❸

428-434 Lafayette St. **Plan** 4 F2.
M Astor Pl. **●** au public.

Les colonnes corinthiennes
alignées sur la façade de ces
quatre maisons sont le seul
vestige de ce qui fut une
magnifique rangée de neuf
maisons de ville dans le style
néo-grec. Achevé en 1833 par le
promoteur Seth Geer, Colonnade
Row fut qualifié
de « Folie de Geer »
par les sceptiques
qui jugeaient
impossible que
quiconque fût
prêt à s'installer
aussi loin à l'est.
accueillir des

maisons. Ces citoyens aussi
éminents que John Jacob Astor
et Cornelius Vanderbilt.
L'écrivain W. Irving, y vécut
aussi, tout comme les grands
romanciers anglais William
Thackeray et Charles Dickens.
Cinq maisons furent rasées au
début du XXᵉ siècle pour
céder la place à un garage.
Celles qui ont subsisté sont
hélas en ruine.

Merchant's House Museum ❹

29 E 4th St. **Plan** 4 F2. **☎** 777-1089
M Astor Pl. **◯** 13h-17h jeu.-lun.
et sur rdv. **♿ 📷** flash interdit
🎤 Conférences 🚻
W www.merchantshouse.com

**Ce poêle de fonte est depuis le XIXᵉ siècle dans
la cuisine de Merchant's House Museum**

Cette remarquable
maison de ville de style
néo-grec semble presque
incongrue dans son *block* de
East Village. Elle a conservé
son aspect d'origine, tout
comme le mobilier,
la décoration et les objets
de la famille qui y vécut
pendant près d'un siècle.
Bâtie en 1832, elle fut
achetée en 1835 par un
riche commerçant,
Seabury Tredwell, et
demeura propriété familiale
jusqu'à la mort de sa fille
Gertrude en 1933.
Celle-ci avait préservé
la maison de son père
en l'état, et un parent en
fit un musée en 1936.
Les somptueux salons du
rez-de-chaussée illustrent
l'aisance dans laquelle
vivaient les gros commerçants
new-yorkais au XIXᵉ siècle.

St Mark's-in-the-Bowery Church ❺

131 E 10th St. **Plan** 4 F1. 📞 674-6377.
Ⓜ *Astor Pl.* ⏰ *8h30-16h lun.-ven.*
✝ *à 6h30 le mer., à 10h30 le dim.*
⌀ ⓦ *www.saintmarkschurch.org*

Cette église épiscopalienne datant de 1799 fut bâtie sur le site d'une église construite en 1660 sur le domaine de la *bowerie* (ou ferme) du gouverneur Peter Stuyvesant. Celui-ci y est inhumé, aux côtés de sept générations de ses descendants et de nombreux notables new-yorkais. La mémoire du poète W.H. Auden, qui fut l'un des paroissiens, y est également célébrée. En 1878, la dépouille du magnat de la distribution A.T. Stewart fut exhumée, les ravisseurs exigeant vingt mille dollars pour la restituer. Le presbytère du 232 East 11th Street, édifié en 1900, est une œuvre peu connue d'Ernest Flagg, qui allait rencontrer la notoriété grâce au Singer Building *(p. 104)*.

Grace Church ❻

802 Broadway. **Plan** 4 F1. 📞 254-2000. Ⓜ *Astor Pl.* ⏰ *10h -17h30 lun.-ven., 12h-16h sam.* ■ *j.f.* ✝ *à 7h30 et 12h30 du lun. au ven., 18h le mer. et. 9h, 11h, 18h le dim.* ⌀ ♿
Concerts. ⓦ *www.gracechurchnyc.org*

Grace Church est visible de très loin, car elle est implantée dans un virage de Broadway (un propriétaire s'était opposé à ce que l'artère traverse son verger !). James Renwick Jr., architecte de St Patrick's Cathedral, n'avait que 23 ans lorsqu'il dessina cette église considérée comme sa plus grande réussite. Les gracieuses lignes néo-gothiques de cet édifice sont en accord avec son nom. L'intérieur est tout aussi beau, orné

Tom Pouce et son épouse à Grace Church

de vitraux préraphaélites et d'un superbe sol en mosaïque. L'on craignait que la flèche de marbre qui en 1888 remplaça le clocher de bois ne fût trop lourde pour l'édifice : elle s'est effectivement inclinée depuis lors. La paix et la sérénité qui émanent de cette église furent brièvement rompues en 1863 par le chahut qui accompagna le mariage d'un célèbre nain, le « général Tom Pouce », mariage organisé par Ph. Barnum.

L'autel et le vitrail de Grace Church

Tompkins Square ❼

Plan 5 B1. Ⓜ *2nd Ave, 1st Ave.*

Ce parc à l'anglaise, d'apparence fort paisible, fut pourtant le théâtre de maints événements violents. La première manifestation ouvrière des États-Unis y fut organisée en 1874. Fréquenté par les hippies dans les années soixante, il connut des émeutes sanglantes en 1991, après que la police eut essayé d'expulser les sans-abri qui l'avaient investi. Un monument se dresse dans le parc en souvenir d'une tragédie qui frappa le quartier en 1904 : la petite statue qui

représente un garçon et une fillette observant un vapeur commémore l'incendie du *General Slocum*, survenu lors d'une excursion sur East River, qui fit plus de mille morts (dont une majorité de femmes et d'enfants du voisinage). De nombreux hommes, d'origine allemande pour la plupart, qui avaient perdu toute leur famille dans cette catastrophe, quittèrent alors le quartier.

Bayard-Condict Building ❽

65 Bleecker St. **Plan** 4 F3.
Ⓜ *Bleecker St.*

De délicates colonnes, une élégante façade en filigrane de terre cuite et de superbes corniches distinguent l'unique réalisation new-yorkaise (1898) du grand architecte de Chicago Louis Sullivan, qui eut pour disciple Frank Lloyd Wright et mourut dans la misère en 1924. Sullivan se serait opposé à l'adjonction des anges soutenant la corniche, mais il dut finalement accéder aux désirs du propriétaire. Enfoncé dans un pâté d'immeubles commerciaux, Bayard-Condict Building s'apprécie mieux à distance : pour ce faire, il convient de traverser la rue et de descendre Crosby Street.

Bayard-Condict Building

GRAMERCY ET
LE QUARTIER DU FLATIRON

G ramercy Park est l'un des quatre squares tracés au XIXᵉ siècle par des promoteurs désireux de reproduire les quartiers chic des grandes métropoles européennes.

Les demeures qui entourent le parc furent construites par les meilleurs architectes

**Détail d'une statue
de Union Square**

new-yorkais, comme Calvert Vaux et Stanford White, et occupées par certaines des plus éminentes personnalités de la ville.

Non loin de là, les boutiques de luxe et les cafés à la mode gagnent le bas de la 5ᵉ Avenue, au sud du célèbre Flatiron Building.

Rues et bâtiments historiques
New York Life Insurance Building **2**
Cour d'Appel de l'État de New York **3**
Metropolitan Life Insurance Building **4**
Flatiron Building **5**
Ladies' Mile **6**
National Arts Club **8**
The Library at the Players **9**
Block Beautiful **11**
Con Edison Headquarters **13**

Musées et galeries d'art
Maison natale de Theodore Roosevelt **7**

Églises
The Little Church Around the Corner **15**

Parcs, squares et places
Madison Square **1**
Gramercy Park **10**
Stuyvesant Square **12**
Union Square **14**

VOIR ÉGALEMENT :
- **Atlas des rues**, plans 8, 9
- **Hébergement** p. 274-275
- **Restaurants** p. 290-292

COMMENT Y ALLER ?
Métro : station de 23rd St (ligne 6, Lexington Ave).
Bus : M101/102 (3rd Ave), M1, M2 ou M3 (5th Ave /Madison), M26 (transversal).

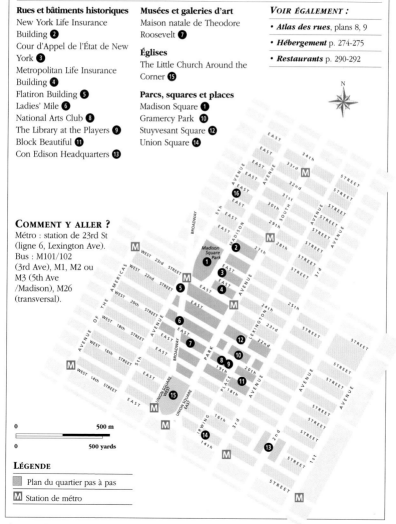

LÉGENDE

Plan du quartier pas à pas

M Station de métro

◁ **Le siège de Con Edison, de nuit**

Gramercy Park
pas à pas

Bien que voisins, Gramercy Park et Madison Square semblent appartenir à deux mondes distincts. Le second, parcouru par une intense circulation automobile, est entouré d'immeubles de bureaux, mais l'architecture et les nombreuses statues le rendent digne d'intérêt. L'ancien Madison Square Garden de Stanford White s'y dressait jadis, ce qui lui valait d'être envahi par les New-Yorkais en quête de divertissement. Quant à Gramercy Park, il ne s'est jamais départi de sa dignité tranquille. Les résidences et les clubs huppés sont demeurés autour du dernier parc privé de New York, auquel seuls les riverains ont accès.

★ Madison Square
Le Knickerbocker Club, qui y pratiquait le base-ball dans les années 1840, fut le premier à codifier ce sport. Aujourd'hui, les employés de bureau déambulent entre les statues de grands hommes du XIXe siècle (dont celle de l'amiral David Farragut) ❶

Station de métro de la 23e Rue (lignes N et R)

M

La statue de Diane, au sommet de l'ancien Madison Square Garden

★ Flatiron Building
L'un des plus célèbres gratte-ciel anciens de New York, qui détenait lors de sa construction en 1902 le titre de plus grand building du monde. Il se trouve à l'intersection de la 5e Avenue, de Broadway et de la 23e Rue ❺

Une horloge monumentale
située face au n° 200 de la 5e Ave. indique l'extrémité d'un secteur commerçant jadis fort en vogue connu sous le nom de Ladies' Mile.

Ladies' Mile
De Union Square à Madison Square, Broadway constituait l'artère commerçante la plus prisée de New York ❻

Maison de Theodore Roosevelt
Cette maison est une reconstitution de celle où naquit le 26e président des États-Unis ❼

LÉGENDE

- – – – Itinéraire conseillé

0	100 mètres
0	100 yards

National Arts Club
Le siège de ce club privé est situé à l'extrémité sud du parc ❽

BROADWAY (LADIES' MILE)

E 23 ST STREET

E 21 ST STREET

E 19 TH ST

E 17 TH ST

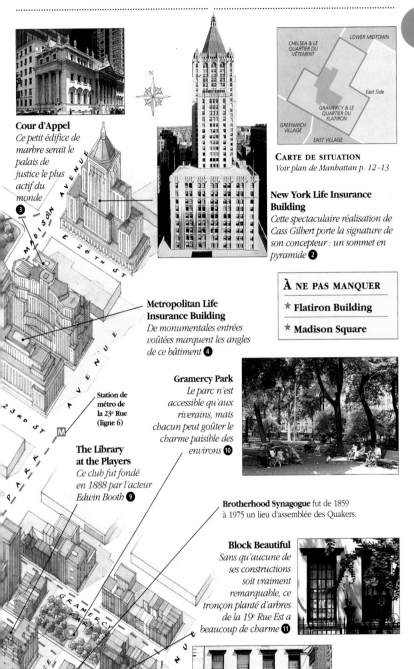

Cour d'Appel
Ce petit édifice de marbre serait le palais de justice le plus actif du monde ③

CARTE DE SITUATION
Voir plan de Manhattan p. 12-13

CHELSEA & LE QUARTIER DU VÊTEMENT

LOWER MIDTOWN

East Side

GRAMERCY & LE QUARTIER DU FLATIRON

GREENWICH VILLAGE

EAST VILLAGE

New York Life Insurance Building
Cette spectaculaire réalisation de Cass Gilbert porte la signature de son concepteur : un sommet en pyramide ②

Metropolitan Life Insurance Building
De monumentales entrées voûtées marquent les angles de ce bâtiment ④

À NE PAS MANQUER

★ **Flatiron Building**

★ **Madison Square**

Gramercy Park
Le parc n'est accessible qu'aux riverains, mais chacun peut goûter le charme paisible des environs ⑩

Station de métro de la 23e Rue (ligne 6)

The Library at the Players
Ce club fut fondé en 1888 par l'acteur Edwin Booth ⑨

Brotherhood Synagogue fut de 1859 à 1975 un lieu d'assemblée des Quakers.

Block Beautiful
Sans qu'aucune de ses constructions soit vraiment remarquable, ce tronçon planté d'arbres de la 19e Rue Est a beaucoup de charme ⑪

Pete's Tavern fut inauguré en 1903. O. Henry, chroniqueur attitré de la vie new-yorkaise, rédigea The Gift of the Magi.

Madison Square ❶

Plan 8 F4. **M** *23rd St.*

La statue de Farragut, Madison Square

Conçu pour former le cœur d'un quartier résidentiel de luxe, ce parc devint après la guerre de Sécession un lieu de divertissement populaire, bordé par Madison Square Hotel, Madison Square Theater et Madison Square Garden. Le bras de la statue de la Liberté, portant sa torche, y fut exposé en 1884. Ce parc est principalement fréquenté par les employés des bureaux voisins, qui viennent déjeuner sur le pouce. La statue de l'amiral David Farragut (1880), due à Augustus Saint-Gaudens, repose sur un piédestal de Stanford White. Durant la guerre de Sécession, Farragut fut le héros d'une bataille navale : des allégories du Courage et de la Loyauté surgissant des flots sont sculptées sur le socle de la statue. La statue de Roscoe Conkling honore la mémoire d'un sénateur américain qui périt lors du terrible blizzard de 1888. Le mât de la Lumière éternelle, dû à Carrère & Hastings, célèbre la mémoire des soldats tombés en France lors de la Grande Guerre.

New York Life Insurance Building ❷

51 Madison Ave. **Plan** 9 A3. **M** *28th St.* ◯ *h. de bureau.*

Dans cet imposant building, édifié en 1928 par Cass Gilbert, l'intérieur est somptueux, orné d'énormes lustres, de portes de bronze et de lambris. Un escalier monumental mène à la station de métro ! D'autres édifices célèbres se dressèrent sur ce site : Barnum's Hippodrome,

en 1874, puis le premier Madison Square Garden, inauguré en 1879, où le célèbre boxeur Jack Dempsey combattit dans les années 1880. Le second Madison Square Garden, « palais des plaisirs » conçu par Stanford White, ouvrit ses portes sur le même site en 1890. Ses brillantes soirées attirèrent aussitôt l'élite new-yorkaise, qui n'hésitait pas à payer plus de cinq cents dollars le privilège de disposer d'une loge lors du prestigieux concours hippique annuel. L'édifice présentait des arcades en rez-de-chaussée, ainsi qu'une tour inspirée de la Giralda de Séville, sur laquelle était juchée une statue dorée de Diane. La nudité de la déesse choquait les esprits vertueux, qui s'offusquèrent plus encore de la vie décadente de White et de sa mort scandaleuse : en 1906, alors qu'il assistait à une revue, il fut abattu par le milliardaire Harry Thaw, mari de l'ancienne maîtresse de White, la *girl* Evelyn Nesbit. La une de *Vanity Fair* résuma bien l'opinion générale : « Stanford White, libertin et pervers meurt comme un chien ». Le procès qui s'ensuivit fut l'occasion de révélations tapageuses concernant les mœurs dépravées de la haute société de Broadway.

New York Life Insurance Building

La Cour d'appel de l'État de New York ❸

E 25th St at Madison Ave. **Plan** 9 A4. **C** *340 0400.* **M** *23rd St.* ◯ *9h-17h lun.-ven. audience à partir de 14h les mar., mer., jeu., à partir de 10h le ven.* ◯ *j.f.* ⊘

Les appels relatifs aux affaires civiles et pénales de New York et du Bronx sont jugés dans ce tribunal, souvent considéré comme le plus actif du monde. Ce petit palais de marbre édifié en 1900 par James Brown Lord est

Ces statues de la *Justice* et de l'*Étude* veillent sur la Cour d'Appel

décoré de nombreuses sculptures dont une *Justice* de Daniel Chester French, flanquée d'allégories de la *Puissance* et de l'*Étude*. En semaine, le public est invité à admirer l'intérieur de la Cour d'Appel de l'État de New York, dû aux frères Herter, et même à visiter la salle de tribunal (lorsque celui-ci n'est pas en session). Parmi d'autres détails, mentionnons les vitraux, la coupole et les peintures murales.

Dans le vestibule, des expositions retracent fréquemment des affaires célèbres et obscures jugées ici ; on y pourrait relever les noms de Babe Ruth, Charlie Chaplin, Fred Astaire, Harry Houdini, Theodore Dreiser ou Edgar Allan Poe.

La tour de Metropolitan Life
Insurance Building

Metropolitan Life Insurance Building ❹

1 Madison Ave. **Plan** 9 A4. **C** *578-2211*. **M** *23rd St.* ○ *au public à l'exception du hall d'entrée.* Ø

En 1909, l'adjonction d'une tour de 210 m fit de cet édifice datant de 1893 l'immeuble le plus élevé du monde. L'énorme horloge à quatre cadrans (dont chacune des aiguilles des minutes pèse 45 kg) est illuminée la nuit, ce qui en fait un élément distinctif du paysage nocturne new-yorkais (la compagnie d'assurance avait pour devise : « La lumière qui jamais ne faiblit »). Les murs de la cafétéria étaient jadis ornés de tableaux historiques du célèbre illustrateur N.C. Wyeth (*Robin des Bois, L'Île au Trésor, Robinson Crusoé*), père du peintre Andrew Wyeth. Ces tableaux sont aujourd'hui exposés dans le hall d'entrée.

Flatiron Building ❺

175 5th Ave. **Plan** 8 F4. **M** *23rd St.* ○ *h. de bureau.*

Initialement baptisé Fuller Building, du nom de la société de travaux publics qui en était propriétaire, ce building conçu par l'architecte de Chicago David Burnham était à son achèvement, en 1902, le plus élevé du monde. Construit sur une armature d'acier, il annonçait l'ère des gratte-ciel. Sa forme triangulaire lui valut d'être bientôt baptisé « Flatiron » c'est-à-dire « le fer à repasser ». Parfois appelé « Folie Burnham » : d'aucuns prédisaient que les vents soulevés par ses contours le jetterait à bas. S'il a résisté à l'épreuve du temps, les vents qui soufflent dans la 23e Rue ne furent pas sans effet. Peu après l'édification du building, les hommes se pressaient aux abords pour lorgner les chevilles des jeunes femmes, dévoilées par l'envol de leurs longues jupes. Il fallut faire appel à la police pour les disperser. La partie de la 5e Avenue qui s'étend au sud du Flatiron jusqu'à récemment un peu à l'abandon, mais l'arrivée de boutiques chic (telles qu'Emporio Armani ou Paul Smith) lui a redonné vie et le quartier y a gagné un nouveau nom : Flatiron District.

Flatiron Building en cours de construction

Ladies' Mile ❻

Broadway (Union Sq à Madison Sq).
Plan 4 E1 à 8 F4. **M** *14th St, 23rd St.*

Le magasin Arnold Constable

Au XIXe siècle, la grande bourgeoisie new-yorkaise faisait ses courses dans des magasins de luxe tels qu'Arnold Constable (nos 881-887) et Lord & Taylor (n° 901). Si les devantures du rez-de-chaussée sont aujourd'hui méconnaissables, les étages ont conservé une partie de leur splendeur passée.

Le président « Teddy » Roosevelt

La maison de Theodore Roosevelt ❼

28 E 20th St. **Plan** 9 A5. **C** *260-1616* **M** *14th St-Union Sq.* ○ *9h-17h lun.-ven. (dernière admission : 16h).* ● *les j.f.* ⬚ ⬚ **⬚** *Conférences, concerts, films, vidéos.* ⬚ **W** www.nps.gov/thrb

La maison où le pittoresque 26e président des États-Unis naquit et passa son enfance a été reconstruite à l'identique. Y sont exposés les jouets du jeune Teddy, tout comme les badges politiques et des emblèmes du célèbre chapeau que portait Roosevelt lors de la guerre hispano-américaine.

Visages de grands écrivains, en bas-relief, National Arts Club

National Arts Club ❽

15 Gramercy Pk S. **Plan** 9 A5.
C 475-3424. **M** 14th St-Union Sq.
○ 12h-17h pour expositions.
W www.nationalartsclub.org

Cette imposante *brownstone* fut la résidence du gouverneur Samuel Tilden, qui fit condamner William Tweed *(p. 25)* et créa une bibliothèque publique. Sa façade fut redessinée par Calvert Vaux en 1881-1884. En 1906, le National Arts Club fit l'acquisition de cet immeuble, dont il conserva les hauts plafonds et les vitraux. Ce club compta parmi ses membres quelques-uns des plus grands artistes américains de la fin du XIXe siècle et du début du XXe qui, en échange d'une peinture ou d'une sculpture, étaient déclarés membres à vie. Ces dons constituent la collection permanente du club, ouvert au public à l'occasion d'expositions.

The Library at The Players ❾

16 Gramercy Pk S. **Plan** 9 A5.
C 228-7610. **M** 14th St-Union Sq. 6 à 23rd St. **○** sf groupe (réservation à l'avance). **○**

Cette *brownstone* fut habitée par l'acteur Edwin Booth, frère de John Wilkes Booth, l'assassin du président Lincoln. Edwin Booth la fit transformer par Stanford White en 1888, pour accueillir son club. Celui-ci s'adressait en priorité aux acteurs mais compta cependant parmi ses membres White lui-même, l'écrivain Mark Twain, l'éditeur Thomas Nast et Winston Churchill (dont la mère était née non loin de là). Une statue de Booth en Hamlet se dresse à l'angle de la rue, dans Gramercy Park.

Grille ouvragée de The Players

Gramercy Park ❿

Plan 9 A4. **M** 23rd St.

Gramercy Park est l'un des 4 squares tracés dans les années 1830 et 1840 pour attirer de riches résidents. C'est aujourd'hui l'unique parc privé de la ville : comme leurs devanciers, les résidents des immeubles contigus possèdent des clefs leur permettant d'y accéder. À travers les grilles de l'angle sud-est, l'on peut apercevoir la fontaine de Greg Wyatt, aux girafes bondissant autour d'un soleil souriant. Les édifices qui entourent Gramercy Park furent dessinés par certains des plus célèbres architectes new-yorkais, dont Stanford White (sa maison se dressait sur le site actuellement occupé par le Gramercy Park Hotel). Les nos 3 et 4 sont particulièrement remarquables par leurs portiques et leurs ornements de fonte. Le n° 4 se distingue par la présence de réverbères qui signalaient la demeure d'un maire de la ville (James Harper). Au n° 34 vécurent notamment le sculpteur Daniel Chester French, l'acteur James Cagney et l'imprésario de cirque John Ringling.

Block Beautiful ⓫

E 19th St. **Plan** 9 A5. **M** 3rd Ave, 14th St-Union Sq.

Façade de l'une des maisons du Block Beautiful (19e Rue Est)

Ce pâté de maisons des années 1920 superbement restaurées et bordées d'arbres respire la tranquillité. Aucune des constructions n'est vraiment remarquable, mais l'ensemble est merveilleusement harmonieux. Au n° 132 vécurent deux actrices célèbres, Theda Bara, vedette du cinéma muet et premier sex symbol hollywoodien, et l'excellente actrice shakespearienne Mrs. Patrick Campbell, qui en 1914 créa le rôle d'Eliza Doolittle dans le *Pygmalion* de George Bernard Shaw. Parmi les nombreux détails à observer lors d'une promenade au long du *block*, noter les poteaux d'attache devant le n° 141 et les girafes en bas-relief de céramique devant les nos 147-149.

Fontaine au soleil, œuvre de Greg Wyatt, à Gramercy Park

Gramercy Park Hotel ⑫

2 Lexington Ave (hauteur 21st St.)
Plan 9 B4. **C** 475-4320.
M 14th St-Union Sq.
W www.gramercyparkhotel.com

Depuis plus de soixante ans, des visiteurs du monde entier aussi bien que des New Yorkais se sentent chez eux dans cet hôtel qui occupe l'emplacement de la maison de Stanford White. C'est l'un des endroits les plus intimes de New York, avec son délicieux bar à l'ancienne et ses chandeliers. Vous pourrez y croiser le plus riche et le plus vieille des coquettes comme le plus à la mode des stars du rock. L'établissement est situé près du seul parc privé de Manhattan. Si vous voulez jouer les habitants du quartier et y faire un tour, demandez la clé à la réception.

Stuyvesant Square ❸

Plan 9 B5. **M** 14th St-Union Sq.

Cette oasis de verdure de part et d'autre de la 2ᵉ Avenue était au XVIIᵉ siècle située sur le domaine de la ferme de Peter Stuyvesant. Le terrain appartenait encore à sa famille lorsque le parc fut créé, en 1836. Peter G. Stuyvesant le vendit à la ville pour la somme symbolique de 5 dollars (au grand plaisir des riverains, qui virent la valeur de leur propriété grimper). Une statue de Stuyvesant due à Gertrude Vanderbilt Whitney se dresse dans le parc, qui sépara le quartier Stuyvesant de Gas House District, moins huppé.

Con Edison Headquarters ❹

145 E 14th St. **Plan** 9 A5. **M** 3rd Ave, 14th St-Union Sq. **⬤** au public.

La tour de cet édifice de 1911 est célèbre pour sa grande horloge. Haute de 26 étages, elle a été conçue par Henry Hardenbergh, architecte surtout connu pour

Les tours de Con Edison (à dr.), Metropolitan Life et Empire State Buildings

le Dakota Building *(p. 179)*, et construite par la même entreprise que Grand Central Terminal. Dans le haut se trouve une lanterne en bronze. C'est un hommage aux employés de Con Ed morts pendant la Première Guerre mondiale. La tour est moins haute que l'Empire State Building, mais son éclairage nocturne fait d'elle un édifice séduisant. Elle marque aussi de manière symbolique la présence de la Compagnie qui éclaire New-York.

Union Square ❺

Plan 9 A5. **M** 14th St-Union Sq.
Marché lun., mer., ven. et sam.

Ce parc doit son nom au fait qu'il vint en 1839 relier Bloomingdale Road

Le marché de Union Square

(l'actuel Broadway) à Bowery Road (4ᵉ ou Park Avenue). Plus tard, il fut surélevé en son centre pour que les rames du métro puissent passer en dessous. Union

Square devint le point de ralliement des harangueurs de foules. En 1930, au plus fort de la Crise, plus de 35 000 chômeurs s'y rassemblèrent avant de marcher sur City Hall pour exiger un emploi. Des maraîchers de tout l'État de New-York viennent y vendre leurs produits.

The Little Church Around the Corner ❻

1 E 29th St. **Plan** 8 F3.
C 684-6770. **M** 28th St. **◯** 9h-17h t.l.j. **✝** 17h30 lun.-sam., 8h30-11h dim. **◉** & **⬤** après la messe de 11h. **Conférences, concerts, récitals.** **W** www.littlechurch.org

La paisible Episcopal Church of the Transfiguration est familièrement appelée « Petite église au coin de la rue » depuis qu'en 1870 le pasteur d'une église voisine, refusant de célébrer les funérailles d'un acteur (George Holland), suggéra que le service funèbre eût lieu dans « la petite église au coin de la rue ». Le nom est resté, et depuis lors cette église est chère au cœur du monde du théâtre (Sarah Bernhardt y assista à des messes). Le vitrail du transept sud, œuvre de John La Farge, représente Edwin Booth interprétant *Hamlet*. Un autre vitrail immortalise l'exclamation de Jefferson : « Dieu bénisse la petite église au coin de la rue ! »

CHELSEA ET
LE QUARTIER DU VÊTEMENT

Champêtre en 1750, suburbain en 1830, ce quartier devint commerçant dans les années 1870, avec l'arrivée du métro aérien *(p. 24-25)*. Music-halls et théâtres se multiplièrent au long de la 23e Rue. Dans l'ombre de l'« El », les grands magasins de Fashion Row se développèrent, pour servir les classes moyennes. Mais alors même que la mode progressait *uptown* (vers Manhattan Nord),

Statue d'un ouvrier du vêtement (n° 555 7th Ave.)

Chelsea déclina pour devenir un quartier d'entrepôts, jusqu'à ce que la disparition du viaduc du métro permît aux New-Yorkais de redécouvrir ses maisons de ville du XIXe siècle. Herald Square, qui accueillit le grand magasin Macy's est devenu le cœur du quartier du vêtement. Aujourd'hui, les *warehouses* abritent les galerie d'art d'avant-garde de New York.

Le bar Empire Diner, à Chelsea

LE QUARTIER D'UN COUP D'ŒIL

Rues et bâtiments historiques
Empire State Building
p. 134-135 **2**
General Post Office **7**
General Theological
Seminary **11**

Chelsea Historic District **12**
Hugh O'Neill Dry Goods
Store **14**

Églises
Marble Collegiate Reformed
Church **1**
St John the Baptist Church **5**

Architecture moderne
Madison Square Garden **6**
Jacob K. Javits Convention
Center **8**

Chelsea Piers Complex, centre
sportif et de divertissement **9**

Monuments
Worth Monument **15**

Parcs et Squares
Herald Square **3**

**Hôtels et restaurants
célèbres**
Empire Diner **10**
Chelsea Hotel **13**

Grands magasins
Macy's **4**

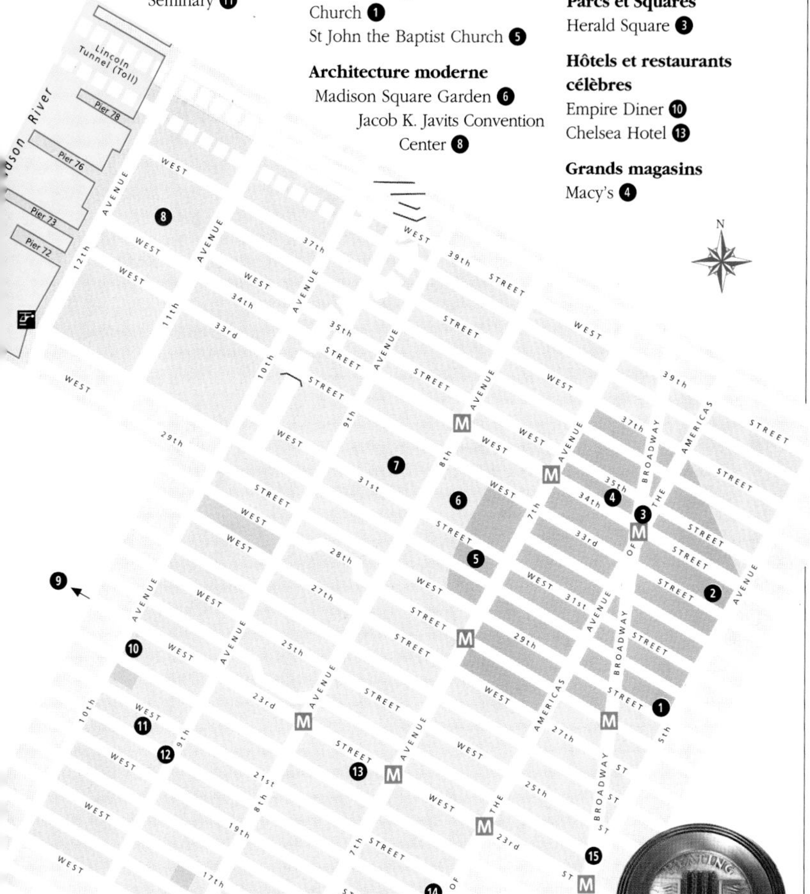

Médaillon à la gloire de
la technologie (Empire
State Building)

0	500 mètres
0	500 yards

COMMENT Y ALLER ?

Chelsea : métro lignes 1 et 2
(7th Ave/Broadway), v. 18th St
ou 23rd St ; lignes A, C et E.
Bus : M10 et M11 ; bus
transversal : M14 ou M23
v. 23rd St.
Macy's : métro lignes
1 ou 9, ou 2 et 3 (express)
v. 34th St/Penn Station. Les
rames de 8th Ave s'arrêtent
aussi à 34th St.

VOIR ÉGALEMENT :

• *Atlas des rues*, plans 7-8
• *Hébergement* p. 274-275
• *Restaurants* p. 290-292

LÉGENDE

Plan du quartier pas à pas

M Station de métro

Héliport

Herald Square pas à pas

Herald Square doit son nom au journal *New York Herald*, qui y eut son siège de 1894 à 1921. Aujourd'hui dévolu au shopping, ce secteur fut à la fin du XIXe siècle l'un des plus « chauds » de New York. Après l'ouverture du grand magasin Macy's, en 1901, dancings et maisons closes furent supplantés par les entrepôts et les commerces de Garment District. Ce quartier de la confection occupe aujourd'hui les rues proches de Macy's, autour de la 7e Avenue. « l'avenue de la Mode ». À l'est, sur celle-ci, se dresse le célèbre Empire State Building : depuis l'observatoire, un somptueux panorama s'offre sur New York et ses environs.

Fashion Avenue (avenue de la Mode) est le nom donné à la 7e Avenue dans le secteur de la 34e Rue. Cœur de l'industrie textile new-yorkaise, les rues bourdonnent d'employés poussant des chariots de vêtements et de jouets.

Manhattan Mall, qui abritait autrefois Gimbel's, le rival de Macy's, comprend 90 magasins, des restaurants et un étage consacré aux vêtements et jouets.

Station de métro 34th St-Penn Station (lignes 1, 2, 3, A, C, E)

Ramada Hotel Pennsylvania est célèbre pour les big bands qui s'y produisaient dans les années 30. *Pennsylvania 6-5000*, de Glenn Miller, conféra la célébrité au numéro de téléphone de l'hôtel.

St John the Baptist Church
Un chemin de croix gravé orne les murs de marbre blanc à l'intérieur de cette église ❺

SJM Building se dresse au 130 de la 30e Rue Ouest. Une frise mésopotamienne court tout au long de la façade.

Fur District (quartier de la fourrure) est situé à l'extrémité sud du quartier du vêtement.

Flower District, autour de la 6e Avenue et de la 28e Rue Ouest, s'anime dès le petit matin, lorsque les fleuristes viennent remplir leurs camionnettes de fleurs et de bouquets colorés.

Station de métro de 28th St (lignes N, R)

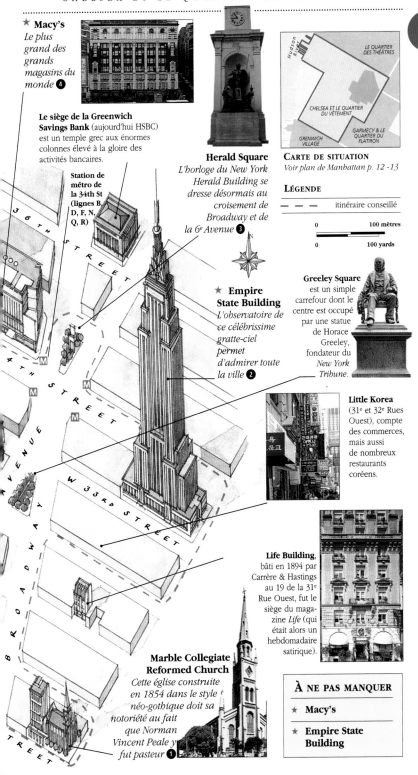

★ **Macy's**
Le plus grand des grands magasins du monde ❹

Le siège de la Greenwich Savings Bank (aujourd'hui HSBC) est un temple grec aux énormes colonnes élevé à la gloire des activités bancaires.

Station de métro de la 34th St (lignes B, D, F, N, Q, R)

Herald Square
L'horloge du New York Herald Building se dresse désormais au croisement de Broadway et de la 6e Avenue ❸

CARTE DE SITUATION
Voir plan de Manhattan p. 12 -13

LE QUARTIER DES THÉÂTRES

CHELSEA ET LE QUARTIER DU VÊTEMENT

GREENWICH VILLAGE

GARMECY & LE QUARTIER DU FLATIRON

Hudson River

LÉGENDE

— — — itinéraire conseillé

0   100 mètres

0   100 yards

N

★ **Empire State Building**
L'observatoire de ce célébrissime gratte-ciel permet d'admirer toute la ville ❷

Greeley Square est un simple carrefour dont le centre est occupé par une statue de Horace Greeley, fondateur du *New York Tribune*.

Little Korea (31e et 32e Rues Ouest), compte des commerces, mais aussi de nombreux restaurants coréens.

Life Building, bâti en 1894 par Carrère & Hastings au 19 de la 31e Rue Ouest, fut le siège du maga- zine *Life* (qui était alors un hebdomadaire satirique).

Marble Collegiate Reformed Church
Cette église construite en 1854 dans le style néo-gothique doit sa notoriété au fait que Norman Vincent Peale y fut pasteur ❶

À NE PAS MANQUER

★ **Macy's**

★ **Empire State Building**

Vitraux de Tiffany (Marble Collegiate Reformed Church)

Marble Collegiate Reformed Church ❶

1 W 29th St. **Plan** 8 F3. 📞 686-2770.
Ⓜ 28th St. ⭕ 8h30-20h30 lun.-ven., 9h-16h sam., 8h-15h dim. ✝ de sept. à juin : 11h15 le dim. ; de juin à sept. 10h30 le dim. 🚫 Pdt services ♿
Ⓦ www.marblechurch.org

Cette église est surtout connue pour son ancien pasteur, Norman Vincent Peale, auteur de *The Power of Positive Thinking*. Autre adepte de la « pensée positive », l'ex-président Richard Nixon y assista à des offices lorsqu'il était avocat (avant d'entrer à la Maison-Blanche). Cette église de marbre fut construite en 1854 : la 5e Avenue n'était alors qu'une simple route de campagne poussiéreuse, et la barrière de fonte qui entoure l'édifice empêchait le bétail d'entrer. L'intérieur d'origine, blanc et or, a été remplacé par des motifs fleurdelisés dorés sur un fond rouille. Deux vitraux de Tiffany, représentant des scènes de l'Ancien Testament, ont été mis en place en 1893.

Empire State Building ❷

Voir p. 134-135

Herald Square ❸

6th Ave. **Plan** 8 E2. Ⓜ 34th St-Penn Station. Voir **Boutiques** p. 313.

La place, qui doit son nom au *New York Herald*, qui, de 1893 à 1921, y occupa un bel édifice flanqué d'arcades, à l'italienne, de Stanford White, fut le centre du Tenderloin District, quartier des boîtes de nuit et de la prostitution dans les années 1870 et 1880. Des théâtres, comme le Manhattan Opera House, des dancings, hôtels et restaurants ont tenu le quartier en ébullition jusqu'à ce que les autorités prennent des mesures contre l'insalubrité. Il ne reste plus du Herald Building que l'horloge ornementale Bennett, ainsi nommée en l'honneur de James Gordon Bennett J.-R., éditeur du *New York Herald*. L'Opéra fut rasé en 1901 pour la construction de Macy's, suivis de près par d'autres grands magasins faisant ainsi de Herald Square La Mecque des consommateurs. Herald Square fut également le site du grand magasin des frères Gimbel, qu'une farouche rivalité opposait à Macy's. (Cette rivalité fut portée à l'écran avec tendresse dans le film de Noël, *A Miracle on 34th Street*). En 1988, cet immeuble fut transformé en centre commercial. Malgré la disparition de la plupart des vieilles enseignes, Herald Square est toujours un secteur commercial clé.

Macy's ❹

151 W 34th St. **Plan** 8 E2. 📞 695-4400 Ⓜ 34th St-Penn Station. ⭕ 10h30-20h30 lun.-sam. ⬤ j.fériés. Voir **Boutiques** p. 311.

« Le plus grand magasin du monde » occupe tout un *block*, et propose à la vente d'innombrables articles dans toutes les gammes de prix. Macy's fut fondé par un ancien pêcheur de baleine du nom de Rowland Macy, qui en 1857 ouvrit une petite boutique dans la 14e Rue Ouest. Le logo de Macy's, une étoile rouge, est inspiré du tatouage de son fondateur. À sa mort, en 1877, le petit magasin était devenu un ensemble de onze immeubles, qui allait croître encore sous la houlette des frères Isidor et Nathan Straus, anciens dirigeants du rayon porcelaine et verrerie de Macy's. En 1902, Macy's était trop important pour ses locaux de la 14e Rue, aussi la firme prit-elle possession du site actuel.

La façade de Macy's sur la 34e Rue

La nef de St John the Baptist Church

La façade est, dotée d'une nouvelle entrée, a conservé ses fenêtres en saillie et ses colonnes corinthiennes. La façade de la 34e Rue est gardée par les caryatides d'origine. À l'intérieur, beaucoup d'escalators en bois d'époque sont toujours en bon état de marche. La mer allait de nouveau jouer un rôle dans l'histoire de Macy's, en 1912 : une plaque apposée à l'entrée principale rappelle qu'Isidor Straus et son épouse périrent dans le naufrage du *Titanic*. Macy's organise chaque année la grande parade de Thanksgiving et le feu d'artifice du 4 juillet (fête nationale). Au printemps, de grandes floralies attirent des milliers de visiteurs.

St John the Baptist Church ❺

210 W 31st St. **Plan** 8 E3. 564-9070. **M** *34th St-Penn Station.* 6h45-18h t.l.j. Tte la journée

Fondée en 1840 à l'intention d'immigrants fraîchement arrivés, cette petite église catholique à flèche unique est aujourd'hui presque perdue au cœur du quartier de la fourrure. Derrière la façade de *brownstone* de la 30e Rue, noircie par la pollution, se cachent de véritables trésors. L'entrée s'effectue aujourd'hui par le couvent moderne de la 31e Rue. Le sanctuaire de Napoléon Le Brun étincelle de toute la blancheur de ses arcs néo-gothiques, que soulignent les dorures des chapiteaux qui les surmontent. Les murs inondés de lumière par des vitraux sont ornés de bas-reliefs peints. À l'extérieur de l'église, Prayer Garden est une paisible oasis de verdure agrémentée de statues.

Madison Square Garden ❻

4 Pennsylvania Plaza. **Plan** 8 D2. 465-6741. **M** *34th St-Penn Station.* *lun.-dim., horaires variables selon spectacles.* Voir **Se distraire** p. 344. **W** www.thegarden.com

La démolition de la magnifique gare de Pennsylvania de McKim, Mead & White et son remplacement en 1968 par ce complexe sans grâce eut au moins le mérite : les défenseurs du patrimoine architectural new-yorkais en conçurent une telle fureur qu'ils s'allièrent pour empêcher d'autres erreurs. Madison Square Garden proprement dit, qui superpose à une gare désormais souterraine, est un cylindre de béton précontraint, dont la grande salle peut accueillir les vingt mille fans des New York Knickerbockers (basket-ball), des Liberty (basket féminin) ou des New York Rangers (hockey sur glace) ; y sont aussi organisés des concerts de rock, des tournois de tennis, des combats de boxe, des spectacles de cirque, des expositions canines et toutes sortes de manifestations. L'édifice est également doté d'une salle de théâtre de 5 600 places. Malgré les récents travaux de rénovation, Madison Square Garden ne possède pas le lustre de l'ancienne salle réalisée par Stanford White, où se déroulèrent d'extraordinaires spectacles *(p. 124)*.

La salle principale de Madison Square Garden

General Post Office ❼

421 8th Ave. **Plan** 8 D2. 967-8585. **M** *34th St-Penn Station.* 24h/24. *Voir* **Renseignements pratiques** *p. 361.*

Conçue en 1913 par McKim, Mead & White dans un style en accord avec la gare de Pennsylvanie qu'ils avaient construite trois ans plus tôt, la poste centrale est un imposant bâtiment néo-classique, qui étend sur deux *blocks* une façade corinthienne agrémentée de vingt colonnes, d'un pavillon à chaque extrémité et d'un large escalier. Au fronton une inscription longue de 85 m, inspirée d'Hérodote, affirme fièrement que « Ni la neige, ni la pluie, ni la canicule, ni les ténèbres de la nuit n'empêchent ces messagers d'accomplir avec diligence leurs tournées. »

L'imposante façade de la poste centrale

Empire State Building ❷

Empire State Building

Bien qu'il ait été dépossédé dans les années 1970 de son titre de plus grand édifice du monde, l'Empire State est demeuré le plus célèbre des gratte-ciel de New York, et le symbole de la ville pour la terre entière. Sa construction commença en 1930, peu de temps après le krach boursier de 1929, de sorte qu'au moment de son inauguration en 1931, ses promoteurs connurent les pires difficultés à louer ses bureaux. Il n'évita la faillite que grâce au succès remporté par ses belvédères, qui ont depuis lors accueilli plus de 110 millions de visiteurs.

Dans le hall d'entrée, **des médaillons de bronze** de style Art déco figurent des symboles de l'ère moderne.

LA CONSTRUCTION
Le bâtiment fut conçu pour être construit rapidement, d'où l'emploi d'éléments préfabriqués, mis en place au rythme de quatre étages par semaine.

L'ossature, constituée de 60 000 tonnes d'acier, fut montée en 23 semaines.

Les encadrements des 6 500 fenêtres furent réalisés en **panneaux d'aluminium,** avec une finition en acier.

Dix millions de briques entrèrent dans la construction de l'immense édifice.

Les espaces vides entre les étages sont réservés au passage des gaines et des tuyauteries.

D'un poids de 365 000 tonnes, le building est soutenu par plus de **200 piliers d'acier** et de béton.

Observatoire du 102e étage

L'Empire State devait compter 86 étages, mais un mât d'amarrage pour dirigeables de 46 m fut ajouté. Une antenne (de 62 m) assure aujourd'hui le relais d'émissions de radio et de télévision vers la ville et quatre États voisins.

Les 30 étages supérieurs sont illuminés à certaines occasions.

Des ascenseurs ultra-rapides (22 km/h) conduisent au sommet du building.

Chaque année, les meilleurs concurrents de l'« Empire State Run-Up » ne mettent que **dix minutes pour gravir les 1 575 marches** qui mènent du hall d'entrée au 86e étage.

À NE PAS MANQUER

★ **Hall d'entrée de la 5e Avenue**

★ **Observatoire du 86e étage**

MODE D'EMPLOI

350 5th Ave. **Plan** 8 F2. 736-3100. A, B, C, D, E, F, N, Q, R vers 34th St. 6 vers 33nd St. Q32, M1, M2, M3, M4, M5, M16, M34. **Observatoire** 9h30-24h t.l.j. (der. ent. 23h30), 9h-17h 24 déc. ; 11h-19h 25 déc.,1er janv. **Snack.** www.esbnyc.com

★ Observatoire du 86e étage

Au niveau du 86e étage, une plate-forme d'observation offre une vue somptueuse sur Manhattan. Le belvédère du 102e étage (à 381 m au-dessus de la chaussée) offre un panorama sur plus de 125 km à la ronde par temps clair, mais il est fermé au public depuis plusieurs années.

À la conquête du ciel

Le photographe Lewis Hine sut traduire sur la pellicule toute l'aventure de la construction et la bravoure des hommes qui accomplirent cette prouesse. Hudson River, à l'arrière plan, ressemble à un maigre ruisseau.

Empire State 443 m (avec l'antenne)

La tour Eiffel 319 m

La Grande Pyramide 107 m

Big Ben 67 m

Coup de foudre !

Chaque année l'Empire State est frappé jusqu'à 100 fois par la foudre. Le belvédère extérieur est fermé en cas de mauvais temps, mais les visiteurs ne craignent rien à l'intérieur.

Toujours plus haut

Les New-Yorkais sont fiers du symbole de leur ville, qui surpasse les réalisations les plus monumentales.

★ Hall d'entrée de la 5e Avenue

Dans le hall habillé de marbre, une représentation du gratte-ciel se détache en relief sur une carte de l'État de New York.

VERTIGES...

L'Empire State Building apparaît dans de nombreux films, mais il connut sans doute son plus grand rôle en 1933, dans King Kong *: on y voit le monstrueux gorille agrippé à son sommet, aux prises avec des avions de chasse. En 1945, un bombardier bien réel heurta le gratte-ciel à la hauteur du 78e étage. Plus chanceuse, une jeune liftière fit avec sa cabine une chute de 79 étages, avant d'être sauvée par le frein de secours.*

Jacob K. Javits Convention Center ❽

655 W 34th St. **Plan** 7 B2. 📞 216-2000. Ⓜ 34th St-Penn Station. 🕐 variable selon les expositions. ● hors expositions. 🖼 Ⓧ ♿ 🍴 Ⓦ www.javitscenter.com

Jacob K. Javits Convention Center est un chef-d'œuvre d'architecture moderne

A vec ce building de verre d'un saisissant modernisme dû à I.M. Pei, New York s'est doté en 1986 d'un centre propre à accueillir près de Hudson River les plus grandes expositions. Les deux salles principales de cet immeuble de quinze étages constitué de 16 000 panneaux de verre peuvent accueillir des milliers de délégués, et le hall d'entrée est si vaste qu'il pourrait contenir la statue de la Liberté. L'achèvement en 1989 de Galleria River Pavilion est venu ajouter près de 4 000 m² d'espace disponible, ainsi que deux terrasses dominant le fleuve.

Chelsea Piers Complex ❾

11th Ave entre 17th et 23rd St. **Plan** 7 B5. 📞 336-6666. Ⓜ 14th St., 23rd St. 🚌 M23. 🕐 t.l.j. 📶 Ⓦ www.chelseapiers.com

C e gigantesque complexe ouvert en 1995 a reconverti quatre digues abandonnées en un centre d'activités sportives et de loisirs. Les installations comprennent des pistes de skate-board, de course, un parcours de golf, une marina et onze studios de production pour la télévision et le cinéma.

Empire Diner ❿

210 10th Ave. **Plan** 7 C4. 📞 924-0011. Ⓜ 23rd St. 🕐 24h/24. ● 4h-8h mar. Voir **Restaurants et bars** p. 306.

C ette magnifique réalisation de style Art déco reconstitue le restaurant américain de 1929, au bar de zinc et aux décorations noires et chromées, qui aurait été l'établissement favori de Bette Davis.

Une partition manuscrite, General Theological Seminary

General Theological Seminary ⓫

20th–21st St. **Plan** 7 C4. 📞 243-5150. Ⓜ 23rd St ou 34th St-Penn Station. 🕐 12h-15h lun. -ven., 11h -15h sam. Ⓧ ♿ Ⓦ www.gts.edu

C e campus fondé en 1817 prépare les promotions de 150 étudiants à la prêtrise. Clement Clarke Moore, professeur d'études bibliques, fit don de ce site qui s'étend sur tout un *block* et a pour nom officiel Chelsea Square. Le bâtiment le plus ancien qui ait subsisté date de 1836, le plus moderne (St Mark's Library), de 1960 : cette bibliothèque possède le fonds de bibles en latin le plus important du monde. L'entrée s'effectue par la 9e Avenue. Le jardin est particulièrement agréable au printemps.

Empire Diner, où les noctambules branchés viennent prendre le petit déjeuner

Chelsea Historic District ⑫

De la 9th à la 10th Ave. et de la W 20th à 21st St. **Plan** 8 D5. Ⓜ *18th St.*

Plus connu comme écrivain que comme urbaniste, Clement Clarke Moore divisa en lots le domaine qu'il possédait là dans les années 1830, et où furent bâties d'élégantes rangées de maisons de ville dont bon nombre ont fait l'objet d'une soigneuse restauration. Les plus belles d'entre elles sont sans doute les sept demeures qui constituent Cushman Row (n°s 406-416, 20e Rue Ouest), édifiées en 1839-1840 pour Don Alonzo Cushman. Ce riche commerçant, fondateur de la Greenwich Savings Bank, participa avec Moore et James Wells à la mise en valeur de Chelsea. Cushman Row est avec Washington Square Nord l'un des plus beaux exemples d'architecture néo-grecque. Des guirlandes en fonte agrémentent les fenêtres des combles, et deux de ces maisons affichent en signe d'hospitalité les ananas ornant les pilastres des rampes d'escalier.
Aux n°s 446-450 de la 20e Rue Ouest, l'on peut admirer de beaux exemples du style italianisant pour lequel Chelsea est également réputé. Les fenêtres et imposantes cintrées témoignent de l'aisance des premiers propriétaires.

Hugh O'Neill Dry Goods Store

Chelsea Hotel ⑬

222 W 23rd St. **Plan** 8 D4. Ⓒ 243-3700. Ⓜ *23rd St, 34th St-Penn Station.* Ⓦ www.chelseahotel.com

Le Chelsea Hotel entretien des liens très étroits avec le monde de la littérature. Parmi les anciens clients célèbres par des plaques de cuivre apposées sur la façade, citons Tennessee

La cage d'escalier de Chelsea Hotel

Williams, Mark Twain, Jack Kerouac et Brendan Behan. Dylan Thomas passa ici les dernières années de sa vie. En 1966, Andy Warhol prit Chelsea Hotel pour cadre de son film *Chelsea Girls*, et c'est dans une de ses chambres que le musicien punk Sid Vicious tua sa compagne, en 1978. Ces événements ne font qu'ajouter à l'aura sulfureuse de cet hôtel qui attire musiciens, peintres et écrivains avec l'espoir que leur nom aussi passera à la postérité.

Hugh O'Neill Dry Goods Store ⑭

655–671 6th Avenue. **Plan** 8 E4. Ⓜ *23rd St.*

Bien que la mercerie O'Neill ait depuis longtemps disparu, la façade en fonte à pilastres, datant de 1876, illustre bien la majesté des grands magasins jadis alignés au long de la 6e Avenue entre les 18e et 23e Rues, et qui valaient à ce secteur le nom de Fashion Row (la rue de la Mode). O'Neill, dont l'enseigne figure encore sur la façade, était un extraordinaire vendeur, et sa clientèle affluait. Sans être aussi chic que celle du Ladies' Mile *(p. 125)*, cette affluence assura la prospérité de Fashion Row, jusqu'au début du siècle (le cœur du quartier commerçant en vogue reprit alors sa progression vers le nord). La plupart de ces immeubles majestueux ont été rénovés et abritent des grands magasins. Filene's Basement est devenu, entre autres, un endroit où faire des affaires.

Worth Monument ⑮

5th Ave. **Plan** 8 F4. Ⓜ *34th St-Penn Station.*

Dissimulé derrière un compteur d'eau dans un triangle situé au milieu du flot de la circulation, cet obélisque fut érigé en 1857 sur la tombe du seul personnage public inhumé sous une rue de Manhattan, le général William J. Worth, héros des guerres mexicaines du milieu du XIXe siècle. Une barrière de fonte figurant des épées entoure le monument.

Worth Monument

Une maison de Cushman Row

LE QUARTIER DES THÉÂTRES

L'installation du Metropolitan Opera à Broadway (40ᵉ Rue), en 1883, attira de somptueux théâtres et restaurants dans ce quartier. Dans les années 1920, de monumentales salles de cinéma y ajoutèrent le prestige du néon : les enseignes lumineuses se firent de plus en plus grandes, de plus en plus éclatantes, jusqu'à valoir à cette

**Œuvre de
Lee Lawrie au
Rockefeller Center**

artère le nom de « l'Avenue Brillante ». Après la Seconde Guerre mondiale, l'attrait du cinéma déclina, au chatoiement succéda la crasse. Le quartier a depuis lors retrouvé son lustre et sa fréquentation, tout en conservant de petits îlots de sérénité (Public Library, Bryant Park). Ces deux mondes se côtoient au Rockefeller Center.

Le cœur du quartier des théâtres, autour de Times Square

LE QUARTIER D'UN COUP D'ŒIL

Rues et édifices historiques
New York Yacht Club **5**
New York Public Library **8**
American Standard Building **7**
Times Square **10**
Group Health Insurance
Building **12**
Paramount Building **13**
Shubert Alley **14**
Alwyn Court Apartments **19**

Musées
International Center of
Photography **9**
Intrepid Sea-Air-Space
Museum **20**

Architecture moderne
Rockefeller Center **1**
MONY Tower **15**

Parcs, squares et places
Bryant Park **6**

Salles de spectacle célèbres
Lyceum Theater **3**
New Amsterdam Theater **14**
City Center of Music
and Dance **16**
Carnegie Hall **17**

Hôtels et restaurants célèbres
Algonquin Hotel **4**
Russian Tea Room **18**

Magasins célèbres
Diamond Row **2**

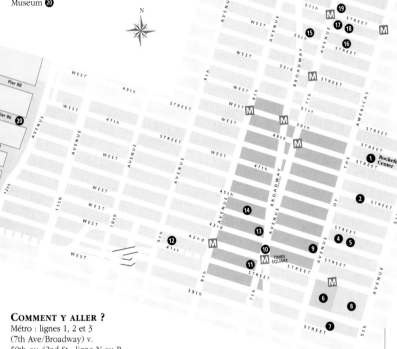

COMMENT Y ALLER ?
Métro : lignes 1, 2 et 3
(7th Ave/Broadway) v.
50th ou 42nd St ; ligne N ou R
v. 57th ou 49th St.
Lignes A, C ou E (8th Ave.),
B, D, F ou O (6th Ave.).
Bus : M5, M6, M7 ;
bus transversaux : M10, M34,
M42, M50, M57, M58.

VOIR ÉGALEMENT :
• *Atlas des rues*, plans 8, 11-12

• *Hébergement* p. 274-275

• *Restaurants* p. 290-292

LÉGENDE

Plan du quartier pas à pas

M Station de métro

Départ des River Boats

0   500 m

0   500 yards

**Fontaine de la Sirène et du
Dauphin (Channel Gardens)**

Times Square pas à pas

Cœur du quartier des théâtres depuis 1899 et la construction de deux salles – le *Victoria Theatre* et le *Republic Theatre* –, Times Square a pris son nom en 1906 avec l'inauguration de l'immeuble du *New York Times*, haut de 25 étages. Depuis les années 1920, les néons, les enseignes des théâtres et les dépêches lumineuses du *Times* forment un spectacle éblouissant. Dans les années 1930, le quartier, gagné par l'industrie du sexe, connut un déclin. Sa résurrection date des années 1990 : le Broadway d'antan s'affirme de nouveau, à côté des divertissements les plus branchés.

Paramount Hotel
Le *Whiskey*, bar de cet hôtel *(p. 278)* conçu par Philippe Starck, est le repère à la mode où prendre un verre après un spectacle.

Studios de MTV
Du lundi au vendredi, à 15 h, les badauds se pressent sous l'œil de caméras guettant leurs réactions pour regarder les interviews enregistrées au premier étage.

★ E Walk
Dédié aux commerces et aux divertissements, ce vaste complexe abrite, entre autres, un cinéma multisalles dernier cri, des restaurants, un hôtel et le B.B. King Blues Club.

Sardi's
Les murs de ce restaurant ouvert en 1921 sont couverts de caricatures de vedettes de Broadway, d'hier et d'aujourd'hui.

★ New Victory Theater
Restauré en 1995, il est aujourd'hui réservé à des spectacles de jeunes.

★ Times Square ❿
Chaque 31 décembre, à minuit, une boule en argent tombe du haut de l'ancien immeuble du Times, *ouvrant la nouvelle année.*

W 48TH

W 45TH ST

W 43RD ST

W 41ST ST

SEVENTH AV

BROADWAY

0   100 m

Dépêches lumineuses
Le téléscripteur de Morgan Stanley n'est que l'une des multiples lumières du quartier, où des ordonnances municipales imposent aux immeubles de bureaux de porter des enseignes au néon.

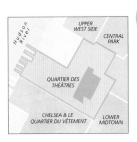

LÉGENDE

— — — Itinéraire conseillé

À NE PAS MANQUER

★ **E Walk**

★ **Times Square**

★ **New Victory Theater**

McGraw-Hill Building

J.P Stevens Tower

Celanese Building

BROADWAY

SEVENTH AVENUE

W 47TH ST

W 46TH ST

43RD ST

Times Square Visitors Center

Duffy Square
Cette petite place doit son nom à Father Duffy « le Combattant », héros de la Première Guerre mondiale. Marquée par la statue de l'auteur-compositeur-interprète George M. Cohan, qui écrivit nombre des succès de Broadway, elle est connue pour son kiosque où acheter des billets à tarif réduit.

GEORGE
· M ·
COHAN
1838-1942

Lyceum Theater
Le plus ancien théâtre de Broadway possède une superbe façade baroque ③

Belasco Theater
Construit en 1907 par le producteur David Belasco, il était l'un des théâtres les mieux équipés techniquement. L'intérieur est orné de vitraux signés Tiffany et de peintures d'Everett Shinn.

Rockefeller Center, dominé par la masse de GE Building

Rockefeller Center ❶

Plan 12 F5. Ⓜ *47th-50th Sts.*
🄾 ♿ 🔢 ◻

Décidant d'inscrire le Rockefeller Center à l'inventaire du patrimoine new-yorkais (en 1985), la Commission municipale des sites le qualifia à juste titre de « cœur de New York » et de « grande présence unificatrice au centre de Manhattan ». Ce complexe culturel et commercial, le plus vaste du genre, est tellement bien intégré dans la cité qu'il a suscité des dizaines d'imitation de par le monde. La conception du Center fut assurée dans l'esprit Art déco par une équipe d'architectes conduite par Raymond Hood. Les œuvres d'une trentaine d'artistes ornent les foyers, les façades et les jardins. Le site, auparavant occupé par un jardin botanique appartenant à Columbia University fut loué en 1928 à John D. Rockefeller Jr., qui souhaitait y édifier un nouvel opéra. La crise de 1929 survint, qui

incita Rockefeller à annuler le projet pour construire un centre d'affaires. Les 14 gratte-ciel bâtis entre 1931 et 1940 fournirent du travail à 225 000 personnes au plus fort de la dépression. D'autres travaux de construction, effectués entre 1957 et 1973, portèrent à 19 le nombre des immeubles. En décembre 1932, Radio City Hall ouvrit ses portes au sein du complexe. Les spectacles qui y sont donnés, notamment ceux de Noël et de Pâques, sont éblouissants. La rénovation de 1999

La Sagesse, relief de Lee Lawrie, GE Building

a rendu au hall son éclat originel. L'immeuble abrite aussi les studios de NBC.

Diamond Row ❷

47th St. **Plan** 12 F5. Ⓜ *47th-50th Sts.*
Voir Boutiques et marchés p. 320.

Presque toutes les vitrines de la 47ᵉ Rue ruissellent d'or et de pierreries. Les immeubles de ce secteur sont occupés par des magasins et des ateliers où les joailliers rivalisent pour attirer l'attention des clients. La rue du diamant naquit dans les années 1930, lorsque les diamantaires juifs d'Anvers et d'Amsterdam chassés par le nazisme s'enfuirent en Amérique. Les juifs orthodoxes, reconnaissables à leur chapeau noir, leur barbe et leurs longues boucles, sont toujours nombreux dans le quartier. Si la rue se consacre principalement au commerce de gros, les particuliers sont cependant les bienvenus (s'abstenir si l'on ignore tout de la valeur des diamants). Si vous aimez les livres, ne manquez pas de vous rendre au Gotham Book Mart, qui recèle des trésors de bibliophilie *(p. 322)*.

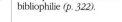

Un locataire de la « rue du diamant »

Lyceum Theater ❸

149 W 45th St. **Plan** 12 E5. 🄲 *Réservations 239-6200.* Ⓜ *42nd St-5th Ave. Voir Se distraire p. 330.*

Le plus ancien théâtre new-yorkais en activité, pièce montée baroque de 1903, fut le premier théâtre construit par Herts et Tallant, agence d'architecte réputée pour l'extravagance de ses constructions. Le Lyceum est entré dans l'histoire avec les 1 600 représentations de la comédie *Born Yesterday*, puis en étant le premier théâtre classé monument historique. Désormais à l'abri des transformations, il est cependant beaucoup moins actif maintenant que Theater District s'est déplacé vers l'ouest.

Rose Room, Algonquin Hotel

Algonquin Hotel ❹

59 W 44th St. **Plan** 12 F5.
C 840-6800. **M** 42nd St-5th Ave.
Voir **Hébergement** p. 278.

L'extérieur est quelque peu surchargé (fenêtres métalliques en saillie, brique rouge, détails tarabiscotés), mais c'est l'ambiance plus que l'architecture de cet hôtel datant de 1902 qui fait de Algonquin Hotel un établissement à part. Dans les années 1920, Rose Room fut le théâtre des déjeuners du célèbre club de la Table ronde, fréquentés par des gens de lettres tels qu'Alexander Woolcott, Franklin P. Adams, Dorothy Parker, Robert Benchley et Harold Ross, tous liés au *New Yorker* (dont Ross était l'un des fondateurs). Le siège du club, sis au 25 de la 43e Rue Ouest, communiquait directement avec l'hôtel. De récents travaux de rénovation ont restitué l'atmosphère délicieusement surannée de Rose Room, et les lambris du confortable hall d'entrée où des habitués du monde de l'édition et des amateurs de théâtre aiment à se retrouver pour boire un verre.

Statue du poète William Cullen, Bryant Park

New York Yacht Club ❺

37 W 44th St. **Plan** 12 F5. **M** 42nd St-5th Ave. **●** au public (réservé aux membres). **W** www.nyyc.org

L e siège de ce club privé, bâti en 1899, se distingue par les poupes des gallions hollandaisvdu xve siècle gravées dans ses trois fenêtres en saillie. La proue de ces mêmes navires est soutenue par des dauphins et des vagues sculptées qui débordent jusque sur le trottoir. Le bâtiment a été refait à neuf pour son centenaire. C'est ici qu'est née la célèbre coupe de l'America. Le trophée nautique tant convoité y fut exposé de 1857 à 1983, date de la victoire historique d'*Australia II*.

Le célèbre trophée de la Coupe de l'America

Bryant Park ❻

Plan 8 F1. **M** 42nd St-5th Ave.

E n 1853, alors que le site de la Public Library était encore occupé par le réservoir Croton, Bryant Park (Reservoir Park) accueillit un éblouissant Palais de Cristal, construit à l'occasion de l'exposition Universelle *(p. 23)*. Dans les années 1960, ce parc devint un repaire de dealers et autres indésirables. En 1989, la Ville le ferma pour rénovation et en fit un lieu de détente pour une population plus paisible. L'on peut s'y restaurer et un kiosque Music & Dance Tickets *(p. 329)* propose des billets à moitié prix pour les spectacles du jour. Sous le parc sont alignés des rayonnages pouvant recevoir plus de sept millions d'ouvrages de la Public Library.

Bryant Park Hotel ❼

40 W 40th St. **Plan** 8 F1. **M** 42nd St-Grand Central.

A merican Radiator Building qui abrite aujourd'hui le Bryant Park Hotel, fut la première œuvre new-yorkaise majeure de Raymond Hood et John Howells. Les deux architectes réalisèrent ensuite Daily Nexs Building *(p. 153)*, McGraw-Hill Building et Rockfeller Center. La structure de 1924 rappelle celle de Chicago's Tribune Tower, gratte-ciel gothique conçu par Hood. Ici, la conception très soignée fait paraître ce building de 23 étages plus haut qu'il n'est en réalité. Les briques noires de la façade sont soulignées par des ornements de terre cuite dorée qui évoquent des charbons ardents. L'image eût certainement fait le bonheur des propriétaires initiaux qui fabriquaient des installations de chauffage. Le gratte-ciel abrite aujourd'hui un hôtel de luxe au cœur de Midtown.

Ce gratte-ciel néo-gothique abrite le Bryant Park Hotel

New York Public Library ❽

5th Ave et 42nd St. **Plan** 8 F1. 📞 *869-8089.* Ⓜ️ *42nd St-Grand Central.* ⭘ *lun.-sam. (horaire variable).* ⬤ *j.f.* 📷 ⓰
🎦 **Conférences.** 🚻 🅆 www.nypl.org

L'entrée de la grande salle d'étude de Public Library

En 1897, la conception de la grande bibliothèque publique de New York fut attribuée à Carrère & Hastings. Leur projet fut influencé par le premier directeur de la bibliothèque, qui souhaitait créer un lieu d'étude clair, calme et aéré, où des millions d'ouvrages pourraient être mis à la disposition des lecteurs. Les architectes édifièrent un chef-d'œuvre de la période Beaux-Arts new-yorkaise. Bâtie sur le site de l'ancien Croton Reservoir *(p. 22)*, la bibliothèque comprend une vaste salle de lecture principale lambrissée, qui s'étend sur deux *blocks*, et qui reçoit la lumière

Les voûtes de marbre blanc de l'escalier d'Astor Hall

provenant de deux cours intérieures. Sous la salle s'étendent 140 km de rayonnages, contenant plus de sept millions de volumes. Plus de cent employés et un système de distribution informatisé assurent la mise à disposition de tout ouvrage en moins de 10 minutes. La salle des périodiques, qui contient plus de 10 000 titres courants provenant de 128 pays, est ornée de peintures murales de Richard Haas honorant les grandes maisons d'édition new-yorkaises. Le fonds originel de la bibliothèque réunissait les collections de John Jacob Astor et de James Lenox. Il comprend aujourd'hui aussi bien un brouillon de la déclaration d'Indépendance de la main de Jefferson qu'une bible de Gutenberg. Une base de données informatisée permet

La grande salle d'étude a conservé ses lampes de travail en bronze

de répondre à plus de mille demandes quotidiennes. Cette bibliothèque constitue le cœur d'un réseau de 82 succursales, au service de près de sept millions d'usagers. Certaines annexes sont célèbres, notamment New York Public Library for the Performing Arts Lincoln Center *(p. 210)* et Schomberg Center de Harlem *(p. 227).*

L'un des 2 lions de pierre de Public Library, « Patience » et « Force d'âme » par le maire LaGuardia

International Center of Photography ❾

1133 Avenue of the Americas (43rd St)
Plan 8 F1. 857-0001.
42nd St-Times Sq. 10h-17h
*lun.-jeu., 10h-20h ven., 10h-18h sam.
et dim.* www.icp.org

Cornell Capa fonda ce musée en 1974 en hommage au travail des photographes de presse comme son frère Robert, tué au cours d'une mission en 1954. Parmi les 12 500 pièces de la collection figurent des œuvres d'Ansel Adams et d'Henri Cartier-Bresson. Des expositions y ont régulièrement lieu, pour montrer les œuvres du fond, ainsi que des conférences.

Times Square ❿

Plan 8 E1. 42nd St-Times Sq.
Times Square Visitors Center, 1560
Broadway (46th St) 8h-20h t.l.j.
ven. soir. www.timessquarebid.org

Désigné à la fin du XIXe siècle sous le nom de Longacre Square, ce site était alors occupé par des loueurs de chevaux, des bourreliers et des maréchaux-ferrants, qui exerçaient leurs activités à proximité du « Repaire des Voleurs ». En 1899, Oscar Hammerstein y construisit deux salles de spectacle, Victoria et Republic, qui prit ensuite le nom de Minsky's, et devait être le théâtre des scandaleuses représentations de Gypsy Rose Lee. L'essor de Broadway en fit le cœur du quartier des théâtres. Lors de la crise de 1929 , les *guys and dolls* de Broadway laissèrent la place à des personnages plus douteux. Dans les années 1990, un programme de rénovation a rendu Times Square aux amateurs de théâtre et aux touristes. On peut désormais se promener en toute sécurité dans cet endroit animé, où de nouveaux bâtiments comme le Bertlesmann Building jouxtent les théâtres. La place a

pris son nom actuel en 1906, lors de l'installation de la tour du *New York Times* (25 étages). L'emménagement du *Times*, à la Saint-Sylvestre, fut marqué par un grand feu d'artifice. Depuis lors la chute d'une boule lumineuse au douzième coup de minuit marque le début de l'année nouvelle.

En 1928, le *Times* annonça les résultats des élections par l'intermédiaire d'un bandeau de 14 800 ampoules courant sur le pourtour du bâtiment. Le siège du *Times* a été transféré, mais les dépêches lumineuses continuent d'y défiler.

W. C. Fields (à gauche) et Eddie Cantor (à dr., tenant un haut-de-forme), dans les *Ziegfeld Follies*, en 1918, New Amsterdam Theater

New Amsterdam Theater ⓫

214 W 42nd St. **Plan** 8 E1. 282-2900.
42nd St-Times Sq. 10h -17h
lun., 10h-minuit mar.

Ce théâtre, le plus opulent des États-Unis lors de son inauguration en 1903, fut le premier à être doté d'une décoration intérieure de style Art nouveau. Florenz Ziegfeld y produisit sa célèbre revue de 1914 à 1918. Propriétaire des murs, il aménagea sur le toit du New Amsterdam la salle de Aerial Gardens. Frappé comme tant d'autres théâtres de la 42e Rue par la crise économique, il a tiré profit de la réhabilitation de Times Square : la fortune lui sourit à nouveau, et il reste encore un lieu de spectacles.

Le sommet Art déco de Paramount Building.

Group Health Insurance Building ⓬

330 W 42nd St. **Plan** 8 D1. 42nd
St. *h. de bureau.*

Cet immeuble de Raymond Hood, construit en 1931, fut le seul édifice new-yorkais sélectionné en 1932 dans le cadre de l'International Style Survey (*p. 41*). Sa conception inhabituelle lui confère un profil à degrés lorsqu'on le voit de l'est ou de l'ouest, mais il présente une face unie lorsqu'on l'observe depuis le nord ou le sud. Des bandes horizontales de terre cuite bleu vert lui ont valu le surnom de « Bon Géant vert ». À l'intérieur, l'on peut admirer le hall d'entrée de style Art déco, tout de verre opaque et d'acier.

Paramount Building ⓭

1501 Broadway. **Plan** 8 E1.
34th St.

La fabuleuse salle de cinéma du rez-de-chaussée où les *bobbysoxers* des années 1940 se pressaient pour acclamer Frank Sinatra a disparu, mais cet imposant édifice bâti en 1927 par Rapp & Rapp demeure très théâtral. Des degrés symétriques s'élèvent vers un sommet Art déco constitué d'une tour, d'une horloge et d'un globe. À l'âge d'or de Broadway, la tour surmontée d'une plate-forme d'observation était illuminée la nuit.

Shubert Alley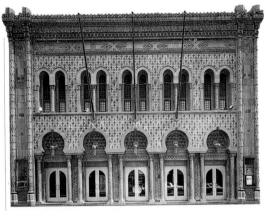

Between W 44th et W 45th St.
Plan 12 E5. 🚇 *42nd St-Times Sq.*

L es salles de spectacle des rues à l'ouest de Broadway, sont souvent remarquables par leur architecture. Deux théâtres construits en 1913, Booth (au n° 22 de la 45e Rue Ouest) et Shubert (au n° 221 de la 44e Rue Ouest) bordent le côté ouest de Shubert Alley, où les acteurs s'assemblaient dans l'espoir de décrocher un rôle dans une pièce produite par Shubert.
A Chorus Line fit l'objet du nombre record de 6 137 représentations au Shubert, jusqu'en 1990. Katharine Hepburn y avait auparavant joué dans *The Philadelphia Story*. Face à l'extrémité de Shubert Alley donnant sur la 44e Rue se dresse le théâtre St James, où Rogers et Hammerstein firent leurs débuts en 1941 dans *Oklahoma*, qui fut suivie de *The King and I*. Au restaurant Sardi's tout proche, les acteurs venaient jadis attendre les critiques au soir de la première. À l'autre extrémité de Shubert Alley, Irving Berlin mit en scène *The Music Box Revue*, en 1921.

La façade mauresque de City Center of Music and Drama

MONY Tower

1740 Broadway. **Plan** 12 E4.
🚇 *57th St.* ⬤ *au public.*

C onstruite en 1950, MONY Tower est nantie d'une girouette particulière, qui n'indique pas la direction du vent ! Le mât devient vert lorsqu'il fait beau, orange lorsque le temps est nuageux, orange clignotant quand il pleut et blanc en cas de neige. L'amélioration ou la dégradation des conditions météorologiques sont annoncées par le mouvement de lumières au long du mât.

City Center of Music and Dance

131 W 55th St. **Plan** 12 E4.
📞 *581-1212.* 🚇 *57th St.* ⬤ ♿
*Voir **Se distraire** p. 334.*
🌐 *www.citycenter.org*

C et édifice de style mauresque surmonté d'un dôme de tuiles d'Espagne fut conçu en 1924 en tant que temple maçonnique. Sauvé de la démolition par le maire LaGuardia, il accueillit en 1943 la troupe du New York City Opera and Ballet. Lorsque celle-ci s'installa au Lincoln Center, le City Center se consacra à la danse. De récents travaux de rénovation ont préservé le caractère exotique de son architecture.

Carnegie Hall

154 W 57th Street. **Plan** 12 E3.
📞 *903-9600.* 🚇 *57th St, 59th St.*
Musée ⬤ *11h-16h30 lun., et lors des concerts.* ⬤ *mer.* ⬤
♿ 🎧 *Voir **Se distraire** p. 338.*
🌐 *www.carnegiehall.org*

L a première grande salle de concerts de New York, financée par le milliardaire et philanthrope Andrew Carnegie, ouvrit ses portes en 1891 dans ce qui était un faubourg de la ville. L'on dit de cet édifice de style néo-renaissance qu'il possède l'une des meilleures acoustiques au monde. La soirée inaugurale, au cours de laquelle

L'auditorium du Shubert Theater, construit en 1913 par Henry Herts

Tchaïkowsky était au pupitre, eut lieu en présence des familles new-yorkaises les plus en vue, dont certaines durent pourtant patienter plus d'une heure avant de pouvoir quitter leurs voitures à cheval.

Le Carnegie Hall eut pendant de longues années pour orchestre le New York Philharmonic, placé sous la direction de chefs tels que Toscanini, Stokowski, Walter ou Bernstein. Le fait de se produire au Carnegie Hall devint bientôt un symbole international de réussite pour les musiciens : classiques, jazz, rock…

Le nouvel intérieur luxueux du Russian Tea Room

À la fin des années 1950, une campagne menée par le violoniste Isaac Stern évita la transformation en immeuble de bureaux de Carnegie Hall, qui fut classé monument historique en 1964. Rénové en 1986, l'intérieur à retrouvé toute la splendeur de ses balcons de bronze et de ses plâtres ornementaux. Les couloirs sont agrémentés de souvenirs d'artistes qui se sont produits en ces murs. Depuis 1991, un musée retrace le premier siècle d'existence de cette salle « construite pour la musique ». Le Judy et Arthur Zankel Hall, à l'étage inférieur, sera rouvert en 2003. Des visites guidées le feront découvrir aux visiteurs.

Le roi de l'acier, Andrew Carnegie

Russian Tea Room ⑱

150 W 57th St. **Plan** 12 E3.
📞 974-2111. Ⓜ *57th St.*
🌐 www.russiantearoom.com

À deux pas de Carnegie Hall, ce restaurant incontournable ne pourrait être mieux placé. Après plusieurs fausses annonces, il a rouvert ses portes en 1999.

Une cuisine russe moderne est servie dans un intérieur décoré d'une vue très personnelle du propriétaire montrant Saint-Pétersbourg sur l'Hudson, d'arbres dorés avec des œufs en verre ou encore d'un aquarium. Les salons privés sont absolument superbes.

Alwyn Court Apartments ⑲

180 W 58th St. **Plan** 12 E3.
Ⓜ *57th St.* ⚫ *au public.*

Impossible de rater cet immeuble de 1909, œuvre de Harde et Short : il est orné de couronnes, de dragons et autres sculptures en terre cuite de style Renaissance. Au fil des altérations, le rez-de-chaussée a perdu sa corniche, mais la complexe ornementation de pierre du reste de l'édifice est intacte. La façade est inspirée des châteaux de la Loire de style François Ier : une salamandre couronnée, emblème de ce roi de France, veille sur l'entrée de la 58e Rue.

La salamandre d'Alwyn Court

Les résidents et leurs hôtes peuvent apprécier la cour intérieure, où Richard Haas a exercé ses talents d'illusionniste, transformant des murs nus en « sculptures de pierre ».

Le pont d'envol de l'*Intrepid*

Intrepid Sea-Air-Space Museum ⑳

Pier 86, W 46th St. **Plan** 11 A5.
🎟 245-0072. Ⓜ M42, M16, M27.
🕐 avr.- sept. : 10h-17h t.l.j. ; 10h-18h sam. et dim. ; oct.- mars : 10h-17h, mer-dim. 🍽 🛍
🌐 www.intrepidmuseum.org

Le hangar et le pont d'envol de l'*Intrepid*, porte-avions américain de la seconde guerre mondiale, ont été transformés en musée, où l'on peut voir aussi bien des avions de chasse des années 1940 que l'A12, avion-espion le plus rapide du monde. On visite également le sous-marin lance-missiles *Growler* ou le destroyer *Edson*. Le hall des pionniers retrace l'évolution du vol aérien et le fonctionnement des porte-avions modernes ; le hall des technologies est consacré à l'exploration des océans et aux fusées du futur.

LOWER MIDTOWN

Cette partie au centre de Manhattan s'enorgueillit de superbes réalisations architecturales, dans les styles Beaux-Arts et Art déco, notamment. Le paisible et résidentiel quartier de Murray Hill doit son nom au domaine campagnard qui s'étendait jadis sur le site. Plusieurs illustres familles new-yorkaises s'y installèrent

Porte en bronze de Fred F. French Building

à la fin du XIXe siècle, dont celle du financier J. P. Morgan (sa bibliothèque, aujourd'hui transformée en musée, témoigne de la splendeur de cette époque). Le secteur prend un caractère plus commercial aux alentours de la 42e Rue et de Grand Central Terminal, où les rues sont bordées de grandes tours de bureaux.

LE QUARTIER D'UN COUP D'ŒIL

Rues et édifices historiques
Grand Central Terminal
p. 154-155 **2**
Home Savings of America **3**
Chanin Building **4**
Chrysler Building **5**
Daily News Building **6**
Tudor City **7**
Helmsley Building **8**
Fred F. French
Building **12**
Sniffen Court **15**

Musées et galeries d'art
Morgan Library
p. 162-163 **14**
Japan Society **11**

Architecture moderne
MetLife Building **1**
Nos 1 et 2 United Nations
Plaza **9**
Siège des Nations Unies
p. 158-161 **10**

Églises
Church of the Incarnation **13**

COMMENT Y ALLER ?
Métro : ligne 4, 5 ou 6 (Lexington Ave) v. 42nd St-Grand Central. Bus : M15, M101/102, M1, M2, M3 et M4 ; bus transversaux : M34 et M42.

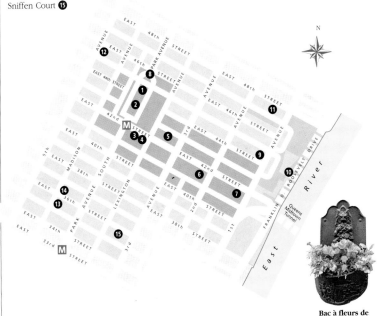

Bac à fleurs de Sniffen Court

VOIR ÉGALEMENT :

- *Atlas des rues,* plans 9, 12, 13
- *Hébergement* p. 274-275
- *Restaurants* p. 290-292

LÉGENDE

▨	Plan du quartier pas à pas
Ⓜ	Station de métro

0 ——————— 500 mètres
0 ——————— 500 yards

La flèche revêtue d'acier inoxydable de Chrysler Building

Lower Midtown pas à pas

Une promenade vers Grand Central sera l'occasion d'admirer des styles architecturaux très divers. Après avoir apprécié à distance la silhouette des gratte-ciel les plus élevés, on pourra découvrir leurs nombreux intérieurs magnifiques, la modernité d'atriums tels que ceux de Philip Morris Building et de Ford Foundation Building, la profusion des détails dans le siège de la Home Savings Bank, l'ampleur des volumes de Grand Central Terminal.

Philip Morris Building abrite aussi une succursale du Whitney Museum spécialisée dans l'art moderne.

MetLife Building
Ce gratte-ciel construit en 1963 pour la Pan Am a obstrué la perspective de Park Avenue ❶

★ **Grand Central Terminal**
L'immense intérieur voûté est un somptueux monument élevé au transport ferroviaire ❷

Station de métro Grand Central/ 42e Rue (lignes S, 4, 5, 6)

Chanin Building
Édifié dans les années 20 pour le roi de l'immobilier Irwin Chanin, ce building possède un superbe hall d'entrée Art déco ❹

PARK AVENUE

E 41ST ST

LEXINGTON AVENUE

À NE PAS MANQUER

★ **Grand Central Terminal**

★ **Chrysler Building**

★ **Home Savings of America**

★ **Daily News Building**

Porte en bronze (Home Savings Bank)

La façade en acier de **Mobil Building**, gratte-ciel de 1955, dotée d'un dispositif de nettoyage automatique, est ornée d'embossages de formes géométriques qui l'empêchent de se gauchir.

★ **Home Savings of America**
Ancien siège de la Bowery Savings Bank, ce building dû aux architectes York & Sawyer prend l'apparence d'un palais de style roman ❸

Helmsley Building
L'entrée richement ornementée témoigne de l'opulence de New York Central Railroad, qui fut son premier occupant ❽

CARTE DE SITUATION
Voir carte Manhattan p. 12-13

LÉGENDE

- - - - Itinéraire conseillé

0   100 mètres

0   100 yards

Boîte aux lettres de Chrysler Building

★ **Chrysler Building**
Cette merveille Art déco fut édifiée en 1930 pour le grand constructeur automobile ❺

Pause en plein ciel pendant la construction de Chrysler Building

Le siège de **Ford Foundation Building** possède un charmant jardin intérieur au cœur d'un building en forme de cube, en granite, verre et acier.

Ralph J Bunche Park

Daily News Building ★
Un énorme globe terrestre tourne sur son axe dans le hall d'entrée de l'ancien siège Art déco du quotidien Daily News ❻

Tudor City
De belles décorations sculptées dans la pierre caractérisent cet ensemble de 3 000 appartements, de style Tudor américain ❼

MetLife Building ❶

200 Park Ave. **Plan** 13 A5. **M** *42nd St-Grand Central.* ☐ *h. de bureau.* **Y** **H**

Couloir de MetLife Building

L es sculptures du sommet de la gare de Grand Central Terminal se découpaient jadis sur le ciel newyorkais. Puis, en 1963, la perspective de Park Avenue fut bouchée par ce colosse initialement baptisé Pan Am Building, œuvre de Walter Gropius, Emery Roth & Sons et Pietro Belluschi. La gare fut comme écrasée par ce qui était alors le plus grand building commercial au monde : la réprobation fut générale, ce qui explique l'abandon ultérieur d'un projet de construction d'une tour au-dessus de Grand Central. Par une ironie de l'histoire, le ciel se trouvait masqué par la Pan Am, compagnie aérienne qui avait permis à des millions de personnes de parcourir les airs (et qui à ses débuts, en 1927, comptait Charles Lindbergh parmi ses pilotes et consultants). La première ligne transpacifique (1936) et le premier tour du monde en vol régulier (1947) furent notamment assurés par la Pan Am. L'héliport qui occupait le toit du gratte-ciel fut désaffecté en 1977, à la suite d'un accident (une pluie de débris s'était abattue sur les rues environnantes). La Pan Am ayant disparu, le building a été vendu à MetLife en 1981.

Grand Central Terminal ❷

P. 154-155.

Home Savings of America ❸

110 E 42nd St. **Plan** 9 A1. **M** *42nd St-Grand Central.* ☐ *horaires de banque.*

C et immeuble de 1923 est considéré comme la plus belle œuvre des meilleurs spécialistes de l'architecture « bancaire » des années 1920. York & Sawyer retinrent pour les locaux de Manhattan-Nord de la Bowery Savings Bank un style évoquant une basilique romane. Une entrée voûtée conduit à une haute salle au plafond à poutres apparentes, aux sols de marbre à mosaïques, aux colonnes (de marbre elles aussi) soutenant de grandes arches de pierre. Entre les colonnes, des panneaux de mosaïque en marbre de France et d'Italie sont ornés de motifs animaliers symboliques (un écureuil pour l'économie, un lion pour la puissance).

Facade de Home Savings of America Building

Chanin Building ❹

122 E 42nd St. **Plan** 9 A1. **M** *42nd St-Grand Central.* ☐ *h. de bureau.*

Détail de bas-relief sur Chanin Building

A ncien siège de l'une des plus importantes sociétés de promotion immobilière de New York, celle d'Irwin S. Chanin, cette tour de 56 étages fut le premier gratte-ciel du quartier de Grand Central. C'est l'un des exemples les plus réussis d'architecture Art déco de la ville. Une large frise de bronze, ornée d'oiseaux et de poissons, court sur toute la longueur de la façade ; la base en terre cuite est décorée d'un enchevêtrement luxuriant de feuilles et de fleurs stylisées. À l'intérieur, le sculpteur René Chambellan réalisa toutes sortes de motifs ornementaux en cuivre ; les reliefs du vestibule retracent la carrière du self-made man Chanin.

Détail de sculpture dans le hall de Home Savings of America Building

Chrysler Building ❺

405 Lexington Ave. **Plan** 9 A1.
🅒 682-3070. Ⓜ 42nd St-Grand Central. ⬤ h. de bureau, hall d'entrée seulement. 📷 ♿

Gargouille de métal sur le Chrysler Building

Walter P. Chrysler entama sa carrière dans un atelier de chemin de fer de la Union Pacific, mais fort d'une passion pour l'automobile il s'éleva rapidement jusqu'au sommet de cette industrie, pour fonder en 1925 une compagnie portant son nom. Son souhait de se doter d'un siège new-yorkais qui symbolisât sa réussite allait aboutir à l'édification par William Van Alen d'un building qui resterait comme l'un des plus grands témoignages de l'âge d'or de l'automobile. La flèche Art déco en acier évoque une calandre ; les degrés de la tour sont ornés de bouchons de radiateur ailés, de roues et d'automobiles stylisées ; les gargouilles sont inspirées des emblèmes de capot de la Chrysler Plymouth de 1929. Bien qu'il ait été dépossédé du titre de plus haut gratte-ciel du monde quelques mois après son achèvement (par Empire State Building), Chrysler Building, haut de 77 étages (320 m), demeure l'un des plus prestigieux de New York. L'adjonction d'une flèche fut tenue secrète jusqu'au dernier moment ; construite à l'intérieur du building, celle-ci fut élevée par le toit, amenant ainsi le gratte-ciel à une hauteur supérieure à celle de l'immeuble de la Bank of Manhattan construit par H. Craig Severance, le grand rival de Van Alen. Van Alen fut bien mal récompensé de ses efforts. L'accusant d'avoir accepté des pots-de-vin de la part des entrepreneurs, Chrysler refusa de le payer. Le scandale mit un terme à la carrière de l'architecte. L'étonnant hall d'entrée (où étaient exposés les modèles Chrysler), parfaitement restauré en 1978, est décoré de marbre, de granite et d'acier chromé. Le plafond peint par Edward Trumball représente des scènes sur le

Porte d'ascenseur, Chrysler Building

thème des transports de la fin des années 1920. Bien que la Chrysler Corporation n'ait jamais fait son siège de ce building, le nom de la firme automobile lui est resté attaché.

Entrée de Daily News Building

Daily News Building ❻

220 E 42nd St. **Plan** 9 B1.
Ⓜ 42nd St-Grand Central. ⬤ 8h-16h lun.-ven.

Le quotidien *Daily News*, fondé en 1919, était dès 1925 diffusé à un million d'exemplaires. Son goût des potins et des scandales, son style et l'abondance de ses illustrations lui valurent le surnom de « bible des domestiques ». Au fil des ans, il s'est cantonné à ce domaine (il révéla par exemple l'idylle d'Édouard VIII et de Mrs. Simpson), ce qui pendant des années s'avéra fort lucratif.

Ce quotidien réputé pour ses unes racoleuses continue de bénéficier de l'un des plus forts tirages de la presse américaine.

Son siège, dessiné en 1930 par Raymond Hood, se caractérise par les rayures verticales alternées de la façade. Le hall d'entrée est célèbre pour avoir été celui du *Daily Planet* des films de *Superman* tournés dans les années 1980. Il contient un énorme globe terrestre. Sur le sol, des lignes en bronze indiquent la direction des grandes villes du monde et la position des planètes. La nuit, un ornement Art déco surmontant l'entrée principale est illuminé par l'intérieur par des néons. Les bureaux du journal sont maintenant situés West 23 rd Street et l'avenir du building se pose.

Grand Central Terminal ❷

En 1871, Cornelius Vanderbilt inaugura sur la 42ᵉ Rue une gare qui en dépit de maints aménagements se révéla toujours trop exiguë et qui fut finalement démolie. La gare actuelle de style Beaux-Arts, achevée en 1913 est la porte et le symbole de la ville. Elle doit une grande partie de son prestige à son immense hall, et à la façon dont sont divisés les flux de circulation des automobiles, des piétons et des trains. Sa charpente d'acier est recouverte de plâtre et de marbres. Reed & Stern furent responsables de la planification logistique, Warren & Wetmore de la conception d'ensemble. Sa restauration entreprise par Beyer & Blinder Belle, est superbe.

La façade à colonnade de la 42ᵉ Rue

Fronton de la façade de la 42ᵉ Rue
Sculptures du français Jules-Alexis Coutan :
Mercure, Hercule et Minerve couronnent
l'entrée principale.

Niveau du grand hall

Route

Métro

Cornelius Vanderbilt
Le magnat du chemin de fer
était appelé « Le Commandeur ».

Un demi-million de passagers transite chaque jour par Grand Central Terminal. Un escalier roulant conduit à l'intérieur de MetLife Building ; des magasins spécialisés et de nombreux restaurants ont ouvert récemment.

Vanderbilt Hall, près du hall principal, est un bon exemple de style Beaux-Arts, avec ses chandeliers dorés et son marbre rose.

Grand Central Oyster Bar
Décoré des tuiles jaunes de
Guastavino, il est aujourd'hui
l'un des nombreux restaurants
de la gare. En plus
des restaurants particuliers,
il y a aussi un « espace
restauration » pour satisfaire
tous les goûts.

À NE PAS MANQUER

Grands escaliers

Hall principal

Bureau d'information

MODE D'EMPLOI

E 42nd St at Park Ave. **Plan** 13 A5.
532-4900. M 4, 5, 6, 7 jusqu'à
Grand Central Stn. M104, M42.
5h30-1h30 t.l.j.
mer. 12h30 (gratuit). 935-
3960. ven. 12h30 (gratuit).
697-1245. Consigne ;
bureau des objets trouvés.
W www.grandcentralterminal.com

Hall principal
*Cet immense espace
piétonnier au monumental
plafond voûté est éclairé sur
deux côtés par
trois grandes
verrières de
23 m de haut.*

Plafond voûté
*Le Français Paul
Helleu s'inspira d'un
manuscrit médiéval
pour réaliser un
firmament piqueté de
plus de 2 500 étoiles ;
les constellations
majeures sont
illuminées.*

**Le niveau
inférieur** *est relié
aux autres niveaux
par des escaliers,
des rampes et un
escalator tout neuf.*

Grands escaliers
*Deux doubles volées de
marches de marbre,
inspirées du grand
escalier de l'Opéra de
Paris, témoignent de la
splendeur de l'âge d'or
des transports
ferroviaires.*

Bureau d'information
*Cette horloge à 4 cadrans
surmonte le bureau des
renseignements du hall.*

Tudor City ❼

E 42nd St. **Plan** 9 B1.
🚇 42nd St-Grand Central.
🌐 www.tudorcity.com

L'œuvre de remodelage résidentiel et urbain que représentait Tudor City, véritable « ville dans la ville » conçue à l'intention des classes moyennes, fut entreprise entre 1925 et 1928 par la Fred F. French Company. Les douze immeubles comprenaient 3 000 appartements, un hôtel, des magasins, des restaurants, un bureau de poste et deux petits parcs privés. Aujourd'hui paisible, le quartier était au XIXᵉ siècle un repaire de criminels, appelé Corcoran's Roost (le « Perchoir de Corcoran »), du nom de Paddy Corcoran, chef d'un gang. La rive de East River était bordée d'usines, de brasseries et d'abattoirs, dont certains existaient encore lors de la construction de Tudor City. Pour cette raison, celle-ci ne possède que peu de fenêtres donnant sur l'extérieur, alors que la vue y est aujourd'hui superbe.

Les étages supérieurs de Tudor City

Helmsley Building ❽

230 Park Ave. **Plan** 13 A5. 🚇 42nd St-Grand Central. ⭘ h. de bureau.

L'une des plus belles vues de New York s'offre sur Park Avenue, vers le sud, jusqu'à Helmsley Building qui enjambe la chaussée où s'écoule une intense circulation. Seule tache de ce magnifique paysage urbain, MetLife Building dresse sa masse monolithique là où

Représentation à la Japan Society

s'étendait jusqu'en 1963 la toile de fond du ciel. Édifié en 1929 par Warren & Whetmore, Helmsley Building fut conçu pour abriter le siège de la New York Central Railway Company. Il est aujourd'hui la propriété de Leona Helmsley, femme du défunt Harry Helmsley, un milliardaire qui commença sa carrière comme grouillot, payé 12 dollars par semaine. Leona figurait en bonne place dans toutes les publicités de leurs chaînes d'hôtels jusqu'à son incarcération en 1989 pour fraude fiscale. On attribue à Leona le caractère tape-à-l'œil de la rénovation du building.

Nᵒˢ 1 & 2 United Nations Plaza ❾

Plan 13 B5. 🚇 42nd St-Grand Central.

Ces deux grandes colonnes de verre réfléchissant bleu-vert sont placées de telle façon l'une par rapport à l'autre que les jeux de lumière ainsi créés en font une gigantesque œuvre d'art sans cesse changeante. Leur intérieur, tout de marbre et de miroirs, est tout aussi saisissant.

Elles abritent des bureaux d'une grande modernité. Le nᵒ 1, Regal United Nations Plaza Hotel (p. 280), accueille de nombreux diplomates et chefs d'État. Ceux-ci peuvent profiter de la piscine sous verrière, d'où s'étend une vue imprenable sur la ville et le siège des Nations Unies.

Le siège des Nations Unies ❿

Voir p. 158-161.

Japan Society ⓫

333 E 47th St. **Plan** 13 B5.
📞 832-1155. 🚇 42nd St-Grand Central. **Musée** ⭘ 11h-18h mar.-dim. ⓪ 🚹 🌐
🌐 www.japansociety.org

Le siège de la Japan Society, fondée en 1907 pour favoriser les échanges culturels entre le Japon et les États-Unis, fut financé par John D. Rockefeller, à hauteur de 4,3 millions de dollars. Ce superbe édifice noir

Des divinités à l'antique encadrent l'horloge de Helmsley Building

édifié en 1971 sur les plans des architectes de Tokyo Junzo Yoshimura et George Shimamoto comprend un auditorium, un centre linguistique, une bibliothèque d'étude, un musée et des jardins orientaux traditionnels d'une profonde sérénité. Les expositions temporaires ouvertes au public présentent divers arts japonais, des sabres aux kimonos et aux estampes. La société propose des représentations d'arts vivants, des conférences, des cours de langue et des séminaires destinés à des cadres et dirigeants américains et japonais.

Fred F. French Building ⓬

521 5th Ave. **Plan** 12 F5.
Ⓜ *42nd St-Grand Central.*
◯ *h. de bureau.*

C onstruit en 1927 en tant que siège de la plus célèbre firme de promotion immobilière de l'époque, cet édifice somptueux fut conçu par l'architecte en chef de French, H. Douglas Ives, en collaboration avec

Le hall de Fred F. French Building

Vitrail de Tiffany dans Church of the Incarnation

Sloan & Robertson, auteurs de Chanin Building *(p. 152)*. Les concepteurs mêlèrent des formes proche-orientales, égyptiennes et Art déco. La façade est ornée dans sa partie supérieure de faïences multicolores. Un château d'eau se dissimule au sommet de l'immeuble, chargé de reliefs représentant un soleil levant flanqué de griffons, d'abeilles et de symboles de vertus telles que l'intégrité et l'industrie. Des monstres ailés assyriens chevauchent une frise de bronze au-dessus des entrées. Ces thèmes exotiques trouvent leur prolongement sous la voûte du hall d'entrée, au plafond polychrome et aux 25 portes en bronze doré. La construction de ce building vit pour la première fois l'emploi d'ouvriers de la tribu canadienne des Caughnawaga ; insensibles au vertige, ils allaient participer à l'édification de nombre des plus célèbres gratte-ciel new-yorkais.

Church of the Incarnation ⓭

205 Madison Ave. **Plan** 9 A2.
Ⓒ *689-6350.* Ⓜ *42nd St-Grand Central.* ◯ *11h30-14h lun-mer. et ven.* ✝ *8h-12h30 dim.* 🅾 ♿
Prévenir à l'avance. Ⓦ
Ⓦ *www.churchoftheincarnation.org*

C ette église épiscopalienne et son presbytère datent de 1864. Madison Avenue était alors un lieu de résidence de l'élite new-yorkaise. Son extérieur de grès et de *brownstone* est bien représentatif de l'époque. À l'intérieur, l'on peut admirer une balustrade de l'autel en chêne, œuvre de Daniel Chester French, une *Adoration des Mages* de John La Farge ainsi que des vitraux de La Farge, Louis Comfort Tiffany, William Morris et Edward Burne-Jones.

Morgan Library ⓮

Voir p. 162-163.

Sniffen Court ⓯

150-158 E 36th St. **Plan** 9 A2.
Ⓜ *33rd St.*

L es dix maisons en briques de style néoroman qui se dressent dans une cour tranquille sont parfaitement préservées au cœur d'un *block* animé du New York moderne. La maison de l'extrémité sud servit de studio à Malvina Hoffman, dont les cavaliers grecs décorent le mur extérieur.

Le studio de Malvina Hoffman

Le siège des Nations Unies ⓿

L'Organisation des Nations Unies, qui comptait 51 États membres lors de sa fondation en 1945, en compte aujourd'hui 189. Elle se donne pour objectifs de préserver la paix internationale, de favoriser l'autodétermi-

Le drapeau des Nations Unies

nation des peuples et de contribuer au bien-être économique et social dans le monde. New York fut choisi pour abriter le siège de l'ONU, et John D. Rockefeller fit don de 8,5 millions de dollars pour l'acquisition de terrains au bord de East River. La construction du siège se fit sous la houlette de l'architecte américain Wallace Harrison, qui œuvra en collaboration avec une équipe internationale. Les 7 ha du site jouissent d'un statut d'extraterritorialité. Des visites guidées quotidiennes permettent de découvrir diverses salles du palais de l'ONU, dont celle de l'Assemblée générale.

Le siège des Nations Unies

Immeuble du Secrétariat

Le bâtiment de l'Assemblée générale comprend les salles de réunion du Conseil de sécurité, du Conseil de tutelle et du Conseil économique et social.

Conseil de tutelle

★ **Conseil de sécurité**
Les délégués et leurs assistants se réunissent en conférence autour de la table en fer à cheval, cependant que le personnel (chargé notamment de la transcription des débats) est assis à la longue table du centre.

Conseil économique et social

À NE PAS MANQUER
★ Assemblée générale
★ Conseil de sécurité
★ Cloche de la Paix
★ Reclining Figure

★ **Cloche de la Paix**
Fondue avec les monnaies de 60 nations, elle est suspendue dans une pagode en cyprès. C'est un don du Japon.

Roseraie
Les jardins soignés situés au bord de East River sont ornés de 25 variétés de roses.

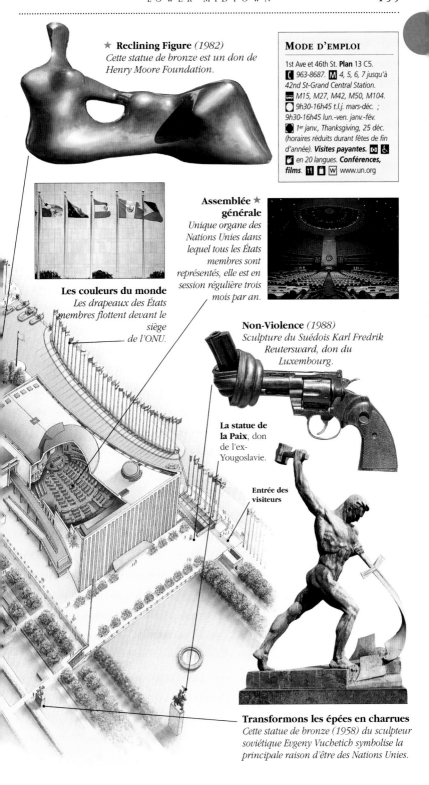

★ **Reclining Figure** (1982)
Cette statue de bronze est un don de Henry Moore Foundation.

Assemblée ★
générale
Unique organe des Nations Unies dans lequel tous les États membres sont représentés, elle est en session régulière trois mois par an.

Les couleurs du monde
Les drapeaux des États membres flottent devant le siège de l'ONU.

Non-Violence (1988)
Sculpture du Suédois Karl Fredrik Reutersward, don du Luxembourg.

La statue de la Paix, don de l'ex-Yougoslavie.

Entrée des visiteurs

Transformons les épées en charrues
Cette statue de bronze (1958) du sculpteur soviétique Evgeny Vuchetich symbolise la principale raison d'être des Nations Unies.

L'Organisation des Nations Unies

L'Organisation des Nations Unies accomplit la mission qui lui est dévolue par le truchement de trois Conseils et d'une Assemblée générale (comprenant tous les membres de l'ONU). Le Secrétariat assure l'administration de l'organisation. Des visites guidées permettent de découvrir la salle du Conseil de sécurité et celle de l'Assemblée générale.

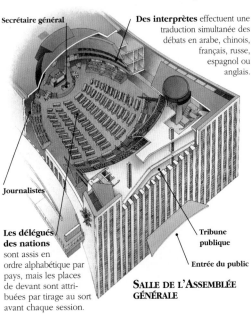

Secrétaire général

Des interprètes effectuent une traduction simultanée des débats en arabe, chinois, français, russe, espagnol ou anglais.

Journalistes

Les délégués des nations sont assis en ordre alphabétique par pays, mais les places de devant sont attribuées par tirage au sort avant chaque session.

Tribune publique

Entrée du public

SALLE DE L'ASSEMBLÉE GÉNÉRALE

L'ASSEMBLÉE GÉNÉRALE

L'Assemblée générale, organisme majeur de l'ONU, se réunit en sessions régulières de la mi-septembre à la mi-décembre. Des sessions extraordinaires peuvent également se tenir à la demande du Conseil de sécurité ou d'une majorité des États membres. Chacun de ceux-ci, quelle que soit sa taille, dispose d'une voix. L'Assemblée générale traite de tout problème international soulevé par les États membres ou par d'autres organismes de l'ONU. Sans avoir valeur de lois, ses recommandations, votées à la majorité des deux tiers, exercent une profonde influence sur l'opinion publique internationale. Les 1 898 sièges de la salle sont équipés d'écouteurs permettant aux délégations (placées par tirage au sort avant chaque

session) de suivre les débats en traduction simultanée. L'Assemblée générale désigne le Secrétaire général (sur proposition du Conseil de sécurité), approuve les budgets de l'ONU et élit les membres

Le Pendule de Foucault ; sa lente rotation prouve que la Terre tourne sur son axe

non permanents des Conseils. Conjointement avec le Conseil de sécurité, elle nomme les juges de la Cour internationale de Justice, qui siège à La Haye.

LE CONSEIL DE SÉCURITÉ

Ce conseil, qui s'efforce de favoriser la paix internationale et intervient en cas de

Cette peinture murale de Per Krohg (Norvège) symbolise la paix et la liberté

crise (au Koweit, en ex-Yougoslavie et au Kosovo), est le seul organisme de l'ONU dont les décisions s'imposent à tous les États membres, et le seul à siéger en permanence. Le Conseil de sécurité compte cinq membres permanents (Chine, France, Fédération de Russie, Royaume-Uni et États-Unis), les autres membres étant élus pour deux ans par l'Assemblée générale.
En cas de conflit international, le Conseil s'efforce tout d'abord de rechercher un accord entre les parties, par la médiation. Lorsque les combats armés éclatent, il peut ordonner des cessez-le-feu et imposer des sanctions économiques ou militaires. Il peut également dépêcher des troupes chargées de maintenir la paix ou de s'interposer entre les factions rivales jusqu'à ce qu'une solution diplomatique ait pu être trouvée. L'intervention militaire ne s'effectue qu'en dernier ressort. Des forces de l'ONU peuvent être déployées de façon ponctuelle ou permanente (à Chypre, au Proche-Orient).

LE CONSEIL DE TUTELLE

C'est le seul organisme de l'ONU dont la tâche va diminuant. Créé en 1945 dans le but d'assurer une transition pacifique vers l'indépendance de territoires ou de colonies non encore autonomes, il a supervisé l'accession à l'indépendance de plus de 80 colonies. Les populations sous son contrôle se sont réduites de 750 millions de personnes à environ 3 millions. Le Conseil de tutelle est actuellement composé des cinq membres permanents du Conseil de sécurité.

Cette peinture murale de Zanetti (République dominicaine), dans le bâtiment des Conférences, illustre la lutte pour la paix

La Chambre du Conseil de tutelle

LE CONSEIL ÉCONOMIQUE ET SOCIAL

Les 54 membres de ce conseil se donnent pour mission d'améliorer les conditions de vie matérielles et sociales dans le monde, ce à quoi sont consacrées 80 % des ressources de l'ONU. Le Conseil adresse des recommandations à l'Assemblée générale, à chaque nation membre et aux institutions spécialisées de l'ONU. Il est assisté par des commissions traitant de problèmes économiques régionaux, des droits de l'homme, de l'environnement... Il œuvre aussi en partenariat avec l'Organisation mondiale de la santé, l'UNICEF et d'autres organismes internationaux.

LE SECRÉTARIAT

Les 16 000 membres du personnel du Secrétariat assurent, au quotidien, le fonctionnement de l'Organisation des Nations Unies et de tous ses conseils, commissions et institutions. Le Secrétaire général, élu pour cinq ans par l'Assemblée générale, joue un rôle clef en tant que porte-parole de l'organisation, dans ses efforts de maintien de la paix notamment.

LES GRANDES DATES DANS L'HISTOIRE DE L'ONU

En 1960, Khrouchtchev s'adresse à l'Assemblée générale

N'étant pas dotée de forces de maintien de l'ordre permanentes, l'ONU s'en remet à l'obéissance volontaire et au soutien militaire de ses membres, ce qui lui a valu de connaître la réussite mais aussi l'échec. En 1948, l'ONU déclara que le gouvernement légitime de Corée était celui de Corée du Sud ; deux ans plus tard, elle joua un rôle majeur dans la lutte contre l'armée d'invasion venue de Corée du Nord.

En 1949, l'ONU contribua au cessez-le-feu entre l'Indonésie et les Pays-Bas, et facilita l'accès à l'indépendance de l'Indonésie, elle y retourna en 2002 pour superviser les élections au Timor oriental. En 1964, une force militaire fut envoyée à Chypre pour préserver la paix entre Grecs et Turcs, elle y est toujours. Depuis 1974, les tensions récurrentes au Proche-Orient ont entraîné l'envoi et le maintien de forces de l'ONU dans la région, la même année, la République populaire de Chine fut enfin acceptée au sein de l'Organisation. Dans les années 90, l'ONU s'est lourdement investie dans le conflit de l'ex-Yougoslavie. Dans le monde, il y a plus d'une demi-douzaine de missions d'observation et de maintien de la paix. En 1988, l'ONU se vit attribuer le Prix Nobel de la Paix.

ŒUVRES D'ART À L'ONU

Le siège de l'ONU abrite de nombreuses œuvres d'art et reproductions, souvent offertes par les nations membres. La plupart de ces œuvres (tableaux ou sculptures, notamment) ont pour thème la paix ou la fraternité internationale. *La Règle d'Or*, de Norman Rockwell, a pour légende « Fais à autrui ce que tu voudrais que l'on te fasse ». Un grand vitrail de Marc Chagall est dédié à la mémoire de l'ancien Secrétaire Général Dag Hammarskjöld, mort accidentellement en 1961 lors d'une mission au Congo. Une sculpture de Henry Moore orne le parc.

La Règle d'Or (1985), mosaïque de **Norman Rockwell**

Morgan Library ⑭

Son fonds, constitué à partir des collections privées du banquier John Pierpont Morgan, s'abrite dans un splendide palais de style Renaissance. En 1924, le fils de Morgan fit de la bibliothèque une institution publique. Elle possède aujourd'hui l'une des plus belles collections de manuscrits, livres et gravures rares au monde, présentée dans deux bâtiments, celui de 1902 et l'ancienne demeure de J.P. Morgan Jr. Des travaux d'agrandissement entraîneront la fermeture de la bibliothèque de mi-2003 à mi-2005.

L'extérieur du bâtiment initial de Morgan Library

Garden Court
Ce jardin sous verrière relie Morgan Library à Morgan House.

LÉGENDE DU PLAN

☐ Espace d'exposition

☐ Autres salles et espaces

Morgan House

The Song of Los *(1795)*
Le poète mystique William Blake dessina et grava cette planche pour l'une de ses œuvres les plus novatrices.

Forecourt Gallery

Alice au pays des Merveilles
Les personnages de Lewis Carroll sont immortalisés par les célèbres illustrations de John Tenniel (vers 1865).

Exhibition Room

À NE PAS MANQUER

★ **West Room**

★ **Rotonde**

★ **East Room**

★ **Partition manuscrite du concerto pour cor de Mozart**

Bible de Gutenberg *(1465)*
Le volume imprimé sur papier vélin est l'un des 11 exemplaires restants.

GUIDE DE LA BIBLIOTHÈQUE
Le cabinet de travail de Morgan et la bibliothèque originelle contiennent certains des objets d'art préférés du banquier. Des expositions temporaires permettent aux visiteurs d'avoir accès à des pièces d'une très grande richesse culturelle.

Partition manuscrite du concerto pour cor en mi bémol majeur de Mozart. *Les 6 feuillets qui subsistent sont rédigés avec des encres de couleur.*

MODE D'EMPLOI

29 E. 36th St. **Plan** 9 A2.
685-0008. M 6 jusqu'à 33rd St ; 4, 5, 6, 7 jusqu'à Grand Central ; B, D, F, Q jusqu'à 42nd St.
M2, M3, M4. 10h30-17h mar-jeu., jusqu'à 20h ven., jusqu'à 18h sam., 12h-18h dim. lun. et jours fériés.
Concerts, conférences, présentations de films-vidéos.
W www.morganlibrary.org

West Room (cabinet de travail)

Rotonde

Entrée principale

East Room
Les murs sont garnis du sol au plafond de triples rayonnages. Des peintures murales représentent des personnages historiques et leurs muses, ainsi que les signes du zodiaque.

★ **Rotonde** *(1504)*
Hall d'entrée du musée, elle est rythmée de colonnes et de pilastres en marbre. Son sol est inspiré de celui de la Villa Pia, au Vatican.

★ **West Room**
Des œuvres Renaissance sont exposées sous son plafond à l'antique.

PIERPONT MORGAN
J. P. Morgan (1837-1913) fut non seulement un brillant financier, mais aussi l'un des plus grands collectionneurs de son temps. C'était un grand honneur que de figurer dans la collection de ce passionné d'ouvrages rares et de manuscrits originaux. En 1909, lorsque Morgan lui demanda son manuscrit de *Pudd'nhead Wilson*, Mark Twain répondit : « L'une de mes plus grandes ambitions se trouve satisfaite. »

UPPER MIDTOWN

C'est le cœur du New York chic, jalonné d'églises, synagogues, clubs, palaces, boutiques célèbres, gratte-ciel d'avant-gardes et appartements luxueux. C'est ici que résidèrent, au XIXe siècle, des dynasties aussi

La Cisitalia du MoMA (1946)

illustres que les Vanderbilt ou les Astor. La construction des tours Lever et Seagram dans les années 1950 marque l'histoire de la ville, transformant ce secteur résidentiel de Park Avenue en prestigieux centre d'affaires.

Rues et bâtiments historiques
Villard Houses ❿
General Electric Building ⓬
Sutton Place and Beekman Place ⓲
Roosevelt Island ⓳
Fuller Building ㉑

Architecture moderne
Trump Tower ❷
IBM Building ❸
Lever House ⓮
Seagram Building ⓯
Citigroup Center ⓰

Musées et galeries
Museum of Modern Art (MoMA) p. 170-173 ❺
American Craft Museum ❻
American Folk Art Museum ❼

Museum of Television and Radio ❽

Églises et synagogues
St. Thomas' Church ❹
St. Patrick's Cathedral p. 176-177 ❾
St Bartholomew's Church ⓫
Central Synagogue ⓱

Hôtels de prestige
Waldorf–Astoria ⓭
Plaza Hotel ㉒

Boutiques de prestige
Fifth Avenue ❶
Bloomingdale's ⓴

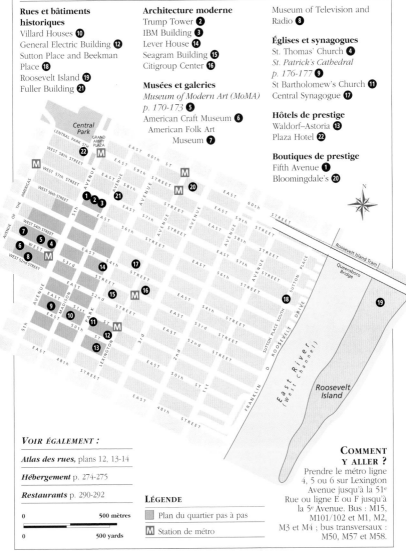

VOIR ÉGALEMENT :

Atlas des rues, plans 12, 13-14

Hébergement p. 274-275

Restaurants p. 290-292

LÉGENDE

▢ Plan du quartier pas à pas

Ⓜ Station de métro

| 0 | 500 mètres |
| 0 | 500 yards |

COMMENT Y ALLER ?
Prendre le métro ligne 4, 5 ou 6 sur Lexington Avenue jusqu'à la 51e Rue ou ligne E ou F jusqu'à la 5e Avenue. Bus : M15, M101/102 et M1, M2, M3 et M4 ; bus transversaux : M50, M57 et M58.

◁ **Cinquième Avenue**

Upper Midtown pas à pas

Les boutiques aux noms prestigieux sont le symbole de la Cinquième Avenue. En 1917, Cartier acquiert la résidence du banquier Morton F. Plant en échange d'un collier de perles. D'autres détaillants suivront son exemple. Mais le shopping de luxe n'est pas le seul atout de ce quartier : on y trouve également trois musées passionnants et un éventail surprenant de styles architecturaux.

Cinquième Avenue
Une balade en calèche pour retrouver le charme du passé ❶

American Craft Museum
Céramique, meubles et objets traditionnels américains.

University Club,
construit en 1899, est un cercle très privé.

St Thomas' Church
La plupart des sculptures intérieures ont été réalisées par Lee Lawrie ❹

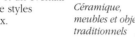

★ **Museum of Modern Art (MoMA)**
Le musée, fermé jusqu'en 2005, abrite l'une des plus belles collections d'art moderne au monde ❺

Museum of Television and Radio
Ce musée propose des expositions, des projections thématiques et un vaste choix d'enregistrements historiques ❽

Station de métro de la 5ᵉ Avenue (lignes E, F)

Saks Fifth Avenue est un modèle de bon goût pour les New-Yorkais depuis des générations *(p. 311)*.

★ **St Patrick's Cathedral**
Cet édifice néo-gothique est la plus grande cathédrale des États-Unis ❾

Olympic Tower
est composée de bureaux et d'appartements. Son atrium est éclairé par la lumière naturelle.

Villard Houses
Cet ensemble élégant de 5 hôtels particuliers fait partie du New York Palace Hotel ❿

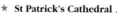

À NE PAS MANQUER

★ **Museum of Modern Art (MoMA)**

★ **St Patrick's Cathedral**

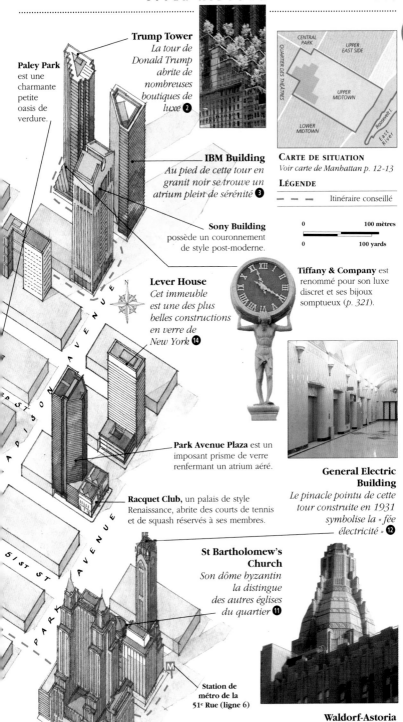

Trump Tower
La tour de Donald Trump abrite de nombreuses boutiques de luxe ❷

Paley Park est une charmante petite oasis de verdure.

IBM Building
Au pied de cette tour en granit noir se trouve un atrium plein de sérénité ❸

CARTE DE SITUATION
Voir carte de Manhattan p. 12-13

LÉGENDE

— — — Itinéraire conseillé

0   100 mètres
0   100 yards

Sony Building possède un couronnement de style post-moderne.

Tiffany & Company est renommé pour son luxe discret et ses bijoux sompteux (*p. 321*).

Lever House
Cet immeuble est une des plus belles constructions en verre de New York ⓮

Park Avenue Plaza est un imposant prisme de verre renfermant un atrium aéré.

Racquet Club, un palais de style Renaissance, abrite des courts de tennis et de squash réservés à ses membres.

General Electric Building
Le pinacle pointu de cette tour construite en 1931 symbolise la « fée électricité » ⓬

St Bartholomew's Church
Son dôme byzantin la distingue des autres églises du quartier ⓫

Station de métro de la 51ᵉ Rue (ligne 6)

Waldorf-Astoria
Ce magnifique palace d'un autre temps a séduit de nombreuses personnalités, dont le duc et la duchesse de Windsor ⓭

Une vitrine du magasin de Bergdorf Goodman (p. 311).

La 5e Avenue ❶

Plan 4 F1 - 16 E1. **M** *5th Ave-53rd St.*

En 1883, William Henry Vanderbilt fut le premier membre de la haute société new-yorkaise à faire construire son hôtel particulier sur la 5e Avenue. Bientôt ses pairs lui emboîtèrent le pas : les Astor, les Belmont ou les Gould. Aujourd'hui, seuls quelques édifices témoignent encore du faste de cette époque. C'est le cas de la joaillerie Cartier, au n° 651, qui fut autrefois la résidence du milliardaire Morton F. Plant. À partir de 1906, de nombreuses boutiques s'ouvrent, gagnant le nord de l'avenue et faisant refluer les riches familles vers d'autres artères du centre-ville. La légende prétend que lorsque Plant emménagea en 1917 sur la 86e Rue, il céda son ancienne demeure à Pierre Cartier en échange d'un superbe collier de perles. Depuis lors, 5e Avenue rime avec luxe et splendeur. Elle est bordée d'innombrables boutiques chic, parmi lesquelles Cartier sur la 52e Rue, Tiffany ou Bergdorf Goodman sur la 57e, que fréquentaient déjà, en leur temps, les Vanderbilt ou les Astor.

Trump Tower ❷

725 5th Ave. **Plan** 12 F3. **☎** *832-2000.* **M** *5th Ave-53rd St.* **Niveau jardin, boutiques** ○ *10h-18h lun.-sam., 12h-17h dim.* **Bâtiment** ○ *10h-19h t.l.j.* **Entrée gratuite** *Voir* **Histoire** *p. 31.* 📷 **& Concerts.** 🍴 ▣ 📱 **W** www.trumponline.com

Cette tour, dont les bureaux et les appartements coûtent des fortunes, se dresse au-dessus d'un atrium de six étages bordé de magasins chic et de luxueux cafés. Marbre rose, cascades et jeux de miroirs : ce monument tape-à-l'œil symbolisant le capitalisme triomphant et la société de consommation a été élevé par Donald Trump, dont la personnalité est à l'image de la démesure des années 80. En comparaison, la célèbre joaillerie Tiffany qui se trouve juste à côté fait figure de temple du bon goût. Les vitrines raffinées et l'élégance discrète des sobres écrins bleus de cette maison fondée en 1837 appartiennent au patrimoine new-yorkais depuis que l'écrivain Truman Capote les a immortalisés dans son roman *Petit déjeuner chez Tiffany*.

L'entrée de la célèbre bijouterie Tiffany & Co

IBM Building ❸

580 Madison Ave. **Plan** 12 F3. **☎** *745-5994.* **M** *5th Ave.* **Garden Plaza** ○ *8h-22h t.l.j.* 📷 **& Newseum/NY.** **☎** *317-7503* ○ *10h-17h30 lun.-sam.* **W** www.newseum.org

Achevée en 1983, cette tour de 43 étages conçue par Edward Larrabee Barnes est un prisme composé de cinq faces en granit gris vert. Le Garden Plaza est ouvert aux visiteurs. Près du hall, une œuvre du sculpteur Michael Heizer, intitulée *Levitated Mass*, représente un réservoir en acier dans lequel un énorme bloc de granit semble suspendu dans le vide, au-dessus d'un tapis d'eau courante. Une galerie de photo-journalisme organise expositions et conférences et projette des films afin de sensibiliser le public aux questions touchant le Premier Amendement et le journalisme.

Le hall pharaonique de Trump Tower

St Thomas' Church ❹

1 W 53rd St. **Plan** 12 F4. 757-7013. **M** 5th Ave-53rd St. 7h-18h t.l.j. fréquents. après la messe de 11h. **W** www.saintthomaschurch.org

Bâtie entre 1909 et 1914, St Thomas' Church remplace un premier sanctuaire détruit par un incendie en 1905. C'est là que se déroulaient les mariages de la grande bourgeoisie new-yorkaise à la fin du siècle dernier. Le plus somptueux d'entre eux fut sans doute celui de l'héritière des Vanderbilt avec un Anglais, le duc de Marlborough, en 1895. La forme originale de ce bâtiment néo-gothique est due à sa situation, sur un terrain exigu à l'angle de la Cinquième Avenue et de la 53e Rue. Il ne possède en effet qu'une seule tour, asymétrique, et sa nef est excentrée. Derrière l'autel, le retable richement sculpté est l'œuvre de l'architecte Bertram Goodhue et du sculpteur Lee Lawrie. Dans le chœur, des niches abritent plusieurs statues des années 1920, dont celles des présidents Roosevelt et Wilson, et de Lee Lawrie lui-même.

Calice en argent de Ronald Hayes Pearson, American Craft Museum

Museum of Modern Art (MoMA) ❺

P. 170-173.

American Craft Museum ❻

40 W 53rd St. **Plan** 12 F4. 956-3535. **M** 5th Ave-53rd St. 10h-18h mar., mer. et ven., 10h-20h jeu. **Conférences, films.** **W** www.americancraftmuseum.org

C'est le meilleur endroit pour découvrir la richesse et la diversité de l'artisanat contemporain américain : superbes couettes cousues main, céramiques, de la verrerie, des objets originaux datant du début du siècle à nos jours. Le magnifique comptoir de la réception, en érable, a été sculpté par James Schneider. Le musée a rouvert ses portes au public en 1987 et occupe maintenant les trois premiers étages d'une tour de bureaux. Les objets exposés ne sont pas à vendre, mais la boutique propose des créations d'artistes américains.

American Folk Art Museum ❼

45 W 53 St. **Plan** 12 F4. 265-1040. **M** 5th Ave-53rd St. 10h-18h mar.-dim., 10h-20h ven. **W** www.folkartmuseum.org

La vitrine et le lieu d'étude de l'art populaire américain occupe le premier édifice construit à New York depuis 1966 pour être un musée. Conçue par le cabinet d'architectes de Tod Williams Billie Tsien & Associates, cette structure plaquée d'un alliage de bronze blanc a vu le jour en 2001. Ses 2 787 mètres carrés d'espace d'exposition s'étagent sur huit niveaux. Le Museum of American Folk Art *(p. 213)* n'en poursuit pas moins son activité.

Museum of Television and Radio ❼

25 W 52nd St. **Plan** 12 F4. 265-1040. **M** 5th Ave-53rd St. 12h-18h mar.-dim. (20h jeu.). Cinémas et salles de projection fermés à 21h le ven. j.f. **W** www.mtr.org

Ce musée unique en son genre vous permettra d'écouter et de voir une multitude de documents audiovisuels

Les Beatles lors d'une émission de télévision américaine en 1964

(reportages, variétés, sports, documentaires) de toutes les époques. Les 50 000 programmes des archives du musée incluent les débuts télévisés d'Elvis ou des Beatles, des extraits de grandes compétitions sportives, et de nombreuses images de la seconde guerre mondiale. Des cabines individuelles sont à votre disposition, ainsi qu'une salle de projection de 200 places destinée à des rétrospectives. Des expositions de photographies et d'affiches sont aussi régulièrement organisées. Le musée a ouvert ses portes en 1975 sur la 53e Rue, sous le patronage de l'ancien président de CBS, William S. Paley. C'est en 1991 qu'il a emménagé dans cet immeuble high-tech d'un coût de 50 millions de dollars qui, paraît-il, fait penser à une vieille TSF.

I Love Lucy

Lucille Ball, star de la TV dans les années 1960

Museum of Modern Art (MoMA) ❺

Ce musée abrite l'une des plus belles collections d'art moderne au monde. Fondé en 1929 par de riches mécènes, il est devenu une référence et englobe aujourd'hui l'ensemble des arts visuels. Le MoMa est fermé pour rénovation juqu'en 2004, seule la boutique reste ouverte. Le projet, ambitieux, s'élève à 650 millions de \$. Les œuvres-phare sont présentées au public dans un espace temporaire d'exposition dans le Queens (p. 245).

La façade du musée (53ᵉ Rue Ouest)

Jardin des sculptures
Le jardin, fermé pour rénovation, devrait être ouvert au public en 2005.

Christina's World (1948)
Andrew Wyeth oppose la perspective écrasante de l'horizon à l'univers minutieusement détaillé qui entoure la jeune handicapée.

À NE PAS MANQUER

★ *La Nuit étoilée de* Vincent Van Gogh

★ *Les Demoiselles d'Avignon de Pablo* Picasso

SUIVEZ LE GUIDE !
Le rez-de-chaussée est consacré aux expositions temporaires. Le premier étage expose les peintures et les photographies, le second les sculptures et les gravures, tandis que le troisième est réservé à l'architecture et au design ; les films, quant à eux, sont projetés au sous-sol.

Bird in Space (vers 1928)
L'élégant bronze de Constantin Brancusi semble prêt à quitter son socle.

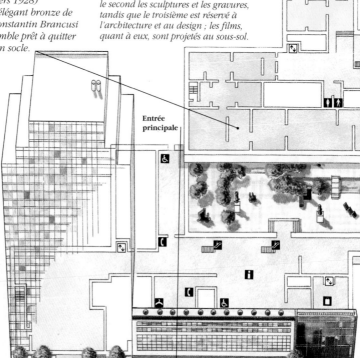

Entrée principale

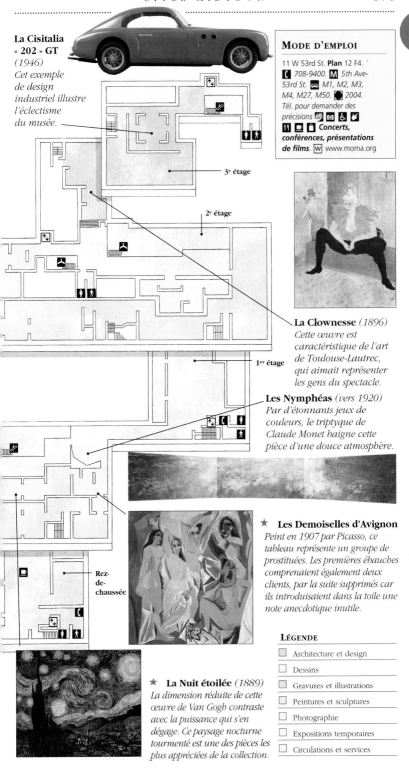

La Cisitalia « 202 » GT (1946)
Cet exemple de design industriel illustre l'éclectisme du musée.

MODE D'EMPLOI

11 W 53rd St. **Plan** 12 F4.
🄲 708-9400. Ⓜ 5th Ave-53rd St. 🚍 M1, M2, M3, M4, M27, M50. ⬤ 2004. Tél. pour demander des précisions 🅿️ 🅾️ ♿ 📷
🍽 🛒 📱 Concerts, conférences, présentations de films. Ⓦ www.moma.org

3ᵉ étage

2ᵉ étage

1ᵉʳ étage

La Clownesse (1896)
Cette œuvre est caractéristique de l'art de Toulouse-Lautrec, qui aimait représenter les gens du spectacle.

Les Nymphéas (vers 1920)
Par d'étonnants jeux de couleurs, le triptyque de Claude Monet baigne cette pièce d'une douce atmosphère.

Rez-de-chaussée

★ **Les Demoiselles d'Avignon**
Peint en 1907 par Picasso, ce tableau représente un groupe de prostituées. Les premières ébauches comprenaient également deux clients, par la suite supprimés car ils introduisaient dans la toile une note anecdotique inutile.

★ **La Nuit étoilée** (1889)
La dimension réduite de cette œuvre de Van Gogh contraste avec la puissance qui s'en dégage. Ce paysage nocturne tourmenté est une des pièces les plus appréciées de la collection.

LÉGENDE

☐ Architecture et design
☐ Dessins
☐ Gravures et illustrations
☐ Peintures et sculptures
☐ Photographie
☐ Expositions temporaires
☐ Circulations et services

À la découverte des collections

Le Museum of Modern Art (MoMA) regroupe près de 100 000 œuvres d'art. On y trouve une collection post-impressionniste, les plus beaux échantillons de l'art moderne américain, ainsi que de superbes exemples d'objets de design, de photographies et de films anciens.

LA PEINTURE ET LA SCULPTURE DE 1820 À 1940

La Permanence de la mémoire, par le surréaliste Salvador Dalí (1931).

ment illustrée au travers des peintures de Malevich, Lissitzky et Rodchenko. L'influence de De Stijl se remarque dans les toiles de Piet Mondrian comme *Broadway Boogie Woogie*. Le musée expose de nombreuses œuvres de Matisse, notamment, *Danse* et le *Grand Intérieur rouge*. Ailleurs, l'étrange beauté des œuvres de Dalí, Miró et Ernst transporte le visiteur dans l'univers du surréalisme.

Le *Baigneur* de Paul Cézanne et *La Nuit étoilée* de Vincent Van Gogh sont deux des fleurons de la collection de peintures de la fin du XIXᵉ siècle présentée par le musée. Le fauvisme et l'expressionnisme sont illustrés par des toiles de Matisse, Derain, Kirchner et d'autres, tandis que *Les Demoiselles d'Avignon*, de Picasso, marque une transition vers un nouveau style de peinture. Le musée possède une collection unique de tableaux cubistes, témoignant d'un mouvement qui a radicalement remis en question notre perception du monde. Parmi eux, *La Fille à la mandoline* de Picasso, *L'Homme à la guitare* et *Soda* de Georges Braque, et *Guitare et fleurs* de Juan Gris. Le futurisme, qui a apporté au cubisme de la couleur et du mouvement pour décrire le dynamisme du monde moderne, est représenté par Gino Severini (*Dynamic Hieroglyphic of the Bal Tabarin*), Umberto Boccioni (*Dynamism of a Soccer Player*), ainsi que par des tableaux de Balla, Carrà et Villon. L'abstraction géométrique des constructivistes est égale-

LA PEINTURE ET LA SCULPTURE D'APRÈS-GUERRE

Au troisième étage, on découvre un impressionnant éventail de l'art d'après-guerre avec, entre autres, des œuvres de Bacon et Dubuffet. La collection d'art abstrait expressionniste comprend l'énigmatique et étonnant *One* [n° 31, 1950], de Jackson Pollock ; *Woman, I*, de Willem de Kooning ; *Agony*, d'Arshile Gorky ; et *Red, Brown and Black*, de Mark Rothko. La

Dog (1952), peinture à l'huile de l'Anglais Francis Bacon

collection comprend également des œuvres telles que *Flag*, de Jasper Johns, sans oublier *First Landing Jump* et *Bed*, de Robert Rauschenberg, respectivement réalisées à l'aide de détritus urbains et de draps. La collection consacrée au Pop Art présente entre autres *Girl with Ball* et *Drowning Girl*, de Roy Lichtenstein ; le célèbre *Gold Marilyn Monroe*, par Andy Warhol ; et le *Giant Soft Fan*, de Claes Oldenburg. Les œuvres postérieures à 1965 incluent des travaux de Judd, Flavin, Serra et Beuys.

LES DESSINS ET LES AUTRES ŒUVRES SUR PAPIER

Homme au chapeau, de Pablo Picasso, collage et fusain

Le MoMA possède une des collections les plus complètes de dessins modernes au monde.

On y trouve un vaste échantillon de techniques traditionnelles de dessin – crayon, encre et fusain – mais aussi des aquarelles, d es gouaches et des collages.

On peut y admirer certaines ébauches de tableaux illustres, comme le *Portrait d'un étudiant en médecine*, de Picasso, qui servit d'ébauche aux *Demoiselles d'Avignon*. À ne pas manquer : les œuvres de l'école de Paris, du mouvement dada et du surréalisme. La collection du département comporte des œuvres de Matisse, Ernst, Klee, Pollock, Dubuffet et Rauschenberg. Celles-ci sont parfois présentées ailleurs dans le musée.

LES GRAVURES ET LES ILLUSTRATIONS

American Indian Theme, de Roy Lichtenstein (1920)

Le musée possède de nombreuses gravures anciennes et contemporaines, illustrant diverses techniques classiques (lithographie, eau-forte, sérigraphie, gravure sur bois) ou expérimentales. On peut y voir notamment *Autoportrait à la grimace,* de Marc Chagall. Un des intérêts de cette collection réside dans les travaux de Redon, Munch, Klee, Matisse, Picasso, Dubuffet, Villon et Johns. Leurs gravures, ainsi que celles d'autres artistes, sont disponible pour des expositions tournantes. La collection compte un grand nombre de gravures qui couvre plus d'un siècle, des années 1880 à aujourd'hui. Elle montre l'évolution des techniques et des styles. Le musée possède également des livres et des catalogues sur les gravures qui permettent de mieux connaître cette technique.

DÉPARTEMENT FILMS

Regroupant près de 10 000 films et 4 millions de photos, le département peut proposer un grand nombre de rétrospectives de metteurs en scène, d'acteurs, de genres particuliers et de travaux expérimentaux, ainsi qu'un vaste catalogue d'expositions diverses. L'archivage des films est une de ses activités majeures. Certains metteurs en scène célèbres offrent des copies de leurs films afin de contribuer à ce travail onéreux mais vital.

Charlie Chaplin et Jackie Coogan dans *The Kid* (1921)

sont aussi divers que variés : paysages, scènes de désolation urbaine, images abstraites et portraits stylisés – dont les superbes nus sur pellicule d'argent du surréaliste français Man Ray. Cette collection photographique est l'une des plus riches au monde.

Un dimanche sur les bords de la Marne (1939), par Henri Cartier-Bresson

L'ARCHITECTURE ET LE DESIGN

Ce musée fut le premier à inclure des objets utilitaires dans ses collections. Appareils électroménagers, chaînes stéréo, meubles, luminaires, textiles, verrerie, roulements à billes, composants électroniques, tout y est ! L'architecture est représentée au travers de maquettes, dessins et photos d'édifices qui ont été construits ou qui auraient pu être construits. Le design graphique est illustré par des travaux typographiques et des affiches. Des objets d'art imposants comme le modèle de voiture Cisitalia, dessiné par Pinin Farina, et l'hélicoptère de Bell pourraient appartenir à un musée des transports.

LA PHOTOGRAPHIE

La collection photographique du musée débute par une rétrospective sur l'invention de cette technique, vers 1840. Elle comprend des photos d'artistes illustres, journalistes, scientifiques et entrepreneurs, ainsi que des travaux d'amateurs. La collection comprend des chefs-d'œuvres, notamment des œuvres d'Atget, Stieglitz, Lange, Arbus, Steichen, Cartier-Bresson, Kertesz, et un éventail de photographies contemporaines de Friedlander, Sherman et Nixon. Les sujets abordés

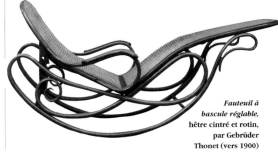

Fauteuil à bascule réglable, hêtre cintré et rotin, par Gebrüder Thonet (vers 1900)

St Patrick's Cathedral 🄈

P. 176-177.

Villard Houses 🄉

457 Madison Ave (New York Palace Hotel). **Plan** 13 A4. 📞 935-3960.
Ⓜ *51st St.* **Urban Center** ◯ *11h -17h lun.-mer., ven. et sam.* 📷 🚻 ♿
Ⓦ *www.mas.org*

Henry Villard était un immigrant bavarois. Fondateur du *New York Evening Post* et de la compagnie de chemin de fer Northern Pacific Railroad, il achète en 1881 ce lopin de terre situé en face de St Patrick's Cathedral. Il confie à McKim, Mead & White la construction d'un ensemble d'hôtels particuliers. Il y en aura six au total, autour d'une petite cour ouverte sur la rue. L'aile sud est destinée à Villard lui-même, mais des difficultés financières le poussent à vendre avant la fin des travaux.
L'archevêché catholique devient par la suite propriétaire des hôtels, qui se trouvent menacés, dans les années 1970, par l'extension de la cathédrale. Le problème est résolu lorsque la chaîne d'hôtels Helmsley fait construire le Helmsley (désormais New York) Palace Hotel. Les appartements de Villard (aile sud), restaurés dans leur splendeur d'époque, abritent un grand restaurant français, Le Cirque 2000. L'Urban Center, dont la librairie est la meilleure source d'ouvrages d'architecture de New York, occupe toute l'aile nord.

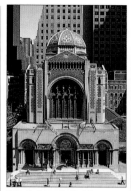

St Bartholomew's Church

St Bartholomew's Church 🄋

109 E 50th St. **Plan** 13 A4.
📞 *378-0200.* Ⓜ *51st St.*
◯ *7h30-18h t.l.j.* ✝ *souvent.*
📷 ♿ ***Conférences, concerts.*** 🚻
🎵 *après les messes de 9h et 11h dim.* Ⓦ *www.stbarts.org*

Plus connu sous le nom de « St Bart's », cet édifice néo-byzantin, avec ses briques roses, son parvis et son dôme polychrome, apporte depuis 1919 une note de couleur et de fantaisie sur Park Avenue. L'architecte Bertram Goodhue a intégré à sa construction le portique extérieur et les colonnes de marbre de l'ancienne église du même nom, bâtie en 1903 par Stanford White sur Madison Avenue. Cette paroisse, réputée pour ses programmes musicaux, comme le célèbre Jazz de la Nativité, propose un répertoire de classique, de chant et d'orgue.

General Electric Building 🄌

570 Lexington Ave. **Plan** 13 A4.
Ⓜ *Lexington Ave.* ♿*, au public.*

En 1931, les architectes Cross & Cross furent chargés de dessiner un gratte-ciel en harmonie avec St Bartholomew's Church, voisine. Le résultat connut un succès unanime : les couleurs des deux édifices se mêlent, contrastent, et leurs lignes se répondent à merveille.

General Electric Building sur Lexington Avenue

Pour vous en persuader, placez-vous à l'angle de la 50e Rue et de Park Avenue ! General Electric Building, bijou de l'Art déco, est cependant un chef-d'œuvre à lui seul depuis son atrium tout de chrome et de marbre jusqu'à son sommet évoquant les ondes hertziennes. Sur Lexington Avenue, remontez d'un bloc vers le nord et regardez rêveusement les grilles d'aération du métro au-dessus desquelles l'impudique robe blanche de Marilyn Monroe s'envolait dans *Sept Ans de Réflexion.*

Les Villard Houses sont désormais l'entrée du New York Palace Hotel

Waldorf-Astoria ⑬

301 Park Ave. **Plan** 13 A5.
C 355-3000. **M** *Lexington Ave,
53rd St.* **W** *www.waldorf.com*

Conçu en 1931 par Schultze & Weaver, ce prestigieux hôtel Art déco, qui couvre tout un bloc, symbolise le passé sompteux de la ville. Il a

1946 : Winston Churchill et le philanthrope new-yorkais Grover Whalen au Waldorf-Astoria

remplacé l'ancien hôtel de la 34e Rue, démoli pour laisser place à l'Empire State Building. Ses deux tours jumelles hautes de 190 mètres ont hébergé nombre de célébrités – comme le duc et la duchesse de Windsor – et tous les présidents américains. La gigantesque horloge de l'entrée, réalisée en 1893 à l'occasion de l'Exposition universelle de Chicago, provient du premier hôtel.

Dans le salon Peacock Alley, vous remarquerez le piano sur lequel jouait Cole Porter lorsqu'il résidait là.

Lever House ⑭

390 Park Ave. **Plan** 13 A4.
C 888-1260. **M** *5th Ave-53rd St.*
Lobby et building fermés au public. Tél. pour infos supplémentaires.

Premier building en verre de New York, la Lever House sert de miroir aux immeubles chic de Park Avenue, construits en pierre de taille. Son architecture,

Le bassin du Four Seasons, dans Seagram Building

très dépouillée, se résume à deux dalles d'acier et de verre soutenues par des piliers métalliques. La dalle verticale semble d'air et de lumière et symbolise la pureté des produits des frères Lever – savons et autres détergents. Son caractère d'avant-garde suscita l'intérêt général lors de sa construction en 1952, et, bien que souvent imité, il a toujours sa place dans le cœur des New-Yorkais.

Lever House sur Park Avenue

Seagram Building ⑮

375 Park Ave. **Plan** 13 A4.
C 572-7000. **M** *5th Ave-53rd St.*
🕙 *9h-17h lun-ven.*
🎦 *15h le mar.* 🚻

Grâce à Phyllis Lambert, l'architecte et fille de Samuel Bronfman (le P.-D.G. des distilleries Seagram), la conception de cette tour, qui ne devait être à l'origine qu'un immeuble commercial

ordinaire, fut confiée à Mies van der Rohe. Ainsi s'éleva cet édifice à la sobriété typique des années 1950, constitué de deux rectangles de bronze et de verre qui permettent à la lumière d'inonder l'intérieur. Le luxueux restaurant qui s'y trouve, Four Seasons *(p. 293)*, décoré par Philip Johnson, comprend deux pièces communicantes, l'une ayant en son centre un bassin, et l'autre un bar dominé par une impressionnante sculpture de Richard Lippold.

Des employés de bureau déjeunent dans le vaste atrium de Citicorp Center

Citicorp Center ⑯

153 E 53rd St. **Plan** 13 A4. **M** *53rd St-Lexington Ave.* 🕙 *7h -23h t.l.j*
🍴 ⛪ *St Peter's Lutheran Church*
C 935-2200. 🕙 *9h-21h t.l.j*
✝ *8h45, 11h le dim.* **Concert de Jazz** 17h le dim. **Concerts** t.l.j. sf le lun. **Théâtre à St Peter's Lutheran Church.** **C** 935-2200.
W www.saintpeters.org

Cette aiguille en aluminium qui se dresse sur des « échasses » hautes de dix étages fit sensation lors de son inauguration en 1978. Sa toiture biseautée dressée vers le ciel – à l'origine pour capter l'énergie solaire – n'a jamais fonctionné, mais sa silhouette est unique... Elle surmonte St Peter's Lutheran Church qui ressemble à une sculpture en granit nichée à sa base. Pénétrez dans son intérieur moderne et admirez Erol Beker Chapel, œuvre de Louise Nevelson. La paroisse, qui est renommée pour ses concerts d'orgue et ses sessions de jazz, possède même un petit théâtre.

St Patrick's Cathedral ❾

En 1850, l'archevêque John Hugues décide de faire élever une cathédrale sur ce site prévu à l'origine pour accueillir un cimetière, malgré de nombreux détracteurs qui trouvaient ridicule de la construire à l'extérieur de la ville (à l'époque). Créé par l'architecte James Renwick et inauguré en 1879, cet impressionnant édifice néo-gothique contient près de 2 500 places assises : c'est la plus grande cathédrale du pays. Les deux flèches furent rajoutées entre 1885 et 1888.

Façade sur la 5ᵉ Avenue

Lady Chapel ★
Les vitraux de cette chapelle dédiée à la Vierge représentent les mystères du rosaire.

La Pietà
Réalisée en 1906 par le sculpteur américain William O. Partridge, cette statue se trouve non loin de Lady Chapel.

★ **Baldaquin**
Le grand dais de bronze s'étend au-dessus du maître-autel. Des statues de saints et de prophètes ornent les quatre piliers qui soutiennent la voûte.

À NE PAS MANQUER

★ Baldaquin

★ Portes de bronze

★ Lady Chapel

★ Grandes orgues et rosace

La façade
Le revêtement est en marbre blanc. Les flèches atteignent 101 mètres de hauteur.

Le Chemin de Croix
Ces bas-reliefs en pierre de Caen obtinrent le premier prix d'Art sacré à l'exposition Universelle de Chicago en 1893.

Shrine of St Elizabeth Ann Seton
Le retable et la statue de bronze illustrent la vie de la fondatrice des sœurs de la Charité, première Américaine canonisée (p.76).

Grandes ★ orgues et rosace
Une somptueuse rosace de 8 mètres de diamètre surplombe les orgues monumentales constituées de plus de 7 000 tuyaux.

Entrée principale

Portes ★ de bronze
Ces portes imposantes de 9 tonnes sont ornées des grandes figures religieuses de New York.

Central Synagogue

652 Lexington Ave. **Plan** 13 A4.
838–5122. M 51st St, Lexington Ave. ★ 18h30 ven., 10h30 sam.
W www.centralsynagogue.org

La nef, qui offre une agréable palette de rouge, de bleu, d'ocre et de doré, s'inspire de représentations victoriennes du palais mauresque de l'Alhambra, en Espagne.

Les arches en forme de fer à cheval sont typiques du style mauresque espagnol.

Cette maison est la plus vieille synagogue de New York. Elle a été dessinée en 1870 par Henri Fernbach qui fut le premier grand architecte américain juif originaire de Silésie. On lui doit aussi quelques-uns des plus beaux bâtiments de SoHo. Elle est considérée comme le meilleur exemple de l'influence architecturale maure et islamique de la ville. Fondée en 1846 sous le nom d'*Ahawath Chesed* (« Amour de la Miséricorde ») par 18 émigrants de Bohème, la première communauté juive new-yorkaise s'était tout d'abord implantée dans le modeste quartier de Ludlow Street, dans Lower Side.

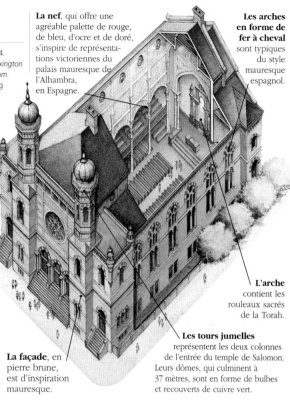

La façade, en pierre brune, est d'inspiration mauresque.

L'arche contient les rouleaux sacrés de la Torah.

Les tours jumelles représentent les deux colonnes de l'entrée du temple de Salomon. Leurs dômes, qui culminent à 37 mètres, sont en forme de bulbes et recouverts de cuivre vert.

Sutton Place et Beekman Place

Plan 13 C3, 13 C5. M 59th St.

Sutton Place est un quartier élégant et calme, essentiellement composé d'immeubles bas et d'hôtels particuliers conçus par des architectes de renom. Investi par la bourgeoisie new-yorkaise dans les années 1920, il était auparavant occupé par des usines et des logements modestes. Au n° 3 de Sutton Square réside le secrétaire général de l'Organisation des Nations Unies.

Jetez un coup d'œil au-delà de Sutton Square et de la 59e Rue pour découvrir Riverview Terrace, une jolie rue privée bordée de cinq hôtels particuliers faisant face à la rivière. Les minuscules squares au bout des 55e et 57e Rues offrent un magnifique spectacle sur le fleuve et Queensboro Bridge. Plus petit et encore plus tranquille que Sutton Place, le quartier de Beekman Place date des années 1920 avec ses demeures familiales et ses appartements aux dimensions réduites. Il a abrité de nombreux résidents célèbres dont Gloria Vanderbilt, Rex Harrison, Irving Berlin ainsi que certains membres de la famille Rockefeller. River House est un immeuble résidentiel construit en 1931 et situé entre Beekman et Suttton Places. Ses courts de tennis, son embarcadère, sa piscine et sa salle de bal lui conféraient à l'époque un cachet qui a su résister aux assauts du temps.

Le parc de Sutton Place avec sa vue sur Queensboro Bridge et Roosevelt Island

Non loin de là, Turtle Bay Gardens abrite deux rangées de *brownstones*, ces hôtels particuliers en pierre brune typiques de New York. Tous datent des années 1860 et disposent à l'arrière d'un charmant jardin à l'italienne. De nombreuses personnalités y vécurent, séduites par le caractère très sélect de l'endroit.

Roosevelt Island

Plan 14 D2. **M** *59th St. Tram, Roosevelt Island station (F).* **W** *www.rioc.com*

C'est un lieu de promenade amusant et inhabituel. Depuis 1976, un téléphérique assure la traversée du fleuve jusqu'à Roosevelt Island, offrant une vue imprenable sur Manhattan et Queensboro Bridge. Vous trouverez près de la station de tramway les ruines de la ferme de Blackwell – qui donna son nom à l'île jusque dans les années 1920. Celle-ci s'est par la suite appelée Welfare Island en raison du nombre importants d'hôpitaux, hospices et asiles implantés sur son sol. C'est au pénitencier de l'île que Mae West fut incarcérée en 1927 pour avoir joué un spectacle jugé trop sexy. Elle demanda – et obtint – de pouvoir porter sa lingerie de soie sous son uniforme de prisonnière. Les ruines des anciens hôpitaux et le phare, construit en 1872 par l'un des pensionnaires de l'asile, sont toujours visibles. Le tramway qui part de la 2th Avenue et va jusqu'à la 60th Street offre une jolie balade.

L'enseigne de Bloomingdale's

Bloomingdale's

1000 3rd Ave. **Plan** 13 A3. **C** 705-2000. **M** 59th St. **O** 10h -20h30 lun.-ven., 10h-19h sam., 11h-19h dim. Voir **Boutiques et marchés** p. 311.

Dans les années 1980 « Bloomies » était le symbole d'un certain savoir-vivre. Ce n'est qu'après la destruction du métro aérien de la 3e Avenue, vers 1960, que ce grand magasin populaire, fondé en 1872 par Joseph et Lyman Bloomingdale, acquit sa réputation de lieu de shopping chic. La fin des années 1980 vit arriver un nouveau propriétaire – et les soucis financiers. Moins prestigieux que par le passé, l'endroit est néanmoins toujours très bien approvisionné.

Fuller Building

41 E 57th St. **Plan** 13 A3. *Peter Findlay Gallery.* **C** 644-4433 ; *James Goodwin Gallery.* **C** 583-3737. **O** 10h-18h mar.-sam. **M** 59th St.

Bel exemple d'architecture Art déco, ce bâtiment de 1929, avec sa silhouette élancée, est l'œuvre des architectes Walker & Gillette. Les deux statues encadrant l'horloge de l'entrée sont d'Elie Nadelman. À l'intérieur, admirez les motifs de mosaïques sur le sol, dont l'un représente le Flatiron

Les statues de l'horloge surplombant l'entrée de Fuller Building

Building, ancien siège de la Fuller Company. L'immeuble abrite aussi de prestigieuses galeries d'art comme celle de Susan Sheehan.

La façade de style Renaissance du Plaza Hotel

Plaza Hotel

768 5th Ave. *et Central Park South* **Plan** 12 F3. **C** 759-3000. **M** 59th St. Voir **Hébergement** p.281

Ce bâtiment est l'œuvre d'Henry J. Hardenbergh, architecte du Dakota et du premier Waldorf-Astoria (p. 216). Terminé en 1907, il fut proclamé « meilleur hôtel du monde » avec ses 800 chambres, ses 500 salles de bains, sa salle de réception et ses suites luxueuses destinées aux grandes familles comme les Vanderbilt ou les Gould (p. 49). Cet édifice grandiose de 18 étages s'inspire des châteaux français de la Renaissance, l'essentiel de sa décoration intérieure provient d'Europe. Dans le Palm Court, admirez les murs recouverts de glaces et les colonnes sculptées sur le thème des quatre saisons. Le précédent propriétaire, Donald Trump, a rendu au lieu son éclat d'autrefois (un peu trop même aux yeux de certains) : lustres en cristal, kilomètres de moquettes épaisses et dorures tapageuses. Les halls et les couloirs ont été réaménagés sans rien perdre de leur cachet d'origine.

UPPER EAST SIDE

C'est vers 1900 que le gratin new-yorkais s'établit dans Upper East Side. Beaucoup de résidences luxueuses ont depuis été transformées en musées ou ambassades, mais l'élite se sent toujours ici chez elle : on habite sur la 5e Avenue ou Park Avenue et on court les magasins chic et les galeries d'art de Madison. Plus à l'est, vous rencontrerez l'Europe centrale en traversant German Yorkville (entre la 80e et la 90e) puis au sud, Hungarian Yorkville et Little Bohemia. Les Allemands, Tchèques et Hongrois y sont moins nombreux de nos jours, mais églises et commerces témoignent de leur présence.

Urne africaine au Metropolitan Museum of Art

Vue en plongée de l'atrium du Guggenheim Museum

LE QUARTIER D'UN COUP D'ŒIL

Rues et bâtiments historiques
7th Regiment Armory ⑩
Henderson Place ⑭
Gracie Mansion ⑯

Musées et galeries
Neue Galerie New York ①
Jewish Museum ②
Cooper-Hewitt National Design Museum ③
National Academy of Design ④
Solomon Guggenheim Museum p. 186-187 ⑤
Metropolitan Museum of Art p. 188-195 ⑥
Whitney Museum of American Art p. 198-199 ⑦
Frick Collection p. 200-201 ⑧
Asia Society ⑨
Society of Illustrators ⑫
Mount Vernon Hotel Museum and Garden ⑬
Museum of the City of New York ⑲

Églises et synagogues
Temple Emanu-El ⑪
Church of the Holy Trinity ⑰
St Nicholas Russian Orthodox Cathedral ⑱

Parcs et squares
Carl Schurz Park ⑮

COMMENT Y ALLER ?

Les « express » des lignes 4 et 5, sur Lexington Ave, s'arrêtent aux 59e et 86e Rues. Les « locaux » de la ligne 6 s'arrêtent aux 68e, 77e et 96e Rues.
Par le bus : M1, M2, M3 et M4 sur la 5e et Madison, M101/102 sur Lexington et la 3e, et M15 sur la 1re et la 2e Avenues. Bus transversaux : M66, M72, M79, M86 et M96.

VOIR ÉGALEMENT :

•**Atlas des rues,** plans 12-13, 16-17

•**Visite de East Side** p. 262-263

•**Hébergement** p. 274-275

•**Restaurants** p. 290-292

LÉGENDE

▨	Plan du quartier pas à pas
Ⓜ	Station de métro
⚓	Terminal du ferry
🚁	Héliport

0   500 mètres

0   500 yards

Statue de Diane, National Academy of Design

Museum Mile pas à pas

Des édifices aussi divers que les anciens hôtels particuliers de Frick et de Carnegie, ou le bâtiment futuriste du Guggenheim de Frank Lloyd Wright, abritent les nombreux musées regroupés dans Upper East Side, ainsi que l'équivalent américain du musée du Louvre : le Metropolitan. Les expositions y sont aussi variées que l'architecture ; des maîtres anciens à la photographie en passant par les arts décoratifs. La plupart des musées ferment tard le mardi soir. Les visites sont parfois gratuites.

Jewish Museum
On peut y admirer des monnaies anciennes, des pièces archéologiques et la plus vaste collection d'objets de culte israélite au monde ❷

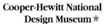
Cooper-Hewitt National Design Museum ★
Ce musée des arts décoratifs présente un riche échantillon de céramiques, d'objets en verre, de meubles et de textiles ❸

The Church of the Heavenly Rest fut édifiée en 1929. Malvina Hoffman a sculpté la Vierge de la chaire.

National Academy of Design
Fondée en 1825, elle fut transférée là en 1940. Sa collection abrite des peintures et des sculptures réalisées par ses membres ❹

Graham House est un immeuble d'habitation construit en 1982 et doté d'une magnifique entrée de style Beaux-Arts.

★ **Solomon Guggenheim Museum**
Ce bâtiment conçu par Frank Lloyd Wright, s'irise de violet au crépuscule. Prenez l'ascenseur jusqu'en haut et redescendez l'escalier hélicoïdal. Vous y verrez des merveilles de l'art moderne ❺

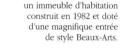

À NE PAS MANQUER

★ **Solomon Guggenheim Museum**

★ **Cooper-Hewitt National Design Museum**

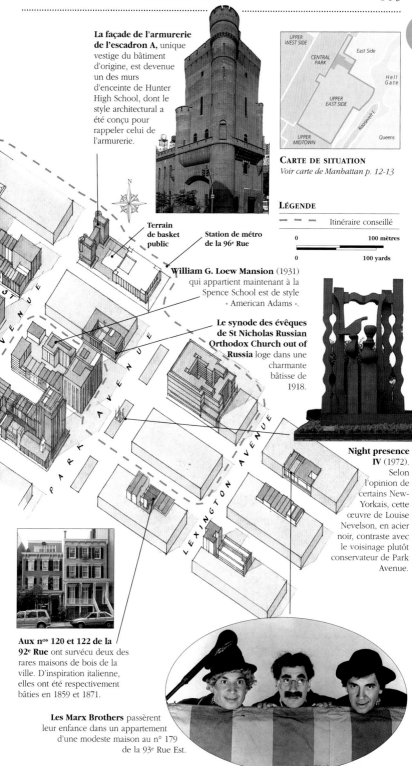

La façade de l'armurerie de l'escadron A, unique vestige du bâtiment d'origine, est devenue un des murs d'enceinte de Hunter High School, dont le style architectural a été conçu pour rappeler celui de l'armurerie.

UPPER WEST SIDE
CENTRAL PARK
East Side
Hell Gate
UPPER EAST SIDE
Roosevelt I.
UPPER MIDTOWN
Queens

CARTE DE SITUATION
Voir carte de Manhattan p. 12-13

LÉGENDE

- - - - Itinéraire conseillé

0   100 mètres

0   100 yards

Terrain de basket public

Station de métro de la 96e Rue

William G. Loew Mansion (1931) qui appartient maintenant à la Spence School est de style « American Adams ».

Le synode des évêques de St Nicholas Russian Orthodox Church out of Russia loge dans une charmante bâtisse de 1918.

Night presence IV (1972). Selon l'opinion de certains New-Yorkais, cette œuvre de Louise Nevelson, en acier noir, contraste avec le voisinage plutôt conservateur de Park Avenue.

Aux nos 120 et 122 de la 92e Rue ont survécu deux des rares maisons de bois de la ville. D'inspiration italienne, elles ont été respectivement bâties en 1859 et 1871.

Les Marx Brothers passèrent leur enfance dans un appartement d'une modeste maison au n° 179 de la 93e Rue Est.

Neue Galerie New York **❶**

1048 5th Ave at E 86th St.
Plan 16 F3. **C** 628-6200.
M 86th St, 96th St. **○** 11h-21h
ven., 11h-18h sam.-dim. 🚫 Ⓟ
🍴 café 11h-18h sam.-lun., mer.,
jeu., 11h-21h ven. 🅿 ♿
W www.neuegalerie.org

Fondé par le marchand
d'art Serge Sabarsky
et le philanthrope Ronald
Lauder, le musée le plus
récent de New York a pour
mission de rechercher,
réunir et accueillir tout ce
qui a trait à l'art décoratif
allemand et autrichien du
début du XXe siècle.

De style Beaux-Arts,
l'édifice qui l'abrite a été
agrandi en 1914 par
Carrere & Hastings, à qui l'on
doit la Public Library.
Facilement
reconnaissable,
c'est un point de
repère dans la
5e Avenue. Autrefois
demeure de Mrs. Cornelius
Vanderbilt, il a été acheté
par Sabarsky et Lauder en
1994. Au rez-de-chaussée se
trouvent une boutique et le
Café Sabarsky, inspiré des
établissements viennois.
À l'étage sont exposées des
œuvres de Klimt, Schiele et
du Wiener Werkstatt. Les
artistes du Blaue Reiter
(Klee et Kandinsky), du
Bauhaus (Feininger et
Schlemmer) et de Die Brücke
(Mies van der Roe et Breuer)
sont représentés au dernier
niveau.

Jewish Museum **❷**

1109 5th Ave. **Plan** 16 F2.
C 423-3200. **M** 86th St, 96th St.
○ 11h-17h45 lun.-mer., 11h-20h jeu.,
11h-15h ven., 10h-17h45 dim.
● sam., j.f. et fêtes juives
🚫 Ⓟ ♿ 🅿 🅿 🅿
W www.jewishmuseum.org

Ce somptueux manoir du
célèbre banquier et
membre éminent de la
communauté juive, Félix
M. Warburg, fut conçu par
C.P. Gilbert en 1908. Il abrite

maintenant l'une des plus
belles collections d'objets de
culte et d'ornements
traditionnels, reflet des
4 000 ans d'histoire israélite.
Les sculptures de la nouvelle
section du musée ont été
réalisées par les tailleurs de
pierre de Cathedral of St
John's the Divine (p. 224-225).
On peut y admirer, entre
autres, la célèbre arche abritant la Torah de la collection
Benguiat, une délicate
mosaïque persane du
IVe siècle qui parait la façade
d'une synagogue, et
l'*Holocauste*, œuvre puissante
du sculpteur George Segal.
De nombreuses expositions
relatent et illustrent la
chronique et la culture du
peuple juif au
cours des siècles.

**Aiguière et bassin
du XIXe s. provenant d'Istanbul,
Jewish Museum**

Cooper-Hewitt National Design Museum **❸**

2 E 91st St. **Plan** 16 F2. **C** 849-8400,
849-8387. **M** 86th St. **○** 10h-21h
mar., 10h -17h mer.- sam., 12h -17h
dim. **●** j.f. 🅿 ♿ 🅿 🅿
W www.ndm.si.edu

Ouvert en 1879, ce
musée réunit une
des collections de design
les plus importantes au
monde. Ses modèles,
recueillis par les sœurs
Hewitt, furent d'abord
présentés à Cooper Union
(p. 118), puis rachetés par
la Smithsonian Institution
en 1967 pour être installés
dans l'ancienne maison
de l'industriel Andrew
Carnegie. Ce choix
judicieux permet
d'apprécier les boiseries et
l'escalier ouvragé de cette
demeure qui fut également

**L'entrée de Cooper-Hewitt National
Design Museum**

à la pointe du progrès
de son époque avec son
chauffage central, sa
climatisation, son ascenseur
et son solarium.

National Academy of Design **❹**

1083 5th Ave. **Plan** 16 F3.
C 369-4880. **M** 86th St.
○ 12h-17h mer.- dim., 10h-18h
ven., 10h-17h sam., dim. 🚫 sauf ven.
17h-18h 🅿 🅿 🅿
W www.nationalacademy.org

La collection de l'école
d'art, commencée en 1825
par un groupe d'artistes dans
le but de former leurs membres
et de présenter leurs œuvres,
est dépositaire de plus de
6 000 peintures, dessins et
sculptures de créateurs tels
que Soyer, Eakins ou Lloyd
Wright. La maison qui les
abrite est un don du
philanthrope Archer
Huntington. Les motifs de
marbre au sol, la décoration
des plafonds et la statue de
Diane d'Anna Hyatt
Huntington sont
remarquables.

**Statue de Diane,
National Academy of Design**

Solomon Guggenheim Museum ❺

P. 186-187.

Metropolitan Museum of Art ❻

P. 188-195.

Whitney Museum of American Art ❼

P. 198-199.

Frick Collection ❽

P. 200-201.

Asia Society ❾

725 Park Ave. **Plan 13 A1.** 288-6400. *Événements :* 517-NEWS 🚇 68th St. 🕐 11h-18h mar.-dim., 11h-21h ven. 🚫 ♿ 📷 12h30 mar.-sam., 18h30 ven., 14h30 dim. 🚻 🌐 www.asiasociety.org

Sculpture sud-asiatique Asia Society

D ans le but d'améliorer la connaissance de l'Asie et de ses différentes cultures, John D. Rockefeller III créa en 1956 cette société dont le siège fut installé dans un bâtiment de granit rose dessiné par Edward Larrabee Barnes et construit en 1981, qui abrite aussi les sculptures, céramiques et bronzes collectionnés par le fondateur au cours de ses voyages. Vous menant d'Iran en Australie, expositions, films, conférences, spectacles de danse et une librairie spécialisée vous livreront les secrets de l'Extrême-Orient.

Le vestibule d'entrée de Seventh Regiment Armory

Seventh Regiment Armory ❿

643 Park Ave. **Plan 13 A2.** 452 3067. 🚇 68th St. 🕐 lun.-ven. sur r.d.v. 🌑 j.f. 🚫 ♿ 📷

D e 1912 aux deux guerres mondiales, le 7th Regiment a joué un rôle particulier en tant qu'unité d'élite où servaient les fils de familles illustres. Les bureaux de son armurerie unique aux États-Unis s'ouvrent sur Park Avenue. L'immense salle d'exercice s'étend jusqu'à Lexington Avenue. Bien qu'ayant l'aspect extérieur d'une forteresse, la caserne recèle un ameublement luxueux de l'époque victorienne, ainsi que des objets d'art ou des reliques du régiment. Le salon des vétérans et la bibliothèque sont l'œuvre de Louis Comfort Tiffany. La salle d'exercice abrite maintenant le salon d'hiver des antiquaires *(p. 53)* et de nombreux bals de charité.

Temple Emanu-El ⓫

1 E 65th St. **Plan 12 F2.** 744-1400. 🚇 68th St, 60th St. 🕐 10h-17h dim.-ven., 12h30-16h45 sam. (Dernière visite le ven. à 15h30) 🌑 j.f. juifs ✡ 17h30 dim.-jeu., 17h15 ven., 10h30 sam. 📷 ♿ 📷 🚻 🌐 www.emanuelnyc.org

C 'est une des plus grandes synagogues au monde et une des plus anciennes paroisses de New York. Cet imposant édifice de 1929 peut contenir 2 500 personnes dans sa nef. On peut y admirer les grilles de bronze de l'arche d'Alliance, des vitraux représentant le bouclier de David et le lion de Juda, ainsi qu'une magnifique rosace du côté de la 5ᵉ Avenue. La structure à deux dômes de Beth-El Chapel est de style byzantin. Cette synagogue a été bâtie sur l'emplacement de l'ancien hôtel particulier de Madame Astor, figure légendaire de la société new-yorkaise, dont la famille possédait les célèbres hôtels Waldorf et Astoria. Elle décida en effet de quitter l'endroit et d'emménager dans Upper East Side à la suite d'un différend avec son neveu, au moment où celui-ci entreprenait la construction du Waldorf tout proche.

L'arche de Temple Emanu-El

Solomon Guggenheim Museum ❺

L e bâtiment, en forme de coquillage géant, conçu par l'architecte Frank Lloyd Wright est peut-être en lui-même le plus éclatant chef-d'œuvre du musée.

En descendant à pied sa rampe intérieure hélicoïdale, vous admirerez les œuvres majeures d'artistes des XIXᵉ et XXᵉ siècles. Le Guggenheim Soho a fermé ses portes en 2002. Un nouveau Guggenheim, conçu par Franck Gehry, doit s'élever près de South Street Seaport *(p. 84)*. Il accueillera des œuvres postérieures à la guerre et deux théâtres.

La façade sur Fifth Avenue

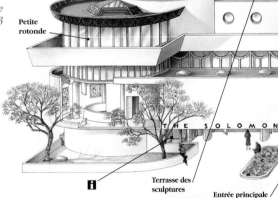

Paris par la fenêtre
Les couleurs vibrantes de ce chef-d'œuvre peint en 1913 par Marc Chagall donnent l'image d'une cité mystérieuse où rien n'est tout à fait ce qu'il paraît.

Petite rotonde

THE SOLOMON

Terrasse des sculptures

Entrée principale

La Repasseuse *(1904)*
Œuvre de la période bleue de Picasso, symbolisant lassitude et dur labeur.

La Vache jaune *(1911)*
Ici, Franz Marc a été influencé par le mouvement allemand de retour à la nature.

Nu *(1917)*
Silhouette endormie typique du style longiligne de Modigliani.

SUIVEZ LE GUIDE !

*La grande rotonde abrite
des expositions temporaires
et la petite rotonde
de célèbres tableaux
impressionnistes et
postimpressionnistes. La
collection permanente et des
œuvres contemporaines
occupent les galeries de la
tour. La terrasse des
sculptures domine Central
Park. La collection
n'est jamais
visible en
totalité.*

Tour

**Grande
rotonde**

GGENHEIM   MUSEUM

MODE D'EMPLOI

1071 5th Ave at 89th St. **Plan** 16
F3. 423-3500. 4, 5, 6
jusqu'à 86th St. M1, M2, M3,
M4. 9h-18h dim.-mer. 9h-
20h ven. et sam. 25 déc.,
1ᵉʳ janv. Concerts,
conférences, théâtre.
www.guggenheim.org

Devant le miroir *(1876)*
*En essayant de décrire l'esprit
de la société du XIXᵉ siècle,
Édouard Manet a souvent utilisé l'image de la courtisane.*

Femme tenant un vase
*Fernand Léger a incorporé
des éléments cubistes dans
cette peinture de 1927.*

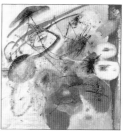

Lignes Noires *(1913)*
*Ce tableau est l'une des
premières œuvres non-
figuratives de Kandinsky.*

**La Femme aux cheveux
jaunes** *(1931)*
*Picasso s'est souvent
inspiré de la douce silhouette
de sa maîtresse.*

FRANK LLOYD WRIGHT

Connu pour ses résidences de
style « prairie » et l'utilisation du
verre et du ciment dans ses
immeubles de bureaux, Wright a
été considéré de son vivant
comme le grand innovateur de
l'architecture américaine. Le
Guggenheim, commencé en 1942
et terminé peu après sa mort, est
sa seule création new-yorkaise.

Intérieur de la grande rotonde du Guggenheim

Metropolitan Museum of Art ❻

Cette collection, parfois considérée comme la plus complète du monde occidental, a été créée en 1870 par un groupe d'artistes et de mécènes désirant fonder un musée des beaux-arts capable de rivaliser avec ceux d'Europe. Des œuvres provenant de tous les continents, de la préhistoire à nos jours, y sont exposées.

L'entrée de Metropolitan Museum of Art

Collection Robert Lehman

★ **Gertrude Stein**
(1905-1906) *Portrait de l'écrivain par Picasso. On remarque au travers de ce visage les influences des arts africain et antique.*

Masque
La République populaire du Bénin (qui fait maintenant partie du Nigeria) est renommé pour son art ancien. Ce masque date du XVIᵉ siècle.

Le Harpiste
Statue des îles des Cyclades (vers 3 000 av. J.-C.).

Sous-sol

SUIVEZ LE GUIDE !

Il existe 19 départements. La plupart des collections se trouvent dans les deux étages principaux où certaines galeries abritent aussi des expositions temporaires. Les peintures, sculptures et arts décoratifs européens occupent les parties centrales du rez-de-chaussée et du premier étage, tandis que les ailes abritent diverses autres collections.

Les Noces de Cana
Ce panneau du XVIᵉ siècle peint par Juan de Flandes, fait partie de la collection Linsky.

Buste de Diderot *(1773)*
Ce buste de Jean Antoine Houdon fut sculpté pour un comte russe.

★ Le Portrait de la princesse de Broglie
Peint en 1853, c'est le dernier tableau d'Ingres.

Rez-de-chaussée

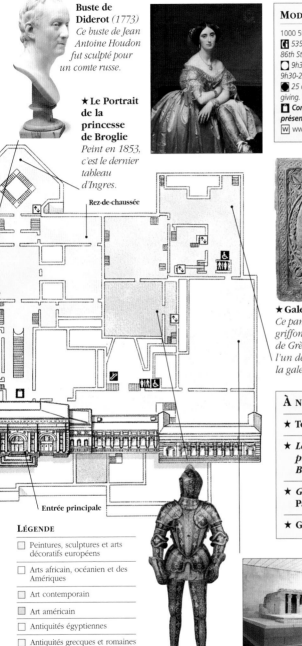

★ Galerie byzantine
Ce panneau frappé d'un griffon (vers 1250), provenant de Grèce ou des Balkans, est l'un des nombreux trésors de la galerie.

À NE PAS MANQUER

★ **Temple de Dendur**

★ *Le Portrait de la princesse de Broglie* **par Ingres**

★ *Gertrude Stein* **par Pablo Picasso**

★ **Galerie byzantine**

Entrée principale

LÉGENDE

☐ Peintures, sculptures et arts décoratifs européens

☐ Arts africain, océanien et des Amériques

☐ Art contemporain

☐ Art américain

☐ Antiquités égyptiennes

☐ Antiquités grecques et romaines

☐ Art médiéval et byzantin

☐ Armes et armures

☐ Institut du Costume

☐ Expositions temporaires

☐ Circulations et services

Armure anglaise
Réalisée pour George Clifford vers 1580.

★ Temple de Dendur *(15 av. J.-C.)*
C'est l'empereur romain Auguste qui fit bâtir ce temple. Sur un bas-relief, il est représenté apportant des offrandes.

Metropolitan Museum of Art : les étages supérieurs

Marrakech
*Cette œuvre de 1964,
l'une des peintures
« marocaines »
de Frank Stella,
semble hypnotiser
par ses rayures fluo-
rescentes disposées
géométriquement.*

Sculpture Garden
*Ces sculptures sur le
toit de l'aile consacrée
à l'art contemporain
sont renouvelées
chaque année.*

Les Joueurs de cartes *(1890)*
*Paul Cézanne s'éloigne ici de ses pay-
sages, natures mortes et portraits
habituels, pour peindre cette scène de
paysans concentrés sur leur jeu.*

Art
islamique

Rez-de-chaussée

1er étage

★ **Les Cyprès** *(1889)*
*Van Gogh a réalisé cette toile
l'année précédant sa mort. Les
coups de pinceau et le style
tourbillonnant sont caractéristiques de ses dernières œuvres.*

À NE PAS MANQUER

★**Autoportrait de
Rembrandt, 1660**

★ *Washington
traversant la
Delaware*, par Leutze

★ *Les Cyprès*, de
Vincent Van Gogh

★ *Diptyque*, de
Jan van Eyck

**Créature ailée à tête
d'aigle pollinisant l'arbre
sacré** *(vers 900 av. J.-C.)
Ce bas-relief provient d'un
palais assyrien.*

★Diptyque
(1425-1430)
Œuvre de l'un des premiers maîtres de la peinture à l'huile, le Flamand Jan van Eyck. Ces scènes de la Crucifixion et du Jugement Dernier en font aussi un précurseur du réalisme.

★ Washington traversant la Delaware
Emanuel Gottlieb Leutze a peint en 1851 cet épisode épique (mais imaginaire !) de la célèbre traversée de George Washington.

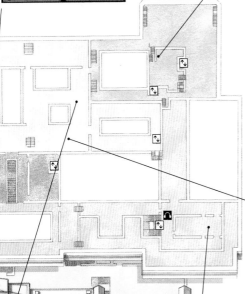

LÉGENDE

☐ Peinture, sculpture et arts décoratifs européens

☐ Art islamique et du Proche-Orient

☐ Art contemporain

☐ Art américain

☐ Art d'Extrême-Orient

☐ Antiquités grecques et romaines

☐ Instruments de musique

☐ Dessins, estampes et photographies

☐ Expositions temporaires

☐ Circulations et services

Astor Court

La Mort de Socrate *(1787)*
David nous montre Socrate préférant prendre la ciguë, plutôt que de renoncer à ses idéaux.

★ Autoportrait *(1660)*
Rembrandt a peint près d'une centaine d'autoportraits. Sur celui-ci, il est âgé de 54 ans.

ASTOR COURT

En 1979, 27 artisans chinois sont venus à New York créer un jardin de style Ming dans le musée. Cette action constituait le premier échange culturel entre les États-Unis et la Chine populaire. Les jardiniers ont utilisé des techniques millénaires et des outils faits à la main, transmis de génération en génération, afin de façonner ce havre de méditation, équivalent occidental du jardin du Maître des Filets de Suzhou.

À la découverte du Metropolitan

Les salles du « Met » recèlent une vaste collection d'œuvres américaines, plus de 2 000 peintures européennes dont des toiles de Rembrandt et Vermeer, de nombreux joyaux de l'art islamique et la seconde collection d'antiquités égyptiennes au monde.

LES ARTS PRIMITIFS

Masque funéraire recouvert d'or (xᵉ-xivᵉ s.) provenant de la nécropole péruvienne de Batan Grande

Nelson Rockefeller a fait construire l'aile Michael C. Rockefeller en 1982, à la mémoire de son fils décédé au cours d'une expédition en Nouvelle Guinée. Plus de 1 600 magnifiques objets d'Afrique, des îles du Pacifique et des Amériques y sont exposés. La collection africaine regroupe des sculptures en ivoire et bronze du Bénin ainsi que d'étonnantes œuvres sur bois des tribus maliennes dogons, bamanas et senufos. Sculptures asmats de Nouvelle Guinée, masques et parures des îles mélanésiennes et polynésiennes illustrent l'art du Pacifique, alors que des objets en or et en céramique évoquent l'Amérique précolombienne… sans oublier un ensemble d'objets utilitaires des Indiens Inuit.

L'ART AMÉRICAIN

Le premier portrait de George Washington par Gilbert Stuart, *Marchands de Fourrures sur le Missouri,* de George Caleb Bingham ; le fameux *Portrait de Madame X,* par John Singer Sargent ; et l'imposant *George Washington*

traversant la Delaware, d'Emanuel Gottlieb Leutze, sont quelques-unes des toiles majeures présentées dans cette aile du « Met ». De l'époque coloniale au temps présent, c'est une partie du patrimoine culturel américain qui défile ici sous les yeux du visiteur, au travers des toiles d'Edward Hopper et des reconstitutions de pièces d'époque – du salon dans lequel George Washington célébra son dernier anniversaire jusqu'à l'élégante salle à manger champêtre dessinée en 1912 par Frank Lloyd Wright. Le petit jardin de sculptures intérieur comprend de magistraux éléments architecturaux, dont une superbe loggia en mosaïque et verre teinté provenant de la résidence d'été de Louis Comfort Tiffany et la façade d'une banque de 1824.

The Lighthouse at Two Lights (1929), par Edward Hopper

L'ART ISLAMIQUE ET LES ANTIQUITÉS DU PROCHE-ORIENT

Des statues massives de lions ailés à visage humain, originaires du palais assyrien

Tête en cuivre proche-orientale à l'origine mystérieuse, vieille de 5 000 ans

d'Assurnasirpal II, gardent l'entrée des salles consacrées aux antiquités du Proche-Orient. Cette collection couvre une période de 8 000 ans où les bronzes iraniens côtoient les ivoires anatoliens, les sculptures sumériennes et les objets précieux des Sassanides. Une galerie voisine dévoile la diversité de l'art islamique du viiᵉ au xixᵉ siècle au travers d'objets de fer et de verre mésopotamiens et égyptiens, de miniatures mongoles et persanes, de tapis des xviᵉ et xviiᵉ siècles, sans oublier une salle syrienne du xviiiᵉ.

LES ARMES ET LES ARMURES

Ces galeries sont les préférées des enfants et de tous ceux que le Moyen Âge fascine. Elles exposent des sabres superbement ornés de pierres précieuses et d'or, des armes à feu aux incrustations d'ivoire et de perles, de flamboyantes oriflammes et des boucliers multicolores. Ne manquez pas d'admirer l'armure du

Pistolet de Charles Quint (xviᵉ s.)

gentleman-pirate Sir George Clifford, favori de la reine Elizabeth d'Angleterre et celle, étincelante, d'un seigneur japonais du XIVe siècle. Vous y découvrirez aussi la collection de pistolets du célèbre fabricant d'armes Samuel Colt.

L'ART ASIATIQUE

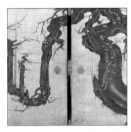

Le Vieux Prunier, portes japonaises coulissantes en papier du début de la période Edo (env. 1650)

Une enfilade de salles extraordinaires propose les merveilles des arts chinois, japonais, coréen, indien et d'Asie du Sud-Est, du second millénaire av. J.-C. à nos jours, ainsi qu'une réplique de jardin Ming, exécutée par des artisans chinois de la ville de Suzhou, qui marque le premier échange culturel officiel entre les États-Unis et l'Empire du Milieu. Le musée possède aussi l'une des plus belles collections de peintures Sung et Yuan, des sculptures bouddhiques monumentales, des céramiques, céladons et objets anciens chinois. Les onze salles consacrées au Japon présentent, sous forme d'expositions chronologiques et thématiques, de splendides laques, céramiques, peintures, sculptures, textiles et paravents. D'autres salles sont réservées aux arts indien, coréen et des pays du Sud-Est asiatique.

L'INSTITUT DU COSTUME

Les 75 000 pièces de cet institut, qui couvrent une période allant du XVIIe siècle à nos jours, sont exposées par roulement. Elles retracent de manière éclectique l'évolution de l'habillement en proposant aussi bien des créations « shocking pink » d'Elsa Schiaparelli, des accessoires, des modèles de Worth, Quant et Balenciaga, que des tenues napoléoniennes et victoriennes. Vous pourrez également y contempler les costumes des Ballets russes ou la tenue de scène de David Bowie.
La partie régionale de la collection rassemble de nombreuses tenues originaires d'Europe, Asie, Afrique et Amérique. La renommée de cet institut est telle que la Nasa l'a même consulté pour avoir son avis sur les meilleures techniques de nettoyage de ses combinaisons d'astronautes.

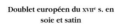

Doublet européen du XVIIe s. en soie et satin

LES DESSINS, LES ESTAMPES ET LES GRAVURES

Une galerie récente met à l'honneur les innombrables chefs-d'œuvre de dessins, gravures et photographies du musée. La

Étude d'une sibylle libyenne réalisée par Michel-Ange pour le plafond de la chapelle Sixtine (1508)

collection de dessins (11 000) est particulièrement riche en arts italien et français du XVe au XIXe siècle. Exposée par roulement en raison de la fragilité du papier, elle permet d'admirer des travaux de Michel-Ange, Léonard de Vinci, Raphaël, Ingres, Goya, Rubens, Rembrandt, Tiepolo et Seurat. La collection de 1,5 million d' estampes et 14 000 livres illustrés, qui comprend des œuvres de grands maîtres, témoigne de toutes les techniques : d'une gravure allemande primitive sur bois, *La Vierge et l'Enfant,* à celles plus sophistiquées de Dürer, en passant par *Le Géant* de Goya. La photographie est aussi mise à l'honneur au « Met » – grâce entre autres à l'extraordinaire collection léguée par Alfred Stieglitz – qui offre un éventail particulièrement riche en images d'entre les deux guerres. Des affiches et des publicités constituent une autre partie intéressante de cette collection.

LES ANTIQUITÉS ÉGYPTIENNES

L e département le plus visité est l'aile consacrée à l'Égypte ancienne. Des objets de la période préhistorique au VIIIe siècle après J.-C. y sont exposés par centaines, du plus grand au plus petit, du temple de Dendur aux éclats brisés d'un visage royal du XVe siècle av. J.-C. On y trouve de nombreuses découvertes archéologiques provenant d'expéditions financées par le musée dont des sculptures représentant la célèbre reine Hatshepsout (elle s'empara du pouvoir à Thèbes au XVIe siècle av. J.-C.), une centaine de bas-reliefs du règne d'Aménophis IV et des figurines provenant de tombes, comme l'hippopotame de faïence bleue devenu la mascotte du musée.

Jeune Femme à l'aiguière (1660), de Jan Vermeer

L'école italienne est représentée, entre autres, au travers de la *Dernière communion de saint Jérôme* par Botticelli et *Portrait d'un jeune homme* par Bronzino. La collection de toiles de maîtres hollandais et flamands est une des plus belles au monde ; elle comprend *Les Moissonneurs,* de Brueghel, plusieurs Rubens et Van Dyck, plus d'une douzaine de Rembrandt et de nombreux Vermeer. Sont exposés également des chefs-d'œuvre espagnols et français du Gréco, de Vélasquez, Goya, Poussin et Watteau. Il abrite aussi de nombreuses toiles impressionnistes et postimpressionnistes dont trente-quatre Monet, dix-huit Cézanne, ainsi que les célèbres *Cyprès,* de Van Gogh. L'aile Kravis et les salles adjacentes abritent une collection de 60 000 sculptures et objets d'arts décoratifs européens parmi lesquels la sculpture d'Adam en marbre par Tullio Lombardo, une statuette de cheval en bronze d'après un modèle de Vinci, et une douzaine

d'œuvres de Degas et Rodin. Un patio de château espagnol du XVIe siècle, de somptueux intérieurs français du XVIIIe siècle et un jardin à la française (The Petrie European Sculpture Court) servent de décor à certaines parties de la collection.

LES ANTIQUITÉS GRECQUES ET ROMAINES

U n sarcophage romain offert au musée en 1870 a inauguré cette collection. On peut toujours le voir dans la section grecque et romaine fort bien restaurée. À côté, ne manquez pas le panneau mural d'une villa recouverte par la lave du Vésuve en 79 ap. J.-C. Une imposante figure grecque d'un jeune homme et la statue *Old Market Woman* témoignent de l'évolution du réalisme des sculptures hellènes. Des miroirs étrusques, des bustes romains, de délicats objets de verre et d'argent et des centaines de vases grecs dépeignant les mœurs antiques présentent les multiples facettes de cette civilisation.

Une amphore d'Exchias décorée d'une scène de noces (VIe s. av. J.C.)

LEHMAN COLLECTION

L e banquier Robert Lehman possédait l'une des plus belles collections privées avant de la léguer au musée en 1969. Le pavillon Lehman est une pyramide de verre abritant des œuvres très variées, de la Renaissance au XIXe siècle, dessins, estampes, meubles, bronzes,

La reine Tiyi, épouse d'Aménophis III (1417-1379 av. J.-C.)

LES PEINTURES, LES SCULPTURES ET LES ARTS DÉCORATIFS D'EUROPE

C ette section forme le cœur du musée, avec une extraordinaire collection de 3 000 peintures européennes.

MAQUETTES D'UNE TOMBE ÉGYPTIENNE

En 1920, un chercheur du « Met » découvrit dans la chambre funéraire du noble Mekutra 24 maquettes intactes évoquant des scènes de sa vie quotidienne et chargées d'assurer son confort dans l'au-delà. On y voit sa maison, son jardin, ses bateaux et son troupeau, mais aussi Mekutra lui-même, dans sa barque, en train de humer le parfum d'une fleur de lotus et d'écouter son chanteur et son harpiste.

Partie de vitrail de la cathédrale Saint-Pierre de Troyes, représentant *La Mort de la Vierge* (XIIᵉ s.)

verres vénitiens et émaux. Parmi les toiles européennes exposées, vous trouverez des chefs-d'œuvre hollandais et espagnols, ainsi que des tableaux français post-impressionnistes et fauves.

L'ART MÉDIÉVAL

La collection, qui couvre une période s'étendant de la chute de Rome au début de la Renaissance (du IVᵉ au XVIᵉ siècle), se situe en partie dans le bâtiment principal du musée, et en partie dans le cloître au nord de Manhattan (p. 234-237). On y trouve, sinon le saint Graal, du moins le calice de ce nom, six assiettes en argent byzantines décorées de scènes de la vie de David, une chaire en forme d'aigle par Giovanni Pisano, plusieurs sculptures monumentales de la Vierge et l'Enfant, des bijoux, des vases sacrés, des vitraux, des émaux, des ivoires et des tapisseries des XIVᵉ et XVᵉ siècles.

LES INSTRUMENTS DE MUSIQUE

Le plus vieux piano du monde, les guitares d'André Ségovia, une cithare en forme de paon et quelques instruments bizarres des six continents et de toutes les époques illustrent l'histoire de la musique à travers les âges. La plupart des instruments ont été restaurés et sont en parfait état de marche. Parmi eux, des violons rares, des clavecins, épinettes et autres instruments des cours européennes du Moyen Âge et de la Renaissance. Vous pourrez également découvrir une reconstitution parfaite d'un atelier de luthier, des tambours africains, des pipas asiatiques et des flûtes indiennes. Un équipement audio est à votre disposition pour vous permettre d'écouter tous ces instruments ainsi que les mélodies de leur époque.

Stradivarius de Crémone, (Italie, fin du XVIIᵉ s.)

L'ART CONTEMPORAIN

Depuis sa création en 1870, le musée n'a cessé d'acquérir des œuvres contemporaines, mais ce n'est qu'en 1987 qu'un espace permanent fut aménagé afin d'offrir au public sur trois étages un aperçu de l'art du XXᵉ siècle : la nouvelle aile Lila Acheson Wallace expose toutes les formes d'art plastique postérieures à 1900.

D'autres musées new-yorkais possèdent des collections plus complètes d'art moderne, mais ce département du « Met » se distingue par la qualité de ses pièces. Ses points forts sont les créations d'art moderne américain, particulièrement celles de l'école de New York. Les peintures de Charles Demuth et Georgia O'Keeffe, du régionaliste

The Midnight Ride of Paul Revere (1931), par Grant Wood

Grant Wood, de l'expressionniste abstrait Willem de Kooning, sans oublier les travaux sur papier de Paul Klee, les meubles Art déco et la ferronnerie d'art illustrent bien la créativité de notre époque. Parmi les joyaux de cette collection, le *Portrait de Gertrude Stein,* par Picasso ; *I Saw the Figure Five in Gold,* de Demuth ; *Autumn Rhythm,* de Pollock ; et le dernier autoportrait d'Andy Warhol. Au dernier étage du bâtiment, les sculptures contemporaines, dont l'exposition est renouvelée chaque année, se détachent sur fond de gratte-ciel et de Central Park.

Couverture de livre par l'illustrateur N.C. Wyeth (1916)

Society of Illustrators

128 E 63rd St. **Plan** 13 A2. 838-2560. Lexington Ave. 10h-17h mer.-ven., 10h-20h mar., midi -16h sam. limité. www.societyillustrators.org

Créée en 1901, et comptant parmi ses membres éminents Charles Dana Gibson, N.C. Wyeth et Howard Pyle, cette association a pour objet de promouvoir l'art de l'illustration. Installé depuis 1981 dans deux salles, le Museum of American Illustration présente des expositions temporaires thématiques qui évoquent l'évolution de cet art dans les livres et les magazines. Chaque année, les plus belles réalisations contemporaines y sont sélectionnées et exposées.

Mount Vernon Hotel Museum

421 E 61st St. **Plan** 13 C3. 838-6878. Lexington Ave, 59th St. 11h-16h mar.-dim. (en juin et juil. jusqu'à 21h mar.). en août et j.f.

Construit en 1799, Mount Vernon Hotel Museum était à l'origine un hôtel à la campagne qui permettait aux New-Yorkais de fuir le temps d'un week-end leur ville surpeuplée. L'immeuble de pierre se dresse sur un terrain qui appartenait à Abigail Adams Smith, la fille du Président John Adams.

En 1924, l'association des Dames coloniales d'Amérique en fait l'acquisition et la transforme cette fois en charmante demeure de style néo-fédéral. Des guides costumés font visiter les lieux en commentant l'histoire des objets, dont des porcelaines chinoises et des tapis d'Aubusson. Une chemise de nuit se trouve toujours dans la penderie de sa chambre, ainsi qu'un lit d'enfant et des jouets. La réplique d'un jardin du XVIIIe siècle a été plantée autour de la résidence.

Henderson Place

Plan 18 D3. 86th St.

Les maisons de style Queen Ann de Henderson Place

Cette enclave de 24 maisons alignées en brique rouge, construite en 1882, est désormais cernée d'immeubles résidentiels. Le promoteur de l'époque, le chapelier John C. Henderson, avait voulu créer une petite communauté autonome autour de ces habitations. Dessinés par Lamb & Rich, les toits d'ardoises, les frontons, les parapets, les fenêtres et les cheminées donnent un aspect à la fois élégant et pittoresque à cet ensemble au charme rétro.

La promenade de Carl Schurz Park

Carl Schurz Park

Plan 18 D3. 86th St.

Ce parc dessiné en 1891 le long de East River est l'un des lieux de promenade favoris des New-Yorkais, offrant une vue saisissante sur les eaux turbulentes de « Hell Gate », le confluent de la rivière et du bras de mer qui longe Long Island. Carl Schurz était originaire de la ville, et il fut ministre de l'Intérieur de 1869 à 1875. La première partie de l'esplanade s'appelle John Finlay Walk, du nom d'un journaliste du *New York Times* rendu célèbre par ses prouesses sportives. Lorsqu'il fait beau, les pelouses du parc sont envahies par les New-Yorkais en goguette.

Gracie Mansion

East End Ave et 88th St. **Plan** 18 D3. 570-4751. 86th St. avr.-mi-nov. : 10h,11h,13h,14h, le mer. pour visites guidées seulement.

Cette demeure surprenante aux balcons de bois, datant de 1799, est la résidence officielle du maire. Construite par le riche marchand Archibald Gracie, c'est l'une des plus belles maisons de style fédéral de New York. Achetée par la ville en 1887, elle abrita le musée municipal. Le maire, Fiorello La Guardia,

Façade de Gracie Mansion

s'y installa, ravi de quitter l'imposant palais de Riverside Drive. Appelé plus communément « La petite fleur » (Fiorello) par les New-Yorkais de l'époque, le maire fut un ardent adversaire de la corruption et réforma la ville.

Church of the Holy Trinity ⓱

316 E 88th St. **Plan** 17 B3. 289-4100. Ⓜ 86th St. 9h-17h lun.-ven., 7h30-14h dim. 8h, 9h15, 11h, 18h dim. (été : 8h, 10h, 18h), 20h45 mar., 18h30 mer. www.holytrinity-nyc.org

Portail de Church of the Holy Trinity

Nichée dans un jardin tranquille sur l'emplacement de la ferme Rhinelander, Church of the Holy Trinity, néo-Renaissance et en brique ocre, date de 1889. Dans sa tour se trouve une belle horloge de fer forgé aux aiguilles de cuivre. Des bas-reliefs représentant saints et prophètes ornent le portail. L'ensemble est un don de Serena Rhinelander en mémoire de ses père et grand-père. Les terres appartenaient à la famille depuis plus de cent ans. Plus bas, au n° 350, se trouvent le Rhinelander Children's Center (également un don) et les bureaux de la Children's Aid Society.

St Nicholas Russian Orthodox Cathedral ⓲

15 E 97th St. **Plan** 16 F1. 876-2190 Ⓜ 96 St. sur rdv. 18h sam., 10h dim. (russe). www.russianchurchsa.org

C'est vraiment « Moscou sur Hudson River », une vision inattendue que cette construction néo-baroque édifiée en 1902, alternant brique rouge et pierre blanche. Elle colore et illumine cette partie de la ville avec ses cinq dômes rehaussés de croix et ses toits d'ardoises bleues et jaunes. Les intellectuels et aristocrates russes, installés aux États-Unis après avoir fui les troubles politiques de leur pays, se sont rapidement intégrés à la société new-yorkaise. Aujourd'hui, cette communauté est éparpillée à travers le pays et les grandes messes en russe n'attirent plus qu'une poignée de fidèles. Une forte odeur d'encens baigne le sanctuaire central aux superbes colonnes en marbre. Un très beau treillis de bois entoure l'autel. La cathédrale est un lieu étonnant qui contraste avec ce quartier bourgeois de Manhattan.

Façade et dômes de St Nicholas Russian Orthodox Cathedral

Façade de Museum of the City of New York

Museum of the City of New York ⓳

5th Ave et 103rd St. **Plan** 21 C5. 534-1672. Ⓜ 103rd St. 10h-17h mer.- sam.,12h-17h dim. j.f. **Dons bienvenus.** www.mcny.org

Créé en 1923 et installé en premier lieu dans les locaux de Gracie Mansion, ce musée est consacré à l'histoire de la ville et retrace son développement économique. Transféré en 1932 dans ce ravissant bâtiment colonial, le musée présente un bel ensemble de pièces d'époque, comme la chambre et la penderie de John D. Rockefeller, ainsi que des costumes, du mobilier, des objets usuels, des jouets et des maisons de poupées. Commencez la visite par la vidéo *The Big Apple*, puis admirez l'exposition *Broadway : 125 années de music hall*. Le premier étage abrite une magnifique collection d'objets en argent, certains datant de 1678. Alexander Hamilton Gallery contient des meubles et des peintures ayant appartenu au célèbre ministre des Finances. On peut aussi y voir d'anciens équipements de pompiers, des plans et des estampes de la ville représentant l'évolution de celle-ci au fil des siècles.

Whitney Museum of American Art ❼

Le Whitney Museum expose toutes les tendances de l'art américain des XXᵉ et XXIᵉ siècles. Il fut fondé en 1930 par le sculpteur Gertrude Vanderbilt Whitney après le refus par le Metropolitan d'acheter sa collection d'œuvres d'artistes contemporains. On peut y admirer des créations de George Bellows et Edward Hopper. Tous les deux ans, l'exposition Whitney Biennal révèle les nouvelles tendances de l'art aux États-Unis.

La façade en surplomb de **Whitney Museum of American Art**

Green Coca-Cola Bottles
(1962)
Variation personnelle d'Andy Warhol sur le thème de la production de masse, de l'abondance et du monopole.

The White Calico Flower
(1931)
Cette peinture de fleur géante de Georgia O'Keeffe glisse du réalisme à l'abstraction.

Little Big Painting *(1965)*
Critique ironique de l'expressionnisme abstrait par Roy Lichtenstein.

Early Sunday Morning *(1930)*
Les peintures d'E. Hopper reflètent souvent le sentiment de vide et de solitude de la vie urbaine américaine.

SUIVEZ LE GUIDE !
Les galeries Leonard et Evelyn Lauder, au quatrième étage, exposent la collection permanente avec des œuvres de Calder, O'Keete et Hopper. Les expositions temporaires occupent les premier, second et troisième étage.

Dempsey et Firpo *(1924)*
George Bellows a fixé sur la toile le plus fameux combat du siècle.

Three Flags *(1958)*
L'utilisation par Jasper Johns d'objets familiers pour créer une abstraction influença fortement le Pop Art.

Owh ! In San Paõ *(1951)*
Œuvre de Stuart Davis. Les formes abstraites sont combinées avec des lettres pour créer un style américain tout à fait original.

Circus *(1926-1931)*
Création originale de Calder exposée en permanence.

Tango *(1919)*
Une des meilleures sculptures d'Elie Nadelman, d'origine polonaise.

Hudson River Landscape *(1951)*
Cette sculpture en acier est l'une des œuvres majeures de David Smith.

Frick Collection ❽

L'ancienne résidence du magnat de l'acier, qui expose une collection inestimable au milieu d'un mobilier d'origine, est elle-même une pièce de musée qui témoigne du train de vie fastueux des riches familles du début de ce siècle. Henry Clay Frick (1849-1919) a fait don à la nation de sa magnifique demeure et de son contenu afin qu'ils perpétuent son souvenir. On y trouve des œuvres de maîtres, du mobilier français, des émaux de Limoges et des tapis d'Orient.

Façade de Frick Collection donnant sur Fifth Avenue

Colonnade
Garden Court

Le Port de Dieppe *(1826)*
Turner a été critiqué par certains contemporains pour son utilisation de la lumière, trop méditerranéenne, dans ce port du Nord-Ouest de l'Europe.

Le Cheval blanc *(1819)*
Paysage familier du Suffolk, par John Constable.

Bibliothèque

Galerie
ouest

Émaux de Limoges
Les Sept Douleurs de la Vierge *fait partie de la collection d'émaux (1500-1550).*

À NE PAS MANQUER

★ *Sir Thomas More,* par Hans Holbein

★ *Le Mall à St James's Park,* par Thomas Gainsborough

★ *L'Officier et la jeune fille,* par Jan Vermeer

★ *Lady Meux,* par James Whistler

Grand
salon

★ **Sir Thomas More** *(1527)*
Portrait du conseiller de Henry VIII par Holbein. Huit ans plus tard, More sera condamné à mort et exécuté pour trahison.

SUIVEZ LE GUIDE !
Ne manquez pas la galerie ouest éclairée par sa verrière, qui expose des toiles de Vermeer, Hals et Rembrandt. La galerie est renferme celles de Whistler, la bibliothèque et la salle à manger sont dédiées aux peintres anglais, et le grand salon est décoré par les œuvres du Titien, de Bellini et d'Holbein.

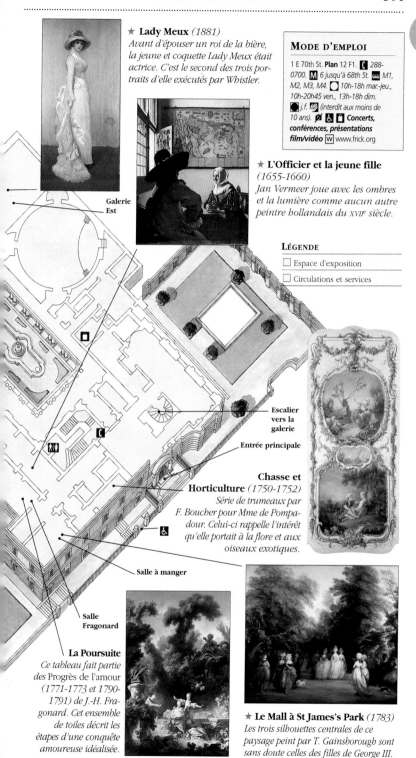

★ **Lady Meux** *(1881)*
Avant d'épouser un roi de la bière, la jeune et coquette Lady Meux était actrice. C'est le second des trois portraits d'elle exécutés par Whistler.

MODE D'EMPLOI

1 E 70th St. **Plan** 12 F1. 288-0700. M 6 jusqu'à 68th St. M1, M2, M3, M4. 10h-18h mar.-jeu., 10h-20h45 ven., 13h-18h dim. j.f. *(interdit aux moins de 10 ans).* Concerts, conférences, présentations film/vidéo w www.frick.org

★ **L'Officier et la jeune fille**
(1655-1660)
Jan Vermeer joue avec les ombres et la lumière comme aucun autre peintre hollandais du XVII siècle.*

Galerie
Est

LÉGENDE

☐ Espace d'exposition
☐ Circulations et services

Escalier
vers la
galerie

Entrée principale

Chasse et Horticulture *(1750-1752)*
Série de trumeaux par F. Boucher pour Mme de Pompadour. Celui-ci rappelle l'intérêt qu'elle portait à la flore et aux oiseaux exotiques.

Salle à manger

Salle
Fragonard

La Poursuite
Ce tableau fait partie des Progrès de l'amour (1771-1773 et 1790-1791) de J.-H. Fragonard. Cet ensemble de toiles décrit les étapes d'une conquête amoureuse idéalisée.

★ **Le Mall à St James's Park** *(1783)*
Les trois silhouettes centrales de ce paysage peint par T. Gainsborough sont sans doute celles des filles de George III.

CENTRAL PARK

L e « jardin » de la cité fut aménagé en 1858 par Frederick Law Olmsted et Calvert Vaux sur un site à l'abandon. Dix millions de tombereaux de terre et de pierre furent nécessaires pour transformer cette zone marécageuse en 340 hectares de paysage « naturel » : les 500 000 arbres et buissons, les rochers, les collines, les lacs et les

Statues, Delacorte Theater (p. 206)

pelouses offrent un lieu de promenade privilégié aux citadins. Central Park est également agrémenté de divers terrains de jeux, courts de tennis, patinoires et espaces pour joueurs d'échecs ou de croquet. Les voitures y sont interdites le week-end, laissant la voie libre aux cyclistes, amateurs de rollers et joggeurs.

LE QUARTIER D'UN COUP D'ŒIL

Bâtiments historiques
The Dairy ❶
Belvedere Castle ❸

Monuments et statues
Strawberry Fields ❷
Bethesda Fountain and
Terrace ❺
Bow Bridge ❹

Lacs et jardins
Conservatory Water ❻
Central Park Wildlife
Center ❼
Conservatory Garden ❽

VOIR ÉGALEMENT :

- **Atlas des rues**, plans 12, 16
- **Restaurants** p. 290-292
- W www.centralparknyc.org

COMMENT Y ALLER ?
Les lignes de métro B et C longent Central Park du côté ouest avec des arrêts aux 59e, 72e, 81e, 86e, 96e et 103e Rues. La station à l'angle de la 59e Rue et de Columbus Circle est également desservie par les lignes 1 et 9 (Broadway/7e Avenue et 8e Avenue) ; les trains locaux de Broadway N et R s'arrêtent à l'angle de la 57e Rue et de la 5e Avenue au sud du parc. Les autobus M1, M2, M3 et M4 longent le côté est du parc.

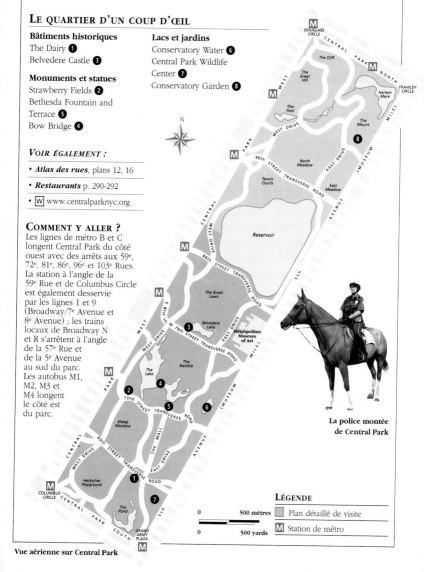

La police montée de Central Park

LÉGENDE

Plan détaillé de visite

M Station de métro

0   500 mètres

0   500 yards

Vue aérienne sur Central Park

Une promenade à Central Park

Pour une courte visite, promenez-vous de la 59e à la 79e Rue dans les épais sous-bois du Ramble, le long des étangs et en empruntant quelques-uns des 30 ponts élégants qui enjambent le lacis des avenues et des allées cavalières. En été, la température du parc, inférieure à celle de la ville, offre au promeneur une oasis de détente et de fraîcheur.

★ **Strawberry Fields**
Ce coin paisible du parc, dédié à la mémoire de John Lennon, qui vivait dans le voisinage, est l'un des plus visités ❷

★ **Bethesda Fountain and Terrace**
Cette terrasse richement décorée surplombe le lac et les abords boisés du Ramble ❺

Wollman Rink : le milliardaire Donald Trump fit rénover cette ancienne patinoire en 1980.

Central Park Wildlife Center
Trois zones climatiques abritent plus de 100 espèces animales ❼

The Pond

Plaza Hotel (p. 179)

CENTRAL PARK SOUTH

CENTRAL PARK

SHEEP MEADOW

THE MALL

TRANSVERSE

6TH ST

FIFTH

Frick Collection (p. 200-201)

★ **The Dairy**
Ce bâtiment de style victorien est le centre d'accueil des visiteurs. Dès votre arrivée, renseignez-vous sur les activités proposées par le parc ❶

La statue de Hans Christian Andersen est un lieu de rencontre pour les conteurs pendant l'été et constitue une merveilleuse attraction pour les enfants.

Bow Bridge
La magnifique arche de ce pont métallique, haute de 18 mètres, relie le Ramble à Cherry Hill ④

Carte de situation
Voir carte de Manhattan p. 12-13

Lieu d'escalade et de glissade préféré des enfants, cet ensemble de bronze représentant **Alice au pays des merveilles** et ses amis se situe à l'extrémité de Conservatory Water.

À NE PAS MANQUER

★ **The Dairy**

★ **Strawberry Fields**

★ **Belvedere Castle**

★ **Bethesda Fountain**

★ **Conservatory Water**

American Museum of Natural History *(p. 214-215)*

Dakota Building *(p. 216)*

San Remo Apartments *(p. 212)*

Metropolitan Museum *(p. 190-195)*

Obélisque

The Ramble, surface boisée de 15 hectares traversée de sentiers et de ruisseaux, est le paradis des ornithologues amateurs. Plus de 250 espèces d'oiseaux y ont été repérées.

Réservoir

Guggenheim Museum *(p. 186-187)*

★ **Belvedere Castle**
Depuis les terrasses, les visiteurs ont une vue imprenable sur la ville et le parc. Central Park Learning Center est situé à l'intérieur ③

★ **Conservatory Water**
De mars à novembre se déroulent chaque samedi des courses de maquettes de bateaux. Beaucoup de ces embarcations sont rangées dans l'abri situé près du lac ⑥

Le manège de l'aire de jeu des enfants

The Dairy ❶

Plan 12 F2. 794-6564.
5th Ave.
avr.-oct. : 10h-17h mar.- dim. ;
nov.-mars : 10h-16h mar. -dim.
Diaporamas.

Cette charmante « laiterie » qui sert de centre d'accueil a tout d'abord été destinée aux enfants. Ils pouvaient y jouer, monter sur un carousel ou découvrir une ferme et ses animaux. En 1873, les vaches paissaient devant The Dairy et les enfants venaient s'y désaltérer et boire du lait frais. Des agneaux, des poules et des paons complétaient ce paysage bucolique. Puis, laissé à l'abandon pendant longtemps, le bâtiment servit de remise avant d'être

restauré en 1979. C'est un excellent point de départ pour partir à la découverte du parc car vous pourrez y obtenir toutes les informations et cartes nécessaires sur les événements et curiosités. Vous pourrez aussi y louer des jeux d'échecs et jouer sur les échiquiers de la « colline aux enfants » toute proche.

Strawberry Fields ❷

Plan 12 E1. 72nd St.

La réhabilitation de ce coin du parc en forme de larme a été dessiné par Vaux et Olmsted et financé par Yoko Ono, en souvenir de John Lennon, son mari assassiné. Les fenêtres de leur appartement de Dakota Building donnent sur ce paysage *(p. 216)*. Les dons affluèrent du monde entier et le jardin, dédié à la paix internationale, abrite maintenant plus de 160 espèces de végétaux – une pour chaque pays – dont des fraisiers, des rosiers et des bouleaux. Une mosaïque offerte par la ville de Naples porte l'inscription *Imagine*, le titre de la chanson la plus connue de la pop star.

Belvedere Castle ❸

Plan 16 E4. 772-0210.
81st St. 10h-17h mar.-dim.
vers le r-d-c seulement.

Le château, avec sa tour et ses tourelles, est perché sur Vista Rock et offre depuis la terrasse l'un des plus beaux panoramas du parc et de la ville. Les jeunes peuvent tout apprendre sur la surprenante variété de la faune du parc dans Central Park Learning Center qui se trouve à l'intérieur. Delacorte Theater,

Belvedere Castle domine le paysage du parc

que l'on peut apercevoir au nord du château, propose gratuitement chaque été des pièces de Shakespeare jouées par des acteurs célèbres *(p. 335)*. George Delacorte, philanthrope et mécène plein d'humour, a financé de nombreuses attractions du parc.

Bow Bridge ❹

Plan 16 E5. 72nd St.

C'est l'un des sept ponts de fonte de Central Park, sans doute le plus beau. Il a été dessiné par Vaux et sa forme souligne la courbe en nœud papillon du lac. Au XIXe siècle, le lac se transformait chaque hiver en patinoire, et un ballon rouge hissé au sommet d'une tour de Vista Rock indiquait que la glace était suffisamment solide. Du pont, on peut admirer les immeubles qui longent le parc à l'est et à l'ouest.

Un image paisible de Central Park, dominé par de luxueux immeubles

**Gravure ancienne (1864), représentant
Bethesda Fountain and Terrace**

Bethesda Fountain and Terrace **5**

Plan 12 E1. **M** *72nd St.*

Située entre le lac et le Mall, c'est le cœur architectural du parc. Son allure formelle contraste avec le naturel du paysage. La fontaine a été inaugurée en 1873. La statue *Angel of the Waters*, érigée en 1842 pour fêter la construction d'un aqueduc qui alimentait la ville en eau pure, évoque l'ange biblique de la fontaine de Bethesda à Jérusalem. Les escaliers et les décorations de style espagnol sont l'œuvre de Jacob Wrey Mould. C'est un plaisir de passer un moment paisible sur cette terrasse en observant les passants.

Conservatory Water **6**

Plan 16 F5. **M** *77th St.*

Plus connu sous le nom de « l'étang des modèles réduits », c'est l'endroit où ont lieu les compétitions de bateaux miniatures. Au nord de l'étang, la statue d'Alice au pays des merveilles fait la joie des enfants. Son donateur George Delacorte est immortalisé sous les traits du Chapelier Fou. À l'ouest, des conteurs, aux pieds de la statue d'Andersen lisant son propre ouvrage *Le Vilain petit canard*, fascinent petits et grands. Comme la statue d'Alice, celle-ci est régulièrement prise

d'assaut par les tout petits qui adorent se nicher sur les genoux de l'auteur. Les liens entre Conservatory Water et la littérature touchent aussi l'adolescence : c'est là que Holden Caufield, le héros de J.D. Salinger, se confie aux canards dans *The Catcher in the Rye*.

Central Park Wildlife Center **7**

Plan 12 F2. entre 63rd et 66th streets **C** *439-6500.* **M** *5th Ave.* ⬭ *10h-17h lun-ven., 10h30 -17h30 sam.-dim. ; nov.-mars,10h-16h30 t.l.j.* 🖼 ⬭ ♿ 🖥 🛒 **W** *www.wcs.org/zoos ; centralparkzoo.com*

Rouvert en 1988 après quatre années de rénovation, ce zoo abrite 130 espèces d'animaux représentatifs de trois climats de la planète : les tropiques, le cercle polaire et la côte californienne. L'utilisation astucieuse de l'espace a conquis les New-Yorkais : une mini-forêt tropicale abrite des singes et des oiseaux alors que des pingouins et des ours polaires peuplent un paysage arctique dont on

peut aussi voir la vie sous-marine. Au Tish Children Zoo les enfants peuvent s'approcher des chèvres, moutons et vaches. À l'entrée se trouve Delacorte Clock où toutes les demi-heures, des animaux de bronze jouent des berceuses. Vers Willowdell Arch se dresse la statue de Balto, le chien de traîneau qui traversa l'Alaska pour livrer le précieux sérum qui devait enrayer une épidémie de diphtérie.

La statue de Balto, l'héroïque chien de traîneau

Conservatory Garden **8**

Plan 21 B5. **M** *Central Pk N, 103rd St.* **C** *860-1382.*

La Vanderbilt Gate de la Cinquième Avenue ouvre sur trois jardins, chacun représente un paysage national différent. L'extrémité de l'immense pelouse du jardin central qui dessine un jardin italien forme un demi-cercle d'ifs et de taillis surmontés d'une pergola de glycines. Dans le jardin sud, de style anglais, la statue de la fontaine représente Mary et Dickon, les héros de l'œuvre de Frances Hodgson Burnett, *The secret Garden*. Le jardin nord, de style français, autour de la fontaine en bronze *The Three Dancing Maidens*, resplendit de mille couleurs chaque été, alors que sur un talus glissant vers le parc, des myriades de fleurs sauvages éclosent au printemps.

Ours polaire de Central Park Wildlife Center

UPPER WEST SIDE

Masque indien, Museum of Natural History

Ce quartier devient résidentiel à partir de 1870, grâce au métro aérien de Nineth Avenue *(p. 24-25)*. C'est à cette époque qu'est construit le célèbre et luxueux Dakota Building. Rapidement, Broadway et Central Park West s'urbanisent, et les rues voisines se bordent de maisons de pierre brune. Le Lincoln Center, l'American Museum of Natural History et le nouveau complexe Columbus Square pour AOL Times Warner et CNN élisent également domicile dans Upper West Side.

LE QUARTIER D'UN COUP D'ŒIL

Rues et bâtiments historiques
Les tours jumelles de Central Park West ❶
Dakota Building ❾
Pomander Walk ⓭
Riverside Drive and Park ⓮
Dorilton Building ⓱

Musées et galeries
American Folk Art Museum ❼
New York Historical Society ❿
American Museum of Natural History p. 214-215 ⓫
Hayden Planetarium ⓬
Children's Museum of Manhattan ⓯

Théâtres célèbres
Lincoln Center for the Performing Arts ❷
New York State Theater ❸
Metropolitan Opera House ❹
Lincoln Center Theater ❺
Avery Fisher Hall ❻

Hôtels et restaurants célèbres
Hotel des Artistes ❽
The Ansonia ⓰

COMMENT Y ALLER ?
Par le métro : lignes B et D (6ᵉ Avenue), lignes 1/9, 2 et 3 (7ᵉ Avenue/Broadway) ou A, C et E (8ᵉ Avenue). Bus : M10 (Central Park West), M7, M11, M104 et M5 ; bus transversaux : M66, M72, M79, M86 et M96.

VOIR ÉGALEMENT :
- *Atlas des rues*, plans 11, 15
- *Hébergement* p. 274-275
- *Restaurants* p. 290-292

0   500 mètres
0   500 yards

Sculpture de façade, Hotel des Artistes

LÉGENDE
▢ Plan du quartier pas à pas
Ⓜ Station de métro

La façade ouvragée du n° 14, Riverside Drive

Lincoln Center pas à pas

L incoln Center est né à un
moment où le Metropolitan
House et le New York
Philharmonic avaient besoin
d'un port d'attache. Faire
cohabiter différents styles d'arts
vivants peut sembler évident
aujourd'hui mais, dans les
années 1950, installer le Metropolitan Opera et le New York
Philharmonic côte à côte, et ce
dans un quartier médiocre, était
un pari risqué. L'endroit accueille
aujourd'hui plus de cinq millions
de visiteurs par an, et de
nombreux artistes et amateurs
d'art résident dans les alentours.

★ **Lincoln Center for the Performing Arts**
*C'est le temple de la danse, de la musique et du
théâtre. Il fait bon s'asseoir près de la fontaine pour
observer les passants et prendre le pouls du quartier* ❷

Lincoln Center Theater
*Deux salles de spectacle
(Vivian Beaumont et Mitzi E.
Newhouse) se trouvent à
l'intérieur* ❺

Leonard Bernstein, compositeur
de *West Side Story*. Le quartier
pauvre où a été installé Lincoln
Center a fourni le décor de la
célèbre comédie musicale inspirée
de l'histoire de Roméo et Juliette.

Guggenheim Bandshell,
dans Damrosch Park, accueille
des concerts gratuits.

New York State Theater peut
recevoir 2 737 spectateurs. Il
abrite une troupe d'opéra ainsi
que le célèbre New York City
Ballet.

Metropolitan Opera
*C'est le cœur de Lincoln Center.
Le café de son grand vestibule offre
une vue incomparable sur le parvis* ❹

**College
Board Building,**
de style Art déco,
abrite l'organisme
responsable des
examens d'entrée à
l'université.

American Folk Art Museum
Ses étoffes traditionnelles et ses peintures naïves valent le coup d'œil **7**

Early American quilt

James Dean a habité dans un studio au dernier étage du n° 19 de la 68e Rue Ouest.

CARTE DE SITUATION
Voir carte de Manhattan p. 12-13

LÉGENDE

– – – –   Itinéraire conseillé

0   100 mètres
0   100 yards

★ **Hotel des Artistes**
Isadora Duncan, Noel Coward et Norman Rockwell y ont vécu. On y trouve aussi un excellent restaurant (p. 296) **8**

Vers la station de métro de la 72e Rue (4 blocs)

W 67TH STREET

Ce building qui ressemble à une forteresse abrite les studios d'enregistrement des séries de la chaîne ABC-TV.

65TH STREET

Le n° 55 de Central Park West est l'immeuble Art déco que l'on voit dans le film *Ghostbusters*.

CENTRAL PARK WEST

Society for Ethical Culture Building est le premier immeuble Art nouveau de New York. On y trouve aussi une école.

Vers le métro de la 56e Rue (à 2 blocs)

À NE PAS MANQUER

★ Lincoln Center

★ Hotel des Artistes

Central Park West. De nombreuses personnalités habitent dans ces luxueux appartements qui bordent le parc.

Century Apartments
Ces tours jumelles, visibles depuis Central Park, sont un des symboles de New York **1**

San Remo, immeuble résidentiel aux tours jumelles conçu par Emery Roth

Les tours jumelles de Central Park West ❶

Plan 12 D1, 12 D2, 16 D3, 16 D5.
Ⓜ *59th St-Columbus Circle, 72nd St.*
⬤ *au public*

Parmi les silhouettes les plus familières du paysage new-yorkais, on trouve souvent les cinq immeubles résidentiels à tours jumelles, bâtis sur Central Park Ouest, peu avant la dépression de 1931, et qui comptent aujourd'hui parmi les plus recherchés de la ville. Admirés pour leur élégance et le détail de leur architecture, ils doivent leur forme à un arrêté municipal autorisant, dans certaines tours, des plafonds plus hauts que la norme. Dustin Hoffman, Paul Simon et Diane Keaton ont habité au San Remo (n° 145), mais les copropriétaires ont refusé d'accueillir Madonna qui s'est installée juste à côté au n° 1 de la 64ᵉ Rue Ouest. Groucho Marx, Marilyn Monroe et Richard Dreyfuss ont vécu dans l'El Dorado (n° 300). Dessiné également par Emery Roth sur le modèle d'une fusée, cet immeuble futuriste possède une toiture unique. Le Majestic (n° 115) et le Century (n° 25) sont des œuvres classiques de l'architecte Art déco Irwin S. Chanin.

Lincoln Center for the Performing Arts ❷

Plan 11 C2. 📞 *546-2656.*
Ⓜ *65th St.* ♿ ✉ *875-5350.* 🎭
🍴 *Voir* **Loisirs** *p. 338-339.*
🌐 *www.lincolncenter.org*

En mai 1959, le président Dwight D. Eisenhower et le compositeur Leonard Bernstein participèrent au baptême du principal centre culturel new-yorkais, sur fond d'*Hallelujah Chorus* joué par le New York Philharmonic. Il couvre désormais les six hectares ayant servi de décor au film *West Side Story*. Flânez du côté de la fontaine de la place – créée par Philip Johnson – afin d'admirer la statue du bassin, *Reclining Figure* sculptée par Henry Moore. Les visites guidées sont le meilleur moyen de découvrir l'endroit.

New York State Theater ❸

Lincoln Center. **Plan** 11 D2. 📞 *870-5570.* Ⓜ *66th St.* ♿ ✉ 🎭 🍴 *Voir* **Se distraire** *p. 334-335.* 🌐 *www. nycballet.com ; www.nyco.com*

Depuis son inauguration en 1964, ce théâtre de 2 800 places – conçu par Philip Johnson – présente les productions du New York City Ballet et du New York City Opera. Il propose des spectacles d'opéra à des tarifs accessibles. De gigantesques statues d'Elie Nadelman dominent les quatre étages du foyer. Les décorations intérieure et extérieure de cet édifice lui ont valu le nom de « petit coffret à bijoux ».

Metropolitan Opera House ❹

Lincoln Center. **Plan** 11 D2. 📞 *362-6000.* Ⓜ *66th St.* ♿ ✉ 🎭 🍴 *Voir* **Se distraire** *p. 338-339.* 🌐 *www.metopera.org ; www.abt.org*

Siège de la Metropolitan Opera Company et de l'American Ballet Theater, le « Met » est certainement, le monument le plus spectaculaire de Lincoln Center. Cinq grandes arches vitrées laissent entrevoir le foyer et les deux magnifiques peintures murales de Marc Chagall (elles sont protégées du soleil le

Le parvis devant Lincoln Center

matin). Avant chaque spectacle, les éclatants lustres de cristal de la salle sont remontés jusqu'au plafond.

Concert gratuit et en plein air, Guggenheim Bandshell

Des escaliers en marbre blanc et des kilomètres de tapis rouges forment un décor somptueux où semble encore résonner l'écho des plus grandes voix : celles de Maria Callas, de Jessye Norman ou de Luciano Pavarotti. Près du « Met », Guggenheim Bandshell de Damrosch Park est une salle très populaire qui propose des concerts variés et gratuits, allant de l'opéra au jazz. En août, ne manquez pas le festival en plein air de Lincoln Center.

Lincoln Center Theater **⑤**

Lincoln Center 150 W 65th St. **Plan** 11 C2 📞 362-7600 (Beaumont et Newhouse), 870-1630 (biblio.). 800-432-7250 (tickets). Ⓜ 66th St. ♿ ✔
🍽 🚻 Voir **Se distraire** p. 338-339. Ⓦ www.lct.org

Deux compagnies présentent ici des pièces d'avant-garde très éclectiques : Vivian Beaumont Theater et sa salle de 1 000 places, et, plus intime, Mitzi E. Newhouse (petit théâtre de 280 places). Les pièces des meilleurs auteurs contemporains ont été montées au Beaumont, dont *After the Fall,* d'Arthur Miller, lors de l'inauguration de 1962. Newhouse présente des pièces de style expérimental et d'avant-garde, mais a également accueilli des succès comme la célèbre pièce de Samuel Beckett,

En attendant Godot, avec Robin Williams. New York Public Library for the Performing Arts abrite des expositions de partitions originales, de programmes et d'affiches de théâtre.

Avery Fisher Hall **⑥**

Lincoln Center. **Plan** 11 C2. 📞 875-5030. Ⓜ 66th St. ♿ ✔ 🍽 🚻 Voir **Se distraire** p. 338-339. Ⓦ www.newyorkphilharmonic.org

C'est le siège du plus ancien orchestre des États-Unis, le New York Philharmonic, mais aussi des Grands Acteurs du Lincoln Center, du festival Mozart et du Jazz au Lincoln Center (jusqu'à la réouverture du Frédérick P. Rose Hall en 2004). Grâce aux nombreux travaux de rénovation, particulièrement ceux de 1992, l'Avery Fisher Hall est devenue l'une des meilleures salles de concert du monde à l'acoustique exceptionnelle. Pour une somme modique, les répétitions du mardi matin sont ouvertes au public.

American Folk Art Museum (Eva and Morris Feld Gallery) **⑦**

Lincoln Sq. **Plan** 12 D2. 📞 977-7170. Ⓜ 66th St. ◐ 11h30-19h30 t.l.j. 🚫 ♿ ✔ 🚻 Ⓦ www.folkartmuseum.org

Le musée, ouvert en 1989, montre l'artisanat populaire américain : sculptures sur bois, étoffes et peintures forment l'exposition permanente. Celle-ci est complétée par des expositions temporaires et des démonstrations

d'artisanat traditionnel destinées aux enfants. Le nouveau American Folk Art Museum, situé 53rd Street Ouest, expose l'artisanat des XVIIIᵉ et XIXᵉ siècles mais aussi les travaux d'artistes contemporains. Vous y verrez la populaire girouette représentant le célèbre chef indien Tammany.

Girouette de cuivre, Museum of American Folk Art

Hotel des Artistes **⑧**

1 W 67th St. **Plan** 12 D2. 📞 362- 6700. Ⓜ 72nd St. Voir **Restaurants** p. 296.

Cet immeuble de deux étages fut construit en 1918 par George Mort Pollard pour abriter des ateliers d'artistes. Il fut fréquenté par des locataires célèbres comme Isadora Duncan, Rudolph Valentino ou Noel Coward par exemple. À l'intérieur, Le Café des Artistes est réputé pour ses peintures murales romantiques de Howard Chandler Christy et sa bonne cuisine.

Sculpture décorative, Hotel des Artistes

American Museum of Natural History ⓫

C'est l'un des plus grands musées d'histoire naturelle du monde. Ouvert au public en 1877, et occupant aujourd'hui 3 pâtés de maison, il conserve plus de 32 millions de pièces. Parmi les expositions qui décrivent les étapes de l'apparition de la vie sur terre, les salles les plus visitées sont celles des dinosaures, des météorites ainsi que celles des minéraux et des pierres précieuses. Le nouveau Rose Center for Earth and Space *(p. 216)* abrite le Hayden Planetarium.

L'entrée sur la
77e Rue Ouest

À NE PAS MANQUER

★ **Les barosaures**

★ **La baleine bleue**

★ **Le canoë haida**

★ **L'Étoile des Indes**

★ **L'Étoile des Indes**
Cette pierre de 563 carats est le plus gros saphir « blue star » du monde. Découverte au Sri Lanka, elle a été donnée au musée en 1900 par le millionnaire J. P. Morgan.

SUIVEZ LE GUIDE !
Entrez dans le musée par Central Park Ouest au 1er étage admirez les barosaures et les salles consacrées aux peuples et animaux d'Afrique, d'Asie et des Amériques. Minéraux, pierres précieuses, météorites et vie sous-marine occupent le rez-de-chaussée ainsi que la salle de la biodiversité. Au 2e étage, les Indiens d'Amérique, les oiseaux et les reptiles. Les dinosaures, les poissons fossiles et les premiers mammifères sont au 3e étage.

★ **La baleine bleue**
C'est le plus grand des animaux vivants. Son poids peut dépasser 100 tonnes. Cette copie représente une femelle capturée en Amérique du Sud en 1925.

★ **Canoë haida**
Ce canoë de guerre de 19,2 m a été taillé par les Indiens haidas dans le tronc d'un seul cèdre. Il est exposé dans le vestibule de l'entrée de la 77e Rue.

Entrée sur
la 77e Rue
Ouest

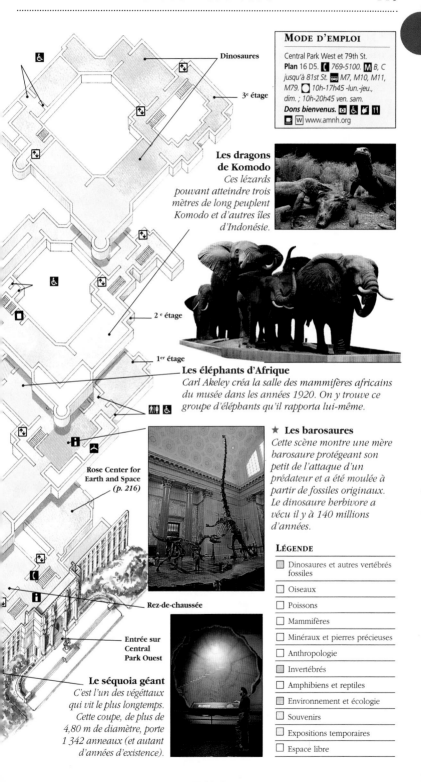

Dinosaures

3e étage

MODE D'EMPLOI

Central Park West et 79th St.
Plan 16 D5. 769-5100. B, C
jusqu'à 81st St. M7, M10, M11,
M79. 10h-17h45 -lun.-jeu.,
dim. ; 10h-20h45 ven. sam.
Dons bienvenus.
W www.amnh.org

Les dragons de Komodo
Ces lézards pouvant atteindre trois mètres de long peuplent Komodo et d'autres îles d'Indonésie.

2 e étage

1er étage

Les éléphants d'Afrique
Carl Akeley créa la salle des mammifères africains du musée dans les années 1920. On y trouve ce groupe d'éléphants qu'il rapporta lui-même.

★ **Les barosaures**
Cette scène montre une mère barosaure protégeant son petit de l'attaque d'un prédateur et a été moulée à partir de fossiles originaux. Le dinosaure herbivore a vécu il y à 140 millions d'années.

Rose Center for Earth and Space
(p. 216)

Rez-de-chaussée

Entrée sur Central Park Ouest

Le séquoia géant
C'est l'un des végétaux qui vit le plus longtemps. Cette coupe, de plus de 4,80 m de diamètre, porte 1 342 anneaux (et autant d'années d'existence).

LÉGENDE

☐	Dinosaures et autres vertébrés fossiles
☐	Oiseaux
☐	Poissons
☐	Mammifères
☐	Minéraux et pierres précieuses
☐	Anthropologie
☐	Invertébrés
☐	Amphibiens et reptiles
☐	Environnement et écologie
☐	Souvenirs
☐	Expositions temporaires
☐	Espace libre

Dakota Building ❾

1 W 72nd St. **Plan** 12 D1. **M** *72nd St.* ● *au public.*

Construit en 1880-1884 par l'architecte du Plaza Hotel, Henry J. Hardenberg, le Dakota Building est le premier immeuble résidentiel de luxe de la ville. Financée par Edward S. Clark, héritier de la dynastie des machine à coudre Singer, cette construction autrefois entourée de terrains vagues et de bétail est aujourd'hui l'une des plus belles adresses de New York. Ses 65 luxueux appartements ont connu des propriétaires célèbres : Judy Garland, Lauren Bacall, Leonard Bernstein et Boris Karloff (dont on dit que le fantôme hante l'endroit). C'est là que fut tourné le film de Roman Polanski *Rosemary's Baby* et que John Lennon fut tragiquement assassiné. Sa veuve Yoko Ono y habite toujours.

Sculpture de tête d'Indien surmontant l'entrée de Dakota Building

New York Historical Society ❿

170 Central Park West/77th St. **Plan** 16 D5. **C** 873-3400. **M** *81st St.* **Galeries** ◯ 10h-17h mar.-dim **Biblio.** ◯ 10h-17h mar.-sam. (mar.-ven. en été). ● *j.f.* 🖼 ∅ ♿ 🅿 🖼 **W** www.nyhistory.org

Parmi les trésors du plus vieux musée de New York, ne manquez pas les gravures originales du livre *Birds of*

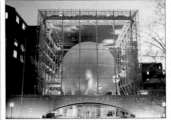

Le Rose Center for Earth and Space

America d'Audubon et plus de 150 lampes Tiffany. Créée en 1804, la société possède une importante collection de peintures et d'arts décoratifs remontant au XVIIe siècle, ainsi que de magnifiques meubles de l'époque fédérale. Les galeries ont réouvert après deux ans de fermeture, malgré un incendie de dernière minute et d'incessants problèmes financiers.

American Museum of Natural History ⓫

P. 214-215.

Hayden Planetarium ⓬

Central Park West à 81st St. **Plan** 16 D4. **C** 769-5900 ; pour le Space Show : 769-5200. **M** *81st St.* **W** www.amnh.org/rose

Voisin de l'American Museum of National History, le nouveau planétarium est le cœur du Rose Center for Earth and Space. Au cœur d'une sphère de 26 m, il abrite un Space Theater ainsi que le Cosmic Pathway (une rampe en spirale longue de 105 m environ, retraçant la chronologie de 13 milliards d'années d'évolution) et un Big Bang Theater. Le Hall of Planet Earth, construit autour d'échantillons imposants de roche, propose des animations sur ordinateur et des vidéos du dernier cri expliquant les mouvements de la terre et l'histoire géologique de notre planète. Des expositions dans le Hall of the Universe présentent

les étonnantes découvertes de l'astro-physique moderne. Quatre secteurs offrent des expositions interactives et de vastes programmes éducatifs. Le Rose Center fut conçu par Polsheck and Partners.

Pomander Walk ⓭

261-267 W 94th St. **Plan** 15 C2. **M** *72nd St.*

Jetez un coup d'œil à travers la grille pour apercevoir cette double rangée de petites maisons, construites en 1921 sur le modèle d'anciennes ruelles londoniennes. De nombreuses stars de l'époque, comme Rosalind Russell, Humphrey Bogart ou les sœurs Gish, y élurent domicile.

Façade d'une maison de Pomander Walk

Riverside Drive and Park ⓮

Plan 15 B4. **M** *103rd St.*

Riverside est l'une des plus agréables rues de la ville : large, ombragée, dotée d'un superbe panorama sur Hudson River. Ne manquez pas d'admirer les maisons construites à la fin du XIXe par l'architecte Clarence F. True aux nos 40-46, 74-77 ; 81-89 et 105-107, leurs formes galbées se marient à merveille aux courbes que dessinent le parc et le fleuve. Au n° 243, un étrange immeuble de 1914, est décoré d'une frise montrant des pionniers de l'Arizona. Tout y est, même les serpents à sonnette et les pumas !

Riverside Park fut, quant à lui, dessiné en 1880 par Frederick Law Olmsted, également architecte paysagiste de Central Park *(p. 202-205)*.

Le monument aux soldats et aux marins, dans Riverside Park

Children's Museum of Manhattan ⑮

212 W 83rd St. **Plan** 15 C4. 📞 721-1223. Ⓜ *86th St.* ⭘ *10h-17h mer.-dim.* ⭘ *25 déc., 1er janv., Thanksgiving.* 🅦 www.cmom.org

Créé pour les enfants en 1973 sur le thème « apprendre en jouant », ce musée comprend le show pour enfants, Body Odissey, un voyage scientifique mais plein d'humour à travers le corps humain. Le HP Inventor Center entraîne les enfants dans un monde numérique où ils peuvent à loisir inventer et tester leurs hypothèses. Le Time Warner Center for Media transforme les enfants en cameramen, animateurs, présentateurs et techniciens dans un studio

L'entrée de Children's Museum of Manhattan

télé reconstitué. Un théâtre de 150 places propose des spectacles pendant le week-end et les vacances : marionnettes, conteurs, etc. Le musée comprend également un espace réservé aux jeux gratuits et une section, World Play, dédiée à l'acquisition précoce du langage.

Ansonia Building ⑯

2109 Broadway. **Plan** 11 C1. Ⓜ *72nd St.* ◉ *au public.*

Ce palais de style Beaux-Arts fut construit en 1899 par William Earl Dodge Stokes, héritier de la fortune de la Phelps Dodge Company. L'architecte français Paul E. M. Duboy dessina un bâtiment capable de rivaliser avec le Dakota Building.

L'hôtel fut transformé en appartements en 1992. L'immeuble, dont la tour d'angle et les sculptures sont particulièrement renommées, était à l'origine doté de deux

piscines et d'un jardin sur le toit pour les canards, les poulets et l'ours apprivoisé du propriétaire.

Protégé du bruit par ses murs épais, l'Ansonia Building était devenu le séjour favori de stars de la musique : Arturo Toscanini, Enrico Caruso, Igor Stravinsky ou Lily Pons y séjournaient régulièrement.

Dorilton Building ⑰

171 W 71st St. **Plan** 15 C5. Ⓜ *72nd St.* ◉ *au public.*

Cet immeuble opulent de neuf étages impressionne par sa haute toiture et son entrée colossale sur la 71e Rue. Au moment de sa construction, en 1902, un critique résuma l'opinion générale en écrivant : « À voir le bâtiment, les hommes poussent des jurons et les

Un balcon de Dorilton Building, soutenu par des personnages grimaçants

femmes des cris d'effroi. » En effet, la richesse et les thèmes de sa décoration avaient de quoi scandaliser à l'époque. Mais qu'auraient dit ses détracteurs en contemplant l'Alexandria Condominium construit en 1927 tout près de là ? La plus grande partie des motifs égyptiens qui paraient cet ancien temple maçonnique fut supprimée lorsqu'il fut converti en immeuble d'appartements, mais on y aperçoit encore certains ornements polychromes : feuilles de lotus, hiéroglyphes, animaux mythiques et, trônant avec majesté sur le toit, deux pharaons !

La tourelle tarabiscotée d'Ansonia Hotel

MORNINGSIDE HEIGHTS ET HARLEM

L e long de Hudson River, Morningside Heights abrite, entre autres, Columbia University et deux magnifiques églises. Un peu plus loin à l'est, au-delà de Hamilton Heights, c'est Harlem, la plus célèbre communauté noire d'Amérique. Harlem n'étant pas la plus tranquille des banlieues

**Saint François d'Assise,
Museo del Barrio**

de New York, il vaut mieux visiter ce célèbre quartier le dimanche matin *(p. 351)*, passer par St Nicholas Historic District, en s'arrêtant à Abyssinian Baptist Church pour écouter ses sublimes negro spirituals, et terminer par un déjeuner sudiste chez Sylvia's, le restaurant le plus connu de Harlem.

Louis Armstrong sur un vitrail du célèbre Cotton Club

LE QUARTIER D'UN COUP D'ŒIL

Rues et bâtiments historiques
Colombia University ❶
St Paul's Chapel ❷
Low Library ❸
Le tombeau
du président Grant ❻
City College of the City
University of New York ❼
Hamilton Grange National
Memorial ❽
Hamilton Heights
Historic District ❾
St Nicholas
Historic District ❿
Mount Morris
Historical District ⓱

Musées et galeries
Schomburg Center for Research
into Black Culture ⓬
Studio Museum in Harlem ⓰
Museo del Barrio ⓳

Théâtres célèbres
Harlem YMCA ⓭
Apollo Theater ⓯

Églises
*Cathedral of St John
the Divine p. 224-225* ❹
Riverside Church ❺
Abyssinian Baptist Church ⓫

Parcs et jardins
Marcus Garvey Park ⓲

Restaurants renommés
Sylvia's ⓮

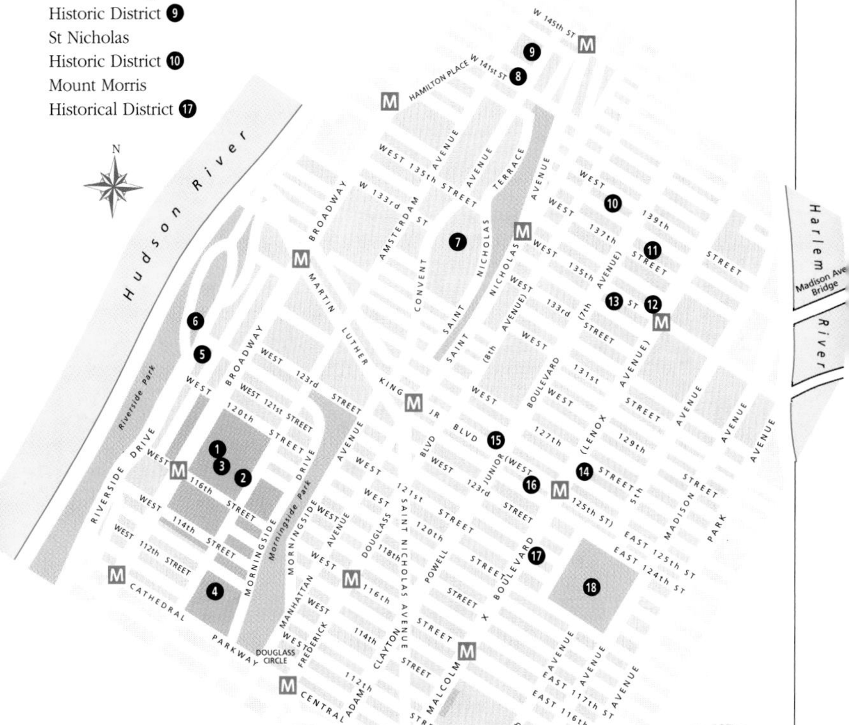

**Colonne de pierre
sculptée de
Cathedral of
Saint John the Divine**

COMMENT Y ALLER ?
Par le métro, prendre la ligne
1 ou 2 (7e Avenue/Broadway)
jusqu'à la 116e Rue/Columbia
University. Les bus M4, M5,
M11 et M104 desservent
Columbia. Pour aller à
Harlem, prendre la ligne A, B,
C ou D jusqu'à la 125e Rue,
ou le bus M1, M2, M7 ou
M101/102.

VOIR ÉGALEMENT :
- *Atlas des rues*, plans 19-20
- *Hébergement* p. 174-175
- *Restaurants* p. 290-292

| 0 | 500 mètres |
| 0 | 500 yards |

LÉGENDE

▨ Plan du quartier pas à pas

Ⓜ Station de métro

Columbia University pas à pas

Une grande université s'illustre par ses hommes, son esprit mais aussi par les bâtiments qui la composent, c'est le cas de Columbia. Après en avoir admiré l'architecture, une balade dans ce quartier, devant les nombreux cafés et bibliothèques (dont Low Library) où les étudiants philosophent et refont le monde, offre un charme tout à fait particulier.

La statue *Alma Mater* de Daniel Chester French a survécu à un attentat à la bombe au cours d'une manifestation en 1968.

Station de métro de la 116ᵉ Rue/Columbia University (lignes 1 et 2) Ⓜ

School of Journalism
Joseph Pulitzer ouvrit en 1912 cette école de journalisme, devenue l'une des meilleures au monde. C'est là qu'est décerné le prix Pulitzer pour les meilleures œuvres littéraires et journalistiques.

Butler Library est la plus grande bibliothèque de Columbia.

Low Library
L'imposante façade et le dôme surbaissé de cette bibliothèque qui dominent la place principale datent de 1895-1897 ❸

★ **Central Quadrangle**
Les premiers bâtiments, dessinés par McKim, Mead & White, furent édifiés autour d'une place rectangulaire. En face, Butler Library ❶

St Paul's Chapel
Dessinée par les architectes Howell & Stokes en 1907, l'église est réputée pour ses beaux panneaux de bois sculptés, la luminosité de sa nef et son excellente acoustique ❷

Sherman Fairchild Center a été construit en 1977 pour abriter le département des sciences de la vie de cette faculté.

CARTE DE SITUATION
Voir carte de Manhattan p. 12-13

LÉGENDE

— — —   Itinéraire conseillé

0   100 mètres

0   100 yards

W 116TH ST

Les manifestations étudiantes de l'université de Columbia firent la une des journaux en 1968. Elle avaient pour but, à l'origine, de s'opposer à la construction d'un gymnase dans Morningside Park.

L'église de Notre-Dame fut édifiée par la communauté francophone. Une réplique de la grotte de Lourdes se trouve derrière l'autel. Elle a été offerte par une femme dont le fils aurait miraculeusement guéri.

★ **Cathedral of St John the Divine**
Si cette cathédrale de style néo-gothique est enfin terminée, elle sera la plus grande du monde. Construite aux deux tiers, elle peut déjà contenir 10 000 fidèles ❹

Une sculpture en pierre sur la façade de la cathédrale.

À NE PAS MANQUER

★ **Central Quadrangle**

★ **Cathedral of St John the Divine**

MORNINGSIDE DRIVE

La statue d'*Alma Mater* devant
Low Library de Columbia
University

Columbia University ❶

Entrée principale W 116th St.
Plan 20 E3. 854-4900.
116th St Columbia Univ.
www.columbia.org

King's College, fondé en 1754, est devenu, après trois déménagements, la célèbre Columbia University qui compte parmi les plus anciennes et les meilleures du pays.
En 1814, le gouvernement fait don d'un terrain pour accueillir les nouveaux bâtiments de l'université. Celle-ci s'installe aux alentours dudit terrain et le loue de 1857 à 1897 avant de le céder en 1985 à son locataire, le Rockefeller Center, pour un montant de 400 millions de dollars. Le campus actuel, créé en 1897 par l'architecte McKim sur le site d'un ancien asile d'aliénés, contraste par sa tranquillité et sa verdure avec les trépidations de la ville qui l'entoure, ceci grâce à son emplacement au-dessus du niveau de la rue.
L'université est très renommée pour ses écoles de droit, de médecine et de journalisme, et les près de 20 000 étudiants (10 400 garçons et 8 900 filles) d'aujourd'hui peuvent rêver d'égaler leurs célèbres prédécesseurs tels qu'Isaac Asimov, J. D. Salinger, James Cagney et Joan Rivers, ainsi que 53 prix Nobel.

St Paul's Chapel ❷

Columbia University. **Plan** 20 E3.
854-1487, concerts.
116th St Columbia Univ.
10h-23h lun.- sam. (pendant l'année), 10h-16h (période de vac.).
dim.

Voûte en brique de
St Paul's Chapel

Construit en 1904, le plus beau bâtiment de Columbia mélange les styles de la Renaissance italienne, du byzantin et du gothique. La chapelle est baignée par le puits de lumière qui traverse sa voûte de brique rouge. Les concerts d'orgue gratuits sont très appréciés du public en raison de la pureté de l'acoustique de l'église et de ses orgues.

Façade de St Paul's Chapel

Low Library ❸

Columbia University. **Plan** 20 E3.
116th St Columbia Univ.

Il s'agit d'une construction néo-classique dominant un grand escalier de pierre. La bibliothèque est un don de Seth Low, ancien maire de la ville et président de l'université. *Alma Mater*, la statue de Chester French érigée sur les marches, a été le point de ralliement de nombreuses manifestations étudiantes contre la guerre du Vietnam en 1968. Les 6 millions de volumes ont été transférés en 1932 à la Butler Library, et le bâtiment sert désormais aux cérémonies officielles.

Cathedral of St John the Divine ❹

P. 224-225.

Riverside Church ❺

490 Riverside Dr 122nd St. **Plan** 20 D2. 870-6700. 116th St Columbia Univ. 9h-17h t.l.j. 10h45 dim. vis. sur dem. spéciale **Concerts de carillons.** 870-6784. 12h, 15h dim. **Théâtre.** 864-2929. www.theriverside churchny.org

Admirer le panorama de Upper Manhattan du haut des 21 étages de cette tour néo-gothique, inspirée de la cathédrale de Chartres, est plutôt déconseillé au moment où les cloches sonnent ! En effet, le carillon commandé par John D. Rockefeller en

La place principale de Columbia University et Low Library

l'honneur de sa mère possède 74 cloches, dont un bourdon de 20 tonnes ; c'est le plus grand du monde. Les orgues de 22 000 tuyaux comptent aussi parmi les plus grandioses du monde.

On peut y découvrir des sculptures de J. Epstein, dont un Christ en Majesté et une Vierge à l'Enfant, respectivement situées au fond de la seconde galerie et dans la cour près du cloître. Les panneaux du retable retracent l'existence de huit hommes et femmes dont les vies illustrèrent les préceptes du Christ : parmi eux, Socrate et Michel-Ange, mais aussi Florence Nightingale et Booker T. Washington.

Pour vous recueillir un instant, pénétrez dans la paisible Christ Chapel, une reconstitution d'église romane française du XIe siècle. Afin d'admirer le panorama, prenez l'ascenseur jusqu'au vingtième étage, puis grimpez les 140 marches qui mènent à l'observatoire au sommet de la tour, à 120 mètres du sol.

Mosaïque murale du tombeau de Ulysses Grant, montrant le président (à droite) et Robert Lee

Le tombeau du président Grant ❻

W 122nd St et Riverside Dr. **Plan** 20 D2. 🅲 666-1640. Ⓜ 116th St Columbia Univ. ◯ 9h- 17h t.l.j. ⬤ 25 déc., 1er janv., Thanksgiving. 📷 ♿ 🚻 Ⓦ www.nps.gov/gegr

Ce monument grandiose honore la mémoire d'Ulysses S. Grant, 18e président des États-Unis, général des forces de l'Union pendant la guerre civile, et de son épouse. Après sa mort, en 1885, plus de quatre-vingt-dix mille Américains ont contribué par leurs dons à l'édification de sa sépulture inspirée du mausolée d'Halicarnasse, considéré dans l'Antiquité comme une des sept merveilles du monde. Son inauguration, le jour de son

Le général Grant pendant la guerre civile

75e anniversaire, draina une foule considérable. Ce jour-là, un défilé magistral réunissant 50 000 personnes et 15 bâtiments de guerre – dont cinq venus d'Europe – dura près de sept heures. L'intérieur ressemble au tombeau de Napoléon aux Invalides. Chaque sarcophage pèse plus de 8 tonnes, et deux salles d'exposition sont consacrées à la vie et à la carrière de l'homme d'État.

Sur les flancs nord et est du bâtiment, on peut apercevoir 17 bancs courbes incrustés de mosaïques dessinées au début des années 1970 par l'artiste Pedro Silva, et réalisées par plus de mille volontaires. Elles représentent des sujets très variés, des Inuit aux taxis new-yorkais, sans oublier Donald Duck ; leur modernité contraste avec le classicisme de l'édifice. Ces bancs multicolores s'inspirent de l'architecture des œuvres d'Antonio Gaudí à Barcelone.

Tout près du tombeau de Grant et du fleuve, une discrète urne funéraire sur un piédestal, placée là par un père à la mémoire de son enfant mort noyé, porte une inscription simple et touchante : « À la mémoire d'un enfant gentil, St Clair Pollock, décédé le 15 juillet 1797 dans sa cinquième année. »

Les 21 étages de Riverside Church vue du nord

Cathedral of St John the Divine ❹

La façade ouest, style gothique

Ce sera la plus grande cathédrale du monde. Sa construction a commencé en 1892 et un tiers de l'édifice reste à construire. L'intérieur dépasse 180 mètres de long et 45 de large. Les architectes initiaux Heins et LaFarge se sont inspirés du style roman, puis Ralph Adams Cram a poursuivi le projet en 1911, créant une nef et une façade néo-gothiques. Des méthodes de construction médiévales sont toujours utilisées actuellement pour l'achèvement de l'ouvrage. La cathédrale accueille des spectacles de théâtre, de musique et d'art d'avant-garde.

Chœur
Les colonnes entourant le chœur, hautes de 17 mètres, sont en granit gris poli.

Nef
Les piliers de la nef, dépassant les 30 mètres, soutiennent d'élégants arcs de pierre.

Grande rose ★
Achevée en 1933. Son motif stylisé en forme de rosace symbolise les divers aspects de l'Église chrétienne.

★ **Portail occidental**
Les portails de la cathédrale sont ornés de nombreuses sculptures représentant des personnages et des scènes religieuses tirés de l'iconographie médiévale. D'autres bas-reliefs, comme la vision apocalyptique des gratte-ciel de la cité par Joe Kinkannon, symbolisent l'implication de la cathédrale dans le monde politique et social contemporain.

À NE PAS MANQUER

★ **Grande rose**

★ **Portail occidental**

★ **Autels latéraux**

★ **Peace Fountain**

★ **Peace Fountain**
Cette sculpture est l'œuvre de Greg Wyatt et représente la nature sous toutes ses formes. Elle se dresse dans un bassin de granit sur le Grand Parterre, au sud de la cathédrale.

MODE D'EMPLOI

Amsterdam Ave et W 112th St.
Plan 20 E4. 316-7540. *Bureau* 662-2133. 1, 2 jusqu'à Cathedral Pkwy (110th St). M4, M5, M7, M11, M104. 9h -17h t.l.j. **Dons acceptés.** **Concerts, conférences, expo. théâtre, jardins.** *vêpres 19h dim.* www.stjohndivine.org

Baptistère
Œuvre néo-gothique aux influences italienne, française et espagnole.

LE PROJET DÉFINITIF

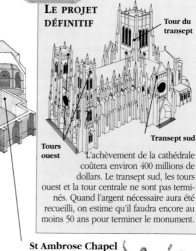

Tour du transept

Tours ouest

Transept sud

L'achèvement de la cathédrale coûtera environ 400 millions de dollars. Le transept sud, les tours ouest et la tour centrale ne sont pas terminés. Quand l'argent nécessaire aura été recueilli, on estime qu'il faudra encore au moins 50 ans pour terminer le monument.

Chaire

St Ambrose Chapel
Portant le nom d'un évêque italien du IVe siècle, la chapelle est décorée d'éléments de fer forgé de style Renaissance.

★ **Autels latéraux**
Les vitraux évoquent les efforts de l'humanité, dans tous les domaines ; ceux consacrés aux sports illustrent des performances.

Fauteuil de l'évêque
Une réplique de celui de la chapelle Henry VII, dans l'abbaye de Westminster.

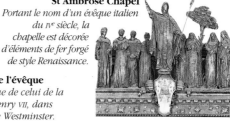

CHRONOLOGIE				
1823 Washington Square choisi comme lieu de construction.	**1891** Site définitif choisi : Cathedral Parkway.	**1909** Henry Vaughan dessine la chaire.	**1911** Cram remplace Heins et LaFarge.	**1967** Installation de lampes en bronze provenant de l'ancienne gare de Penn Station.
1800	**1850**	**1900**		**1950**
1873 Délivrance du permis de construire.	**1888** Heins & LaFarge choisis pour dessiner la cathédrale.	**1916** 1ers travaux de la nef.	**1978** Les tailleurs de pierre inaugurent la 3e phase de la construction.	
	1892 (27 décembre, jour de la Saint Jean) Pose de la 1re pierre.	**1941** Arrêt des travaux à cause de la guerre. Ils ne reprendront qu'en 1978.		

City College of the City University of New York ❼

Entrée principale à W 138th St et Convent Ave. **Plan** 19 A2. 650-7000. M 137th St-City College. W www.ccny.cuny.edu

Bâtie sur une colline à proximité d'Hamilton Heights, la cour carrée construite entre 1903 et 1907 est impressionnante par sa dimension. Les blocs de schiste qui composent les bâtiments d'origine proviennent de la construction du métro. Des immeubles ont été par la suite rajoutés à l'ensemble pour accueillir ses 15 000 étudiants, provenant pour les trois quarts de milieux pauvres et de minorités. En effet, autrefois gratuite pour tous les New-Yorkais, cette université propose aujourd'hui les droits d'inscriptions les plus bas de la ville.

Shepard Archway, City College of the City University of New York

Hamilton Grange National Memorial ❽

287 Convent Ave. **Plan** 19 A1. 283-5151. M 137th St-City College. 9h-17h ven.-dim. chaque heure. W www.nps.gov/hagr

Aujourd'hui coincée entre une église et des immeubles, la maison de campagne de George Hamilton, fondateur de la Banque Nationale et co-organisateur du système de gouvernement fédéral, fut construite en 1802. Son visage figure sur les billets de dix

La statue d'Alexandre Hamilton, Hamilton Grange National Memorial

dollars. Il vécut deux ans à cet endroit avant d'être tué en duel par son rival politique Aaron Burr. Plus tard, en 1889, la maison fut achetée par St Luke's Episcopal Church et déplacée à deux blocs de son emplacement primitif. Elle est aujourd'hui ouverte et attend toujours d'être déplacée et rénovée.

Hamilton Heights Historic District ❾

W 141st–W 145th St. **Plan** 19 A1. M 137th St-City College.

Avant l'extension du métro aérien (p. 24), ces hauteurs – que l'on appelle également Harlem Heights – formaient un quartier de luxueuses propriétés. Leur situation, sur une colline dominant Harlem, en faisait une adresse très convoitée. L'enclave surnommée Sugar Hill était particulièrement recherchée par l'élite de Harlem – le juge suprême Thurgood Marshall, Count Basie, Duke Ellington, Cab Calloway et le champion mondial de boxe Sugar Ray Robinson y habitèrent.
Les charmants petits

immeubles de trois ou quatre étages en pierre ont été bâtis au début du siècle dans un style où se mêlent des influences flamandes, romanes et Tudor. Ils sont aujourd'hui le lieu de résidence de nombreux universitaires du City College voisin.

Maisons dans Hamilton Heights

St Nicholas Historic District ❿

202–250 W 138th & W 139th St. **Plan** 19 B2. M 135th St (B, C).

Formant un saisissant contraste avec les environs délabrés, ces deux blocs, connus sous le nom de King Model Houses, ont été construits en 1891 quand Harlem était considéré comme un quartier de la petite bourgeoisie new yorkaise. On peut encore y voir l'un des exemples les plus distinctifs d'alignement de maisons de ville.
Le promoteur David King choisit trois architectes majeurs qui parvinrent à unir leurs différents styles pour créer un

Maisons de St Nicholas Historic District

Adam Clayton Powell junior (costume sombre), campagne pour les droits civils

ensemble harmonieux. Le plus célèbre d'entre-eux était le cabinet Mc Kim, Mead &White, architectes de la bibliothèque Pierpont Morgan *(p. 162-163)* et des Villard Houses *(p. 174)*, qui conçurent l'alignement de bâtiments de style Renaissance en brique, situé le plus au nord. Leurs maisons se caractérisent autant par les entrées au rez-de-chaussée que par leurs porches de pierre brune typiquement new yorkais. De même, les étages recherchés possèdent des fenêtres ornées de balcons de fer forgé devant, et de médaillons décoratifs ciselés au-dessus.

Les bâtiments georgiens dessinés par Price & Luce sont faits de briques ocre et de coquettes pierres blanches. La section faite par James Brown Lord, elle aussi de style architectural georgien, a tendance à s'inspirer du victorien dans la décoration, avec des pierres rouges saillantes en façade et la base faite de pierre brune.

Cet endroit surnommé « le front des lutteurs », attira dans les années 1920 et 1930 des noirs célèbres dont les musiciens W. C. Handy et Eubie Blake.

Abyssinian Baptist Church ⓫

132 W 138th St. **Plan** 19 C2.
[862-7474. **Ⓜ** *135th St (B, C, 2, 3).* **✝** *11h le dim.*

C'est le pasteur Clayton Powell junior (1908-1972), compagnon de route de Martin Luther King junior au sein du mouvement des droits civils, qui fit la renommée de cette paroisse noire – la plus ancienne de New York (1808) mais aussi la plus riche et la plus puissante – en étant élu député. On peut visiter dans l'église une pièce entièrement consacrée à la vie mémorable de ce personnage. Logée dans un édifice néo-gothique de 1923, elle reçoit le dimanche matin de nombreux visiteurs désireux d'écouter sa superbe chorale.

Schomburg Center for Research into Black Culture ⓬

515 Malcom X Blvd. **Plan** 19 C2.
[491-2200. **Ⓜ** *135th St (2, 3).* **◯** *10h-18h lun-sam., 13h-17h dim. (horaires variables pour les expositions).* **◗** *j.f.* **♿ 📷 🎧**
W www.schomburgcenter.org

Ouvert en 1991, c'est le plus grand centre consacré à la connaissance de la culture afro-américaine. Sa vaste collection fut réunie par Arthur Schomburg, un Noir d'origine portoricaine à qui l'un de ses professeurs avait

Kurt Weill, Elmer Rice et Langston Hughes au Schomburg Center

affirmé qu'il n'existait pas « d'histoire noire ». Il passa sa vie à prouver le contraire en réunissant une quantité impressionnante de documents.

La Carnegie Corporation achète cette collection en 1926 avant d'en faire don à la bibliothèque municipale de New York – sous la responsabilité de Schomburg lui-même. La bibliothèque du centre devint alors le lieu de rencontre des écrivains de la renaissance littéraire noire, tels Du Bois et Zora Neale Hurston. On peut y consulter des archives passionnantes : ouvrages rares, œuvres d'art, photographies, films et enregistrements. De nos jours, l'endroit sert de centre culturel, avec un théâtre et deux galeries d'exposition.

Harlem YMCA ⓭

180 W 135th St. **Plan** 19 C3.
[281-4100. **Ⓜ** *135th St (2, 3).*

Le sociologue W. E. B. Du Bois

À la fois lieu de rencontre et d'hébergement temporaire, c'est ici que Paul Robeson fit ses premiers pas sur les planches au début des années 1920, et que fut lancée par Du Bois et ses Krigqa Players la première campagne de lutte contre l'image des Noirs dans les revues de Broadway. L'écrivain Ralph Ellison y logea également lors de son arrivée aux États-Unis.

Chanteurs de gospel dans le restaurant Sylvia's pendant le brunch du dimanche

Sylvia's ⓯

328 Lenox Ave. **Plan** 21 B1.
📞 996-0660. Ⓜ *125th St (2,3).*
*Voir **Restaurants et bars** p. 294.*
🆆 www.sylviassoulfood.com

L e plus célèbre restaurant de Harlem sert des spécialités du Sud des États-Unis, comme le poulet frit, les travers de porc épicés ou la tarte aux patates douces

Sylvia's

(p. 287). Tous les dimanches, des chanteurs de gospel accompagnent le déjeuner. Prenez aussi le temps d'explorer le marché au coin de la 125e Rue et de Lenox Avenue (en face de chez Sylvia's), qui s'étend sur deux pâtés de maisons, et vend un assortiment de vêtements africains, bijouterie et art.

Apollo Theater ⓰

253 W 125th St. **Plan** 21 A1.
📞 531-5305. Ⓜ *125th St (A, B, C, D).* ◯ *aux heures des spectacles.*
*Voir **Se distraire** p. 341.*
🆆 www.showtimeapollo.com

C ette salle de concert ouvre ses portes en 1913, pour les Blancs uniquement. Quand Frank Schiffman en devient le propriétaire en 1934, il décide d'accueillir un public

multiracial, et le lieu trouve sa dimension légendaire : Bessie Smith, Billie Holiday, Duke Ellington et Dinah Washington s'y produisent, pour ne citer qu'eux. Le mercredi soir, les « nuits des amateurs »

Apollo Theater

qui commencèrent en 1925 étaient consacrées à des concours dont les vainqueurs étaient élus à

l'applaudimètre. C'est ici que débutèrent, entre autres, Sarah Vaughan, Pearl Bailey, James Brown et Gladys Knight. L'Apollo devient l'endroit à la mode aux temps du swing. Après la seconde guerre mondiale, une nouvelle génération d'artiste prend la relève avec Charlie « Bird » Parker, Dizzy Gillespie, Thelonius Monk et Aretha Franklin. Rénové dans les années 1980, l'Apollo continue à présenter les stars noires du blues, du jazz, du gospel et de la danse et à organiser des « nuits des amateurs ».

Studio Museum in Harlem ⓱

144 W 125th St. **Plan** 21 B2.
📞 864-4500. Ⓜ *125th St (2, 3).*
◯ *12h-18h mer.-jeu., 12h-20h ven., 10h-18h sam.,dim.* ● *25 déc., 1er janv., Thanksgiving.* 🎫 *sauf sam.*
🚫 ♿ 📷 **Conférences, programmes pour enfants, films.**
🆆 www.StudioMuseuminHarlem.org

C e musée, ouvert en 1967 dans un loft du haut de la Cinquième Avenue, a pour objet de préserver et promouvoir les connaissances sur l'art et l'artisanat afro-américains. Les locaux actuels, situés dans un building de cinq étages donnant sur une rue commerçante de Harlem, ont été offerts au musée par la New York Bank for Savings en 1979. Le nouveau musée date de 1982. Dans ses galeries, on trouve les plus intéressantes archives photographiques de Harlem. On peut aussi admirer dans un petit jardin des sculptures

Les salles d'exposition du Studio Museum in Harlem

particulièrement originales. Deux étages sont consacrés aux expositions temporaires et trois galeries contiennent la collection permanente composée d'œuvres des plus grands artistes noirs.

Le musée propose également un excellent programme de conférences, de séminaires et de films, ainsi qu'une petite boutique très bien approvisionnée vendant des ouvrages spécialisés et des objets d'artisanat africain.

Mount Morris Historical District ⓲

W 119th–W 124th St **Plan** 21 B2. Ⓜ *125th St (2, 3).*

Cet ancien quartier riche près de Marcus Garvey Park, avec ses maisons cossues de style victorien, est maintenant beaucoup moins prospère. On peut y observer une étonnante juxtaposition de lieux de culte différents – la présence dans un périmètre restreint de plusieurs synagogues et d'églises de différentes obédiences chrétiennes en témoignent : l'impressionnante St Martin's Episcopal Church ou Mount Olivet Baptist Church – autrefois une des plus importantes synagogues de la ville – au n° 201 de Lenox

St Martin's Episcopal Church sur Lenox Avenue

Avenue. La congrégation juive éthiopienne, au n° 1 de la 123e Rue Ouest, accueille une chorale qui chante du gospel en hébreu !

Marcus Garvey Park ⓲

120th–124th St. **Plan** 21 B2. Ⓜ *125th St (2,3).*

Le flamboyant nationaliste noir Marcus Garvey

Ce parc vallonné et rocheux n'est pas un endroit recommandé pour les promenades tranquilles… les mauvaises rencontres y sont fréquentes. On y trouve la dernière tour de surveillance de New York, construite en 1856, encore munie de sa cloche d'alarme. Autrefois appelé Mount Morris Park, cet espace vert porte depuis 1973 le nom de Marcus Garvey Park, un Américain originaire de Jamaïque et fondateur de l'Universal Negro Improvement Association – un organisme réputé pour sa lutte en faveur du retour aux racines africaines, de la fierté raciale et du développement indépendant des Noirs.

Museo del Barrio ⓴

1230 5th Ave. **Plan** 21 C5. Ⓒ *831-7272* Ⓜ *103rd St (6).* Ⓞ 11h-7h mer.-dim. **Dons bienvenus.** ⊘ ♿ Ⓦ www.elmuseo.org

Fondé en 1969, c'est le seul musée des États-Unis consacré à l'art latino-américain, tout particulièrement à la culture portoricaine. Des peintures et sculptures contemporaines, des objets artisanaux et historiques y sont rassemblés, ainsi que 240 magnifiques santons de bois sculptés par des artisans et une *bodega* reconstituée. Ils sont exposés de manière temporaire, mais on peut toujours en admirer certains. Grâce à sa situation privilégiée, à l'extrémité de l'avenue des musées, le Museo del Barrio établit une passerelle entre la culture chic de Upper East Side et le riche héritage de la partie espagnole de Harlem.

Art populaire du Museo del Barrio : un des *Trois rois mages* et la *Main de la sagesse*

EN DEHORS DU CENTRE

Bien qu'ils fassent administrativement partie de New York, les quatre quartiers extérieurs à Manhattan sont fort différents, ne serait-ce que parce que l'on n'y trouve aucun gratte-ciel. Les habitants du Bronx et de Brooklyn eux-mêmes, lorsqu'ils se rendent à Manhattan, disent qu'ils vont « en ville ». Ces quartiers n'en sont pas pour autant dénués d'intérêt avec leurs musées, zoos, jardins botaniques et plages. Consultez la balade dans Brooklyn, proposée pages 264-265.

LES ENVIRONS D'UN COUP D'ŒIL

Rues et bâtiments historiques
Morris-Jumel Mansion **2**
George Washington Bridge **3**
Wave Hill **5**
Yankee Stadium **10**
Grand Army Plaza **18**
Park Slope Historic District **19**
Historic Richmond Town **24**
Alice Austen House **27**

Musées et galeries
Audubon Terrace **1**
The Cloisters p. 234-237 **4**
Van Cortlandt House Museum **6**
New York Hall of Science **13**
American Museum of the

Moving Image and Kaufman Astoria Studio **14**
Brooklyn Children's Museum **16**
Museum of Modern Art (Queens) **15**
The Brooklyn Museum p. 248-251 **21**
Jacques Marchais Center of Tibetan Art **25**
Snug Harbor Cultural Center **26**

Parcs et jardins
New York Botanical Garden p. 240-241 **8**
Bronx Zoo / Wildlife Conservation Park p. 242-243 **9**

Flushing Meadow-Corona Park **12**
Prospect Park **20**
Brooklyn Botanic Garden **22**

Théâtres célèbres
Brooklyn Academy of Music **17**

Cimetières
Woodlawn Cemetery **7**

Plages
City Island **11**
Coney Island **23**
Jamaica Bay Wildlife Refuge Center **28**
Jones Beach State Park **29**

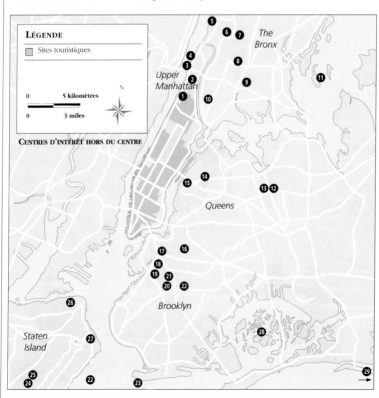

LÉGENDE

☐ Sites touristiques

0 ___ 5 kilomètres
0 ___ 3 miles
N

CENTRES D'INTÉRÊT HORS DU CENTRE

The Bronx

Upper Manhattan

Queens

Brooklyn

Staten Island

Jamaica Bay

Upper Manhattan

Dans ce quartier du nord de Manhattan s'installèrent au XVIIIe siècle les premiers colons hollandais. Aujourd'hui, il fait bon se détendre dans cette zone résidentielle tranquille. Ainsi, les musées sont moins fréquentés que ceux du centre. Dans des bâtiments européens d'époque, The Cloisters *(p. 234-237)* exposent des objets médiévaux. Au nord de Harlem, la Morris-Jumel Mansion, qui servit de quartier général à Washington lors de la défense de Manhattan en 1776, témoigne de l'histoire de la ville.

Audubon Terrace ❶

Broadway et 155th St. **M** *157th St.*
American Numismatic Society
C *234-3130.* ○ *9h-16h30 mar.-sam.* ⬚ ⬚ **American Academy of Arts and Letters** **C** *368-5900.*
○ *13h-16 mar., jeu., dim.* ⬚
Hispanic Society of America
C *926-2234.* ○ *10h-16h30 mar.-sam., 13h-16h dim.* ● *j.f.*
Les dons sont bienvenus. ⬚ ⬚
W *www.hispanicsociety.org*

Ce groupe de bâtiments de style Renaissance italienne doit son nom au naturaliste Audubon, dont la propriété se trouvait ici et qui est enterré non loin. Sur sa pierre

La façade de l'American Academy of Arts and Letters

tombale sont représentés les objets qui l'ont rendu célèbre : les oiseaux qu'il a peints, sa palette, ses pinceaux et ses fusils. C'est au philanthrope Archer Milton Huntington que l'on doit la création de cet ensemble, dessiné par son cousin, Charles Pratt Huntington. Il rêvait d'en faire un lieu d'études et de culture. Sa femme, Anna Hyatt Huntington, sculpta les statues qui ornent la petite place centrale. Audubon Terrace regroupe plusieurs musées. L'American Numismatic Society est consacrée aux pièces de monnaie et médailles. Une exposition permanente, *le Monde des pièces*, retrace le rôle historique et politique de la monnaie.

L'American Academy of Arts and Letters fut fondée en hommage aux artistes américains. Parmi ses membres illustres, on compte les romanciers John Steinbeck et Mark Twain, les peintres Andrew Wyeth et Edward Hopper et le compositeur Aaron Copland. La bibliothèque, ouverte aux chercheurs qui en font la demande, contient manuscrits et éditions originales.

L'Hispanic Society of America qui comprend un musée et une bibliothèque centrés autour de la collection d'Archer M. Huntington, présente des œuvres de Velázquez, de Goya et du Greco. Des expositions d'une durée d'un mois sont ouvertes au public de mars à mai et un dimanche fin octobre.

Portail de bronze de l'Academy

Statue du Cid par Anna Hyatt Huntington à Audubon Terrace

Morris-Jumel Mansion ❷

Corner W 160th St et Edgecombe
Ave. 📞 923-8008. Ⓜ 163rd St. ⬜
10h-16h mer.- dim. ⬤ j.f. 🚫 📷 🚻
Sur rdv. 🌐 www.morrisjumel.org

Ce bâtiment, construit
en 1765 pour le
lieutenant-colonel Roger
Morris et converti depuis en
musée, est l'un des rares
édifices new-yorkais
antérieurs à la révolution.
Washington en fit son
quartier général pour la
défense de Manhattan
en 1776.
En 1810, Stephen Jumel,
commerçant originaire des
Antilles françaises, acheta le
bâtiment. Avec sa femme,
Elisa, ils meublèrent la
maison des souvenirs
rapportés de leurs nombreux
voyages en France, parmi
lesquels un fauteuil qui avait
appartenu à Napoléon. Les
frasques amoureuses d'Élise
faisaient jaser toute la ville et
la rumeur veut qu'elle ait
laissé mourir son mari afin
d'hériter de sa fortune. Elle
épousa par la suite Aaron
Burr, troisième vice-président
américain, dont elle se
sépara trois ans plus tard.
On a restauré l'extérieur de
cet édifice de style géorgien
colonial qui abrite
maintenant de nombreux
objets ayant appartenu aux
Jumel.

Les 1 065 mètres de George Washington Bridge

George Washington Bridge ❸

Ⓜ 175th St. 🌐 www.panynj.gov

Bien qu'il ne soit
pas aussi
célèbre que celui
de Brooklyn, ce
pont conçu par
l'ingénieur Othmar
Ammann et son
architecte, Cass
Gilbert, ne manque
pourtant ni de
caractère ni
d'histoire. La
construction d'un
ouvrage reliant
Manhattan au New
Jersey était en
projet depuis
plus de 60 ans
lorsque les
autorités portuaires
rassemblèrent les 59 millions
de dollars nécessaires à sa
réalisation. Les travaux

Le phare sous George Washington Bridge

commencèrent en 1927, pour
s'achever quatre ans plus tard.
Les premiers à le franchir
furent deux jeunes du Bronx
montés sur patins à roulettes.
Il joue aujourd'hui un rôle
essentiel dans les trajets
quotidiens de
nombreux
banlieusards.
Cass Gilbert avait
l'intention d'en
décorer les deux
tours de
sculptures, mais
le coût des
travaux s'avéra
trop important et
l'on s'en tint à
cette élégante
silhouette de plus
de mille mètres
de long et cent
quatre-vingts de
haut. Les projets
d'Ammann
comprenaient aussi un second
tablier qui ne fut construit
qu'en 1962, autorisant une
circulation qui atteint
aujourd'hui plus de 53 millions
de véhicules par an.
Au-dessous de la tour est se
dresse un phare qui échappa
à la démolition en 1951 grâce
à la pression populaire. Des
milliers de lettres furent ainsi
adressées au maire de New
York pour demander la
sauvegarde de cet édifice qui
jouait un rôle important dans
un conte cher à leurs cœurs,
*The Little Red Lighthouse and
the Great Gray Bridge*, de
Hildegarde Hoyt Swift. C'est
sur le pont que flotte le plus
grand drapeau américain lors
des grandes fêtes nationales.

The Cloisters ❹

P. 234 -237.

Morris-Jumel Mansion, construite en 1765, et son portique d'origine

The Cloisters ❹

The Cloisters, vus de Fort Tryon Park

Les cloîtres qui ont donné leur nom à ce musée mondialement connu proviennent d'Europe. Ils ont été démontés puis reconstruits pierre par pierre entre 1934 et 1938. Le musée lui-même fut fondé en 1914 par le sculpteur John Barnard. John D. Rockefeller junior finança l'acquisition de la collection par le Metropolitan Museum en 1925 et fit don du terrain et de terres bordant l'Hudson en face des Cloîtres à la ville.

Effigie de Jean d'Alluye *(XIIIᵉ s.)*
Jean d'Alluye participa aux croisades.

Salle capitulaire de Pontaut

★ **Tapisseries de la Licorne**
Remarquablement préservées, tissées à Bruxelles vers 1500, elles dépeignent la quête et la capture de la Licorne mythique.

Vitraux de Boppard
Ces anges arborent les armes de la guilde des Tonneliers, dont sainte Catherine était la patronne.

À NE PAS MANQUER

★ Tapisseries de la Licorne

★ *Belles Heures de Jean, duc de Berry*

★ Tryptique d'autel, de Robert Campin

Cloître de Bonnefont

Cloître de Trie

★ **Triptyque d'autel** *(vers 1425)*
La Campin Room abrite cette œuvre de Robert Campin de Tournai représentant l'Annonciation, bel exemple de peinture flamande primitive.

Cloître de St-Guilhem
Le décor végétal très élaboré des chapiteaux est remarquable.

MODE D'EMPLOI

Fort Tryon Park. 923-3700.
A jusqu'à 190th St (accès ascenseur). M4. mars-oct. : 9h30 - crépuscule mar.-dim.
25 déc., 1er janv., Thanksgiving.
Dons bienvenus. Films interdits. réserver à l'avance.
Concerts.
www.metmuseum.org

Fresque de la Vierge à l'Enfant
Cette fresque du XIIe siècle provient de l'église catalane de San Juan de Tredós.

LÉGENDE

☐ Espace d'expositions

☐ Circulations et services

Galerie romane

Niveau supérieur

Niveau inférieur

Cloître de Cuxa
Ce cloître du XIIe siècle est le plus grand du musée.

Vierge à l'Enfant
Cette délicate sculpture anglaise du XIIIe siècle est en ivoire.

Entrée principale

SUIVEZ LE GUIDE !
L'organisation du musée suit un ordre chronologique allant de l'art roman du XIe siècle au gothique. Les sculptures, vitraux, peintures et jardins sont exposés au niveau inférieur. Les tapisseries de la Licorne se trouvent à l'étage supérieur.

★ **Les Belles Heures**
Ce livre de prières, exécuté pour le duc de Berry, fait partie d'une superbe collection de livres enluminés.

À la découverte des cloîtres

Réputés pour leur architecture romane et gothique, les cloîtres abritent également des manuscrits enluminés, vitraux, émaux, ivoires et peintures. Parmi ces trésors, les tapisseries de la Licorne. Cette collection médiévale est unique en Amérique.

Grain de rosaire en buis d'origine flamande (xvie siècle)

L'ART ROMAN

Crucifix espagnol du xiie siècle

Feuilles d'acanthe, bêtes et personnages mythiques ornent les chapiteaux des colonnes des cloîtres, souvent de style roman (xie et xiie siècles).

Chapiteaux très ouvragés et marbre rose sont les signes distinctifs du cloître de Cuxa, originaire des Pyrénées françaises (xiie siècle).

Un dragon, un griffon, un centaure et un basilic figurent parmi les animaux mythiques de l'arche de Narbonne.

Plus solennelle, l'abside de l'église Saint Martin de Fuentiduena, une impressionnante voûte arrondie composée de plus de 3 000 blocs, s'orne d'une Vierge à l'Enfant du xiie siècle et d'un Christ couronné d'or triomphant de la Mort.

Après avoir accueilli au xiie siècle les moines bénédictins et cisterciens qui s'y rassemblaient assis sur de froids bancs de pierre, la salle capitulaire de Pontaut fut laissée à l'abandon.

Au xixe siècle, elle servait d'étable. Ses voûtes constituent aujourd'hui un bel exemple de transition entre roman et gothique.

L'ART GOTHIQUE

À l'art roman, massif, allait succéder le gothique (de 1150 à 1520), plus élancé, triomphe des vitraux et de la sculpture. Les représentations de Vierges à l'Enfant illustrent à merveille le talent de l'époque.

Les vitraux très colorés de la chapelle gothique dépeignent des scènes et des personnages tirés de la Bible. Vous y admirerez aussi l'effigie tombale du croisé Jean d'Alluye, enterré à la Clarté-Dieu.

Voûte de la salle capitulaire de Pontaut

Pendant la Révolution française, cette abbaye fut saccagée et la statue jetée sur un petit ruisseau pour servir de pont.
Les merveilleux vitraux allemands de la salle Boppard retracent la vie des saints.
Le chef-d'œuvre de Robert Campin, représentant l'Annonciation, est le centre d'intérêt majeur de la salle Campin, dont le mobilier date du xvᵉ siècle.

LES TAPISSERIES

C'est par les somptueuses tapisseries exposées ici que l'on pénètre le mieux l'imaginaire médiéval. Les quatre tapisseries dites des *Neuf Preux* portent les armes de Jean, duc de Berry, frère de Charles V et grand mécène du Moyen Âge. Les autres tapisseries exposées appartenaient au frère de Jean, Louis, duc d'Anjou.
On y voit neuf preux (trois païens, trois hébreux et trois chrétiens) et des personnages de cour : cardinaux, chevaliers, dames et musiciens.
Une salle voisine expose les sept magnifiques tapisseries de la Licorne, tissées à Bruxelles vers l'an 1500, qui dépeignent la chasse et la capture par une jeune fille de la Licorne mythique.
Au xixᵉ siècle, elles furent utilisées pour protéger du gel des arbres fruitiers. Cela n'a heureusement pas nui à leur état général et l'on peut encore admirer le remarquable soin du détail

LES JARDINS MÉDIÉVAUX

Plus de 300 variétés de plantes cultivées au Moyen Âge y poussent. Le cloître de Bonnefont est celui des plantes médicinales et aromatiques. Dans le cloître de Trie, on découvrira les plantes des tapisseries de la Licorne et les fleurs symboliques : la rose (la Vierge Marie), la pensée (la Trinité) et la marguerite (l'œil du Christ).

Le cloître de Bonnefont

apporté à ces scènes mythologiques qui fourmillent de plantes et

Jules César écoutant des musiciens, motif d'une tapisserie des *Neuf Preux*

d'animaux rendus avec précision. L'histoire peut se lire comme un récit d'amour courtois, ou bien encore comme une allégorie de la Crucifixion et de la Résurrection du Christ.

LE TRÉSOR

Au Moyen Âge, les objets précieux étaient gardés dans des sanctuaires. Aux Cloisters, ce sont les salles du trésor qui remplissent cette fonction.
La collection comprend plusieurs livres d'heures enluminés, recueils de dévotion et écrits à l'usage des nobles, tels que les *Belles Heures* des frères Limbourg, réalisées en 1410 pour Jean, duc de Berry, et celui, minuscule, fait par le maître Jean Pucelle pour la reine Jeanne d'Evreux vers 1325.
Parmi les autres objets religieux, on notera une Vierge en ivoire (Angleterre, xiiiᵉ siècle) et un reliquaire en émail ayant appartenu à la reine Élisabeth de Hongrie. On remarquera aussi l'un des plus vieux jeux de cartes ainsi qu'une coupe émaillée, la « Coupe des Singes », qui montre une troupe de singes en train de voler un colporteur assoupi, ou encore un rosaire sculpté dont les perles sont grosses comme des noix.

Un jeu de cartes du xvᵉ siècle

Salon ouest du Van Cortlandt House Museum

Bronx

Le Bronx, autrefois banlieue prospère, est devenu aujourd'hui le symbole de la misère urbaine. Il n'en continue pas moins d'accueillir de nombreuses communautés ethniques et renferme de charmants quartiers comme celui de Riverdale. On y trouve aussi le zoo et le jardin botanique de New York. Régulièrement, les New-Yorkais se pressent au Yankee Stadium, créé il y a plus de cinquante ans, pour encourager les Yankees, l'équipe de base-ball de la ville.

Wave Hill ❺

W 249th St et Independence Ave, Riverdale. 📞 (718) 549-3200.
Ⓜ 231st St puis bus Bx7, 10, 24.
🕐 9h-17h30 mar.-dim. (9h-16h30 mi-oct - mi-mai). 🎫 sam. et dim. ; gratuite de nov. à mars.
🌐 www.wavehill.org

Si le béton commence à vous étouffer, allez vous reposer dans les onze hectares de cette oasis de calme et de beauté. Dans cette ancienne propriété du financier George Perkins ont résidé de nombreuses célébrités, parmi lesquelles Theodore Roosevelt, Mark Twain et Arturo Toscanini. Les domaines voisins appartenaient aussi à Perkins. Il y fit édifier un centre de loisirs souterrain relié au bâtiment principal par un tunnel.

La maison et le parc sont ouverts au public et l'on y donne souvent des concerts, en particulier dans le majestueux Armor Hall, aménagé en 1928 pour Bashford Dean, alors conservateur de la collection d'armes et d'armures du Metropolitan Museum. Les jardins furent dessinés par le paysagiste viennois Albert Millard.

Des expositions y sont présentées, des thèmes aussi divers que la sculpture et l'horticulture.

Le parc de Riverdale, attenant, est réputé pour ses bois et ses promenades le long du fleuve.

Intérieur du majestueux Armor Hall de Wave Hill

Van Cortlandt House Museum ❻

Van Cortlandt Park. 📞 (718) 543-3344. Ⓜ 242nd St, Van Cortlandt Park. 🕐 10h-15h mar.-ven., 11h-16h sam., dim. (dernière visite 30 min avant la fermeture).
🔴 la plupart des j.f. 🎫 📷 ✂ 🚻
Voir **Histoire de New York** p. 18 -19.
🌐 www.vancortland.org

Façade de Van Cortlandt House Museum

Cette demeure coloniale de 1748, le plus vieux bâtiment du Bronx, était la résidence de Frederick Van Cortlandt, riche héritier, parent de nombreuses grandes familles bourgeoises de son époque.

La salle à manger servit de quartier général à Washington ; des escarmouches eurent lieu derrière la maison pendant la guerre d'Indépendance. Le mobilier reconstitue parfaitement un intérieur d'époque. On peut également y découvrir une belle collection de faïences de Delft ainsi qu'une chambre à coucher hollandaise du XVIIᵉ siècle. Regardez aussi les visages sculptés qui ornent les claveaux des fenêtres.

Woodlawn Cemetery  ❼

Jerome and Bainbridge Ave.
📞 (718) 920-0500. Ⓜ Woodlawn.
🕐 9h -16h30 t.l.j. **Bureau** 🚫 j.f. et
dim. 🚫 ♿ ✅

Au Woodlawn Cemetery, remarquablement intégré au paysage, reposent maintes célébrités new-yorkaises. F. W. Woolworth et ses proches sont enterrés dans un mausolée à peine plus discret que l'édifice qui porte le nom de cette illustre famille. Le caveau de marbre rose du magnat de la viande Herman Armour rappelle quant à lui la forme d'un jambon.

Entrée du mausolée Woolworth

Parmi les autres personnalités enterrées ici, citons Fiorello LaGuardia, Roland Macy, le fondateur du célèbre grand magasin, Herman Melville, l'auteur de *Moby Dick*, et Duke Ellington.

New York Botanical Garden ❽

P. 240-241.

Bronx Zoo / Wildlife Conservation Park ❾

P. 242-243.

Yankee Stadium ❿

E 161st St at River Ave, Highbridge.
📞 (718) 293-6000. Ⓜ 161st St.
Voir **Se distraire à New York**
p. 344-345. 🗓 t.l.j. à midi
(sauf en cas de jeux l'après-midi)
W www.yankees.com

Ce stade est l'antre de l'équipe de base-ball des *New York Yankees*, au rang desquels on compte deux des plus grands joueurs de tous les temps : Babe Ruth et Joe DiMaggio (qui épousa Marilyn Monroe en 1954). En 1921, le gaucher Babe Ruth portant les couleurs des Yankees, gagna le premier match à domicile du stade contre les Boston Red Sox, son ancienne équipe. Le stade fut achevé en 1923 à la demande de Jacob Rupert, le propriétaire de l'équipe. On l'appelle aussi « le stade que Ruth a bâti », en hommage au célèbre gaucher.

Après sa rénovation dans les années 1970, la capacité du stade fut portée à 54 000 places. Il peut accueillir également des concerts et différents événements culturels. L'un des plus grands rassemblements a été celui des témoins de Jéhovah en 1950 avec 123 707 participants.

En 1965, le pape Paul VI célébra une messe devant une foule de plus de 80 000 personnes.

Assister à un match dans le Yankee Stadium fait partie des grandes expériences new-yorkaises, même si l'on est pas amateur de base-ball.

On peut acheter les billets dans les quatre magasins Yankee Clubhouse que compte New York.

Joe DiMaggio en action au Yankee Stadium (1941)

City Island ⓫

Ⓜ 6 jusqu'à Pelham Parkway, puis Bx12 jusqu'à City Island.
Museum. 📞 190 Fordham St.
W www.cityisland.com

Au large du Bronx, City Island est un havre marin dont l'ambiance rappelle celle de la Nouvelle-Angleterre.

Ses ravissantes marinas et ses restaurants de fruits de mer vous séduiront. Vous vous y sentirez à des lieues de New York. Plusieurs bateaux vainqueurs de l'America's Cup sont sortis de ses célèbres chantiers navals. City Island Museum est situé dans l'un des édifices les plus anciens de l'île, une Public School qui a été édifiée sur un cimetière indien à l'endroit le plus élevé de l'île.

City Island est reliée au Bronx par un pont.

Non loin se trouve Orchard Beach, une célèbre plage de sable blanc bordée de cabines de bains des années 1930. Elle est très fréquentée et est souvent sale et bruyante.

Vieux remorqueur, City Island Museum

Le jardin botanique de New York ❽

Hibiscus

L'immense jardin botanique de New York est un plaisir pour les yeux comme pour les mains. De la serre victorienne au Children's Adventure Garden, tout est à découvrir. Avec 48 jardins à thème, une collection de plantes et des forêts originelles, il est parmi les plus anciens et les plus grands du pays. Après sa superbe restauration, la serre Enid A. Haupt a pris le nom de World of Plants, et nous fait pénétrer dans d'humides forêts tropicales et dans des déserts surprenants.

Entrée de la serre Enid A. Haupt

Galerie
d'exposition
saisonnière

Désert
d'Afrique

Rock Garden
Rochers, corniches, plantes d'altitude, chutes d'eau et ruisseaux reconstituent un paysage montagneux ④

La forêt du jardin botanique
Une des dernières forêts naturelles de New York. Elle regorge de chênes rouges, de frênes blancs, de tulipiers et de bouleaux ⑤

Children's Adventure Garden
Les enfants peuvent y découvrir les merveilles de la nature et du monde des plantes.

Déserts des
Amériques

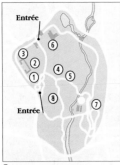

Entrée

③
②
①

⑥

④ ⑤

⑧

⑦

Entrée

CARTE DE SITUATION

Le jardin des roses
Plus de 2 700 espèces de roses y sont exposées. Il a été réalisé en 1988 selon des plans originaux de 1916 ⑦

Palm of the Americas Gallery
Cent palmiers s'élancent sous une coupole de verre de 30 m de haut et se reflètent dans un bassin entouré de plantes tropicales.

MODE D'EMPLOI

Southern Blvd, Bronx.
📞 (718) 817-8700.
Ⓜ 4, D jusqu'à Bedford Park Blvd. 🚌 Bx26.
⬜ nov.-mars : 10h -16h mar.-dim. ; avr.-oct. : 10h-18h mar.-dim. 🅿️♿🅿️ ⬜ 🛈 **Conférences.**
Ⓦ www.nybg.org

Enid A. Haupt Conservatory compte 11 serres communicantes qui forment A World of Plants, comprenant forêts tropicales, déserts, plantes exotiques et expositions saisonnières ①

Home Gardening Center
Ils peuvent donner des idées aux visiteurs pour l'aménagement de leurs propres terrains ③

Jane Watson Irwin Perennial Garden
Des plantes vivaces à fleurs y sont disposées par taille, couleur et période de floraison ②

Galerie de la forêt tropicale humide de la plaine

Bassin

Galerie des plantes aquatiques et vignes

Galerie de la forêt tropicale humide des Hautes Terres

Garden Café
C'est un endroit très agréable pour déjeuner ou prendre un simple snack. On peut manger à l'intérieur ou sur la terrasse qui surplombe les superbes jardins ⑥

Bronx Zoo ❾

Fondé en 1899, le Bronx Zoo / Wildlife Conservation Park est le plus grand zoo américain en milieu urbain. Il héberge quelque 6 500 animaux représentant 600 espèces qui évoluent ici dans de fidèles reconstitutions de leurs habitats d'origine. Ce parc est à l'avant-garde du combat pour la protection des espèces menacées, comme le rhinocéros d'Inde ou le léopard des neiges. Ses 107 hectares de bois et de cours d'eau abritent un zoo pour enfants, un parc aux papillons et un petit train qui transporte les visiteurs. Vous pourrez aussi vous y promener à pied. En saison, le téléphérique, appelé *Skyfari*, offre les meilleures vues sur le zoo.

★ La forêt des gorilles du Congo
Cette reconstitution primée d'une forêt pluviale africaine abrite des gorilles, entre autres animaux.

Marais d'
oiseaux
aquatiqu

Maison
des souris

Téléphérique
Skyfari

**Le monde de
l'obscurité**

**Bâtiment des
girafes**

★ La savane africaine
Zèbres, lions, guépards et gazelles vivent ici. Les prédateurs sont séparés de leurs proies par un fossé.

L'Afrique
Les oryx aiment s'abriter sous une hutte africaine.

Entrée asiatique

Promenades à dos de chameau
Les enfants apprécient particulièrement cette distraction saisonnière.

Train *Bengali Express*

★ Le monde de la jungle
Mammifères, reptiles et oiseaux du Sud-Est asiatique évoluent dans une forêt tropicale au climat contrôlé. Ravins, falaises et cours d'eau séparent les visiteurs des animaux.

**Singes dans le
monde de la jungle**

La réserve des babouins
*En vous promenant le long
d'une rivière asséchée, vous
pourrez observer la faune des
montagnes éthiopiennes.*

Children's Zoo
*Les petits peuvent ramper
dans le terrier d'un chien
de prairie, grimper sur
une toile d'araignée,
porter une carapace de
tortue, caresser et nourrir
les animaux.*

MODE D'EMPLOI

Fordham Rd et Bronx River Pkwy.
☎ (718) 220-5100. Ⓜ 2, 5
jusqu'à E Tremont Ave. 🚂 *Vers
Fordham Station.* 🚌 *Bx9, Bx12,
Bx19, Bx36, BxMM11, bus express
Q44.* ○ *nov.-mars : 10h-16h30
t.l.j. ; avr.-oct. : 10h-17h t.l.j.
(17h30 sam. et dim.).*
🎥 *gratuite le mer.* 📷 👍 🚻
🍴 🛒 *Children's Zoo.* Ⓦ
www.wcs.org/zoos/bronxzoo

À NE PAS MANQUER

★ **L'Asie sauvage**

★ **La savane africaine**

★ **Le monde de la jungle**

★ **Le monde des oiseaux**

★ **La forêt des gorilles
du Congo**

★ **Le tigre des montagnes**

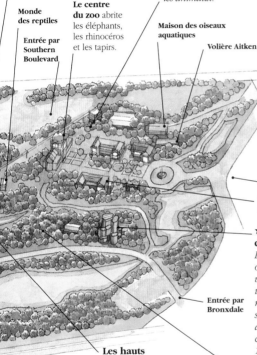

**Monde
des reptiles**

**Entrée par
Southern
Boulevard**

**Le centre
du zoo** abrite
les éléphants,
les rhinocéros
et les tapirs.

**Maison des oiseaux
aquatiques**

Volière Aitken

Entrée par Rainey Gate

**Maison
des singes**

★ **Le monde
des oiseaux**
*Le spectacle des
oiseaux exotiques qui
volent en liberté dans
une forêt tropicale
reconstituée est
superbe. L'endroit
abrite une
cascade de
15 mètres de haut.*

**Grand
calao**

**Entrée par
Bronxdale**

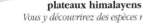

**Les hauts
plateaux himalayens**
*Vous y découvrirez des espèces menacées
comme le léopard des neiges et le panda rouge.*

★ **L'Asie sauvage**
*Le Bengali Express, un train monorail,
traverse un paysage asiatique dans lequel
vivent en liberté des éléphants, des
rhinocéros et des tigres de Sibérie.*

★ **Le tigre des montagnes**
*On peut voir ces magnifiques animaux
toute l'année. Une simple vitre sépare les
visiteurs de ces gros « chats » sauvages.*

Queens

Queens qui inclut Long Island City est un quartier très étendu où fourmillent distractions et magasins. Il se développa à partir de 1909, lorsque la construction du Queensboro Bridge facilita les transports vers Manhattan. Le quartier abrite deux principaux aéroports de New York et les communautés grecque d'Astoria et asiatique de Flushing – il fut longtemps fréquenté par des groupes ethniques très divers.

Un mutoscope de 1900, American Museum of the Moving Image

Flushing Meadow-Corona Park 🕛

M Willets Point-Shea Stadium. Voir **Se distraire à New York** p. 344-345.

À l'emplacement même où eurent lieu les deux expositions Universelles de New York s'étendent maintenant, au bord de l'eau, de vastes aires de pique-nique et de jeu. C'est là que se trouve le Shea Stadium, temple de l'équipe de base-ball des *New York Mets* et lieu célèbre de concerts.

Flushing Meadow est aussi le siège du très prestigieux tournoi de tennis de l'US Open. Le reste de l'année, les courts sont ouverts au public et aux champions en herbe. Surnommé la « vallée de Cendres » par Scott Fitzgerald, auteur de *Gatsby le magnifique*, cet endroit était, dans les années 1920, un marais noyé dans les fumées et la puanteur d'une décharge publique. On doit son assainissement à Robert Moses, directeur du service des parcs : les montagnes d'ordures furent déblayées, le cours de la rivière retracé, le marais asséché et un système d'égouts mis en place. C'est là que se tint, en 1939, l'exposition Universelle de New York, autour du thème de la paix.

L'Unisphère, symbole de l'exposition de 1964, domine encore les lieux. Cette gigantesque boule creuse d'acier vert, construite par l'US Steel Corporation, est haute de douze étages et pèse 350 tonnes.

La sphère d'acier de l'exposition Universelle de 1964

New York Hall of Science 🔟

46th Ave et 111th St, Flushing Meadow, Corona Park.
C (718) 699-0005. M 111th St.
🕘 9h30- 14h mar.- mer., 9h30-17h jeu.-dim. ; juil.-août 9h30-17h mar.- dim. ● j.f. 🎟 🅿 ♿ 🚻
W www.nyhallsci.org

Le Pavillon des Sciences, construit pour l'exposition Universelle de 1964 et orné de vitraux, est aujourd'hui le musée des sciences et techniques. Les enfants adorent ses présentations interactives, ses lasers et l'écran vidéo géant qui leur permet d'observer une simple goutte d'eau.

L'extérieur de New York Hall of Science

American Museum of the Moving Image et Kaufman Astoria Studio 🔢

35th Ave et 36th St, Astoria. **Museum.**
C (718) 784-4520. **Studio.** C (718) 392-0077. M 36th St. **Museum**
🕘 12h-17h mar.-ven., 11h-18h sam. et dim. Projections : 18h30 sam., dim.
🎬 **Studio** ● au public. 🅿 ♿ 🚻
W www.ammi.org

À l'époque où New York était la capitale du cinéma, Rudolph Valentino, W. C. Fields, les Marx Brothers et Gloria Swanson tournèrent tous leurs films à l'Astoria Studio, le plus grand studio de la ville à l'époque – inauguré par la Paramount en 1920. Lorsque l'industrie se déplaça vers Hollywood, l'armée prit possession des bâtiments et y réalisa des films, de 1941 à 1971. Le complexe demeura

Affiche, American Museum of the Moving Image

inoccupé jusqu'à la création de la fondation Astoria Motion Picture and Television (en 1977). Une rénovation a

été entreprise, et ces studios sont aujourd'hui les plus importants de la côte est. C'est ici, par exemple, que fut réalisé *Radio Days* de Woody Allen.

En 1981, un des bâtiments a été transformé en musée interactif de l'image animée. Il présente de nombreux souvenirs, des costumes d'*Annie Hall* à ceux de *Star Trek*. L'exposition du niveau principal est un échantillon de la collection du musée, composée de plus de 85 000 pièces.

Le musée organise des séminaires, et dans sa salle de 200 places sont diffusées des vidéos de toutes sortes, des films muets accompagnés de musique jouée en direct à des productions d'avant-garde.

Museum of Modern Art, Queens ⑮

45-20 33rd St at Queens Blvd.
🔲 *(212) 708-9400.* Ⓜ *7 IRT vers 33rd St.* 🕐 *10h-17h sam.-jeu., 10h-19h45 ven.* ● *mer.*
🎫 ♿ 🚻 🅦 *www.moma.org*

L'espace temporaire d'exposition du Museum of Modern Art à Long Island City montre quelques chefs-d'œuvre issus du musée principal, notamment *La Nuit étoilée* de Van Gogh. En 2003, Matisse et Picasso seront à l'honneur dans cette ancienne usine reconvertie de manière spectaculaire par Michael Maltzan. En 2004, le MoMA devrait réintégrer ses locaux de Manhattan *(p. 170)*, rénovés à grands frais.

Brooklyn

Le kiosque de Prospect Park (p. 246)

Si Brooklyn était une municipalité autonome, elle serait la quatrième ville du pays. De nombreuses vedettes comiques (Mel Brooks et Woody Allen pour ne citer qu'eux) savent rendre hommage avec humour à leur ville natale. Brooklyn est aujourd'hui un véritable creuset culturel où se côtoient, entre autres, Antillais, juifs, Russes, Italiens et Arabes.

C'est aussi là que sont situés les quartiers résidentiels de Park Slope et Brooklyn Heights.

Brooklyn Children's Museum ⑯

145 Brooklyn Ave. 🔲 *(718) 735-4402.* Ⓜ *Kingston.* 🕐 *14h-17h mer.- ven., 10h-17h sam.-dim. ; en juil. et août ; 10h-17h lun. mer., jeu., 12h-18h30 ven. Rooftop Theater 6h30-20h ven.* ● *25 déc., 1er janv., Thanksgiving.* **Dons bienvenus.** ♿
🅦 *www.bchildmus.org*

Ce musée, fondé en 1899, fut le premier exclusivement destiné à un public enfantin. Faisant figure de modèle, il a servi de source d'inspiration pour les 250 autres établissements similaires qui se sont ouverts de par le monde. Depuis 1976, il est installé dans un édifice souterrain ultra-moderne, véritable labyrinthe de corridors reliés à un tunnel principal qui dessert les quatre niveaux de visite. Ici, les enfants ne se contentent pas de regarder. Bien au contraire,

on attend d'eux qu'ils fassent preuve de curiosité et partent à la découverte des objets exposés en les manipulant ou en jouant avec. Ils peuvent même se promener sur un piano géant, comme celui du film *Big*. Les enfants de tous âges le trouvent irrésistible. Des expositions temporaires et des spectacles sont proposés pour les aider à découvrir notre planète, résoudre leurs problèmes, surmonter leurs appréhensions, comprendre d'autres cultures ou bien encore découvrir le passé. Les éclats de rire qui résonnent toujours dans ce lieu sont la preuve du succès de cette approche – la meilleure du genre, car bien conçue et mise en œuvre – selon laquelle les enfants apprennent mieux en s'amusant.

Masque, Brooklyn Children's Museum

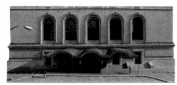

La façade de la Brooklyn Academy of Music

Brooklyn Academy of Music ⑰

30 Lafayette Ave. 📞 *(718) 636-4100.*
Ⓜ *Atlantic Ave.* 📷 🚫 ♿ 🏠
🌐 *www.bam.org*
Voir Se distraire p. 338–339.

Siège du Brooklyn Philharmonic, la Brooklyn Academy of Music (connue sous le diminutif de BAM) est à la fois le plus vieux et le plus important lieu culturel de Brooklyn. Depuis 1858 s'y produisent des artistes de légende.
Logée dans un édifice de 1908 et inaugurée par une représentation du *Faust* de Verdi interprété par Caruso, la BAM a reçu un nombre impressionnant de stars de premier plan parmi lesquelles l'actrice Sarah Bernhardt, la danseuse Anna Pavlova, les musiciens Pablo Casals ou Sergheï Rachmaninov et le poète Carl Sandburg.
De nombreuses troupes internationales en tournée se sont produites ici, comme la célèbre Royal Shakespeare Company de Londres.
Le festival Next Wave, résolument tourné vers l'avenir, a accueilli des artistes contemporains célèbres comme les musiciens Philip Glass et David Byrne et les chorégraphes Pina Bausch et Mark Morris.
Non loin de là, la BAM anime également le Harvey Theater, un ancien cinéma qui présente désormais ballets, représentations théâtrales et concerts.

Grand Army Plaza ⑱

Plaza St à Flatbush Ave.
📞 *(718) 965-8951.* Ⓜ *Grand Army Plaza. Visite de l'arc de triomphe lors de certains défilés.*

L'arc de triomphe de Grand Army Plaza

Frederick Law Olmsted et Calvert Vaux dessinèrent cette place ovale destinée à servir d'entrée principale à Prospect Park. L'arc de triomphe et les statues furent ajoutés en 1892 pour honorer la victoire nordiste. Le buste de John F. Kennedy est le seul monument new-yorkais officiel dédié au président assassiné. En juin, la place accueille le festival Welcome Back to Brooklyn, hommage aux personnages célèbres originaires de Brooklyn.

Park Slope Historic District ⑲

Les rues entre Prospect Park W et Flatbush Ave. jusqu'à 8th/7th/5th Avenues. Ⓜ *Grand Army Plaza.*

Un bas-relief du Montauk Club

Ce magnifique quartier de maisons victoriennes a été construit en bordure de Prospect Park autour des années 1880. Là habitaient les banlieusards des classes moyennes qui, après la construction du pont de Brooklyn, pouvaient facilement rejoindre Manhattan. Ses rues ombragées sont bordées de maisons de un à quatre étages, témoins de tous les styles alors en vogue, certaines arborant même les tours et tourelles fort à la mode à la fin du siècle dernier ainsi que des arches d'entrée aux voûtes d'inspiration néo-romane. Le Montauk Club, au n° 25 de la 8e Avenue, associe le style du palais vénitien Ca' d'Oro à celui des frises et gargouilles des Indiens montauks auxquels ce lieu de villégiature très populaire au XIXe siècle doit son nom.

Prospect Park ⑳

📞 *(718) 965-8951.*
🎫 *(718) 965-8999.* Ⓜ *Grand Army Plaza.* 🚲 *(718) 788-8500.*
🌐 *www.prospectpark.org*

Olmsted et Vaux préféraient ce parc ouvert en 1867 à Central Park, leur réalisation antérieure. C'est l'espace vert le plus étendu de New York. Olmsted estimait « qu'en pénétrant dans ces parcs, on se sent soulagé d'avoir échappé au milieu étroit et confiné des rues ». Un siècle plus tard, cette opinion est plus que jamais d'actualité.

La façade de la bibliothèque de Brooklyn sur Grand Army Plaza

Parmi les nombreux centres d'intérêt de ce parc, ne manquez pas le Croquet Shelter de Stanford White et le kiosque de Music Grove, aux influences japonaises bien marquées, qui accueille pendant l'été des concerts jazz ou classiques.

Le vieil orme de Camperdown, planté en 1872 et sujet d'inspiration de nombreux poèmes et tableaux, vaut lui aussi le détour. L'association des Amis de Prospect Park a d'ailleurs pour objet de trouver les fonds nécessaires pour soigner tous les arbres du jardin. Prospect Park se distingue par la variété de ses paysages mêlant jardins classiques à la française et rocailles parcourues de ruisseaux. Le meilleur moyen de le découvrir consiste à suivre une des visites guidées organisées par les *rangers* du parc.

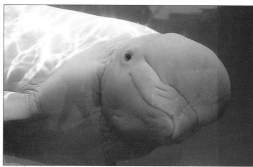
Un béluga de l'aquarium de New York

Un cheval de manège dans Prospect Park

The Brooklyn Museum ㉑

P. 248-251.

Brooklyn Botanic Garden ㉒

900 Washington Ave. **C** *(718) 623-7200.* **M** *Prospect Pk, Eastern Pkwy.* ◻ *8h-18h mar.-ven. avr.-sept. (10h sam. et dim.) ; 8h-16h30 oct.-mars (10h sam.et dim.).* ◖ *25 déc., 1er janv., Thanksgiving.* 🖼 *pour le jardin japonais.* **Gratuit** *mar. et sam.* ◻◻◻◻◻◻ **W** *www.bbg.org*

En dépit de sa taille modeste (20 hectares), ce jardin dessiné par les frères Olmsted en 1910 n'est pas dénué de charme. Il abrite, entre autres, l'une des plus importantes roseraies des États-unis.

Allez admirer tout particulièrement le jardin japonais où s'élèvent de petits temples shintoïstes. Fin avril ou début mai, une promenade vous y fera découvrir des cerisiers du Japon en fleurs. Tous les ans, une fête traditionnelle célèbre le pays du Soleil levant autour de musiques et de plats typiques.

Le mois d'avril est aussi l'époque idéale pour apprécier Magnolia Plaza. Plus de 80 arbres y exposent la beauté laiteuse de leurs fleurs sur fond de jonquilles. Dans le jardin des Senteurs, vous pourrez vous enivrer des parfums de nombreux massifs de plantes aromatiques (identifiées en Braille pour les non-voyants).

La nouvelle serre abrite dorénavant l'une des plus vastes collections de bonsaïs d'Amérique, ainsi que certains arbres tropicaux rares dont les scientifiques tirent des substances médicinales. En résumé, le jardin botanique offre un cadre paisible et dépaysant loin de l'agitation urbaine.

Les nénuphars de Brooklyn Botanic Garden

Coney Island ㉓

M *Stillwell Ave, Coney Island.* **C** *(718) 372 5159.* **W** *www.coneyisland. com* **New York Aquarium.** *Boardwalk et W 8th St. Coney Island.* **C** *(718) 265-FISH.* ◻ *10h-18h lun.-ven., 10h-19h sam., dim.* 🖼 **W** *www.nyaquarium.com* **Coney Island Museum.** *128 Surf Ave, près de W 12th St.* **C** *(718) 372 5159* ◻ *midi au crépuscule, sam., dim.* **W** *www.coneyislandusa.com*

Au milieu du XIXe siècle, le poète Walt Whitman a beaucoup écrit sur Coney Island, avec pour seule compagnie le rugissement des vagues d'une côte atlantique encore sauvage. Dans les années 1920, la présence de trois parcs d'attractions construits entre 1887 et 1904 (Luna Park, Dreamland et Steeplechase Park) permit à Coney Island de s'autoproclamer « plus grand terrain de jeux du monde ». L'arrivée du métro en 1920 et l'installation de trottoirs en bois l'année suivante contribuèrent au succès prolongé du lieu pendant la crise économique. Le **New York Aquarium** qui compte 350 espèces et **Coney Island Museum** attirent beaucoup de monde.

Coney Island est encore aujourd'hui très attractif, la promenade le long de la mer est superbe et les visiteurs savourent avec délice les fameux hot-dogs de Nathan. Enfin, en juin la Mermaid Parade est un événement majeur.

The Brooklyn Museum of Art ㉑

Destiné au départ à devenir le plus vaste édifice culturel du monde, le Brooklyn Museum fut la plus impressionnante réalisation de McKim, Mead & White. Les quatre cinquièmes des travaux n'ont jamais vu le jour mais ce musée, avec son million et demi de pièces, présentées sur plus de quatre hectares de salles d'exposition (41 805 m²), est néanmoins l'un des plus spectaculaires du pays.

Façade nord dessinée par Stanford White

LÉGENDE DU PLAN

☐ Art primitif africain, océanien et américain

☐ Art oriental

☐ Estampes, dessins et photographies

☐ Art égyptien et classique

☐ Arts décoratifs

☐ Peinture et sculpture

☐ Murs peints de Williamsburg

☐ Expositions temporaires

☐ Circulations et services

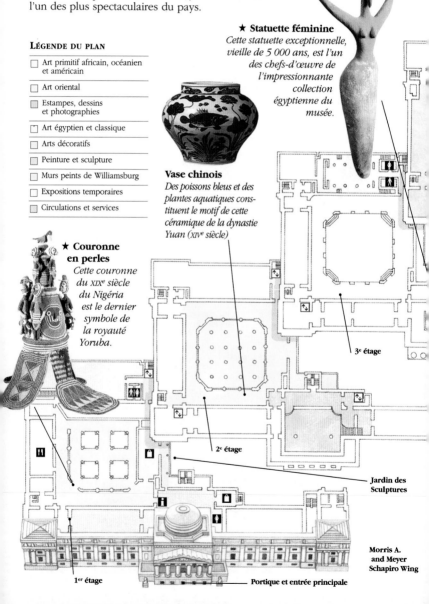

★ **Statuette féminine**
Cette statuette exceptionnelle, vieille de 5 000 ans, est l'un des chefs-d'œuvre de l'impressionnante collection égyptienne du musée.

Vase chinois
Des poissons bleus et des plantes aquatiques constituent le motif de cette céramique de la dynastie Yuan (XIVᵉ siècle)

★ **Couronne en perles**
Cette couronne du XIXᵉ siècle du Nigéria est le dernier symbole de la royauté Yoruba.

3ᵉ étage

2ᵉ étage

Jardin des Sculptures

Morris A. and Meyer Schapiro Wing

1ᵉʳ étage

Portique et entrée principale

★ An out of doors study *(1889)*
Ce portrait par Sargent de l'artiste français Paul Helleu et de sa femme Alice fut peint lors de la visite du couple à la famille Sargent à Fladbury.

MODE D'EMPLOI

200 Eastern Pkwy, Brooklyn.
(718) 638-5000. M 2, 3 vers
Eastern Parkway-Brooklyn Museum.
B41, B69, B67, B71. 10h-17h
mer.-ven., 11h-21h sam., 11h-18h
dim. 25 déc., 1er janv.,
Thanksgiving. **Dons bienvenus.**
et équipement pour
malentendants.
Concerts, conférences.
W www.brooklynart.org

5e étage

★ Scène d'hiver à Brooklyn *(1820)*
Cette représentation de Brooklyn par Francis Guy fait partie de l'American Identities Collection.

4e étage

Fumoir mauresque *(1865)*
Cette pièce fait partie de la maison (West 54th Street) achetée par J. D. Rockfeller en 1884.

Alexander the Great
Ce buste d'albâtre date du 1er siècle av J.-C.

Sarcophage d'Ibis *(332-330 av. J.-C.)*
L'oiseau sacré des Égyptiens pouvait être inhumé dans un sarcophage.

SUIVEZ LE GUIDE !
Les arts primitifs d'Afrique, d'Océanie et d'Amérique sont au rez-de-chaussée ; l'art asiatique, les estampes et les dessins au 1er étage ; les antiquités égyptiennes et moyen-orientales au 2e ; les arts décoratifs au 3e ; l'art moderne américain et européen au 4e. Vous pourrez aussi admirer des expositions temporaires aux rez-de-chaussée et 3e étage.

À NE PAS MANQUER

★ **Statuette féminine**

★ **Couronne en perles**

★ **Scène d'hiver à Brooklyn** de Francis Guy

★ **An out of doors study**, de John Singer Sargent

À la découverte du Brooklyn Museum

Vous y trouverez dans vingt-huit salles traitant chacune d'une période, la plus vaste et l'une des plus belles collections du pays, particulièrement riche en art primitif américain. De magnifiques objets égyptiens et islamiques enchanteront les amateurs, ainsi que certains chefs-d'œuvre de la peinture européenne et américaine.

L'ART PRIMITIF AFRICAIN, AMÉRICAIN ET OCÉANIEN

Le Brooklyn Museum fut en 1923 le premier à considérer les objets africains comme des œuvres d'art plutôt que des produits artisanaux. Sa collection n'a cessé de s'enrichir depuis.
Il expose un gong d'ivoire du Bénin (XVIe siècle), dont on ne connaît que cinq autres exemples au monde.
Le musée présente aussi des œuvres américaines parmi lesquelles des totems, tissus et poteries. Une chemise en daim ayant appartenu à un chef de la tribu blackfoot (XIXe siècle) porte le récit de ses hauts faits guerriers.
Les traditions artistiques de l'Amérique précolombienne sont illustrées par des tissus péruviens, l'orfèvrerie et les sculptures mexicaines sont un hommage à l'art précolombien.
Vous pourrez contempler une très belle tunique péruvienne du VIe siècle av. J.-C. dont les motifs symboliques tissés sont si serrés qu'ils semblent peints à la surface du tissu.
La collection océanienne comprend des œuvres venues des îles Salomon, de Papouasie-Nouvelle-Guinée et de Nouvelle-Zélande.

L'ART ORIENTAL

Le musée présente, par roulement, ses œuvres coréennes, japonaises, chinoises, indiennes et islamiques.
Peintures chinoises, miniatures indiennes et calligrammes islamiques viennent compléter la collection de sculptures, céramiques et textiles orientaux.
N'oubliez pas d'aller voir les arts traditionnels japonais, les émaux cloisonnés chinois et les tapis d'Orient. L'art bouddhique est représenté par des œuvres d'origine chinoise, indienne et du Sud-Est asiatique, notamment le fronton d'un temple tibétain du XIVe siècle peint de couleurs riches et lumineuses.

Chemise en daim d'un chef blackfoot (XIXe siècle) ornée d'épines de porc-épic et de perles de verre

Torse de Bouddha indien (fin du IIIe siècle av. J.-C.)

LES ARTS DÉCORATIFS

La section des arts décoratifs s'articule autour de 28 salles reconstituées avec leur mobilier américain d'époque.
La plus ancienne, qui date du XVIIe siècle et provient d'une maison hollandaise de Brooklyn, servait à la fois de salon, salle à manger et chambre. La Moorish Smoking Room était le fumoir mauresque de John D. Rockefeller. Il donne une bonne idée de l'opulence dans laquelle vivaient les classes aisées à la fin du XIXe siècle. Le bar dissimulé dans le bureau d'un appartement de Park Avenue (1928-1930) montre le degré d'ingéniosité déployé pour

Normandie (1935), pichet en métal chromé de Peter Müller-Munk

contourner la Prohibition. Le musée expose également des céramiques, du mobilier, des étains et de l'argenterie, parmi lesquels un pichet 1930 inspiré par les cheminées du paquebot *Normandie*.

L'ART ANTIQUE ÉGYPTIEN ET MOYEN-ORIENTAL

Connu à travers le monde pour la richesse de sa collection en la matière, ce musée recèle de nombreux chefs-d'œuvre de l'Antiquité égyptienne dont une figure féminine de 3 500 av. J.-C. Vous y verrez aussi des sculptures, des statues, des peintures et objets funéraires. Le plus étrange de ces derniers est certainement le sarcophage d'un ibis – oiseau sacré représentant le dieu Thot – trouvé dans un cimetière animal d'Égypte. Fait de bois et d'argent, ce sarcophage est recouvert d'or et deux cristaux de roche figurent les yeux de l'animal. Ces galeries ont été rénovées et leur présentation est très rationnelle.

Les objets grecs et romains exposés comprennent des statues, des poteries, des bronzes, des bijoux et des mosaïques.

La collection d'antiquités moyen-orientales regroupe de nombreuses poteries et douze bas-reliefs d'albâtre provenant du palais d'Assurnasirpal II. Datés entre 883 et 859 av. J.-C., ils représentent le roi guerroyant, inspectant ses cultures ou purifiant un arbre sacré ; dans le plus pur style de l'iconographie assyrienne.

LA PEINTURE ET LA SCULPTURE

Cette section rassemble des travaux datant du XIVe siècle jusqu'à nos jours, dont de célèbres œuvres françaises du XIXe par Degas, Rodin, Monet, Matisse, Cézanne et Pissaro. Elle s'enorgueillit d'une des plus belles collections de toiles nord-

Pierre de Wiessant (vers 1886), l'un des *Bourgeois de Calais* de Rodin

américaines. Parmi les plus représentatives de l'art contemporain américain, ne manquez pas le *Pont de*

Brooklyn, par Georgia O'Keeffe. Les tableaux espagnols de l'époque coloniale sont également remarquables.

Le jardin des Sculptures héberge des statues prélevées sur des édifices new-yorkais en démolition, comme celles de l'ancienne gare de Pennsylvania Station.

LES ESTAMPES, LES DESSINS ET LES PHOTOGRAPHIES

La collection d'estampes renferme de nombreux travaux des maîtres de la gravure : Dürer, Piranèse et un grand choix d'impressionnistes et de postimpressionnistes dont Toulouse-Lautrec. Ne manquez pas les œuvres de Mary Cassat, la seule Américaine associée au mouvement impressionniste, et prenez le temps d'admirer les lithographies de James Whistler, les gravures de Winslow Homer et les magnifiques dessins de Fragonard, Klee, Van Gogh,

Rotherhide (1860), eau-forte de James McNeill Whistler

Picasso et Gorky, la plupart en noir et blanc.

L'ensemble de photographies comprend surtout des œuvres américaines de notre siècle, dont un portrait de 1924 de l'actrice Mary Pickford, par Edward Steichen, ainsi que des clichés de Margaret Bourke-White et Berenice Abbott et Robert Mapplethorpe. Toutes les œuvres ne sont pas présentées en même temps par souci de préservation.

Fragments gravés provenant de Thèbes, en Égypte (vers 760–656 av. J.-C.), représentant le dieu Amon-Râ et son épouse Mout

Staten Island

De Staten Island, les New-Yorkais ne connaissent le plus souvent que la traversée en ferry. L'île renferme pourtant bien d'autres curiosités et ses habitants, se sentant méprisés, ont même envisagé à une époque de faire sécession. En descendant du bac, vous serez agréablement surpris par la beauté de l'endroit avec ses collines, lacs, édifices historiques et son superbe panorama sur le port. Le plus étonnant est peut-être de trouver là, dans une réplique de temple bouddhique, une splendide collection d'art tibétain.

Historic Richmond Town 24

441 Clarke Ave. **C** *(718) 351-1611.*
S74 *à partir du ferry.*
O *sept.-juin : 13h-17h mer.-dim. ; juil.-août : 10h-17h lun.-sam., 13h-17h dim.* **O** **W** *www.historicrichmondtown.org*

Ce village restauré et converti en musée à ciel ouvert est le seul de son genre à New York. Il comporte aujourd'hui 29 bâtiments dont 14 sont ouverts au public. Baptisé en premier lieu « ville des coques » en raison des

Eau de Cologne de Richmond

coquillages de sa grève, le village ne tarda guère à être surnommé « ville des cocus », au grand dam de ses habitants. Après l'indépendance, il fut rebaptisé Richmond Town et fit office de capitale du comté jusqu'à ce que Staten Island soit intégrée à la ville de New York en 1898.

Voorlezer House, construite par les Hollandais avant 1696, est la plus vieille école primaire du pays.

Le magasin Stephens General Store, ouvert en 1837, faisait également office de bureau de poste. Il a été restauré dans les moindres détails. Tout le village a été réhabilité : ses hangars, son tribunal, ses maisons, plusieurs boutiques et même une taverne. L'ensemble couvre une superficie de 42 hectares. Plusieurs ateliers sont ouverts au public pour des démonstrations d'artisanat traditionnel.

St Andrew's Church et son vieux cimetière sont situés près de la rivière. Sur place, on peut aussi visiter le Historical Society Museum.

Jacques Marchais Center of Tibetan Art 25

338 Lighthouse Ave. **C** *(718) 987-3500.* **S74** *à partir du ferry.*
O *13h-17h t.l.j.* **O** *j.f.* **O** **W** *www.tibetanmuseum.com*

Le cadre paisible de cette colline accueille l'une des plus importantes collections privées d'art tibétain au monde. Le bâtiment principal est une copie de temple bouddhique. Dans le jardin

Voorlezer House dans Richmond Town

sont exposées des sculptures, parmi lesquelles quelques bouddhas de la taille d'un homme. Le centre fut édifié en 1947 par Mme Harry Klauber, une négociante spécialisée en art oriental qui travaillait sous le pseudonyme de Jacques Marchais.

Une pagode de Snug Harbor Cultural Center

Snug Harbor Cultural Center 26

1000 Richmond Terrace. **C** *(718) 448-2500.* **S40** *du ferry jusqu'à Snug Harbor Gate. Parcs* **O** *de l'aube au crépuscule t.l.j.* **Galerie d'art** **O** *11h-17h mer.-ven., dim., 11h-19h sam.* **Collections et musée pour enfants** **O** *12h-17h (11h-17h en été) mar.-dim.* **O** *25 déc., 1er janv., Thanksgiving.* **limité.**
W *www.snugharbor.org*

Cette ancienne maison de retraite pour marins fondée en 1801 est aujourd'hui un centre artistique récemment restauré, comprenant notamment 5 bâtiments inspirés de l'architecture antique et construits entre 1831 et 1880. Le plus vieux abrite le **Newhouse Center for**

Sculpture religieuse, Jacques Marchais Center of Tibetan Art

Contemporary Art. Snug Harbor Cultural Center est également le siège du **Staten Island Children's Museum** et du Veterans Memorial Hall, une chapelle désormais utilisée pour des spectacles.

Les pelouses de Snug Harbor accueillent chaque année un festival de sculpture. La collection d'orchidées et la roseraie du jardin botanique valent aussi le coup d'œil. Snug Harbor fut construit à la demande de Robert Randall, un marin écossais qui fit fortune pendant la guerre d'Indépendance, pour héberger des marins moins chanceux. L'emplacement de ce foyer fut choisi afin que ses locataires puissent jouir de la vue du port.

Clear Comfort, la demeure d'Alice Austen

Alice Austen House ㉗

2 Hylan Blvd. ((718) 816-4506.
S 51 du ferry jusqu'à Hylan Blvd.
○ 12h-17h mar.-dim.
● janv., fév. et j.f. **Dons bienvenus**.
○ & limité. ☑ Ⓦ
Ⓦ www.aliceausten.8m.com

Cette charmante fermette, construite autour de 1690, baptisée Comfort Cottage, fut la demeure de la photographe Alice Austen qui vécut dans ce cadre splendide la plus grande partie de sa vie. Née en 1866, elle réalisa de nombreux clichés de l'île, de Manhattan, mais aussi du reste du pays. Elle fut ruinée par la crise de 1929 et dut se retirer dans un hospice à l'âge de 84 ans. Un an après, elle fut révélée par le magazine *Life*, ce qui lui procura des revenus suffisants pour aller finir sa vie dans une maison de santé. Elle laissa derrière elle 3 500 négatifs couvrant la période de 1880 à 1930. L'association des Amis d'Alice Austen organise des rétrospectives de son œuvre.

Encore plus loin

Le village de Broad Channel dans la réserve Jamaica Bay

Jamaica Bay Wildlife Refuge Center ㉘

Traverser Bay Blvd à Broad Channel.
((718) 318-4340. Ⓜ Broad Channel. ○ lever du soleil au crépuscule ; Visitor center : 8h30-17h t.l.j. ☑ Ⓦ www.nps.gov/gate

Les terres et marécages de cette réserve couvrent une surface égale à celle de Manhattan et abritent plus de trois cents espèces d'oiseaux migrateurs ou sédentaires. Au printemps et à l'automne, son ciel est envahi de vols d'oies ou de canards sauvages. Les *rangers* organisent des visites guidées et des promenades à pied le week-end. Pour bien apprécier ce site magnifique, n'oubliez pas d'emporter des jumelles, un téléobjectif ainsi que des vêtements et des chaussures appropriés. Minuscule hameau composé de maisons construites sur pilotis le long de Cross Bay Blvd, Broad Channel est le seul village de l'île. Une ligne de métro vous emmènera directement depuis Manhattan jusqu'à la réserve et sa plage longue de 16 km.

Jones Beach State Park ㉙

((516) 785-1600.
Ⓡ Long Island Railroad de Penn Station jusqu'à Jones Beach.
○ t.l.j. ⓘ fin mai - Labor Day.
((718) 217-5477. **Jones Beach Theater**. ((516) 221-1000.
Plages ○. toute l'année.
Ⓦ www.nysparks.state.ny.us/parks

Le parc de Jones Beach fut ouvert sur l'initiative de Robert Moses, directeur du service des parcs *(p. 244)*, qui fit de cette étroite bande de terre la plage la plus accessible de Long Island. Sa double exposition permet de profiter des vagues – côté océan – ou des eaux calmes de sa baie. Son golf, ses piscines et ses restaurants en font un agréable lieu de détente, et son théâtre accueille l'été des concerts en plein air.

Le parc Robert Moses est situé à l'est sur Fire Island, une île protégée de 50 kilomètres de long et moins de 800 mètres de large. C'est un paradis pour les marcheurs et les cyclistes qui apprécient le calme de ses plages.

Fire Island attire des habitants très divers dans une ambiance familiale. Un grand nombre de célibataires s'y sont également installés, de même qu'une partie de la communauté homosexuelle new-yorkaise.

Vacanciers à Jones Beach

QUATRE PROMENADES À PIED

Marcher dans la ville est un excellent moyen d'en découvrir les charmes. Dans les pages suivantes, vous trouverez les itinéraires de quatre balades regroupées par thème. Elles vous permettront de suivre les traces d'auteurs et d'artistes célèbres dans Greenwich Village et SoHo *(p. 258-259)* ou de passer Brooklyn Bridge pour observer des vestiges du New York du XIXᵉ siècle *(p. 264-265)*.

Sculpture sur l'US Custom House, Lower Manhattan

Les plans pas à pas de chacun des quinze quartiers de Manhattan du chapitre *Quartier par quartier* de ce guide vous invitent également à découvrir les endroits les plus intéressants. Différentes associations et organismes locaux vous proposent en outre des promenades accompagnées. Vous saurez tout sur l'architecture si particulière de la ville ou bien sur les célèbres « fantômes » de Broadway. Vous trouverez leurs coordonnées p. 353 ainsi que dans le magazine *New York*. Comme dans toute grande métropole, gardez un œil sur vos affaires au cours vos promenades *(p. 356-357)*. Établissez votre itinéraire à l'avance, marchez dans la mesure du possible de jour et à plusieurs.

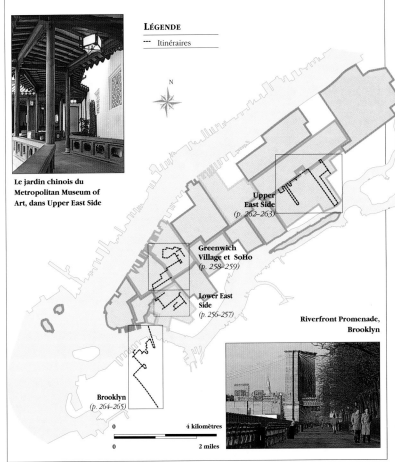

Le jardin chinois du Metropolitan Museum of Art, dans Upper East Side

LÉGENDE

--- Itinéraires

N

Upper East Side *(p. 262–263)*

Greenwich Village et SoHo *(p. 258–259)*

Lower East Side *(p. 256–257)*

Riverfront Promenade, Brooklyn

Brooklyn *(p. 264–265)*

0   4 kilomètres

0   2 miles

Moment de détente dans Grove Street, Greenwich Village

Une heure et demie dans Lower East Side

Cette promenade vous fera traverser d'anciens quartiers d'immigrants, qui confèrent à New York son charme particulier. Elle illustre aussi le caractère changeant de la ville, où des vagues de nouveaux arrivants investissent certains quartiers. Le dimanche est le meilleur jour pour découvrir l'ambiance locale, les diverses cultures et les gastronomies. Pour plus de détails sur le Lower East Side, voir pages 92 à 99.

Le Lower East Side

Partez de East Houston Street, qui délimite le Lower East Side et l'East Village, et profitez-en pour découvrir l'excellente cuisine juive de Yonah Schimmel Knish Bakery ① (137) et Russ & Daughters ② (179), tenu par le petit-fils du fondateur et renommé pour son poisson fumé et son caviar. Quant à Katz's Delicatessen ③ (205), c'est une institution depuis plus de 100 ans. Poursuivez jusqu'à Norfolk Street et tournez à droite pour découvrir l'Angel Orensanz Cultural Center ④, dans l'une des plus vieilles synagogues de New York.

Fer à repasser de 1885, Lower East Side Tenement Museum ⑥

Prenez à droite sur Rivington pour admirer une autre synagogue, la Congregation Shaarai Shomovim First Romanian-Americain Congregation ⑤, installée dans un beau bâtiment en brique de 1890. L'intérieur délabré reste impressionnant.

Investi par les jeunes New-Yorkais branchés, le Lower East Side compte désormais des commerces, des boîtes et des restaurants à la mode. Sur Rivington, des boutiques de vêtements pour jeunes côtoient les magasins traditionnels. Tournez à gauche sur Orchard Street, le cœur traditionnel du Lower East Side juif. Beaucoup de magasins vendent des vêtements et des articles en cuir de stylistes à prix réduits. Le jour le plus animé est le dimanche. En revanche, tout est fermé le samedi.

Les passionnés d'histoire ne manqueront pas de visiter le Lower East Side Tenement Museum ⑥ (90 Orchard). Un logement restauré illustre la vie de trois familles d'immigrants, de 1874 aux années 1930.

Un détour au-delà de Broome Street, sur Orchard, vous conduira à Guss Pickles ⑦ (85-87), une institution qui a inspiré en 1988 le film *Crossing Delancey*. Les clients y font toujours la queue pour savourer les délicieux pickles vendus en tonneaux.

Revenez sur Broome et

tournez à gauche pour découvrir la Kehila Kedosha Janina Synagogue and Museum ⑧ (280 Broome), une petite congrégation dotée d'un musée à l'étage.

Prenez à nouveau à gauche sur Eldridge, pour rejoindre, au-delà de Canal Street, la majestueuse Eldridge Street Synagogue ⑨. La première synagogue de New York accueillant des fidèles d'Europe orientale vient d'être rénovée.

Légende

—— Itinéraire

---- Détour

⚹ Point de vue

Ⓜ Station de métro

KENMARE STREET

CENTRE STREET

⑬

GRAND ST

MOTT STREET

ELIZABETH STREET

HESTER ST

CHRYSTIE STR

Canal Street Ⓜ

Grand Street

BAYARD ST

⑫

⑪

⑩ ⚹

CANAL STREET

MULBERRY ST

MOTT ST

BOWERY

DIVISION STREET

EAST BROADWAY

N

0　　　　　500 m

0　　　　　500 yards

Carnet de route

Point de départ : East Houston St.

Longueur : 3,2 km.

Comment y aller ? Prenez le métro (ligne F ou V) pour Second Avenue ; sortie un, East Houston à Eldridge. Autres stations : F ou V pour Delancey ou Canal, J, M ou Z pour Essex. Le bus M15 s'arrête sur East Houston et à l'angle Delancey Street/Allen Street. Le M14 et le M9 empruntent Essex Street. Pour repartir de Chinatown-Little Italy, la station Canal Street est desservie par les lignes 4, 5, 6, N et R.

Où faire une pause ? Les cafés de Little Italy servent des pâtisseries et du café délicieux. Sweet-n-Tart, au 10 Mott Street, propose des plats chinois. Pour savourer de la cuisine italienne, allez sur Mulberry Stret, chez Il Cortile (125) ou Il Palazzo (151). D'exquis laitages juifs, comme les blintzes, sont vendus chez Ratner's Dairy Restaurant, au 138 Delancey Street.

Marchands de vêtements sur le marché d'Orchard Street

Guss'Pickle Company ⑦

Chinatown

Faites demi-tour pour revenir sur Canal Street, où une pause vous permettra d'admirer la flèche du Chrysler Building et les gratte-ciel à l'angle d'Eldridge.

Prenez à gauche et traversez The Bowery, où subsistent quantité de bijouteries, vestiges de l'ancien Diamond District ⑩. Progressivement, les magasins cèdent la place à des commerces proposant quantité de légumes exotiques et à des boucheries regorgeant de

À Bayard Street, tournez à gauche pour découvrir les affiches et les messages politiques sur le Mur de la Démocratie, puis revenez sur vos pas et prenez à droite sur Mulberry Street. Le virage à côté de Columbus Park était appelé Mulberry Bend ⑫, autrefois connu pour les règlements de compte entre bandes et les bagarres.

Traiteur italien de Little Italy ⑬

Little Italy

Prenez Mulberry Street dans l'autre direction. Soudain, vous êtes dans la Petite Italie ⑬, quartier enclavé dans Chinatown, qui réunit quelques pâtés de maisons, avec des restaurants, des cafés et des magasins proposant pâtes maison, saucisses, pains et pâtisseries. Petit à petit, la population italienne s'en est allée, mais un noyau dur subsiste, déterminé à préserver l'atmosphère du quartier. Le bastion se trouve sur Mulberry Street, entre Broome Street et Canal Street, avec quelques magasins sur Grand Street près de Mulberry. En poursuivant sur Grand, vous reviendrez rapidement dans Chinatown.

La plus grande manifestation de l'année est la fête de San Gennaro, le saint patron de Naples. En septembre, 11 nuits durant, Mulberry Street est bondée de visiteurs venus découvrir les défilés et la cuisine italienne, notamment les saucisses croustillantes proposées par de nombreux stands.

Marchand de pretzel d'Orchard Street ②

canards rôtis. Au 200 Canal Street se trouve Kam Man Food Products, l'un des plus grands marchés chinois du quartier. Tournez à gauche pour prendre Mott Street, aux innombrables enseignes lumineuses en chinois : vous êtes au cœur de Chinatown. De la cantine à la haute cuisine, les restaurants se comptent par centaines. Pour des nourritures plus spirituelles, visitez l'Eastern States Buddhist Temple ⑪.

Kam Man Food Products, un grand marché chinois au 200 Canal Street

Une heure et demie de balade dans Greenwich Village et SoHo

En vous promenant dans le dédale de rues du « Village », vous passerez devant les endroits où résidèrent de nombreux écrivains et artistes célèbres, avant de partir à la découverte des galeries et musées de SoHo où sont exposées des œuvres contemporaines. Consultez les pages 106-113 pour de plus amples détails concernant Greenwich Village et les pages 100-105 pour SoHo.

Une des façades de Washington Mews ⑬

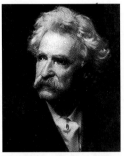

L'écrivain Marc Twain a habité dans la 10ᵉ Rue

La 10ᵉ Rue Ouest

À proximité des 8ᵉ Rue et 6ᵉ Av. ①, vous trouverez des librairies, des disquaires et des magasins de vêtements. Remontez de la 6ᵉ à la 9ᵉ Rue jusqu'à Jefferson Market Courthouse ② et Balducci, marché de produits fins. Dans la 10ᵉ Rue Ouest ③, allez jusqu'au centre d'études helléniques A. Onassis. Il y avait là un passage menant jusqu'au Tile Club, où se réunissaient les artistes du studio de la 10ᵉ Rue. A. Saint-Gaudens, J. LaFarge et

W. Homer y ont vécu et travaillé. M. Twain habitait au n° 24 de la 10ᵉ Rue, E. Albee au n° 50. De l'autre côté de la 6ᵉ Avenue, ne manquez pas Milligan Place ④, ravissant petit pâté de maisons du xixᵉ siècle, ainsi que Patchin Place ⑤, où résidèrent les poètes E. E. Cummings et J. Masefield. Un peu plus loin se trouve le Ninth Circle Bar ⑥ qui, lors de son ouverture en 1898, était surnommé « Regnaneschi's ». Il est d'ailleurs représenté sous ce nom dans une toile de J. Sloan, *Regnaneschi's Saturday Night*. L'endroit inspira le dramaturge E. Albee qui aperçut, griffonnée sur un de ses miroirs, la question « Qui a peur de Virginia Woolf? », futur titre de sa célèbre pièce.

L'entrée discrète du Chumley's ⑩

Greenwich Village

Prenez à gauche vers Waverly Place, en passant devant la fameuse librairie Three Lives, jusqu'à Christopher Street et le Northern Dispensary ⑦. Remontez Grove Street en longeant Christopher Park jusqu'à Sheridan Square, véritable cœur du Village.

À gauche, le Circle Repertory Theater ⑧ où furent jouées les premières des pièces de Lanford Wilson, lauréat du prix Pulitzer, est aujourd'hui fermé. Traversez la 7ᵉ Av. et engagez-vous dans Grove Street. À l'angle de Bedford Street, se trouve Twin Peaks ⑨, un foyer pour artistes des années 1920. Prenez à droite dans Bedford jusqu'au n° 86. Derrière sa façade anonyme se dissimulait à l'époque de la Prohibition l'un des bars clandestins de Manhattan, le Chumley's ⑩, repaire de D. Thomas, S. de Beauvoir, J. Steinbeck, E. Hemingway, W. Faulkner, J. D. Salinger, J. Kerouac et de bien d'autres. Ses murs sont tapissés des couvertures de leurs ouvrages. Au n° 75 bis se trouve la plus étroite maison du Village, domicile de la poétesse féministe Edna Saint Vincent Millay. Remontez Carmine Street jusqu'à la 6ᵉ Av. puis prenez à droite en direction de Waverly Place. Au n° 116 ⑪, C. Lynch, professeur d'anglais, avait l'habitude de tenir salon chaque semaine avec des amis tels H. Melville et E. A. Poe, qui y fit sa première lecture publique du *Corbeau*. Un détour sur votre gauche vous mènera jusqu'à MacDougal Alley ⑫, une ruelle dans laquelle G. Vanderbilt Whitney installa son atelier. Juste derrière se trouve l'emplacement du premier Whitney Museum, qu'elle fonda en 1932.

MODE D'EMPLOI

Départ : Angle 8th St et 6th Ave.

Parcours : 3,2 km.

Comment y aller ? Par le métro A, C, E, F ou V jusqu'à la station 4ᵉ Rue Ouest/Washington Square (sortie 8ᵉ Rue). Les bus M2 et M3 s'arrêtent dans la 8ᵉ Rue. Marchez ensuite un bloc vers l'ouest pour atteindre la 6ᵉ Rue. Le bus M5 fait le tour de Washington Square pour revenir vers la 6ᵉ Av. et la 8ᵉ Rue.

Où faire une pause ? Pour déjeuner, essayez The Pink Tea Cup, au n° 42 de Grove Street. SoHo Kitchen & Bar, au n° 103 de Greene Street, est réputé pour la qualité de ses vins.

Washington Square

Une fois de retour sur MacDougal, prenez à gauche vers Washington Square pour y admirer les plus beaux bâtiments de style néo-grec des États-Unis. Henry James a situé l'action de son roman *Washington Square* au n° 18, où habitait sa grand-mère. Faites ensuite une pause sur la 5ᵉ Av. et retournez-vous pour

Washington Square Park et son arc de triomphe

SoHo

Bordée de clubs, de cafés et de boutiques, Thompson Street est une rue typique du Village que vous longerez vers le sud avant de vous engager à gauche dans Houston Street, la frontière nord de SoHo, puis à droite dans West Broadway. Ensuite galeries d'art et boutiques chic sont de plus en plus nombreuses. Prenez sur votre gauche dans Spring Street ⑮, elle aussi pourvue de vitrines tentatrices, puis à droite dans Greene Street, centre de Cast-Iron Historic District qui doit son nom à son architecture de fonte. À gauche à l'angle de Greene et Canal Street, vous constaterez une fois de plus qu'à New York, le simple fait de traverser une rue vous plonge dans un autre monde : vous êtes au sein de l'univers bruyant des marchands ambulants et des magasins d'électronique à prix discount. Deux blocs plus loin, engagez-vous de nouveau à gauche dans Broadway pour rejoindre le New Museum of Contemporary Art et le Guggenheim de SoHo ⑯, deux temples de l'art contemporain *(p. 105).*

admirer le célèbre arc de triomphe de Washington Square. Traversez la 5ᵉ Av. En face du n° 2 se trouve l'entrée de Washington Mews ⑬ (n° 14), ancien ensemble de remises et d'écuries, où vécurent J. Dos Passos, E. Hopper et R. Kent. Remontez Washington Square North en longeant ses demeures élégantes, parmi lesquelles celle de la romancière E. Wharton (n° 7). Traversez le parc de Washington Square en passant sous son arc de triomphe. En sortant du parc, jetez un coup d'œil sur votre gauche à Judson Memorial Church and Tower ⑭, dessinée par S. White, et au Loeb Student Center, ancienne pension pour étudiants où T. Dreiser écrivit *An American Tragedy.*

LÉGENDE

— Itinéraire principal

☀ Point de vue

Ⓜ Station de métro

0 ———— 500 km

0 ———— 500 yards

Façade de fonte, Greene Street ⑮

Entrée de station de métro sous la neige, Central Park ▷

Deux heures de promenade dans Upper East Side

Cette balade aux alentours de la Cinquième Avenue vous fera découvrir les plus beaux témoignages du New York du début du siècle. Un détour par le vieux quartier allemand de Yorkville vous conduira le long du fleuve jusqu'à Gracie Mansion, résidence officielle du maire de la ville. Pour de plus amples détails sur Upper East Side, voyez les pages 180-201.

0 ——— 500 mètres
0 ——— 500 yards

De Frick Collection au « Met »

Partez de la demeure ① construite en 1913 pour H. Clay Frick, magnat du charbon. Prenez le temps pour visiter sa magnifique collection d'art (p. 200-201). Les grandes familles new-yorkaises rivalisaient d'orgueil en faisant bâtir des résidences d'un luxe royal, inspirées de Versailles, ou des châteaux de la Loire. Celles qui sont encore debout ont le plus souvent été transformées en musées ou en fondations. Sur la 70ᵉ Rue, vous pourrez admirer deux des galeries d'art les plus influentes de la ville : la Knoedler Gallery et Hirschl & Adler ②. Remontez Madison jusqu'à l'angle de la 72ᵉ Rue. Là se dresse le grand magasin Polo-Ralph Lauren ③, ancienne demeure de G. Rheinlander Waldo, dont l'intérieur a été restauré. En retournant vers la 5ᵉ Av. le long du côté nord de la 72ᵉ Rue, vous passerez devant deux beaux édifices des années 1890 qui abritent désormais le lycée français de New York ④. Continuez à longer la 5ᵉ Av. jusqu'à la 73ᵉ Rue puis dirigez-vous vers l'est jusqu'au n° 11, ancienne demeure de J. Pulitzer ⑤. À quelques blocs de là, entre Lexington et la 3ᵉ Av. vous pourrez contempler de belles maisons du siècle dernier ⑥.

Revenez sur vos pas jusqu'au n° 1 de la 75ᵉ Rue, l'ancienne résidence d'E. S. Harkness, fils du fondateur de la Standard Oil. Cet immeuble accueille maintenant le Commonwealth Fund ⑦. Au n° 1 de la 78ᵉ Rue Ouest, le château du « roi du tabac », James B. Duke, est devenu New York University Institute of Fine Arts ⑧. À l'angle de la 79ᵉ Rue et de la 5ᵉ Av., l'immeuble qui fut jadis la résidence du financier P. Whitney abrite l'ambassade de France ⑨. Quant au n° 2 de la 79ᵉ Rue, c'est désormais le siège de l'Ukrainian Institute of America ⑩. À l'angle sud-est de la 82ᵉ Rue, vous pourrez admirer Duke-Semans House ⑪, l'un des derniers hôtels particuliers de Manhattan. Consacrez une autre journée pour la visite du Metropolitan Museum of Art ⑫, situé à hauteur de cette même rue.

Church of the Holy Trinity ⑰

Ukrainian Institute of America ⑩

LÉGENDE

— Itinéraire principal
☆ Point de vue
Ⓜ Station de métro

Carl Schurz Park Promenade

Yorkville

En tournant vers l'est dans la 86e Rue, vous découvrez les derniers vestiges de l'ancien quartier allemand : Bremen House ⑬, Kleine Konditorei et Ideal, un petit restaurant aux plats copieux. Traversez la 2e Av. puis tournez à droite vers Heidelberg Café et la charcuterie allemande Schaller & Weber ⑭.

East River et Gracie Mansion

Henderson Place ⑮, sur East End Av., est un ensemble de 24 maisons de brique rouge de style Queen Anne. Juste en face, Carl Schurz Park doit son nom au plus influent des New-Yorkais d'origine germanique, qui fut rédacteur en chef de *Harper's Magazine* et du *New York Post*. Une promenade dans ce parc vous mènera jusqu'à un superbe point de vue sur le port de New York et Hell Gate, le confluent de East River et du détroit de Long Island. Depuis le chemin, vous pourrez aussi contempler une jolie perspective sur la façade arrière de Gracie Mansion ⑯. Remontez vers l'ouest par la 88e Rue, passez devant Church of the Holy Trinity ⑰ et, sur Lexington Av., dirigez-vous vers la 92e Rue. En prenant vers l'ouest, vous découvrirez deux des dernières maisons de bois de Manhattan ⑱.

Cooper-Hewitt National Design Museum ⑳

Carnegie Hill

De retour sur la Cinquième Avenue, longez les murs du Jewish Museum ⑲ et continuez jusqu'à la 91e Rue, où se dresse le Cooper-Hewitt National Design Museum ⑳, autrefois la demeure d'Andrew Carnegie. Cette réplique d'un manoir anglais, construite en 1902, valut au quartier d'être surnommé Carnegie Hill. James Burden House ㉑, au n° 7, édifiée en 1905 pour Adèle Sloan, héritière des Vanderbilt, abrite un escalier surmonté d'une verrière de vitraux, jadis surnommé « l'escalier du paradis ».

Au n° 9, la résidence de style Renaissance italienne du financier Otto Kahn est intéressante à observer avec son porche d'entrée et sa cour intérieure. Elle abrite aujourd'hui le couvent de l'école du Sacré-Cœur.

Maisons en bois sur la 92e Rue ⑱

Une promenade de trois heures dans Brooklyn

Une excursion au-delà du plus célèbre pont new-yorkais vous mènera jusqu'à Brooklyn Heights, la plus ancienne banlieue de la ville. Ce quartier tout droit sorti du XIXe siècle a des accents de Moyen-Orient. La promenade le long du fleuve offre une vue imprenable sur Manhattan. Pour plus de détails sur Brooklyn, consultez les pages 244-251.

La caserne de pompiers d'Old Fulton Street

Fulton Ferry Landing
Long d'un kilomètre, Brooklyn Bridge est un lieu privilégié pour photographier le sud de New York. Prenez un taxi ou, si vous vous sentez en forme, faites le trajet à pied.
Suivez la direction de Tillary Street, tournez à droite en bas des escaliers et prenez le premier chemin qui traverse le parc. Puis descendez Cadman Plaza West ① sous la voie express Queens-Brooklyn jusqu'à l'endroit où Cadman devient Old Fulton Street. Vous apercevrez le pont sur votre droite en vous dirigeant vers le fleuve et Fulton Ferry Landing ②. C'est d'ici que les troupes de George Washington s'embarquèrent pour Manhattan

pendant la guerre d'Indépendance. En 1814, l'endroit fut converti en embarcadère pour le bac reliant Brooklyn à Manhattan. Cette zone jusque-là agricole se transforma rapidement en quartier résidentiel. À votre droite se trouve River Café : avec son panorama sur le fleuve et sur la silhouette des gratte-ciel de Manhattan, c'est l'une des adresses gastronomiques réputées de New York.

Eagle Warehouse ④

Brooklyn Heights
En partant de l'embarcadère, prenez à droite et remontez jusqu'à Columbia Heights en passant devant l'ancien Eagle Warehouse ④. Le n° 24 ⑤ de Middagh Street est l'une des plus vieilles maisons du quartier (1824). Engagez-vous à droite dans Willow Street puis à gauche dans Cranberry Street. Cette rue est bordée de maisons à l'architecture variée, depuis les vieilles demeures en bois jusqu'aux petits hôtels particuliers de style fédéral. En faisant abstraction des voitures et de quelques immeubles récents, on pourrait se croire revenu au siècle dernier. De nombreuses célébrités ont vécu ici. A. Miller résida au n° 155. Truman Capote écrivit *Breakfast at Tiffany's* et *In Cold Blood* au n° 70 de Willow Street. Lorsqu'il était

rédacteur en chef du *Brooklyn Eagle,* le poète Walt Whitman habitait dans Cranberry Street. Les premières épreuves de son ouvrage *Leaves of Grass* furent éditées dans une imprimerie située près de l'angle de Cranberry et Fulton. Tournez à droite dans Hicks Street puis à gauche dans Orange Street jusqu'à Plymouth Church ⑥, où vécut H. W. Beecher, célèbre prêtre anti-esclavagiste et frère d'Harriett Beecher Stowe, auteur de *La Case de l'oncle Tom.* Une fois sur Clark Street, regardez sur votre gauche pour

Truman Capote et l'un de ses amis à plumes

L'entrée de River Café

Brooklyn Bridge
Worth Street
550yards/500m

admirer les marquises d'hôtels réputés comme le Towers. Longez Clark Street vers Columbia Heights ; Norman Mailer vit au n° 142 ⑦. Au n° 110 vécut l'étonnant Washington Roebling, ingénieur qui, cloué au lit par une paralysie, surveilla les travaux de Brooklyn Bridge à l'aide d'une longue-vue !

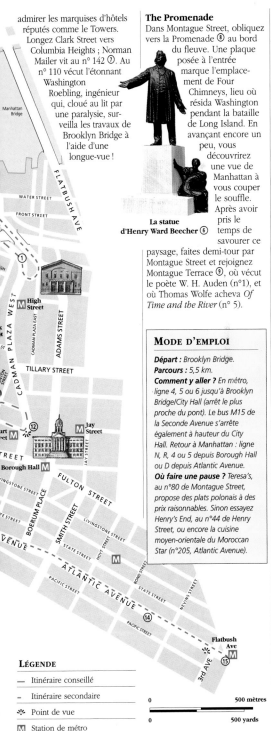

La statue d'Henry Ward Beecher ⑥

The Promenade

Dans Montague Street, obliquez vers la Promenade ⑧ au bord du fleuve. Une plaque posée à l'entrée marque l'emplacement de Four Chimneys, lieu où résida Washington pendant la bataille de Long Island. En avançant encore un peu, vous découvrirez une vue de Manhattan à vous couper le souffle. Après avoir pris le temps de savourer ce paysage, faites demi-tour par Montague Street et rejoignez Montague Terrace ⑨, où vécut le poète W. H. Auden (n°1), et où Thomas Wolfe acheva *Of Time and the River* (n° 5).

MODE D'EMPLOI

Départ : *Brooklyn Bridge.*
Parcours : *5,5 km.*
Comment y aller ? *En métro, ligne 4, 5 ou 6 jusqu'à Brooklyn Bridge/City Hall (arrêt le plus proche du pont). Le bus M15 de la Seconde Avenue s'arrête également à hauteur du City Hall. Retour à Manhattan : ligne N, R, 4 ou 5 depuis Borough Hall ou D depuis Atlantic Avenue.*
Où faire une pause ? *Teresa's, au n°80 de Montague Street, propose des plats polonais à des prix raisonnables. Sinon essayez Henry's End, au n°44 de Henry Street, ou encore la cuisine moyen-orientale du Moroccan Star (n°205, Atlantic Avenue).*

L'ancien tramway de Montague Street conduisait au fleuve et au bac

Montague et Clinton Street

De retour dans Montague Street, dirigez-vous vers le cœur de Brooklyn, où foisonnent boutiques et cafés. À l'angle de Montague et de Clinton, n'hésitez pas à entrer dans Church of st Ann pour admirer ses splendides vitraux ⑩. Avancez encore d'un bloc vers la gauche jusqu'à Pierrepont Street, siège de la Brooklyn Historical Society ⑪. Un bloc plus loin, dans Court Street, vous attendent Borough Hall ⑫, la mairie annexe de Brooklyn (1849), ainsi que la station de métro qui vous fera revenir dans Manhattan.

L'équipe des Brooklyn Dodgers doit son nom au fait qu'ils jouaient à éviter *(to dodge)* les tramways

Atlantic Avenue

Si vous choisissez de rester dans Clinton Street et continuer jusqu'à Atlantic Av. Vous découvrirez, sur votre gauche, de nombreux magasins de produits moyen-orientaux, comme Sahadi Imports ⑬ au n° 187 (alimentation). Plusieurs magasins vendent des livres en arabe, des cassettes, des journaux et des CD. Plus loin, vous tomberez sur des antiquaires ⑭. En arrivant dans Flatbush Av., vous ne pourrez pas manquer à votre gauche la Brooklyn Academy of Music ⑮ et la majestueuse façade de la Williamsburg Savings Bank. Cherchez alors les pancartes qui vous guideront jusqu'au métro à destination de Manhattan.

LÉGENDE

— Itinéraire conseillé

- Itinéraire secondaire

☀ Point de vue

Ⓜ Station de métro

0   500 mètres

0   500 yards

LES BONNES ADRESSES

HÉBERGEMENT

Les 65 000 chambres de la ville offrent au visiteur un très vaste choix. Les palaces de New York sont moins onéreux que ceux de Paris ou de Londres. Par ailleurs, le nombre des bons hôtels à petit prix augmente. À New York, la location d'appartement, les chambres d'hôtel, les auberges de jeunesse ou les YMCA sont autant de solutions de logement. Nous avons

Le piano de Cole Porter dans le bar du Waldorf-Astoria *(p. 280)*

sélectionné 76 hôtels parmi les meilleurs de chaque catégorie, et le chapitre *Choisir un hôtel (p. 272-283)* facilite votre choix. Pour toute information complémentaire, référez-vous aux listes des p. 276-283. Une sélection de dix hôtels considérés comme les meilleurs dans leur catégorie vous est présentée par le plan en p. 272.

Une salle de bains de l'hôtel Paramount *(p. 277)*

OÙ CHERCHER ?

La plupart des palaces sont situés entre la 59e et la 77e Rue, mais certains établissements rénovés ou appartenant à un groupe hôtelier, comme le St Regis ou le Peninsula, leur font concurrence en centre-ville. Les hommes d'affaires, eux, affectionnent particulièrement le centre-ville et les modestes hôtels de Lexington Avenue, ainsi que le quartier de Grand Central Terminal. Murray Hill séduit ceux qui recherchent un logement paisible non loin du centre-

ville. Le quartier de Times Square, récemment rénové, convient particulièrement aux amateurs de spectacles. En effet, tous les spectacles se terminant généralement à la même heure, la recherche d'un taxi libre pour rentrer peut se révéler être un vrai casse-tête – autant résider à proximité.

On trouve quelques bons hôtels pas trop chers autour de Herald Square, ce qui est pratique pour le shopping. Les hôtels les moins chers se concentrent aussi dans Upper West Side, aux alentours du Lincoln Center – facile d'accès grâce aux transports publics. Le **New York Convention and Visitors Bureau** publie une brochure gratuite remise à jour chaque année, qui vous indiquera les prix et les numéros de téléphone et de fax des hôtels.

LES PRIX

Certains établissements proposent des tarifs promotionnels et des réductions hors saison. À New York, les hommes d'affaires désertent la ville en fin de semaine, aussi profitez-en pour vous loger moins cher le week-end. Même les palaces

proposent des conditions préférentielles ! *(Spécial week-end p. 270).* De plus en plus d'hôtels ne proposent que des suites, et ce quelle que soit leur catégorie. Pour le même prix, vous aurez plus d'espace et une cuisine équipée d'un réfrigérateur… Ces suites peuvent accueillir jusqu'à quatre personnes, ce qui est particulièrement intéressant pour une famille.

Le café Botanica de l'Essex House Hotel *(p. 277)*

LES CHARGES SUPPLÉMENTAIRES

Pour savoir combien vous reviendra une nuit d'hôtel, le prix indiqué de la chambre n'est pas le seul élément à prendre en compte. Les chambres d'hôtels ont toujours été sujettes à diverses taxes. Aujourd'hui, cette taxe est applicable à tous les barèmes de prix et s'élève à 13,25 %, plus 2 dollars par nuit et par chambre. Dans plusieurs hôtels, le petit déjeuner est maintenant

Téléphones dans le hall (pour appeler un client de l'hôtel)

Suite du Millenium *(p. 278)*

compris dans le prix de la chambre. Quand on sait qu'un petit déjeuner coûte entre 5 et 30 dollars, c'est intéressant. Mais c'est en allant vous restaurer au *deli* le plus proche que vous ferez le plus d'économie.

Le téléphone public du hall d'entrée revient souvent moins cher que celui de la chambre, en particulier pour les appels à l'étranger.

Aux États-Unis, il est d'usage de distribuer des pourboires. L'employé qui monte vos bagages reçoit normalement 1 dollar par valise – davantage dans un hôtel de luxe – mais les réservations et autres services courants rendus par le concierge sont gratuits, sauf en cas d'une requête particulière. En commandant depuis votre chambre, vérifiez si le service est compris ; sinon prévoyez un pourboire de 15 % à 20 %. Les personnes qui voyagent seules savent d'expérience que le prix d'une chambre simple revient à peu près à 80 % de celui d'une double – et le plus souvent pour un espace équivalent.

LES AMÉNAGEMENTS

On pourrait s'attendre à ce que les chambres d'hôtel de New York soient bruyantes ; fort heureusement, la majorité des établissements offrent une bonne isolation sonore. La climatisation est elle aussi un équipement standard ; vous n'aurez donc pas besoin d'ouvrir les fenêtres en été. N'oubliez cependant pas que les pièces les plus tranquilles donnent toujours sur cour. Même les plus modestes sont généralement équipées d'une radio, d'un téléviseur et d'un téléphone, ainsi bien sûr que d'une salle de bains attenante. La plupart des bons hôtels mettent à disposition de leurs clients télécopieur, mini-bar dans la chambre et salle de musculation. Un concierge est présent en permanence. Messageries vocales, gestion électronique des messages téléphoniques et du check-out sont en outre de plus en plus courantes.

Les hôtels indiqués sont tous situés à proximité de rues commerçantes et de restaurants. Peu d'hôtels possèdent leur propre parc de stationnement mais un grand nombre d'entre eux proposent des places payantes à la journée à leurs visiteurs. Les employés se chargent d'aller garer votre véhicule. S'il n'y a pas de concierge, la réception sera toujours en mesure de vous indiquer le parking le plus proche.

Le hall Art déco de l'hôtel Edison *(p. 276)*

COMMENT RÉSERVER ?

N'hésitez pas à réserver votre chambre au moins un mois à l'avance, car s'il est peu probable que l'hôtel soit complet, les meilleures chambres et les suites risquent d'être déjà prises, surtout en période de congrès. Les périodes les plus chargées sont Pâques, la semaine du Marathon de New York (fin octobre ou début novembre), Thanksgiving (fin novembre) et Noël. Vous pouvez réserver directement auprès de l'hôtel par lettre, fax, téléphone ou Internet. Dans ce dernier cas, une confirmation écrite de votre réservation vous sera demandée, le plus souvent accompagnée d'arrhes ; attention, les éventuels frais d'annulation seront déduits de leur montant. Vous pouvez régler par carte de crédit, chèque ou mandat international, ou encore par traveller's chèques en dollars. Si vous n'avez pas payé d'avance par carte de crédit et que vous prévoyez d'arriver après 18 h, prévenez l'hôtel afin d'éviter que votre chambre ne soit redistribuée. Vous pouvez aussi réserver par l'intermédiaire de votre agence de voyage ou d'une compagnie aérienne. La plupart des hôtels possèdent un numéro d'appel gratuit à l'intérieur des États-Unis, cependant ces numéros ne fonctionnent pas depuis l'Europe. Si l'hôtel appartient à une chaîne internationale, la filiale de celle-ci dans votre pays est en mesure de vous réserver une chambre.

SPÉCIAL WEEK-END

Les hôtels sont plus occupés durant la semaine – les hommes d'affaires sont en ville – c'est pourquoi la plupart d'entre eux proposent des forfaits week-end à des tarifs préférentiels : il est souvent possible d'obtenir une suite pour le prix d'une

Vestibule de l'hôtel St-Regis (p. 278)

chambre simple. Des tarifs avantageux sont offerts aux employés de grosses sociétés ; la réception vous accordera fréquemment cette réduction sans vous demander si vous travaillez dans l'une d'entre elles. Certaines agences de réservation offrent elles aussi des réductions. Une bonne agence de voyage est censée proposer les meilleurs tarifs, mais il peut être utile de comparer les prix en contactant directement un service de réservation efficace, comme Quikbook ou Express (p. 269), qui propose des réductions allant de 20 à 50 % sur les réservations de dernière minute, et ce suivant la période de l'année. Vous réglez par carte de crédit, et vous recevez une réservation à présenter à votre arrivée à l'hôtel. Autre formule intéressante, les voyages organisés : vous n'êtes pas obligé de rester avec un groupe, il vous suffit d'utiliser le même vol et le même hôtel. Ces formules peuvent également inclure les transferts depuis (ou vers) l'aéroport… une économie de plus ! Enfin, les compagnies aériennes proposent fréquemment leurs propres formules, surtout en basse saison. N'oubliez pas qu'une bonne agence de voyage doit vous indiquer les meilleures affaires du moment, et que

---

RÉPERTOIRE

VOYAGEURS HANDICAPÉS

Mayor's Office for People with Disabilities
52 Chambers St, Room 206, NY, NY 10007.
☎ 788-2830.
W www.nyc.gov

BED AND BREAKFAST

Abode Bed and Breakfast Inc
☎ 472-2000 ou
(800) 835-8880
W www.abodenyc.com

At Home in New York
☎ 956-3125. FAX 247-3294.

Bed & Breakfast (and Books)
90 W 92nd St, Apt 2C, NY 10025.
☎ 865-8740.

Country Inn The City
☎ 580-4183 W www.countryinnthecity.com

Bed & Breakfast Network in New York
130 Barrow St, Suite 508, NY 10014.
☎ 645-8134 / (800) 900-8134.

Jim's Deli!
W www.jimsdeli.com

Homestay New York
☎ (718) 434-2071
W www.homestayny.com

All Around the Town
☎ 675-5600 ou
(800) 443-3800.

Urban Ventures, Inc.
☎ 594-5650. W www.nyurbanventures.com

AUBERGES DE JEUNESSE ET DORTOIRS

Hosteling International, NY
891 Amsterdam Ave at W 103rd St, NY, NY 10025. **Plan** 20 E5.
☎ 932-2300.

92nd St Y
1395 Lexington Ave, NY, NY 10128. **Plan** 17 A2.
☎ 415-5650.

YMCA-Vanderbilt
224 E 47th St, NY 10017. **Plan** 13 A5.
☎ 756-9600.

YMCA-West Side
5 W 63rd St, NY 10023. **Plan** 12 D2.
☎ 875-4273.

LOGEMENT ÉTUDIANTS

NYU Summer Housing
8 Washington Place, NY, NY 10003. ☎ 998-4621.

HÔTELS À L'AÉROPORT

P. 364 pour infos sur les hôtels des 2 aéroports principaux, **JFK** et **Newark**.

vous trouverez souvent. dans la presse des promotions et offres limitées accessibles directement.

LES VOYAGEURS HANDICAPÉS

Selon la loi américaine, les hôtels doivent disposer d'équipements pour handicapés, et beaucoup de vieux bâtiments ont été rénovés pour être conformes. Les chiens d'aveugles sont autorisés dans la plupart des hôtels, mais il est préférable de se renseigner lors de la réservation. Les possibilités d'accueil des handicapés étant estimées par chaque hôtel, n'hésitez pas à poser des questions au moment de réserver. Pour plus d'informations, consultez le **Mayor's Office for People with Disabilities**.

VOYAGER AVEC DES ENFANTS

Les hôtels américains accueillent généralement les enfants à bras ouverts, et mettront à votre disposition des équipements (lits de camp, liste de baby-sitters…) adaptés aux petits. Voyager avec des enfants peut être plus économique qu'on ne le pense : la plupart des hôtels ne font pas payer les enfants qui dorment dans la chambre de leurs parents (certains comptent un petit supplément). Un ou deux enfants sont tolérés par chambre, avec une limite d'âge – le plus souvent 12 ans. Les enfants plus âgés doivent payer plein tarif, bien qu'en certains endroits l'âge limite soit repoussé à 18 ans. Là encore, renseignez-vous au moment de réserver.

LES BED AND BREAKFAST

De plus en plus de particuliers proposent des *bed and breakfast*, de la simple chambre chez l'habitant à l'appartement avec cuisine et salle de bains, mis à votre disposition en l'absence du propriétaire. En optant pour un appartement, vous vivrez au rythme des New-Yorkais et goûterez au charme des restaurants de quartier, très souvent moins onéreux que ceux du centre-ville. Les formules *bed and breakfast*

L'entrée de l'hôtel Peninsula (p. 281)

existent auprès de tous les services de réservation, certaines agences exigeant deux nuits minimum. Le tarif pour un appartement varie de 70 à 200 dollars la nuit ; celui d'une chambre double entre 60 à 90 dollars, selon que vous désirez une salle de bains privée ou non. Vous trouverez toutes sortes d'appartements, du plus spacieux au plus minuscule, du plus luxueux au plus spartiate. Renseignez-vous, avant de réserver, sur la proximité des commerces : trop de taxis risquent de grever votre budget…

LES JEUNES ET LEUR BUDGET LOGEMENT

La ville propose une auberge de jeunesse et plusieurs dortoirs YMCA pour les petits budgets. Pour les séjours plus longs, le 92nd St Y, lieu de séjour éclectique situé dans la partie nord de East Side, propose de bons rapports qualité/prix (de 30 à 50 dollars la nuit). Il n'y a pas de camping à Manhattan, et les chambres d'étudiants sont difficiles à trouver pour ceux qui ne font pas partie d'une université new-yorkaise.

Piscine panoramique dans un hôtel de luxe

UTILISER LE RÉPERTOIRE

Vous trouverez la liste des hôtels pages 272 à 283. Chaque hôtel est répertorié selon sa localisation et sa catégorie de prix. Les pictogrammes après chaque adresse résument les équipements offerts.

📷 toutes les chambres ont une baignoire et/ou une douche, sauf avis contraire

1️⃣ chambres à prix *single* disponibles

➕ chambres pour plus de deux personnes (ou lit supplémentaire)

24 service d'étage 24h/24

TV télévision dans chaque chambre

Y mini-bar dans chaque chambre

⚡ chambre non-fumeur

🌿 chambre avec vue

≡ climatisation dans chaque chambre

💪 centre de remise en forme dans l'hôtel

🏊 piscine dans l'hôtel

📠 services affaires : messagerie, fax à disposition, bureau dans chaque chambre et salles de réunion disponibles

👶 équipement pour les enfants : lits et baby-sitting

♿ accessible aux handicapés

⬆ ascenseur

🐾 animaux admis dans les chambres (vérifiez lors de la réservation)

P voiturier

🌳 jardin/terrasse pour les clients

Y bar

🍴 restaurant

ℹ bureau d'informations touristiques

💳 cartes de crédit acceptées

○ ouvert

● fermé

Catégorie de prix

pour une chambre double avec baignoire, par nuit, taxes incluses :

$ moins de $150

$$ de $150 à $250

$$$ de $250 à $350

$$$$ de $350 à $450

$$$$$ plus de $450

Choisir un hôtel

Les établissements suivants ont été sélectionnés dans une large gamme de prix pour leur emplacement et la qualité de leurs prestations. Ils sont présentés par quartier, en commençant par Lower Manhattan, et sont ensuite classés par ordre croissant de prix. Pour les références au plan, se reporter aux pages 388 à 409.

	CARTES BANCAIRES	NOMBRE DE CHAMBRES	RESTAURANT	CLIMATISATION	ENVIRONNEMENT CALME

LOWER MANHATTAN

EMBASSY SUITES NEW YORK W www.embassysuites.com ⑤⑤⑤
102 North End Ave., NY, NY 10281. **Plan** 1 A2. 212-945-0100. FAX 212-945-3012.
Dans une tour surplombant Battery Park City, cet hôtel ne loue que des suites.
Chambres grandes et confortables équipées de connexions internet
à haut débit, décor moderne et vues sur le port. Réductions intéressantes
le week-end. ▭ 1 ▦ 24 TV 🔌 ⚡ 🍸 🍽 ♨ 🛏 🏋 ♿

| AE DC JCB MC V | 463 | ● | ■ | ● |

HOLIDAY INN WALL STREET W www.holidayinnwsd.com ⑤⑤⑤
15 Gold St., NY, NY 10038. **Plan** 2 D2. 212-232-7800. FAX 212-269-9569.
Indéniablement conçu pour les hommes d'affaires : l'équipement de base
comprend un bureau, un ordinateur avec lecteur CD et DVD, un télécopieur,
une imprimante couleur, une chaise ergonomique, un téléphone portable et,
même, des agrafes. Excellents buffets au petit déjeuner.
▭ 24 TV 🔌 ⚡ 🍸 🍽 🛏 ♿

| AE DC JCB MC V | 138 | ● | ■ | |

REGENT WALL STREET W www.regenthotels.com ⑤⑤⑤⑤⑤
55 Wall St., NY, NY 10005. **Plan** 1 C3. 212-845-8600. FAX 212-845-8601.
Le meilleur hôtel du quartier des affaires occupe un étonnant bâtiment néo-grec
de 1842. Grandiose, l'intérieur néo-classique, préservé, a été habilement mis
au goût du jour. Chambres somptueuses dotées de bains à remous. Les tarifs
week-end sont une affaire. ▭ ▦ 24 TV 🔌 ⚡ 🍸 🍽 🛏 ♿

| AE DC JCB MC V | 144 | ● | ■ | ● |

LOWER EAST SIDE

OFF SOHO SUITES HOTEL W www.offsoho.com ⑤
11 Rivington St., NY, NY 10002. **Plan** 5 A3. 212-979-9808. FAX 212-979-9801.
Autrefois isolé, cet hôtel bon marché a été rattrapé par l'expansion
des quartiers branchés. Si le décor est inexistant et les lits un peu durs,
les chambres sont bien tenues. Les suites « Deluxe » ont une cuisine et
une salle de bains indépendants ; ces dernières sont communes
dans les suites « économiques ». ▦ TV 🔌 🍽

| AE DC JCB MC V | 38 | ● | ■ | |

SOHO ET TRIBECA

COSMOPOLITAN HOTEL – TRIBECA W www.cosmohotel.com ⑤
95 W. Broadway, NY, NY 10007. **Plan** 1 B1. 212-566-1900. FAX 212-566-6909.
Idéalement situé : en plein cœur du quartier branché de TriBeCa et entouré
d'une myriade d'excellents restaurants. Les chambres sont petites
mais joliment meublées, les salles de bains minuscules mais immaculées.
Très bon rapport qualité-prix. ▭ 1 TV 🔌

| AE DC JCB MC V | 105 | | ■ | |

HOLIDAY INN DOWNTOWN/SOHO W www.holiday-inn.com ⑤⑤⑤
138 Lafayette St., NY, NY 10013. **Plan** 4 F5. 212-966-8898. FAX 212-966-3933.
Cet hôtel n'a rien de particulier, mais les amateurs d'originalité apprécieront
sa situation dans l'animation de Chinatown, tout près des boutiques de SoHo
et de Nolita, le quartier à la mode. Chambres simples. Le restaurant cantonais,
sur place, est très estimé. ▭ ▦ TV 🔌 ⚡

| AE DC JCB MC V | 227 | ● | ■ | |

60 THOMPSON W www.60thompson.com ⑤⑤⑤⑤
60 Thompson St., NY, NY 10012. **Plan** 4 D4. 212-431-0400. FAX 212-431-0200.
L'aspect moderne de ce nouveau venu cache une ambiance chaleureuse
et intime. Le céladon et l'acajou dominent dans les chambres, équipées
de connexion internet, de lecteurs CD et DVD, ainsi que de baignoires
en marbre. Emplacement parfait. ▭ TV 🔌 ⚡ 🍸 🍽

| AE DC JCB MC V | 100 | ● | ■ | |

TRIBECA GRAND HOTEL W www.tribecagrand.com ⑤⑤⑤⑤⑤
2 Sixth Ave., NY, NY 10013. **Plan** 3 E5. 212-519-6600. FAX 212-519-6700.
L'élégance est le maître mot dans cet établissement. Le luxe s'allie à l'utile
dans des chambres ultramodernes : tissus somptueux, meubles aux lignes
épurées et technologie de pointe. La cour couverte, au centre, est souvent
remplie de célébrités. ▭ ▦ 24 TV 🔌 ⚡ 🍸 🍽 🛏 ♿

| AE DC JCB MC V | 203 | ● | ■ | |

Catégories de prix pour une nuit en chambre double, petit déjeuner, service et taxes compris.

$ moins de 150 $
$$ de 150 à 250 $
$$$ de 250 à 350 $
$$$$ de 350 à 450 $
$$$$$ plus de 450 $

CARTES BANCAIRES
Cartes acceptées : *AE* = American Express ; *DC* = Diners Club ; *JCB* = Japanese Credit Bureau ; *MC* = MasterCard/Access ; *V* = Visa.

RESTAURANT
Sauf précision contraire, le restaurant ou la salle à manger accepte d'autres clients que les hôtes.

CLIMATISATION
Dans les chambres ou les parties communes.

ENVIRONNEMENT CALME
Lieu de séjour ou rue calmes dans une zone animée.

GREENWICH VILLAGE

	CARTES BANCAIRES	NOMBRE DE CHAMBRES	RESTAURANT	CLIMATISATION	ENVIRONNEMENT CALME
ABINGDON GUEST HOUSE W www.abingdonguesthouse.com $$ 13 Eighth Ave., NY, NY 10014. **Plan** 3 C1. 212-243-5384. FAX 212-674-0100. Cette délicieuse pension est située au milieu des immeubles en grès brun de West Village, l'un des plus charmants quartiers de la ville. Chambres confortables et décor raffiné pour des voyageurs indépendants : il n'y a pas de gardien à demeure. Pas de petit déjeuner, mais on peut prendre un café au rez-de-chaussée. ⬚ ⬚ TV ⬚	AE DC JCB MC V	9		▣	
WASHINGTON SQUARE HOTEL W www.wshotel.com $$ 103 Waverly Place, NY, NY 10011. **Plan** 4 D2. 212-777-9515. FAX 212-979-8373. Un couloir en marbre dont l'élégance surprend dessert des chambres petites et récemment rénovées. Un peu cher, mais l'emplacement, dans l'enceinte de la New York University, en face de Washington Square Park, devrait séduire les fêtards. Excellent restaurant. ⬚ 1 TV ⬚ ⬚ Y ⬚	AE DC JCB MC V	170	●	▣	

EAST VILLAGE

	CARTES BANCAIRES	NOMBRE DE CHAMBRES	RESTAURANT	CLIMATISATION	ENVIRONNEMENT CALME
ST. MARK'S HOTEL W www.stmarkshotel.qpg.com $ 2 St. Mark's Place, NY, NY 10003. **Plan** 4 F1. 212-674-0100. FAX 212-420-0854. Dans une ville où hôtel bon marché signifie moquettes tachées et murs lézardés, le St Mark se distingue par son entrée plaquée de marbre et de chêne et par sa propreté. Les chambres sont spartiates et les salles de bains petites, mais bien tenues. Très animé, en raison de la clientèle branchée des boutiques de St Mark's Place. ⬚ TV	AE DC JCB MC V	70			
UNION SQUARE INN W www.unionsquareinn.com $$ 209 E. 14th St., NY, NY 10003. **Plan** 4 F1. 212-614-0500. FAX 212-614-0512. Une trouvaille pour ceux qui cherchent un bon rapport qualité-prix. Les chambres sont petites, sans vue, et le service est réduit au minimum, mais la literie est bonne et les salles de bain toutes neuves. Petit déjeuner compris. ⬚ 1 ⬚ TV	AE DC JCB MC V	40		▣	

GRAMERCY ET LE QUARTIER DU FLATIRON

	CARTES BANCAIRES	NOMBRE DE CHAMBRES	RESTAURANT	CLIMATISATION	ENVIRONNEMENT CALME
HOTEL 17 W www.hotel17.citysearch.com $ 225 E. 17th St., NY, NY 10003. **Plan** 9 B5. 212-475-2845. FAX 212-677-8178. Réputé à la mode, cet hôtel bon marché est plutôt basique. Les chambres sont sombres et minuscules, l'équipement se limite à une télévision, un lavabo et un sèche-cheveux. Prix corrects cependant, surtout les forfaits à la semaine. 1 ⬚ TV	AE DC JCB MC V	120		▣	
MURRAY HILL INN W www.murrayhillinn.com $ 143 E. 30th St., NY, NY 10016. **Plan** 9 A3. 212-683-6900. FAX 212-545-0103. Chambres petites, simples et anonymes, mais l'établissement est très bien tenu. Celles qui disposent d'une salle de bains particulière sont plus agréables ; pour les plus fauchés, les autres sont une bonne affaire. 1 ⬚ TV	AE DC JCB MC V	50		▣	●
GERSHWIN HOTEL W www.gershwinhotel.com $$ 7 E. 27th St., NY, NY 10016. **Plan** 8 F3. 212-545-8000. FAX 212-684-5546. Le fantôme d'Andy Warhol hante cet hôtel aux couleurs de rouge à lèvres et aux meubles de bandes dessinées. Chambres claires et bien équipées. ⬚ 1 ⬚ TV ⬚ Y ⬚ ⬚	AE DC JCB MC V	121	●	▣	
GRAMERCY PARK HOTEL W www.gramercyparkhotel.com $$ 2 Lexington Ave., NY, NY 10010. **Plan** 9 A4. 212-475-4320. FAX 212-505-0535. Son ambiance un peu surannée et la taille de ses chambres sont ses principaux attraits. Même une chambre standard est assez grande pour accueillir une famille. Celles qui donnent sur le parc et les suites possèdent un coin cuisine. Un plus : les résidents ont accès à Gramercy Park, dont l'entrée est réservée à quelques habitants du quartier. ⬚ 1 ⬚ TV ⬚ ⬚ Y ⬚	AE DC JCB MC V	509	●	▣	●

Catégories de prix pour une nuit en chambre double, petit déjeuner, service et taxes compris.

$ moins de 150 $
$$ de 150 à 250 $
$$$ de 250 à 350 $
$$$$ de 350 à 450 $
$$$$$ plus de 450 $

CARTES BANCAIRES
Cartes acceptées : *AE* = American Express ; *DC* = Diners Club ; *JCB* = Japanese Credit Bureau ; *MC* = MasterCard/Access ; *V* = Visa.

RESTAURANT
Sauf précision contraire, le restaurant ou la salle à manger accepte d'autres clients que les hôtes.

CLIMATISATION
Dans les chambres ou les parties communes.

ENVIRONNEMENT CALME
Lieu de séjour ou rue calmes dans une zone animée.

	CARTES BANCAIRES	NOMBRE DE CHAMBRES	RESTAURANT	CLIMATISATION	ENVIRONNEMENT CALME
RAMADA INN EASTSIDE W www.applecorehotels.com $$ 161 Lexington Ave., NY, NY 10016. Plan 9 A3. 212-545-1800. FAX 212-790-2760. Il se distingue par ses prestations très bon marché et ses réductions importantes. Chambres spartiates. N'hésitez pas à négocier. Si on vous propose plus que 175 $, allez voir ailleurs.	AE DC JCB MC V	95		■	
THIRTY THIRTY W www.thirtythirty-nyc.com $$ 30 E. 30th St., NY, NY 10016. Plan 9 A3. 212-689-1900. FAX 212-689-0023. Parfait pour ceux qui veulent en avoir pour leur argent et aiment le panache. Un couloir étincelant mène à des chambres petites mais confortables et élégantes. Beaucoup sont à deux lits. Les plus grandes ont un coin cuisine.	AE DC JCB MC V	240		■	
ROGER WILLIAMS HOTEL W www.rogerwilliamshotel.com $$$ 131 Madison Ave., NY, NY 10016. Plan 9 A3. 212-448-7000. FAX 212-448-7007. Chambres agréables aux meubles modernes en bois clair dans cet hôtel raffiné. Son personnel efficace, le copieux petit déjeuner, les cookies et les cappuccinos à volonté toute la journée et les CD et cassettes vidéo en libre service le rendent encore plus attractif.	AE DC JCB MC V	200		■	
HOTEL GIRAFFE W www.hotelgiraffe.com $$$$ 365 Park Ave. South, NY, NY 10016. Plan 9 A4. 212-685-7700. FAX 212-685-7701. Riches tissus, meubles sur mesure, lecteurs CD et salles de bains plaquées de granit sont la règle dans l'hôtel le plus raffiné du quartier. Dans les chambres les plus chic, des portes-fenêtres ouvrent sur des balcons. Petit déjeuner compris, et restaurant mêlant cuisines européenne et asiatique.	AE DC JCB MC V	73	●	■	
INN AT IRVING PLACE W www.innatirving.com $$$$ 56 Irving Place, NY, NY 10003. Plan 9 A5. 212-533-4600. FAX 212-533-4611. Dans un immeuble en grès brun, cet hôtel de style victorien impeccablement tenu possède des chambres ornées de superbes œuvres d'art, dotées de magnifiques salles de bains et équipées de lecteurs CD et DVD. Petit déjeuner compris, et le meilleur endroit de la ville où prendre le thé.	AE DC JCB MC V	12	●	■	●

CHELSEA ET LE QUARTIER DU VÊTEMENT

	CARTES BANCAIRES	NOMBRE DE CHAMBRES	RESTAURANT	CLIMATISATION	ENVIRONNEMENT CALME
AMERICANA INN W www.newyorkhotel.com $ 69 W. 38th St., NY, NY 10018. Plan 8 F1. 212-840-6700. FAX 212-840-1830. Malgré le lino au sol, c'est l'une des meilleurs adresses pour les petits budgets. Les chambres – avec un lavabo – et les salles de bains sont impeccables. Central, l'hôtel offre un service convivial au-dessus de la moyenne dans cette gamme de prix.	AE DC JCB MC V	50		■	
CHELSEA INTERNATIONAL HOSTEL W www.chelseahostel.com $ 251 W. 20th St., NY, NY 10011. Plan 8 D5. 212-647-0010. FAX 212-727-7289. Cachée dans un dédale de petits immeubles enserrant une place, l'une des meilleures auberges de jeunesse de New York propose des chambres doubles et des dortoirs. Elle dispose en outre de deux cuisines bien équipées, de salons de télévision et de machines à laver. Excellente situation dans un quartier à la mode.	AE DC JCB MC V	57			
CHELSEA LODGE W www.chelsealodge.com $ 318 W. 20th St., NY, NY 10011. Plan 8 D5. 212-243-4499. FAX 212-243-7852. Ce délicieux hôtel bon marché est situé dans une maison de ville superbement restaurée. Les chambres, petites, sont très propres et pleines de charme. Chacune a une cabine de douche et un lavabo ; seules les toilettes sont sur le palier. Une très bonne adresse.	AE DC JCB MC V	22		■	
COLONIAL HOUSE INN W www.colonialhouseinn.com $ 318 W. 22nd St., NY, NY 10011. Plan 8 D4. 212-243-9669. FAX 212-633-1612. Cette jolie maison en grès brun accueille surtout des homosexuels, mais tout le monde est bienvenu. Chambres petites et arrangées avec goût. Presque toutes ont une salle de bains, et certaines ont même une cheminée. Petit déjeuner compris.	AE DC JCB MC V	20		■	

HOTEL WOLCOTT [W] www.wolcott.com $
4 W. 31st St., NY, NY 10001. **Plan** 8 F3. [C] 212-268-2900. [FAX] 212-563-0096.
Nombreux équipements – accès à l'Internet ou machines à laver à jetons –,
grandes chambres et prix bas en font une bonne adresse pour ceux
qui surveillent leurs finances, notamment les familles. Le personnel
est très serviable.

				AE	250		■
				DC			
				JCB			
				MC			
				V			

CHELSEA INN [W] www.chelseainn.com $$
46 W. 17th St., NY, NY 10011. **Plan** p 8 F5. [C] 212-645-8989. [FAX] 212-645-1903.
Chambres et suites, dont les deux tiers ont une salle de bains, se cachent
dans deux maisons du XIXe siècle en grès brun. Le mobilier hétéroclite
et les tissus rapiécés évoquent une pension de famille, mais tout est propre.
Compter 100 $ pour une chambre avec salle de bains commune.

AE 26 ■
DC
JCB
MC
V

CHELSEA SAVOY HOTEL [W] www.chelseasavoy.qpg.com $$
204 W. 23rd St., NY, NY 10011. **Plan** 8 E4. [C] 212-929-9353. [FAX] 212-741-6309.
Cet hôtel récent a déjà ses adeptes, séduits par son confort. Les couloirs
sont vastes, les chambres agréables. Le prix comprend le petit déjeuner.

AE 90 ■
DC
JCB
MC
V

COMFORT INN MANHATTAN [W] www.comfortinnmanhattan.com $$
42 W. 35th St., NY, NY 10001. **Plan** 8 F2. [C] 212-947-0200. [FAX] 212-594-3047.
Récemment récompensé par le Home Office pour son accueil et son service
haut de gamme, cet hôtel de chaîne sans grand caractère abrite des chambres
confortables, bien tenues et grandes par rapport à la moyenne new-yorkaise.
À deux pas de l'Empire State Building et des principales attractions du centre.
Le prix comprend le petit déjeuner.

AE 131 ● ■
DC
JCB
MC
V

HOTEL CHELSEA [W] www.hotelchelsea.com $$
222 W. 23rd St., NY, NY 10011. **Plan** 8 E4. [C] 212-243-3700. [FAX] 212-675-5531.
Ce repère légendaire d'artistes a vu passer des célébrités allant de Sandra
Bernhardt à Sid Vicious. C'est là que ce dernier tua son amie Nancy Spungen
– une page célèbre de l'histoire du mouvement punk. Près de 100 chambres,
vastes et meublées de façon excentrique, sont disponibles pour de courts
séjours. Ambiance bohème.

AE 400 ● ■
DC
JCB
MC
V

HOTEL METRO [W] www.hotelmetronyc.com $$
45 W. 35th St., NY, NY 10001. **Plan** 8 F2. [C] 212-947-2500. [FAX] 212-279-1310.
Cette merveille Art déco est l'une des meilleures adresses moyen de gamme
de la ville. Chambres plus grandes et agréables que ses concurrents ; excellent
restaurant, petit déjeuner inclus dans le prix et vue imprenable de l'Empire State
Building depuis la terrasse. Idéal pour les familles.

AE 179 ● ■
DC
JCB
MC
V

INN ON 23RD [W] www.bbonline.com/ny/innon23rd $$
131 W. 23rd St., NY, NY 10011. **Plan** 8 E4. [C] 212-463-0330. [FAX] 212-463-0302.
Le charme d'un *bed-and-breakfast* avec tous les équipements d'un hôtel.
Aucun détail n'est laissé au hasard, comme en témoignent les épaisses
serviettes éponge dans la salle de bains. Les gérants, très accueillants,
servent de copieux petits déjeuners.

AE 11 ■
DC
JCB
MC
V

RED ROOF INN [W] www.redroof.com $$
6 W. 32nd St., NY, NY 10001. **Plan** 8 F3. [C] h 212-643-7100. [FAX] 212-643-7101.
Première antenne en ville d'une chaîne de motels, cet établissement remporte
un vif succès grâce à ses chambres confortables et pratiques et son service
efficace ; accès à l'Internet possible. Le quartier, vivant et sûr, regorge
de restaurants coréens abordables et de boutiques. Petit déjeuner compris.

AE 172 ■
DC
JCB
MC
V

HOLIDAY INN/MARTINIQUE ON BROADWAY [W] www.holiday-inn.com $$$
49 W. 32nd St., NY, NY 10001. **Plan** 8 F3. [C] 212-736-3800. [FAX] 212-277-2703.
Cette antenne de la chaîne Holiday Inn est logée dans un bâtiment
néo-Renaissance facilement reconnaissable. Une fois passé le hall en marbre,
les chambres sont sans surprise. Plutôt cher : n'hésite pas à demander
un rabais. Proche de Little Korea et, donc, de restaurants asiatiques
bon marché.

AE 532 ● ■
DC
JCB
MC
V

QUARTIER DES THÉÂTRES

BIG APPLE HOSTEL [W] www.bigapplehostel.com $
119 W. 45th St., New York, NY 10036. **Plan** 12 E5 [C] 212-302-2603 [FAX] 212-302-2605
La meilleure auberge de jeunesse de New York attire les jeunes voyageurs
grâce à sa propreté et son excellente situation. Tout y est plus neuf et
agréable que chez ses concurrents. Elle comprend surtout des dortoirs, mais
possède quelques chambres doubles. Réserver longtemps à l'avance.

AE 39
DC
JCB
MC
V

Catégories de prix pour une nuit en chambre double, petit déjeuner, service et taxes compris.

$ moins de 150 $
$$ de 150 à 250 $
$$$ de 250 à 350 $
$$$$ de 350 à 450 $
$$$$$ plus de 450 $

CARTES BANCAIRES
Cartes acceptées : *AE* = American Express ; *DC* = Diners Club ; *JCB* = Japanese Credit Bureau ; *MC* = MasterCard/Access ; *V* = Visa.

RESTAURANT
Sauf précision contraire, le restaurant ou la salle à manger accepte d'autres clients que les hôtes.

CLIMATISATION
Dans les chambres ou les parties communes.

ENVIRONNEMENT CALME
Lieu de séjour ou rue calmes dans une zone animée.

	CARTES BANCAIRES	NOMBRE DE CHAMBRES	RESTAURANT	CLIMATISATION	ENVIRONNEMENT CALME

PARK SAVOY HOTEL $
158 W. 58th St., New York, NY 10019. **Plan** 12 E3 **(** h 212-245-5755 **FAX** 212-765-0668
Cet hôtel sans fioritures offrant des prestations de base est très bien situé, à un bloc de Central Park. Si les chambres laissent un peu à désirer, elles sont propres. Certaines sont assez grandes pour quatre. Service amical mais réduit au minimum.
AE DC JCB MC V — 70 — ■

BELVEDERE HOTEL W www.newyorkhotel.com $$
319 W. 48th St., New York, NY 10036. **Plan** 12 D5 **(** 212-245-7000 **FAX** 212-245-4455
Parmi les hôtels moyen de gamme du quartier, c'est l'un des plus élégants. Chambres plutôt grandes, confortables et plaisantes. Grill brésilien vivant et populaire sur place et nombreux restaurants aux alentours. Parfait pour les familles.
AE DC JCB MC V — 313 — ● ■

BEST WESTERN PRESIDENT HOTEL W www.bestwestern.com $$
234 W. 48th St., New York, NY 10036. **Plan** 12 E5 **(** 212-632-9000 **FAX** 212-974-3922
Hôtel de chaîne bien tenu et bien situé. Les chambres pour hommes d'affaires sont dotées d'un grand bureau et d'une salle de bains neuve. Les autres, quoique petites, sont en général largement suffisantes. Les « Junior Suites » disposent d'un lit escamotable pour les enfants. Les deux suites de luxe, exorbitantes, font complètement déplacé.
AE DC JCB MC V — 334 — ● ■

BROADWAY INN W www.broadwayinn.com $$
264 W. 46th St., New York, NY 10036. **Plan** 12 D5 **(** 212-997-9200 **FAX** 212-768-2807
Moitié hôtel, moitié *bed-and-breakfast*, c'est un havre de paix au cœur du quartier des théâtres. Chambres simples et de bon goût, dans l'esprit Art déco. Le petit déjeuner est servi dans la salle de séjour, décorée comme une bibliothèque. Service hors pair vu le prix.
AE DC JCB MC V — 41 — ■

COMFORT INN MIDTOWN W www.comfortinn.com $$
129 W. 46th St., New York, NY 10036. **Plan** 12 E5 **(** 212-221-2600 **FAX** 212-764-7481
Une rénovation récente a fait de cet hôtel autrefois austère l'une des meilleures adresses dans sa catégorie. Un couloir plaqué de marbre et d'acajou mène à des chambres petites mais pleines de charme. Idéal quand on n'est pas plus de deux, et très bien situé.
AE DC JCB MC V — 79 — ■

DAYS HOTEL MIDTOWN W www.daysinn.com $$
790 Eighth Ave., New York, NY 10019. **Plan** 12 D5 **(** 212-581-7000 **FAX** 212-974-0291
Tout est standard dans cet établissement, si ce n'est, peut-être, la taille des chambres, un peu supérieure à la norme. Intéressant quand le prix est inférieur ou égal à 125 $. Café, bistrot français et nombreux restaurants aux alentours.
AE DC JCB MC V — 368 — ● ■

HOTEL EDISON W www.edisonhotelnyc.com $$
228 W. 47th St., New York, NY 10036. **Plan** 12 E5 **(** 212-840-5000 **FAX** 212-596-6001
Les prix ne sont pas particulièrement attractifs dans cet hôtel gigantesque. Cependant, il est confortable et bien situé. Les chambres à quatre lits conviennent bien aux familles. Le café, sur place, est bon marché et toujours très populaire.
AE DC JCB MC V — 800 — ● ■

HUDSON W www.hudsonhotel.com or www.ianschragerhotels.com $$
356 W. 58th St., New York, NY 10019. **Plan** 12 D3 **(** 212-554-6000 **FAX** 212-554-6001
Un design agressif et tapageur caractérise cette création de l'équipe Ian Schrager-Philippe Stark. Chambres aussi belles que minuscules : pour ceux qui préfèrent le style à l'espace. À choisir plus pour l'apparence que les prestations.
AE DC JCB MC V — 1000 — ● ■

MAYFAIR HOTEL W www.mayfairnewyork.com $$
242 W. 49th St., New York, NY 10019. **Plan** 12 D5 **(** 212-586-0300 **FAX** 212-307-5226
Attention : les chambres sont minuscules au Mayfair, mais confortables et modernes ; en outre, le service est amical et la situation idéale pour aller au spectacle. Sauf en automne, où les prix grimpent, bon rapport qualité-prix. Le bistro français est à essayer.
AE DC JCB MC V — 78 — ● ■

WYNDHAM $$ — AE DC JCB MC V — 134
42 W. 58th St., New York, NY 10019. **Plan** 12 F3 📞 212-753-3500 **FAX** 212-754-5638
Superbe emplacement (près de la 5e Avenue et de Central Park) et chambres
vastes à un prix très bas. Si le décor va du suranné au faste, la propreté
règne partout. 🛏 🎫 📺 🔃 🔟

ALGONQUIN W www.algonquinhotel.com $$$ — AE DC JCB MC V — 165
59 W. 44th St., NY, NY 10036. **Plan** 12 F5. 📞 212-840-6800. **FAX** 212-944-1419.
Entièrement restauré, cet hôtel légendaire – c'est là que se tenaient
les réunions littéraires du club de la Table ronde dans les années 1920 –
vaut son bonne affaire. Les chambres sont petites et confortables,
les suites inspirées de thèmes littéraires. On ne manquera pas d'admirer
le hall, lambrissé d'acajou. 🛏 📺 🔃 🔟 🍴 🎭

CASABLANCA HOTEL W www.casablancahotel.com $$$ — AE DC JCB MC V — 48
147 W. 43rd St., New York, NY 10036. **Plan** 8 E1 📞 212-869-1212 **FAX** 212-391-7585
Bien situé pour aller au théâtre. Les chambres ne sont pas très grandes dans
cet hôtel de style mauresque, mais agrémentées de jolis meubles en rotin,
sans compter le raffinement des carreaux andalous et du verre de Murano.
Petit déjeuner et cappuccinos servis toute la journée au salon. 🛏 📺 🔃 🍴 🔟

DOUBLETREE GUEST SUITES W www.nyc.doubletreehotels.com $$$ — AE DC JCB MC V — 460
1568 Broadway, New York, NY 10036. **Plan** 12 E5 📞 212-719-1600 **FAX** 212-921-5212
L'emplacement et le niveau de prestations compensent le manque
de caractère de cet établissement donnant sur Times Square et ne disposant
que de suites. Certaines s'adressent aux familles, qui devraient être séduites
par le Kids Club, une salle de jeux pour enfants, d'autres aux hommes
d'affaires. 🛏 🎫 24 📺 🔃 🔟 🍴 🎭 🏊 🚹 ♿

GORHAM W www.gorhamhotel.com $$$ — AE DC JCB MC V — 115
136 W. 55th St., New York, NY 10019. **Plan** 12 E4 📞 212-245-1800 **FAX** 212-582-8332
Des forfaits pouvant comprendre les billets pour les spectacles de Broadway
en font une bonne affaire. Vastes chambres bien équipées avec coin cuisine.
Le tarif des suites est raisonnable, mais les chambres standard, avec de grands
lits, suffisent souvent aux familles. 🛏 1 🎫 📺 🔃 🔟 🍴 🎭 🚹 ♿

HILTON TIMES SQUARE W www.timessquare.hilton.com $$$ — AE DC JCB MC V — 444
234 W. 42nd St., New York, NY 10036. **Plan** 8 E1 📞 212-840-8222 **FAX** 212-840-5516
Au-dessus de ce qu'on peut attendre des hôtels de la chaîne, avec de grandes
chambres et un brin de sophistication. Situées au-delà du 22e étage, elles sont
plutôt calmes malgré l'agitation du quartier. Le restaurant du chef Larry
Forgione est un atout supplémentaire. 🛏 🎫 24 📺 🔃 🔟 🍴 🎭 🚹 ♿

MANSFIELD W www.mansfieldhotel.com $$$ — AE DC JCB MC V — 124
12 W. 44th St., New York, NY 10036. **Plan** 12 E5 📞 212-944-6050 **FAX** 212-764-4477
Le romantisme rejoint le modernisme dans cet hôtel de 1905 aux charmantes
petites chambres. Les fibres naturelles dominent, depuis les tapis jusqu'aux
dessus-de-lit. Cappuccinos à volonté toute la journée. 🛏 🎫 📺 🔃 🔟 🍴

PARAMOUNT W www.ianschragerhotels.com $$$ — AE DC JCB MC V — 600
235 W. 46th St., New York, NY 10036. **Plan** 12 D5 📞 212-764-5500 **FAX** 212-354-5237
Depuis 10 ans, Ian Schrager offre un design haut de gamme à prix
raisonnable, et ça marche. Les chambres, minuscules, sont toutes dans les tons
blancs et gris, et les sanitaires sont en inox. Les forfaits week-end tournent
souvent autour de 150 $. 🛏 24 🔃 🍴 🔟 🎭 🚹

SOFITEL NEW YORK W www.sofitel.com $$$ — AE DC JCB MC V — 398
45 W. 44th St., New York, NY 10036. **Plan** 12 F5 📞 212-354-8844 **FAX** 212-782-3002
Cet hôtel élégant apporte avec bonheur son surprenant mélange d'ancien
et de moderne dans le paysage urbain du quartier. Chambres vastes
et bien conçues, avec notamment une lumière douce. Les suites pour
hommes d'affaires sont très bien équipées ; certaines disposent d'une terrasse.
🛏 📺 🔃 🔟 🍴 🎭 🔟 ♿

ESSEX HOUSE – A WESTIN HOTEL W www.westin.com $$$$ — AE DC JCB MC V — 501
160 Central Park South, New York, NY 10019. **Plan** 12 E3 📞 212-247-0300 **FAX** 212-315-1839
Cette tour qui surplombe Central Park est un feu d'artifice Art déco.
Sa réputation vient du Westlin Heavenly Bed, qui permet de passer des nuits
inoubliables. Quant au restaurant d'Alain Ducasse, c'est l'un des plus cotés
de la ville. 🛏 🎫 24 📺 🔃 🔟 🍴 🎭 🚹 ♿

LE PARKER MÉRIDIEN W www.parkermeridien.com $$$$ — AE DC JCB MC V — 731
118 W. 57th St., New York, NY 10019. **Plan** 12 E3 📞 212-245-5000 **FAX** 212-708-1776
Chambres modernes, fonctionnelles et plaisantes, excellentes prestations. Autres
atouts : deux superbes restaurants, un bar servant des cocktails imaginatifs
et un excellent centre de fitness. 🛏 🎫 24 📺 🔃 🔟 🍴 🎭 🏊 🚹 ♿

Légendes des symboles, voir p. 271

Catégories de prix pour
une nuit en chambre double,
petit déjeuner, service et taxes
compris.

$ moins de 150 $
$$ de 150 à 250 $
$$$ de 250 à 350 $
$$$$ de 350 à 450 $
$$$$$ plus de 450 $

CARTES BANCAIRES
Cartes acceptées : *AE* = American Express ;
DC = Diners Club ; *JCB* = Japanese Credit Bureau ;
MC = MasterCard/Access ; *V* = Visa.

RESTAURANT
Sauf précision contraire, le restaurant ou la salle à manger
accepte d'autres clients que les hôtes.

CLIMATISATION
Dans les chambres ou les parties communes.

ENVIRONNEMENT CALME
Lieu de séjour ou rue calmes dans une zone animée.

	CARTES BANCAIRES	NOMBRE DE CHAMBRES	RESTAURANT	CLIMATISATION	ENVIRONNEMENT CALME

MICHELANGELO W www.michaelangelohotel.com $$$$
152 W. 51st St., New York, NY 10019. **Plan** 12 F4   212-765-1900 FAX 212-541-6604
L'Italie est partout présente dans cet élégant établissement, jusqu'aux
chocolats Bacci offerts le soir et au marbre des salles de bains.
Le décor des vastes chambres a pour thème l'Art déco, le style français
ou le néo-classique.

AE DC JCB MC V | **178** | ● | ▣

MILLENNIUM BROADWAY W www.millennium-hotels.com $$$$
145 W. 44th St., New York, NY 10036. **Plan** 12 E5   212-768-4400 FAX 212-768-0847
Grandes chambres bien décorées et meublées de confortables fauteuils club.
L'élégance éclate dans les chambres de luxe, à la fois sobres dans les lignes
et intimes. Pour ces dernières et le niveau Club, petit déjeuner et cocktails,
compris, sont servis dans un salon privé.

AE DC JCB MC V | **752** | ● | ▣

MUSE W www.themusehotel.com $$$$
130 W. 46th St., New York, NY 10036. **Plan** 12 E5   212-485-2400 FAX 212-485-2900
Ce nouveau venu qui a su allier classicisme et modernisme devrait plaire
à ceux qui recherchent l'intimité et un service personnalisé.
L'accent est mis sur le confort et l'utile.

AE DC JCB MC V | **200** | ● | ▣

ROYALTON W www.ianschragerhotels.com $$$$
44 W. 44th St., New York, NY 10036. **Plan** 12 F5   212-869-4400 FAX 212-869-8965
Très huppé, le Royalton est peut-être la plus belle réalisation de Ian Schrager.
Les chambres, où le luxe s'affiche partout, ont été inspirées par les bateaux
de croisières, comme le révèlent le coton blanc, l'acajou et… les hublots.

AE DC JCB MC V | **205** | ● | ▣

TIME W www.thetimeny.com $$$$
224 W. 49th St., New York, NY 10019. **Plan** 12 D5   212-320-2900 FAX 212-320-2926
Dans cet hôtel à l'avant-garde du progrès, les chambres sont dans
des tonalités noir et crème, auxquelles s'ajoute l'éclat du rouge, du jaune
ou du bleu. Si les chambres sont bien conçues, certaines sont un peu petites.
Prix élevés, mais réductions fréquentes.

AE DC JCB MC V | **200** | ● | ▣

W TIMES SQUARE W www.whotels.com $$$$
1567 Broadway, New York, NY 10036. **Plan** 12 E5   212-407-2975 FAX 212-407-2975
Les amateurs de design devraient apprécier cette nouvelle antenne
de la chaîne « W », dotée d'un restaurant branché, le Blue Fin.

AE DC JCB MC V | **562** | ● | ▣

CHAMBERS W www.chambers-ahotel.com $$$$$
15 W. 56th St., New York, NY 10019. **Plan** 12 F3   212-974-5656 FAX 212-974-5657
En plein centre de Midtown, Chambers reflète le style urbain environnant
dans le moindre détail. Attendez-vous à trouver des tapis tibétains,
des dessus-de-lit en cachemire et des chandeliers. Excellent restaurant.

AE DC JCB MC V | **77** | ● | ▣

RITZ-CARLTON, NEW YORK W www.ritzcarlton.com $$$$$
50 Central Park South, New York, NY 10019. **Plan** 12 F3   212-308-9100 FAX 212-207-8831
Le premier hôtel à Midtown de cette chaîne bien connue a ouvert
début 2002. Il est à l'image de ses confrères : confort, technologie de pointe
et un personnel qui ne dit jamais non le caractérisent.

AE DC JCB MC V | **287** | ● | ▣

ST. REGIS NEW YORK W www.stregis.com $$$$$
2 E. 55th St., New York, NY 10022. **Plan** 12 F4   212-753-4500 FAX 212-787-3447
Rien ne manque en matière de luxe dans ce petit bijou : chandeliers en cristal,
tapis d'Orient, meubles Louis XIV, tableaux de maître. Service anonyme
mais irréprochable. Le Lespinasse est l'un des rares restaurants auxquels
le Times a décerné quatre étoiles.

AE DC JCB MC V | **408** | ● | ▣

LOWER MIDTOWN

HOTEL GRAND UNION W www.hotelgrandunion.com   ⓢ
34 E. 32nd St., New York, NY 10016. **Plan** 9 A3 📞 212-683-5890 FAX 212-689-7397
Bien connu de ceux qui doivent surveiller leur portefeuilles. Les chambres,
dont certaines sont assez grandes pour des familles, sont plutôt laides.
Elles sont confortables, cependant, et bien tenues. Personnel plus amical
que chez les concurrents du même prix. 🔒 1️⃣ ⊞ TV ↕️

AE	**95**
DC	
JCB	
MC	
V	

CLARION HOTEL FIFTH AVENUE W www.hotelchoice.com   ⓢⓢⓢ
3 E. 40th St., New York, NY 10016. **Plan** 8 F1 📞 212-447-1500 FAX 212-213-0972
Cet hôtel de chaîne rénové il y a peu est d'un bon rapport qualité-prix
dans ce quartier cher. Un parfum d'Art déco flotte dans les chambres.
Assez calme, quoique à deux pas de la Public Library, de Grand Central
et du quartier des théâtres.
🔒 ⊞ TV ↕️ ⚡ 🔓 ♿

AE	**189**
DC	
JCB	
MC	
V	

DUMONT PLAZA W www.mesuite.com   ⓢⓢⓢ
150 E. 34th St., New York, NY 10016. **Plan** 9 A2 📞 212-481-7600 FAX 212-889-8856
Ne comportant que des suites, il est idéal pour qui privilégie l'espace
et le confort. Entre autres atouts : des cuisines parfaitement équipées, avec
micro-ondes (le personnel fera même vos courses). Depuis 2002, des bureaux
sont aussi mis à disposition des hôtes. 🔒 ⊞ TV ↕️ ⚡ ❓ ♟️ 🔓 🎾 ♿

AE	**248**
DC	
JCB	
MC	
V	

DYLAN W www.dylanhotel.com   ⓢⓢⓢ
52 E. 41st St., New York, NY 10017. **Plan** p 9 A1 📞 212-338-0500 FAX 212-338-0569
Ouvert récemment, le Dylan place un peu trop l'apparence au-dessus
du service. Cependant, il dispose de grandes chambres, et le restaurant
français, Virot, est un attrait non négligeable. 🔒 TV ↕️ ⚡ ❓ ♟️ 🔓 ♿

AE	**197**
DC	
JCB	
MC	
V	

LIBRARY HOTEL W www.libraryhotel.com   ⓢⓢⓢ
299 Madison Ave., New York, NY 10016. **Plan** 9 A1 📞 212-983-4500 FAX 212-499-9099
L'un des meilleurs parmi les établissements les plus récents.
Chaque chambre est inspirée d'un thème, issu des contes et légendes
ou de la littérature érotique. Le petit déjeuner et des en-cas à toute heure
sont servis dans un confortable salon doté d'une bibliothèque bien garnie.
🔒 TV ↕️ ⚡ ❓ 🔓

AE	**60**
DC	
JCB	
MC	
V	

FITZPATRICK GRAND CENTRAL HOTEL W www.fitzpatrickhotels.com ⓢⓢⓢⓢ
141 E. 44th St., New York, NY 10017. **Plan** 13 A5 📞 212-351-6800 FAX 212-308-0572
Ce bel hôtel est tout près de Grand Central Station. Les chambres sont
largement au-dessus de la moyenne avec leurs tissus chamarrés. La suite
Liam Neeson est ornée de marbre. Pub sur place. 🔒 24 TV ↕️ ⚡ ❓ 🔓 ♿

AE	**155**
DC	
JCB	
MC	
V	

MORGANS W www.ianschragerhotels.com   ⓢⓢⓢⓢ
237 Madison Ave., New York, NY 10016. **Plan** 9 A2 📞 212-686-0300 FAX 212-779-8352
Ouvert en 1984, le premier établissement de Ian Schrager n'a pas pris
une ride. Clientèle haut de gamme. Attention néanmoins, certaines chambres
sont minuscules. Petit déjeuner compris. 🔒 24 TV ↕️ ⚡ ❓ 🔓

AE	**154**
DC	
JCB	
MC	
V	

W THE COURT/W THE TUSCANY   ⓢⓢⓢⓢ
120-130 E. 39th St., New York, NY 10016. **Plan** 9 A1 W www.whotels.com
Court: 📞 212-685-1100 FAX 212-889-0287 Tuscany: 📞 212-685-1600 FAX 212-779-9822
Chambres superbement conçues, à la fois belles et pratiques.
The Court est l'endroit où voir et être vu, tandis que le Tuscany,
avec ses chambres un peu plus grandes, possède une ambiance
plus détendue. 🔒 ⊞ 24 TV ↕️ ⚡ ❓ 🔓 ♿

AE	**320**
DC	
JCB	
MC	
V	

BRYANT PARK W www.bryantparkhotel.com   ⓢⓢⓢⓢⓢ
40 W. 40th St., New York, NY 10018. **Plan** 8 F1 📞 212-869-0100 FAX 212-869-4446
Logé dans l'étonnant American Radiator Building, cet hôtel est
dans un endroit à part de Midtown : juste en face du charmant Bryant Park,
au coin de la Public Library. Le luxe éclatant et le service d'étage 24h/24
sont quelques-uns de ses plus. 🔒 ⊞ 24 TV ↕️ ⚡ ❓ 🔓 ♿

AE	**151**
DC	
JCB	
MC	
V	

KITANO W www.kitano.com or www.summithotels.com   ⓢⓢⓢⓢⓢ
66 Park Ave., New York, NY 10016. **Plan** 9 A2 📞 212-885-7000 FAX 212-885-7100
Géré par des Japonais, cet établissement est un havre de paix
au milieu de l'agitation urbaine. L'élégance japonaise se révèle également
dans l'ameublement. Les dîners *Kaiseki* sont exceptionnels
et le service irréprochable. 🔒 1️⃣ ⊞ TV ↕️ ⚡ ❓ 🔓 ♿

AE	**149**
DC	
JCB	
MC	
V	

Légendes des symboles, voir p. 271

Catégories de prix pour
une nuit en chambre double,
petit déjeuner, service et taxes
compris.

$ moins de 150 $
$$ de 150 à 250 $
$$$ de 250 à 350 $
$$$$ de 350 à 450 $
$$$$$ plus de 450 $

CARTES BANCAIRES
Cartes acceptées : *AE* = American Express ;
DC = Diners Club ; *JCB* = Japanese Credit Bureau ;
MC = MasterCard/Access ; *V* = Visa.

RESTAURANT
Sauf précision contraire, le restaurant ou la salle à manger
accepte d'autres clients que les hôtes.

CLIMATISATION
Dans les chambres ou les parties communes.

ENVIRONNEMENT CALME
Lieu de séjour ou rue calmes dans une zone animée.

	CARTES BANCAIRES	NOMBRE DE CHAMBRES	RESTAURANT	CLIMATISATION	ENVIRONNEMENT CALME

UPPER MIDTOWN

		CARTES BANCAIRES	NOMBRE DE CHAMBRES	RESTAURANT	CLIMATISATION	ENVIRONNEMENT CALME
HABITAT HOTEL W www.habitatny.com $ 130 E. 57th St., New York, NY 10022. **Plan** 13 A3 212-753-8841 FAX 212-838-4767 Cet hôtel bien situé pour faire les magasins associe avec succès prix bas et confort. Attention toutefois : certaines chambres sont de vrais placards, et une double est souvent équipée, en fait, d'un lit gigogne. Si pour la plupart, il faut utiliser la salle de bains commune, toutes ont un lavabo. Réductions pour les Européens (demander). ⬚⬚⬚⬚⬚⬚		AE DC JCB MC V	300	●	▪	
PICKWICK ARMS W www.pickwickarms.com $ 230 E. 51st St., New York, NY 10022. **Plan** 13 B4 212-355-0300 FAX 212-755-5029 Quoique situé dans un quartier cher, il reste une aubaine pour les petits budgets, même si sa rénovation a entraîné une hausse des tarifs. Bien tenu et propre. Inconvénient : certaines chambres sont très petites. ⬚⬚⬚⬚		AE DC JCB MC V	320	●	▪	
KIMBERLY HOTEL W www.kimberlyhotel.com $$$ 145 E. 50th St., New York, NY 10022. **Plan** 13 A5 212-755-0400 FAX 212-486-6915 Il comprend des suites ayant en général une ou deux chambres, une cuisine et une salle à manger : le confort comme à la maison. Parfait pour les familles ou les hommes d'affaires souhaitant rester quelques jours. ⬚⬚⬚⬚⬚⬚⬚⬚⬚		AE DC JCB MC V	186	●	▪	●
METROPOLITAN HOTEL W www.metropolitanhotelnyc.com $$$ 569 Lexington Ave., New York, NY 10022. **Plan** 13 A4 212-752-7000 FAX 212-486-6915 L'ancien Loews continue à pratiquer des prix raisonnables. Il s'adresse toujours aux familles et aux voyageurs à petit budget. ⬚⬚⬚⬚⬚⬚⬚⬚⬚		AE DC JCB MC V	722	●	▪	
ROGER SMITH W www.rogersmith.com $$$ 501 Lexington Ave., New York, NY 10017. **Plan** 13 A5 212-755-1400 FAX 212-758-4061 Un hôtel agréable, où les chambres ont chacune un décor différent. Les suites sont équipées de micro-ondes et de magnétoscopes, les chambres pour VIP ont des bains à bulles. Le petit déjeuner est compris. Apprécié des rockers de passage. ⬚⬚⬚⬚⬚⬚⬚⬚		AE DC JCB MC V	130	●	▪	
SWISSÔTEL NEW YORK – THE DRAKE W www.swissotel.com $$$ 440 Park Ave., New York, NY 10022. **Plan** 13 A3 212-421-0900 FAX 212-371-4190 Construit en 1929, cet « ancien » de Park Avenue a une clientèle fidèle, séduite par son emplacement, son ambiance européenne et ses chambres d'un bon rapport qualité-prix. Si vous souhaitez goûter au luxe suprême, demandez une chambre avec terrasse. ⬚⬚⬚⬚⬚⬚⬚⬚⬚⬚⬚		AE DC JCB MC V	495	●	▪	
BENJAMIN W www.thebenjamin.com $$$$ 125 E. 50th St., New York, NY 10022. **Plan** 13 A4 212-715-2500 FAX 212-715-2525 Chaque chambre, décorée dans un mélange de modernisme et classicisme, dispose d'un coin cuisine délicieusement garni et d'un bureau avec toutes les connexions nécessaires. La literie est de premier ordre. Restaurant sur place. ⬚⬚⬚⬚⬚⬚⬚⬚⬚⬚⬚		AE DC JCB MC V	209	●	▪	
OMNI BERKSHIRE PLACE W www.omnihotels.com $$$$ 21 E. 52nd St., New York, NY 10022. **Plan** 12 F4 212-753-7800 FAX 212-754-5018 Premier à tout point de vue : confort, décor, service. Les hommes d'affaires trouveront tous les équipements souhaités, et les amateurs de shopping apprécieront sa situation. Il s'adresse aussi aux familles. Réductions certains week-end (demander). ⬚⬚⬚⬚⬚⬚⬚⬚⬚⬚⬚		AE DC JCB MC V	396	●	▪	
WALDORF-ASTORIA/WALDORF TOWERS W www.hilton.com $$$$ 301 Park Ave., New York, NY 10022. **Plan** 13 A5 212-355-3000 FAX 212-872-7272 Cette légende est à la hauteur de sa réputation. Vu la taille des chambres, l'atmosphère brillante et l'excellence des repas, les prix sont plutôt raisonnables. Service d'étage 24h/24 et discrétion assurée. ⬚⬚⬚⬚⬚⬚⬚⬚⬚⬚⬚		AE DC JCB MC V	1242	●	▪	

NEW YORK PALACE ⓦ www.newyorkpalace.com $$$$$ | AE | 722
455 Madison Ave., New York, NY 10022. **Plan** 13 A4 📞 212-888-7000 FAX 212-303-6000 | DC
Il occupe les Villard House de 1882, facilement reconnaissables, et une tour | JCB
moderne de 55 étages. Les premières sont imprégnées de l'opulence d'antan, | MC
la seconde, de style contemporain, a pour intérêt un service d'étage 24h/24. | V
Parmi les restaurants sur place, Le Cirque 2000 est incontournable.

PENINSULA – NEW YORK ⓦ www.peninsula.com $$$$$ | AE | 241
700 Fifth Ave., New York, NY 10019. **Plan** 12 F4 📞 212-956-2888 FAX 212-903-3949 | DC
L'hôtel le plus luxueux peut-être de New York est abrité dans un stupéfiant | JCB
bâtiment Beaux-Arts. Immenses chambres de style Art nouveau, grands | MC
bureaux et technologie de pointe. Ne manquez pas d'aller vous détendre | V
sur le toit, au bord de la piscine.

PLAZA HOTEL ⓦ www.fairmont.com $$$$$ | AE | 805
768 Fifth Ave., New York, NY 10019. **Plan** 12 F3 📞 212-759-3000 FAX 212-546-5256 | DC
Décor des films de Hollywood – et théâtre de quelques scandales dans les hautes | JCB
sphères –, ce palace néo-Renaissance est depuis 1907 (date de son inauguration) | MC
l'adresse la plus prestigieuse de New York. Le groupe hôtelier Fairmont a rafraîchi | V
ses intérieurs et l'a doté d'une impressionnante piscine, mais la foule des touristes
amoindrit souvent son élégance.

UPPER EAST SIDE

FRANKLIN ⓦ www.franklinhotel.com $$$ | AE | 48
164 E. 87th St., New York, NY 10128. **Plan** 17 A3 📞 212-369-1000 FAX 212-369-8000 | DC
Plus près du métro que son confrère, le Wales (ci-dessous). Attention | JCB
toutefois : les chambres sont microscopiques. Leur décor est soigné, les lits, | MC
à baldaquin, apportent une touche de romantisme. Autres atouts : lecteurs CD | V
et DVD, petit déjeuner compris, de même que les cappuccinos,
servis à volonté. Plutôt pour les courts séjours.

HOTEL WALES ⓦ www.waleshotel.com $$$ | AE | 87
1295 Madison Ave., New York, NY 10128. **Plan** 17 A2 📞 212-876-6000 FAX 212-860-7000 | DC
Cet hôtel excentrique de style victorien est le bien venu dans une zone chère. | JCB
Le soin du détail se reflète dans les dessus-de-lit en lin ou les lecteurs CD et DVD | MC
présents dans les chambres. Petit déjeuner et cappuccinos sont inclus dans le | V
prix, et Sarabeth's est prisé pour sa cuisine familiale et ses thés.

SURREY HOTEL ⓦ www.mesuite.com $$$$ | AE | 130
20 E. 76th St., New York, NY 10021. **Plan** 17 A5 📞 212-288-3700 FAX 212-628-1549 | DC
Pour essayer la grande vie : il ne possède que des suites. Rien ne manque | JCB
dans celles, spacieuses, de l'Ancien Monde, équipées d'une cuisine. | MC
Côté repas, la présence du Café Boulud, l'un des meilleurs restaurants français | V
de la ville, est une bonne raison pour rester.

CARLYLE $$$$$ | AE | 180
35 E. 76th St., New York, NY 10021. **Plan** 17 A5 📞 212-744-1600 FAX 212-717-4682 | DC
L'élégance d'Upper East Side est poussée à son paroxysme dans | JCB
cet établissement de légende. Un luxe discret et raffiné ainsi qu'un service | MC
irréprochable attirent depuis toujours vedettes de cinéma et hommes | V
politiques du monde entier.

PIERRE ⓦ www.fourseasons.com $$$$$ | AE | 202
2 E. 61st St., New York, NY 10021. **Plan** 12 F3 📞 212-838-8000 FAX 212-940-8109 | DC
C'est la vie de château dans cet hôtel opulent à l'ambiance très européenne. | JCB
L'étiquette ne subit pas d'entorse, allant jusqu'au port des gants pour | MC
les chasseurs et les liftiers. Cela n'a pas que des avantages : les hommes | V
d'affaires seront mieux ailleurs.

SHERRY-NETHERLAND ⓦ www.sherrynetherland.com $$$$$ | AE | 77
781 Fifth Ave., New York, NY 10022. **Plan** 12 F3 📞 212-355-2800 FAX 212-319-4306 | DC
Idéal pour qui veut savoir ce que signifie vivre dans un appartement | JCB
new-yorkais. Les chambres, immenses, et les suites sont élégamment meublées ; | MC
le service est efficace. Le petit déjeuner chez Cipriani, plébiscité par les agents | V
de change, est inclus dans le prix.

STANHOPE ⓦ www.hyatt.com $$$$$ | AE | 185
995 Fifth Ave., New York, NY 10028. **Plan** 16 F4 📞 212-774-1234 FAX 212-988-7439 | DC
Ce membre distingué de la chaîne Park Hyatt est apprécié des amoureux | JCB
des musées : le Metropolitan Museum est juste en face. Le couloir, d'inspiration | MC
versaillaise, est orné d'œuvres d'art anciennes, dont des tapisseries. | V
Parfait à tout point de vue.

Légendes des symboles, voir p. 271

	CARTES BANCAIRES	NOMBRE DE CHAMBRES	RESTAURANT	CLIMATISATION	ENVIRONNEMENT CALME

Catégories de prix pour une nuit en chambre double, petit déjeuner, service et taxes compris.

$ moins de 150 $
$$ de 150 à 250 $
$$$ de 250 à 350 $
$$$$ de 350 à 450 $
$$$$$ plus de 450 $

CARTES BANCAIRES
Cartes acceptées : *AE* = American Express ; *DC* = Diners Club ; *JCB* = Japanese Credit Bureau ; *MC* = MasterCard/Access ; *V* = Visa.

RESTAURANT
Sauf précision contraire, le restaurant ou la salle à manger accepte d'autres clients que les hôtes.

CLIMATISATION
Dans les chambres ou les parties communes.

ENVIRONNEMENT CALME
Lieu de séjour ou rue calmes dans une zone animée.

UPPER WEST SIDE

AMSTERDAM INN W www.amsterdaminn.com $ 340 Amsterdam Ave., New York, NY 10023. **Plan** 15 C5 📞 212-579-7500 FAX 212-579-6127 Chambres étroites et standard, mais tout est neuf et propre. Les salles de bains, individuelles ou communes, sont parmi les plus agréables des alentours. Prenez garde : certaines doubles sont en fait dotées de lits gigognes. 🗍 📺	AE DC JCB MC V	25		▪	
GERSHWIN 97 HOTEL W www.gershwin97.com $ 258 W. 97th St., New York, NY 10025. **Plan** 15 C1 📞 212-665-7434 FAX 212-684-5546 Cet hôtel bon marché est le jumeau du Flatiron Gershwin *(p. 273)*. Que vous optiez pour une chambre – avec télévision et baignoire – ou un dortoir, tout sera propre et coloré. Salon de télévision, micro-ondes, coffres et blanchisserie font partie des prestations. 🗍 ▦ 🔼 ⚡	AE DC JCB MC V	56		▪	
HOSTELLING INTERNATIONAL – NEW YORK W www.hinewyork.org $ 891 Amsterdam Ave., New York, NY 10025. **Plan** 20 E5 📞 212-932-2300 FAX 212-932-2574 Gigantesque, cette auberge de jeunesse a tout du collège : elle possède un bar, une cafétéria, une salle de jeux, une laverie avec des machines à jeton, une salle avec des ordinateurs connectés à l'Internet et une vaste cour avec des tables de pique-nique. Interdit aux mineurs. 🗍 ▦ 🔼	AE DC JCB MC V	628	●	▪	
HOTEL NEWTON W www.newyorkhotel.com $ 2528 Broadway, New York, NY 10025. **Plan** 15 C2 📞 212-678-6500 FAX 212-678-6758 Propre, bien tenu : il est en tête dans sa catégorie de prix. Les chambres sont grandes – certaines peuvent accueillir quatre personnes –, la literie bonne, les salles de bains agréables. 🛏 🗍 ▦ 24 📺 🔼 ⚡ 🏃 ♿	AE DC JCB MC V	110	●	▪	
HOTEL OLCOTT W www.hotelolcott.com $ 27 W. 72nd St., New York, NY 10023. **Plan** 12 D1 📞 212-877-4200 FAX 212-580-0511 Cet ancien immeuble locatif est à deux pas du Dakota et de Central Park. Les studios et les suites, immenses, sont bradés ; chacun possède un coin cuisine et une baignoire. 🛏 ▦ 📺 🔼 📺 ♿	AE DC JCB MC V	200	●	▪	
JAZZ ON THE PARK W www.jazzhostel.com $ 36 W. 106th St., New York, NY 10025. **Plan** 21 A5 📞 212-932-1600 FAX 212-932-1700 Cette auberge de jeunesse bohème insuffle un peu de vie dans Upper West Side ; presque tous les soirs, un groupe vient jouer au bar. On y trouve les habituels dortoirs, et les salles de bains sont acceptables. Clientèle internationale et dynamique. 🗍 ▦	AE DC JCB MC V	220	●	▪	
BELLECLAIRE HOTEL W www.hotelbelleclaire.com $$ 250 W. 77th St., New York, NY 10024. **Plan** 15 C5 📞 212-362-7700 FAX 212-362-1004 Équipement réduit au minimum, mais chambres élégantes, meublées sobrement, et petites salles de bains. Le prix peut descendre jusqu'à 109 $ si la salle de bains est sur le palier. L'hôtel dispose de quelques suites avec deux chambres et une salle de bains. 🛏 ▦ 📺 🔼 ⚡ 🏃 ♿	AE DC JCB MC V	189		▪	
EXCELSIOR HOTEL W www.excelsiorhotelny.com $$ 45 W. 81st St., New York, NY 10024. **Plan** 16 D4 📞 212-362-9200 FAX 212-721-2994 Dans un quartier où vivent de nombreuses célébrités, en face du Museum of Natural History et à deux minutes de Central Park. Les chambres, confortables, sont équipées de télécopieurs, et les salles de bains sont bien agencées. 🛏 ▦ 📺 🔼 ⚡ 📺 📺 🏃	AE DC JCB MC V	196		▪	
HOTEL BEACON W www.beaconhotel.com $$ 2130 Broadway, New York, NY 10023. **Plan** 15 C5 📞 212-787-1100 FAX 212-724-0839 L'une des meilleures adresses de la ville, surtout pour les familles. Si les chambres ne sont pas particulièrement attirantes, toutes ont un coin cuisine moderne, et quatre personnes peuvent y loger. Les machines lavantes-séchantes sont un plus. 🛏 🗍 ▦ 📺 🔼 ⚡ 🏃 ♿	AE DC JCB MC V	236	●	▪	

MILBURN W www.milburnhotel.com $$
242 W. 76th St., New York, NY 10023. **Plan** 15 C5 (212-362-1006 FAX 212-721-5476
Cet hôtel modeste ne comportant que des suites s'adresse à une clientèle
familiale ou aux voyageurs aimant se sentir comme à la maison.
Le manque de charme est compensé par les équipements, notamment
des salles de bains et des cuisines modernes ainsi qu'une laverie.
Personnel serviable.

AE | 114
DC
JCB
MC
V

ON THE AVE W www.ontheave-nyc.com $$
2178 Broadway, New York, NY 10024. **Plan** 15 C5 (212-362-1100 FAX 212-787-9521
Les amateurs de design aimeront cet hôtel dont le décor rappelle
la Scandinavie : matières naturelles, mobilier modulable et belles œuvres d'art.
Les lits pourraient être un peu plus moelleux, mais le confort est correct
dans l'ensemble. Les chambres les moins chères sont minuscules ;
la catégorie luxe offre le meilleur rapport qualité-prix.

AE | 251
DC
JCB
MC
V

QUALITY HOTEL ON BROADWAY $$
W www.bestnyhotels.com or www.hotelchoice.com
215 W. 94th St., New York, NY 10025. **Plan** 15 C2 (212-866-6400 FAX 212-866-1357
Joliment rénové, cet hôtel de chaîne est idéalement situé près du métro,
dans une zone qui est aujourd'hui l'une des plus agréables d'Uptown.
Les chambres, anonymes, sont plutôt grandes, comme les salles de bains.
On peut dîner à un prix abordable aux alentours. Les tarifs pouvant atteindre
des sommets, renseignez-vous sur les réductions.

AE | 350
DC
JCB
MC
V

LUCERNE W www.newyorkhotel.com $$$
201 W. 79th St., New York, NY 10024. **Plan** 15 C4 (212-875-1000 FAX 212-579-2408
Un bel immeuble de 1903 abrite cet hôtel, l'un des meilleurs de sa catégorie.
Le service est son grand atout. Chambres parfaitement tenues et confortables,
suites avec coin cuisine et mini-bar. Musique jazz et blues *live* au grill.
Les prix, qui comprennent le petit déjeuner, peuvent descendre jusqu'à 250 $.

AE | 250
DC
JCB
MC
V

MAYFLOWER HOTEL W www.mayflowerhotel.com $$$
15 Central Park West, New York, NY 10023. **Plan** 12 D3 (212-265-0060 FAX 212-265-0227
Sa situation, en face de Central Park et à quelques enjambées du Lincoln
Center, est le principal intérêt de cet hôtel sans caractère. Vastes chambres,
plutôt élégantes et confortables. Il possède un bon restaurant donnant
sur le parc.

AE | 365
DC
JCB
MC
V

INN NEW YORK CITY W www.innnewyorkcity.com $$$$$
266 W. 71st St., New York, NY 10023. **Plan** 11 C1 (212-580-1900 FAX 212-580-4437
Attendez-vous au luxe le plus absolu avec cette perle nichée
dans un immeuble en grès brun fortement restauré.
Chaque suite, au décor spectaculaire, a un thème, comme l'opéra
ou la littérature. Généreux plateaux petit déjeuner servis dans les suites.
Ridiculement cher, mais tellement agréable.

AE | 4
DC
JCB
MC
V

TRUMP INTERNATIONAL HOTEL & TOWER W www.trumpintl.com $$$$$
1 Central Park West, New York, NY 10023. **Plan** 12 D3 (212-299-1000 FAX 212-299-1150
Dans une tour donnant sur Central Park, cet hôtel moderne et luxueux
est une très bonne adresse. Les fenêtres, qui vont du sol au plafond,
permettent de jouir pleinement de la vue. Chaque hôte dispose
d'un gardien – autant dire que le service est inégalé –,
et Jean-George est l'un des meilleurs restaurants de la ville.

AE | 167
DC
JCB
MC
V

MORNINGSIDE HEIGHTS & HARLEM

SUGAR HILL INTERNATIONAL HOUSE W www.sugarhillhostel.com $
722 St. Nicholas Ave., New York, NY 10031. **Plan** 19 A1 (212-926-7030
Les petits budgets non fumeurs disposeront de deux douzaines de lits
en dortoirs dans cette auberge de jeunesse calme, sûre et bien tenue.
Les lits s'étagent sous de hauts plafonds ; il y a quelques chambres doubles
pour les premiers arrivés. Cuisine commune. Les gérants, amicaux,
se feront un plaisir de vous renseigner.

AE | 25
DC
JCB
MC
V

ELLINGTON W www.nycityhotels.net $$
610 W. 111th St., New York, NY 10025. **Plan** 20 E4 (212-864-7500 FAX 212-749-5852
Des lignes élégantes Art déco cachent ce modeste hôtel. Intéressant
cependant pour les petits budgets désirant avoir une salle de bains
individuelle et quelques extra (tels qu'un sèche-cheveux), surtout
quand les prix tombent en dessous de 150 $, ce qui est fréquent.
Petit déjeuner compris. Renseignez-vous toujours sur les rabais.

AE | 85
DC
JCB
MC
V

Légendes des symboles, voir p. 271

RESTAURANTS ET BARS

Les New-Yorkais aiment la bonne chère : il existe plus de 25 000 restaurants dans les cinq quartiers de la ville. Les chroniques gastronomiques des magazines comme *New York* et *Where* sont lues avec attention par les gourmets désireux d'être vus dans le dernier endroit à la mode. Elles sont prises très au sérieux, car une critique sévère peut

**The classic
Manhattan cocktail**

faire fermer un restaurant. Nous avons sélectionné les meilleurs. *Choisir un restaurant*, pages 288-290, vous aide à prendre une décision, et les renseignements détaillés donnés dans les pages 291 à 303 vous permettront d'affiner votre choix. *Repas légers et snacks*, pages 304-306, propose quelques-uns des meilleurs endroits de restauration rapide.

LES MENUS

Dans la plupart des restaurants, le repas se décompose en trois parties : l'entrée (*appetizer* ou *starter*), le plat principal (*entrée*, ne pas confondre !) et le dessert. On y sert des petits pains et du beurre gratuitement, dès que le client s'assied ; cela fait partie du service. On peut aussi vous offrir un *amuse-gueule*, comme une bouchée de quiche, avant de prendre votre commande. Dans les restaurants élégants, les

**Marchand de hot-dogs
au coin d'une rue**

entrées sont souvent les plats les plus originaux. On peut demander deux entrées et omettre le plat. Les menus italiens incluent une deuxième entrée de pâtes, mais la majorité des clients la choisissent comme plat principal. Le café est servi à la fin du repas, toujours à volonté. On viendra systématiquement remplir votre tasse, jusqu'à ce que vous demandiez grâce.
Les plateaux de fromage sont rares, sauf dans les restaurants français. Ce n'est pas une habitude américaine et la campagne anticholestérol n'en a pas favorisé la consommation.

LES PRIX

Vous pourrez toujours trouver, à New York, un restaurant qui corresponde à votre budget. Pour 5 dollars, vous ferez un repas correct, dans une chaîne de restauration rapide, ou dans un petit bistrot. Il y a des centaines d'établissements, quelquefois excellents, qui proposent, dans un cadre agréable, un bon repas pour 25 dollars environ, boisson non comprise. Mais un dîner chez un chef à la mode peut vous revenir de 70 à 100 dollars par personne, sans compter les boissons. Certains grands restaurants offrent cependant des menus à « prix fixe », moins chers que la carte. Le déjeuner y est généralement meilleur marché que le dîner. De nombreux repas d'affaires se règlent avec une carte de société et les restaurants sont souvent bondés à l'heure du déjeuner.

LES TAXES ET
LES POURBOIRES

Une taxe de 8,25 %, spécifique à la ville de New York, est ajoutée à votre addition. Le service n'est généralement pas compris. Il varie de 10 à 20 %, selon l'élégance du lieu. Aux États-Unis, l'addition s'appelle le *check*. Les cartes de crédit

Un *deli* new-yorkais typique (*p. 304*)

le plus facilement utilisées sont les VISA, Mastercard et American Express. Les chèques de voyage, en dollars, sont aussi acceptés dans certains restaurants. Les cafés et petits restaurants n'acceptent que des paiements en espèces. Dans les chaînes de restauration rapide, vous commandez au comptoir et payez d'avance, en espèces.

POUR LES BUDGETS
MODESTES

Il est facile de faire des repas bon marché : il suffit de commander moins de plats. Les portions américaines sont énormes et sauf dans les endroits à la mode une entrée peut très bien suffire à un repas léger. On peut aussi commander un plat pour deux, ou choisir deux entrées, sans plat principal. Attention au plat du jour, il est souvent plus cher que ceux du menu.
Demandez au serveur s'il y a un menu à prix fixe.
Beaucoup de restaurants élégants en offrent pour le déjeuner et, tôt dans la soirée, proposent ce qui s'appelle un « menu

McSorley's Old Ale House

d'avant le spectacle ». Essayez aussi les buffets à prix fixe, en particulier dans les restaurants indiens de Manhattan.

Ou encore, allez dans un bar qui sert des amuse-gueule, comme les *tapas* espagnoles qui constituent souvent un véritable repas. Si vous voulez vraiment aller dans un grand restaurant, il faut choisir le déjeuner, bien meilleur marché que le dîner. Si vous souhaitez voir un restaurant célèbre, allez simplement y prendre un verre : l'atmosphère compte plus que la nourriture. Évitez les petits déjeuners pris à l'hôtel. Sa cafétéria sera toujours plus chère que la *luncheonette* du coin.

LES HORAIRES

Les heures de petit déjeuner sont habituellement de 7h à 10h30 ou 11h. Le brunch du dimanche est un repas populaire, servi dans les bons restaurants, de 11h à 13h. Les heures de déjeuner s'étalent

Pièce d'eau du Four Seasons

de 11h30, ou midi, à 14h30. Le dîner est servi à partir de 17h30 ou 18h, mais on s'y rend rarement avant 19h30 ou 20h. Quelques restaurants ferment à 22h pendant la semaine et à 23h le vendredi et le samedi. Certains petits restaurants, en particulier les chinois, ouvrent sans interruption de 11h30 à 22h. Les *diners* sont parfois ouverts de 7h à minuit.

LA TENUE VESTIMENTAIRE

Pour les hommes, le veston et la cravate sont exigés dans certains grands restaurants. En général, une tenue simple, mais élégante, est admise. Les femmes s'habillent souvent d'une

L'Oyster Bar, sous les voûtes de Grand Central Terminal

manière plus recherchée pour aller dîner dans les restaurants à la mode. Si vous n'êtes pas sûr de la tenue à adopter, renseignez-vous en réservant.

LES RÉSERVATIONS

Il est prudent de faire des réservations dans tous les restaurants, surtout le week-end, excepté bien sûr pour les *luncheonettes*. Certains d'entre eux n'acceptent pas de réservations pour moins de six couverts. Il est essentiel de réserver pour déjeuner au centre-ville. Mais vous pouvez vous retrouver assis au bar, même si vous avez retenu une table.

LE TABAC

La plupart des restaurants ont des espaces fumeurs et non-fumeurs. Indiquez votre préférence au moment de la réservation.

LES ENFANTS

Si vous déjeunez avec des enfants, demandez s'il existe des menus spéciaux ; les prix sont parfois réduits de moitié. Les enfants bien élevés sont acceptés dans la majorité des lieux, mais si les vôtres sont particulièrement turbulents, allez à Chinatown, dans un restaurant italien, ou un *delicatessen*. Quelques restaurants haut de gamme sont équipés pour accueillir les bébés, mais, en général, il n'est pas recommandé d'aller dîner dans un restaurant élégant avec de très jeunes enfants.

LES HANDICAPÉS

Beaucoup de restaurants peuvent accueillir un fauteuil roulant, mais il faut le signaler quand vous faites votre réservation. C'est plus compliqué dans les *diners* et les *luncheonettes*, où la place manque.

UTILISER LE RÉPERTOIRE

Légende des symboles des pages 291-303.

C numéro de téléphone
w site web
⌇⊙⌇ menu à prix fixe
V menus végétariens
○ ouvert
● fermé
⊞ jardins ou terrasses
& accès pour fauteuils roulants
T veste et cravate exigées
♫ orchestre
Y excellente carte des vins
★ vivement recommandé
⊟ cartes de crédits acceptées
AE American Express
DC Diners Club
MC Mastercard/Access
V VISA
JCB Japanese Credit Bureau

Les prix suivants concernent les menus individuels composés de trois plats et accompagnés d'une demi-bouteille de vin maison, taxes et service compris

⑤ moins de $25
⑤⑤ de $25 à $35
⑤⑤⑤ de $35 à $50
⑤⑤⑤⑤ de $50 à $70
⑤⑤⑤⑤⑤ plus de $70

Que manger à New York ?

Hot-dog

La variété de la gastronomie est aussi grande que celle des groupes ethniques et culturels qui habitent la ville. Si vous désirez des pâtes et du salami, allez dans l'un des restaurants italiens. Pour un repas plus raffiné, essayez les sushis ou les sashimis d'un restaurant japonais. Seriez-vous tenté par des spécialités traditionnelles juives, comme le *pastrami*, les bagels ou les *blintzes* ? Vous en trouverez dans la plupart des *delicatessen*. Vous avez un faible pour les sauces au curry ? Il y a beaucoup de restaurants indiens autour de Manhattan. Si vous avez vraiment faim, entrez dans un gril pour déguster un bon steak et n'oubliez pas le dessert !

Bagel
C'est un petit pain rond, le plus souvent fourré de saumon fumé et de fromage blanc.

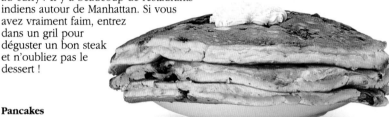

Pancakes
Ces crêpes épaisses sont d'habitude servies avec du sirop d'érable, au petit déjeuner. Des fruits frais ou secs peuvent être incorporés à la pâte, avant la cuisson.

Tranches fines de **bacon** frit

Les *home fries* sont des pommes de terre sautées

Les œufs *over easy* sont légèrement frits des deux côtés

Toast de pain complet

French toast
Tranches de pain perdu, trempées dans de l'œuf battu, frites et souvent servies avec du sirop.

Egg cream
Boisson classique d'un delicatessen, *composée de lait glacé, de sirop de chocolat et de soda.*

Petit déjeuner ou brunch
Le petit déjeuner, ou le brunch, s'il est pris au milieu de la matinée, se compose de pommes de terre frites, d'œufs au bacon, de toasts ou de pancakes. Énormes portions et café à volonté.

Corned beef on rye
Tranches de bœuf en conserve servies sur du pain de seigle avec moutarde et cornichons doux.

Burger and fries « to go »
Hamburger et chips à emporter avec souvent salade et oignons coupés en rondelles.

Bretzel géant
Délicieux tortillon de pain vendu à tous les coins de rue.

Clam chowder
Version Manhattan de la bisque aux fruits de mer et à la tomate, garnie de croûtons.

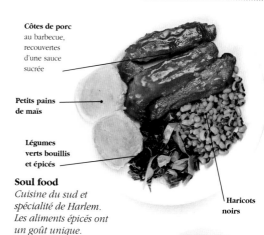

Côtes de porc au barbecue, recouvertes d'une sauce sucrée

Petits pains de maïs

Légumes verts bouillis et épicés

Haricots noirs

Soul food
Cuisine du sud et spécialité de Harlem. Les aliments épicés ont un goût unique.

Pizza
Le mets le plus populaire de Little Italy se vend partout. Cette version chic est garnie de cœurs d'artichauts.

Sushi
Rouleaux japonais de poisson cru et de riz très appréciés des New-Yorkais.

Dim sum
Petits raviolis cuits à la vapeur, fourrés de poisson, de viande ou de légumes. Une spécialité de Chinatown.

Waldorf salad
Créée en 1930, au Waldorf, elle est composée de pommes, de noix et de salade verte.

Cappuccino et cookies
Café au lait mousseux, saupoudré de chocolat et accompagné de petits gâteaux secs.

Apple pie « à la mode »
La traditionnelle tarte aux pommes n'est « à la mode » que surmontée d'une glace.

New York cheesecake
Ce dessert juif est un gâteau au fromage, servi nature ou avec des fruits.

Banana split
Les glaces new-yorkaises sont souvent gigantesques. Personne ne se formalisera si vous réclamez plusieurs cuillères et partagez avec votre voisin.

Choisir un restaurant

Les restaurants de cette liste ont été sélectionnés pour leur bon rapport qualité/prix ou leur cuisine raffinée. Ce tableau indique les éléments pouvant guider votre choix. Descriptions détaillées pages 291-303. *Repas légers et snacks*, pages 304-306. *Les meilleurs bars de New York*, pages 307-309.

	NUMÉRO DE PAGE	MENU À PRIX FIXE	OUVERT TARD	ACCUEIL DES ENFANTS	TERRASSE OU JARDIN	OUVERT LE DIM. SOIR	PLATS VÉGÉTARIENS	SPÉCIALITÉS DE FRUITS DE MER
LOWER MANHATTAN								
American Park at the Battery *(poisson)* $$$$	300			●	■			●
14 Wall Street Restaurant *(français)* $$$$	296							
Bayard's *(français)* $$$$$	295							
SEAPORT ET LE CIVIC CENTER								
Cabana *(sud-américain/antillais)* $$	302			■	●		●	
Bridge Café *(américain)* $$$	291			■	●		●	■
LOWER EAST SIDE								
Golden Unicorn *(asiatique)* $	303			●		●		
Grand Sichuan *(asiatique)* ★ $	303					●		
Da Nico *(italien)* $$	297	●		■	●	■	●	
Il Palazzo *(italien)* $$	298			●	■	●	■	
Joe's Shanghai *(asiatique)* $$	303			●		●	■	
Canton *(asiatique)* ★ $$$	303					●		
Prune *(américain)* $$$	293	●				●	●	
Sammy's Famous Roumanian *(européen)* $$$	300		■					
71 Clinton Fresh Food *(américain)* $$$	293			●			■	
The Tasting Room *(américain)* $$$	293	●				●		
SOHO AND TRIBECA								
Tennessee Mountain *(régional)* $	294	●	■	●		●		
Kin Khao *(thaï)* $$	303			■		●		
Le Jardin Bistro *(français)* $$$	296			●	■	●		
Le Zinc *(français)* $$$	296		■			●		
Lupa *(italien)* ★ $$$	299			●		●	■	
Provence *(français)* $$$	297			●	■	●	■	
Alison on Dominick Street *(français)* $$$$	295					●		
Aquagrill *(poisson)* ★ $$$$	301					●	■	●
Montrachet *(français)* $$$$	297	●						
Bouley *(français)* $$$$$	295	●				●		
Chanterelle *(français)* $$$$$	295	●						
Danube *(européen)* $$$$$	299	●					■	
GREENWICH VILLAGE								
Café de Bruxelles *(européen)* $$	299			●		●		
Rio Mar *(européen)* $$	299		■			●		
Home *(américain)* $$	292	●		●	■	●	■	
Il Bagatto *(italien)* $$	298			●		●	■	
Pearl Oyster Bar *(poisson)* $$	301			●				●
Blue Hill *(américain)* $$$	291			●		●	■	
Blue Ribbon Bakery *(américain)* $$$	291		■			●		
Da Silvano *(italien)* $$$$	297				■	●	■	
Babbo *(italien)* ★ $$$$	297					●		
Gotham Bar & Grill *(américain)* $$$$	292			●			■	
Il Mulino *(italien)* ★ $$$$	298						■	
One if by Land, Two if by Sea *(américain)* $$$$	293	●				●	■	

Catégorie de prix pour un repas de 3 plats accompagnés d'une demi-bouteille de vin maison, taxes et service compris.

$ moins de 25 $
$$ de 25 à 35 $
$$$ de 35 à 50 $
$$$$ de 50 à 70 $
$$$$$ plus de 70 $

★ Particulièrement recommandé

MENU À PRIX FIXE
Un menu à prix fixe revient moins cher

OUVERTURE TARDIVE
On y accepte les dernières commandes après 23 h 30, excepté le dimanche

ACCUEIL DES ENFANTS
Chaises hautes et/ou portions spécial enfants

PLATS VÉGÉTARIENS
Restaurant végétarien ou offrant un bon choix de plats végétariens

	Prix	NUMÉRO DE PAGE	MENU À PRIX FIXE	OUVERT TARD	ACCUEIL DES ENFANTS	TERRASSE OU JARDIN	OUVERT LE DIM. SOIR	PLATS VÉGÉTARIENS	SPÉCIALITÉS DE FRUITS DE MER
EAST VILLAGE									
Great Jones Café *(régional)*	$	294		■	●			■	●
First *(américain)*	$$	292		■	●		●	■	●
Iso *(japonais)*	$$	303		■			●		
GRAMERCY ET LE QUARTIER DU FLATIRON									
Craft *(américain)*	$$	291	●				●	■	
Bolo *(européen)*	$$$$	299	●				●		
Chicama *(sud-américain/antillais)*	$$$$	302		■			●		
Eleven Madison Park *(américain)*	$$$$	291	●				●	■	
I Trulli *(italien)* ★	$$$$	298				■	●	■	
Mesa Grill *(régional)* ★	$$$$	294					●	■	
Patria *(sud-américain)* ★	$$$$	302	●	■					
Periyali *(Grec)*	$$$	300					●	■	
Union Square Café *(américain)* ★	$$$$	293			●		●	■	
Gramercy Tavern *(américain)* ★	$$$$$	292	●				●	■	
Union Pacific *(américain)*	$$$$	293	●					■	
Veritas *(américain)*	$$$$$	293	●				●	■	
CHELSEA ET LE QUARTIER DU VÊTEMENT									
Rocking Horse Café *(sud-américain)*	$$	302		■				■	
Bottino *(italien)*	$$$	297			●	■	●	■	
The Red Cat *(américain)*	$$$	293					●	■	
AZ *(américain)* ★	$$$$	291	●	■			●		
Da Umberto *(italien)*	$$$$	298						■	
Le Madri *(italien)*	$$$	298					●	■	
LE QUARTIER DES THÉÂTRES									
Virgil's Real Barbecue *(régional)*	$	294			●		●		
Becco *(italien)* ★	$$	297	●	■	●		●	■	
Joe's Shanghai *(asiatique)* ★	$$	303			●		●	■	
Churrasccaria Plataforma *(sud-américain)* ★	$$$	302	●	■			●		
Jezebel *(régional)*	$$$	294						■	
Molyvos *(grec)* ★	$$$	300		■					
Orso *(italien)* ★	$$$	299					●		
Esca *(poisson)*	$$$	301				■			●
Beacon *(américain)*	$$$$	291					●	■	
Osteria del Circo *(italien)*	$$$$	299						■	
Russian Tea Room *(européen)*	$$$$	300	●				●		
Le Bernardin *(poisson)* ★	$$$$$	301							●
Alain Ducasse at the Essex House *(français)*	$$$$$	295							
LOWER MIDTOWN									
The Oyster Bar and Restaurant *(poisson)* ★	$$$	301			●				●
Asia de Cuba *(sud-américain/antillais)*	$$$$	301		■			●		
Michael Jordan's – The Steak House *(américain)*	$$$$	293			●		●		
UPPER MIDTOWN									
La Bonne Soupe *(français)*	$$	296		■	●	■	●		
Dawat *(indien)*	$$$	303			●			■	

Légendes des symboles, voir rabat de couverture

Catégorie de prix pour un repas de 3 plats accompagnés d'une demi-bouteille de vin maison, taxes et service compris.

$ moins de 25 $
$$ de 25 à 35 $
$$$ de 35 à 50 $
$$$$ de 50 à 70 $
$$$$$ plus de 70 $

★ Particulièrement recommandé

MENU À PRIX FIXE
Un menu à prix fixe revient moins cher

OUVERTURE TARDIVE
On y accepte les dernières commandes après 23 h 30, excepté le dimanche

ACCUEIL DES ENFANTS
Chaises hautes et/ou portions spécial enfants

PLATS VÉGÉTARIENS
Restaurant végétarien ou offrant un bon choix de plats végétariens

	NUMÉRO DE PAGE	MENU À PRIX FIXE	OUVERT TARD	ACCUEIL DES ENFANTS	TERRASSE OU JARDIN	OUVERT LE DIM. SOIR	PLATS VÉGÉTARIENS	SPÉCIALITÉS DE FRUITS DE MER
Rosa Mexicano (*sud-américain*) $$$	302					●	▪	
Shun Lee Palace (*asiatique*) ★ $$$	303	●		●		●	▪	
Felidia (*italien*) $$$	298	●		●		●		
Guastavino Restaurant and Club (*français*) $$$$	296	●				●		
Inagiku (*japonais*) $$$	303		▪			●		
Aquavit (*européen*) ★ $$$$$	299	●						●
Four Seasons (*américain*) $$$$$	292	●						
La Grenouille (*français*) ★ $$$$$	296							
Lespinasse (*français*) ★ $$$$$	297							
March (*américain*) $$$$$	292	●					●	
Oceana (*poisson*) $$$$$	301	●						●
UPPER EAST SIDE								
Mocca Hungarian Restaurant (*européen*) $	299	●		●		●		
Cabana (*sud-américain/antillais*) $$	302		▪	●		●	▪	
Maya (*sud-américain*) $$$	302			●		●		
Orsay (*français*) $$$	297			●		●		
The Dining Room (*américain*) $$$$	291		▪			●	▪	
Erminia (*italien*) $$$	298						▪	
Aureole (*américain*) $$$$$	291				▪		▪	
Café Boulud (*français*) $$$$$	295					●	▪	
Cello (*poisson*) $$$$$	301	●						●
Le Cirque 2000 (*français*) ★ $$$$$	296					●		
Daniel (*français*) ★ $$$$$	295	●						
UPPER WEST SIDE								
Gennaro (*italien*) $$	298			●			▪	
Santa Fe (*régional*) $$	294					●		
Café Fiorello (*italien*) $$$	297		▪		▪	●		
Café Luxembourg (*français*) $$$	295	●			▪	●		
Calle Ocho (*sud-américain/antillais*) $$$	302		▪			●		
Pasha (*turc*) $$$	300			●		●	▪	
Rosa Mexicano (*sud-américain/antillais*) ★ $$$	302			●		●	▪	
Café des Artistes (*français*) $$$$	295			●		●	▪	
Jean George (*français*) $$$$$	296	●						
Picholine (*européen*) ★ $$$$$	299	●				●		
MORNINGSIDE HEIGHTS ET HARLEM								
Copeland's (*régional*) $	294		▪	●		●	▪	
Terrace in the Sky (*européen*) $$$$	300				▪			
BROOKLYN								
Gage & Tollner (*américain*) $$$	292			●				
Peter Luger (*américain*) $$$$	293			●		●		
River Café (*américain*) ★ $$$$$	293	●			▪	●	▪	
QUEENS								
Elias Corner (*poisson*) $	301			●	▪	●		●
S'Agapo (*grec/oriental/afghan*) $$	300		▪		▪		▪	

	OUVERTURE TARDIVE	DÎNER AU BAR	MENU À PRIX FIXE	OUVERTURE DOMINICALE	TERRASSE

Catégorie de prix pour un repas de 3 plats accompagnés d'une demi-bouteille de vin maison, taxes et service compris.

$ moins de 25 $
$$ de 25 à 35 $
$$$ de 35 à 50 $
$$$$ de 50 à 70 $
$$$$$ plus de 70 $

OUVERTURE TARDIVE
Dernières commandes acceptées après 23 h 30, sauf le dimanche.
DÎNER AU BAR
En-cas ou repas légers servis au zinc ou à table dans la zone bar.
MENU À PRIX FIXE
Il est en général moins cher que les autres menus.
OUVERTURE DOMINICALE
Brunch ou dîner servis le dimanche.
TERRASSE
Tables à l'extérieur, dans une cour ou un jardin.

AMÉRICAINS

AUREOLE $$$$$ 34 East 61st St. (212) 319-1660 W www.aureolerestaurant.com Le chef Charlie Palmer, qui règne sur les deux niveaux abondamment fleuris de cette vielle maison de ville, a été primé maintes fois. Le jardin est très agréable par beau temps. L'un des restaurants les plus cotés de New York. ○ le midi du lun. au ven. ; le soir du lun. au sam. ▣ ⬛ AE, MC, V					●
AZ $$$$ 21 West 17th St. (212) 691-8888 W www.aznyc.com Les saveurs de l'Amérique s'y mêlent à celles de l'Asie pour donner des plats immanquablement délicieux. Les trois niveaux de l'édifice sont agrémentés d'un mur d'eau et d'une serre. Le menu à prix fixe est une affaire. ○ le midi du lun. au ven. ; le soir, t.l.j. ▣ ★ ⬛ AE, MC, V	●		●	▣	
BEACON $$$$ 25 West 56th St. (212) 332-0500 W www.beaconnyc.com L'élévation, sur trois niveaux, est impressionnante. En montant, on passe de l'agitation du bar à l'intimité et au confort, dans la salle près de la cuisine. Plats plébiscités, entre autres ceux cuits au feu de bois. ○ le midi, du lun. au ven. ; le soir, du lun. au sam. ▣ ⬛ AE, MC, V		▣			
BLUE HILL $$$ 75 Washington Pl. (212) 539-1776, W www.bluehillnyc.com Ce restaurant de Greenwich Village est célèbre pour l'inventivité de ses plats à base de produits de saison, concoctés par deux chefs formés par David Bouley. Étant donné le niveau de la cuisine, les prix n'ont rien d'excessif. ○ le soir, t.l.j. ⬛ AE MC, V				▣	
BLUE RIBBON BAKERY $$$ 33 Downing St. (212) 337-0404 Si, comme son nom le suggère, il propose des sandwichs confectionnés avec le pain frais sortant du four, il sert aussi des fromages, des assiettes avec plusieurs assortiments et des plats allant de la cuisine américaine traditionnelle à la française la plus sophistiquée. Bien connu dans le Village. ○ le midi et le soir, du mar. au dim. ▣ ⬛ AE, MC, V	●			▣	
BRIDGE CAFÉ $$ 279 Water St. (212) 227-3344 W www.bridgecafe.citysearch.com Il s'agit de la plus ancienne taverne de la ville, un pittoresque édifice en bois de la fin du XVIIIe siècle caché sous Brooklyn Bridge. L'atmosphère du New York d'antan est toujours bien vivace, et les plats étonnamment raffinés. Le brunch du dimanche est chaudement recommandé. ○ le midi, du lun. au ven. ; le soir, du lun. au dim. ▣ ⬛ AE, MC, V	●			▣	
CRAFT $$ 43 East 19th St. (212) 780-0880 W www.craftrestaurant.com Le talentueux Tom Colicchio, dont on connaissait la Gramercy Tavern, a ouvert ce restaurant où les plats sont apprêtés avec simplicité, sans oublier la qualité. Seuls les produits les plus frais, achetés à des maraîchers et des fermiers des environs, sont utilisés. ○ le midi, du lun. au ven. ; le soir, du lun. au dim. ▣ ⬛ AE, MC, V		▣	●	▣	
THE DINING ROOM $$$$ 154 East 79th St. (212) 327-2500 W www.screeningroom.com/tlr Une excellente cuisine américaine et un aménagement confortable à l'étage qui favorise les conversations privées en ont fait un endroit très couru depuis son ouverture. ○ le soir, t.l.j. ▣ niveau principal. ⬛ AE, MC, V	●			▣	

Légendes des symboles, voir p. 285

	OUVERTURE TARDIVE	DÎNER AU BAR	MENU À PRIX FIXE	OUVERTURE DOMINICALE	TERRASSE

Catégorie de prix pour un repas de 3 plats accompagnés d'une demi-bouteille de vin maison, taxes et service compris.

$ moins de 25 $
$$ de 25 à 35 $
$$$ de 35 à 50 $
$$$$ de 50 à 70 $
$$$$$ plus de 70 $

OUVERTURE TARDIVE
Dernières commandes acceptées après 23 h 30, sauf le dimanche.
DÎNER AU BAR
En-cas ou repas légers servis au zinc ou à table dans la zone bar.
MENU À PRIX FIXE
Il est en général moins cher que les autres menus.
OUVERTURE DOMINICALE
Brunch ou dîner servis le dimanche.
TERRASSE
Tables à l'extérieur, dans une cour ou un jardin.

ELEVEN MADISON PARK $$$
11 Madison Ave. (212) 889-0905
Avec ce restaurant de style Art déco s'élevant sur trois niveaux dans l'ancien Metropolitan Life Building, Danny Meyer a réussi à ennoblir Madison Square Park. Cuisine imaginative et ambiance élégante, jamais étouffante.
le midi, du lun. au ven. ; le soir, t.l.j. AE, MC, V

| | | | ■ | ● | ■ | |

FIRST $$$
87 First Ave. (212) 674-3823 W www.first.citysearch.com
Où vont les chefs après le turbin ? Pour beaucoup, la réponse est ce café où les oiseaux de nuit d'East Village se donnent rendez-vous. En effet, ils ne sont pas les seuls à apprécier la nouvelle cuisine américaine de Sammy DeMarco.
le midi, t.l.j. ; brunch le dim. AE, MC, V

| ● | | | | ■ | |

FOUR SEASONS $$$$$
99 East 52nd St. 754-9494 W www.fourseasonsrestaurant.com
La mode varie, mais cet établissement, décoré par Philip Johnson, fait toujours partie des premiers pour ce qui est de la cuisine américaine. La Grill Room est l'endroit où faire de copieux repas, tandis que la Pool Room est parfaite pour les grandes occasions.
le midi, du lun. au ven. ; le soir, du lun. au sam. AE, MC, V

| | | ■ | ● | | |

GAGE & TOLLNER $$$
372 Fulton St, Brooklyn. (718) 875-5181 W www.gageandtollner.com
L'ambiance européenne domine dans ce grand classique, en activité depuis 1879 et restauré depuis peu. Il vaut le déplacement rien que pour ses becs de gaz et le brocart de ses murs. Fruits de mer et steak figurent au menu, avec quelques originalités. Essayez les gâteaux au crabe.
le midi, du lun. au ven. ; le soir, du lun. au sam. AE, MC, V

GOTHAM BAR AND GRILL W www.gothambarand grill.com $$$$$
12 East 12th St between 5th Ave and University Pl. (212) 620-4020
Le chef Alfred Portale a longtemps été renommé pour ses « plats verticaux », des sortes de délicieux et artistiques mille-feuilles. Dans la vaste salle rythmée de colonnes, l'ambiance est à la fois stylée et détendue. Le menu à 20,01 $ est une aubaine. *le midi du lun. au ven. ; le soir, sam. et dim.* AE, MC, V

GRAMERCY TAVERN $$$$$
42 East 20th St. (212) 477-0777 W www.gramercytavern.com
Un autre succès de Danny Meyer. Une nourriture raffinée dans une ambiance détendue, style vieille auberge accueillante. Le personnel est bon conseiller, et la cuisine inventive de Tom Colicchio invariablement louée. Pas besoin de réserver pour la taverne, moins chère.
le midi, du lun. au dim. pour la taverne ; le soir, t.l.j. ★ AE, MC, V

| | | ■ | ● | ■ | |

HOME $$
20 Cornelia St. (212) 243-9579
Une cuisine comme celle de maman (qui devait alors être un cordon bleu) attire les foules dans ce petit espace. Les plats sont préparés avec amour et... des produits de saison. La cour, à l'arrière, est particulièrement appréciée quand il fait chaud. *le midi et le soir, t.l.j.* AE

| | | | | ■ | |

MARCH $$$$$
405 East 58th St. (212) 754-6272
Encore un membre de l'élite culinaire, offrant un cadre romantique dans une ancienne maison et le menu créatif de Wayne Nish. Le restaurant a été agrandi il y a peu d'une salle en bas. Les produits de saison sont sublimés, et le menu à prix fixe de quatre à sept plats est inoubliable.
le soir du lun. au dim. AE, MC, V

| | | | ● | ■ | |

MICHAEL JORDAN'S – THE STEAK HOUSE $$$$
Grand Central Terminal, West Balcony [(212) 655-2300
Le champion de basket a encore frappé avec ce restaurant surplombant
les halls fraîchement rénovés de Grand Central. Le steak frites accompagné
d'épinards crémeux vous plonge d'emblée dans la gastronomie américaine.
À éviter les jours de grosse chaleur : Grand Central n'est pas climatisée.
◯ le midi et le soir, t.l.j. 🍴 ⚙ 🎫 AE, MC, V

ONE IF BY LAND, TWO IF BY SEA $$$$$
17 Barrow St. [(212) 228-0822 W www.oneifbyland.com
Il flotte un air de romance dans cette maison typique de Greenwich Village
où la nouvelle cuisine américaine va de pair avec feu de bois, chandelles,
fleurs et notes de piano. Idéal pour un anniversaire, entre autres festivités.
◯ le soir, t.l.j. 🍴 🎫 AE, MC, V

PETER LUGER $$$$
178 Broadway, Williamsburg, Brooklyn. [(718) 387-7400 W www.peterluger.com
Rien n'est plus américain qu'un steak épais, et personne ne le fait aussi bien
que Peter Luger. L'ambiance de bar un peu sordide et l'éloignement
ne découragent pas les amateurs de viande : n'espérez surtout pas venir
sans avoir réservé. ◯ le midi et le soir, t.l.j. ⚙

PRUNE $$$
54 East 1st St. [(212) 677-6221
Ce petit restaurant sans prétention d'East Village brille par sa créativité.
La cuisine, américaine, résonne d'accents multi-ethniques. Prix raisonnables.
Il est difficile d'obtenir une réservation, mais cela en vaut la peine.
◯ le soir, du mar. au dim. 🎫 AE, MC, V

THE RED CAT $$$
227 Tenth Ave. [(212) 242-1122 W www.theredcat.com
Le rouge des banquettes et des assiettes ne fait qu'annoncer l'accueil
chaleureux de cet établissement moderne, stylé, mais restant convivial.
Cuisine américaine hors pair, avec des accents méditerranéens,
comme en témoignent les beignets au parmesan et l'aïoli à la moutarde.
◯ le midi, du mar. au sam. ; le soir, t.l.j. 🎫 AE, MC, V

RIVER CAFÉ $$$$$
One Water St, Brooklyn. [(718) 522-5200 W www.rivercafe.com
La cuisine est à la hauteur de la vue, la plus spectaculaire de New York.
Chaque détail est soigné : en dessert, un pont de Brooklyn miniature
viendra orner votre duo de chocolat. Si la carte est trop élevée,
prenez un verre et un en-cas en terrasse (attention, jeans déplacés).
◯ le midi, du lun. au sam. ; le soir, t.l.j. ; brunch le dim. 🍴 ⚙ ★ 🎫 AE, MC, V

71 CLINTON FRESH FOOD $$$
71 Clinton St. [(212) 614-6960
Ce café chic et choc est un signe que les choses changent à Lower East Side.
L'étroitesse des lieux ne rebute pas les consommateurs, qui accourent
de toute la ville pour déguster la cuisine de Wylie Dufresne.
◯ le soir, du lun. au sam. 🍴 🎫 AE, MC, V

THE TASTING ROOM $$$
72 East 1st St. [(212) 358-7831
Ce nouveau venu d'East Village fait l'unanimité pour l'ambiance détendue
qu'y fait régner Renee Alevras et les plats de saison de son mari, Colin. Pour
les accompagner, vous aurez le choix entre pas moins de 300 crus américains.
◯ le midi, mer. ; le soir, du lun. au sam. 🍴 ⚙ 🎫 AE, MC, V

UNION PACIFIC $$$$$
111 East 22nd St. [(212) 995-8500 W www.unionpacificrestaurant.com
Une chute d'eau à l'entrée, un plafond voûté dans la salle :
le décor est planté. Le menu de Rocco DiSpirito, imprégné d'influences
du Pacifique, est vite devenu célèbre auprès des gourmets.
◯ le midi, du mar. au ven. ; le soir, du lun. au sam. 🍴 ⚙ 🎫 AE, MC, V

UNION SQUARE CAFÉ $$$$
21 East 16th St. [(212) 243-4020 W www.unionsquarecafe.com
Le premier restaurant de Danny Meyer est l'un des établissements les plus
populaires de New York depuis 1985. On apprécie ses plats délicieux servis
avec amabilité dans un environnement détendu et confortable. Le chef
Michael Romano utilise les ingrédients les plus frais du marché de Union
Square. ◯ le midi, du lun. au sam. ; le soir, dim. 🍴 ⚙ ★ 🎫 AE, MC, V

Légendes des symboles, voir p. 285

Catégorie de prix pour un repas de 3 plats accompagnés d'une demi-bouteille de vin maison, taxes et service compris.

$ moins de 25 $
$$ de 25 à 35 $
$$$ de 35 à 50 $
$$$$ de 50 à 70 $
$$$$$ plus de 70 $

OUVERTURE TARDIVE
Dernières commandes acceptées après 23 h 30, sauf le dimanche.
DÎNER AU BAR
En-cas ou repas légers servis au zinc ou à table dans la zone bar.
MENU À PRIX FIXE
Il est en général moins cher que les autres menus.
OUVERTURE DOMINICALE
Brunch ou dîner servis le dimanche.
TERRASSE
Tables à l'extérieur, dans une cour ou un jardin.

	OUVERTURE TARDIVE	DÎNER AU BAR	MENU À PRIX FIXE	OUVERTURE DOMINICALE	TERRASSE
VERITAS — 43 East 20th St. (212) 353-3700 www.veritas-nyc.com $$$$$		■	●	■	

Son point fort : une carte des vins comprenant 1 300 références et des sommeliers experts. La cuisine vaut également le détour. Comme il n'a que 55 couverts, il est conseillé de réserver.
◯ *le midi, du lun. au ven. ; le soir, t.l.j.* ▯ & ⌨ *AE, MC, V*

RÉGIONAUX

	OUVERTURE TARDIVE	DÎNER AU BAR	MENU À PRIX FIXE	OUVERTURE DOMINICALE	TERRASSE
COPELAND'S — 549 West 145th St. (212) 234-2357 $	●			■	

Vous aurez le choix entre le poulet frit du Sud, le gâteau de crabe du Maryland et la soupe au gombo de Louisiane. Vous ne serez pas déçus dans ce restaurant de Harlem, où Bill Cosby et Danny Glover ont déjà été repérés. Jazz et l'un des meilleurs gospels des alentours lors du brunch dominical. ◯ *le soir, du mar. au dim. ; brunch le dim.* & ⌨ *AE, MC, V*

	OUVERTURE TARDIVE	DÎNER AU BAR	MENU À PRIX FIXE	OUVERTURE DOMINICALE	TERRASSE
GREAT JONES CAFÉ — 54 Great Jones St. (212) 674-9304 $	●				

Les amoureux de cuisine cajun se damnerait pour sa soupe épicée au gombo, avec andouillette et poisson chat, entre autres délices de la Nouvelle-Orléans. Attendez-vous à une joyeuse cohue. ◯ *le soir, t.l.j.*

	OUVERTURE TARDIVE	DÎNER AU BAR	MENU À PRIX FIXE	OUVERTURE DOMINICALE	TERRASSE
JEZEBEL — 630 Ninth Ave. (212) 582-1045 www.jezebelny.com $$$					

Palmiers et œuvres anciennes contribuent au charme de cet endroit où goûter de grands classiques comme le poulet frit, le poisson chat ou le gruau de maïs. Gardez de la place pour les succulentes *pies* maison. Autre plus : sa situation près du quartier des théâtres.
◯ *le midi, du mar. au jeu. ; le soir, du mar. au sam. ; brunch le dim.* & ⌨ *AE*

	OUVERTURE TARDIVE	DÎNER AU BAR	MENU À PRIX FIXE	OUVERTURE DOMINICALE	TERRASSE
MESA GRILL — 102 Fifth Ave. (212) 807-7400 www.mesagrill.com $$$$		■		■	

Le célèbre chef Bobby Flay excelle dans la cuisine du Sud-Ouest, et ses recettes inventives, de la citrouille braisée à la croustade de poulet au cumin, attirent un flot de visiteurs depuis dix ans. Même les muffins au maïs sont un délice. Un peu plus calme à l'étage.
◯ *le midi, du lun. au ven. ; le soir, t.l.j. ; brunch sam. et dim.* ▯ & ★ ⌨ *AE, MC, V*

	OUVERTURE TARDIVE	DÎNER AU BAR	MENU À PRIX FIXE	OUVERTURE DOMINICALE	TERRASSE
SANTA FE — 72 West 69th St. (212) 724-0822 $$				■	

Un cadre attrayant, avec ses murs pêche rehaussés de tissus colorés, et une situation idéale près de Lincoln Center expliquent son succès. Parmi les meilleures spécialités du Sud-Ouest figurent les amuse-gueule aux crevettes, le poulet au riz et légumes vapeur et les haricots sautés au fromage.
◯ *le midi et le soir, t.l.j.* ⌨ *AE, MC, V*

	OUVERTURE TARDIVE	DÎNER AU BAR	MENU À PRIX FIXE	OUVERTURE DOMINICALE	TERRASSE
TENNESSEE MOUNTAIN — 143 Spring St. (212) 431-3993 www.tnmountain.com $	●		●	■	●

Réputé pour ses généreuses portions de poulet fumé ou grillé, ses côtelettes et ses steaks, ce restaurant est abrité dans une ancienne ferme de 1807. Le porc à la mode du Sud et la poitrine de bœuf fumée à la texane figurent aussi au menu, en plus de tout un éventail d'en-cas. Buffets les lundis et mardis soirs.
◯ *le midi et le soir, t.l.j.* ⌨ *AE, MC, V*

	OUVERTURE TARDIVE	DÎNER AU BAR	MENU À PRIX FIXE	OUVERTURE DOMINICALE	TERRASSE
VIRGIL'S REAL BBQ — 152 West 44th St. (212) 921-9494 $				■	

Ce grand restaurant animé du quartier des théâtres sert des grillades de tous les styles du Sud, de Memphis à la Caroline et au Texas : dix assiettes de bœuf, de poulet et de porc sont proposées avec des sauces différentes. Elles sont accompagnées de biscuits au beurre, entre autres mets typiques du Sud.
◯ *le midi et le soir, t.l.j.* & ⌨ *AE, MC, V*

FRANÇAIS

ALAIN DUCASSE AT THE ESSEX HOUSE $$$$$
155 West 58th St. ((212) 265-7300 W www.alain-ducasse.com
Le célèbre chef français s'est installé en grande pompe à New York
dans une demeure chic. Les jours d'ouverture de sa salle de 65 couverts
sont peu nombreux. Personne ne remet en cause la qualité des mets,
mais celle-ci justifie-t-elle vraiment les sommets atteints par les prix ?
○ le midi, mer. et jeu. ; le soir, du lun. au ven. 🍷 🕭 🖋 AE, MC, V

ALISON ON DOMINICK STREET $$$$
38 Dominick St. ((212) 727-1188 W www.alisonondominick.com
Plus d'une demande en mariage a eu lieu à la lueur des bougies de ce
restaurant toujours plein de SoHo. Les plats, à partir de produits de saison,
sont superbement présentés. Exemple des mélanges inventifs du menu :
le blanc de poulet poché aux poires rôties, aux navets et aux amandes.
○ le soir, t.l.j. 🖋 AE, MC, V

BAYARD'S $$$$$
1 Hanover Sq. ((212) 514-9454 W www.bayards.com
Cette demeure magnifiquement restaurée abritait autrefois la Bourse au coton.
La salle de restaurant est dans l'ancien club privé des négociants.
Le décor se compose de meubles anciens et de marines. Seuls les ingrédients
les plus frais ont droit de séjour, et la carte des vins est longue.
○ le soir, du lun. au sam. 🍷 🕭 🖋 AE, MC, V

BOULEY BAKERY $$$$$
120 West Broadway. ((212) 964-2525 W www.bouley.net
Comme son nom l'indique, il s'agit d'une boulangerie salon de thé
où l'on trouve des sandwichs et des pains divins, mais aussi d'un restaurant
où l'on déguste la nouvelle cuisine concoctée par David Bouley.
○ le midi et le soir, t.l.j. 🍷 🕭 🖋 AE, MC, V

CAFÉ BOULUD $$$$$
20 East 76th St. ((212) 772-2600 W www.danielnyc.com
Depuis que Daniel Boulud a ouvert son palace dans Midtown,
son premier restaurant est moins collet monté. Néanmoins, la superbe
préparation des mets se reflète dans l'addition. Le menu suit les saisons,
entre « Le potager », qui célèbre les légumes, et « Le voyage », plus exotique.
○ le midi, du mar. au sam. ; le soir, t.l.j. 🕭 🖋 AE, MC, V

CAFÉ DES ARTISTES $$$$
1 West 67th St. ((212) 877-3500 W www.cafedesartistesnyc.com
Jadis le repère d'artistes habitant l'immeuble, le Café des Artistes
a longtemps été connu pour les nymphes dénudées de Howard Christy
peintes sur les murs. Certains prétendent que le niveau a baissé,
mais les habitués, de Peter Jennings à Itzhak Perlman, n'ont pas l'air
de s'en être rendu compte.
○ le midi, du lun. au ven. ; le soir, t.l.j. ; brunch sam. et dim. 🍷 🍴 🖋 AE, MC, V

CAFÉ LUXEMBOURG $$$
200 W. 70th St. ((212) 873-7411
Un grand classique depuis près de vingt ans, dans le style bistro parisien,
avec zinc, miroirs anciens et une clientèle fidèle et branchée,
comprenant quelques vedettes de cinéma. Le steak frites est imbattable.
○ le midi, du lun. au ven. ; le soir, t.l.j. ; brunch le dim. 🖋 AE, MC, V

CHANTERELLE $$$$$
2 Harrison St. ((212) 966-6960 W www.chanterellenyc.com
Aucune faute de goût chez ce grand nom de la cuisine française où le niveau
est invariablement élevé et le service courtois. Idéal pour fêter un événement
ou prendre du bon temps au long d'un mémorable dîner de trois heures.
○ le midi, du mar. au sam. ; le soir, du lun. au sam. 🍷 🕭 🖋 AE, MC, V

DANIEL $$$$$
60 East 65th St. ((212) 288-0033 W www.danielnyc.com
Vedette de la scène culinaire new-yorkaise, Daniel Boulud officie au sein
d'une salle de style Renaissance italienne remplie de fleurs. Les plats,
de saison, comprennent le pigeonneau rôti à l'ananas épicé et la morue
aux truffes en croûte. Le déjeuner est l'occasion de juger des talents
extraordinaires du maître pour un coût moins astronomique que le soir.
○ le midi et le soir, du lun. au sam. 🍷 🕭 ★ 🖋 AE, MC, V

Légendes des symboles, voir p. 285

	OUVERTURE TARDIVE	DÎNER AU BAR	MENU À PRIX FIXE	OUVERTURE DOMINICALE	TERRASSE

Catégorie de prix pour un repas de 3 plats accompagnés d'une demi-bouteille de vin maison, taxes et service compris.

$ moins de 25 $
$$ de 25 à 35 $
$$$ de 35 à 50 $
$$$$ de 50 à 70 $
$$$$$ plus de 70 $

OUVERTURE TARDIVE
Dernières commandes acceptées après 23 h 30, sauf le dimanche.
DÎNER AU BAR
En-cas ou repas légers servis au zinc ou à table dans la zone bar.
MENU À PRIX FIXE
Il est en général moins cher que les autres menus.
OUVERTURE DOMINICALE
Brunch ou dîner servis le dimanche.
TERRASSE
Tables à l'extérieur, dans une cour ou un jardin.

---

14 WALL STREET RESTAURANT — $$$$

14 Wall St. [(212) 233-2780 W www.14wallstreetrestaurant.com
Jadis salle à manger privée de J.P. Morgan, cette adresse chic et chère est l'une des plus courues de Wall Street. Dans une demeure offrant de magnifiques vues, la salle, au haut plafond, est ornée de moulures en bois sombre et d'affiches sur le thème du vin. La cuisine est au diapason, et le service est parfait. N'hésitez pas à prendre un verre ensuite au bar, très convivial. ○ le midi et le soir, du lun. au ven. & AE, MC, V

GUASTAVINO RESTAURANT AND CLUB — $$$$

409 East 59th St. [(212) 980-2455, Club (212) 421-6644 W www.guastavino.com
Sous la houlette avisée de Terence Conran, de Londres, a pris forme l'un des grands rendez-vous de la ville, en dessous du pont de la 59e Rue. En haut, au Club, se trouve un restaurant français en bonne et due forme, en bas une brasserie bondée et un bar.
○ le midi, du lun. au sam. ; le soir du lun. au dim. ; brunch le dim. ♟ & ✇ AE, MC, V

JEAN-GEORGES — $$$$$

Trump International Hotel, 1 Central Park West. [(212) 299-3900
Chez Jean-Georges Vongerichten, les mets sont sublimés par les sauces délicates et les alliances inventives du maître français. Le décor aux lignes pures d'Adam Tihany ne nuit en rien à ce quatre étoiles. ○ le midi, du lun. au ven. ; le soir, du lun. au sam. ♟ & ★ ✇ AE, MC, V W www.jean-georges.com

---

LA BONNE SOUPE — $$

48 West 55th St. [(212) 586-7650 W www.labonnesoupe.com
À l'approche de son trentième anniversaire, ce repère douillet des petits budgets exhale toujours un charme vieille France. Outre des soupes revigorantes, on y sert des fondues, des quiches, des omelettes, des steaks frites et des plats du jour à prix intéressants.
○ le midi et le soir, t.l.j. ✇ AE, MC, V

LA GRENOUILLE — $$$$

3 East 52nd St. [(212) 752-1495;
Ce restaurant est le garant de l'élégance à la française, avec ses murs tendus de soie, ses banquettes en velours et ses énormes bouquets de fleurs. L'un des meilleurs établissements de la ville depuis 1962.
○ le midi et le soir, du mar. au sam. ♟ & ★ ✇ AE, MC, V

LE CIRQUE 2000 — $$$$$

455 Madison Ave. [(212) 303-7788 W www.lecirque.com
Certains adorent son néon brillant et les amusantes formes arrondies du mobilier signé Adam Tihany ; d'autres le trouvent déplacé dans l'architecture ancienne des Villard Houses. Cependant, personne ne doute qu'il s'agit là de l'un des meilleurs restaurants français de New York, et l'endroit où être vu.
○ le midi, du lun. au sam. ; le soir, du lun. au dim. ♟ & ★ ✇ AE, MC, V

LE JARDIN BISTRO — $$$

25 Cleveland Pl. [(212) 343-9599 W www.lejardinbistro.com
Quand il fait chaud, quel délice de déjeuner à l'ombre des arbres de ce jardin de Soho. Classiques de la cuisine française au menu, tels que la bouillabaisse et le coq au vin. Vous ne serez pas déçus : le personnel est serviable, et le petit café, à l'intérieur, aussi agréable que le jardin.
○ le midi et le soir, t.l.j. & ✇ AE, MC, V

LE ZINC — $$$

139 Duane St. [(212) 513-0001 W www.lezincnyc.com
Les propriétaires du très sélect Chanterelle ont ouvert un bistro décontracté qui ne ferme pas avant 4 h du matin. Murs crème, tables simples et bouteilles de vin forment le cadre où déguster d'excellents beignets à l'oignon, entre autres spécialités. ○ le midi, du lun. au sam. ; le soir, t.l.j. ; brunch le dim. ✇ AE, MC, V

LESPINASSE $$$$$
2 East 55th St, St. Regis Hotel 🛦 (212) 339-6719 🅦 www.stregis.com
Décor Louis XV, cristal de Waterford et porcelaine de Limoges ont poussé
ce restaurant aux toutes premières places. Mieux vaut néanmoins savoir
que l'addition vient parfois saler de manière fâcheuse un succulent repas.
⭘ le midi et le soir, du mar. au sam. 🛦 ⭘ 🛦 ★ 🖼 AE, MC, V

MONTRACHET $$$$
239 West Broadway. 🛦 (212) 219-2777 🅦 www.montrachet.net
Le premier restaurant de l'empire de Drew Nieporent reste l'un des plus prisés
depuis bientôt vingt ans. Il est réputé pour son confort, son cadre décontracté,
sa cuisine nouvelle et sa longue carte des vins. Le menu à 20,01 $ est une bonne
occasion pour s'y rendre. ⭘ le midi, ven. ; le soir, du lun. au sam. 🛦 ★ 🖼 AE, MC, V

ORSAY $$$
1057-1059 Lexington Ave. 🛦 (212) 517-6400 🅦 www.orsayrestaurant.com
Remplacer le Mortimer, lieu de ralliement de la bonne société, n'était pas
une mince affaire. C'est pourtant ce qu'a réussi ce café à la française
qui voit en plus de l'ancienne clientèle affluer les convives qui apprécient
son atmosphère authentique. ⭘ le midi et le soir, t.l.j. ⭘ 🖼 AE, MC, V

PROVENCE $$$
28 MacDougal St. 🛦 (212) 475-7500 🅦 www.provence.citysearch.com
Apprécié pour son ambiance méridionale, son jardin et ses prix sages, ce café
de SoHo est aussi pittoresque que romantique. Menu alliant plats traditionnels
comme la bouillabaisse et le canard rôti à des mets plus novateurs.
⭘ le midi et le soir, t.l.j. 🖼 AE

ITALIENS

BABBO $$$$$
110 Waverly Pl. 🛦 (212) 777-0303
Sa situation dans une vieille demeure de Greenwich Village, son grand
escalier et son parfum de campagne italienne apporté par le chef Mario Batali
en font l'un des restaurants italiens les plus recherchés. Moins bondé à l'étage.
Réserver. ⭘ le soir, t.l.j. 🛦 ⭘ ★ 🖼 AE, MC, V

BOTTINO $$$
246 10th Ave. 🛦 (212) 206-6766 🅦 www.bottinonyc.com
Cet entrepôt centenaire perdu parmi les galeries de Chelsea a été transformé
en un espace minimaliste aux meubles Eames, Knoll et Bertoia.
Il draine une clientèle élégante avec son excellente cuisine du nord de l'Italie
et son charmant jardin.
⭘ le midi, du mar. au sam. ; le dim., t.l.j. 🛦 🖼 AE, MC, V

BECCO $$
355 West 46th St. 🛦 (212) 397-7597 🅦 www.lydiasitaly.com
L'un des meilleurs choix dans le quartier des théâtres, avec ses menus
à prix fixe imbattables, comprenant un copieux *antipasto* et trois types
de pâtes à volonté. Tout est préparé sous l'œil attentif des Bastianich,
également propriétaires du Felidia.
⭘ le midi, du lun. au sam. ; le soir, t.l.j. 🛦 ★ 🖼 AE, MC, V

CAFÉ FIORELLO $$$
1900 Broadway. 🛦 (212) 595-5330
Le généreux assortiment d'*antipasti* vaut à lui seul la visite. Il y a là largement
de quoi manger à satiété avant d'aller se promener en face, au Lincoln Center.
Mais les pizzas à la pâte fine sont aussi tentantes, tout comme le menu.
⭘ le midi et le soir, t.l.j. 🖼 AE, MC, V

DA NICO $$
165 Mulberry St. 🛦 (212) 343-1212 🅦 www.littleitalynyc.com/danico
Un cadre rustique et un magnifique jardin font de ce restaurant familial
l'un des plus prisés de Little Italy. Faites votre choix parmi les grands
classiques de la cuisine italienne, les *antipasti* au bar et les seize sortes
de pizzas, en gardant de la place pour les desserts.
⭘ le midi et le soir, t.l.j. ⭘ 🖼 AE, MC, V

DA SILVANO $$$$
260 Sixth Ave. 🛦 (212) 982-2343
Optez plutôt pour une table à l'extérieur afin d'observer les célébrités
qui viennent souvent dans cette trattoria dont le chef, Silvano Marcetta,
sert depuis 25 ans une délicieuse cuisine du nord de l'Italie.
⭘ le midi et le soir, t.l.j. 🛦 ⭘ 🖼 AE, MC, V

Légendes des symboles, voir p. 285

Catégorie de prix pour un repas de 3 plats accompagnés d'une demi-bouteille de vin maison, taxes et service compris.

$ moins de 25 $
$$ de 25 à 35 $
$$$ de 35 à 50 $
$$$$ de 50 à 70 $
$$$$$ plus de 70 $

OUVERTURE TARDIVE
Dernières commandes acceptées après 23 h 30, sauf le dimanche.
DÎNER AU BAR
En-cas ou repas légers servis au zinc ou à table dans la zone bar.
MENU À PRIX FIXE
Il est en général moins cher que les autres menus.
OUVERTURE DOMINICALE
Brunch ou dîner servis le dimanche.
TERRASSE
Tables à l'extérieur, dans une cour ou un jardin.

	OUVERTURE TARDIVE	DÎNER AU BAR	MENU À PRIX FIXE	OUVERTURE DOMINICALE	TERRASSE
DA UMBERTO $$$$ 107 West 17th St. (212) 989-0303 Ils sont nombreux à apprécier la cuisine toscane sophistiquée de ce restaurant par ailleurs sans prétention, où les plats du jour sont faits à partir de produits de saison. Les vins régionaux de la carte les agrémentent avec bonheur. ○ le midi, du lun. au ven. ; le soir, du lun. au sam. ▯ ▯ AE					
ERMINIA $$$$ 250 East 83rd St. (212) 879-4284 Il flotte un air de romance dans ce petit restaurant italien aux murs en briques éclairé à la chandelle et réchauffé par un feu de bois. La cuisine, soigneusement préparée, est authentique, et le service attentif. ○ le soir, du lun. au sam. ▯ AE					
FELIDIA $$$$ 243 East 58th St. (212) 758-1479 W www.lydiasitaly.com Briques à nu, boiseries et bouquets extravagants dans une maison de ville d'East Side sont le cadre dans lequel déguster les plats d'Italie du Nord de Lida Bastianich (qui officie également à la télévision). Plats de pâtes imaginatifs, risottos, fruits de mer et viandes figurent au menu, et la carte des vins pour les accompagner compte pas moins de 1 000 références. ○ le midi, du lun. au ven. ; le soir, du lun. au sam. ▯ ▯ AE, MC, V				●	
GENNARO $$ 665 Amsterdam Ave. (212) 665-5348 Dans ce minuscule café, on déguste quelques-uns des plats italiens les plus succulents d'Upper East Side, préparés à des prix raisonnables. Cela explique la toujours très longue file d'attente (pas de réservation possible, mais une extension est prévue, ce qui devrait arranger les choses). Les *antipasti* constituent un repas à eux seuls. ○ le soir, t.l.j. ♿					
IL BAGATTO $$ 192 East 2nd St. (212) 228-0977 Même les habitants du nord de Manhattan descendent jusqu'à East Village, entre les Avenues A et B, pour sa bonne cuisine à prix sages. Attente à la porte et service expéditif sont de coutume, mais ses adeptes prétendent que le jeu en vaut la chandelle. ○ le soir, du mar. au dim.				▪	
IL MULINO $$$$$ 86 West 3rd St. (212) 673-3783 Le meilleur restaurant italien de Manhattan pour beaucoup : il faut réserver des semaines à l'avance. La cuisine toscane est sans grande originalité, mais de haut niveau, et les portions sont copieuses, le cadre attrayant et le service chaleureux. ○ le midi, du lun. au ven. ; le soir, du dim. au sam. ▯ ♿ ▯ ★ ▯ AE, MC, V					
IL PALAZZO $$ 151 Mulberry St. (212) 343-7000 W www.littleitalynyc.com/ilpalazzo Une excellente adresse dans Mulberry Street : intime, avec son éclairage aux chandelles, et hors des circuits touristiques. Tous les plats traditionnels figurent au menu. Le jardin à l'arrière, que rafraîchit une fontaine, est un délice l'été. ○ le midi et le soir, t.l.j. ▯ AE, MC, V				▪	●
I TRULLI $$$$ 122 East 27th St. (212) 481-7372 W www.itrulli.com Les succulents plats du Sud, en particulier de Puglia, accompagnés d'un grand choix de vins suscitent les surenchères des critiques. La cave est encore plus impressionnante à l'Enoteca i Trulli, à côté. Avec son feu de bois l'hiver et son jardin l'été, ce célèbre restaurant de Gramercy remporte les suffrages en toute saison. ○ le midi, du lun. au ven. ; le soir, du lun. au sam. ▯ ★ ▯ AE, MC, V					●
LE MADRI $$$$ 168 West 18th St. (212) 727-8022 W www.lemadri.citysearch.com Réputé pour son élégance discrète et sa cuisine parfumée du nord de l'Italie, ce vieux bâtiment de Chelsea attire une clientèle aisée ; elle vient ici pour des plats roboratifs comme l'*osso buco* et sa carte des vins comptant plus de 200 références. ○ le midi et le soir, t.l.j. ● le midi au week-end en juil. et août. ▯ ▯ AE, MC, V				▪	

LUPA
170 Thompson St. ☎ (212) 982-5089 ⓢⓢⓢ
Dans cette trattoria à la romaine, décontractée et bien moins chère que
son Babbo, Mario Batali propose des plats fins tels le jambon aux figues
ou les pâtes à l'encre de seiche et au calmar. Vous attendrez peut-être
un peu avant d'avoir une place, mais vous ne regretterez pas d'être venus.
◯ le midi et le soir, t.l.j. ♿ ★ 🗎 AE, MC, V

ORSO
322 West 46th St. ☎ (212) 489-7212 ⓦ www.orsorestaurant.com ⓢⓢⓢ
Si vous avez la chance d'obtenir une réservation, vous aurez droit
à l'un des dîners les plus mémorables qu'il est possible de faire
dans le quartier des théâtres. Le menu va des entrées les plus délicates
à des pizzas à la pâte extra fine, sans oublier les desserts, le tout servi
dans un cadre sophistiqué. ◯ le midi et le soir, t.l.j. ♿ ★ 🗎 AE, MC, V

OSTERIA DEL CIRCO
120 West 55th St. ☎ (212) 265-3636 ⓦ www.osteriadelcirco ⓢⓢⓢⓢ
Les fils de Sirio Maccioni, propriétaire du Cirque 2000, ont créé leur propre
cirque, avec banderoles suspendues d'un bout à l'autre de la salle et jongleurs.
Dans ce restaurant vivant (et un peu bruyant) du quartier des théâtres,
ils proposent les savoureuse recettes toscanes de leur mère, Egidiana.
◯ le midi, du lun. au sam. ; le soir, t.l.j. ♿ 🗎 AE, MC, V

EUROPEÉNS

AQUAVIT
13 West 54th St. ☎ (212) 307-7311 ⓦ www.savvydiner.com/newyork/aquavit ⓢⓢⓢⓢⓢ
Une maison de ville de Midtown ornée d'œuvres contemporaines suédoises
sert de cadre au meilleur restaurant scandinave de New York. La cuisine
de Marcus Samuelsson est aussi imaginative que superbement présentée.
Les harengs marinés et l'ombre sont vivement conseillés.
◯ le midi, du lun. au sam. ; le soir, t.l.j. ; brunch le dim. ▯ ★ 🗎 AE, MC, V

BOLO
23 East 22nd St. ☎ (212) 228-2200 ⓦ www.bolo.citysearch.com ⓢⓢⓢⓢ
Une salle animée remplie de tableaux est le théâtre dans lequel évolue
Bobby Flat, spécialiste de la cuisine espagnole. Viandes grillées, savoureuses
paellas et risottos, entre autres à l'encre de seiche, sont de premier ordre.
Quant au cochon de lait, il figure au menu tous les mercredis soirs.
◯ le midi du lun. au ven. ; le soir du lun. au dim. ♿ 🗎 AE, MC, V

CAFÉ DE BRUXELLES
118 Greenwich Ave. ☎ (212) 206-1830 ⓢⓢ
Des moules préparées de dix façons différentes, des frites légères et une
fabuleuse bière belge sont la marque de ce confortable restaurant installé
de longue date à Greenwich Village. Les ragoûts et les fruits de mer
sont également excellents. Quant aux desserts au chocolat, ils vous feront
oublier tous ceux que vous avez mangés jusqu'à présent.
◯ le midi et le soir, t.l.j. 🗎 AE, MC, V

DANUBE
30 Hudson St. ☎ (212) 791-3771 ⓦ www.bouley.net ⓢⓢⓢⓢⓢ
L'alchimie est parfaite à Tribeca, dans l'insolite restaurant de David Bouley,
où la nouvelle cuisine autrichienne est aussi légère que l'air. La *Wiener
Schnitzel* est incomparable, et le cadre à l'ancienne est si chaleureux qu'il est
difficile de s'en arracher. ◯ le midi et le soir, du lun. au sam. ♿ ★ 🗎 AE, MC, V

MOCCA HUNGARIAN RESTAURANT
1588 Second Ave. ☎ (212) 734-6470 ⓢ
Mocca évoque un café du Vieux Continent, avec sa porcelaine ornée
de fleurs, ses rideaux en dentelles et son éclairage à l'ancienne. Le poulet
au paprika, le goulasch, le choux farci et les *Schnitzel* (escalopes) comptent
au nombre des grands classiques. Tous sont abordables, et le menu à prix fixe
est une bonne affaire. ◯ le midi et le soir, t.l.j.

PICHOLINE
35 West 64th St. ☎ (212) 724-8585 ⓢⓢⓢⓢ
Le comble du raffinement, pour qui veut manger au Lincoln Center,
est l'élégante cuisine méditerranéenne de Terrance Brennan, qui sublime
toutes les saveurs. L'assiette de fromages est réputée ; pensez-y !
◯ le midi, du mar. au sam. ; le soir, du lun. au dim. ▯ ★ 🗎 AE, MC, V

Légendes des symboles, voir p. 285

	OUVERTURE TARDIVE	DÎNER AU BAR	MENU À PRIX FIXE	OUVERTURE DOMINICALE	TERRASSE

Catégorie de prix pour un repas de 3 plats accompagnés d'une demi-bouteille de vin maison, taxes et service compris.

⑤ moins de 25 $
⑤⑤ de 25 à 35 $
⑤⑤⑤ de 35 à 50 $
⑤⑤⑤⑤ de 50 à 70 $
⑤⑤⑤⑤⑤ plus de 70 $

OUVERTURE TARDIVE
Dernières commandes acceptées après 23 h 30, sauf le dimanche.
DÎNER AU BAR
En-cas ou repas légers servis au zinc ou à table dans la zone bar.
MENU À PRIX FIXE
Il est en général moins cher que les autres menus.
OUVERTURE DOMINICALE
Brunch ou dîner servis le dimanche.
TERRASSE
Tables à l'extérieur, dans une cour ou un jardin.

RIO MAR   ⑤⑤
7 Ninth Ave à hauteur de Little West 12th St. 📞 *(212) 242-1623*
Si l'abondance des tapas gratuits au bar peut suffire à vous rassasier, sachez quand même qu'à l'étage de cette taverne espagnole à la mode, vous trouverez tous les grands classiques comme la paella ou l'*arroz con pollo*. ⬤ *le midi et le soir, t.l.j.* 🗲 *AE*

(Ouverture tardive)

RUSSIAN TEA ROOM   ⑤⑤⑤⑤
150 West 52nd St. 📞 *(212) 757-0168*
Le comble du kitsch, avec ses tonalités rouge et or éclatantes, ses faux œufs de Fabergé, son ours dansant et son aquarium. De retour sur la scène gastronomique, cet ancien classique est meilleur que jamais.
⬤ *le midi et le soir, t.l.j.* 🛗 🗲 *AE, MC, V*

(Menu à prix fixe, Ouverture dominicale)

SAMMY'S ROUMANIAN   ⑤⑤⑤
157 Chrystie St. 📞 *(212) 673-0330*
On dirait qu'il s'y déroule chaque soir un mariage juif : il y a des ballons partout et des convives qui dansent la *hora* dans tous les coins. Le foie haché et le *shmaltz* (graisse de poulet) ne sont peut-être pas très régime, mais vous savourerez chaque minute passée là-bas.
⬤ *le soir, t.l.j.* 🛗 🗲 *AE, MC, V*

(Ouverture tardive)

TERRACE IN THE SKY   ⑤⑤⑤⑤
400 West 119th St. 📞 *(212) 666-9490* 🌐 *www.terraceinthesky.com*
Situé au dernier étage d'un immeuble, cet élégant établissement près de Columbia University est tellement romantique avec ses lumières tamisées qu'il accueille nombre de mariages. La vue, belle depuis la salle, est divine en terrasse. ⬤ *le soir, du mar. au sam.* 🛗 🗲 *AE, MC, V*

GRECS/ORIENTAUX

MOLYVOS   ⑤⑤⑤
871 Seventh Ave. 📞 *582-7500* 🌐 *www.molyvos.com*
Son propriétaire, John Livanos, qui possède aussi le luxueux Oceana, vient du village de pêcheurs de Molyvos. Son restaurant du quartier des théâtres est un hommage à ses racines : les plats grecs traditionnels y atteignent le niveau de la grande cuisine.
⬤ *le midi et le soir, t.l.j.* 🛗 ★ 🗲 *AE, MC, V*

(Ouverture tardive)

PASHA   ⑤⑤⑤
70 West 71st St. 📞 *(212) 579-8751*
Rien ne détone dans ce restaurant turc à quelques blocs du Lincoln Center. Les boulettes d'agneau à la menthe sont un délice, tout comme le poulet farci au riz, aux pistaches et aux raisins de Corinthe servi sur un lit d'épinards ou encore les multiples plats à base d'aubergine. ⬤ *le soir, t.l.j.* 🗲 *AE, MC, V*

(Ouverture dominicale)

PERIYALI   ⑤⑤⑤⑤
35 West 20th St. 📞 *(212) 463-7890* 🌐 *www.periyali.com*
Tissu bouffant accroché au plafond et stuc blanc aux murs dans ce restaurant qui sert une cuisine grecque très élaborée. Les côtelettes d'agneau et les plats de poisson pleins d'imagination répondront aux attentes des plus fines bouches, d'autant qu'ils sont accompagnés d'une sélection incomparable de vins grecs.
⬤ *le midi, du lun. au ven. ; le soir, du lun. au sam.* 🍴 🗲 *AE, MC, V*

(Dîner au bar)

S'AGAPO   ⑤⑤
34-21 34th Ave près de 35th St, Astoria, Queens. 📞 *(718) 626-0303*
S'Agapo signifie « je t'aime » en grec, ce qui convient on ne peut mieux à cet établissement sans prétention qui sert une superbe cuisine, notamment les poissons grillés. Le repas se déroule en musique le week-end, et la terrasse est très appréciée l'été. L'American Museum of Moving Image et le MoMA (Queens) sont tout près. ⬤ *le midi et le soir, t.l.j.* 🗲 *MC, V*

(Ouverture tardive, Terrasse)

RESTAURANTS DE POISSON

AMERICAN PARK AT THE BATTERY $$$$
Battery Park, en face de 17 State St. ((212) 809-5508 W www.americanpark.com
Un emplacement exceptionnel à la pointe de la Battery, avec des vues
imprenables sur le port, font sa popularité. Si vous obtenez une place
en terrasse un jour où il fait beau, vous ne serez pas déçus, même si
le large choix de plats n'égale pas en qualité la beauté du cadre.
○ le midi, du lun. au ven. ; le soir, du lun. au sam. & ☒ AE, MC, V

AQUAGRILL $$$$
210 Spring St. ((212) 274-0505
Avec ses murs jaunes, ses lampes en forme de coquillage et ses banquettes
moelleuses, ce restaurant de SoHo est le paradis du poisson, toujours
d'une extrême fraîcheur. La salade de poulpe, tiède, est l'une des spécialités.
Ceux qui préfèrent la simplicité choisiront sur le menu le poisson
qui sera poché, grillé ou cuit au four. ○ le midi, du lun. au ven. ; le soir, t.l.j. ;
brunch sam. et dim. ▯ ★ ☒ AE, MC, V

CELLO $$$$$
53 East 77th St. ((212) 517-1200 W www.cellorestaurant.com
Certains prétendent que Laurent Tourondel, jadis chef au Bernardin,
se surpasse pour faire de l'ombre à son ancien restaurant. La foule
est élégante dans cette maison de ville d'Upper East Side, où le menu à 35 $
reste une bonne affaire compte tenu du niveau de la cuisine.
○ le midi, du lun. au ven. ; le soir, du lun. au sam. ▯ & ▮ ☒ AE, MC, V

ELIAS CORNER $
24-02 31st St à hauteur de 24th Ave, Astoria, Queens. ((718) 932-1510
À un quart d'heure de Manhattan en métro, à Astoria, où vit la communauté
grecque la plus importante hors de la mère patrie, Elias Corner sert
de délicieux poissons simplement grillés avec un filet d'huile d'olive et
de l'origan. Les soirs d'été, avec le brouhaha environnant des conversations
en grec, on se croirait presque à Athènes. ○ le soir, t.l.j. &

ESCA $$$
402 West 43rd St. ((212) 564-7272
Mario Batali, surtout connu pour ses restaurants du Village comme Babbo
et Lupa, a fait une irruption fracassante dans le quartier des théâtres
en proposant des plats de poisson d'une très grande fraîcheur aux parfums
d'Italie du Sud. Le patio est un atout supplémentaire quand il fait chaud.
Le seul problème est de pouvoir réserver une table.
○ le midi et le soir, du lun. au sam. & ☒ AE, MC, V

LE BERNARDIN $$$$$
155 West 51st St. ((212) 489-1515 W www.le-bernardin.com
Les plats de poissons de ce luxueux restaurant de cuisine française
sont difficiles à égaler. Loué pour avoir révolutionné la manière
de préparer les produits de la mer, il est considéré comme l'un des meilleurs
établissements des États-Unis. Son chef, Éric Lipert, semble être hors d'atteinte
des critiques. La perfection a un prix, mais le repas sera inoubliable.
○ le midi, du lun. au ven. ; le soir, du lun. au sam. ▯ ★ ☒ AE, MC, V

OCEANA $$$$$
55 East 54th St. ((212) 759-5941 W www.oceanarestaurant.com
Ayant l'apparence et l'intimité d'un luxueux yacht, Oceana fait dans le haut
de gamme du début à la fin, de la nourriture au décor, ce que reflète l'addition. En
haut, l'ambiance est plus masculine avec le bar où l'on sert des huîtres mais aussi
différents plats. ○ le midi, du lun. au ven. ; le soir, du lun. au sam. ▯ ☒ AE, MC, V

THE OYSTER BAR AND RESTAURANT $$$
Grand Central Station, niveau inférieur, 42nd St and Lexington Ave. ((212) 490-6650
Depuis près de 90 ans, ce restaurant animé, l'un des plus connus de New
York, sert de délicieux plats de poisson, que ce soit au menu qui en compte
pas moins de trente, ou au bar où vous trouverez deux douzaines de sortes
d'huîtres. ○ le midi, du lun. au ven. ; le soir, du lun. au sam. ▯ & ★ ☒ AE, MC, V

PEARL OYSTER BAR $$
18 Cornelia St. ((212) 691-8211
Le homard du Maine rivalise avec les huîtres en tête des spécialités dans
ce lieu réputé de Greenwich Village. Son seul défaut : il est trop populaire.
Si vous ne voulez pas attendre, venez plutôt le midi.
○ le midi, du lun. au ven. ; le soir, du lun. au sam. & ☒ MC, V

Légendes des symboles, voir p. 285

Catégorie de prix pour un repas de 3 plats accompagnés d'une demi-bouteille de vin maison, taxes et service compris.

$ moins de 25 $
$$ de 25 à 35 $
$$$ de 35 à 50 $
$$$$ de 50 à 70 $
$$$$$ plus de 70 $

OUVERTURE TARDIVE
Dernières commandes acceptées après 23 h 30, sauf le dimanche.
DÎNER AU BAR
En-cas ou repas légers servis au zinc ou à table dans la zone bar.
MENU À PRIX FIXE
Il est en général moins cher que les autres menus.
OUVERTURE DOMINICALE
Brunch ou dîner servis le dimanche.
TERRASSE
Tables à l'extérieur, dans une cour ou un jardin.

	OUVERTURE TARDIVE	DÎNER AU BAR	MENU À PRIX FIXE	OUVERTURE DOMINICALE	TERRASSE

SUD-AMÉRICAINS/ANTILLAIS

ASIA DE CUBA $$$$ Morgans Hotel, 237 Madison Ave. ((212) 726-7755 W www.asiadecuba.com Que vous soyez installés au balcon ou à la table commune de 36 couverts, vous apprécierez le décor top tendance de Philippe Starck et l'animation qui n'a pas cessé depuis l'ouverture de ce restaurant. Comme son nom l'indique, il propose d'étonnantes combinaisons entre saveurs asiatiques et cubaines. ○ le midi, du lun. au ven. ; le soir, t.l.j. ⊘ AE, MC, V	●			■	
CABANA W WWW.CABANANEWYORKCITY.CITYSEARCH.COM $$ 1022 Third Ave. ((212) 980-5678 Pier 17, South Street Seaport ((212) 406-1155 Parfum d'Amérique latine et musique font le charme de ce restaurant possédant deux sites. Au menu figurent des plats copieux cubains et antillais comme les crevettes à la noix de coco, les *empanadas* et l'*arroz con pollo*. Prenez un pina colada ou un margarita, et vous aurez l'impression d'être dans les îles. ○ le midi, du lun. au sam. ; le soir, t.l.j. & ⊘ AE, MC, V	●			■	
CALLE OCHO $$$ 446 Columbus Ave. ((212) 873-5025 Ce restaurant bruyant et haut en couleurs porte le nom du quartier cubain de Miami. Tous les soirs, on dirait que c'est la fête au son des rythmes sud-américains. Le chef est cubain, mais sa cuisine, raffinée, est plutôt inspirée des saveurs du Pérou et de Porto Rico. ○ le soir, t.l.j. ; brunch le dim. &	●			■	
CHICAMA $$$$ 35 East 18th St. ((212) 505-2233 W www.chicamarestaurant.com Le chef Douglas Rodriguez a encore frappé. Ses plats imaginatifs puisent dans le patrimoine culinaire péruvien, à l'instar du cochon de lait rôti au feu de bois d'eucalyptus. Ils sont servis sous un plafond en bois dans une salle au décor de fête. ○ le midi et le soir, t.l.j. ⊓ & ⊘ AE, MC, V	●	■		■	
CHURRASCCARIA PLATAFORMA W www.churrasccariaplataforma.com $$$ 318 West 49th St, Belvedere Hotel ((212) 245-0505 Un vrai carnaval brésilien pour les amateurs de viande, avec le choix entre vingt spécialités de cochon de lait, agneau, poulet, sans compter les quarante salades différentes proposées au bar, allant du *carpaccio* aux *sushi*, le tout pour un prix raisonnable. ○ le midi et le soir, t.l.j. & ★ ⊘ AE, MC, V	●		●	■	
MAYA $$$ 1191 First Ave. ((212) 585-1818 Maya a largement contribué à l'estime dans laquelle est tenue maintenant la cuisine mexicaine. Richard Sandoval crée des plats délicats aux accompagnements subtils. Le seul inconvénient est le bruit ; essayez d'arriver tôt pour échapper aux décibels. ○ le soir, t.l.j. & ⊘ AE, MC, V				■	
PATRIA $$$$ 250 Park Ave South. ((212) 777-6211 W www.patrianyc.com L'addition élevée n'arrête pas la foule des gourmets, qui se pressent dans ce restaurant festif orné de carreaux colorés pour déguster des plats pleins d'imagination. Venez plutôt le midi : le menu à 20 $ offre un bon rapport qualité-prix. ○ le midi, du lun. au ven. ; le soir, du lun. au dim. ⊓ ★ ⊘ AE, MC, V	●	■	●	■	
ROCKING HORSE CAFÉ $$ 182 Eighth Ave. ((212) 463-9511 W www.rockinghorsecafe.com Bien que cet établissement ait été agrandi, il est toujours bondé. On y vient pour ses margaritas hors pair et sa superbe cuisine mexicaine inspirée de recettes traditionnelles, le tout pour des prix sages. ○ le midi et le soir, t.l.j. ⊘ AE, MC, V	●				

ROSA MEXICANO

1063 First Ave. (212) 753-7407; **61 Columbus Ave.** (212) 977-7700 $$$

Le premier restaurant de cuisine mexicaine sophistiquée a maintenant
un jumeau très vivant à West Side. Le décor est coloré, et les plats n'ont rien
à envier à ceux d'un grand chef français. Mais ce qui attire d'abord les foules,
ce sont les *guacamole* préparé devant les yeux des convives et les margaritas
détonnants. ☐ *le soir, t.l.j.* ☐ ★ ☐ *AE, DC, V*

CANTON

45 Division St. (212) 226-4441 $$$

Ceux qui aiment les saveurs plus douces de la cuisine cantonaise
y trouveront leur bonheur. L'ambiance et le service raffinés séduisent aussi
bien les gens des alentours que les visiteurs de passage, bien que les prix
soient un peu élevés pour Chinatown. N'hésitez pas à suivre les conseils
du serveur. ☐ *le midi et le soir, du mer. au dim.* ★

GOLDEN UNICORN

18 East Broadway. (212) 941-0911 $

Tout y est bon, même si la spécialité reste les *dim sum*. Ce restaurant est à la
mode de Hong Kong, c'est-à-dire grand, criard, bondé et bruyant. Plus on est
nombreux, plus on peut goûter de plats. ☐ *le midi et le soir, t.l.j.* ☐ ☐ *AE, MC, V*

GRAND SICHUAN

125 Canal St. (212) 625-9212. $

Une vraie trouvaille dans Chinatown pour les adeptes de la cuisine épicée
du Szechuan. L'extérieur n'est pas très attirant, mais les mets sont authentiques
et abordables. Sa bonne réputation s'applique à ses homologues des 229
et 745 Ninth Avenue. ☐ *le midi et le soir, t.l.j.* ★ ☐ *AE, MC, V*

INAGIKU

Waldorf-Astoria Hotel, 301 Park Ave. (212) 355-0440. $$$$

Les spécialités de ce restaurant japonais haut de gamme sont les *tempura*
(beignets de crevettes ou de légumes) et le *Kaiseki*, un repas d'une douzaine de
plats servis dans un ordre protocolaire. ☐ *le midi et le soir, t.l.j.* ☐ ☐ *AE, MC, V*

ISO

175 2nd Ave. (212) 777-0361 $$$

Murs couverts d'œuvres contemporaines, *sushi* d'une extrême fraîcheur
et ambiance détendue sont la marque de ce restaurant japonais.
Il est apprécié des habitants du quartier pour ses prix sages.
☐ *le soir, du lun. au sam.* ☐ *une semaine l'été.* ☐ *AE, MC, V*

JOE'S SHANGHAI

9 Pell St. (212) 233-8888; **24 West 56th Street** (212) 333-3868 $$

Les établissements de Chinatown et de Midtown dépendent tous deux
d'un restaurant célèbre pour sa soupe aux boulettes et ses petits pains vapeur.
Les autres recettes de Shanghai sont aussi bonnes. ☐ *le midi et le soir, t.l.j.* ★

KIN KHAO

171 Spring St. (212) 966-3939 $$

En thaï, cela veut dire « manger du riz », ce qui n'est qu'une première étape
dans le menu. Réserver absolument. L'antenne de SoHo ne désemplit pas,
en particulier le week-end. Essayez le dessert au riz gluant et à la papaye.
☐ *le midi et le soir, t.l.j.* ☐ *AE, MC, V*

SHUN LEE PALACE

155 East 55th St. (212) 371-8844 W www.shunleepalace.com $$$

L'un des plus élégants restaurants chinois de New York depuis des décennies.
Les recettes de Canton et du Szechuan ne vous décevront pas. Le canard
à la pékinoise et les beignets de crevettes aux fruits de la passion comptent
au nombre de ses spécialités. ☐ *le midi et le soir, t.l.j.* ☐ ★ ☐ *AE, MC, V*

INDIEN

DAWAT

210 East 58th St. (212) 355-7555 W www.restaurant.com/dawat $$$

L'un des restaurants indiens les plus attrayants de la ville. La cuisine
est préparée à partir des recettes de Madhur Jaffrey, un grand cuisinier indien.
Il est réputé pour ses portions copieuses et des plats comme le saumon
à la coriandre cuit à la vapeur dans une feuille de bananier.
☐ *le midi, du lun. au sam. ; le soir, du lun. au dim.* ☐ ☐ *AE, MC, V*

Légendes des symboles, voir p. 285

Repas légers et snacks

À Manhattan, on peut se restaurer quels que soient le lieu ou l'heure. Les New-Yorkais donnent l'impression de manger à longueur de journée : à un coin de rue, dans un bar, une *luncheonette* ou un *deli*, avant ou après le travail, même au petit matin ! Il y en a pour tous les goûts : bretzels, pâtisseries danoises, pizzas, sandwiches, marrons grillés ou *gyros* grecs à la viande de mouton… Que vous choisissiez le calme d'un salon de thé ou l'animation d'un *coffee shop*, d'un *diner* ou d'un bistrot ouverts la nuit ; que vous ayez envie d'un snack avant le théâtre ou en sortant d'une fête, vous trouverez toujours un moyen de satisfaire votre appétit sans vous ruiner, même si la qualité est variable.

LES DELIS

Véritable institution new-yorkaise, c'est l'endroit idéal pour déjeuner d'un gros sandwich. **Carnegie Delicatessen**, souvent considéré comme le meilleur *deli* de la ville, en propose de merveilleux au corned-beef ou au pastrami.

Certains, comme **Katz's Deli**, proposent une nourriture kascher traditionnelle, mais la plupart se limitent à la vente à emporter. On s'y presse donc pour acheter d'énormes sandwiches relativement bon marché. Le personnel est généralement grincheux et impatient, et la grossièreté est presque une marque déposée chez **Stage Deli**, désormais plus fréquenté par les touristes que par les stars du showbiz.

Pour une authentique cuisine juive new-yorkaise, essayez **Second Avenue Delicatessen**, célèbre pour ses soupes, pickles, sandwiches au corned-beef, émincé de foie et autres spécialités kascher. Très couru, **Zabar's** a conquis les yuppies grâce à ses délicieux saumon fumé, pickles et salades.

Selon les connaisseurs, **Pastrami King**, dans le Queens, mérite bien son nom de roi du sandwich au pastrami.

LES CAFÉS, LES BISTROTS ET LES BRASSERIES

Depuis quelques années, cafés, bistrots et brasseries sont du dernier chic à New York. Chez **Balthazar**, Spring St., le clinquant est à tous les étages sauf à la cuisine, fabuleuse. Le

Café Centro, près de Grand Central, souvent plein et bruyant à midi, attire une clientèle d'hommes d'affaires ; carte méditerranéo-provençale, avec soupe de poisson et de succulents desserts. Installée de longue date, **The Brasserie** sur W 33rd, a été un peu rénovée. Le **Bistro du Nord**, sur Madison Ave, joue la carte franco-américaine, non sans invention. Plus au sud, dans TriBeCa, **The Odeon** est prisé pour son menu brasserie et ses horaires tardifs. À SoHo, **Raoul's** est un bistrot français à l'ambiance détendue, apprécié des artistes et autres habitués pour sa cuisine simple mais sûre. À Greenwich Village, l'**Elephant and Castle**, au décor minimal, permet de déjeuner d'une soupe-salade-omelette ou d'autres snacks, mais ses points forts sont le petit déjeuner et le brunch, abondants sans être ruineux. Le bar est en outre très animé. On se presse aussi **Chez Jacqueline** ; ce café exigu, situé à proximité de plusieurs salles de Broadway, propose un menu de bistrot français et attire toute une foule jeune, branchée et cosmopolite pour un dîner à prix modéré ou un souper tardif.

Dans le quartier des théâtres, **Victor's Café 52**, spacieux, vivant, latin, propose, à prix modéré, d'énormes portions d'une authentique cuisine cubaine. Ambiance garantie **Chez Josephine**, bistrot-cabaret doté d'un pianiste de jazz. La scène est ici la principale attraction, et la cuisine française est excellente.

Petit, mais français à souhait,

La **Boîte en Bois** propose une délicieuse cuisine de bistrot à distance commode de Lincoln Center. Non loin de là, **Vince and Eddie's** sert une cuisine américaine fiable, souvent géniale.

Inclassable, **Sarabeth's**, dans Upper West Side, peut être assimilé à un café. Le meilleur moment pour s'y rendre est le petit déjeuner ou le brunch du week-end, où gaufres, *French toasts*, crêpes et omelettes font le bonheur des familles. Il existe deux autres établissements, dont l'un au Whitney Museum.

New York n'a sans doute guère de bistrot plus français que **Les Halles**, dans le quartier de Gramercy. Tard le soir, il peut être très bruyant pendant le coup de feu, mais les fans estiment que sa cuisine le vaut bien.

LES PIZZERIAS

On trouve de la pizza partout à New York, pour quelques dollars la part à un comptoir de rue ou dans un fast-food, et dans les pizzerias napolitaines traditionnelles.

Certaines offrent un petit plus. Pâte fine et croustillante cuite au four à bois, et jazz *live* chez **Arturo's Pizzeria**. Menu toscan et délicieuses pizzas aux garnitures inédites chez **Mezzogiorno**. On se régale aussi de pâtes fines cuites au four traditionnel chez **Mezzaluna**, bondé, et chez **John's Pizzeria**, considérée comme la meilleure de Manhattan par ses nombreux fans (dont Woody Allen).

Totonno Pizzeria, à Coney Island, mérite un saut à Brooklyn une filiale existe à Manhattan, de la part des vrais amateurs de pizza. Les pizzerias sont souvent l'endroit idéal pour un repas simple et peu cher. On ne peut généralement pas réserver, aussi la queue peut-elle être longue à l'entrée des meilleures.

LES BARS À HAMBURGERS

Vous serez peut-être attirés par l'odeur des étals bon marché dans la rue. New York ne manque pourtant pas de lieux où acheter un hamburger ou un hot-dog de meilleure qualité, même s'il faut parfois compter 10 dollars pour un hamburger pur bœuf.

Hamburger Harry's propose, à prix raisonnable, d'épais hamburgers juteux à la viande grillée, avec un large choix de garnitures et une grande salade. Dans les établissements **Hard Rock Café**, les parts sont copieuses et l'ambiance animée.

Présent en cinq lieux, **Jackson Hole** séduit les enfants grâce à ses 28 variétés de hamburgers juteux bien garnis. Si le décor tape-à-l'œil fait tiquer les adultes, l'addition sera à leur goût. C'est aussi un bon endroit où goûter la boisson new-yorkaise par excellence, l'*egg cream (p. 286)*.

Le **Beer Bar** du Café Centro attire une clientèle libérale. On y trouve une carte des bières peu commune, et de délicieux hamburgers.

Outre ses hamburgers savoureux et pas trop chers, sans doute les meilleurs de la ville, **Corner Bistro**, à Greenwich Village, propose un bon choix de bières. Ouvert jusqu'à 4 h du matin, c'est l'endroit idéal où finir la soirée.

LES DINERS ET LES LUNCHEONETTES

On trouve des *diners* et des *luncheonettes*, aussi appelés *sandwich shops* ou *coffee shops*, à tous les coins de rue. La nourriture y est d'ordinaire quelconque, mais abondante et bon marché. Ils ouvrent généralement du petit déjeuner jusqu'à tard dans la soirée et l'on peut y prendre un café et se rassasier quasiment à toute heure.

Les années 1990 ont vu fleurir les copies de restos bon marché des années 1930. L'Empire Diner *(p. 136)* en est un exemple chic. **Broadway Diner**, dans Midtown, reproduit fidèlement un *diner* des années 1940. On y sert un bon petit déjeuner américain, avec pommes de terre sautées, hachis de corned-beef maison, et œufs pochés.

Artistes et célébrités ont élu **Jerry's**, à SoHo, pour ses sandwiches, salades et desserts inventifs et de copieux petits déjeuners, et **Florent**, dans le West Village, pour une honnête cuisine française servie 24 h sur 24. **Big Nick's** est le meilleur endroit d'Upper East Side pour un petit déjeuner, une pizza ou un hamburger. Ouvert toute la nuit, **The Coffee Shop**, à Union Square, joue la carte brésilio-américaine.

Dans Upper East Side, **E.A.T.**, d'Eli Zabar, sert des plats juifs haut de gamme (soupe à l'orge et aux champignons, pain *challah*, desserts succulents), mais chers.

Ses adeptes ne jurent que par **Viand**, dans East Side : petits déjeuners américains copieux et peu chers, bons hamburgers, *egg creams*, et les meilleurs sandwiches à la dinde de la ville. **Veselka** est une sandwicherie peu ordinaire, avec des spécialités ukraino-polonaises à prix imbattables.

LES SALONS DE THÉ

Les salons des grands hôtels new-yorkais sont pratiquement le seul endroit où trouver une vraie tasse de thé ; on y sert un élégant *afternoon tea* à prix fixe entre 15 h et 17 h.

Il s'accompagne de *cream cakes* et scones chauds beurrés à foison au Palm Court du **Plaza Hotel**. Chic suprême, le thé du **Carlyle** est servi sur mobilier Chippendale. La formule à prix fixe de l'**Hotel Pierre** est une des plus avantageuses. Au **Waldorf-Astoria**, le thé est servi avec de la crème du Devon ; l'hôtel **Stanhope** fait rimer abondance avec élégance, et permet de patienter jusqu'au dîner.

La nouvelle chaîne des charmants salons de thé **Saint's Alp** propose toutes sortes de boissons à base de thé, mousseuses, parfumées et colorées, servies sur de la glace pilée. Elle est présente au 51 Mott Street, près de Chinatown, et dans le quartier récent de Times Square. Au grand magasin Takashimaya, **The Tea Box** sert un véritable thé à la japonaise.

LES CAFÉS ET LES PÂTISSERIES

La plupart des *diners*, *luncheonettes* et *coffee shops* permettent de boire un café correct, et en quantité illimitée, à partir de 75 cents. La mode est à présent aux bars à café, où l'on peut goûter de grands crus et des cafés gourmands, tels les cappuccino, espresso et *caffè latte*. Certains magasins de glaces ou pâtisseries ont aussi du bon café et proposent des gâteaux succulents.

Little Italy compte certains des cafés les plus agréables, tel le **Caffè Biondo**, où l'on ne résiste pas à la dégustation de cappuccino et gourmandises délicieuses, ou le **Caffè Vivaldi**, dans lequel on peut, sur ses tables en marbre, profiter de ses cafés, thés et desserts aux prix abordables. Depuis 1892, le **Caffè Ferrara** propose pâtisseries italiennes et bon café à prix doux, et en terrasse. Le **Caffè Dante** séduit, entre autres, les étudiants, qui s'installent volontiers dehors par beau temps.

Avec sa terrasse à l'européenne, le **Fledermaus Café** de South Street Seaport permet de boire un bon café et de profiter de l'animation du quartier.

À Chelsea, le **Candy Bar and Grill** sert d'excellentes pâtisseries et des cafés viennois dans un confortable décor du début du siècle. On peut aussi y dîner agréablement de plats autrichiens. Plus au nord, le **Caffè Bianco** revendique de fabuleux desserts, un bon café et des prix modérés. Beaucoup plus cher, le **Café Guy Pascal** sert de délicieuses pâtisseries françaises, de même que la **Payard Patisserie**. **Sant'Ambroeus** défend somptueusement la *pasticceria* milanaise, avec son bar à espresso et ses succulents desserts. **Dessert Delivery** livre à domicile de délicieux gâteaux et *pies*, que l'on peut aussi déguster dans son pimpant café. **Serendipity 3**, célèbre pour son folklore victorien, ses extraordinaires *sundaes*, son café et ses petits en-cas, le talonne de près. Livres, café et pâtisseries font bon ménage au **Barnes & Noble Café**, dans l'une des plus grandes librairies new-yorkaises. **Starbucks** possède une douzaine de boutiques en ville.

RÉPERTOIRE

LOWER EAST SIDE

Caffè Biondo
141 Mulberry St.
Plan 4 F5.

Caffè Ferrara
195 Grand St.
Plan 4 F4.

Fledermaus Café
199 Water St.
Plan 2 E2.

Katz's Deli
205 E Houston St.
Plan 5 A3.

Saint's Alp
51 Mott St.
Plan 4 F4.

SOHO ET TRIBECA

Jerry's
101 Prince St. **Plan** 4 D3.

Mezzogiorno
195 Spring St. **Plan** 4 D4.

Odeon
145 W Broadway.
Plan 1 B1.

Raoul's
180 Prince St.**Plan** 4 D3.

GREENWICH VILLAGE

Arturo's Pizzeria
106 W Houston St.
Plan 4 E3.

Balthazar
80 Spring St.
Plan 3 E4.

Caffè Dante
79 MacDougal St.
Plan 4 D3.

Caffè Vivaldi
32 Jones St. **Plan** 3 C2.

Chez Jacqueline
73 MacDougal St.
Plan 4 D2.

Corner Bistro
331 W 4th St.
Plan 3 C1.

Elephant and Castle
68 Greenwich Ave.
Plan 3 C1.

Florent
69 Gansevoort St.
Plan 3 B1.

EAST VILLAGE

Kiev
117 2nd Ave.
Plan 42 F.

Second Avenue Delicatessen
156 2nd Ave.
Plan 4 F1.

Veselka
144 2nd Ave.
Plan 4 F1.

GRAMERCY ET LE FLATIRON

Les Halles
411 Park Ave.
Plan 9 A3.

The Coffee Shop
29 Union Sq.
Plan 9 A5.

CHELSEA ET LE QUARTIER DU VÊTEMENT

Candy Bar and Grill
131 8th Ave.
Plan 8 D2.

LE QUARTIER DES THÉÂTRES

Broadway Diner
1726 Broadway.
Plan 12 E4.

Carnegie Delicatessen
854 7th Ave.
Plan 12 E4.

Chez Josephine
414 W 42nd St.
Plan 7 B1.

Hamburger Harry's
145 W 45th St.
Plan 12 E4.

Hard Rock Café
221 W 57th St.
Plan 12 E3.

Stage Deli
834 7th Ave.
Plan 12 E4.

Victor's Café 52
236 W 52nd St.
Plan 11 B4.

EAST SIDE MIDTOWN

Beer Bar at Café Centro
MetLife Building,
200 Park Ave.
Plan 9 A2.

UPPER MIDTOWN

Barnes & Noble Café
Citicorp Building,
160 E 54th St.
Plan 13 A4.

Brasserie
100 E 53rd St. **Plan** 13 A4.

Plaza Hotel
Palm Court, 768 5th Ave.
Plan 12 F3.

Brasserie
100 E 53rd St. **Plan** 13 A4.

The Tea Box
Takashimaya, 693 5th Ave.
Plan 12 F2.

Waldorf-Astoria
301 Park Ave.
Plan 13 A5.

UPPER EAST SIDE

Bistro du Nord
1312 Madison Ave.
Plan 17 A2.

Caffè Bianco
1486 2nd Ave.
Plan 17 B5.

Carlyle
35 E 76th St.
Plan 17 A5.

Café Guy Pascal
1231 Madison Ave.
Plan 17 A3.

Dessert Delivery
350 F. 55th St.
C 838-5411
Plan 13 B4.

E.A.T.
2 E 61st St. **Plan** 12 F3.

Hotel Pierre
2 E 61st St. **Plan** 12 F3.

Jackson Hole
232 E 64th St.
Plan 13 B2.
John's Pizzeria
408 E 64th St.
Plan 13 C2.
Fait partie d'une chaîne.

Mezzaluna
1295 3rd Ave.
Plan 17 B5.

Payard Patisserie
1032 Lexington Ave.
Plan 13 A1.

Sant'Ambroeus
1000 Madison Ave.
Plan 17 A5.

Serendipity 3
225 E 60th St.
Plan 13 B5.

Stanhope
995 5th Ave.
Plan 17 A4.

Viand
1011 Madison Ave.
Plan 17 A5.

UPPER WEST SIDE

La Boîte en Bois
75 W 68th St. **Plan** 11 C1.

Sarabeth's
423 Amsterdam Ave.
Plan 15 C4.

Vince and Eddie's
70 W 68th St.
Plan 11 C1.

Zabar's
2245 Broadway.
Plan 15 C2.

BROOKLYN

Totonno Pizzeria
1524 Neptune Ave.
Plan 7 C5.

QUEENS

Pastrami King
124 Queens Blvd,
Kew Gardens.

Les bars new-yorkais

Véritables institutions new-yorkaises, les bars jouent un rôle important dans la vie sociale de la cité. Il est habituel pour les New-Yorkais de passer la soirée en déambulant de bar en bar, tous offrant quelque chose de plus que la boisson : de bons petits plats, une piste de danse, un concert ou des bières importées. Ils sont innombrables dans Manhattan – il y en a pour tous les goûts et toutes les bourses.

LES RÈGLEMENTS ET LES USAGES

La plupart des bars sont ouverts de 11 h du matin à minuit, et certains jusqu'à 2 h ou 4 h du matin, limite de l'horaire légal. De nombreux bars ont des *happy hours* de 17 h à 19 h, et proposent alors deux boissons pour le prix d'une *(twofer)* et des amuse-gueule gratuits. Les serveurs sont autorisés à refuser quiconque leur semble avoir déjà trop bu.

La consommation d'alcool est interdite en-dessous de 21 ans. Le barman peut exiger une pièce d'identité justifiant de votre âge. Les enfants ne sont généralement pas admis dans les bars.

Toutes les consommations se règlent habituellement en bloc, à la sortie. L'usage est de laisser au serveur un pourboire d'environ 10 %, ou de 50 cents par verre. Le barman n'a pas de doseur ; si vous voulez un grand verre, le mieux est d'aller au bar et de régler votre générosité sur la sienne. Les boissons servies en salle sont plus chères qu'au bar.

Une tournée peut revenir très cher ; mieux vaut commander un pichet de bière d'un *quart* (95 cl) ou d'un *half gallon* (190 cl).

Évitez les bars « gratuits pour les dames » : vous y risquez des rencontres suspectes. Certains pubs new-yorkais n'admettent les femmes que depuis peu, par obligation légale.

Aujourd'hui encore, nombre de femmes préfèrent ne pas aller seules dans certains bars.

QUE BOIRE ?

La boisson la plus populaire est la bière, servie glacée. La plupart des bars vendent de grandes marques américaines comme Budweiser, Coors ou Miller, ou des bières étrangères cotées, comme Bass, Becks ou Heineken, voire de la Guinness à la pression. Certains pubs anciens, ou bars récents mais chic, offrent un choix beaucoup plus important de bières d'importation ou de petites marques locales, telle la populaire Brooklyn Lager. Les brasseries artisanales sont actuellement à la mode. Elles produisent en petite quantité des bières très parfumées, souvent inspirées des spécialités européennes (allemandes, belges ou anglaises).

Les cocktails – rhum-coca, martini sec, scotch ou bourbon servi *straight up* (sans glace) ou *on the rocks* (avec glace), gin-tonic, vodka-tonic – ont aussi beaucoup de succès. Le Cosmopolitan, pamplemousse, vodka et Martini est très new-yorkais.. Les bars servent souvent du vin, même si la mode du *wine bar* a été remplacée par celles de l'*olive bar* et du *champagne bar* comme Flute.

QUE MANGER ?

Les bars servent généralement des snacks tout au long de la journée : hamburgers, frites, salades, sandwiches ou de délicieuses ailes de poulet épicées. Rien de tel que la *happy hour* pour se rassasier sans bourse délier d'amuse-gueule chauds ou froids. Dans la plupart des bars, la cuisine ferme juste avant minuit.

LES BARS À LA MODE

Il y a souvent foule chez **BB's** (anciennement Bowery Bar), l'un des bars les plus « in » du moment. **Bungalow 8** (réservé aux seuls membres), **Lot 61** et **Suite 161 s** sont également très à la mode.

Ambiance garantie au **Bar Six**, rendez-vous des fêtards excentriques et branchés du Village ; à la carte, bières artisanales et cuisine à l'accent marocain. **SoHo Kitchen and Bar** est une sorte de loft élégant avec un long bar en brique et des tables sur plusieurs niveaux ; bonnes pizzas, carte de près de 400 vins, et bon choix de bières. L'**Odeon** baigne aussi dans l'atmosphère animée de SoHo et de TriBeCa.

Chez **Swifty's**, dans Upper East Side, mieux vaut rester au bar, plutôt que de dîner au restaurant aux prix très élevés. Les bars à cigares sont le nouveau paradis des fumeurs. **The Cigar Room at Trumpets** propose 36 variétés de cigares premier choix, tout un choix de scotches pur malt, et ouvre la porte de son restaurant aux fumeurs. Ambiance de club anglais au **Bar and Books**, où l'on peut fumer, boire et grignoter devant un bon feu, avec du jazz *live* le week-end. À la même adresse, le Beekman Bar and Book.

LES BARS PANORAMIQUES

Prenez l'ascenseur jusqu'au 26e étage de la **Beekman Tower** pour jouir de vues imprenables de la ville, avec piano en fond sonore. Malgré les tarifs, essayez aussi la **Pentop Bar and Terrace**, au Peninsula Hotel, très spectaculaire et le **Rise**, au Ritz-Carlton dans Battery Park. Par beau temps, Midtown ne jure plus que par la terrasse du sympathique **BP Café**. Superbe vue sur Central Park à la **Tavern on the Green**. Dommage que l'intérieur soit si clinquant, car le jardin est fantastique.

LES BARS HISTORIQUES ET LITTÉRAIRES

Le plus typique des bars new-yorkais est sans doute **McSorley's Old Ale House**, vieux pub irlandais à l'accueil particulièrement renfrogné. Ouvert depuis 1854, c'est aussi l'un des plus anciens ; au menu, bon choix de bières, et savoureux *ploughman's lunch* (assiette froide).

Dès 1812, on trouve **The Ear Inn** à cet endroit de SoHo. Intérieur sombre et exigu à souhait, avec un long bar en bois où viennent s'accouder poètes et écrivains.

Le Village a quelques très vieux bars, dont **Chumley's**, vrai *speakeasy* (bar clandestin) de l'époque de la Prohibition. Il y fait bon s'arrêter en hiver, quand le feu brûle dans la cheminée.

Refuge favori de Dylan Thomas, et modeste témoin des années 1880, la **White Horse Tavern** reste appréciée des cercles littéraires et universitaires. On peut s'installer dehors par beau temps.

Peculier Pub comblera les amateurs de bière avec plus de 360 variétés du monde entier. Revers de la médaille, le personnel est parfois cassant et peu compétent.

Dans le quartier de la finance, **Fraunces Tavern**, datant de 1719 (*p. 76*), dégage une atmosphère plaisante, quoique un peu trop touristique. Fidèle au poste depuis 1864, **Pete's Tavern** est un des points chauds de Gramercy jusqu'à 2 h du matin. On apprécie son côté victorien, sa bière maison, la Pete's Ale, et ses nombreuses « pression ». Non loin de là, l'**Old Town Bar**, vieux pub irlandais créé en 1892, plaît aux milieux de la publicité.

S'il n'attire pas autant les célébrités, **Sardi's** sert toujours d'annexe aux reporters du *New York Times* ; les caricatures de gens connus tapissent les murs, et le bar du deuxième étage ne lésine pas sur la quantité.

Plein à craquer aux heures de sortie des bureaux, **P. J. Clarke's** est un pub irlandais apprécié des New-Yorkais depuis sa création, dans les années 1890. Toujours dans

East Side, **Elaine's** est le refuge des gens de lettres, de New York ou d'ailleurs. Tâchez de vous installer non loin de la table d'Elaine, où tout se passe. La nourriture est quelconque.

Discret, **P. J. Carney's** accueille les musiciens et les artistes près de Carnegie Hall depuis 1927. On y sert des bières irlandaises et de bonnes *shepherd's pies*.

LES BARS JEUNES ET BRANCHÉS

Chez les 20-30 ans, la mode est en ce moment aux pubs-brasseries, qui brassent leur propre bière, et aux bars proposant une multitude de bières artisanales ou étrangères. L'ambiance règne à la **Chelsea Brewing Company**, grand pub-brasserie donnant sur Hudson River, au complexe sportif de Chelsea Piers. Dans le quartier tout proche de Gramercy, essayez **Heartland Brewery**, nouvel établissement qui fait fureur, et un des meilleurs dit-on ; cinq bières maison, dont la fabuleuse India Pale Ale, et de nombreuses spécialités de saison, telles ces ales au potiron.

Dans les quartiers résidentiels, la **Westside Brewing Company** séduit une clientèle jeune et de voisinage par des ales et des bières fruitées maison. Dans l'ancien quartier allemand, la **Yorkville Brewery & Tavern** a une ambiance de bar sportif qui plaît bien. Carte des bières fournie, et honnête cuisine de pub servie au bar.

Bons plats, longue liste de bières, musique *live* à l'étage : **Brews**, dans le quartier du vêtement, séduira tous les amateurs de pubs.

Les Britanniques se sentiront comme chez eux au **Manchester**, avec sa confortable ambiance de pub, ses 40 bières en bouteille et 18 à la pression, dont la Watneys ou la Newcastle Brown Ale, pas si fréquentes à New York.

Dans East Village, **d.b.a.** – faut-il comprendre *don't bother to ask* « inutile de demander », ou bien *draft beer*

available « bière à la pression » ? – sert 14 bières à la pression, une multitude de bières artisanales, et 50 whiskies pur malt.

Brother Jimmy's BBQ, au nord, attire une population étudiante ; ambiance et décibels garantis, mais aussi travers au barbecue, dans la plus pure tradition du Sud.

La **Park Slope Brewery Company** a deux adresses à Brooklyn, appréciées des jeunes pour leur carte de 12 bières artisanales et bières de saison, leurs en-cas corrects et leur ambiance animée.

LES BARS POUR CÉLIBATAIRES

Toujours très populaires, ces bars sont parfaits pour lier connaissance. On en trouve dans toute la ville, mais surtout dans les quartiers du centre de Manhattan. L'addition y est parfois salée, avec la bière à 3 dollars ou plus.

De style Art déco, le **Beer Bar** est le dernier endroit à la mode ; bon choix de bières et plats à la bière intéressants. Ambiance survoltée et cuisine du Sud honorable au **Live Bait**, très fréquenté des mannequins.

LES BARS GAYS ET LESBIENS

Les bars gays se concentrent à Greenwich Village, ainsi qu'à SoHo, dans East Village, à Chelsea et à Murray Hill ; les bars lesbiens, à Greenwich Village et East Village. Les journaux *Native* ou *Village Voice* et le Gay and Lesbian Switchboard (*p. 343*) donnent les adresses du moment.

LES BARS DES HÔTELS

Central, l'Algonquin Hotel (*p. 143*) était très fréquenté par les gens de lettres dans les années 1920-1930. Le Lobby Bar et le Blue Bar permettent de prendre un verre tranquillement avant de dîner ou de sortir.

Le bar circulaire situé dans l'élégant hall d'accueil du **Royalton Hotel** est le lieu parfait où prendre un verre en observant les allées et venues du monde du spectacle. C'est l'un des rendez-vous favoris des journalistes de mode. Toujours dans le quartier des théâtres, le **Whiskey Bar** du Paramount Hotel, entièrement vitré, est lui aussi très branché. Dans Lower Midtown, le **Sun Garden** offre un décor de verre particulièrement agréable aux beaux jours, lorsqu'il est inondé de soleil.

Le **Bull and Bear** du Waldorf-Astoria, datant de la Prohibition, respire le confort et l'histoire ; carte des boissons exotique, et une « Bull and Bear » à la pression.

Près de Central Park, l'**Oak Room** du Plaza Hotel est un endroit huppé qui permet d'en mettre plein la vue… à prix très élevé.

La **King Cole Room** du St Regis tire son nom d'une fresque colorée de Maxfield Parrish, derrière le bar, qui anime cette pièce élégante.

Avec son ambiance de club anglais, ses gravures de chasse et ses lambris en acajou, **Journeys**, à l'Essex House Hotel, ravira les nostalgiques de la vieille Albion.

Les prix sont tout à fait acceptables au **Randolf's** du Warwick Hotel, surtout pendant la *happy hour*, où les amuse-gueule sont délicieux et gratuits.

Le **Lobby Bar** de l'hôtel branché, Hudson Hotel et le **Wiskey Blue Bar** des W Hotels sont fréquentés par une clientèle jeune et branchée qui vient se détendre après une journée de travail.

BOUTIQUES ET MARCHÉS

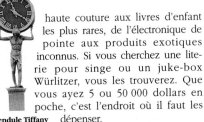

Pendule Tiffany

Tout visiteur à New York, capitale mondiale du shopping, est immanquablement tenté de faire ses achats dans ce paradis de la consommation. Les vitrines sont éblouissantes et l'extraordinaire quantité de marchandises transforme la ville en un gigantesque grand magasin. On peut tout y acheter, de la haute couture aux livres d'enfant les plus rares, de l'électronique de pointe aux produits exotiques inconnus. Si vous cherchez une literie pour singe ou un juke-box Würlitzer, vous les trouverez. Que vous ayez 5 ou 50 000 dollars en poche, c'est l'endroit où il faut les dépenser.

LES BONNES AFFAIRES

À New York, vous pourrez faire des affaires sur tout, des ustensiles ménagers aux vêtements de luxe. Il faut descendre dans Orchard Street et Grand Street, où les boutiques vendent des modèles de haute couture 20 à 50 % moins cher que le prix

Le magasin Henri Bendel de style 1920 (p. 311)

habituel, ainsi que du linge, des chaussures, des ustensiles ménagers et des appareils électroniques. Les boutiques du quartier ferment le samedi, jour du sabbat, mais pas le dimanche.

Pour le prêt-à-porter, on peut aussi se rendre dans le quartier du vêtement, entre la 6e et la 8e Avenues, de la 30e à la 40e Rue. Au cœur de ce quartier, la 7e Avenue, surnommée « l'Avenue de la mode » au début des années 1970, regorge de fabricants de prêt-à-porter de luxe, qui ouvrent souvent leurs salons au public en proposant des soldes intéressants, annoncés par des affiches dans le quartier. La meilleure époque pour y aller est celle qui précède celle des cadeaux.

LES SOLDES

Les pancartes « Discount » s'affichent partout sur les vitrines de Manhattan tout au long de l'année. Les plus intéressants ont lieu de la mi-juin à la fin juillet et du 26 décembre au mois de février. Les dates précises sont indiquées dans les journaux locaux. Évitez les magasins de la 5e Avenue qui affichent « Lost Our Lease », c'est-à-dire changement de bail et fermeture définitive. Ces notices mensongères sont le plus souvent en place depuis des années !

LE PAIEMENT

On peut généralement payer par carte de crédit, même les petites sommes. Il vous faudra présenter une pièce d'identité pour vos chèques de voyage. Les chèques bancaires en devise étrangère sont refusés. Certains magasins n'acceptent que les espèces, surtout pendant les soldes.

LES HEURES D'OUVERTURE

La plupart des boutiques ouvrent de 10 h à 18h, du lundi au samedi. De nombreux grands magasins

L'entrée de Bulgari dans l'hôtel Pierre (p. 282)

accueillent le public le dimanche et jusqu'à 21h, deux soirs par semaine. Pour éviter la foule, faites vos achats de préférence le matin en semaine. Les heures d'affluence sont de 12h à 14h30, le samedi matin, ainsi que les périodes de soldes et de vacances.

LES TAXES

La taxe municipale de 8,25 % spécifique à New York ne s'applique pas sur les vêtements et les chaussures en dessous de 110 $. Au-delà de cette somme, vous pourrez avoir des droits de douane à acquitter, sauf si les marchandises vous sont envoyées directement.

Robe de couturier en solde

LES VISITES ORGANISÉES

Si vous avez peur de vous aventurer seul(e) dans New York, vous pouvez participer à des visites organisées. Elles incluent de nombreux grands magasins, et si vous le désirez, les salons de prêt-à-porter, les salles de ventes ou les défilés de mode. Quelques agences de voyage organisent des visites individuelles avec ou sans guide.

Convention Tours Unlimited
🄲 545-1160.

Guide Service of New York
🄲 408-3332.

Doorway to Design
🄲 221-1111.

The Intrepid New Yorker
🄲 750-0400.

Vitrines de Bloomingdale's (p. 179)

LES GRANDS MAGASINS

Ils se situent presque tous en plein centre de Manhattan. Soyez sûrs d'avoir prévu suffisamment de temps pour explorer ceux qui vous intéressent particulièrement, car ils sont labyrinthiques. De plus, si c'est possible, évitez de vous y rendre les week-ends ou durant les vacances, car la foule y est si dense qu'elle peut devenir insupportable. Les prix y sont assez élevés mais il y a souvent des soldes. Saks Fifth Avenue, Bloomingdale's et Macy's offrent une gamme étendue de services, y compris la possibilité de faire ses achats par l'intermédiaire d'une tierce personne. Les yuppies

fréquentent **Barney's New York** pour ses modèles de jeunes créateurs aux prix élevés. Le magasin pour hommes se trouve dans le World Financial Center. Les couturiers européens sont particulièrement bien représentés dans l'élégant et luxueux **Bergdorf Goodman**, dont le département homme est situé en face du bâtiment principal. Presque tous les visiteurs de New York vont chez **Bloomingdale's** *(p. 179)*. C'est la star hollywoodienne parmi les grands magasins. Avec ses étalages tape-à-l'œil et ses articles accrocheurs, son athmosphère est celle d'un lieu merveilleux rempli de New-Yorkais à la recherche des nouvelles modes. Les rayons linge de maison et porcelaine sont très réputés pour leur qualité. On y trouve aussi des produits alimentaires de luxe - une de ses boutiques ne propose que du caviar. Un excellent restaurant, le Train Bleu, offre une vue sur Queensboro Bridge. **Henri Bendel's** se compose d'une série de boutiques de luxe de style 1920. Elles proposent une mode pour femmes originale et novatrice, des chaussures sur mesure et de magnifiques bijoux Art déco. La présentation de chaque produit est remarquable. **Lord & Taylor**, apprécié pour son style très classique de vêtements pour hommes et femmes, s'appuie surtout sur des modèles de créateurs américains. Il faut de bonnes jambes, des chaussures confortables et du temps pour explorer ce lieu. **Macy's**, qui s'est

Une magnifique vitrine de décoration

autoproclamé le plus grand des grands magasins du monde *(p. 132-133)*, occupe tout un pâté de maisons. On y vend tout, sur dix étages, de l'ouvre-boîtes à la télévision géante. **Saks Fifth Avenue** symbolise le style et l'élégance. Il est considéré depuis toujours comme le grand magasin le plus chic de la ville. Sa collection de prêt-à-porter est tout à fait remarquable.

CARNET D'ADRESSES

Barney's New York
660 Madison Ave.
Plan 13 A3.
🄲 826-8900.

Bergdorf Goodman
754 5th Ave.
Plan 12 F3.
🄲 753-7300.

Bloomingdale's
1000 3rd Ave.
Plan 13 B3.
🄲 705-2000.

Henri Bendel's
712 5th Ave.
Plan 12 F4.
🄲 247-1100.

Lord & Taylor
424 5th Ave.
Plan 8 F1.
🄲 391-3344.

Macy's
151 W 34th St.
Plan 8 E2.
🄲 695-4400.

Saks Fifth Avenue
611 5th Ave.
Plan 12 F4.
🄲 753-4000.

Le shopping : une spécialité new-yorkaise

Chaussures de marque à Madison Avenue

Dans une ville où l'on peut pratiquement faire ses achats jour et nuit, imitez les New-Yorkais en explorant les boutiques des divers quartiers. Nous indiquons ici les spécialités de chaque *district*, leur localisation et ce qu'on y trouve. La liste complète est p. 315-325. Si vous disposez de peu de temps, rendez-vous simplement dans l'un des grands magasins *(p. 311)*, ou marchez le long de la 5e Avenue en admirant les plus belles vitrines de Manhattan *(ci-contre)*.

Greenwich et East Villages
Vers la 8e Rue et la St Mark Place, vous trouverez chaussures, boutiques de créateurs, livres et marchés aux puces. Dans Lower Broadway, des antiquités Art nouveau et Art déco (p. 108-109 et 116-117).

SoHo
Galeries et antiquaires abondent ici, entre les 6e Avenue, Lafayette, Houston et Canal Streets. On y trouve des cadeaux originaux et des vêtements de créateurs. Visitez les galeries le week-end et le matin (p. 102-103).

Lower East Side
Le dimanche, les New-Yorkais arpentent Canal, Delancey, Orchard et Essex Streets pour courir les soldes de vêtements, chaussures, joaillerie, électronique et ameublement (p. 94-95).

Chelsea
le quar
du
vêtem

Greenwich
Village

SoHo et
TriBeCa

Seaport et
le Civic
Center

Lower
Manhattan

Lower East St

E
Vill

HUDSON RIVER

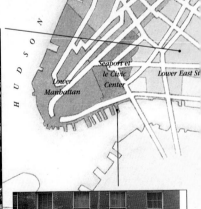

South Street Seaport
Paradis des cadeaux, jouets, souvenirs, livres, objets artisanaux neufs ou anciens, mais souvent sur le thème de la mer (p. 82-83).

Columbus et Amsterdam Avenues
Boutiques chic, originales et branchées. Certaines vendent des gadgets ou des antiquités, d'autres sont versées dans l'ésotérisme (p. 210-211).

Madison et Lexington Avenues
Art, antiquités, prêt-à-porter et chaussures classiques. La boutique du Whitney Museum sont à deux pas (p. 182-183).

57ᵉ et 59ᵉ Rues Est
Bloomingdale's y est installé, ainsi que des boutiques de haute couture et des antiquaires spécialisés dans les pièces rares (p. 179).

Herald Square et le quartier du vêtement
Ici, vous trouverez le grand magasin Macy's, qui occupe un pâté de maisons entier. Le quartier environnant (la 7ᵉ Avenue en particulier) constitue le centre des grossistes du vêtement – excellent pendant les soldes. Munissez-vous d'espèces (p. 130-131).

CINQUIÈME AVENUE

Les boutiques de Trump Tower

Harry Winston

Saks Fifth Avenue

Tiffany's

Cartier

De Saks à Tiffany's
Les plus beaux magasins sont situés sur la 5ᵉ Avenue, célèbre dans le monde entier. *(p. 320)*

Harry Winston

Les curiosités de New York

À New York, chaque boutique attire une clientèle spécifique, qu'on y vende des papillons, des objets en os, des trésors tibétains ou des broderies irlandaises. Il y en a des milliers, partout, et toutes différentes les unes des autres : une rue banale peut cacher une véritable caverne d'Ali-Baba. C'est bien ce qui rend si passionnant le shopping new-yorkais.

LES BOUTIQUES SPÉCIALISÉES

Les amateurs d'échecs iront voir les merveilleux échiquiers du **Chess Shop** – certains en cuivre, en onyx, d'autres en étain, etc. Les amateurs de stylos trouveront leur bonheur chez **Arthur Brown & Bros** (on y vend les marques Mont Blanc et Schaeffer). Au **Big City Kites and Darts**, les fans de cerfs-volants s'extasieront devant les dragons, les ours ou les autres formes invraisemblables déployées devant leurs yeux. Pour les courageux, **Blades** vend et loue des patins et des planches à roulettes avec toute la panoplie nécessaire : casque, genouillères, gants…
Si les boutons vous passionnent, allez fouiner chez **Tender Buttons**. Vous y trouverez les plus extraordinaires parmi un stock de plusieurs millions de pièces : de fabrication indienne, en argent navajo, en émail ou en bois. Ils sont même vendus montés en boutons de manchettes ou en boucles d'oreilles.
Pour les collectionneurs avertis, **Leo Kaplan Ltd** offre de magnifiques presse-papiers, et **Rita Ford's Music Boxes** d'extraordinaires boîtes à musique dans une étonnante boutique de style rococo.
Les admirateurs des pompiers se rendront au **New York Firefighter's Friend** pour garnir leur collection de camions miniatures, de vestes, de badges, de T-shirts et d'uniformes pour les enfants. On y vend aussi des chiens dalmatiens en peluche, mascottes des pompiers new-yorkais.

Pour les romantiques, tout ce qui se vend au **Only Hearts** prend la forme d'un cœur : les oreillers, les savons ou les bijoux. Tout le matériel d'art dont vous pouvez avoir besoin se trouve chez **Pearl Paint Co**.
Le **Magickal Childe** propose la panoplie du parfait sorcier, avec potions magiques, tarots et encens (attention, ils n'ont pas de téléphone, et les horaires sont assez hasardeux). Les « astrophiles » se donnent rendez-vous à **Star Magic** pour se fournir en cartes du ciel, hologrammes, prismes et jouets scientifiques.
La plus ancienne pharmacie de la ville, **Caswell-Massey Ltd**, vend encore l'eau de Cologne qui était préparée spécialement pour George Washington et le savon officiel de la Maison-Blanche à l'époque d'Eisenhower.
Rudy's, Manny's ou **Sam Ash's** attirent tous les guitaristes. Ce sont les fournisseurs des stars et ils fabriquent les meilleurs instruments de la ville. On peut y rencontrer Eric Clapton ou Lou Reed qui sont depuis toujours leurs fidèles clients.
Les bibliophiles prendront le temps de découvrir la gamme étendue de cadeaux et de papeterie proposée par **New York Public Library Shop** (p. 144) et **Pierpont Morgan Library Shop** (p. 162-163).
Les accessoires vendus par le **Yale Club** ou le **Princeton Club** portent tous le logo et les couleurs de l'université qu'ils représentent.
Hebrew Religious Articles commercialise l'un des plus importants choix d'objets du culte israélite.

The Cathedral Shop de Cathedral of St John the Divine est un marché religieux artisanal chrétien qui propose aussi des bijoux.

LES SOUVENIRS

Le **Metropolitan Opera Shop** propose aux mélomanes, en plus des cartes postales et autres souvenirs à la gloire de l'opéra, disques, livrets ou jumelles de théâtre.
Au **Performing Arts Shop** et au **Ballet Shop**, se vendent des centaines de souvenirs de spectacles, comme des T-shirts à l'effigie de Noureev. Pour les photographies de plateau de films anciens et les posters d'époque, rendez-vous au **Jerry Ohlinger's Movie Material Store**. Si vous cherchez un vieux juke-box Würlitzer ou un distributeur de Coca-Cola, allez au **Back Pages Antiques**. Le **Carnegie Hall Shop** propose jeux, T-shirts et sacs sur le thème de la musique. Pour vous procurer des objets typiquement américains, visitez **Lost City Arts** et **Urban Archeology** ; vous y découvrirez des reliques parmi lesquelles des dînettes de poupées Barbie ou des vieilles enseignes de coiffeur.

LES JOUETS, LES JEUX ET LES GADGETS

Pour un cadeau à un enfant, ne ratez pas le légendaire **FAO Schwarz**. Ce gigantesque magasin regorge de voitures miniatures, d'animaux en peluche et de tous les jouets électroniques imaginables. Attention, il y a foule juste avant Noël. Le **Children's General Store** est l'un des tout nouveaux magasins de jouets de la ville, et certainement l'un des mieux conçus.
Les jouets artisanaux présentés dans la forêt magique de **The Enchanted Forest** (p. 102) fascinent petits et grands.
Penny Whistle Toys offre une vaste sélection de jeux, jouets et poupées.
Le **Game Show** est renommé

pour ses puzzles et ses jeux destiné aux enfants ou aux adultes, du traditionnel Monopoly à la dernière fantaisie yuppie. Les amateurs de trains électriques se doivent de visiter **Red Caboose**. **Toys'R'Us** occupe trois étages dans un immeuble de Broadway ; c'est le plus grand magasin de jouets du monde. Chez **Dinosaur Hill**, dans la 2e Avenue, vous trouverez poupées, jouets et mobiles faits main, ainsi que de superbes vêtements d'enfants. Les prix sont justifiés.

LES BOUTIQUES DE MUSÉES

On y déniche les meilleurs souvenirs de la ville. En plus des livres, affiches et cartes postales habituelles, ces boutiques vendent des reproductions des œuvres exposées, y compris bijoux et sculptures. L'**American Craft Museum** (p. 169) dispose d'une belle collection d'objets artisanaux américains et vend également des réalisations originales. Outre des modèles réduits de dinosaures, des animaux en plastique, des minéraux et des pierres, l'**American Museum of Natural History** (p. 214-215) propose divers produits écologiques ou recyclés, posters, sacs ou T-shirts sur lesquels sont imprimés des slogans pour la protection de la nature, ainsi que toutes sortes d'objets artisanaux. Sa section enfants est richement approvisionnée en coquillages et jouets scientifiques.

L'**Asia Society Bookstore and Gift Shop** (p. 185) possède une étonnante collection de livres, d'affiches, de jouets et de bijoux orientaux. Le **Cooper-Hewitt National Design Museum** (p. 184) vend des objets au design contemporain. Tous les objets de culte israélite, coupes, livres ou bijoux sont présentés dans la petite boutique du **Jewish Museum** (p. 184).

Les plus belles reproductions de tableaux célèbres sont celles de la boutique cadeaux du **Metropolitan Museum of Art** (p. 188-189). De beaux jouets en bois, couettes, et autres objets réalisés par des artisans sont en vente à l'**American Folk Art Museum** (p. 213).

Le **Museum of the City of New York** (p. 197) s'est spécialisé dans les photographies anciennes de la ville, tandis que le **Design Store du MoMA** (p. 170-173) expose un choix remarquable d'objets, jouets et ustensiles de cuisine inspirés des plus créateurs tels Frank Lloyd Wright et Le Corbusier. La boutique est ouverte malgré les travaux. Pour les objets de marine, cartes ou maquettes de bateaux, visitez les boutiques du **South Street Seaport Museum** (p. 82-85).

Le **Whitney Museum's Shop** (p. 198-199) ne propose que des produits d'origine américaine : bijoux, jouets en bois et objets divers correspondant aux expositions en cours.

Le **Museum of Jewish Heritage** (p. 77) comprend une boutique cadeaux intéressante : on y trouve toutes sortes de souvenirs et des documents éducatifs sur l'histoire juive. Le musée est ouvert aux visiteurs munis d'un billet.

L'ENTREPÔT DU MONDE ENTIER

Le creuset new-yorkais a engendré l'implantation de diverses cultures, nationalités ou groupes ethniques représentés par des boutiques qui vendent leurs produits traditionnels. Parmi les plus intéressantes, on relève l'**Alaska on Madison**, qui présente une importante collection d'art esquimau et la **Chinese Porcelain Company** où s'amoncellent bibelots et meubles chinois. Vous trouverez des bijoux et objets d'Amérique latine au **Back from Guatemala**. **Himalayan Crafts and Tours** vend peintures et tapis tibétains, et **Sweet Life**, une confiserie minuscule au charme d'antan, des sucreries du monde entier.

Things Japanese distribue de beaux objets artisanaux et des livres rares. **Surma**, magasin ukrainien, vend des œufs peints à la main et de la lingerie. Si vous cherchez des vanneries, des tissages et des bijoux indiens, **Common Ground** vous attend. **Astro Gem** présente de nombreux bijoux et des pierres d'Afrique et d'Asie.

CARNET D'ADRESSES

Alaska on Madison
937 Madison Ave.
Plan 17 A1.
260-7010.

Astro Gems
185 Madison Ave. **Plan** 9 A2.
889-9000.

Back From Guatemala
306 E 6th St.
Plan 5 A2.
260-7010.

Chinese Porcelain Company
475 Park Ave. **Plan** 13 A3.
838-7744.

Common Ground
19 Greenwich Ave. **Plan** 1 B1.
989-4178.

Himalayan Crafts and Tours
2007 Broadway. **Plan** 11 C1.
787-8500.

Surma
11 E 7th St. **Plan** 4 F2.
477-0729.

Sweet Life
63 Hester St. **Plan** 5 B4.
598-0092.

Things Japanese
127 E 60th St. **Plan** 13 A3.
371-4661.

RÉPERTOIRE

BOUTIQUES SPÉCIALISÉES

Arthur Brown and Bros
2 w 46th St.
Plan 12 F5.
[575-5555.

Big City Kites and Darts
1210 Lexington Ave.
Plan 17 A4.
[472-2623.

Blades
120 W 72nd St.
Plan 11 C1.
[787-3911.
Fait partie d'une chaîne.

Caswell-Massey Ltd
518 Lexington Ave.
Plan 13 A5.
[755-2254.

The Cathedral Shop
Cathedral of St John the
Divine, 1047 Amsterdam
Ave. **Plan** 20 E4.
[222-7200.

Hebrew Religious Articles
45 Essex St. **Plan** 5 B4.
[674-1770.

Leo Kaplan Ltd
967 Madison Ave.
Plan 17 A5.
[249-6766.

Magickal Childe
35 W 19th St. **Plan** 8 F5.

New York Firefighter's Friend
263 Lafayette St.
Plan 4 F3. [226-3142.

New York Public Library Shop
5th Ave at 42nd St.
Plan 8 F1.
[930-0678.

Only Hearts
386 Columbus Ave.
Plan 15 D5.
[724-5608.

Pearl Paint Co
308 Canal St. **Plan** 4 E5.
[431-7932

Pierpont Morgan Library Shop
Madison Ave et 36th St.
Plan 9 A2.
[685-0610.

The Princeton Club
15 W 43rd St. **Plan** 8 F1.
[596-1200.

Rita Ford's Music Boxes
19 E 65th St.
Plan 12 F2.
[535-6717.

Rudy's
169 W 48th St
Plan 12 E5.
[391-1699.

Star Magic
745 Broadway. **Plan** 4 E2.
[228-7770.

Tender Buttons
143 E 62nd St. **Plan** 13 A2.
[758-7004.

The Chess Shop
230 Thompson St.
Plan 4 D3.
[475-9580.

The Yale Club
50 Vanderbilt Ave.
Plan 13 A5.
[661-2070.

SOUVENIRS

Back Pages Antiques
125 Greene St. **Plan** 4 E4.
[460-5998.

Ballet Company
1887 Broadway.
Plan 12 D2. [246-6893.

The Carnegie Hall Shop
881 7th Avenue.
Plan 12 E3.
[903-9610.

Jerry Ohlinger's Movie Material Store
242 W 14th St. **Plan** 3 C1.
[989-0869.

Lost City Arts
18 Cooper Sq.
Plan 4 F2.
[375-0500.

Metropolitan Opera Shop
Metropolitan Opera
House, Lincoln Center,
136 W 65th St. **Plan** 11 C2.
[580-4090.

Performing Arts Shop
Metropolitan Opera
House, Lincoln Center,
136 W 65th St.
Plan 11 C2. [580-4356.

Urban Archaeology
143 Franklin St.
Plan 4 D5. [431-6969.

JOUETS, JEUX ET GADGETS

The Children's General Store
2473 Broadway.
Plan 15 C4. [580-2723.

The Enchanted Forest
85 Mercer St. **Plan** 4 E4.
[925-6677.

Dinosaur Hill
306 E 9th/2nd Ave.
Plan 4 F1.
[473-5850.

FAO Schwarz
767 5th Ave.
Plan 12 F3. [644-9400.

Game Show
474 6th Ave. **Plan** 12 E5.
[633-6328.

Penny Whistle Toys
448 Columbus Ave.
Plan 16 D4. [873-9090.
Une des filiales.

Red Caboose
23 W 45th St. **Plan** 12 F5.
[575-0155.

Toys 'R' Us
Herald Center,
1293 Broadway. **Plan** 8 E2.
[594-8697.

BOUTIQUES DE MUSÉES

American Craft Museum
40 W 53rd St. **Plan** 12 F4.
[956-6047.

American Folk Art Museum
45 W 53rd St. **Plan** 12 F4.
[496-2966.

American Museum of Natural History
W 79th St / Central Park
West. **Plan** 16 D5.
[769-5150.

Asia Society Bookstore and Gift Shop
725 Park Ave.
Plan 13 A1.
[288-6400.

Cooper-Hewitt National Design Museum
2 E 91st St.
Plan 16 F2.
[860-6878.

Jewish Museum
1109 5th Ave.
Plan 16 F2.
[423-3200.

Metropolitan Museum of Art
5th Ave et 82nd St.
Plan 16 F4.
[535-7710.

Museum of the City of New York
5th Ave à hauteur
de 103rd St.
Plan 21 C5. [534-1672.

Museum of Jewish Heritage
18 First Place
Battery Park City
Plan 1 B4. [968-1800.

Museum of Modern Art/MoMA Design Store
44 W 53rd St.
Plan 12 F4. [767-1050.

South Street Seaport Museum Shops
207 Front St. **Plan** 2 D2.
[748-8600.

The Whitney Museum's Store Next Door
943 Madison Ave.
Plan 13 A1.
[606-0200.

La mode

Que vous cherchiez la bonne affaire, des fripes rétro ou une robe de bal à faire pâlir Ivana Trump, vous serez satisfait(e). New York est le centre de la mode aux États-Unis et un foyer de création et confection. La diversité de ses boutiques, comme celle de ses restaurants, reflète les styles et cultures des différents quartiers. Pour gagner du temps, mieux vaut explorer une zone à la fois. Pour avoir une vue d'ensemble de la mode fabriquée et vendue à New York, n'hésitez pas à visiter un grand magasin.

LES COUTURIERS AMÉRICAINS

La majorité d'entre eux vendent leurs créations dans les grands magasins, les autres dans leurs propres boutiques. L'un des plus célèbres, Geoffrey Beene, est connu pour ses tenues à la fois sophistiquées, décontractées et confortables.
L'humour allié à l'audace des couleurs et des formes ont fait de Bill Blass le roi de la mode américaine. Les modèles de Liz Claiborne plaisent au public à cause de leur élégance simple et de leurs prix raisonnables.
Marc Jacobs, connu pour le sportswear possède sa propre marque et une boutique à Greenwich Village. James Galanos reste le créateur exclusif d'une élite, tandis que les amateurs de fête et de vêtements moulants trouveront leur bonheur chez Betsey Johnson.
Donna Karan est devenue très connue, en 10 ans ; ses vêtements simples et stylés sont partout.
Calvin Klein a maintenant son nom parmi les grands. Il est renommé pour le confort, la sensualité, la bonne coupe de ses collections très à la mode. Ralph Lauren a la réputation de créer des vêtements aristocratiques et chers, prisés par une clientèle bon chic bon genre.
John Vass se spécialise dans les tricots aux séduisantes couleurs à prix modérés.

LES SOLDES DE COUTURIERS

Si vous cherchez des grandes marques au rabais, pensez à Designer Resale, Encore et Michael's. On y trouve, entre autres, des modèles d'Oscar De La Renta, d'Ungaro ou d'Armani. Les vêtements vendus sont en très bon état, la plupart n'ont jamais été portés. L'un des secrets les mieux gardés de New York est l'adresse du Century 21 Department Store à Manahattan. Le magasin discount, qui a récemment rouvert, propose des vêtements de créateurs américains et européens à 25 % de leur prix habituel.

LES VÊTEMENTS D'HOMMES

Deux des meilleures boutiques pour hommes sont Brooks Brothers et Paul Stuart que vous trouverez dans le centre de Midtown. La première doit son renom à ses vêtements stricts et traditionnels. Elle présente aussi une collection très classique de vêtements pour dames. La seconde, très fière de son style *British*, propose des ensembles de coupe parfaite.
Dans le grand magasin Bergdorf Goodman Men, on trouve de superbes chemises Turnbull & Asser et des costumes de Gianfranco Ferré ou Hugo Boss.
Barney's New York déploie la gamme la plus étendue de vêtements pour hommes aux États-Unis
A. Sulka fait dans l'habillement et le mobilier de luxe, manufacturés en Italie mais selon un design américain, tandis que Rothman's propose tous les styles à prix sacrifiés.
The Custom Shop Shirt-Makers se spécialise dans les costumes sur mesure et les chemises de belles étoffes. Allez chez Burberry Ltd pour les imperméables classiques anglais. J. Press vend des vêtements classiques mais élégants.
Beau Brummel satisfera votre nostalgie de l'élégance européenne. Et pour faire des affaires rendez-vous chez Moe Ginsburg qui dispose d'une vaste sélection de vêtements italiens pour hommes, ou chez Hickey-Freeman, dans la 5e Avenue. Beaucoup de magasins pour hommes ont un rayon dames.

LES VÊTEMENTS D'ENFANTS

Outre les rayons très fournis des grands magasins, New York regorge aussi de boutiques spécialisées dans la mode enfantine. Passez chez Bonpoint pour le charme français. Gapkids et Babygap Shops (au sein des magasins Gap) parient sur le confort : salopettes en coton, caleçons, sweaters, vestes en denim. Peanut Butter & Jane propose des vêtements à la mode, très confortables. De son côté, Space Kiddets vend aussi bien des biberons et des chaussons que des habits de cowboy ou de cowgirl.

LES VÊTEMENTS POUR FEMMES

La tendance américaine est plus de marquer la réussite sociale que de lancer le dernier cri, d'où l'intérêt porté avant tout à la griffe du créateur. Les boutiques chic de New York sont regroupées au centre-ville autour de Madison et de la Cinquième Avenue, mais aussi dans les principaux grands magasins *(p. 311)* qui vendent les collections de créateurs américains comme Donna Karan, Ralph Lauren et Bill Blass.

Des marques de renommée internationale comme **Chanel**, **Fendi** et **Valentino** y ont également des boutiques, ainsi que l'Américain **Geoffrey Beene**. **Ann Taylor** est le magasin de prêt-à-porter le plus populaire auprès des jeunes carriéristes en mal de vêtements élégants et confortables.

Au centre du quartier, Trump Tower, rutilante de marbre rose, abrite des boutiques de luxe. Sur Madison Avenue, les vitrines des créateurs les plus sophistiqués se suivent : **Givenchy** vend de magnifiques robes à des prix astronomiques à deux pas des classiques de Valentino. **Emmanuel Ungaro** présente une gamme très variée de vêtements et de prix, depuis ses vestes impeccablement coupées à ses robes aux imprimés audacieux. Allez admirer les pulls de **Missoni** et les robes du soir de **Yves Saint Laurent Rive Gauche**.

La mode italienne est également représentée par **Giorgio Armani** et **Gianni Versace**. **Dolce & Gabana** ne vend que des vêtements italiens d'exception. S'habiller chez **Gucci** indique à coup sûr aisance et position sociale établie.

Dans Upper West Side, la boutique **Betsey Johnson** présente des modèles originaux ; **Calvin Klein** a désormais un magasin dans East Side spécialisé dans la mode décontractée du dernier cri. Au bureau comme à la ville, **French Connection** marie élégance et décontraction.

Scoop est *la* boutique pour se procurer une petite robe noire.

Les « Villages » – East Village en particulier – sont le paradis des fouineurs de fripes et de tenues rock des années 1950. Y fleurissent aussi les boutiques de jeunes créateurs ainsi que les modèles des étudiants en stylisme. Chez **APC** vous aurez un grand choix des vêtements à prix raisonnables, bien coupés, classiques ou décontractés.

Abondance de Levi's d'occasion, de denims et de vestes de cuir au **Cheap Jack's**. **Loehmann's** est le roi du rabais ; si vous cherchez la dernière mode à des prix imbattables, c'est là qu'il faut aller.

Big Drop possède une grande sélection de petites robes noires très bien coupées. Vous dénicherez les pantalons pattes d'éléphant et les bottes à semelles compensées de vos rêves chez **Screaming Mimi's**.

La chaîne **The Gap** distribue des vêtements d'hommes, de femmes et d'enfants, simples et confortables, à des prix corrects.

Depuis quelque temps, les boutiques de créateurs implantées dans SoHo font concurrence à celles de Madison Avenue, avec des vêtements sans doute plus avant-gardistes que leurs aînées. Parmi elles, **Yohji Yamamoto**, dans le genre ésotérique, et **Comme des Garçons**, plus minimaliste. Ces deux enseignes appréciées des Américains sont les porte-drapeaux de la mode japonaise chic.

Le magasin de SoHo le plus accessible et le plus connu est **Canal Jean Co**, où vous trouverez un choix de tenues « underground ». **What Comes Around Goes Around** est l'endroit idéal pour faire une bonne récolte de jeans en tous genres.

TABLE DE CONVERSION

Pour les tailles suisses ou belges, suivre les conversions françaises.

Vêtements d'enfant

Américaine	2-3	4-5	6-6x	7-8	10	12	14	16 (taille)
Anglaise	2-3	4-5	6-7	8-9	10-11	12	14	14+ (âge)
Française	2-3	4-5	6-7	8-9	10-11	12	14	14+ (âge)

Chaussures d'enfant

Américaine	7½	8½	9½	10½	11½	12½	13½	1½	2½
Anglaise	7	8	9	10	11	12	13	1	2
Française	24	25½	27	28	29	30	32	33	34

Robes, manteaux et jupes de femme

Américaine	4	6	8	10	12	14	16	18
Anglaise	6	8	10	12	14	16	18	20
Française	38	40	42	44	46	48	50	52

Chemisiers et pulls de femme

Américaine	6	8	10	12	14	16	18
Anglaise	30	32	34	36	38	40	42
Française	40	42	44	46	48	50	52

Chaussures de femme

Américaine	5	6	7	8	9	10	11
Anglaise	3	4	5	6	7	8	9
Française	36	37	38	39	40	41	42

Costumes d'homme

Américaine	34	36	38	40	42	44	46	48
Anglaise	34	36	38	40	42	44	46	48
Française	44	46	48	50	52	54	56	58

Chemises d'homme

Américaine	14	15	15½	16	16½	17	17½	18
Anglaise	14	15	15½	16	16½	17	17½	18
Française	36	38	39	41	42	43	44	45

Chaussures d'homme

Américaine	7	7½	8	8½	9½	10½	11	11½
Anglaise	6	7	7½	8	9	10	11	12
Française	39	40	41	42	43	44	45	46

RÉPERTOIRE

SOLDERIES DE VÊTEMENTS DE MARQUE

Designer Resale
324 E 81st St.
Plan 17 B4.
(734-3639.

Encore
1132 Madison Ave.
Plan 17 A4.
(879-2850.

Michael's
1041 Madison Ave.
Plan 17 A5.
(737-7273.

Century 21 Department Store
22 Cortland St.
Plan 1 C2.
(227-9092.

VÊTEMENTS D'HOMMES

A. Sulka
301 Park Ave.
Plan 13 A4.
(980-5200.

Barney's New York
660 Madison Ave.
Plan 13 A3.
(593-7800.

Beau Brummel
421 West Broadway.
Plan 4 E3.
(219-2666.
Fait partie d'une chaîne.

Bergdorf Goodman Men
754 5th Ave.
Plan 12 F3.
(753-7300.

Brooks Brothers
346 Madison Ave.
Plan 9 A1.
(682-8800.

Burberry Limited
9 E 57th St. **Plan** 12 F3.
(371-5010.

The Custom Shop Shirtmakers

618 5th Ave. **Plan** 12 F4.
(245-2499.
Fait partie d'une chaîne.

J Press
7 E 44th St. **Plan** 12 F5.
(687-7642.

Moe Ginsburg
162 5th Ave. **Plan** 8 F4.
(242-3482.

Paul Stuart
Madison Ave et 45th St.
Plan 13 A5.
(682-0320.

Polo/Ralph Lauren
Madison Ave et 72nd St.
Plan 13 A1.
(606-2100.

Rothman's
200 Park Ave South.
Plan 9 A5.
(777-7400.

VÊTEMENTS D'ENFANTS

Bonpoint
1269 Madison Ave.
Plan 17 A3.
(722-7720.

GapKids
60 W 34th St. **Plan** 8 F2.
(643-8995.
Fait partie d'une chaîne.

Peanut Butter & Jane
617 Hudson St.
Plan 3 B1.
(620-7952.

Space Kiddets
46 E 21st St.
Plan 8 F4.
(420-9878.

VÊTEMENTS DE FEMMES

Ann Taylor
645 Madison Ave.
Plan 13 A3.
(832-2010.
Fait partie d'une chaîne.

APC
131 Mercer St.
Plan 4 E3.
(966-9685.

Betsey Johnson
248 Columbus Ave.
Plan 16 D4.
(362-3364.
Fait partie d'une chaîne.

Big Drop
174 Spring St.
Plan 3 C4. (966-4299.

Calvin Klein
654 Madison Ave.
Plan 13 A3.
(292-9000.

Canal Jean Co
504 Broadway.
Plan 4 E4.
(226-0737.

Chanel
15 E 57th St.
Plan 12 F3.
(355-5050.

Cheap Jack's
841 Broadway
Plan 4 E1.
(777-9564.

Comme des Garçons
520 W 22nd St.
Plan 8 F3.
(219-0660.

Dolce & Gabbana
434 W Broadway.
Plan 4 E3.
(965-8000.

Emmanuel Ungaro
792 Madison Ave.
Plan 13 A2.
(249-4090.

Fendi
720 5th Ave.
Plan 12 F3.
(767-0100.

French Connection
304 Columbus Ave.
Plan 12 D1.
(496-1470.
Fait partie d'une chaîne.

The Gap
250 W 57th St.
Plan 12 D3.
(315-2250.
Fait partie d'une chaîne.

Geoffrey Beene
783 5th Ave.
Plan 12 F3.
(935-0470.

Gianni Versace
815 Madison Ave.
Plan 13 A2.
(744-6868.

Giorgio Armani
760 Madison Ave.
Plan 13 A2.
(988-9191.

Givenchy
710 Madison Ave.
Plan 13 A1.
(772-1040.

Gucci
685 5th Ave. **Plan** 12 F4.
(826-2600.

Loehmann's
101 Seventh Ave.
Plan 8 E1.
(352-0856.

Missoni
836 Madison Ave.
Plan 13 A1.
(517-9339.

Saks Fifth Avenue
611 Fifth Ave. **Plan** 12 F4.
(753-4000.

Scoop
532 Broadway (près de Spring St.). **Plan** 4 E4.
(925-2886.
Fait partie d'une chaîne.

Screaming Mimi's
382 Lafayette St.
Plan 4 F2.
(677-6464.

Valentino
747 Madison Ave.
Plan 13 A2.
(772-6969.

What Comes Around Goes Around
351 West Broadway.
Plan 4 E4.
(431-8848.

Yohji Yamamoto
103 Grand St.
Plan 4 E4.
(966-9066.

Yves Saint Laurent Rive Gauche
855 Madison Ave.
Plan 13 A1.
(472-5299.

Les accessoires

Les divers accessoires ainsi que les chapeaux, gants, foulards, etc., vendus par les boutiques indiquées ci-dessous se trouvent également dans les grands magasins.

LA JOAILLERIE

Les plus belles boutiques bordent la Cinquième Avenue. De jour, les vitrines étincellent grâce aux pierres précieuses venues du monde entier, mais la nuit, elles sont vides, les diamants étant soigneusement mis sous clef. **Harry Winston** expose des joyaux du monde entier et **Buccellati** est fort apprécié pour ses créations italiennes d'une remarquable maîtrise artisanale. L'immense collection de **Bulgari** couvre une fourchette de prix allant de quelques centaines à plus d'un million de dollars. La boutique **Cartier**, réplique d'un palais Renaissance, est elle-même un joyau ; le prix de ses bijoux atteignent des sommes faramineuses. Les dix étages de **Tiffany & Co** étincellent de diamants, cristaux et autres merveilles. Le **Diamond Row**, sur la 47e Rue entre la Cinquième et la Sixième Avenues, consiste en une suite de boutiques où miroitent des milliers de diamants, perles et pierres précieuses du monde entier. Ne manquez pas de voir le **Jewelry Exchange**, un centre dans lequel soixante artisans vendent directement leurs joailleries au chaland dans un vacarme de marchandages ; soyez prêt à jouer le jeu.

LES CHAPEAUX

Worth & Worth est le plus ancien chapelier de la ville. On y trouve tout, du chapeau de brousse australien au haut-de-forme, en passant par les créations les plus romantiques, magiques et vaporeuses. Essayez **Larisa/L&R Design Studio** pour des chapeaux pour hommes et femmes. **Suzanne Millinery**

confectionne les chapeaux des stars telles que Whoopi Goldberg et Ivana Trump.

LES PARAPLUIES

À la première averse, les marchands ambulants de parapluies semblent pousser comme des champignons dans les rues de New York, mais leurs articles très bon marché sont le plus souvent de mauvaise qualité. Pour en acheter de solides, rendez-vous chez **Worth & Worth** qui propose des marques londoniennes (Briggs, entre autres). **Barney's New York** propose des modèles branchés ou courants – écossais et rayés – dans toutes les tailles. Pour les styles traditionnels, pensez à **Macy's**. **Gucci** vend des parapluies que l'on peut assortir à sa cravate. En y mettant le prix, on a droit au manche télescopique chez **Hanae Mori**, aux couleurs de l'université ainsi qu'au style portier – teinte noire et taille géante – au **Princeton Club** (noir et orange). Les parapluies du **Yale Club** sont bleus et frappés d'un grand « Y » blanc.

LA MAROQUINERIE

Deux fois par an, pendant les périodes de soldes en janvier et août, une interminable queue d'acheteurs entoure le coin de la 48e Rue et de Madison Avenue en attendant de pénétrer chez **Crouch & Fitzgerald**. C'est une vieille institution new-yorkaise qui propose les marques les plus connues – Judith Leiber, Ghurka, Cooney & Bourke ou Louis Vuitton – ainsi que celle de la maison. **Bottega Veneta** et **Prada** sont des boutiques de luxe qui exposent leurs produits comme des œuvres d'art : c'est beau, c'est cher ! Chez **Furla**, l'esprit italien

domine ; la boutique **Il Bisonte** est quant à elle remarquable par son style. L'indispensable du moment, un sac en daim couleur pastel, du créateur Rafé Totengco, peut se trouver chez **TG-170** et chez **Big Drop**. **The Coach Store** est réputé pour ses sacs à main américains à la forme classique et au cuir épais. Pour les bonnes affaires dégriffées, allez chez **Fine & Klein**. Une visite à l'**Altman Luggage** Company – un must – vous permettra de trouver au milieu d'un choix ahurissant la serviette qui vous convient.

LES CHAUSSURES ET LES BOTTES

Les magasins de chaussures de Manhattan sont renommés ; il y en a pour toutes les bourses et tous les styles. Dans les grands magasins, on trouve des marques connues en plus de la collection maison. **Bloomingdale's** (p. 179) possède un immense rayon de chaussures de femme et le personnel très accueillant de **Brooks Brothers** fournit les hommes en chaussures classiques de grande qualité. Les chausseurs les plus élégants vous attendent au centre-ville. **Martinez Valero** crée de belles chaussures en cuir et en daim dans des styles élégants et variés. **Ferragamo** et **Botticelli** présentent des créations classiques et raffinées. Pour des chaussures élégantes mais à des prix décents, rendez-vous à **Sigerson Morrison** dans Little Italy. **Jeffrey's** vaut aussi le détour. Si vous aimez les bottes de cow-boy, courez chez **Billy Martin's** ; vous y dénicherez tous les modèles classiques et même des bottes en crocodile pour seulement quelques milliers de dollars, une larme ! Billy Martin's vend également divers accessoires de western : en sortant, vous ressemblerez probablement à Clint Eastwood…

Pour des bottes sur mesure, rendez-vous au **Buffalo Chips Bootery**. Le magasin chic et branché des enfants est le **East Side Kids**. Le **Little Eric** se spécialise dans les modèles originaux. **Shoofly** importe des chaussures de tous les styles. Le magasin **Harry's** possède une collection incroyable de chaussures

pratiques. De son côté, **Tru-tred** propose des modèles classiques, privilégiant le confort plutôt que la mode. Pour les amateurs de soldes, le coin des bonnes affaires se trouve dans le voisinage de la 34e Rue Ouest et de la 8e Rue Ouest, entre la Cinquième et la Sixième Avenues, ainsi que sur Orchard Street.

LA LINGERIE

La lingerie fine importée d'Europe, sexy, élégante et chère se trouve à **La Petite Coquette**. Plus abordable, **Victoria's Secret** propose sur deux étages de ravissants ensembles de sous-vêtements en satin, en soie ou en d'autres matières.

RÉPERTOIRE

JOAILLERIE

Buccellati
725 5th Ave.
Plan 12 F3.
308-2900.

Bulgari
730 5th Ave.
Plan 12 F3.
315-9000.

Cartier
653 5th Ave.
Plan 12 F4.
753-0111.

Harry Winston
718 5th Ave.
Plan 12 F3.
245-2000.

Jewelry Exchange
15 W 47th St.
Plan 12 F5.

Tiffany & Co
5th Ave et 57th St.
Plan 12 F3.
755-8000.

CHAPEAUX

Larisa Designs
342 7th Ave/29th St.
Plan 8 E3.
695-8989.

Suzanne Millinery
700 Madison Ave.
Plan 13 A3.
593-3232.

Worth & Worth
101 W 55th St, Suite 3N
Plan 12 E4.
265-2887.

PARAPLUIES

Barney's New York
P. 311.

Gucci
685 5th Ave.
Plan 12 F4.
826-2600.

Hanae Mori
27 E 79th St.
Plan 16 F5.
472-2352.

The Princeton Club
15 W 43rd St.
Plan 8 F1.
596-1200.

Worth & Worth
Voir Chapeaux.

The Yale Club
50 Vanderbilt Ave.
Plan 13 A5.
661-2070.

MAROQUINERIE

Altman Luggage Company
125 Orchard St.
Plan 5 A3.
254-7275.

Big Drop
174 Spring St.
Plan 4 F4.
966-4299.

Il Bisonte
120 Sullivan St.
Plan 4 D4.
966-8773.

Bottega Veneta
635 Madison Ave.
Plan 13 A3.
371-5511.

The Coach Store
795 Madison Ave.
Plan 13 A3.
754-0041.

Crouch & Fitzgerald
400 Madison Ave.
Plan 13 A5.
755-5888.

Fine & Klein
119 Orchard St.
Plan 5 A3.
674-6720.

Furla
705 Madison Ave.
Plan 13 A3.
755-8986.

Prada
45 E 57th St. **Plan** 12 F3.
308-2332.

TG-170
170 Ludlow St.
Plan 5 A3.
995-8660.

CHAUSSURES ET BOTTES

Billy Martin's
220 E 60th St.
Plan 13 B3.
861-3100.

Botticelli
620 5th Ave. **Plan** 12 F4.
582-6313.

Bloomingdale's
P. 311.

Brooks Brothers
P. 319.

Buffalo Chips Bootery
355 W Brodway
Plan 4 E4.
625-8400

East Side Kids
1298 Madison Ave.
Plan 17 A2.
360-5000.

Ferragamo
717 5th Ave.
Plan 12 F3.
759-3822.

Harry's
2299 Broadway.
Plan 15 C4.
874-2035.

Jeffrey's
449 W 14th St.
Plan 3 B1.
206-1272.

Little Eric
1331 3rd Ave.
Plan 17 B5.
288-8987.

Shoofly
465 Amsterdam Ave.
Plan 15 C4.
580-4390.

Martinez Valero
1029 Third Ave.
Plan 13 B3.
753-1822.

Sigerson Morrison
28 Prince St.
Plan 4 F3.
219-3893.

LINGERIE

La Petite Coquette
51 University Place.
Plan 4 E1.
473-2478.

Victoria's Secret
34 E 57th St.
Plan 12 F3.
758-5592.

Livres et musiques

New York étant la capitale de l'édition américaine, il semble normal d'y trouver les meilleures librairies du pays, des plus généralistes aux plus ésotériques : science-fiction, suspense, ouvrages rares... Les amateurs de musique peuvent également y trouver à des prix raisonnables les enregistrements les plus rares.

LES LIBRAIRIES

Barnes & Noble, sur la Cinquième Avenue est incontestablement, avec ses trois millions d'ouvrages, ses meilleurs prix et sa sélection de titres, la plus grande et la plus prestigieuse librairie de Manhattan. Il y a d'autres annexes, comme celle situé de l'autre côté de la rue : on y fait de bonnes affaires. Plus loin, **Strand Book Store**, avec son incroyable stock de deux millions de livres d'occasion, propose des prix particulièrement attirants. On y trouve également un grand choix de premières éditions de livres anciens. **Gryphon Bookshop** est aussi complet que son cousin spécialisé dans la musique, avec son choix incroyable de livres d'occasion et de vinyles de country. **12th Street Books** propose une vaste sélection de livres neufs et d'occasion et de livres d'art. **Borders Books & Music** offre un large choix de CD et de livres. **Rizzoli** distribue un ensemble impressionnant de photographies, d'ouvrages en langues étrangères, de livres d'art ainsi que des publications pour enfants et des vidéos. Au **Gotham Book Mart**, dans un minuscule local, les collectionneurs se délecteront de centaines de livres anciens et d'éditions limitées. **Shakespeare & Co** ouvre tard le soir et propose une remarquable sélection de titres.

LES LIBRAIRIES SPÉCIALISÉES

Pour le meilleur choix de livres d'art, allez chez **Hacker Art Books**. **Urban Center Books** est spécialisé dans l'architecture, l'urbanisme et l'environnement.

Les livres rares, épuisés et anciens sur New York sont représentés chez **JN Bartfield Books**. **Biography Bookshop** s'est spécialisé dans les journaux intimes, les lettres, les biographies et les autobiographies. Littérature et musique juives occupent les rayons de **J. Levine Judaïca**. Les amateurs de théâtre trouvent quant à eux leur bonheur à l'**Applause Theater & Cinema Books** ou chez **Drama Book Shop**, qui offre le plus large éventail de la ville. **McGraw-Hill Bookstore** vaut le détour pour sa richesse en matière d'ouvrages scientifiques et techniques, ainsi que pour son catalogue très convenable de titres généraux. Pour les fervents du mystérieux, du suspense et du meurtre, un détour s'impose du côté de la librairie **Murder Ink** et du **Mysterious Bookshop**. Les romans et nouvelles de science-fiction ont pour royaume **Forbidden Planet**, alors que **Village Comics** vous entraînera dans l'univers de la bande dessinée d'hier et d'aujourd'hui. Rayon enfants, pensez à **Bank Street Book Store** qui possède l'un des plus grands choix de livres en la matière et **Books of Wonder** pour les ouvrages rares. Livres et accessoires de voyage se trouvent au **Traveler's Choice**. **The Complete Traveler** présente une large sélection de livres de voyage neufs ou anciens pour toutes les destinations (le personnel est très compétent et serviable). **The Civilized Traveler** propose matériel de voyage et cassettes vidéo à louer, ainsi que des conférences données par des voyageurs célèbres.

Si la cartographie vous intéresse, rendez-vous au **Rand McNally Plan & Travel Store** et au **Hagstorm Map and Travel Store**. Au **Kitchen Arts & Letters**, le monde savoureux de la cuisine vous est révélé. Les grands révoltés se doivent d'explorer le **Revolution Books** ou le **Mark's Bookshop**. Les lesbiennes et les homosexuels trouveront au **Oscar Wilde Memorial Bookshop** un grand choix de textes les concernant.

LES DISQUES, LES CASSETTES ET LES CD

Du be-bop au rap en passant par le classique, **Tower Records** et **HMV** proposent tout ce qui existe en musique. Chez **J&R Music World**, vous pourrez également vous équiper en matériel audiovisuel. **Record Explosion** possède une gigantesque collection de CD à petits prix. Les collectionneurs de disques se retrouvent au **Gryphon Records** qui propose un excellent choix de titres classiques, de jazz ou d'opéra. Aux nostalgiques et aux obsessionnels, **House of Oldies** propose un grand choix de disques anciens ou épuisés. Il y en a un pour tous les goûts. **Bleecker Bob's Golden Oldies** vous fournit en rock d'importation, punk ou jazz méconnu, alors que **Midnight Records** résonne de rock amateur et de musique psychédélique.

LES PARTITIONS

La **Joseph Patelson Music House Ltd**, juste derrière Carnegie Hall, et la **Frank Music Company** ont un excellent répertoire de partitions classiques. **Charles Colin Publications** est spécialisé dans le jazz. Pour la pop et les variétés, allez plutôt au **Colony Record and Music Center** dans Brill Building.

RÉPERTOIRE

LIBRAIRIES

Barnes & Noble
105 5th Ave.
Plan 8 F5.
(807-0099.
Fait partie d'une chaîne.

**Borders Books
and Music**
461 Park Avenue.
Plan 17 A3.
(980-6785.
Fait partie d'une chaîne.

Gotham Book Mart
41 W 47th St.
Plan 12 F5.
(719-4448.

Gryphon Bookshop
2246 Broadway.
Plan 15 C4.
(362-0706.

Rizzoli
31 W 57th St.
Plan 12 F3.
(759-2424.
Fait partie d'une chaîne.

Shakespeare & Co
716 Broadway.
Plan 4 E2.
(529-1330.

939 Lexington Ave.
Plan 13 A1.
(570-0201.

Strand Book Store
828 Broadway. **Plan** 4 E1.
(473-1452.

12th Street Books
11Fast 12 th St.
Plan 4 F1.
(645-4340.

LIBRAIRIES
SPÉCIALISÉES

**Applause Theater
& Cinema Books**
211 W 71st St.
Plan 11 C1.
(496-7511.

Drama Book Store
723 7th Ave.
Plan 12 E5.
(944-0595.

**Bank Street
Book Store**
610 W 112th St.
Plan 21 A4.
(678-1654.

**Biography
Bookshop**
400 Bleecker St. **Plan** 3 C2.
(807-8655.

Books of Wonder
16 W 18th St.
Plan 8 E5.
(989-3270.

**The Civilized
Traveler**
2003 Broadway
Plan 11 C1.
(875-0306.

**The Complete
Traveler**
199 Madison Ave.
Plan 9 A2.
(685-9007.

**Forbidden
Planet**
840 Broadway.
Plan 4 E1.
(473-1576.

Hacker Art Books
45 W 57th St.
Plan 12 F3.
(688-7600.

**Hagstrom Map &
Travel Store**
57 W 43rd St.
Plan 8 F1.
(398-1222.

J. Levine Judaica
5 W 30th St.
Plan 8 F3.
(695-6888.

**JN Bartfield
Books**
30 W 57th St.
Plan 12 F3.
(245-8890.

**Kitchen Arts &
Letters**
1435 Lexington Ave.
Plan 17 A2.
(876-5550.

**McGraw-Hill
Bookstore**
1221 6th Ave.
Plan 12 E4.
(512-4100.

Murder Ink
2486 Broadway.
(362-8905.

**Mysterious
Bookshop**
129 W 56th St.
Plan 12 E3.
(765-0900.

**Oscar Wilde
Memorial
Bookshop**
15 Christopher St.
Plan 3 C2.
(255-8097.

**Rand McNally
Plan & Travel
Store**
150 E 52nd St.
Plan 13 A4.
(758-7488.

Revolution Books
W 19th St. **Plan** 7 C5.
(691-3345.

**St Mark's
Bookshop**
31 3rd Ave.
Plan 5 A2.
(260-7853.

Traveler's Choice
2 Wooster St.
Plan 4 E4.
(941-1535.

**Urban Center
Books**
457 Madison Ave.
Plan 13 A4.
(935-3595.

Village Comics
214 Sullivan St.
Plan 4 D3.
(777-2770.

DISQUES,
CASSETTES
ET CD

**Bleecker Bob's
Golden Oldies**
118 W 3rd St.
Plan 4 D2.
(475-9677.

**Footlight
Records**
113 E 12th St.
Plan 4 F1.
(533-1572.

Gryphon Records
233 W 72nd St.
Plan 11 D1.
(874-1588.

HMV
57 W 34 St. **Plan** 8 E2.
(629-0900.
Fait partie d'une chaîne.

House of Oldies
35 Carmine St. **Plan** 4 D3.
(243-0500.

J&R Music World
15, 23, 27 et
33 Park Row. **Plan** 1 C2.
(732-8600.

Midnight Records
263 W 23rd St.
Plan 8 D4.
(675-2768.

Record Explosion
384 5th Ave. **Plan** 8 F3.
(736-5624.
Fait partie d'une chaîne.

Tower Records
692 Broadway.
Plan 4 E2.
(505-1500.
Fait partie d'une chaîne.

Virgin Megastore
45th et Broadway.
Plan 12 E5.
(921-1020.

PARTITIONS

**Charles Colin
Publications**
315 W 53rd St.
Plan 12 D4.
(581-1480.

**Colony Record
and Music
Center**
1619 Broadway.
Plan 12 E4.
(265-2050.

**Frank Music
Company**
244 W 54th St. **Plan** 12 D4.
(582-1999.

**Joseph Patelson
Music House Ltd**
160 W 56th St.
Plan 12 E4.
(757-5587.

Art et antiquités

Tandis que les amateurs d'art en visite à New York pourront occuper tout leur séjour dans les centaines de galeries de la ville, les passionnés de brocante trouveront la possibilité de chiner à leur aise aux puces ou sur les marchés d'antiquaires, devant de magnifiques antiquités de l'ancien ou du nouveau monde. Pour savoir ce qui est proposé à la vente au cours de votre séjour, prenez un exemplaire gratuit du mensuel *Art Now Gallery Guide* dans une librairie ou une galerie et consultez les journaux locaux.

LES GALERIES D'ART

L'une des galeries les plus célèbres à SoHo est celle de **Leo Castelli**, admirateur fanatique du Pop Art des années 1960 et découvreur de talents. La **Mary Boone Gallery** expose des néo-expressionnistes et la **Pace Wildenstein Gallery** des artistes à la mode. **Gorney, Braving & Lee** se spécialise dans la peinture et la sculpture contemporaines.
La **John Weber Gallery** est célèbre pour ses nombreux minimalistes et conceptualistes. **Postmasters** est également un trésor d'œuvres conceptuelles. **Swann Galleries** est une référence en matière de gravures, livres rares, cartes, affiches et photographies, et la **Holly Solomon Gallery** pour les peintures, dessins et sculptures contemporaines. La **Marian Goodman Gallery** met plutôt en valeur les créations des avant-gardes européennes.
Chelsea concentre de nombreuses galeries, **Holly Solomon Gallery** (œuvres contemporaines américaines et modernes) et **Gagosian Gallery** (tableaux des maîtres Lichtenstein et Johns), entre autres. Dans Upper East Side, on peut encore s'extasier devant les merveilles des galeries **Knoedler & Company**, **Gagosian** et **Hirschl & Adler**.

L'ART POPULAIRE AMÉRICAIN

Si vous aimez l'artisanat, précipitez-vous chez **Susan Parrish Antiques**, **Kelter-Malcé** ou **Brian Windsor** pour y découvrir un choix de tapis faits à la main et d'autres objets. Des quilts, des objets d'art et des peintures folk sont exposés chez **American Hurrah Antiques**. **Laura Fisher** propose les objets les plus insolites.

LES MARCHÉS D'ANTIQUITÉS ET LES ANTIQUITÉS D'OCCASION

Manhattan abrite le **Manhattan Art & Antiques Center** où l'on peut trouver des dizaines de vendeurs sous un même toit. **Irving Barber Shop Antiques** est plein de fabuleuses antiquités d'occasion vendues à de très bon prix.

LE MOBILIER AMÉRICAIN

Pour les meubles des XVIIᵉ et XVIIIᵉ, allez chez **Bernard & S. Dean Levey**, **Eagles Antiques**, **Leigh Keno American Furniture** ou encore le très célèbre **Israel Sack**. **Judith & James Milne** vend des meubles country et de très beaux quilts, comme **Kentucky**.
Chez **Thomas K. Woodard American Antiques & Quilts**, faites connaissance avec le style Shaker au travers d'une collection étonnante.
Les collectionneurs de meubles Art déco ou Art nouveau fréquentent **Alan Moss** qui est bourré de meubles et d'objets décoratifs ou **Macklowe Gallery & Modernism**. **Minna Rosenblatt** et **Lillian Nassau** proposent, entre autres, d'exceptionnelles lampes Tiffany.
Quelques boutiques rétro telles **Depression Modern** et **Mood Indigo** recèlent des trésors des années 1930 et 1940.

LES ANTIQUITÉS INTERNATIONALES

Si le style anglais vous tente, faites un tour chez **Florian Papp** et **Kentshire Galleries**. Pour les antiquités européennes, voyez **Betty Jane Bart Antiques**, **Kurt Gluckselig Antiques**, **The Little Antique Shop**, **Linda Horn Antiques**, **La Belle Époque** ou **Les Pierres**. Les spécialistes de l'art oriental sont **Doris Leslie Blau**, **E&J Frankel** et **Flying Cranes Antiques**.

LES MARCHÉS AUX PUCES

Les rues de New York accueillent de nombreux marchés aux puces ouverts seulement le week-end. Pour faire de bonnes affaires, il est recommandé de s'y rendre tôt le matin. À la plupart des marchés aux puces ouvrent officiellement à 9 ou 10h mais le vrai marchandage commence vers 6h du matin. Vous serez peut-être chanceux et trouverez alors des objets précieux de la culture américaine : une boîte Barbie pour le déjeuner ou des disques rares enregistrés par des inconnus !
À l'**Annex Antiques Fair and Flea Market**, vous trouvez des vêtements d'occasion ou des meubles anciens. **Canal Street Flea Market** est un véritable bric-à-brac. Pour vous renseigner sur ces marchés forains, procurez-vous l'édition du vendredi du *New York Times*.

LES SALLES DES VENTES

Les deux plus célèbres sont **Christie's** et **Sotheby's** qui proposent toutes sortes de pièces : monnaies, bijoux, vins et objets d'art. Un catalogue est publié plusieurs jours avant chaque vente. **William Doyle Galleries** et **Phillips Fine Art Auctioneers** ont aussi pignon sur rue. Pour plus de précisions, consultez le *New York Times* du vendredi ou du dimanche.

RÉPERTOIRE

GALERIES D'ART

Gagosian Gallery
980 Madison Ave.
Plan 17 A5.
(744-2313.

Hirschl & Adler Galleries
21 E 70th St. **Plan** 12 F1.
(535-8810.

Holly Solomon
222 W 23rd St., Chelsea Hotel, #425. **Plan** 8 D4.
(243-3700.

Gorney, Bravin and Lee
534 W 26 St. **Plan** 7 C4.
(352-8372.

John Weber Gallery
529 W 20th St. **Plan** 7 C5.
(691-5711.

Knoedler & Company
19 E 70th St. **Plan** 13 A1.
(794-0550.

Leo Castelli
59 E 79th St. **Plan** 17 A4.
(249-4470.

Marian Goodman Gallery
24 W 57th St. **Plan** 12 F3.
(977-7160.

Mary Boone Gallery
745 5th Ave. **Plan** 12 F3.
(752-2929.

Pace Wildenstein Gallery
142 Greene St.
Plan 4 E2 **(** 431-9224.

Postmasters
459 W 19th St. **Plan** 9 D5
(727-3323.

Swann Galleries
104 E 25th St.
Plan 9 A4.
(254-4710.

ART POPULAIRE AMÉRICAIN

Brian Windsor
272 Lafayette St.
Plan 4 F4.
(274-0411.

Laura Fisher
Manhattan Art & Antiques Center,
1050 2nd Ave.
Plan 13 B4.
(838-2596.

Susan Parrish Antiques
390 Bleecker St. **Plan** 3 C2.
(645-5020.

MARCHÉS D'ANTIQUITÉS ET ANTIQUITÉS D'OCCASION

Chelsea Antiques
110 W 25th St.
Plan 8 E4.
(929-0909.

Irving Barber Shop Antiques
210 E 21st St.
Plan 9 A4.

The Manhattan Arts & Antiques Center
1050 2nd Ave.
Plan 13 A3.
(355-4400.

MOBILIER AMÉRICAIN

Alan Moss
436 Lafayette St.
Plan 4 F2.
(473-1310.

Bernard and S. Dean Levy
24 E 84th St. **Plan** 16 F4.
(628-7088.

Depression Modern
150 Sullivan St. **Plan** 4 D3.
(982-5699.

Eagles Antiques
1097 Madison Ave.
Plan 17 A5.
(772-3266.

Israel Sack
730 5th Ave.
Plan 12 F3.
(399-6562.

Judith & James Milne
506 E 74th St.
Plan 17 C5.
(472-0107.

Leigh Keno American Furniture
980 Madison Ave.
Plan 17 A5.
(734-2381.

Lillian Nassau
220 E 57th St.
Plan 13 B3.
(759-6062.

Macklowe Gallery & Modernism
667 Madison Ave.
Plan 13 A3.
(644-6400.

Minna Rosenblatt
844 Madison Ave.
Plan 13 A1.
(288-0250.

Mood Indigo
181 Prince St.
Plan 4 E3.
(254-1176.

Woodard & Greenstein American Antiques
506 E 74th St.
Plan 17 A5.
(988-2906.

ANTIQUITÉS INTERNATIONALES

La Belle Époque
280 Columbus Ave.
Plan 12 D1.
(362-1770.

Betty Jane Bart Antiques
1225 Madison Ave.
Plan 17 A3.
(410-2702.

Doris Leslie Blau
724 5th Ave.
Plan 12 F3. **(** 586-5511.
Sur rendez-vous seulement.

E&J Frankel
1040 Madison Ave.
Plan 17 A5.
(879-5733.

Florian Papp
962 Madison Ave.
Plan 17 A5.
(288-6770.

Flying Cranes Antiques
1050 2nd Ave. **Plan** 13 B4.
(223-4600.

Kentshire Galleries
37 E 12th St. **Plan** 4 E1.
(673-6644.

Kurt Gluckselig Antiques
200 E 58th St. **Plan** 13 B4.
(758-1805.

Linda Horn Antiques
200 E 58 th St.
Plan 17 A5.
(772-1122.

The Little Antique Shop
44 E 11th St. **Plan** 4 E1.
(673-5173.

Les Pierres
362 Bleecker St.
Plan 3 C2.
(243-7740.

MARCHÉS AUX PUCES

Annex Antiques Fair and Flea Market
24th à 27th Sts et 6th Ave.
Plan 8 E4. **(** 243-5343.
Ouvert le sam. et le dim.

Canal Street Flea Market
335 Canal St. **Plan** 4 E5.
Ouvert tous les week-ends de mars à déc.

Columbus Avenue Flea Market
Columbus Ave, entre 76th et 77th St.
Plan 16 D5.
(721-0900. *Ouv. le dim.*

SALLES DES VENTES

Christie's
20 Rockefeller Plaza.
Plan 12 F5.
(636-2000.

Sotheby's
1334 York Ave.
Plan 13 C1. **(** 606-7000.

William Doyle
175 E 87th St.
Plan 17 A3. **(** 427-2730.

Phillips Fine Art
406 E 79th St.
Plan 17 C4. **(** 570-4830.

Alimentation, électroménager et photo

La diversité ethnique et culturelle de New York se reflète dans ses boutiques d'alimentation, aussi nombreuses que variées. Et pour votre électroménager, électronique ou matériel photo, regardez autour de vous, vous n'avez que l'embarras du choix !

LES ÉPICERIES FINES

La renommée des plus anciennes attire les touristes, n'hésitez cependant pas à vous rendre aussi dans les grands magasins, qui savent rivaliser avec ces palais de la gastronomie.
Balducci's (dans Greenwich Village et au 155 W 66 St.), propose de savoureuses spécialités italiennes : pâtes, charcuterie et poissons y sont à l'honneur. Chez **Dean & Deluca**, les plats à emporter sont succulents. **Russ & Daughters** (l'une des plus anciennes épiceries fines), réalise des fromages blancs, chocolats et bagels délicieux. **The Gourmet Garage** vend toutes sortes de produits frais (en particulier biologiques). Certains ne jurent que par **Zabar's**, qu'ils considèrent comme la meilleure boutique au monde en matière de saumon fumé, caviar, bagels, fromages et cafés.
Si vous êtes pris d'une irrésistible envie de saumon fumé écossais, de caviar ou de chocolats, courez chez **Caviarteria**. **William Poll** offre un grand choix de paniers à pique-nique et de plats préparés.

L'ALIMENTATION SPÉCIALISÉE ET LES CAVES

Parmi les meilleures pâtisseries, on compte la **Poseidon Greek Bakery** et **H&H Bagels** qui produit 60 000 bagels par jour, et des meilleurs. Des fours de **Vesuvio** émergent des biscuits épicés et un pain fameux. Faites le plein de pâtisseries chinoises chez **Fung Wong** et découvrez la miche sicilienne de **A. Zito & Sons**.
Li-Lac est connu pour ses chocolats travaillés à la main et **Mondel Chocolates** pour ses animaux en chocolat. **Economy Candy** offre un vaste choix de fruits secs, et pour un vrai régal, allez savourer chez **Teuscher** les truffes au champagne toutes fraîches importées de Suisse. **Myers of Keswick** importe des spécialités anglaises. L'exotique **Kam Man Food Products** est une authentique épicerie orientale. L'**Italian Food Center** offre d'excellentes huiles d'olive pâtes et saucisses, et **Raffeto's Corporation** toutes sortes de pâtes. Rendez-vous au **Jefferson Market** pour acheter viandes et poissons, et au **Citarella** pour les fruits de mer.
Angelica's Herbs and Spices propose environ 2 500 variétés d'herbes et d'épices.
Les meilleurs vins de Bourgogne se trouvent chez **Acker, Merrall & Condit**, les vins et champagnes soldés chez **Garnet Liquors**. La sélection de scotch et de whisky de **SoHo Wines and Spirits** reste incomparable. Le plus important marchand de vins de la ville est **Sherry-Lehman**.
New York a aussi d'excellentes brûleries de café. Les principales sont **The Sensuous Bean**, **Oren's** et **Porto Rico Importing Company**.
Pour les fruits et les légumes, cherchez un marché de produits de la ferme et tâchez d'y aller tôt le matin. Les plus populaires sont ceux de **City Hall**, **Upper West Side**, **St Mark's in-the-Bowery** et **Union Square**. Vous pouvez vous renseigner en téléphonant au 788-7900.

LES ARTS MÉNAGERS

La plupart des grands magasins ont d'excellents rayons, néanmoins si vous recherchez une boutique spécialisée, allez au **Broadway Panhandler** – son matériel de pâtisserie est remarquable.

Bridge Kitchenware traite surtout avec les restaurateurs, en revanche **Williams Sonoma** propose des ustensiles et des livres de cuisine.
Chez **Baccarat**, **Daum**, **Lalique** et **Villeroy & Boch**, vous admirerez les plus fins cristaux et la plus belle porcelaine, tout comme chez **Orrefors Kosta Boda** et **Tiffany & Co**. **Avventura** est le royaume du cristal et de la porcelaine. La moins chère des porcelaines américaines se trouve chez **Fishs Eddy**. **Ceramica** expose de belles poteries italiennes artisanales, et **La Terrine** ainsi que **Stuben Glass** sont réputés pour leurs délicates céramiques peintes à la main.
On peut se procurer du linge bon marché dans la plupart des grands magasins. Pour les draps de soie et le blanc de luxe, **Porthault**, **Pratesi** et **ABC Carpet & Home** jouissent d'une excellente réputation, tout comme **Bed, Bath & Beyond** pour ses draps et ses accessoires de cuisine et de salles de bains. C'est sur Grand Street, dans Lower East Side, que les prix sont les plus bas.

L'ÉLECTRONIQUE ET LA PHOTOGRAPHIE

Les meilleures affaires sont proposées par les détaillants d'électronique : cela vaut le détour. Si vous cherchez des appareils électriques à rapporter en Europe, assurez-vous qu'ils fonctionnent également en 220V/50Hz.
B&H Photo et **Compusa** sont tous deux réputés pour leur matériel électrique et électronique. **J&R Music World** vend également du matériel électronique, à des prix très compétitifs et propose le meilleur choix de CD de jazz de la ville. **The Wiz**, chaîne spécialisée en équipements électroniques, offre un grand choix de matériel et de jeux.
Willoughby's pratique des prix compétitifs en matériel photo.

RÉPERTOIRE

ÉPICERIES FINES

Balducci's
424 Ave of the Americas.
Plan 12 E5. 673-2600.

Caviarteria
502 Park Ave. **Plan** 13 A3.
759-7410.

Dean & Deluca
560 Broadway. **Plan** 4 E3.
431-1691.

Gourmet Garage
453 Broome St. **Plan** 4 E4.
941-5850.
Fait partie d'une chaîne.

Russ & Daughters
179 E Houston St.
Plan 5 A3. 475-4880.

William Poll
1051 Lexington Ave.
Plan 17 A5. 288-0501.

Zabar's
2245 Broadway.
Plan 15 C4. 787-2000.

ALIMENTATION SPÉCIALISÉE ET CAVES

A. Zito & Sons Bakery
259 Bleecker St. **Plan** 3 C2.
929-6139.

Acker, Merrall & Condit
160 W 72nd St.
Plan 11 C1.
787-1700.

Angelica's Herbs and Spices
147 1st Ave. **Plan** 5 A1.
677-1549.

Citarella
2135 Broadway.
Plan 15 C5. 874-0383.

City Hall Green Market
Centre St et Chambers St.
Plan 1 C1.

Economy Candy
108 Rivington St.
Plan 5 A3.
254-1531.

Fung Wong
44 Mott St. **Plan** 4 F3.
267-4037.

Garnet Liquors
929 Lexington Ave.
Plan 13 A1. 772-3211.

H&H Bagels
2239 Broadway.
Plan 15 C4. 595-8000.
Fait partie d'une chaîne.

Italian Food Center
186 Grand St. **Plan** 15 C4.
925-2954.

Jefferson Market
450 Ave of the Americas.
Plan 12 E5. 533-3377.

Kam Man Food Products
200 Canal St. **Plan** 4 F5.
571-0330.

Li-Lac
120 Christopher St.
Plan 3 C2. 242-7374.

Mondel Chocolates
2913 Broadway.
Plan 20 E3. 864-2111.

Myers of Keswick
634 Hudson St.
Plan 3 C2. 691-4194.

Oren's
1144 Lexington Ave.
Plan 17 A4. 472-6830.

Porto Rico Importing Company
201 Bleecker St. **Plan** 3 C2.
477-5421.

Poseidon Greek Bakery
629 9th Ave. **Plan** 12 D5.
757-6173.

Raffeto's Corporation
144 West Houston St.
Plan 4 D3. 777-1261.

St. Mark's in-the-Bowery Greenmarket
E 10th St et 2nd Ave.
Plan 4 F1.

The Sensuous Bean
66 W 70th St. **Plan** 12 D1.
724-7725.

Sherry-Lehmann
679 Madison Ave.
Plan 13 A3. 838-7500.

SoHo Wines and Spirits
461 W Broadway.
Plan 4 E4. 777-4332.

Teuscher Chocolates
25 E 61st St. **Plan** 12 F3.
751-8482.
620 5th Ave. **Plan** 12 F4.
246-4416.

Union Square Greenmarket
E 17th St et Broadway.
Plan 8 F5.

Upper West Side Greenmarket
Columbus Ave et 77th St.
Plan 16 D5.

Vesuvio Bakery
160 Prince St. **Plan** 4 E3.
925-8248.

APPAREILS MÉNAGERS

ABC Carpet & Home
888 Broadway. **Plan** 8 F5.
473-3000.

Bed, Bath & Beyond
620 Ave of Americas.
Plan 8 F5. 255-3550.

Avventura
463 Amsterdam Ave.
Plan 15 C4. 769-2510.

Baccarat
625 Madison Ave.
Plan 13 A3. 826-4100.

Bridge Kitchenware
214 E 52nd St. **Plan** 13 B4.
688-4220.

Broadway Panhandler
477 Broome St.
Plan 4 E4. 966-3434.

Ceramica
59 Thompson St.
Plan 4 D4. 941-1307.

Daum Boutique
694 Madison Ave.
Plan 13 A3. 355-2060.

Fishs Eddy
2176 Broadway.
Plan 15 C5. 873-8819.

Lalique
680 Madison Ave.
Plan 13 A3.
355-6550.

Orrefors Kosta Boda Crystal
685 Madison Ave.
Plan 13 A3.
752-1095.

Porthault
18 E 69th St. **Plan** 12 F1.
688-1660.

Pratesi
829 Madison Ave.
Plan 13 A2.
288-2315.

Steuben Glass
667 Madison Ave.
Plan 13 A3. 752-1441.

La Terrine
1024 Lexington Ave.
Plan 13 A1. 988-3366.

Tiffany & Co
P. 321.

Villeroy & Boch
901 Broadway.
Plan 8 F5.
535-2500.

Williams-Sonoma
E 59th St at Lex.Ave.
Plan 13 A3. (917)
369-1131.

Zabar's
Voir Épiceries fines.

ÉLECTRONIQUE ET PHOTOGRAPHIE

B&H Photo
420 9th Ave. **Plan** 8 D2.
444-6630.

J&R Music World
P. 323.

The Wiz
555 5th Ave. **Plan** 12 F5.
557-7770.
Fait partie d'une chaîne.

Compusa
420 5th Ave. **Plan** 8 F1.
764-6224.
Fait partie d'une chaîne.

Willoughby's
136 W 32nd St. **Plan** 8 E3.
564-1600.

SE DISTRAIRE À NEW YORK

Le cœur de New York bat perpétuellement au rythme de la fête et du divertissement. Quels que soient vos goûts, vous y trouverez votre bonheur. N'hésitez pas à profiter de l'extraordinaire diversité des spectacles : scènes de Broadway, théâtres expérimentaux dans les ateliers, opéras du Met, concerts de jazz dans Greenwich Village, etc. Vous aimez danser ? D'innombrables

Danseurs du New York City Ballet

clubs vous accueillent dans les décors les plus extravagants. Avec un peu de chance, vous pouvez aussi découvrir une représentation d'avant-garde dans un café-théâtre. Quant aux cinémas, ils sont légion dans Manhattan ! Le mieux est encore sans doute de musarder dans les rues pour regarder ce « show » permanent qu'est New York…

LES RENSEIGNEMENTS PRATIQUES

Pour trouver les programmes de vos soirées, consultez souvent les journaux tels que le *New York Times* ou le *Village Voice*, ou encore les magazines

Un kiosque TKTS (billets à prix réduit)

Time Out New York (TONY) et *The New Yorker*. Vous pourrez également vous renseigner à l'intérieur sur les moyens de paiement acceptés. À votre hôtel, demandez *Where*, hebdomadaire gratuit qui contient des plans d'orientation et des informations sur les différentes attractions. Le personnel hôtelier peut non seulement vous renseigner et vous fournir des brochures mais aussi vous réserver des places. Quelques hôtels diffusent une chaîne de télévision d'informations destinée aux touristes. **NYC & Company**, la source officielle d'information de la ville, dispose de brochures gratuites. Des écrans digitaux permettent d'obtenir renseignements et billets, et les employés parlent plusieurs langues. **NYC On Stage** est un

numéro de téléphone réservé au théâtre, à la danse et à la musique. **Broadway Line** offre une description des spectacles, avec horaires et prix, tandis que **Moviefone** informe sur les films et **ClubFone** (777-2582) sur la vie nocturne.

LES RÉSERVATIONS

Les spectacles à succès affichent complet souvent plusieurs semaines à l'avance, donc réservez vos places en conséquence. Les guichets de théâtre ouvrent tous les jours, excepté le dimanche, à partir de 10h jusqu'à une heure après le début du spectacle. Allez sur place ou téléphonez à une agence de réservation (**Telecharge**, **Ticketmaster** ou **Ticket Central**) et retenez votre place avec votre carte de crédit, moyennant une commission de quelques dollars.

Bobby Short chantant au Café Carlyle *(p. 343)*

Des agents indépendants comme **Prestige Entertainment**, ou ceux indiqués dans les pages jaunes peuvent aussi vous obtenir de bonnes places. Le prix des billets varie selon la demande. **Broadway Ticket Center** situé dans le **Times Square Visitors Center** vend des tickets plein tarif.

LES BILLETS À PRIX RÉDUIT

Ces billets sont vendus le jour du spectacle par les kiosques **TKTS**, avec un rabais de 25 à 50 %. Il faut cependant y ajouter un petit supplément et payer en espèces ou chèque de voyage. Le TKTS de South Street Seaport vend des billets de 10h à 14h chaque mercredi et samedi pour les matinées ; de 15h à 20h pour le soir même, et de 11h à 19h pour les billets du dimanche. Les files d'attente se formant rapidement, surtout pendant les vacances, il vaut mieux s'y prendre à l'avance. **Ticketmaster** propose, par téléphone, des tickets valables pour le jour-même avec des réductions de 10 à 25% (faible commission prélevée). On peut aussi réserver ses places sur Internet : www.ticket-master.com. Le **Hit Show Club** vend des bons de réduction que l'on peut échanger aux guichets. Certains spectacles offrent des places debout pour le jour-même à prix bon marché. C'est souvent la seule manière d'assister à

Le Booth Theater de Broadway *(p. 333)*

un spectacle complet dans un
délai très court.

LES REVENDEURS
À LA SAUVETTE

Si vous décidez d'acheter
un billet à un *scalper*
(revendeur clandestin), sachez
que vous risquez de vous faire
avoir et de vous retrouver avec
un faux ticket indiquant une
mauvaise date. La police
surveille souvent les
manifestations sportives ou les
spectacles dans l'intérêt des
clients.

LES BILLETS GRATUITS

On en trouve pour les
shows télévisés et
quelques événements
particuliers au
**NYC & Company Visitor
Information Center** ouvert
de 8h30 à 18h du lun. au ven.
et de 9h à 17h le week-end.
Consultez la rubrique « Cheap
Thrills » du *Village Voice* pour
les lectures de poèmes, les
récitals et films d'avant-garde.
Les premiers arrivés reçoivent
un billet gratuit lors du très
populaire New York Shakespeare Festival. Au **Delacorte
Theater** de Central Park, on
fait la queue pour le spectacle dès midi si bien que
les habitués ont appris à se
munir de leur pique-nique et
de leurs coussins.
Dans certaines agences du
Rockefeller Center ou en
écrivant directement aux

chaînes de télévision, on peut
obtenir des billets pour assister
aux enregistrements.

L'ACCÈS AUX HANDICAPÉS

Les théâtres de Broadway
proposent certaines places

Le Royale Theater la nuit *(p. 333)*

et des billets à prix réduits
pour les handicapés et
leurs accompagnateurs.
Appelez **Ticketmaster** ou
Telecharge pour
renseignements et
réservations. Pour les
théâtres off-Broadway,
appelez le guichet de
réservation. Certains théâtres
proposent un équipement
pour les malentendants.
Tap met à leur disposition
un language par signes pour
les théâtres de Broadway,
et **Hands On** pour les théâtres
off-Broadway.

Les meilleurs spectacles à New York

Le Greenwich Village Jazz Club

New York est l'une des capitales mondiales du spectacle et de la fête. Les plus grands artistes s'y produisent, y vivent et y travaillent. De jour comme de nuit, il s'y passe toujours quelque chose et Manhattan mérite bien son surnom de « ville qui ne dort jamais ». Parmi cette myriade de lieux et de distractions, certains sont des classiques dans leur genre, des incontournables de la vie new-yorkaise. Une sélection se trouve pages 332-347. Vous n'aurez pas le temps de les tester tous, mais ils sont aussi importants, pour bien profiter de New York, que le traditionnel coup d'œil du haut de l'Empire State Building.

Le qu
des th

Chelsea et le quartier du vêtement

Limelight
Les night-clubs à la mode naissent puis disparaissent mais cette ancienne église aménagée reste le repaire favori des noctambules new-yorkais (p. 342).

Greenwich Village

Madison Square Garden
Le « Garden », haut lieu du sport, ac-cueille notamment le tournoi de boxe des Golden Gloves ainsi que les mat-ches de l'équipe de basket des New York Knicks et de l'équipe de hockey sur glace des Rangers (p. 340).

SoHo et TriBeCa

HUDSON RIVER

Lower East Side

Seaport et le Civic Center

Lower Manhattan

Film Forum
Le plus élégant cinéma d'art et d'essai de la ville vous pro-pose de découvrir les derniers films étrangers ou américains « indépendants » et de revoir un classique à l'affiche des rétrospectives (p. 336).

Village Vanguard
Toutes les légendes du jazz se sont produites à Greenwich Village. Les amateurs vont encore écouter les stars d'aujourd'hui et de demain aux célèbres Village Vanguard et Blue Note (p. 340).

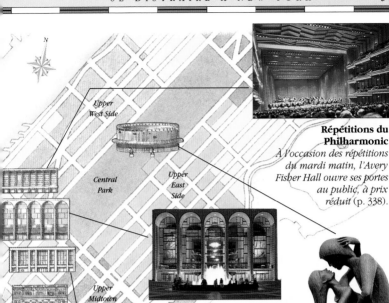

N

Upper
West Side

Central
Park

Upper
East
Side

Upper
Midtown

**Répétitions du
Philharmonic**
*À l'occasion des répétitions
du mardi matin, l'Avery
Fisher Hall ouvre ses portes
au public, à prix
réduit (p. 338).*

Metropolitan Opera House
*Réservez vos places et soyez prêts à
payer cher le privilège d'écouter les
plus belles voix (p. 338).*

Gramercy
et le
quartier du
Flatiron

EAST RIVER

**Shakespeare
à Central Park**
*Si vous êtes un
visiteur estival,
prévoyez du
temps pour
obtenir l'un
des rares billets
gratuits du
Delacorte Theater où vedettes
d'Hollywood et de Broadway
jouent des œuvres de Shakespeare.*

The Nutcracker (Casse-Noisettes)
*Ce spectacle de Noël destiné aux
enfants est présenté chaque année
au Lincoln Center par le New York
City Ballet (p. 334).*

```
0                    2 km
0              1 mile
```

Public Theater
*Fondé en 1954, le
Public Theater
devait inventer un
théâtre pour tous
les New-Yorkais.
Il présente des
œuvres classiques
(Shakespeare
Festival) mais aussi
des pièces
contemporaines
(p. 118).*

Carnegie Hall
*En plein cœur du quartier
des théâtres, Carnegie Hall,
prestigieux temple de la musique,
jouit d'une réputation mondiale.
La fascinante visite de ses coulisses
vous fera découvrir l'envers
du décor (p. 338).*

Théâtre et danse

Référence pour le théâtre et la danse, New York est célèbre pour ses comédies musicales extravagantes et ses critiques féroces. Que vous raffoliez des paillettes de Broadway ou du théâtre expérimental, vous trouverez chaussure à votre pied : toutes les alchimies sortent du creuset new-yorkais.

BROADWAY

Broadway a longtemps été synonyme de quartier des théâtres, cependant, la plupart des théâtres dits « de Broadway » se trouvent en fait éparpillés entre la 41e et la 53e Rues, de la 6e à la 9e Avenue, quelques autres sont situés aux alentours de Times Square. La majorité d'entre eux fut construite entre 1910 et 1930, aux beaux jours du vaudeville et des Ziegfeld Follies.
Le **Lyceum** *(p. 142)* est le plus ancien (1903) ; l'**American Airlines Theater**, siège actuel de la compagnie Roundabout Theatre, est le plus récent et l'historique **Biltmore Theater** rouvrira en 2002-2003 après une fermeture de 14 années. Ces temples de la comédie ont périclité pendant les années 1980 mais connaissent à présent une seconde jeunesse grâce à une politique de diminution de leurs coûts et à la participation de vedettes célèbres. De plus, le quartier a été entièrement rénové. C'est ici que sont données les productions à succès bénéficiant d'une solide promotion – comédies musicales et reprises. De récents succès étrangers sont à l'affiche comme *Les Misérables* ; des créations new-yorkaises comme *Ragtime*, le spectacle favori des enfants *Le Roi Lion* ou encore d'excellentes reprises comme *Cabaret*.

OFF-BROADWAY ET OFF-OFF-BROADWAY

Il existe environ 20 théâtres « off-Broadway » et 300 « off-off-Broadway » dont certaines pièces seront sans doute un jour jouées sur Broadway. Les théâtres off-Broadway contiennent de 100 à 499 places, les off-off-Broadway moins de 100. Ces salles sont généralement installées dans les lieux les plus inattendus : greniers, églises ou garages… C'est vers les années 1950 que la formule off-Broadway se développe, avec pour objectif de proposer autre chose au public que les succès commerciaux joués sur Broadway.
Elle se révèle très vite efficace pour les producteurs désirant monter des pièces un peu risquées. Au cours de ces vingt dernières années, cette tendance s'est accentuée dans les théâtres off-off-Broadway qui développent un style délibérément expérimental. On trouve des théâtres off-Broadway dans tout Manhattan, du Greenwich Village (**Sullivan Street Playhouse** où se joue le spectacle de New York qui a tenu le plus longtemps l'affiche, *The Fantasticks*), à Central Park (**Delacorte Theater**), certains même dans le quartier traditionnel de Broadway. La **Brooklyn Academy of Music (BAM)** *(p. 246)*, le **Manhattan Theater Club** et le **92nd Street Y** sont les plus éloignés du centre.
Les théâtres off-Broadway ont monté les premières représentations à New York des pièces d'auteurs de réputation mondiale comme Sean O'Casey, Tennessee Williams, Eugene O'Neill, Samuel Beckett, Jean Genet, Eugène Ionesco et David Mamet. Ils adaptent parfois les classiques avec irrévérence et osent des mises en scène très novatrices. Mais le showbiz est impitoyable, et si certaines productions off-Broadway font salle comble, comme, par exemple, *The Fantasticks* et *L'Opéra de Quat'sous*, d'autres spectacles s'achèvent dans des fours retentissants.

LE THÉÂTRE D'AVANT-GARDE

Ce style particulièrement novateur règne dans plusieurs théâtres off- et off-off-Broadway. Il est difficile d'en donner une description précise ou de les classer dans une catégorie mais attendez-vous au plus déconcertant et au plus original. Bien représentatifs du genre sont **La MaMa**, **PS 122**, **HERE. 92nd Street Y**, **Symphony Space** et le **Public Theater** *(p. 118)*. Ce dernier fut fondé par Joseph Papp, initiateur du théâtre populaire présenté à un public défavorisé, et jouit d'une renommée particulière. C'est là que furent créés *Hair* et *A Chorus Line*. Le Public Theater est surtout connu pour ses représentations d'été de pièces de Shakespeare au Delacorte Theater *(p. 206)*. À partir de 18h le jour de la représentation, des billets à prix réduits « Quiktix » sont mis en vente à l'entrée du Public Theater.

LES ÉCOLES DE THÉÂTRE

Le légendaire **Actor's Studio** de Lee Strasberg pousse l'acteur à une complète identification avec son personnage. Celui que les Américains surnomment le « Gourou de la Méthode » a compté parmi ses disciples Marlon Brando, Dustin Hoffman, Al Pacino et Marilyn Monroe.
Les répétitions sont le plus souvent ouvertes au public. Sandy Meisner a aussi formé de nombreux acteurs, dont Lee Remick, au **Neighborhood Playhouse School of the Theater** ; le public n'est pas admis pour observer les comédiens lors des répétitions. La New Dramatists, ouverte en 1949, permet aux auteurs de théâtre d'approfondir leur art (ce fut le cas de William Inge). Les lectures de pièces y sont publiques et gratuites.

THÉÂTRES DE BROADWAY

① Ambassador
215 W 49th St.
239-6200.

② Barrymore
243 W 47th St.
239-6200.

③ Belasco
111 W 44th St.
239-6200.

④ Booth
222 W 45th St.
239-6200.

⑤ Broadhurst
235 W 44th St.
239-6200.

⑥ Broadway
1681 Broadway.
239-6200.

⑦ Brooks Atkinson
256 W 47th St.
307-4100.

⑧ CORT
138 W 48th St.
239-6200.

⑨ Eugene O'Neill
230 W 49th St.
239-6200.

⑩ Gershwin
222 W 51st St.
307-4100.

⑪ John Golden
252 W 45th St.
239-6200.

⑫ Helen Hayes
240 W 44th St.
307-4100.

⑬ Imperial
249 W 45th St.
239-6200.

⑭ Longacre
220 W 48th St.
239-6200.

⑮ Lunt–Fontanne
205 W 46th St.
307-4100.

⑯ Lyceum
149 W 45th St.
239-6200.

⑰ Majestic
245 W 44th St.
239-6200.

⑱ Marquis
211 W 45th St.
307-4100.

⑲ Martin Beck
302 W 45th St.
239-6200.

⑳ Minskoff
Broadway et 45th St.
307-4100.

㉑ Music Box
239 W 45th St.
239-6200.

㉒ Nederlander
208 W 41st St. 307-4100.

㉓ Neil Simon
250 W 52nd St.
757-8646.

㉔ Palace
1564 Broadway.
307-4100.

㉕ Plymouth
236 W 45th St.
239-6200.

㉖ Richard Rodgers
226 W 46th St.
307-4100.

㉗ American Airlines Theater
227 W 42nd St (entre les 7th & 8th). 719-1300.

㉘ Royale Theater
242 W 45th St.
239-6200.

㉙ St James
246 W 44th St.
239-6200.

㉚ Shubert
225 W 44th St.
239-6200.

㉛ Virginia
245 W 52nd St.
239-6200.

㉜ Walter Kerr
219 W 48th St.
239-6200.

㉝ Winter Garden
1634 Broadway.
239-6200.

Pour les autres théâtres, *voir p. 335.*

LES BALLETS

Le monde new-yorkais de la danse bat au rythme du Lincoln Center (p. 212) où le New York City Ballet, fondé par le légendaire Balanchine, présente ses créations au **New York State Theater** (p. 46). Son directeur actuel, Peter Martins, fut l'un des meilleurs danseurs de Balanchine. La saison dure de novembre à février et de fin avril à début juin.

L'école de danse du **Juilliard Dance Theater** monte un spectacle de printemps au cours duquel vous admirerez peut-être les vedettes de demain.

L'American Ballet Theater se produit au **Metropolitan Opera House**, qui reçoit aussi des troupes étrangères comme le Bolchoï, le Kirov ou les Royal Ballets.

Son répertoire s'étend des classiques tel que le *Lac des Cygnes* aux créations de chorégraphes modernes comme Twyla Tharp et Paul Taylor.

LA DANSE CONTEMPORAINE

New York est au centre des principaux courants majeurs de la danse contemporaine. Citons en particulier le **Dance Theater of Harlem** réputé pour ses productions modernes, traditionnelles et ethniques. Le **92nd Street Y** et le **Merce Cunningham Studio** de Greenwich Village proposent des chorégraphies expérimentales. **The Kitchen**, **La MaMa**, **Symphony Space** et **PS 122** sont également des lieux de rencontre de toutes les influences, de la danse contemporaine à la musique d'avant-garde. La compagnie de Mark Morris se produit à Brooklyn au **Mark Morris Dance Center**. Les amateurs de danse fréquentent le **City Center** (p. 146) qui abrita le New York City Ballet et l'American Ballet Theater avant la construction du Lincoln Center. Le City Center accueille le Joffrey Ballet et des performances de grands

artistes contemporains tel Alvin Ailey qui mêle danse moderne, jazz et blues, ou encore Merce Cunningham ou Paul Taylor. Évitez les places en mezzanine, vous ne verrez pas grand-chose.

Le **Joyce Theater** connaît une activité intense : s'y succèdent des compagnies bien établies comme le Feld Ballet, des nouveaux venus et des ensembles étrangers. Chaque printemps, la **Brooklyn Academy of Music (BAM)** (p. 246) propose de multiples spectacles à l'occasion du festival de la Danse noire. Pendant l'automne, le festival Next Wave (p. 338) célèbre la danse et la musique avant-gardistes internationales. L'hiver est la saison privilégiée de l'American Ballet Festival.

En juin, **New York University** (p. 113) anime le Summer Residency Festival avec conférences, démonstrations, répétitions et pièces, alors que **Dancing in the Streets** organise une fête de la danse avec des spectacles un peu partout. Au mois d'août le **Lincoln Center Out of Doors** propose un programme de danse gratuit sur la place, avec des groupes expérimentaux comme l'American Tap Dance Orchestra.

Le **Duke Theater**, tout nouveau, est spécialisé dans la danse contemporaine. Plusieurs fois par an, **Radio City Music Hall** présente des shows de qualité avec des compagnies provenant du monde entier. À Noël et Pâques, on peut y applaudir les Rockettes.

Les écoles de danse et de chorégraphie admettent souvent les spectateurs dans leurs classes. L'**Alvin Ailey's Repertory Ensemble** favorise l'expression de la culture noire et va ouvrir, en 2004, le plus grand espace du pays dédié à la danse. La **Hunter College Dance Company** exécute des œuvres de ses étudiants chorégraphes. L'**Isadora Duncan International Center for Dance** ressuscite

les créations de la célèbre danseuse. En matière de danse contemporaine, l'école de chorégraphie du **Juilliard Dance Theater** est la plus réputée.

LES PRIX

Les productions coûtent cher, il en va de même avec le prix des billets. Les billets off-Broadway ne sont plus aussi bon marché.

Il fut un temps où les billets d'avant-premières étaient vendus à des tarifs très réduits. Ce n'est plus le cas. Ils sont cependant plus faciles à obtenir et vous pourrez ainsi vous faire votre opinion sur un spectacle avant d'être influencé par la critique.

Les prix des places de théâtre à Broadway sont de 80 dollars minimum ; ceux des comédies musicales peuvent atteindre 99 dollars, tandis que ceux des off-Broadway vont de 25 à 40 dollars. Pour les spectacles de danse, le prix habituel est de 20 à 50 dollars et jusqu'à 115 dollars pour l'**American Ballet Theater**.

LES HORAIRES

En général, les théâtres ferment le lundi (excepté les music-halls). Ils jouent en matinée le mercredi, le samedi et parfois le dimanche à 14h. Le spectacle du soir commence à 20h. Vérifiez bien la date et l'heure du spectacle avant de vous y rendre.

LA VISITE DES COULISSES ET LES CONFÉRENCES

Pour les amateurs de coulisses et d'anecdotes sur les stars, **92nd Street Y** propose de remarquables visites commentées des théâtres comprenant des débats avec des metteurs en scène, des acteurs et des chorégraphes. Des écrivains y participent parfois afin de parler de leurs travaux en cours.

Le **Radio City Music Hall** organise aussi des visites guidées.

RÉPERTOIRE

OFF-BROADWAY

92nd Street Y
Lexington Ave.
Plan 17 A2.
☎ 415-5420.

Actors' Playhouse
100 7th Ave S.
Plan 3 C1.
☎ 463-0060.

American Place
111 W 46th St.
Plan 12 E5.
☎ 840-3074.

Brooklyn Academy of Music
30 Lafayette Ave.
☎ (718) 636-4100.

Circle in the Square
50th St. west of B'way.
Plan 12 E4.
☎ 239-6200.

Delacorte Theater
Central Park. 81st St.
Plan 16 E4.
☎ 861-7277.
En été seulement.

HERE Art Center
145 6th Ave. **Plan** 4 D4.
☎ 647-0202.

John Houseman
450 W 42nd St.
Plan 7 C1.
☎ 967-9077.

Lambs Theater
130 W 44th St.
Plan 12 E5.
☎ 997-1780.

Manhattan Theater Club
311 W 43rd St.
Plan 4 F2.
☎ 460-5475.

New York Theater Workshop
79 E 4th St.
Plan 4 F2.
☎ 460-5475.

Public Theater
425 Lafayette St.
Plan 4 F2.
☎ 539-8500.

Sullivan Street Playhouse
181 Sullivan St.
Plan 4 D3.
☎ 674-3838.

Symphony Space
2537 Broadway.
Plan 15 C2.
☎ 864-5400.

Vivian Beaumont
Lincoln Center.
Plan 11 C2.
☎ 362-7600.

OFF-OFF-BROADWAY

Bowerie Lane Theater
330 Bowery **Plan** 4 F2.
☎ 677-0060.

Living Theater
☎ 865-3957.
Groupe touristique. Tél. pour info.

Performing Garage
33 Wooster St.
Plan 4 E4.
☎ 966-3651.

The Kitchen
512 W 19th St. **Plan** 7 C5.
☎ 255-5793.

Theater at St Peter's Church
Citigroup Center, 619 Lexington Ave.
Plan 13 A4. ☎ 935-5824.

THÉÂTRES D'AVANT-GARDE

La MaMa
74a E 4th St. **Plan** 4 F2.
☎ 475-7710.

PS 122
150 1st Ave. **Plan** 5 A1.
☎ 477-5288.

Public Theater
Voir Off-Broadway.

ÉCOLES DE THÉÂTRE

Actors' Studio
432 W 44th St.
Plan 11 C5.
☎ 757-0870.

New Dramatists
424 W 44th. **Plan** 11 C5.
☎ 757-6960.

DANSE

92nd Street Y
Voir Off-Broadway.

Alvin Ailey American Dance Center
211 W 61st St. **Plan** 11 3C.
☎ 767-0590.

Brooklyn Academy of Music
Voir Off-Broadway.

City Center
131 W 55th St.
Plan 12 E4.
☎ 581-7907.

Dance Theater of Harlem
466 W 152nd St.
☎ 967-3470.

Dance Theater Workshop
219 W 19th St. **Plan** 8 E5.
☎ 690-2800.

Dancing in the Streets
55 6th Ave. *(bureaux)*
☎ 625-3505.

Hunter College Dance Company
695 Park Ave.
Plan 13 A1.
☎ 772-4490.

Isadora Duncan Dance Foundation
141 W 26th St.
Plan 20 D2.
☎ 691-5040.

Joyce Theater
175 8th Ave et 19th St.
Plan 8 D5.
☎ 242-0800.

Juilliard Dance Theater
60 Lincoln Center Plaza,
W 65th St. **Plan** 11 C2.
☎ 769-7406.

GRANDES SALLES

Duke Theater
229 W 42nd St.
Plan 8 E1.
☎ 996-1100.

La MaMa
Voir Théâtres d'avt-garde.

Lincoln Center Out of Doors
Lincoln Center, Broadway et 64th St. **Plan** 11 C2.
☎ 362-6000.

Manhattan Center
311 W 34th St.
Plan 8 D2. ☎ 307-4100.

Mark Morris
3 Lafayette St.
(Brooklyn)
☎ (718) 624-8400.

Merce Cunningham Studio
55 Bethune St.
Plan 3 B2.
☎ 255-8240.

Metropolitan Opera House
Lincoln Center,
Broadway et 65th St.
Plan 11 C2.
☎ 362-6000.

Music and Dance Booth
P. 329.

New York State Theater
Lincoln Center, Broadway et 65th St.
Plan 11 C2.
☎ 870-5570.

New York University
Tisch School of the Arts,
111 2nd Ave.
Plan 4 F1.
☎ 998-1984.

PS 122
Voir Théâtres d'avt-garde.

Radio City Music Hall
50th St et Ave of the Americas. **Plan** 12 F4.
☎ 247-4777.

Symphony Space
Voir Off-Broadway.

The Kitchen
Voir Off-Broadway.

VISITE DES COULISSES

92nd Street Y
Voir Off-Broadway.

Radio City Music Hall
☎ 632-4041.

Ⓦ **SPECTACLES**
www.culturefinder.com
www.broadway.org
www.stagebill.org
www.newyork.citysearch.com

Cinéma

New York est le paradis des cinéphiles. Non seulement les films américains se donnent des mois avant leur sortie à l'étranger, mais on peut voir aussi de nombreux grands classiques et des films étrangers.

La ville sert aussi de banc d'essai aux innovateurs et engendre sans cesse de nouveaux talents. De célèbres réalisateurs comme Spike Lee, Martin Scorsese ou Woody Allen y sont nés et ont été nourris de sa culture si particulière, d'où la présence régulière de la ville dans leurs œuvres. Ils ont ainsi révélé certains côtés plus ou moins insolites de New York. Vous aurez peut-être la chance de les rencontrer sur un tournage au détour d'une rue.

Les studios de télévision offrent des billets gratuits à ceux qui désirent regarder l'enregistrement de leurs programmes. Le *David Letterman Show*, par exemple, est très apprécié des visiteurs.

LES PREMIÈRES EXCLUSIVITÉS

L'accueil du public et des critiques new-yorkais est si important pour le succès des films que les premières ont lieu dans les cinémas les plus prestigieux de Manhattan. Les exclusivités sont projetées le plus souvent dans les établissements appartenant aux chaînes comme le Loews, United Artists et Cineplex Odeon. Les répondeurs téléphoniques de certaines salles indiquent, outre les horaires et les prix, les génériques et la durée des films.

Les séances commencent à 10h ou 11h et se succèdent toutes les deux ou trois heures, de midi à minuit. Il y a moins d'affluence pour les matinées (avant 16h). Le soir et le week-end, il y a inévitablement la queue devant les salles présentant un film à succès. Certains cinémas permettent de réserver avec une carte de crédit moyennant un supplément d'environ 1 dollar par billet. Les personnes âgées peuvent obtenir des billets à tarif réduit à partir de 60, 62 ou 65 ans, suivant les salles.

LE FESTIVAL DE FILMS DE NEW YORK

Né il y a déjà trente ans, il est organisé par la **Film Society du Lincoln Center**. Le festival commence fin septembre et se poursuit pendant deux semaines dans les nombreuses salles du **Lincoln Center**.

Les nouvelles productions américaines et étrangères participent à une compétition où l'on ne gagne aucun prix, sinon le prestige d'une nomination.

La plupart des films présentés pendant le festival continuent généralement à circuler dans le circuit du cinéma d'art et essai.

LES FILMS ÉTRANGERS ET LES CINÉMAS D'ART ET D'ESSAI

Les six salles de l'**Angelica Film Center** présentent les nouvelles productions étrangères ou indépendantes avec ses six écrans et son bar-café étonnant.

Le **Rose Cinemas** a quatre écrans. Il est situé au Brooklyn Academy of Music. C'est une

LES CATÉGORIES DE FILMS

Aux États-Unis, les films sont désignés selon le code suivant :

G Pour tout public.
PG Suivant l'appréciation des parents. Certaines scènes peuvent choquer les enfants.
PG-13 Avertissement aux parents. Certaines scènes ne conviennent pas aux enfants de moins de 13 ans.
R Interdit au moins de 17 ans non accompagnés.
NC-17 Interdit au moins de 17 ans.

LIEUX DE TOURNAGES

De nombreux lieux à New York ont marqué l'histoire du cinéma. Parmi eux :

Brill Building (sur Broadway) abrite l'appartement de Burt Lancaster dans *Le Grand chantage*.

Brooklyn Bridge sert de décor à *Mo' Better Blues*, de Spike Lee.

Brooklyn Heights et le **Metropolitan Opera** apparaissent dans *Éclair de lune*.

Central Park a servi de cadre à d'innombrables films, tels *Love Story* et *Marathon Man*.

55 Central Park West fut la maison de Sigourney Weaver dans *SOS Fantômes*.

À **Chinatown** a été en partie tourné *L'Année du dragon*.

Le **Dakota** fut habité par Mia Farrow dans *Rosemary's Baby*.

L'**Empire State Building** en haut duquel *King Kong* livre son héroïque et ultime combat. C'est sur sa plate-forme d'observation que Cary Grant attend en vain dans *Affair to remember* (*Elle et lui*).

Grand Central Station rappelle la rencontre entre Robert Walker et Judy Garland dans *Under the Clock* ainsi que l'étonnante scène du bal de *Fisher King*.

Harlem est le cadre dans lequel évoluent les musiciens de jazz et les danseurs de *Cotton Club*.

Au **Katz's Deli** a été tournée la mémorable scène de café entre Meg Ryan et Billy Cristal dans *Quand Harry rencontre Sally*.

Little Italy a servi de décor pour *Le Parrain I et II*.

C'est au **Russian Tea Room** que Dustin Hoffman déjeune avec son agent dans *Tootsie*.

On retrouve l'immeuble des **Nations Unis** dans *La mort aux trousses* de Hitchcock.

Washington Square où Robert Redford et Jane Fonda marchent dans le film *Pieds nus dans le parc*.

salle de prestige qui accueille de nombreux films étrangers et d'art et essai. Pour les productions asiatiques, indiennes et chinoises, rendez-vous à l'**Asia Society**. L'**Institut français**, qui projette de nombreux films français sous-titrés, accueille également l'Asian American International Film Festival. Le **Quad Cinema** présente un large éventail de films étrangers (certains sont des perles rares). C'est au **Cinema Village** que se déroule le festival de l'Animation. Le **Walter Reade Theater** abrite le Film Society of the Lincoln Theater : on peut y voir des rétrospectives de films internationaux et des nouveautés (comme le populaire et annuel festival Spanish Cinema Now). Le week-end, achetez vos billets à l'avance et arrivez 30 minutes avant le début du film, surtout pour les nouveautés.

LES FILMS CLASSIQUES ET LES MUSÉES

Les rétrospectives en l'honneur d'un réalisateur ou d'un comédien ont lieu au **Public Theater** et au **Whitney Museum of American Art** (p. 198-99).

L'**American Museum of the Moving Image** (p. 244) passe de vieux films et expose des souvenirs de l'industrie du cinéma. Le **Museum of Television & Radio** (p. 169) présente régulièrement des classiques et des programmes de radio ou de télévision à ses visiteurs. Quels que soient leurs goûts, les cinéphiles dénicheront des trésors à l'**Anthology Film Archives**. Les spectacles sur le ciel du Rose Center for Earth and Space à l'**American Museum of Natural History** valent largement la visite. Les soirs d'été, dans Bryant Park, vous pourriez voir gratuitement de grands classiques, et le samedi matin, emmener vos enfants à la **Film Society du Lincoln Center** où l'on propose des programmes pour les jeunes.

LES SHOWS TÉLÉVISÉS

De nombreuses émissions de télévision sont produites à New York. Réservez plusieurs mois à l'avance pour pouvoir assister à leur enregistrement. On peut obtenir des billets pour le *Saturday Night Live* à NBC ; renseignez-vous auprès de NBC au Rockefeller Center (informations au 664-4000).

Vous pourrez demander des billets gratuits auprès des chaînes **ABC** et **CBS**. Autre bonne adresse pour obtenir des entrées gratuites, le **Times Square Visitors Informations Bureau** (p. 329). Certains matins de semaine, sur la 5ᵉ Avenue aux alentours de **Rockefeller Plaza**, des billets gratuits pour les enregistrements télévisés sont parfois distribués par le personnel des sociétés de production, mais c'est aléatoire. Il faut être au bon endroit au bon moment ! Pour ceux qui désirent savoir ce qui se passe dans les coulisses de la télévision, **NBC** organise des visites des studios de 9h à 16h du lundi au samedi.

COMMENT CHOISIR ?

Face à l'ampleur du choix proposé par les salles obscures de Manhattan, consultez les rubriques de spectacles dans le magazine *New York* ou dans le *New York Times*, *Village Voice* ou encore *The New Yorker*. Vous pouvez aussi consulter les sites suivants :
- ⊠ www.moviefone.com
- ⊠ www.movietickets.com

AUTOUR DU CINÉMA

ABC
P. 329.

American Museum of the Moving Image
35th Ave et 36th St. Astoria, Queens.
☎ (718) 784-0077.

American Museum of Natural History
Central Park W et 79th St.
Plan 16 D5.
☎ 769-5650.

Angelika Film Center
18 W Houston St.
Plan 4 E3. ☎ 995-2000.

Anthology Film Archives
32 2nd Ave et 2nd St.
Plan 5 C2. ☎ 505-5181.

Asia Society
725 Park Ave. Plan 13 A1.
☎ 517-2742.

Rose Cinemas
Brooklyn Academy of Music.
☎ (718) 623-2770.

CBS
P. 329.

Cinema Village
22 E 12th St.
Plan 4 F1.
☎ 924-3363.

Film Forum
209 W Houston St.
Plan 3 C3.
☎ 727-8110.

French Institute
55 E 59th St.
Plan 12 F3.
☎ 355-6160.

Lincoln Plaza Cinema
1886 Broadway.

Plan 12 D2.
☎ 757-2280.

Moviefone
☎ 777-FILM.

Museum of Modern Art
(fermé jusqu'en 2004)
11 W 53rd St. Plan 12 F4.
☎ 708-9480.

Museum of Television & Radio
25 W 52nd St.
Plan 12 F4.
☎ 621-6600.

NBC
30 Rockefeller Plaza.
Plan 12 F5
☎ 664-4444.

New York Film Festival
☎ 875-5600.

Public Theater
425 Lafayette St.
Plan 4 F4.
☎ 666-4444.

Quad Cinema
34 W 13th St.
Plan 4 D1.
☎ 225-8800.

Rockefeller Plaza
47th–50th St, 5th Ave.
Plan 12 F5.

Walter Reade Theater/Film Society of the Lincoln Center
70 Lincoln Center Plaza
Plan 12 D2.
☎ 875-5600.

Whitney Museum of American Art
945 Madison Ave.
Plan 13 A1.
☎ 570-3600.

Musique contemporaine et musique classique

Les New-Yorkais font preuve d'un appétit insatiable en matière de musique. Les plus grands artistes du monde, parfois les plus jeunes ou les plus exotiques, se produisent dans les salles de concert de la ville.

LES INFORMATIONS PRATIQUES

Consultez la rubrique « spectacles » du *New York Times*, *Village Voice* ou *Time Out New York* pour vous tenir informé de ce qui se passe en ville.

LA MUSIQUE CLASSIQUE

Le New York Philharmonic est l'orchestre de l'**Avery Fisher Hall** *(p. 213)* où se tiennent chaque année le festival « Mostly Mozart » et les Young People's Concerts. L'**Alice Tully Hall** du Lincoln Center, à l'incomparable acoustique, abrite la Chamber Music Society.
L'une des plus belles salles du monde est le **Carnegie Hall** *(p. 246)*. à l'étage, le Weill Recital Hall propose des concerts de qualité à des prix modérés.
La **Brooklyn Academy of Music (BAM)** *(p. 246)* abrite le Brooklyn Philharmonic. Le **New Jersey Performance Arts Center** à Newark est devenu l'un des hauts lieux de la musique classique, de la danse, de l'opéra, du jazz et de la world music.
Des solistes et ensembles de chambre et jazz volée se produisent au **Merkin Concert Hall**. Le **Town Hall** est réputé pour son acoustique exceptionnelle. Au **92nd Street** Y Kaufmann Concert Hall, le programme est riche en musique et en danse. **Frick Collection** et **Symphony Space** offrent des programmes musicaux très divers – du gospel à Gershwin. Le bel auditorium Grace Rainey Rogers au **Metropolitan Museum of Art** accueille de la musique de chambre et des solistes, tout comme **Florence Gould Hall**, à l'Alliance Française, offre un programme varié de musique de chambre et de pièces symphoniques.
Les plus célèbres écoles de musique sont la **Juilliard School of Music** et le **Mannes College of Music**. Élèves et enseignants y donnent des récitals gratuits. Elles accueillent aussi des orchestres, groupes de musique de chambre ou troupes d'opéra connues. La **Manhattan School of Music** programme quelque 400 concerts par an (du classique au jazz). Les répétitions du concert du jeudi du New York Philharmonic ont lieu le matin à 9h45 à l'**Avery Fisher Hall**. Le public y est souvent admis et les billets sont bon marché.
La **Koscinszko Foundation** est un grand lieu de la musique de chambre. La Chopin Competition s'y tient annuellement. Le programme musical de **Corpus Christi Church**, où figurent des ensembles comme les Tallis Scholars, est très fourni.

L'OPÉRA

Le **Lincoln Center** *(p. 212)* est le cœur de l'activité lyrique new-yorkaise. Il abrite le New York City Opera et le **Metropolitan Opera House**. Le « Met » présente les meilleurs artistes internationaux mais est souvent critiqué pour son approche trop classique des œuvres. Le New York City Opera, plus accessible et dynamique, met en scène un répertoire varié et permet au public de comprendre l'intrigue grâce à des sous-titres sur écran.
Pour entendre de nouvelles voix, encore inconnues, à prix modéré, faites un tour du côté du **Village Light Opera Group**, de l'**Amato Opera Theater**, du **Kaye Playhouse** au Hunter College ou du **Juilliard Opera Center**.

LA MUSIQUE CONTEMPORAINE

New York est un des lieux phares de la musique contemporaine expérimentale, exotique ou ethnique. La **Brooklyn Academy of Music (BAM)** est à la pointe de l'avant-garde. Chaque automne, elle organise un festival appelé « Next Wave » qui a déjà lancé de nombreux musiciens.
L'**Ethical Culture Society Hall** propose aussi son festival annuel de musique moderne, appelé « Bang on a Can », et invite des compositeurs comme Pierre Boulez et John Cage. Les « expérimentaux », dont David Weinstein et sa musique « test d'acide audiovisuel » (mêlant instruments amplifiés, claviers électroniques et effets sonores) se produisent au **Dance Theater Workshop**. Autre lieu de musique, l'**Asia Society** *(p. 185)* et son merveilleux théâtre reçoivent des artistes asiatiques sans oublier **St Peter's Church**.

LES VISITES DES COULISSES

N'oubliez pas les visites guidées des coulisses de **Lincoln Center** et **Carnegie Hall**.

LA MUSIQUE RELIGIEUSE

Rien n'est plus émouvant qu'un concert de Pâques dans **cathedral of St John the Divine** *(p. 224-225)*. On pourra aussi suivre le calendrier musical religieux dans certains musées de la

---

RADIOS FM CLASSIQUE
À New York, quatre stations FM diffusent de la musique classique (et une sélection d'autres genres) : WQXR sur 96.3, la National Public Radio Station WNYC sur 93.9 et WKCR sur 89.9.

ville, à Grand Central Station (p. 154-155), mais également dans certains halls de banques ou d'hôtels.
Si vous désirez écouter du jazz en fin d'après-midi, rendez-vous à **St Peter's Church** (p. 173). La plupart des concerts sont gratuits mais votre don sera le bienvenu.

LES CONCERTS EN PLEIN AIR

L'été, **le Bryant Park**, le **Washington Square** et le **Damrosch Park du Lincoln Center** proposent des concerts en plein air. Le New York Philharmonic et le Metropolitan Opera participent à ceux donnés sur la grande pelouse de Central Park et au Brooklyn's Prospect Park. Par beau temps, des musiciens des rues jouent au South Street Seaport devant le **Metropolitan Museum of Art** (p. 188-189) et autour de Washington Square.

LES CONCERTS GRATUITS

Des concerts se tiennent toute l'année au **Citicorp Atrium** (p. 173), aux **Cloisters** (p. 234-237) et au Philip Morris Building du **Whitney Museum** (p. 150).

On donne des récitals au **Dairy** dans Central Park (p. 206), ainsi qu'au **Federal Hall** (p. 68). Allez savourer au **Lincoln Center** les prestations de la **Juilliard School of Music**. Autres lieux populaires, **Greenwich House Music School** (les récitals d'étudiants sont gratuits) et **Theodore Roosevelt Birthplace** (p. 125), sans oublier **St Paul's Chapel** et **Trinity Church** (p. 68).

Ⓦ CONCERTS

www.culturefinder.com
www.nytoday.com
www.newyork.citysearch.com

RÉPERTOIRE

92nd Street Y
1395 Lexington Ave.
Plan 17 A2.
Ⓒ *996-1100.*

Amato Opera Theater
319 Bowery et 2nd St.
Plan 4 F2.
Ⓒ *228-8200.*

Asia Society
725 Park Ave.
Plan 13 A1.
Ⓒ *288-6400.*

Backstage Tours
Ⓒ *903-9790.*

Brooklyn Academy of Music
30 Lafayette Ave, Brooklyn.
Ⓒ *(718) 636-4100.*

Bryant Park
Plan 8 F1.
Ⓒ *983-4143.*

Carnegie Hall
881 7th Ave. **Plan** 12 E3.
Ⓒ *247-7800.*

Cathedral of St John the Divine
Amsterdam Ave et 112th St. **Plan** 20 E4.
Ⓒ *316-7400.*

Citigroup Atrium
Lexington Ave et 53rd St.
Plan 13 A4.
Ⓒ *559-6892.*

The Cloisters
Fort Tryon Park.
Ⓒ *923-3700.*

Corpus Christi Church
529 W 121st St.
Plan 20 E2. Ⓒ *666-9350.*
Ⓦ www.mb1800.org

The Dairy
Central Park.
Plan 12 F2.
Ⓒ *794-6564.*

Dance Theater Workshop
Voir Danse p. 335.

Ethical Culture Society Hall
2 W 64th St.
Plan 12 D2.
Ⓒ *874-5210.*

Federal Hall
Broad St et Wall St.
Plan 1 C3.
Ⓒ *866-2086.*

Florence Gould Hall (à l'Alliance française)
55 E 59th St.
Plan 13 A3.
Ⓒ *355-6160.*

Frick Collection
1 E 70th St. **Plan** 12 F1.
Ⓒ *288-0700.*

Greenwich House Music School
46 Barrow St.
Plan 3 C2.
Ⓒ *242-4770.*

Kaye Playhouse (Hunter College)
695 Park Ave.
Plan 13 A1.
Ⓒ *772-4448.*

Kosciuszko Foundation
15 E 65th St. **Plan** 12 F2.
Ⓒ *734-2130.*

Lincoln Center
155 W 65th St.
Plan 11 C2. Ⓒ *875-5400.*
Visite des salles.
Ⓒ *875-5350.*

Alice Tully Hall
Ⓒ *875-5050.*

Avery Fisher Hall
Ⓒ *875-5030.*

Damrosch Park
Ⓒ *875-5400.*

Juilliard Opera Center
Ⓒ *769-7406.*

Juilliard School of Music
Ⓒ *799-5000.*

Metropolitan Opera House
Ⓒ *362-6000.*

Manhattan School of Music
120 Cleremont Ave.
Plan 20 E2.
Ⓒ *749-2802.*

Mannes College of Music
150 W 85th St. **Plan** 15 D3.
Ⓒ *580-0210.*

Merkin Hall
129 W 67th St.
Plan 11 D2.
Ⓒ *501-3330.*

Metropolitan Museum of Art
5th Ave et 82nd St.
Plan 16 F4.
Ⓒ *570-3949.*

New Jersey Performance Arts Center
1 Center St. Newark.
Ⓒ *888-466-5722.*

NYC On Stage
1501 Broadway.
Plan 12 D2.
Ⓒ *768-1818.*

St Paul's Chapel
Broadway et Fulton St.
Plan 1 C2. Ⓒ *602-0876.*

St Peter's Church
54th St et Lexington Ave.
Plan 13 A4.
Ⓒ *935-2200.*

Symphony Space
2537 Broadway.
Plan 15 C2.
Ⓒ *864-5400.*

Theodore Roosevelt Birthplace
28 E 20th St.
Plan 8 F5. Ⓒ *260-1616.*

Town Hall
123 W 43rd St.
Plan 8 E1.
Ⓒ *840-2824.*

Trinity Church
Broadway et Wall St.
Plan 1 C3. Ⓒ *602-0876.*

Village Light Opera Group
227 W 27th St.
Plan 8 E3. Ⓒ *243-6281.*

Washington Square
Plan 4 D2.

Whitney Museum
102 Park Ave et 42nd St.
Plan 9 A1. Ⓒ *878-2550.*

Rock, jazz et world music

Toutes les musiques vibrent à New York, de la world music à la pop des années 60 en passant par la country, le jazz, le blues, la soul et les improvisations de rue. La scène musicale change à un rythme étourdissant : beaucoup d'appelés, peu d'élus. Personne ne peut prédire ce que vous trouverez à votre arrivée, ni ce que seront les derniers tubes.

LES PRIX ET LES PLACES

Dans les clubs, vous payerez un droit d'entrée et un minimum d'une ou deux consommations (à 5 dollars ou plus). Les prix des concerts varient de 8 à 75 dollars en moyenne – de 12 à 25 dollars pour les plus courus. Certaines salles de concert plus petites disposent d'espaces pour s'asseoir et/ou d'autres pour danser, à des prix différents. Des vedettes comme Elton John, Bruce Springsteen ou Prince se produisent dans les grandes arènes : le **Shea Stadium** de Flushing Meadow, le **Meadowlands** ou le **Madison Square Garden** (p. 133). Les billets pour ces concerts s'écoulent en un clin d'œil, achetez-en autant qu'il vous en faut et dès que possible ! Vous risquerez sinon d'avoir à les payer plus tard très cher à un intermédiaire. Pendant l'été, de grands concerts en plein air se déroulent à la plage de Jones Beach (p. 253) et au **Central Park Summer Stage**. Des orchestres connus se produisent dans des espaces de taille moyenne comme l'Art Deco Palace du **Radio City Music Hall** et le **Beacon Theater**, la salle la plus populaire de Upper West Side. Les bars constituent la scène privilégiée du rock. Ils proposent généralement un groupe différent chaque soir. Consultez le New York Times, Village Voice ou Time Out New York ou bien appelez-les pour savoir qui joue et à quelle heure.

LE ROCK

Il y en a pour tous les goûts : hard, cool, techno, psychédélique, funk, post-punk et alternatif. Si vous préférez l'ambiance d'un concert live à son image sur écran géant, les lieux suivants devraient vous plaire : Le **CBGB**, sorte de donjon un peu glauque et berceau de la new wave, a lancé des groupes comme les New York Dolls, Talking Heads ou Blondie dans les années 1970. C'est toujours la rampe de lancement pour les nouveaux groupes. La **Knitting Factory** présente du jazz et de la new music tandis que le **Limelight** se consacre à l'avant-garde. Le **Mercury Lounge** est un des lieux les plus branchés, pour des groupes façonnés par MTV. **Irving Plaza** est un lieu où jouent des groupes de rock souvent peu connus mais aussi des musiciens de country et de blues célèbres. Bruce Springsteen a donné son premier concert enregistré – dans les années 1970 – au **Bottom Line**, vitrine pour les groupes en plein essor. Les groupes qui se produisent au **Acme Underground** sont plein d'avenir dans le monde du rock. L'**Hammerstein Ballroom** au Manhattan Center de Midtown accueille des groupes techno, progressifs et alternatifs. **Roulette** poursuit sa tradition new-yorkaise de pionniers de la musique innovatrice et retentit de sons d'avant-garde des bien-nommés groupes Woof, Quack et Miaow.

LE JAZZ

Les premiers Cotton Club et Connie's Inn, creusets du jazz new-yorkais, ont disparu depuis longtemps, tout comme les bars de l'ère de la prohibition de la 52e Rue Ouest. Des légendes vivantes continuent à se produire, alors que d'autres poursuivent la voie tracée par Duke Ellington et Count Basie. À Greenwich Village survivent quelques temples du jazz. Le plus fameux est le **Village Vanguard** où les trios de McCoy Tyner et Branford Marsalis se produisent parfois. Le **Blue Note** accueille de grands orchestres. L'addition est salée mais l'ambiance excellente. **Knitting Factory** et **Bottom Line** présentent du jazz contemporain et d'avant-garde et **Smalls** trois groupes de jazz chaque soir, avec des musiciens de haut vol (attention, on n'y sert pas d'alcool). Le **Birdland** présente des disciples de Mingus et Bud Shank. Attendez-vous à écouter du jazz dixieland de petites formations inconnues au **Cajun**, restaurant convivial de style Nouvelle-Orléans. Le **Café Carlyle** situé dans East Side et réputé pour son pianiste et chanteur de jazz Bobby Short, accueille le clarinetiste et réalisateur Woody Allen aux côtés d'Eddy Davis et de son New Orleans Jazz Band. Le jazz progressif est en vedette au nouveau club-restaurant **Iridium**. **Fez Under Time Café** propose le Mingus Big Band Workshop chaque jeudi. Ne manquez pas en juin le **JVC Jazz Festival** au cours duquel des stars comme Oscar Peterson, Nina Simone et BB King jouent ou chantent dans différentes salles de Manhattan. **Jazz at Lincoln Center** aura son propre lieu à l'automne 2004 quand il emménagera dans le premier centre artistique dédié au jazz. Le centre fera partie du nouveau AOL Time Warner Center qui est en construction à Columbus Circle. Les installations, au-dessus de Central Park, comprendront plusieurs salles, avec des kiosques à musique et une piste de danse.

LE FOLK ET LA COUNTRY

Célèbre mais moins à la mode, **Bitter End** présente des musiques folk, rock et R&B (rhythm and blues). On y trouvait par le passé James Taylor et Joni Mitchell ; aujourd'hui, il se

spécialise dans les nouveaux talents. De même, le bar **Kenny's Castaways** mise sur les espoirs locaux. Même chose les mardis aux soirées « Open Mike » de la **Sun Music Company**. Le **Sidewalk Café** est aussi un bon endroit folk.

LE BLUES, LA SOUL ET LA WORLD MUSIC

Parmi les choix possibles pour écouter ces types de musique, pensez à l'**Apollo Theater** *(p. 228)* de Harlem, véritable temple de la tradition musicale noire. Depuis près de 60 ans, les soirées pour amateurs du mercredi ont permis de « découvrir » et de

lancer des stars parmi lesquelles James Brown et Dionne Warwick.
Terra Blues est un bar où l'on joue du blues classique de Chicago et du blues moderne : c'est un endroit intéressant.
Le **Cotton Club** n'est plus au même endroit, mais il propose cependant un excellent programme de blues, de jazz et de gospel.
Le **Go** est un club à la mode, entièrement décoré en blanc. Ne manquez pas les « Mambo Mondays » de Nestor Torres au **SOB's** (Sounds of Brazil), une salle spécialisée dans les rythmes afro-latins. Ne ratez pas non plus les concerts de soul de **The Wetlands**.

RÉPERTOIRE

LIEUX DE CONCERTS

Beacon Theater
2124 Broadway.
Plan 15 C5.
(496-7070.

Central Park Summerstage
Rumsey Playfield.
Plan 12 F1.
(360-2777.

Madison Square Garden
7th Ave. 33rd St. **Plan** 8 E2.
(465-6741.

Meadowlands
50 Route 120
East Rutherford, NJ.
((201) 935-3900.

Radio City Music Hall
Voir Danse p.335.

Shea Stadium
126th St et Roosevelt Ave.
Flushing, Queens.
((718) 507-8499.

ROCK

Acme Underground
9 Great Jones St. **Plan** 4 F2
(677-6924.

Bottom Line
15 W 4th St. **Plan** 4 D2
(228-6300.

CBGB
315 Bowery. **Plan** 4 F2.
(982-4052.

Hammerstein Ballroom
311 W 34th St. **Plan** 8 D2
(564-4882.

Irving Plaza
17 Irving Pl. **Plan** 9 A5.
(777-6800.

Knitting Factory
74 Leonard St. **Plan** 4 E5.
(219-3055

Limelight
47 W 20th St. **Plan** 8 F4.
(473-7171.

Mercury Lounge
217 E Houston St.
Plan 5 A3
(260-4700.

Roulette
228 W Broadway.
Plan 4 E5.
(219-8242.

JAZZ

Birdland
315 W 44th St. **Plan** 12 D5.
(581-3080.

Blue Note
131 W 3rd St. **Plan** 4 D2.
(475-8592.

Café Carlyle
35 E 76th St. **Plan** 17 A5.

(570-7189.

Cajun
129 8th Ave. **Plan** 8 D5.
(691-6174.

Fez under Time Café
380 Lafayette St.
Plan 4 F2.
(533-2680.

Iridium
1650 Broadway. **Plan** 12 D2.
(582-2121.

Jazz at Lincoln Center
(259-9800.

JVC Jazz Festival
(501-1390.

Knitting Factory
Voir Rock.

Rose Center Jazz
79th St à hauteur de CPW.
Plan 16 D5.
(769-5100.

Smalls
183 W 10th St. **Plan** 3 C2.
(920-7565.

Village Vanguard
178 7th Ave. South.
Plan 3 C1.
(255-4037.

FOLK ET COUNTRY

Bitter End

147 Bleeker St. **Plan** 4 E3.
(673-7030.

Kenny's Castaways
157 Bleeker St.
Plan 4 E3. (979-9762.

Sidewalk Café
94 Ave A. **Plan** 5 B2.
(473-7373.

Sun Music Company
340 E 71st St. **Plan** 13 B1.
(396-9521.

BLUES, SOUL ET WORLD MUSIC

Apollo Theater
253 W 125th St.
Plan 19 A1. (531-5300.

Go
738th Ave. **Plan** 3 C1.
(496-1200.

Cotton Club
656 W 125th St.
Plan 22 F2. (663-7980.

SOB's
204 Varick St. **Plan** 4 D3.
(243-4940.

Terra Blues
149 Bleeker St. **Plan** 4 E3.
(777-7776.

The Wetlands
161 Hudson St. **Plan** 4 D5.
(947-7744.

Night-clubs, dancings et pianos-bars

La vie nocturne de New York est légendaire. Que vous aimiez les discothèques bruyantes, les variétés ou la douce ambiance d'un piano-bar, vous n'aurez que l'embarras du choix. Parmi les grandes discothèques qui ont fait fureur dans les années 1980, relativement peu d'entre elles ont survécu à la tendance actuelle favorisant le confort et le style *supper clubs*.

LES INFORMATIONS PRATIQUES

Il est nettement plus branché – et moins onéreux – de fréquenter les night-clubs les soirs de semaine. N'oubliez pas de vous munir de votre carte d'identité prouvant que vous avez plus de 21 ans et restez vigilant car les boissons coûtent souvent très cher.

Les night-clubs les plus branchés restent ouverts jusqu'à 4h du matin ou plus. Les modes comme les horaires changent régulièrement, renseignez-vous au Tower Records, sur Broadway, vérifiez dans les magazines *(p. 328)* ou consultez le *Village Voice*. Le bouche à oreille est également une bonne source d'informations. Au **Limelight** par exemple, vous pourrez avoir de bons tuyaux. On y distribue aussi des invitations pour d'autres night-clubs.

LES DANCINGS

Les New-Yorkais aiment autant la danse que la musique. On trouve des endroits où danser partout dans la ville, depuis **SOB's**, où reggae, soul, jazz et salsa sont au programme, jusqu'à la salle aussi grande qu'un terrain de basket du **Roseland** ouverte le jeudi et le dimanche. Là règne encore l'atmosphère du Broadway d'autrefois, et le vaste restaurant – avec bar bien approvisionné de 700 places – propose une nourriture convenable.

Si vous cherchez un endroit vraiment original, rendez-vous chez **Barbetta**, où Boris et Yvgeny mixent musique tzigane et valses de Vienne. Le **Copacabana**, où se produisirent à son ouverture Dean Martin et Frank Sinatra, alterne musique disco et orchestres ; il organise aussi le dernier jeudi du mois des soirées folles peuplées de « go-go boys », de drag-queens et de divas du disco, préparez-vous donc à être scandaleux ou à être scandalisés !

Rénové en 1998, le **Limelight**, avec sa piste de danse au rez-de-chaussée et ses balcons pour les spectateurs, mérite le détour. Elle annonce ses programmes à l'avance ; pour réserver, téléphonez au **Ticketmaster** *(p. 329)*. Ritz, Acme Underground, Marquee, CBGB, Tramps et Knitting Factory *(p. 341)* sont d'autres clubs très recherchés par les noctambules de Manhattan. Il n'est généralement pas nécessaire d'en être membre. Arrivez tôt et préparez-vous à une file d'attente.

LES NIGHT-CLUBS

Les shows – de mise dans les vrais night-clubs – sont moins flamboyants que ceux des années 1940 et 1950 mais cependant très variés. En plus du prix d'entrée, beaucoup de night-clubs exigent au moins deux consommations par personne.

Les amateurs de piano-bar monteront au 65e étage du RCA Building, au **Rainbow Grill**. Au très huppé **Supper Club**, sur fond de draperies lamées or, vous aurez le choix entre un orchestre et des chanteurs de cabaret dans leur intime Blue Room. Quant à la vénérable **Tavern on the Green** de Central Park et son club intérieur et extérieur, elle vous convie à écouter du jazz dans sa Chestnut Room. **Joe's Pub**, au Public Theater, proposes des repas très convenables.

Quant à **Feinstein's at the Regency**, c'est un cabaret à l'ancienne dans toute sa splendeur.

LES CLUBS POUR HOMOSEXUELS ET LESBIENNES

Depuis une vingtaine d'années, les clubs et restaurants destinés à une clientèle homosexuelle se sont répandus. Ces clubs, dans lesquels se produisent des artistes travestis, admettent généralement une clientèle des deux sexes, mais certains peuvent mettre les « intrus » mal à l'aise.

Les cabarets les plus populaires pour les hommes sont le **Duplex**, qui présente des numéros comiques. Parmi les clubs chic, le **Town House**, un piano-bar avec restaurant, et **Julius** dans Greenwich Village. **Don't Tell Mama**, un bar bien établi et adepte du gag dans la tradition homosexuelle, présente des revues musicales.

Henrietta Hudson, **Crazy Nanny's** et **Grolier** ne reçoivent que les femmes. Le piano-bar **Marie's Crisis** est mixte et **Splash** ouvre chaque jour avec des *happy hours* entre 17 et 21h.

Le *Village Voice* informe les communautés homosexuelles, tout comme les *Gay Yellow Pages*. Pour tout renseignement complémentaire, téléphonez au **Gay and Lesbian Switchboard**.

LES CAFÉS-THÉÂTRES

Ces endroits sont spécialisés dans le sketch comique, improvisé ou non. Les meilleurs d'entre eux sont le **Boston Comedy Club**, l'**Original Improv**, **Caroline's**, **Comic Strip**, **Live Stand Up New York**, **NY Comedy Club**, **55 Grove St.**, **Dangerfield's** et **Comedy Cellar**. Leurs spectacles valent le détour – à condition bien sûr de maîtriser les finesses de la langue anglaise.

LES PIANOS-BARS ET LES SALONS D'HÔTELS

L es cabarets sont devenus une institution new-yorkaise. Souvent situés dans les hôtels sous le nom de *rooms*, ces salons, où l'on écoute de la musique confortablement assis, sont ouverts du mardi au samedi. Ils exigent un tarif d'admission ou une consommation et acceptent les cartes de crédit. Michael Feinstein chante à l'Oak Room de l'**Algonquin**. **Le Beekman Tower**, un piano-bar classique, offre une magnifique vue panoramique de Manhattan. Bobby Short joue du piano depuis plus d'un quart de siècle au Café Carlyle du **Carlyle Hotel** – où l'on peut également découvrir les fantastiques peintures murales du Bemelman's Bar ; ceux qui aiment la chaude voix des crooners s'y retrouvent. Le vénérable **Rainbow Room** est encore l'endroit idéal pour les amateurs de dîners dansants. Au **Drake Swissôtel**, un piano feutré accompagne de douces mélodies. Des artistes de qualité, telle Barbara Cook, jouent au Lobby Lounge du **Hilton**, alors que la pianiste et chanteuse Kathleen Landis anime le **Café Pierre** de l'hôtel du même nom. Piano encore à l'Ambassador Lounge du **Regal UN Plaza Hotel**.

RÉPERTOIRE

DANCINGS

Barbetta
321 W 46th St.
Plan 12 D5.
[246-9171.

Copacabana
617 W 57th St. **Plan** 11 B3.
[582-2672.

Knitting Factory
P. 341.

Limelight
P. 341.

Roseland
239 W 52nd St.
Plan 12 E4.
[247-0200.

SOB's
Varick St - Houston St.
Plan 4 D3.
[243-4940.

NIGHT-CLUBS

Feinstein's at the Regency
540 Park Ave. **Plan** 13 A3.
[339-4095.

Joe's Pub
425 Lafayette St.
Plan 4 F2.
[539-8777.

Rainbow Grill
30 Rockefeller Plaza.
Plan 12 F4.
[632-5100.

The Supper Club
240 W 47th St.
Plan 12 D5.
[921-1940.

Tavern on the Green
Central Park (côté ouest) et 67th St. **Plan** 12 D2.
[873-3200.

CLUBS POUR HOMOSEXUELS ET LESBIENNES

Crazy Nanny's
21 7th Ave South.
Plan 3 C1.
[366-6312.

Don't Tell Mama
343 W 46th St. **Plan** 12 D5.
[757-0788.

Duplex
61 Christopher St.
Plan 3 C2.
[255-5438.

Gay and Lesbian Switchboard
[777-1800.

Henrietta Hudson
438 Hudson St.
Plan 3 C3.
[924-3347.

Julius
159 W 10th St.
Plan 4 D1.
[929-9672.

Marie's Crisis Café
59 Grove St.
Plan 3 C2.
[243-9323.

Town House
236 E 58th St.
Plan 13 B4.
[754-4649.

CAFÉS-THÉÂTRES

55 Grove St
Plan 3 C2.
[366-5438.

Boston Comedy Club
82 W 3rd St.
Plan 4 D2.
[477-1000.

Caroline's
1626 Broadway.
Plan 12 E5.
[757-4100.

Comedy Cellar
117 MacDougal St.
Plan 4 D2.
[254-3480.

Comic Strip
1568 2nd Ave.
Plan 17 B4.
[861-9386.

Dangerfield's
1118 1st Ave.
Plan 13 C3.
[593-1650.

NY Comedy Club
241 E 24th St.
Plan 9 B4.
[696-5223.

Stand-Up New York
236 W 78th St.
Plan 15 C5.
[595-0850.

The Improv
346 W 46th St.
Plan 12 D5.
[475-6147.

PIANOS-BARS ET SALONS D'HÔTELS

Algonquin Hotel
Oak Room, 59 W 44th St.
Plan 12 F5.
[840-6800.

Beekman Tower
3 Mitchell Pl. **Plan** 13 C5.
[355-7300.

Carlyle Hotel
Café Carlyle, 35 E 76th St.
Plan 17 A5.
[744-1600.

Drake Swissôtel
67 E 56th St. **Plan** 13 A3.
[421-0900.

Hilton Hotel
Lobby Lounge. 53 Ave of the Americas. **Plan** 12 E4.
[586-7000.

Pierre Hotel
Café Pierre, 2 E 61st St.
Plan 12 F3. [940-8195.

Rainbow Room
30 Rockefeller Plaza.
Plan 12 F4.
[632-5100.

Regal UN Plaza Hotel
1 UN Plaza et 44th St.
Plan 13 C5. [758-1234.

Regency Hotel
Feinstein's, 540 Park Ave.
Plan 13 A3. [339-4095.

Sport et remise en forme

Les New-Yorkais sont fous de sport. Si vous avez de l'énergie à dépenser, allez dans un club de remise en forme ou un manège, adonnez-vous aux haltères et autres instruments de musculation, nagez ou faites du jogging. Vous pouvez aussi admirer les équipes de base-ball, hockey, basket-ball ou football américain, ou bien encore suivre les tournois de tennis de l'US Open et de Virginia Slims.

LES INFORMATIONS PRATIQUES

Pour assister aux événements sportifs, achetez vos billets chez **Ticketron** ou **Ticketmaster** (p. 329). Pour les grandes rencontres, passez par une agence.

LE FOOTBALL AMÉRICAIN

La ville possède deux équipes de football américain, les New York Giants et les New York Jets, qui jouent au **Giants Stadium** dans le New Jersey. Il est presque impossible d'obtenir des billets pour aller voir les Giants, mais il vous reste une chance pour les Jets.

LE BASE-BALL

Afin de mieux comprendre l'engouement des Américains pour ce sport devenu institution, allez au **Yankee Stadium** – le stade des New York Yankees – ou encore au **Shea Stadium** des Mets. La saison dure d'avril à septembre.

LE BASKET-BALL

Les NY Knicks défendent les couleurs de la ville d'octobre à avril au **Madison Square Garden** ; c'est également dans ce lieu qu'évoluent les légendaires Harlem Globetrotters.

LE CYCLISME

Louez une bicyclette à **Metro Bikes** et partez à la découverte de Central Park pendant le week-end : les voitures sont alors interdites.

LA BOXE

Si vous aimez la boxe, vous avez plus de chances d'assister à des matches à la télévision qu'au **Madison Square Garden.**

LES CENTRES DE REMISE EN FORME ET GYMNASES

Les grands hôtels comme **Chelsea Piers Sports and Entertainment Complex** possèdent de luxueux centres de remise en forme. Les gymnases ou clubs ne sont ouverts qu'aux membres inscrits à l'année. Si vous logez au **YMCA**, vous pourrez utiliser gratuitement ses installations. Sinon, des admissions payantes à la journée sont possibles.

LE GOLF

Exercez-vous au **Randalls Island Golf Center** au **Chelsea Golf Club** ou au golf miniature du **Wollman Memorial Rink**. La ville possède plusieurs terrains de golf en dehors de Manhattan, comme le **Pelham Bay Park** dans le Bronx et le **Silver Lake** à Staten Island. Pour réserver vos parcours, téléphonez au 225-GOLF. Le **Ferry Point Golf Course** ouvrira dans le Bronx en 2004.

LES MANÈGES ET LES COURSES HIPPIQUES

Le seul manège de Manhattan est le **Claremont Riding Academy** ; vous pourrez y monter dans un manège couvert ou vous balader dans Central Park. Le **Yonkers Raceway** accueille toute l'année des courses de trot attelé ; les épreuves de plat se déroulent chaque jour – sauf le mardi – à l'**Aqueduct Race Track** (d'octobre à mai), et au **Belmont Park Race Track** (de mai à octobre).

LE HOCKEY SUR GLACE

La glace crisse lorsque les New York Rangers rencontrent leurs adversaires au **Madison Square Garden**. La saison dure d'octobre à avril.

LE PATINAGE

On trouve 3 patinoires d'extérieur : l'une est la **Rockfeller Plaza Rink**, très jolie à Noël. Les autres – **Wollman Rink** et **Lasker Rink** – sont à Central Park. Pour les patinoires couvertes, essayez **Sky Rink** à Chelsea Piers.

LES SPORTS D'INTÉRIEUR

Chelsea Piers est un immense complexe qui s'étend à la place de 4 anciens quais de West Side. On y pratique une foule de sports : roller, bowling, football, basket, golf et natation. Il possède aussi un excellent centre de remise en forme.

LE JOGGING

Certains parcs sont dangereux. Demandez conseil au concierge de votre hôtel. Attention, aucun parc n'est sûr la nuit. Une piste très courue contourne le réservoir de Central Park (p. 206). Chaque semaine, l'**International Running Center** organise des compétitions, comme **Chelsea Piers**.

LE MARATHON

Pour être l'un des 25 000 heureux participants au célèbre marathon de New York, le premier dimanche de novembre, il faut s'inscrire 6 mois à l'avance. Renseignements au 860-4455.

LES BARS SPORTIFS

Le tableau électronique du **Sporting Club** et ses 9 écrans géants – comme ceux de **Mickey Mantle's** – permettent de suivre les résultats des épreuves sportives du jour.

LA NATATION

Vous disposez d'une piscine dans votre hôtel. Vous pouvez nager et faire du surf au **Surfside 3 Maritime Center** à **Chelsea Piers** qui surplombe Hudson River. Si vous préférez l'eau salée, la plage Jones Beach de **State Park,** à Long Island *(p. 253),* est magnifique.

LE TENNIS

Le principal tournoi de tennis de New York, l'US Open, a lieu en août au **National Tennis Center**. Le tournoi féminin de Virginia Slims se déroule en novembre au **Madison Square Garden** *(p. 133).* Si vous voulez jouer, consultez la rubrique « Tennis Courts : Public and Private » dans l'annuaire. Pour les courts privés, le prix peut atteindre 50 dollars l'heure. Pour les terrains publics, il vous faudra un permis acheté 50 dollars au **New York City Parks & Recreation Department**, de même que votre carte d'identité. Retenez les courts au moins une semaine à l'avance, par exemple au **Crosstown Tennis** et au **Manhattan Plaza Tennis Center**.

L'ATHLÉTISME

Les Millerose Games ont lieu début février. Les championnats de l'Amateur Athletic Union, au cours desquels concourent les meilleurs athlètes, se tiennent fin février au **Madison Square Garden.**

LES AUTRES ACTIVITÉS

À Central Park, vous avez le choix entre louer une barque au **Loeb Boathouse** ou emprunter un jeu d'échecs au **Dairy** *(p. 206).* On trouve un bowling à **Chelsea Piers**, entre autres, et des salles de billards à **Slate Billiards**. Des parties de pêche en bateau sont organisées depuis **Sheepshead Bay** à Brooklyn.

ADRESSES SPORTIVES

Aqueduct Race Track
Ozone Park, Queens.
(718) 641-4700.

Belmont Park Race Track
Hempstead Turnpike, Long Island.
(718) 641-4700.

Chelsea Piers Sports and Entertainment Complex
Piers 59-62 à 23rd St et 11th Ave.
Plan 7 B4-5.
336-6666.
www.chelseapiers.com

Claremont Riding Academy
175 W 89th St.
Plan 15 C3.
724-5100.

Crosstown Tennis
14 W 31st St.
Plan 8 F3.
947-5780.

Giants Stadium
Meadowlands East Rutherford, NJ.
(201) 935-8222.
New York Giants.
(201) 935-8500.
New York Jets.

International Running Center
9 E 89th St.
Plan 17 A3.
860-4455.

Lasker Ice Rink
Central Park Drive East à hauteur de 108th St.
Plan 21 B4.
534-7639.

Loeb Boathouse
Central Park.
Plan 16 F5. 517-4723.

Madison Square Garden
7th Ave et 33rd St.
Plan 8 E2.
465-MSG1.

Manhattan Plaza Racquet Club
450 W 43rd St.
Plan 7 C1.
594-0554.

Metro Bikes
231 W 96th St.
Plan 15 C2.
663-7531.

Mickey Mantle's
42 Central Park South.
Plan 12 E3.
688-7777.

National Tennis Center
Flushing Meadows Park, Queens.
(718) 760-6200.

NY City Parks & Recreation Department
Arsenal Building, 64th St et 5th Ave.
Plan 12 F2.
408-0100.

Pelham Bay Park
Bronx.
(718) 885-1258.

Plaza Rink
Rockefeller Center.
1 Rockefeller Plaza, 5th Ave.
Plan 12 F5.
332-7654.

Printing House Fitness & Racquet Center
421 Hudson St.
Plan 3 C3.
243-3777.

Randalls Island Golf Center
Randalls Island
Plan 22 F2.
427-5689.

Shea Stadium
126th St et Roosevelt Ave, Flushing, Queens.
(718) 507-TIXX ou (718) 507-8499.

Sheepshead Bay
(Pour information sur des parties de pêche, appelez Mike's Tackle & Bait Shop.)
(718) 646-9261.

Silver Lake
915 Victory Blvd, Staten Island.
(718) 447-5686 ou (718) 225-4653.

Slate Billiards
54 W 21st St.
Plan 8 E4.
989-0096.

The Sporting Club
99 Hudson St. Plan 4 D5.
219-0900.

Wollman Memorial Rink
Central Park. 5th Ave et 59th St. Plan 12 F2.
396-1010.

Yankee Stadium
River Ave et 161st St The Bronx.
(718) 293-6000.

Y at 92nd St
1395 Lexington Ave.
Plan 17 A2.
427-6000.

YMCA 47th St
224 E 47th St. Plan 13 B5.
756-9600.

YMCA West Side
5 W 63rd St.
Plan 12 D2.
875-4100.

Yonkers Raceway
Yonkers Westchester County.
(914) 968-4200.

New York la nuit

New York est une ville qui ne dort jamais. S'il vous prend en pleine nuit une lubie de pain frais, un désir irrésistible de voir du monde ou de regarder le soleil se lever sur les gratte-ciel de Manhattan, un bon nombre de possibilités s'offrent à vous.

LES BARS ET LES CLUBS

Les plus chaleureux sont les bars irlandais. On danse tard chez **O'Flanagan** et **Scruffy Duffy**, tous deux bruyants et à la clientèle d'habitués. Éternisez-vous au **Temple Bar** (nocturne le mardi) ou dans les pianos-bars des hôtels : le Café du **Carlyle Hotel**, **Feinstein's** au Regency ou l'Oak Room de l'**Algonquin Hotel**.
Pour une nuit de jazz *hot*, laissez-vous tenter par le **Joe's Club** ou le **Blue Note**. Si le jazz traditionnel vous berce, détendez-vous au **Rainbow Room** ou au **Red Blazer Too**. Dans un demi-songe, écoutez des poèmes au **Cornelia Street Café**. D'autres belles voix vous déclameront poésie et théâtre au **Nuyorican Poets Café** entre morceaux de musique latino-américaine. Et si vous êtes dans le Village, faites une halte au **Rose's Turn** pour son piano-bar.

LES CINÉMAS DE MINUIT

Rejoignez les jeunes cinéphiles de minuit pour revoir le Rocky Horror Picture Show ou d'autres classiques à la **Eighth Street Playhouse,** à l'**Angelika Film Center** et au **Film Forum** (p. 336-337).

LES BOUTIQUES

Le St Mark's Bookshop et Shakespeare & Co ferment également tard. L'Upper West Side HMV ouvre jusqu'à minuit et le East Side HMV jusqu'à 22h. Les deux disquaires Tower Records ainsi que le Gryphon Records ferment à minuit. Bleeker Bob's Golden Oldies Record Shop reste ouvert jusqu'à 3h du matin le week-end (*Boutiques et marchés p. 322-323*). Le magasin **Mrs Hudson's Video Store** dans Hudson permet de louer des vidéos la nuit.

Les boutiques de vêtements du Village, **Antique Boutique** (jusqu'à minuit) et **Trash and Vaudeville** (jusqu'à 20h le vendredi et le samedi) restent ouverts le week-end. La **Rite Aid Pharmacy** vous accueille jour et nuit et Love Drugstore jusqu'à minuit en général.

LES TRAITEURS, SNACKS À EMPORTER ET ÉPICERIES

Vous trouverez en permanence provisions et plats à emporter au **Delmonico Gourmet Food Market**, au **West Side Supermarket** et dans quelques autres magasins. De nombreux restaurants coréens servent des repas toute la nuit.
Les supermarchés Food Emporium sont ouverts jusqu'à minuit et l'un d'eux, sur York Avenue, 24h sur 24. Le samedi, **Zabar's** accueille ses clients jusqu'à minuit. Les marchands de vins et liqueurs ferment habituellement à 22h et beaucoup acceptent de livrer à domicile.
Pour grignoter tardivement de bons bagels, allez chez **H & H Bagels, Bagels On The Square** ou **Jumbo Bagels and Bialys**. De nombreuses pizzerias et restaurants chinois sont ouverts tard et livrent à domicile. Beaucoup de glaciers ferment tard.

OÙ DÎNER ?

Les membres de clubs ou les branchés friands de cuisine française fréquentent **La Jumelle**, **Florent** et **Les Halles**. Les jeunes vont au **Coffee Shop** pour une dernière bière et des plats brésiliens. Découvrez de fabuleux sandwiches chez **Carnegie Deli**. Au **Caffè Reggio**, connu depuis 1927, savourez café, thé et gâteaux. Faites connaissance avec les *supper clubs*. Dégustez de la cuisine vietnamienne au très populaire **Bar Bat**. La musique

live de **The Dead Poet**, où l'on apporte de quoi manger, attire les habitants d'Upper West Side.
Dans un autre genre, découvrez les éblouissants **Rainbow Room** et **Rainbow Grill**.

LE SPORT

On carambole jour et nuit au **Chelsea Billiards** et vous pourrez jouer jusqu'à 5h du matin durant les week-ends au **Billiard Club**. Buvez, mangez et abattez les quilles avec les étudiants de l'université de New York au bowling **Bowlmore Lanes**.

LES SERVICES

Le teinturier **Midnight Express Cleaners** ramasse les vêtements jusqu'à minuit et les rapporte prêts le lendemain, sauf dans les grands hôtels. **Tudor City Flowers** prépare des bouquets 24 heures sur 24. Le coiffeur **George Michael de Madora Inc.** sur Madison Avenue ouvre jusqu'à 22h le jeudi et coiffe aussi à domicile.

LES VISITES GUIDÉES ET LES PANORAMAS

Allez respirer l'air frais le long de Hudson River dans **Battery Park City** – ouvert et sûr la nuit. Les quais 16 et 17 de South Street Seaport attirent les flâneurs toute la nuit (le restaurant **Harbour Lights** sur le quai 17 ouvre jusqu'à 4h du matin). Vous pouvez aussi embarquer avec **Circle Line** pour admirer, deux heures durant, les illuminations de la ville.
Regardez le soleil se lever sur East River, de Riverview à Sutton Place. Enfin en vous promenant vers l'ouest du **River Café** et vers l'est du restaurant **Arthur's Landing** que vous aurez les plus belles vues de Manhattan.
Prenez le **Staten Island Ferry** pour aller visiter la Statue de la Liberté et voir Manhattan se découper dans la lumière de l'aube.
Vous pouvez aussi prendre un taxi et traverser Brooklyn

Bridge pour assister au lever du soleil sur le port. Jusqu'à 1h du matin, depuis le haut de la tour du **Beekman Tower Hotel**, vous pourrez contempler East Side. Le belvédère le plus fantastique reste le sommet de l'**Empire State Building** – accessible jusqu'à minuit *(p. 134-135)* – **Rise**, le bar du 14e étage du

Ritz-Carlton Hotel offre de superbes vues sur le port et la Statue de la Liberté. Faites un tour en calèche depuis **Château Stables** ou envolez-vous au coucher du soleil grâce à **Liberty Helicopters**. Essayez un des **Marvelous Manhatan Tours** ; ces circuits organisent une tournée des

bars accompagnée, ou allez vous griser des lumières de la nuit avec **Happy Apple Tours**. Et si vraiment vous n'avez toujours pas sommeil, joignez-vous à la bousculade du **Fulton Fish Market** à 6 h du matin (des visites guidées sont proposées d'avril à novembre par le South Street Seaport Museum, *p. 84*).

RÉPERTOIRE

BARS ET CLUBS

Algonquin Hotel
Voir Pianos-bars p. 343.

Blue Note
Voir Jazz p. 341.

Carlyle Hotel
Voir Pianos-bars p. 343.

Cornelia Street Café
29 Cornelia St. **Plan 4 D2.**
☎ 989-9318.

Joe's Pub
Voir Jazz p. 341.

Nuyorican Poets Café
236 E 3rd St. **Plan 5 A2.**
☎ 505-8183.

O'Flanagan's
1215 1st Ave. **Plan 13 C2.**
☎ 439-0660.

Rainbow Room
Voir Dancing p. 343.

Rose's Turn
55 Grove St. **Plan 3 C2.**
☎ 366-5438.

Temple Bar
332 Lafayette St.
Plan 4 F4. ☎ 925-4242.

Scruffy Duffy's
743 6th Ave. **Plan 12 D5.**
☎ 245-9126.

The Dead Poet
450 Amsterdam
Plan 15 C4.
☎ 595-5670.

BOUTIQUES

Antique Boutique
712 Broadway.
Plan 4 E2. ☎ 460-8830.

Rite Aid Pharmacy
Voir Renseignements pratiques p. 357.

Mrs Hudson's Video Store
573 Hudson St.
Plan 3 C2.
☎ 989-1050.

Palmer Video Store
470 Hudson St. **Plan 3 C3.**
☎ 463-9377.

Plaza Pharmacy
251 E 86th St.
Plan 17 B3. ☎ 427-6940.

Trash and Vaudeville
4 St. Mark's Pl. **Plan 5 A2.**
☎ 982-3590.

TRAITEURS ET ÉPICERIES

Bagels On The Square
7 Carmine St. **Plan 4 D3.**
☎ 691-3041.

Delmonico Gourmet Food Market
55 E 59th St.
Plan 12 F3.
☎ 751-5559.

H & H Bagels
Broadway at 80th St. **Plan 15 C4.** ☎ 595-8000.

Jumbo Bagels and Bialys
1070 2nd Ave.
Plan 13 B3. ☎ 355-6185.

West Side Market
2171 Broadway.
Plan 15 C5. ☎ 595-2536.

Zabar's
2245 Broadway.
Plan 15 C4.
☎ 787-2000.

OÙ DÎNER ?

Caffè Reggio
119 MacDougal St.
Plan 4 D2. ☎ 475-9557.

Carnegie Deli
Restaurants et bars p. 306.

Coffee Shop
Restaurants et bars p. 306.

Florent
Restaurants et bars p. 306.

Gray's Papaya
Broadway à hauteur de 72nd St. **Plan 11 C1.**
☎ 799-0243.

La Jumelle
55 Grand St. **Plan 4 E4.**
☎ 941-9651.

Le Bar Bat
311 West 57th St.
Plan 12 D3.
☎ 307-7228.

Les Halles
Voir Restaurants et bars p. 296.

Rainbow Room
Voir Restaurants et bars p. 306.

Rainbow Grill
Voir Restaurants et bars p. 297.

SPORT

Billiard Club
220 W 19th St.
Plan 8 E5. ☎ 206-POOL.

Bowlmore Lanes
110 University Pl. **Plan 4 E1.**
☎ 255-8188.

Slate Billiards
Voir Sport p. 345.

SERVICES

George Michael de Madora Inc
420 Madison Ave.
Plan 13 A5.
☎ 752-1177.

Midnight Express Cleaners
☎ 921-0111.

VISITES GUIDÉES ET PANORAMAS

Arthur's Landing
Port Imperial Marina,
Pershing Circle,
Weehawken, NJ.
☎ (201) 867-0777.

Battery Park City
West St. **Plan 1 A3.**

Beekman Tower Hotel
1st Ave 49th St.
Plan 13 C5. ☎ 355-7300.

Château Stables
608 W 48th St.
Plan 15 B3. ☎ 246-0520.

Circle Line
W 42nd St. **Plan 15 B3**
☎ 563-3200

Empire State Building
P. 134-135.

Fulton Fish Market Tours
☎ 748-8590.

Harbour Lights
89 South St Seaport
Pier 17.
Plan 2 D2.
☎ 227-2800.

Liberty Helicopters
☎ (888) 692-4354.

Marvelous Manhattan Tours
☎ (877) 898-5551.

Rise
Ritz Carlton, Battery Park.
Plan 1 B4.
☎ (212) 344-0800.

River Café
Voir Restaurants et bars p. 294.

Staten Island Ferry
Voir Se déplacer dans New York p. 369.

LE NEW YORK DES ENFANTS

Les jeunes visiteurs adorent le mouvement perpétuel de la ville : toujours quelque chose à regarder ou à faire. De multiples attractions leur sont destinées. Plus d'une douzaine de troupes de théâtre, deux zoos et trois musées les attendent, ainsi que des divertissements et programmes spéciaux dans de nombreux musées et parcs. Les enfants adorent gambader dans les studios de télévision et quelle joie d'aller voir le Big Apple Circus ! Un seul séjour ne suffit pas à épuiser les plaisirs, et jamais vous n'entendrez le classique « Je m'ennuie ! » En outre, il n'est pas nécessaire de dépenser une fortune pour bien s'amuser.

New York, une remarquable aire de jeux pour les enfants

LES CONSEILS PRATIQUES

New York aime bien la famille. Dans la plupart des hôtels, les enfants sont logés gratuitement dans la chambre des parents. Pour eux, les musées sont gratuits ou demi-tarif. Les enfants qui ne dépassent pas la taille de 1 m 12 n'ont pas besoin de billet dans le métro ou l'autobus (déplacez-vous entre 9h et 16h pour éviter l'affluence). On se procure facilement des couches et des médicaments ; la pharmacie Rite Aid (p. 357) reste ouverte 24h sur 24. Vous ne disposerez pas toujours de tables à langer dans les toilettes mais on en trouve dans les bibliothèques, les hôtels et les grands magasins. Pour faire garder votre enfant, adressez-vous à votre hôtel ou à la **Baby Sitters' Guild**. Demandez un exemplaire du calendrier trimestriel gratuit des activités enfantines du **New York Convention and Visitors Bureau** (p. 352). Le magazine *New York* indique le programme de la semaine.

EXPLORER NEW YORK

La cité est un grand parc d'attractions pour les enfants. L'ascenseur les emporte jusqu'au sommet des plus hautes « maisons » du monde. On peut leur faire faire le tour de Manhattan en bateau, avec le **Circle Line** ou à bord du voilier *Pioneer* (p. 84), visiter un navire à roue sur E 23rd Street Marina ou encore débarquer sur Staten Island par le ferry (p. 76). Un téléphérique – le Roosevelt Island Tram (p. 179) – traverse East River. Dans Central Park (p. 202-207), les enfants ont à leur disposition un manège, des chevaux et des poneys. Le week-end, les plus sportifs se lancent sur leurs planches à roulettes.

Même le Père Noël patine au Rockefeller Center !

LES MUSÉES

La majorité des musées new-yorkais sont destinés au

Fraîcheur estivale autour d'une fontaine de Central Park

grand public mais certains sont spécialement réservés aux jeunes. Le **Children's Museum of Manhattan** (p. 217) est un univers de sons et d'images où les enfants produisent leurs propres vidéos et émissions. Hors du centre, pensez au **Staten Island Children's Museum** – et sa fourmilière géante – et au **Brooklyn Children's Museum** (p. 245). L'*Intrepid* (p. 147) est un porte-avions converti en musée – on y voit même l'avion espion le plus rapide du monde. Enfin, ne manquez pas les dinosaures de l'**American Museum of Natural History** (p. 214-215).

S'AMUSER DEHORS

En été, tous les New-Yorkais jouent dehors – petits et grands ! Central Park est un vrai pays des merveilles avec ses patinoires, ses lacs, ses sentiers pour bicyclettes et son *crazy golf*. Les gardiens du parc proposent des visites guidées le samedi ; on peut y regarder des courses de bateaux miniatures ou écouter des conteurs.

Le Central Park Widelife Center, le Tish Children's Zoo (plus petit) et le Bronx Zoo (*p. 242-243*) sont des lieux de prédilection pour les enfants.

Le métro débouche sur la plage (à **Rockaway Beach**) et Coney Island (*p. 247*) est aussi facile d'accès. L'hiver, on patine au Rockefeller Center ou dans Central Park.

LES ACTIVITÉS COUVERTES

L es théâtres pour enfants, nombreux et variés, rivalisent de qualité avec ceux des adultes. Ne manquez pas les spectacles des troupes **Paper Bag Players** et **Theaterworks, USA**. Les spectacles du Swedish Marionette Theater ont lieu tous les matins à Central Park du mardi au vendredi, et le samedi jusqu'à 13h. Comme sur Broadway, pensez à réserver vos places le plus tôt possible. Au moment de Noël, le New York City Ballet présente *Casse-Noisette* au Lincoln Center, et le **Big Apple Circus** monte son chapiteau à proximité. Chaque printemps, les Ringling Brothers et le cirque Barnum & Bailey sont la grande attraction de Madison Square Garden (*p. 133*). En hiver, à Chelsea Piers, bowlings et patinoires occupent les jeunes New-Yorkais.

LES ACHATS DE JOUETS

L es bambins ne traîneront pas la jambe si vous les emmenez chez **F A O**

L'horloge du magasin de jouets F A O Schwarz

Schwarz – l'un des plus grands magasins de jouets du monde –, et à l'**Enchanted Forest**. Et pour les plus rêveurs, des conteurs animent la librairie pour enfants **Books of Wonder**.

OÙ MANGER ?

L es hamburgers garnis de pâtes, servis à **Ottamanelli's Café**, plaisent beaucoup aux enfants ; même les adultes ont du mal à finir leurs portions pantagruéliques. Beaucoup d'enfants sont gourmands de cuisine chinoise et italienne. Pour des saveurs plus étranges, allez à **Chinatown Ice Cream Factory**. Les bretzels, hot-dogs et pizzas vendus dans la rue font également très bien l'affaire. De leur côté, les Mac Donald's sont omniprésents dans Manhattan : on en trouve une quarantaine. Si vous aimez les fast-foods, vous pouvez également essayer White Castle et Burger King.

Un conteur en action à South Street Seaport

RENSEIGNEMENTS PRATIQUES

INFORMATIONS GÉNÉRALES

À New York, les touristes sont traités comme tout le monde, mais si vous respectez quelques consignes essentielles de sécurité *(p. 356-357)*, vous pourrez explorer la ville aussi librement qu'un New-Yorkais d'origine. Les bus et les métros sont sûrs et bon marché. Il y a de nombreux distributeurs

Touristes se reposant sur les marches de Metropolitan Museum of Art

automatiques *(p. 358-359)* et l'on peut facilement changer de l'argent dans les banques, les hôtels et les bureaux de change. Un voyage à New York ne vous ruinera pas, car vous trouverez toujours des hôtels *(p. 274-275)*, des restaurants *(p. 290-292)* et des spectacles *(p. 328-347)* abordables.

LES CONSEILS PRATIQUES

À New York, les heures de pointe s'étalent entre 8h et 10h, 11h30 et 13h30 ainsi que 16h30 et 18h30, du lundi au vendredi. Tous les transports publics sont alors bondés et les trottoirs très encombrés. Pour ne pas s'épuiser inutilement, il vaut mieux regrouper les endroits intéressants à visiter et étudier les plans de chacun en tenant compte des distances. Les autobus, confortables et pratiques, constituent le meilleur moyen de transport. Ils vous permettent aussi de découvrir la ville pendant le trajet.

Il vaut mieux s'abstenir de traverser certaines zones, en particulier la nuit *(p. 356-357)*. Évitez les toilettes publiques des arrêts d'autobus et des métros, ce sont les lieux de prédilection des drogués et sans-abri, même s'il y a un gardien. En cas de besoin, mieux vaut se rendre dans un hôtel, un grand magasin ou une librairie.

Si vous avez besoin d'un renseignement quelconque, adressez-vous à un policier ou à un portier d'hôtel. Ces dreniers sont généralement de service jour et nuit.

LES HEURES D'OUVERTURE

En général de 9h à 17h, sans pause à l'heure du déjeuner. Les banques ferment plut tôt, à 15h, mais quelques-unes ouvrent de 8h à 18h, ainsi que le samedi matin. Les musées sont souvent fermés le lundi et les jours fériés. Certains restent ouverts tard le mardi ou le jeudi soir ; renseignez-vous.

LES MUSÉES

À New York, le terme « museum » comprend aussi ce que les Européens appellent « galeries ». Description des musées, p. 34-37. Le prix d'entrée le plus bas est de 2 dollars ; s'ils sont gratuits, on vous demandera une « donation ». Il y a des réductions pour les personnes âgées, les étudiants et les enfants. Les principaux musées proposent des visites guidées et des conférences gratuites.

Portier d'hôtel

L'Avenue des musées *(p. 166-167)* en rassemble le plus grand nombre. Frick Collection et Cooper-Hewitt National Design sont assez petits pour être visités en deux heures, mais le Whitney et le Guggenheim demandent beaucoup plus de temps.

L'ÉTIQUETTE

Il est maintenant interdit de fumer dans tous les lieux publics ou bâtiments de New York. Certains restaurants réservent des espaces fumeurs mais mieux vaut se renseigner avant. Les hommes d'affaires n'offrent pas de cadeau à leurs hôtes américains. Un tel geste serait inattendu et peut-être mal perçu. Si vous tenez absolument à ne pas arriver les mains vides, choisissez un petit cadeau typique de votre région.

Les pourboires sont indispensables. Comptez 10 à 15 % pour le taxi, 15 à 20 % pour les serveurs, 15 % dans un bar, vestiaire 1 dollar, femme de chambre 1 ou 2 dollars par jour, groom 1 dollar par valise, le coiffeur, 10 à 20 %.

SYNDICAT D'INITIATIVE

Tous les renseignements souhaités peuvent être obtenus au **New York Convention and Visitors Bureau**, maintenant appelé **NYC & Co** *(p. 328-329)*. Son répondeur fonctionne 24h/24. Le **Times Square Visitors Information Bureau** fournit également informations et brochures. Dans les halls d'entrée des hôtels et des musées, vous trouverez aussi quantité de prospectus, ainsi que tous les quotidiens, qui sont une vraie mine de renseignements.

Information utile
NYC & Co, 810 7th Ave.
Plan 12 E4. 484-1222
W www.nycvisit.com
W www.ci.nyc.ny.us
8h30-18h lun.-ven. ;
9h-15h sam. et dim.

Times Square Visitors Center
1560 Broadway. **Plan** 12 E5.
W www.timessquarebid.org
New York State Information
W www.state.ny.us
Événements en ligne
W www.jimsdeli.com

LES GUIDES DES SPECTACLES

On trouve partout dans les kiosques, les hôtels et les galeries, des publications gratuites ou bon marché qui indiquent les expositions ou activités du moment. Les plus populaires sont le magazine *New York* et la rubrique « Goings On About Town » du *New Yorker*. Le *Village Voice* se concentre sur SoHo, TriBeCa et Greenwich Village, ainsi que sur les expositions majeures. Les éditions du vendredi et du dimanche du *New York Times* donnent la liste des expositions et des spectacles dans ses rubriques

« Weekend » et « Arts and Leisure ». Le mensuel *Art News* indique les expositions et les ventes aux enchères. On peut y lire des critiques détaillées sur les événements courants.

Les concierges d'hôtel donnent aussi des magazines d'information gratuits. *Where* décrit les grands musées, leurs heures d'ouverture, leur emplacement et les expositions qu'ils présentent. *Art Now/New York Gallery Guide* paraît chaque mois et est distribué dans les galeries d'art ; il décrit les expositions en cours et fournit des plans pour s'y rendre.

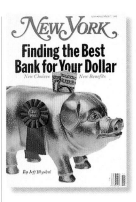

Le magazine *New York* donne la liste complète des spectacles

LES VISITES GUIDÉES

Quoi que vous désiriez voir à New York, n'hésitez pas à suivre des visites guidées, en bateau, à pied, en fiacre ou en hélicoptère. Les agences sont nombreuses à en proposer. Souvent bien faites, elles peuvent vous faire gagner du temps et de l'argent, sans compter qu'elles vous apprendront une foule de choses sur New York.

Visites guidées en bateau

Circle Line Sightseeing Yachts. Pier 83, W 42nd St. **Plan** 7 A1.
563-3200. *Une promenade de 3h autour de Manhattan.*

Circle Line Statue of Liberty Ferry
South Ferry, Battery Park. **Plan** 1 C4.
269-5755.

Spirit of New York
W 23rd et 8th Ave. **Plan** 8 D4.
741-4266. *Croisières déjeuner ou dîner compris.*

Dept. of Transportation Staten Island Ferry
South Ferry. **Plan** 2 D4. 487-5761 ou 5766. *Manhattan – Staten Island.*

World Yacht, Inc
Pier 81 W 41st St. **Plan** 2 D5.
630-8100. *Croisières avec déjeuner ou dîner et spectacle.*

Visites guidées en fiacre

59th St et Fifth Ave, et le long de Central Park S. **Plan** 12 F3, *Les fiacres sont attelés devant Plaza Hotel. Ils vous conduisent à travers Central Park.*

Visites guidées en autocar

Allied Tours
165 W 46th St. **Plan** 12 E5.
869-5100.

Gray Line of New York
42nd St et 8th Ave. **Plan** 8 D1.
695-0001.

Short Line Tours/ American Sightseeing NY
166 W 46th St. **Plan** 12 F5.
(800) 631-8405.

Visites guidées à bicyclette

Bite of the Apple Tours,
2 Columbus Circle, 59th St & Broadway.

Plan 12 D3.
541-8759. *Un circuit de 2h dans Central Park pour 20-30 $ avec la location. Départs à 10h, 13h et 16h.*

Promenades guidées à pied

Big Onion Walking Tours
Po Box 250201, Columbia University. **Plan** 20 E3.
439-1090. *Histoire et ethnologie.*

Circuits historiques
Des brochures indiquant des itinéraires à parcourir en indépendant sont disponibles au Federal Hall. **Plan** 1 C3.

CityWalks
410 W 20th St. **Plan** 7 C5.
989-2456. *Quartiers historiques.*

Harlem Spirituals, Inc.
690 8th Ave. **Plan** 8 D1.
757-0425. *Harlem, sa culture et son histoire, d'avr. à oct.*

Museum of the City of New York
103rd St et Fifth Ave. **Plan** 21 C5.
534-1672. *Architecture et histoire.*

NBC Studio Tour
30 Rockefeller Plaza. **Plan** 12 F5.
664-4444.

92nd Street Y
1395 Lexington Ave. **Plan** 17 B5.
427-6000. *Culture et histoire.*

Talk-a-Walk
30 Waterside Plaza. **Plan** 9 C4. 686-0356. *Cassettes enregistrées.*

Promenade en fiacre dans Central Park

LES VOYAGEURS HANDICAPÉS

New York est plus accessible pour eux que bien d'autres villes. Tous les bus ont des rampes adaptables pour chaises roulantes et facilitent l'accès des personnes âgées.

Les hôtels, les grands magasins et les bureaux sont également équipés. Quelques musées proposent des visites guidées pour les sourds, les aveugles et les handicapés. Les théâtres et les téléphones peuvent être munis de systèmes adaptés aux malentendants. *Access Guide to New York City,* distribué gratuitement par la **Junior League of the City of New York**, donne la liste des bâtiments accessibles aux handicapés.

Information pratique Junior League of the City of New York, 130 E 80th St. **Plan** 17 A4. **(** 288-6220. The Mayor's Office for People with Disabilities. **(** 788-2830.

**Un bus de New York « s'agenouillant »
pour aider les personnes âgées**

LA DOUANE ET L'IMMIGRATION

Les Belges, Français et Suisses voyageant en touristes, pour affaires, ou comme étudiants, n'ont pas besoin de visa s'ils restent aux États-Unis moins de 90 jours. D'autres nationalités doivent présenter passeport, visa et billet de retour. Certains étrangers sont tenus de posséder sur eux 500 dollars ou plus. En cas de doute, vérifiez dans une agence de voyage. Sont admis à l'arrivée : 200 cigarettes, 50 cigares ou 2 kg de tabac. Pas plus d'un litre d'alcool et des cadeaux dont la valeur individuelle ne dépasse pas 100 dollars. Les viandes ou dérivés (même en conserve), les graines, les plantes ou les fruits frais sont interdits. Dans les aéroports, vous devrez présenter votre passeport aux guichets du service d'immigration indiquant « other than American passports ». Puis, vous récupérerez vos bagages en suivant les flèches. Vous serez en général arrêté par un douanier qui examinera la fiche de déclaration que l'on vous a distribuée dans l'avion et que vous avez remplie durant le vol. On vous indiquera la sortie ou bien l'on fouillera vos bagages.

Selon des statistiques américaines, seuls 5 % des voyageurs subissent une fouille. Il n'y a pas de couloir de douane rouge ou vert – vous pourrez partir dès que le douanier aura visé votre déclaration dûment remplie.

LES ÉTUDIANTS

De nombreux musées et théâtres font des réductions pour les étudiants mais vous devrez apporter la preuve de votre statut.

À condition d'y avoir droit, on peut facilement acquérir une carte d'étudiant internationale chez **Council Travel** (deux bureaux à New York) Demandez aussi un exemplaire du *ISIC Student Handbook* qui vous donne la liste exhaustive des endroits qui accordent des réductions étudiants : musées, théâtres, visites guidées, attractions, night-clubs, restaurants et même les transports Carey (navette de Manhattan jusqu'aux aéroports new-yorkais, p. 363).

Il est très difficile d'obtenir un permis de travail aux États-Unis – mais pas pour les étudiants. Les bureaux du centre de documentation de la Commission franco-américaine fournissent des détails sur les opportunités d'études pendant les vacances à New York. Pour y travailler (90 jours maximum), renseignez-vous auprès du C.I.E.E. à Paris (1, pl. de l'Odéon, 75006. **(** 01 56 24 43 95).

INFORMATION ÉTUDIANTS

Bunac
P.O. Box 430. **(** (203) 264-0901.
En été seulement.

Council on International Educational Exchange
633 3rd Ave.
Plan 9 B1. **(** 822-2600.

Council Travel
254 Greene St. **Plan** 4 E2.
205 E 42nd St. **Plan** 9 B1
(254-2525, (800) 226-8624.

Œuvres universitaires et scolaires (CROUS)
39, av. G.-Bernanos, 75005 Paris
(01 40 51 36 00.

TABLE DE CONVERSION

Système impérial :
1 inch = 2,5 centimètres
1 foot = 30 centimètres
1 mile = 1,6 kilomètre
1 ounce = 28 grammes
1 pound = 454 grammes
1 US pint = 0,47 litre
1 US gallon = 4,6 litres

Système métrique :
1 millimètre = 0,04 inch
1 centimètre = 0,4 inch
1 mètre = 3 feet 3 inches
1 kilomètre = 0,6 mile
1 gramme = 0,04 ounce

Carte d'étudiant internationale

Quotidiens new-yorkais

Un distributeur de journaux

adaptable. Les prises américaines ont deux fiches plates.

La plupart des hôtels modernes de New York ont des sèche-cheveux dans les salles de bains ; en outre, certaines sont équipées de prises murales où l'on peut brancher des rasoirs électriques de 110 et 220 volts, mais presque rien d'autre, même une radio. En fait, il peut être dangereux de brancher un appareil plus puissant. Si vous voyagez avec un équipement plus sophistiqué, n'oubliez pas les piles. Vous aurez aussi besoin d'un adaptateur pour recharger les batteries.

Peu de chambres d'hôtel ont des presses à repasser automatiques, des cafetières ou théières électriques. Si vous désirez repasser vos vêtements, demandez un fer à la femme de ménage.

Prise standard

LES JOURNAUX, LA TÉLÉVISION ET LA RADIO

On trouve des journaux étrangers de la veille chez **Universal News**, dans les aéroports, les hôtels et les kiosques à proximité de Wall Street. Le magazine *TV Guide* hebdomadaire et la rubrique télévision du *New York Times* du dimanche donnent les horaires des programmes. On peut capter de nombreuses chaînes de télévision à New York. CBS occupe la 2, NBC la 4 et ABC la 7. PBS propose des programmes culturels et éducatifs, sur la chaîne 13. Le réseau câblé offre un vaste choix d'émissions qui vont de l'art à la variété (chaîne 16). WCBS News (880Hz) et WFAN Sports (660Hz) sont des stations AM. On trouve parmi les stations FM, WNEW rock (102,7Mz), WBGO jazz (88,3Mz) et WQXR musique classique (96,3Mz).
Information pratique
Universal News, 234 W 42 **Plan** 8 D1.
☎ 221-1809.

L'ÉQUIPEMENT ÉLECTRIQUE

Aux États-Unis, le courant standard est de 115-120 volts CA (courant alternatif). Munissez-vous d'un transformateur et d'une prise

CONSULATS ET AMBASSADES

Consulat général de Belgique
50 Rockfeller plaza. **Plan** 12 F5.
☎ 586-5110.

Consulat général du Canada
1251 6th Ave et 50th St.
Plan 12 E4. ☎ 596-1783.

Consulat général de France
934 Fifth Ave. **Plan** 16 F5.
☎ 606-9870.

Consulat général du Luxembourg
801 Second Ave. **Plan** 13 B5.
☎ 370-9870.

Consulat général de Suisse
665 Fifth Ave. **Plan** 12 F5.
☎ 758-2560.

LES SERVICES RELIGIEUX

Il existe environ 4 000 lieux de culte à New York, toutes confessions confondues. Tous les hôtels ont la liste, les adresses et les horaires des services religieux.

Baptiste
Riverside Church
122nd St et Riverside Dr.
Plan 20 D2.
☎ 870-6700.

Catholique
St Patrick's Cathedral
Fifth Ave et 50th St.
Plan 12 F4.
☎ 753-2261.

Épiscopalien
St Bartholomew's Church
109 E 50th St. **Plan** 13 A4.
☎ 378-0200.

Juif orthodoxe
Fifth Avenue Synagogue
5 E 62nd St. **Plan** 12 F2.
☎ 838-2122.

Juif libéral
Emanu-El Temple
Fifth Ave et 65th St.
Plan 12 F2.
☎ 744-1400.

Luthérien
St Peter's Church
619 Lexington Ave.
Plan 17 A4. ☎ 935-2200.

Méthodiste
Christ Church United Methodist
520 Park Ave.
Plan 13 A3.
☎ 838-3036.

Riverside Church

Sécurité personnelle et santé

Insigne policier

En 1998, New York a été classée comme la ville la plus sûre parmi les grandes villes américaines de plus d'un million d'habitants, et au 166e rang des villes de plus de 100 000 habitants. Les policiers effectuent des rondes à pied et à vélo dans les zones touristiques et le système de sécurité est renforcé au centre-ville, dans les transports et les aéroports. Mais certains lieux sont dangereux de nuit comme de jour ; suivez nos indications et vous ne devriez pas avoir d'ennuis.

D'une manière générale, méfiez-vous quand vous marchez dans la rue

L'APPLICATION DE LA LOI

La police de New York patrouille jour et nuit à pied, à cheval, en vélo et en voiture, surtout dans certaines zones comme le quartier des théâtres. Certains policiers verbalisent les stationnements interdits, d'autres parcourent les métros et les trains. Vous rencontrerez aussi des jeunes portant des bérets rouges et des T-shirts avec l'inscription « Guardian Angels ». Ces milices de sécurité sont tolérées par la police et sont souvent rassurantes, mais ses hommes ne sont pas armés et n'ont aucun pouvoir officiel.

LES CONSEILS DE PRUDENCE

Grâce à l'action du maire Rudolph Giulani, New York est une ville relativement sûre. Mais il y a quand même des règles de sécurité élémentaires à respecter comme dans toutes les grandes villes. Il vaut mieux éviter de se rendre dans certains quartiers après 18 heures comme le Bronx, East Harlem, Central Park, Chinatown, certaines rues de Soho et TriBeCa et les zones désertes autour de Times Square. En général, évitez de vous promener la nuit dans les rues désertes, en particulier si vous êtes seul. Préférez le taxi à la marche à pied !

Le jour, si l'on ne souhaite pas être abordé en pleine rue, il est conseillé de marcher d'un pas décidé. Attention également aux personnes en rollerblades dans Central Park ; certaines sont les spécialistes des vols de sac à main et autres objets en bandoulière. Autres lieux sensibles : Times Square où il vaut mieux éviter de retirer de l'argent aux distributeurs, les gares, les fast-foods où il est déconseillé de laisser ses affaires sur le dossier des chaises. Les parcs sont souvent le théâtre de trafics de drogue, mais vous pourrez vous y promener et faire du jogging en toute sécurité quand il y a du monde. Vous pouvez demander au concierge de l'hôtel un plan des chemins les plus sûrs. Laissez vos bijoux et objets de valeur dans le coffre de l'hôtel et ne laissez personne porter vos bagages excepté le personnel de l'hôtel ou de l'aéroport.

Une dernière chose, quoi qu'il vous arrive, sachez que des policiers sont postés dans chaque quartier, et ils ont la réputation d'être les plus serviables des États-Unis. Et pensez aussi qu'à New York, la criminalité est proportionnellement moins élevée qu'à Boston ou Phœnix restez donc vigilants, mais ne soyez pas parano !

Police montée

LES OBJETS PERDUS

Il y a peu de chance de retrouver ce que l'on perd à New York. Il n'existe pas de point de regroupement unique

Officiers de police new-yorkais en service

Casquette et insigne de la police urbaine

des objets trouvés ; mais les deux centres de Grand Central Terminal et Penn Station, bien tenus, peuvent être très utiles.

LES INFORMATIONS UTILES

Centres d'objets trouvés
Pour les bus et métros
📞 712-4500.

Pour les taxis
📞 692-8294.

Cartes de crédit perdues
American Express
📞 (800) 528-4800 (appel gratuit).

Diners Club
📞 (800) 234-6377 (appel gratuit).

JCB
📞 (800) 366-4522 (appel gratuit).

MasterCard
📞 (800) 627-8372 (appel gratuit).

VISA
📞 (800) 336-8472 (appel gratuit).

L'ASSURANCE VOYAGE

Nous vous recommandons fortement de vous assurer, compte tenu du coût élevé sur place des frais médicaux. Les polices varient selon la durée du séjour et le nombre de bénéficiaires concernés. Les clauses les plus importantes couvrent le décès accidentel, les mutilations, les urgences médicales et dentaires, l'annulation de moyen de transport et la perte de bagages ou de billets d'avion. Votre agence de voyage doit vous conseiller l'assurance appropriée.

LES SOINS MÉDICAUX

Soyez prêt à dépenser beaucoup d'argent. Si les soins sont excellents, les honoraires ne sont pas

conventionnés. Prenez donc une bonne assurance. Certains médecins et dentistes acceptent les cartes de crédit, mais ils préfèrent généralement les paiements en liquide ou les chèques de voyage. Les hôpitaux acceptent la plupart des cartes de crédit *(p. 358)*.

Une des pharmacies ouvertes la nuit de la ville.

LES URGENCES

En cas d'accident ou de malaise grave, allez immédiatement aux **urgences d'un hôpital**. Pour appeler une ambulance, composez le 911. Si vous avez une police d'assurance correcte, vous n'aurez pas à vous préoccuper des coûts. À moins d'être particulièrement démuni, il vaut mieux éviter les hôpitaux publics surpeuplés qui figurent dans les pages bleues de l'annuaire. Choisissez plutôt l'un des nombreux hôpitaux privés que vous trouverez dans les pages jaunes, ou composez le 411 et demandez à la standardiste de vous indiquer l'hôpital public ou privé le plus proche. Vous pouvez également prier votre hôtel de faire venir un dentiste ou un docteur dans votre chambre, ou téléphonez vous-même à **NY Hotel Urgent Medical Services** (757-1212), **Dial-A-Doctor** ou **NYU Dental Care**. Pour toute information supplémentaire, téléphonez au **Traveller's Aid**, un organisme public au service des voyageurs.

EN CAS D'URGENCE

Toutes les urgences
📞 911 (ou 0). Pour des alertes au feu et soins médicaux.

Dial-A-Doctor
📞 971-9692.

Ligne rouge pour victimes de crimes
📞 577-7777.

NYU Dental Care
345 E 24th St/1st Ave.
Plan 9 B4
📞 998-9800 ; 998-9872 (de 9h à 18h du lun. au jeu., de 9h à 16h ven.), 998-9828 (le week-end après 21h).

Service d'urgence dans les hôpitaux
St Vincent's,
11th St et Seventh Ave.
Plan 3 C1.
📞 604-7998

St Luke's Roosevelt
58th St et Ninth Ave.
Plan 12 D3.
📞 523-6800.

Organisation nationale des femmes (NOW)
📞 672-9895.

Pharmacies de garde
Rite Aid
W 50th St./8th Ave
Plan 12 D4. 📞 247-8384.

Centre antipoison
📞 764-7667.

Vols et agressions
📞 911. Aide d'urgence.

Crime sexuel
📞 267-7273.

Assistance voyageurs
JFK Airport, Terminal 410
📞 (718) 656-4870

Ambulance new-yorkaise

Les banques et les monnaies

New York est le plus grand centre bancaire du pays. Les banques nationales, régionales ou locales y sont représentées ainsi que des branches des principales banques étrangères comme celles de Belgique, de Suisse, de France ou du Canada.

**Guichet de change
à Chequepoint USA**

LES BANQUES

Les banques de New York ouvrent en semaine de 9h à 15h. Certaines peuvent ouvrir plus tôt ou fermer plus tard. Dans la majorité des établissements, les employés acceptent les chèques de voyage et changent les monnaies étrangères.

Distributeur automatique de billets (ATM)

LES DISTRIBUTEURS AUTOMATIQUES

Ces machines (ATM) se trouvent dans presque toutes les banques et vous permettent de retirer de l'argent américain (généralement en billets de 20$) 24 heures sur 24. Avant votre départ pour les États-Unis, demandez à votre banque quelles banques new-yorkaises et quels distributeurs automatiques acceptent votre carte bancaire, ainsi que les honoraires et commissions de chaque transaction. La plupart des distributeurs appartiennent aux réseaux Cirrus ou Plus qui acceptent différentes cartes bancaires américaines, la MasterCard,

la VISA et quelques autres. L'un des avantages présentés par l'ATM est de pouvoir changer votre argent au taux interbancaire.
Il est prudent de regarder autour de soi lorsque l'on retire de l'argent et d'utiliser les distributeurs pendant la journée ou dans des rues fréquentées.

LES CARTES DE CRÉDIT

Les MasterCard, American Express, VISA, JBC et Diners Card sont acceptées dans tous les États-Unis, sans considération de la société ou de la banque émettrice. Elles servent aussi à retirer de l'argent dans les distributeurs jusqu'à un certain plafond. Aux États-Unis, on peut presque tout payer par carte de crédit : des denrées alimentaires au restaurant, notes d'hôtel ou réservations téléphoniques de billets de cinéma et de théâtre. Il vaut mieux régler les visites guidées, les voyages et les locations avec une carte de crédit. Évitez toujours d'avoir sur vous des sommes trop importantes.

LES CHÈQUES DE VOYAGE

La plupart des grands magasins, boutiques, hôtels et restaurants acceptent, sans commission, les chèques de voyage en dollars émis par American Express et Thomas Cook. Par contre, les chèques personnels libellés dans d'autres monnaies peuvent poser des problèmes. Certains hôtels acceptent de les changer, mais l'idéal est de vous rendre dans une banque. Pour connaître les taux de change du jour,

consultez le *New York Times* ou le *Wall Street Journal*, ou encore les panneaux affichés par les agences bancaires. Les chèques American Express sont toujours échangés sans commission supplémentaire aux guichets de l'American Express. De leur côté, les grands hôtels disposent tous d'un caissier en mesure de vous changer vos chèques de voyage. Les grandes sociétés de change étrangères sont peu nombreuses à New York. Parmi les plus réputées, vous trouverez **Thomas Cook Currency Services** et **CBC Banking Corporation**. Les agences ouvertes tard le soir sont indiquées ci-dessous. Il en existe d'autres dans les pages jaunes de l'annuaire sous la rubrique « Foreign Exchange Brokers », mais elles exigent le plus souvent un supplément variable ainsi qu'une commission.
Chase Manhattan Bank regroupe plus de 400 bureaux de change. Ils figurent dans les pages jaunes. Attention, tous ne sont pas disposés à changer vos chèques de voyage, encore moins ceux libellés en monnaie étrangère.

LES ADRESSES DE COURTIERS

Thomas Cook Currency Services
1590 Broadway **Plan** 12 E5. ☎
265-6049. Fait partie d'une chaîne.

CBC Banking Corporation
90, Broad St. **Plan** 1 C3.
☎ *858-3300.*

Les pièces de monnaie

*Elles ont pour valeur 50, 25, 10, 5 et
1 cents. De nouvelles pièces de 1 $, dorées,
sont désormais en circulation, comme les
quarters (25 cents), ornés d'une scène
historique sur chacune de leur face. Les
pièces portent souvent des noms familiers :
celles de 10 cents sont appelées dimes, celles
de 5 cents nickels et celles de 1 cent
pennies.*

Pièce de 25 cents
(quarter)

Pièce de 10 cents
(dime)

Pièce de 5 cents
(nickel)

Pièce de 1 cent
(penny)

**Pièce d'1 dollar
ou « buck »**

Les billets de banque

*Les unités monétaires américaines sont
le dollar et le cent. Un dollar vaut
100 cents. Les billets (bills) valent
1, 5, 10, 20, 50 et 100 dollars. Comme
ils sont tous verts, vérifiez bien leur
valeur en payant. De nouvelles
coupures de 5, 10, 20, 50 et 100 $ ont
été mises en circulation. Elles sont
reconnaissables à leurs grands chiffres.*

Billet de 1 dollar (1 $)

Billet de 5 dollars (5 $)

Billet de 10 dollars (10 $)

Billet de 20 dollars (20 $)

Billet de 50 dollars (50 $)

Billet de 100 dollars (100 $)

Utilisation des téléphones

Téléphone public

Il y a des téléphones publics à chaque coin de rue, dans les hôtels, entrées d'immeubles, restaurants, bars, théâtres et grands magasins. Peu acceptent les cartes de crédit, mais vous pouvez acheter des cartes téléphoniques. Ils utilisent des pièces de 5, 10 et 25 cents.

Les hôtels imposent leurs propres tarifs, il vaut donc mieux appeler d'un téléphone public ou du hall de votre hôtel, plutôt que de votre chambre.

L'HEURE DE NEW YORK

New York est à l'heure de la côte est. Avant de composer un appel international, calculez l'heure du pays que vous cherchez à joindre. Pour la Belgique, la France et la Suisse ajouter 6h ; pas de décalage avec Montréal.

LES TÉLÉPHONES PUBLICS

L'appareil standard a un récepteur et un cadran de douze touches. Ces téléphones appartiennent parfois à une société privée et les appels coûtent plus cher. La loi exige que chaque téléphone public indique clairement les tarifs, les numéros d'appel gratuits et la manœuvre à effectuer. Cherchez le logo Verizon sur le boîtier pour payer le prix standard. En cas de réclamation, appelez la **Public Service Commission**.

Information pratique
Public Service Commission
((800) 342-3355
(appel gratuit).
E-mail
Times Square Visitors
Téléphone privé
Center, 1560 Broadway, **Plan** 12 E5 ; NY Computer
Cafe, 247 E 57th St.
(872-1704 **Plan** 13 B3 ;
beaucoup de bibliothèques ont des terminaux internet, mais le temps d'utilisation est limité.

LE TARIF PUBLIC

Toutes les communications dans New York coûtent environ 25 cents les 3 minutes. Si l'appel dure plus longtemps, la standardiste vous demandera un supplément.

Beaucoup de kiosques vendent des cartes téléphoniques pour les appels longue distance (cartes de 5, 10 et 25 dollars). Ces cartes permettent de faire des économies substancielles par rapport aux prix standard. Mais les appels, connectés sur Internet, peuvent être de moindre qualité.

UTILISATION DES APPAREILS À PIÈCES

1 Décrochez.

3 Composez le numéro.

Les pièces
Assurez-vous d'avoir suffisamment de monnaie avant de composer le numéro.

5 cents

10 cents

25 cents

2 Mettez la ou les pièces. Vous les entendrez tomber.

4 Si vous ne voulez pas poursuivre l'appel ou si la communication ne s'établit pas, récupérez la pièce en appuyant sur « coin return ».

5 Si la communication est établie et que vous parlez plus de trois minutes, l'opérateur interrompt l'appel et vous demande de rajouter des pièces. Les appareils ne rendent pas la monnaie.

Une borne téléphonique de la Bell Atlantic Telephone Company

Les tarifs internationaux varient selon le pays appelé. Pour la France, la réduction s'applique à partir de 14h ; le tarif économique, de 19h à 8h le lendemain.

LES NUMÉROS UTILES

Renseignements
411 ; 10-10-9000.

Poste centrale
967-8585.

Standard
0.

Horloge parlante
976-1616.

Renseignements internationaux
00.

OBTENIR LE BON NUMÉRO

• Il existe cinq codes à New York : 212, 917, 646 pour Manhattan ; les autres municipalités utilisent le 718 et le 347. Les 800, 888, et 877 servent aux appels gratuits.
Pour appeler un abonné hors de votre zone, composez d'abord le 1.
• Pour appeler le Queens depuis Manhattan composez le 1+(718)+(le numéro).
• Pour appeler un autre État d'un téléphone public, composez le 0 suivi du code de la zone, puis du numéro de votre correspondant. Un opérateur va répondre et vous dire combien de pièces vous devez introduire.
• Pour un appel international direct : composez le 011, puis le code du pays, le code de la ville ou de la zone (moins le 0) et le numéro local.
• Pour un appel international avec l'aide de l'opérateur, composez le 01, suivi du code du pays, du code de la ville (moins le premier 0) et du numéro local.
• Composez le 00 pour obtenir les renseignements internationaux et le 01 pour appeler l'opérateur international.
• **En cas d'urgence, composez le 911.**

Envoyer une lettre

Logo de la poste

On peut déposer son courrier à la poste, chez le concierge de l'hôtel (qui vend parfois des timbres), ou le mettre dans les boîtes postales de certains halls d'immeubles, gares ferroviaires ou routières ainsi que dans les aéroports et dans les rues – peintes en bleu ou en rouge, blanc et bleu. Le courrier n'est pas relevé pendant le week-end. Les bureaux de poste sont indiqués sur les cartes de l'Atlas des rues *(p. 378-379)*.

LE SERVICE POSTAL

La **General Post Office** reste ouverte jour et nuit. Les timbres s'achètent à la poste ou bien dans les distributeurs automatiques des pharmacies, des grands magasins et des gares. Toutes les lettres sont acheminées en tarif normal. La poste fédérale propose trois services rapides moyennant un supplément. **Express Mail** est l'équivalent d'un Chronopost, le **Priority Mail** demande deux jours pour la livraison et, si vous payez le prix, votre courrier partira même pendant le week-end. International Express Mail expédie le courrier pour l'étranger.
Pour les messageries privées,

Timbres américains

adressez-vous au concierge de l'hôtel ou appelez l'un des services indiqués dans l'annuaire.

Information pratique General Post Office, 421 8th Ave. **Plan** 8 D2.
967-8585. Priority Mail and Express Mail
(800) 222-1811.
FedEx *(800) 463-3339.*
DHL *(800) 225-5345.*
UPS *(800) 742-5877.*
w www.bigyellow.com
w www.usps.com

LA POSTE RESTANTE

Le General Post Office's General Delivery garde lettres et paquets pendant 30 jours. On peut faire suivre le courrier vers d'autres postes. Le courrier doit être adressé ainsi : nom, Poste Restante, c/o General Delivery, New York, NY 10001.

Express Mail   **Priority Mail**

Boîte à lettres

Postboxes
Les boîtes à lettres ne se trouvent pas partout, il peut être plus simple d'aller directement à la poste (voir Atlas des rues, p. 378-379). Sur chaque boîte à lettres sont affichées les instructions à suivre. Si vous utilisez Express ou Priority, pesez votre courrier au préalable pour connaître l'affranchissement requis.

ALLER À NEW YORK

D e nombreuses compagnies aériennes ont des vols directs pour New York. Aux États-Unis, la guerre des prix a augmenté le nombre des charters, et ceux-ci ont obligé les vols intérieurs à s'aligner sur leurs tarifs. En clair, il est souvent moins cher de voyager par avion

Grand Central Terminal

que par le train ou en voiture. Le *Queen Elizabeth II* est l'un des navires de ligne qui desservent le port. Les trains sont confortables, les autobus climatisés et équipés de toilettes. Consultez le plan p. 366-367 pour toute information concernant l'arrivée à New York.

SE RENDRE À NEW YORK PAR AVION

I l existe des vols directs en provenance de presque toutes les grandes villes. De Paris, le voyage prend environ sept heures. Pour plus d'informations, renseignez-vous auprès de votre agence de voyage. Les principales compagnies aériennes sont **Air Canada, Air France, American Airlines, Sabena** (Belgique) **et Swissair**. Tous les vols internationaux arrivent à Newark ou à JFK (*p. 364-365*). Les billets APEX sont les moins chers – mis à part ceux pour les groupes. Ils s'achètent à l'avance et sont valables pour un séjour de 7 à 30 jours. Quelques compagnies proposent des charters meilleur marché à des périodes spécifiques. Les personnes âgées bénéficient aussi de tarifs réduits. Réservez votre vol par téléphone en utilisant votre carte de crédit.

LES NOS DE TÉLÉPHONE DES COMPAGNIES AÉRIENNES

Principales compagnies
Air Canada
C (888) 247-2262 (appel gratuit).
Air France
C 01 44 08 22 22.
American Airlines
C (800) 433 7300 (appel gratuit).
Sabena
C (02) 511 9030 (appel gratuit).
Swissair
C (19 41) 22 79931111 (appel gratuit).

LES BATEAUX

L e *Queen Elisabeth II*, en provenance de Southampton, accoste environ 25 fois par an à New York. Il fait parfois escale à Cherbourg pour y embarquer quelques passagers français. Le voyage est hors de prix mais l'arrivée à New York par bateau est un souvenir inoubliable. Les bateaux accostent aux quais de Hudson River, au centre de

Autocar long-courrier Greyhound

Manhattan, tout près, en taxi ou en autobus, de la plupart des hôtels.

LES AUTOCARS

L e terminus des cars effectuant de longs trajets, comme les **Greyhound Bus Lines** est le **Port Authority Bus Terminal**. Les bus pour les aéroports partent aussi de là. Environ 6 000 autocars et 172 000 passagers transitent quotidiennement par cette gare routière. Il existe des navettes entre les hôtels et les terminaux.
Information pratique Greyhound Bus Lines **C** (800) 231-2222 (24h/24). **W** www.greyhound.com Port Authority Bus Terminal. W 40th St et 8th Ave. **Plan** 8 D1. **C** 564-8484 (24h/24). **W** www.panynj.gov

LES CHEMINS DE FER

L es trains Amtrak venant du Canada, des États du Sud, du Nord-Est et de l'Ouest arrivent à Penn Station (*p. 376*). Les lignes Metro North et celles du Connecticut, à Grand Central Terminal.

Paquebots ancrés à Manhattan

Les aéroports de New York

Les trois aéroports principaux (Newark, JFK et LaGuardia) sont bien reliés au centre de Manhattan. Cherchez les porteurs en uniforme et casquette rouge qui arborent des badges pour s'occuper de vos bagages (ne les confiez à personne d'autre, vous risqueriez de ne plus les retrouver). Les préposés aux taxis vous aideront à trouver une voiture et à y prendre place.

L'ARRIVÉE À MANHATTAN

Le centre « Ground Transportation » de chaque aéroport vous indique comment procéder. Les navettes les plus pratiques de LaGuardia et JFK sont le **New York Airport Service** et le **Gray Line Air Shuttle**. La première vous dépose à Grand Central, la seconde n'importe où dans Manhattan entre la 23ᵉ et la 63ᵉ Rue. Les bus du New Jersey Transit et **Olympia Airport Express** vont aussi à Manhattan. Les tarifs d'Olympia sont les plus compétitifs. On peut aussi partager un véhicule à JFK ou LaGuardia avec **Classic Airport Share Ride** et **Connecticut Limo**. Cette solution est parfois possible avec des taxis indépendants pour se rendre à Manhattan. La ligne A du métro rejoint la navette de bus et prend des passagers

Préposé aux taxis

de/vers JFK. Le bus M60 part de/vers JFK. Il assure le même service avec LaGuardia.

Les sociétés de location de voitures ont des téléphones gratuits dans la zone de récupération des bagages. Les numéros de téléphone pour réserver à l'avance sont p. 370.

LES COMPAGNIES D'AUTOBUS

Classic Airport Share Ride
☎ (631) 567-5100.
🖳 www.classictrans.com

Gray Line Air Shuttle
☎ 315-3006.

New York Airport Service
☎ (718) 875-8200.

Olympia Airport Express
☎ 964-6233.

Connecticut Limo
☎ (800) 472-5466.

LaGuardia (LGA)

Surtout fréquenté par les hommes d'affaires, LaGuardia se situe à 13 km à l'est de Manhattan dans le Queens, sur le côté nord de Long Island.

À votre arrivée, prenez un chariot à bagages près des tapis roulants. Des porteurs sont là pour vous aider. La consigne se trouve dans le centre Tele-Trip, au niveau départ. Vous trouverez des bureaux de change dans l'aérogare principale.

Des préposés aux taxis sont de service aux heures d'affluence mais vous pourrez aussi vous adresser à la Port Authority Police. N'utilisez que des taxis jaunes ayant une licence officielle. Le prix des péages, taxé d'un supplément après 20h et le dimanche, s'ajoute au prix du compteur (entre 25 et 40 dollars pour le centre de Manhattan).

Information pratique Airport Information Service. ☎ (718) 533 3400. 🖳 www.laguardiaairport.com 🖳 www.panjny.gov

Vol long courrier

PLAN DE L'AÉROPORT DE LAGUARDIA

Un service gratuit de navettes relie les terminaux et les parkings. Les bus et les taxis allant dans Manhattan et la banlieue partent du 1ᵉʳ étage de Central Terminal Building.

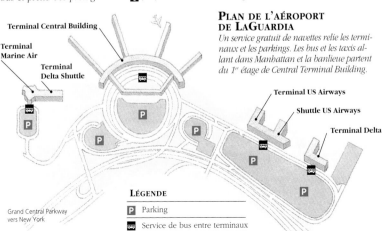

Terminal Central Building

Terminal Marine Air

Terminal Delta Shuttle

Terminal US Airways

Shuttle US Airways

Terminal Delta

Grand Central Parkway vers New York

LÉGENDE

🅿 Parking

🚌 Service de bus entre terminaux

JFK Airport

JFK, le principal aéroport international de New York, est à 24 km au sud-est de Manhattan dans le Queens. American Airlines, British Airways, Delta, TWA et United ont leurs propres terminal et services de douanes. Les autres compagnies utilisent les terminaux 1, 2 ou 4. Attention, tous les numéros des terminaux ont été récemment changés. L'aéroport a été récemment agrandi d'un nouveau terminal pour American Airlines.

Panneaux indicateurs de JFK

Hall principal, International Arrival Building de JFK

La consigne se trouve dans l'International Arrival Building. Vous trouverez des bureaux de change dans tous les terminaux.

Le bureau d'accueil est au rez-de-chaussée, près de l'arrivée des bagages. De jour comme de nuit, tous les moyens pour se rendre à Manhattan fonctionnent. On peut appeler gratuitement les sociétés de location de voitures qui ont une navette jusqu'à leurs parcs. Les taxis attendent devant les terminaux – la course jusqu'à Manhattan

prend environ une heure : le prix fixé est de 35 dollars plus les charges. Le New York Airport Service offre 24h/24 un service de bus bon marché et efficace. On peut réserver une chambre d'hôtel au guichet de Meegan Services. Un système de navettes, Air Train JFK reliera le terminal Howard Beach (fin 2002) et le terminal Jamaica Airtrain (2003) au métro new-yorkais.

Les adresses utiles

Service information de l'aéroport 🛈 *(718) 244-4444.*
Ⓦ www.jfkairport.com
Best Western JFK Airport
138–10 135th Ave, Queens.
Ⓒ *(718) 322-8700.*
Holiday Inn JFK
144–02 135th Ave, Queens.
Ⓒ *(718) 659-0200.*

🚁 Helicopter Flight Services Ⓒ *355-0801.* Ⓦ www.heliny.com; Liberty Helicopters Ⓒ *(888) 692-4354.*

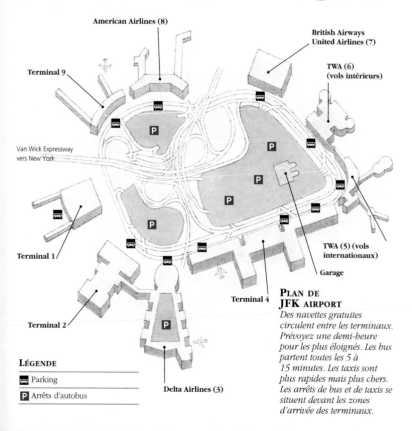

American Airlines (8)

British Airways
United Airlines (7)

TWA (6)
(vols intérieurs)

Terminal 9

Van Wick Expressway
vers New York

Terminal 1

TWA (5) (vols
internationaux)

Garage

Terminal 2

Terminal 4

Plan de JFK airport

Des navettes gratuites circulent entre les terminaux. Prévoyez une demi-heure pour les plus éloignés. Les bus partent toutes les 5 à 15 minutes. Les taxis sont plus rapides mais plus chers. Les arrêts de bus et de taxis se situent devant les zones d'arrivée des terminaux.

Légende

🚌 Parking

🅿 Arrêts d'autobus

Delta Airlines (3)

NEWARK AIRPORT

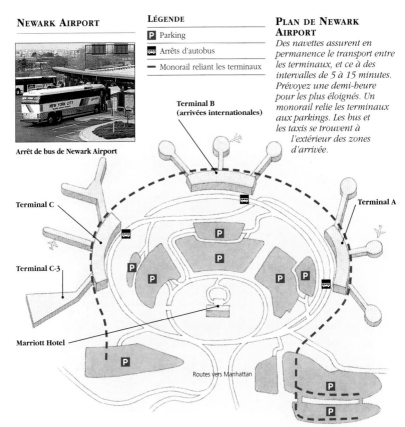

Arrêt de bus de Newark Airport

LÉGENDE

P Parking

Arrêts d'autobus

— Monorail reliant les terminaux

PLAN DE NEWARK AIRPORT

Des navettes assurent en permanence le transport entre les terminaux, et ce à des intervalles de 5 à 15 minutes. Prévoyez une demi-heure pour les plus éloignés. Un monorail relie les terminaux aux parkings. Les bus et les taxis se trouvent à l'extérieur des zones d'arrivée.

Terminal B (arrivées internationales)

Terminal C

Terminal A

Terminal C-3

Marriott Hotel

Routes vers Manhattan

C'est le second aéroport international de New York, situé à 26 km au sud-ouest de Manhattan dans le New Jersey.
Les vols internationaux arrivent tous au terminal B. On trouve des chariots près des tapis roulants de récupération de bagages, au rez-de-chaussée. Il n'y a pas de consigne, mais un bureau de change dans chaque terminal. Le bureau d'accueil, ouvert en permanence, est situé à côté de l'arrivée des bagages. On y trouve les téléphones gratuits des sociétés de location de limousines ou de voitures. Ils proposent souvent une navette gratuite jusqu'à leurs parcs. Des taxis sont à votre disposition devant chaque zone d'arrivée. Si l'on vous accoste dans le terminal pour vous offrir de vous conduire à votre destination, n'acceptez jamais ; le chauffeur n'est certainement pas assuré et le prix sera sans

doute exorbitant.
Le transport jusqu'à Manhattan prend environ 40 minutes et coûte 50 dollars maximum. Les autobus mettent de 40 minutes à une heure pour faire le même trajet et le ticket coûte environ 10 dollars. Des tableaux électroniques indiquent les horaires. Le train (AirTrain Newark) relie l'aéroport à Penn Station en 20 minutes pour un prix de 11,55 $. Pour les voyageurs matinaux, il y a des hôtels dans l'aéroport et les environs. On peut réserver, dès l'arrivée, une chambre d'hôtel

à Manhattan en utilisant les téléphones gratuits situés dans tous les terminaux.

LES ADRESSES UTILES

Port Authority de Newark Airport
☎ *(888) 397-4636.*
W www.newarkairport.com

Holiday Inn International
1000 Spring St, Elizabeth, N J.
☎ *(800) 465-4329.*

Marriott Hotel
Newark Airport.
☎ *(800) 228-9290.*

Écrans indiquant les heures de départs et d'arrivées à Newark

Comment se rendre au centre-ville ?

Cette carte indique les moyens de transport entre les trois aéroports de la ville et le centre de Manhattan. Elle montre aussi les liaisons ferroviaires entre New York, le reste des États-Unis et le Canada. On y précise le temps de trajet en métro, autobus ou hélicoptère. Le terminal maritime, autrefois la porte d'entrée des immigrants de l'après-guerre, se trouve près du centre de Manhattan. Le Port Authority Bus Terminal possède de nombreuses correspondances avec les transports urbains.

Paquebots à quai devant la gare maritime

GARE MARITIME
Les quais 88-92 sont réservés au QE2 et autres bateaux de croisière.

LÉGENDE

Aéroport *p. 363–365*

Port *p. 362*

Train *p. 362*

Arrêt d'autobus *p. 362*

Service d'hélicoptère *p. 364*

— New York Airport Service and Gray Line Air Shuttle *p. 363*

— Service d'hélicoptère *p. 364*

— Voie ferrée de Long Is. *p. 376–377*

— Bus New Jersey Transit *p. 363*

— Olympia Airport Express *p. 363*

— Navette de bus *p. 364*

Gare maritime

PORT AUTHORITY BUS TERMINAL
Les autocars arrivent et partent de là, ainsi que les navettes vers les aéroports.

Port Authority Bus Terminal

PENN STATION
*Trains en provenance du **Canada** et des autres États ; navettes quotidiennes vers **Long Island** et le **New Jersey**, AirTrain Newark vers **Newark Airport**. Navette Amtrak, Long Island Rail Road et New Jersey Transit. M A, C, E, 1, 2, 3, 9.*

Penn Station

Chelsea et le quartier du vêtement

Gray Line Air Shuttle conduit les passagers à Manathan entre la 23ᵉ et la 63ᵉ Rues.

Greenwich Village

East Village

SoHo et TriBeCa

Seaport et le Civic Center

Lower East Side

NEWARK
*Bus pour le centre de Manhattan toutes les 20-30 min. **Olympia Airport Express** toutes les 20-30 min jusqu'à **Penn Station** et **Grand Central Terminal**. Bus du **New Jersey Transit** toutes les 15-20 min pour le **Port Authority Bus Terminal**. AirTrain jusqu'à Penn Station. Héliport 34th St.*

Lower Manhattan

Pier 11

Depuis l'attentat de septembre 2001, les transports publics n'ont pas été remis en service à la pointe sud de Manhattan.

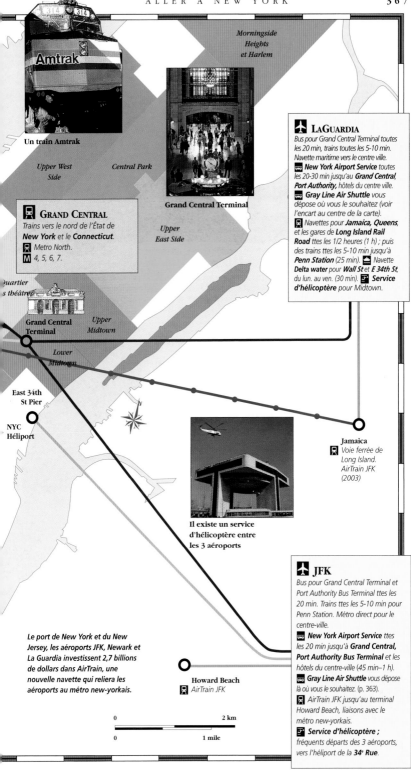

Un train Amtrak

*Morningside
Heights
et Harlem*

*Upper West
Side*

Central Park

Grand Central Terminal

✈ **LaGuardia**
*Bus pour Grand Central Terminal toutes
les 20 min, trains toutes les 5-10 min.
Navette maritime vers le centre ville.*
New York Airport Service *toutes
les 20-30 min jusqu'au **Grand Central,
Port Authority,** hôtels du centre ville.*
Gray Line Air Shuttle *vous
dépose où vous le souhaitez (voir
l'encart au centre de la carte).*
*Navettes pour **Jamaica, Queens,**
et les gares de **Long Island Rail
Road** ttes les 1/2 heures (1 h) ; puis
des trains ttes les 5-10 min jusqu'à
Penn Station (25 min). Navette
Delta water pour **Wall St** et **E 34th St,**
du lun. au ven. (30 min).* 🚁 **Service
d'hélicoptère** *pour Midtown.*

🚉 **Grand Central**
*Trains vers le nord de l'État de
New York et le **Connecticut.***
🚉 *Metro North.*
Ⓜ *4, 5, 6, 7.*

*Upper
East Side*

*Quartier
s théâtres*

**Grand Central
Terminal**

*Upper
Midtown*

*Lower
Midtown*

**East 34th
St Pier**

**NYC
Héliport**

Jamaica
🚉 *Voie ferrée de
Long Island.
AirTrain JFK
(2003)*

**Il existe un service
d'hélicoptère entre
les 3 aéroports**

*Le port de New York et du New
Jersey, les aéroports JFK, Newark et
La Guardia investissent 2,7 billions
de dollars dans AirTrain, une
nouvelle navette qui reliera les
aéroports au métro new-yorkais.*

Howard Beach
🚉 *AirTrain JFK*

✈ **JFK**
*Bus pour Grand Central Terminal et
Port Authority Bus Terminal ttes les
20 min. Trains ttes les 5-10 min pour
Penn Station. Métro direct pour le
centre-ville.*
New York Airport Service *ttes
les 20 min jusqu'à **Grand Central,
Port Authority Bus Terminal** et les
hôtels du centre-ville (45 min–1 h).*
Gray Line Air Shuttle *vous dépose
là où vous le souhaitez. (p. 363).*
🚉 *AirTrain JFK jusqu'au terminal
Howard Beach, liaisons avec le
métro new-yorkais.*
🚁 *Service d'hélicoptère ;
fréquents départs des 3 aéroports,
vers l'héliport de la **34e Rue.***

0		2 km
0		1 mile

SE DÉPLACER DANS NEW YORK

Il est certes difficile de parcourir à pied les 10 000 km de rues de New York, mais les sites principaux se visitent quartier par quartier. Pour les courtes distances, le taxi reste le meilleur moyen de transport malgré les embouteillages durant les heures de pointe. Les autobus sont sûrs et bon marché mais souvent lents. Le métro est rapide, efficace et bon marché mais les stations sont parfois mal placées. Il n'y a pas de carte d'abonnement à la semaine ou à la journée dans les transports publics, mais les bus et les trains ont des systèmes équivalents.

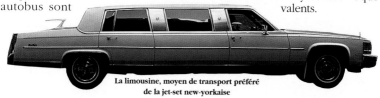

La limousine, moyen de transport préféré
de la jet-set new-yorkaise

TROUVER SON CHEMIN DANS LES AVENUES ET LES RUES

Les avenues de Manhattan s'étendent du nord au sud et les rues d'est en ouest, sauf dans les vieux quartiers. La 5e Avenue est utilisée pour distinguer les adresses à l'est et à l'ouest.

La plupart des rues du centre-ville sont à sens unique ; la circulation vers l'est se faisant dans les rues paires et vers l'ouest dans les impaires. Les avenues, également à sens unique, alternent les directions nord et sud.

Les 1re, 3e (après la 23e Rue), Madison, 8e Avenues, Avenue of the Americas (6e) et la 10e Avenue s'orientent vers le nord, alors que les 2e, Lexington, 5e, 7e, 9e Avenues et Broadway (avant la 59e Rue), se dirigent vers le sud. York, Park, la 11e Avenue, la 12e Avenue et Broadway, à partir de la 60e Rue, sont à double sens.

Les pâtés de maisons de Manhattan, au nord de Hudson Street, sont rectangulaires mais pas uniformes. Un *block* est trois ou quatre fois plus long d'est en ouest que du nord au sud.

Ne pas confondre : Avenue of the Americas est encore appelée la 6e Avenue, Fashion Avenue la 7e, et Park Avenue South n'est pas la même chose que Park Avenue. Les carrefours et les petites places commémorent le nom de personnalités célèbres ou d'un événement particulier. Les plans de ce guide indiquent les noms le plus fréquemment utilisés par les New-Yorkais.

Embouteillage à Manhattan

TROUVER UNE ADRESSE

Voici une méthode pratique pour trouver une adresse dans les avenues. Enlevez le dernier chiffre de l'adresse, divisez le reste par deux, puis ajoutez ou soustrayez le chiffre clé indiqué ci-contre – vous obtiendrez ainsi le numéro de la rue la plus proche. Pour trouver, par exemple, le 826 Lexington Avenue, retirez le 6, divisez 82 par 2 ce qui donne 41 et ajoutez 22 (le chiffre clé). La 63e Rue est donc la rue la plus proche.

MADISON AVENUE

Panneau au carrefour d'une rue, indiquant
Madison Avenue.

Adresses sur une Avenue	Chiffre clé
1re Ave	+3
2e Ave	+3
3e Ave	+10
4e Ave	+8
5e Ave :	
- jusqu'à 200	+13
- de 200 à 400	+16
- de 400 à 600	+18
- de 600 à 775	+20
- de 775 à 1286, ne pas diviser par 2	
- de 1286 à 1500	+45
- de 1500 à 2000	+24
6e Ave of the Americas	-12
7e Ave, avant la 110e Rue	+12
7e Ave, après la 110e Rue	+20
8e Ave	+10

Adresses sur une Avenue	Chiffre clé
9e Ave	+13
10e Ave	+14
Amsterdam Ave	+60
Audubon Ave	+165
Broadway, après la 23e Rue	-30
Central Park W, diviser le nombre par 10	+60
Columbus Ave	+60
Convent Ave	+127
Lenox Ave	+110
Lexington Ave	+22
Madison Ave	+26
Park Ave	+35
Park Ave South	+08
Riverside Drive, diviser le nombre par 10	+72
St Nicholas Ave	+110
West End Ave	+60

PLANIFIER VOS DÉPLACEMENTS

Pendant les heures de pointe (de 8h à 10h, de 11h30 à 13h30 et de 16h30 à 18h30, du lundi au vendredi) il vaut mieux marcher, malgré la foule, plutôt que d'essayer de prendre un autobus, un taxi ou le métro. À d'autres moments et pendant les vacances *(p. 53),* la circulation est moins dense et permet de se déplacer rapidement. Il faut toujours soigneusement éviter la 5e Avenue les jours de parade (St Patrick's Day et Thanksgiving Day sont les pires). Les visites de personnalités ou les manifestations qui se déroulent fréquemment devant le City Hall *(p. 90)* provoquent des embouteillages monstres. Le quartier du vêtement, situé au sud de la 42e Rue le long de la 7e Avenue, se remplit de camions de livraison pendant la journée.

À PIED

Les intersections entre les avenues et les rues ont des feux de signalisation et lampadaires portant des panneaux qui indiquent les noms. Pour les véhicules, le rouge signifie arrêt *(stop),* le vert passez

Passage pour piétons

Ne traversez pas

Traversez

Un ferry de Staten Island quittant Battery Park

Bateau de la Circle Line

EN FERRY

Deux d'entre eux intéressent les visiteurs *(p. 353).* Le ferry de la Circle Line fait plusieurs fois par jour le trajet de Battery Park (à l'extrémité sud de Manhattan) à la statue de la Liberté et à Ellis Island. Staten Island Ferry, quant à lui, en service jour et nuit, offre des vues magnifiques sur Manhattan, la statue de la Liberté, les ponts et Governors Island. Sur Staten Island Ferry, l'aller et retour est gratuit.
W www.circleline.com

(go) et « Walk-Don't Walk » (Traverser ou non) s'adresse aux piétons. Vous remarquerez vite que les New-Yorkais, prudents, ne se fient pas souvent au signal « Walk », mais plutôt à leurs yeux.
Comme en Europe, les véhicules roulent à droite. Il n'y a pas de panneaux pour prévenir les piétons du sens de la circulation. Comme de nombreuses rues sont à sens unique, il vaut donc mieux regarder des deux côtés avant de traverser. On trouve des passages pour piétons à certains carrefours. Ils sont facilement repérables (au Rockefeller Center, par exemple) et sont surveillés de près par la police. La ville dispose de quelques passages souterrains à Central Park.

À BICYCLETTE

Le moins dangereux pour les cyclistes est de circuler le jour sur les pistes aménagées (à Central Park et le long de East et Hudson Rivers). Vous pouvez louer des bicyclettes chez Metro Bikes ou Loeb Boathouse à Central Park.
Information pratique West Side Bicycle Store, W 96th St et Broadway. **Plan** 15 C2. (663-7531.

Cycliste dans Central Park

Conduire à New York

Il est déconseillé de conduire à New York car la circulation y est particulièrement difficile et les voitures de location plutôt chères. La ceinture de sécurité est obligatoire et la vitesse en ville est limitée à 48 km/h (30 mph). La conduite est à droite et la plupart des rues sont à sens unique avec un feu à chaque carrefour.

Embouteillage sur la 6e Avenue

LOUER UNE VOITURE

Vous devez présenter un permis de conduire valide (le permis de conduire international est utile, mais pas indispensable) et posséder une carte de crédit reconnue, sous peine de devoir laisser une caution importante. Les moins de 25 ans paient plus cher. Votre police d'assurance tous risques doit vous couvrir en cas de dommage matériel ou corporel, de vandalisme et de vol. Faites le plein avant de rendre la voiture sous peine de payer le double du prix normal du carburant. Il est moins cher de louer une voiture en ville que dans les aéroports.

LA SIGNALISATION

Les passages pour piétons sont marqués par des bandes noires et blanches. Au centre des carrefours, des bandes identiques signalent la zone interdite aux véhicules lorsque le feu est rouge. Contrairement au reste de l'État de New York, il est interdit aux automobilistes de tourner à droite au feu rouge, sauf indication contraire.

Sens unique

SE GARER

C'est un casse-tête coûteux à Manhattan. Les parkings et garages indiquent toujours leurs tarifs à l'entrée. Certains hôtels incluent un supplément pour le stationnement. Dans certains secteurs, des parcmètres autorisent des arrêts de 20 à 60 min. Ne vous garez pas devant ceux qui sont en panne. Les bandes jaunes indiquent qu'il est interdit de stationner.
Le stationnement alterné est d'usage dans la majorité des petites rues. On peut se garer d'un côté toute la nuit à condition d'enlever sa voiture avant 8h du matin. Pour tout renseignement, appelez le **Transportation Department**.

LES CONTRAVENTIONS

Si vous avez une contravention, il faut payer l'amende dans les 7 jours ou contester en écrivant aux autorités. Si vous avez un problème avec votre véhicule, appelez le **Parking Violations Bureau** entre 8h 30 et 19h les jours ouvrables.
Si vous ne retrouvez pas votre voiture, ne paniquez pas mais renseignez-vous d'abord à la fourrière, ouverte jour et nuit tous les jours, sauf

| Entrée interdite | Vitesse limitée à 80 km/h (50 mph) |

| Vous n'avez pas la priorité | Arrêtez-vous à l'intersection |

le dimanche. Celles-ci sont très efficaces mais ont tendance à maltraiter les véhicules enlevés. Pour récupérer votre bien, vous devrez payer une amende de 150 dollars et 10 dollars de gardiennage par jour. Les chèques de voyage, les virements et l'argent liquide sont acceptés. Il y a un distributeur ATM sur les lieux *(p. 358)*. S'il s'agit d'une voiture louée, présentez le contrat de location, seul le conducteur autorisé (ayez votre permis) peut reprendre la voiture. Si votre voiture n'est pas à la fourrière, prévenez la police.

Informations pratiques Police ☎ *911*; Parking Violations Bureau ☎ *(718) 802-3636* ; Traffic Dept, Tow Pound (fourrière), Pier 76, West 38th St et 12 th Ave. **Plan** 7 B1 et Uptown 207th St. ☎ *788-7800.* Transportation Dept ☎ *225-5368.*

LES PÉAGES

La plupart des voies d'accès à New York sont à péage. Les tarifs varient entre 1,5 $ pour les plus petits ponts et 6 $ pour le George Washington Bridge, entre New York et le New Jersey. Pour les ouvrages dépendant de la Triborough Bridge Authority, ils sont fixés à 3,5 $. Ces sommes doivent être réglées en liquide. N'allez pas aux guichets E-Z Pass, réservés aux possesseurs de cartes spéciales.

LES AGENCES DE LOCATION

Si vous voulez louer une voiture, consultez l'annuaire à la rubrique *Automobile Renting*. Les principales compagnies de location sont :

Avis ☎ *(800) 331-1212.*
W www.avis.com

Budget ☎ *(800) 527-0700.*
W www.drivebudget.com

Dollar ☎ *(800) 800-4000.*
W www.dollar.com

Hertz ☎ *(800) 654-3131.*
W www.hertz.com

National ☎ *(800) 227-7368.*
W www.nationalcar.com

Les taxis à New York

Taxis new-yorkais

Tous les taxis dotés d'une licence officielle sont jaunes. Si le numéro sur le toit est allumé, ils sont libres et peuvent être hélés. Les taxis en dehors des heures de service allument l'indication « Off-Duty ». Seuls les taxis officiels sont habilités à s'arrêter pour prendre un client. Il pourrait être non seulement cher mais dangereux d'accepter de monter avec quelqu'un d'autre.

PRENDRE UN TAXI

Il y a plus de 12 000 Yellow Cabs à New York, ils sont équipés d'un compteur et beaucoup donnent des reçus imprimés. Ils acceptent jusqu'à quatre passagers pour le même prix. Les stations de taxis sont rares, les meilleurs endroits pour en trouver sont les hôtels, Penn Station et Grand Central Terminal.

Reçu imprimé

```
I ♥ NEW YORK
TRIP#    004653
09:11AM 11-15-92
MEDALLION# 6N64
DIST       2.30
FARE $     6.00
TLC:212-221-TAXI
```

Les taxis officiels subissent des inspections techniques périodiques et sont assurés contre les accidents et les pertes. Les autres *(gypsy cars)* ne présentent pas ces garanties. Dès le début de la course, le compteur démarre à 2 dollars et le coût augmente de 30 cents tous les 320 m (soit environ $1/km). Comptez des suppléments pour le temps d'attente et les trajets entre 20h et 6h du matin. Certains taxis acceptent des cartes de crédit, mais la majorité préfère les espèces. Le pourboire ne dépasse pas 15 %.
Cette profession est traditionnellement réservée aux immigrants, la communication peut donc poser quelques problèmes. Bien que les chauffeurs de taxi passent un examen portant sur leur connaissance de l'anglais et de la ville, ils ne comprennent pas toujours parfaitement cette langue.

Assurez-vous de vous être bien fait comprendre avant de démarrer.
Légalement, un taxi est tenu de vous conduire n'importe où dans la ville à moins qu'il ne soit pas en train de travailler ou qu'il n'y ait pas de lumière sur le toit. Le chauffeur ne peut vous demander votre destination qu'après que vous soyez monté et doit accepter vos requêtes de ne pas fumer, d'ouvrir ou de fermer une fenêtre, de prendre ou déposer des passagers.
S'il ne suit pas ces règles, vous pouvez adresser une réclamation à la **Taxi & Limousine Commission.** Chaque taxi doit posséder la photographie du conducteur et son numéro d'enregistrement près du compteur. En cas de plainte, notez ce numéro et appelez la Commission.

Trafic à sens unique dans l'une des avenues de la ville

LES RÉCLAMATIONS ET LES NUMÉROS D'APPEL

Taxi & Limousine Commission
[692-8294 ou 676-1000.

Objets trouvés
[302-8294.

Si vous préférez appeler un radio-taxi plutôt que le héler dans la rue, vous pouvez appeler :

Allstate Car and Limousine
[(800) 453-4099 (numéro gratuit).

Chris Limousine
[(718) 356-3232.

Tri-State and Limo Service
[777-7171.

Le compteur montre le prix à payer, les suppléments sont indiqués séparément.

La lumière sur le toit indique le numéro du taxi et l'indicatif « Off-Duty ».

IN.Y.C.TAXI
7B72

Se déplacer en autobus

Les 4 000 bus bleus et blancs de la ville parcourent plus de deux cents itinéraires différents à travers les cinq quartiers. Nombre d'entre eux circulent 24 heures sur 24. Ils sont modernes, propres, climatisés, sûrs, spacieux et rarement bondés. Il est interdit de fumer à l'intérieur et les seuls animaux admis sont les chiens d'aveugles. L'autobus peut être un bon moyen de découvrir la ville.

La caisse se trouve à l'entrée près du chauffeur.

LES TICKETS

On paie son ticket à l'aide d'une MetroCard (*p. 374*) d'un *token* (jeton) ou avec le montant exact en pièces. Les chauffeurs de bus ne rendent pas la monnaie et on ne peut mettre ni billet ni penny dans la machine.

La MetroCard et les *tokens* sont vendus dans toutes les stations de métro. On peut se déplacer en empruntant le correspondances de métro à bus, de bus à bus ou de bus à métro avec la MetroCard : la correspondance est automatique. Avec un *token* ou le montant exact, vous disposez d'une correspondance valable pendant une heure sur un trajet de bus. Il existe des tarifs réduits pour le troisième âge et les handicapés. Tous les bus s'abaissent pour les aider à monter (*p. 354*) ; il y a un accès pour handicapés à l'arrière du bus.

RECONNAÎTRE VOTRE BUS

Comme plusieurs lignes passent à chaque arrêt d'autobus, vérifiez bien le numéro indiqué à l'avant et sur le côté, près de la porte avant. Informez-vous auprès du conducteur pour savoir si le bus s'arrête bien à l'endroit où vous souhaitez aller.

Descendez du bus par les portes arrières.

MONTER DANS L'AUTOBUS

On ne monte qu'aux arrêts. Certains bus suivent des itinéraires nord-sud sur les avenues principales, s'arrêtant toutes les deux ou trois rues, d'autres empruntent une route est-ouest et s'arrêtent à chaque croisement (*p. 368*).

De nombreuses lignes sont desservies en permanence, mais à un rythme plus lent le soir et la nuit. Quelques autobus ne roulent que pendant les heures de pointe, de 7h à 22h. Les arrêts se reconnaissent aux panneaux bleus, blancs et rouges, et au marquage jaune qui longe le trottoir ; la plupart sont équipés d'abri. Une carte de l'itinéraire et des horaires sont affichés à chaque arrêt. Une fois que vous avez identifié votre autobus, montez par la porte avant et déposez vos pièces ou un jeton dans l'appareil prévu à cet effet. Demandez au chauffeur si le bus passe près de votre destination et

Un arrêt d'autobus et son abri vitré.

Le plan de la ligne M15 sur un arrêt d'autobus.

quel est l'arrêt le plus proche. Les conducteurs d'autobus de New York sont en général très aimables et vous préviennent lorsqu'il faut descendre.

Pour demander l'arrêt, appuyez sur la bande verticale d'appel, située entre les fenêtres ; un voyant « Stop Requested » s'allumera devant le conducteur.

Descendez par la double porte arrière ; le conducteur la débloque dès que le bus est arrêté, mais vous devez pousser sur la rayure jaune figurant sur la porte, afin d'ouvrir et de maintenir la porte ouverte.

Le numéro de la ligne se trouve sur le devant et le côté du bus.

Montez dans le bus par les portes avant.

VOYAGER EN AUTOCAR

Les autocars à destination de tout le continent nord-américain partent du **Port Authority Bus Terminal**. La gare routière située au bout du George Washington Bridge, du côté de Manhattan, dessert uniquement le nord du New Jersey et le Rockland County.

Les billets sont vendus au Port Authority Bus Terminal, dans le hall principal. Les compagnies d'autocar longue distance (Greyhound, Peter Pan et Adirondack), le bus de banlieue Short Line et New Jersey Transit disposent de leurs propres guichets. Aucune réservation n'est possible sur ces lignes. Il y a des toilettes surveillées, ouvertes de 6h du matin à 22h.

Un autocar de ligne arrivant à New York

LES INFORMATIONS SUR LES BUS ET AUTOCARS

Itinéraires
Les plans sont disponibles à MTA, 370 Jay St, Brooklyn, NY 11201 ; ou au New York Convention and Visitors Bureau, 810 7th Ave. 484-1222.

MTA Travel Information
(718) 330-1234 (24 h/24).
www.mta.info
Port Authority Bus Terminal
West 40th St et 8 th Ave. **Plan** 8 D1.
564-8484. www.panynj.gov
George Washington Bridge Terminal
178th St et Broadway. *564-1114.*
www.panynj.gov
Lost Property
712-4500.

VISITER NEW YORK EN AUTOBUS

L'autobus est un moyen confortable et bon marché de visiter New York et d'observer ses habitants. L'autobus M1 part de la 59e Rue, longe la 5e Avenue vers Battery Park et se dirige vers le nord par Wall Street et Madison Avenue. L'itinéraire M5 permet d'admirer le beau panorama de Hudson River. Il longe Riverside Drive jusqu'au George Washington Bridge près de la 178e Rue. Le M104 part du siège des Nations Unies sur la 1re Avenue, traverse la 42e Rue et Times Square, puis suit Broadway, avant de passer par Lincoln Center et de remonter jusqu'à Columbia University sur la 125e Rue.

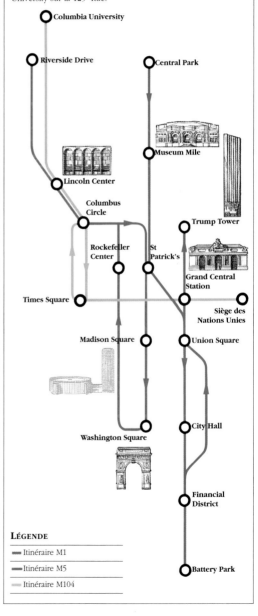

LÉGENDE
— Itinéraire M1
— Itinéraire M5
— Itinéraire M104

Se déplacer en métro

Logo du métro de New York

L e métro est la manière la plus rapide et la plus efficace de voyager dans New York. Son réseau couvre près de 375 km et se compose de 468 stations. La plupart des lignes fonctionnent en permanence, mais il y a moins de trains la nuit et le week-end. Le métro vient d'être complètement rénové et les wagons sont tous climatisés, bien éclairés et modernes.

Information pratique New York City Transit Authority [(718) 330-1234. MetroCard Customer Service [(212) 638-7622. W www.mta.nyc.ny.us

LES JETONS DE MÉTRO

L e prix est fixe, quelle que soit la distance parcourue. La MetroCard à 1,5 $ remplace les *tokens* (jetons). Il existe plusieurs MetroCards dont le prix va de 3 $ à 80 $ en fonction du nombre de trajets choisis. Le FunPass à 4 $, idéal pour les visiteurs, offre un nombre de trajets illimités pour une journée. La MétroCard s'achète dans les bus, dans 3 500 points de vente dans la ville et dans les stations de métro (ou vous pouvez payer en liquide ou avec une carte de paiement).
Subway information New York City Transit Authority [(718) 330-1234. Service clients Metrocard [(212) MetroCard (638-762-273) ou 1 800 MetrocCard. W www.mta.info

LE MÉTRO NEW-YORKAIS

C ertaines bouches de métro sont dotées de boules lumineuses vertes – quand des employés y vendent des jetons jour et nuit – ou rouges. D'autres portent des panneaux qui indiquent le nom de la station ainsi que les numéros ou lettres des lignes y passant. Le métro fonctionne jour et nuit, mais certaines lignes ont des horaires précis.
Il y a deux sortes de trains. Les locaux s'arrêtent à toutes les stations et les express, plus rapides, s'arrêtent moins souvent. Ces deux types sont signalés sur tous les plans de métro. La sécurité a été renforcée et on peut voyager sans danger n'importe où entre 9h et 16h30 au sud de Central Park. Cependant, il est dangereux d'aller dans les quartiers éloignés comme le Bronx ou Harlem – à moins d'être en groupe. Nous déconseillons aux femmes seules de

prendre le métro la nuit. Le concierge de l'hôtel vous indiquera les endroits à éviter. Tenez-vous dans des endroits éclairés, utilisez les wagons du milieu et évitez de croiser le regard de personnages déplaisants. En cas de difficulté, adressez-vous au gardien de la station ou à un membre du personnel dans la première voiture ou la voiture du milieu.

DÉCHIFFRER UN PLAN DE MÉTRO

Chaque ligne est identifiée sur le plan *(voir la page de garde en fin d'ouvrage)* par une couleur, par les noms des terminus et grâce à une lettre ou un nombre. Par exemple, la ligne verte relie Woodland et Utica Avenue et est desservie par les trains portant le n° 4. Les arrêts locaux et express et les correspondances sont clairement marqués. Les

lettres et les nombres sous le nom de station indiquent quelles lignes desservent celle-ci. Une lettre ou un nombre écrit en caractères gras indique que les trains s'y arrêtent entre 6h et minuit. Les caractères en maigre signifient un service partiel. Une lettre ou un nombre encadré indiquent le terminus de la ligne. Un plan détaillé est affiché dans toutes les stations de métro et précise les horaires.

La boule verte de la station indique qu'il y a des employés en permanence

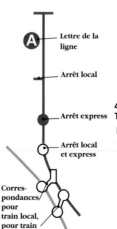

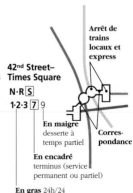

COMMENT PRENDRE LE MÉTRO ?

Le métro dessert New York du nord au sud à Lexington Avenue, 6e Avenue, 7e Avenue/ Broadway et 8e Avenue. Les lignes N, R, E, F et W vers le Queens relient l'est à l'ouest.

1 Il y a un plan de métro sur la page de garde, à la fin de ce livre. De grandes cartes se trouvent en évidence dans chaque station, souvent près du guichet. Vous pouvez également les consulter sur www.mta.info.

Plan de métro

Guichet avec employé

2 Achetez une MetroCard ou un *token* à un guichet ou à un distributeur. Les distributeurs acceptent la plupart des cartes de crédit et les billets jusqu'à 50 $ mais refusent les pièces. Ils distribuent également les MetroCards.

3 Mettez la carte ou un *token* pour passer le tourniquet.

Tourniquet d'entrée

4 Suivez la direction indiquée. Ne prenez pas de risques inutiles et restez en vue du guichet en attendant votre train. La nuit, cantonnez-vous aux zones d'attente jaunes.

Zone d'attente en dehors des heures d'affluence

5 Sur chaque rame sont indiqués le numéro ou la lettre de la ligne, de la couleur appropriée, et les noms des terminus.

Identification de la ligne

6 Une fois à bord, suivez le plan des stations situé près des deux portes de chaque wagon, pour vérifier où vous vous trouvez. Les nouveaux trains disposent de plans électroniques. Les arrêts sont annoncés par haut-parleur. Le nom de la station est marqué sur chaque quai. Le conducteur contrôle l'ouverture des portes. Pour plus de sécurité, choisissez un wagon bien rempli.

7 En descendant, suivez les panneaux indiquant la sortie. Si vous devez changer de ligne, suivez les indications de correspondance.

Voyager par le train

Il y a deux gares principales à New York. Grand Central Terminal est le terminus des trains de banlieue de l'État de New York et du Connecticut ; alors qu'à Pennsylvania Station (Penn), arrivent les grandes lignes du reste des États-Unis et du Canada. On ne peut réserver de place sur les trains de banlieue, et la plupart d'entre eux n'offrent pas de wagon-restaurant – il vaut mieux faire ses provisions avant le départ.

Un train Amtrak

Franklin D. Roosevelt à Hyde Park. Les métros 4, 5 et 6 de la ligne verte et 7 de la ligne violette desservent la station de métro Grand Central, située sous la gare. Une navette relie Grand Central à Times Square et de nombreux autobus s'arrêtent à Grand Central.

GRAND CENTRAL TERMINAL

Grand Central Terminal *(p. 154-515),* sur Park Avenue entre la 41e et la 42e Rues, est le terminus des trains de banlieue **Metro North** (Hudson, New Haven et Harlem), qui traversent le nord et l'est de Manhattan et se dirigent vers le Connecticut et Westchester County. On part de Grand Central pour aller au Bronx Zoo *(p. 242-243),* au New York Botanical Garden ou dans la proprieté du président

Logo de Long Island Rail Road

PENN STATION

Située entre la 7e et la 8e Avenues et entre la 31e et la 33e Rues, Penn Station a été modernisée et reconstruite en 1963 sous Madison Square Garden *(p. 133).* Y arrivent des trains de banlieue comme ceux de New Jersey Transit et les **Amtrak** venant du Canada et des autres États du pays. Vous ne trouverez pas de chariots à bagages mais des porteurs à casquette rouge sont à votre disposition. On trouve des taxis au niveau de la rue. Des autobus partent de Penn Station, en direction de la 7e et de la 8e Avenues. Les stations de métro pour les lignes bleues A, C et E sont situées non loin de la 8e Avenue, à côté de la gare ; celles des lignes rouges 1, 2, 3 et 4, près de la 7e Avenue. Les guichets et salles d'attente sont au niveau de la rue, les trains en sous-sol.

Il faut se rendre à Penn Station pour aller dans le New Jersey, à Long Island, ou plus loin encore avec les Amtrak, vers le Canada, Philadelphie ou Washington.

Grand Central Terminal

Près de Penn Station, on trouve les guichets et stations de Long Island Rail Road (LIRR), ligne de banlieue qui conduit aux sites touristiques de Long Island, comme The Hamptons et Montauk Point.

LES TRAINS PATH

Ils fonctionnent en permanence, entre le New Jersey (Harrison, Hoboken, Jersey City et Newark) et Penn Station. Ils s'arrêtent à Christopher Street, au World Trade Center, à la 9e Avenue, aux 14e, 23e et 33e Rues et à l'Avenue of Americas (6e Avenue).

Un train de banlieue à Penn Station

AMTRAK

C'est la compagnie nationale de chemins de fer qui relie New York aux autres villes américaines et au Canada. Quelques trains disposent de sièges inclinables, d'autres, sur les grandes lignes, de wagons-restaurants et de couchettes. Les nouveaux trains express voyagent sur certaines lignes **Amtrak**, comme l'**Acela** qui relie Washington à Boston via New York.

Les billets s'achètent à Penn Station, mais aussi dans les Amtrak Travel Centers. On peut acheter son billet dans le train à condition d'acquitter un supplément. Les personnes âgées bénéficient d'une réduction de 15 %, mais il n'y a pas de tarif étudiant. Si vous réservez par téléphone, avec une carte de crédit, il faut vous y prendre au moins dix jours à l'avance ; vous recevrez vos billets par la poste.

Amtrak propose des tarifs réduits pour les touristes du Great American Vacations et des tarifs promotionnels divers. Renseignez-vous en réservant.

Tableau d'informations, Penn Station

LE TITRE DE TRANSPORT

Les guichets de gare sont sans cesse pris d'assaut par les New-Yorkais. Les paiements par cartes de crédit et en espèces sont acceptés.
Il existe plusieurs sortes de billets, la plupart sont calculés sur la base d'un aller simple. Si vous avez l'intention de faire plusieurs voyages, Metro North et LIRR proposent des cartes hebdomadaires à des prix intéressants.
De grands tableaux électroniques présentent en continu les horaires des trains, leurs destinations et numéros de quai. Vérifiez la liste des arrêts et les gares de correspondances affichées près de l'entrée du quai de départ.
Attendez l'ouverture du quai. Il n'y a qu'une seule classe et pas de places réservées. Le contrôleur ne vérifie les billets qu'après le départ du train. Penn Station et Grand Central Terminal sont bien équipées en toilettes, banques, magasins, bars et restaurants.

LES RENSEIGNEMENTS FERROVIAIRES

Amtrak Travel Centers
📞 *(800) USA-RAIL ou (800) 872-7245.* 🌐 *www.amtrak.com*
Acela
📞 *(800) 523-8720.*
🌐 *www.acela.com*
Long Island Rail Road (LIRR)
📞 *(718) 217-LIRR (information).*
📞 *(212) 643 5228 (objets perdus).*
🌐 *www.mta.info*
Metro-North
📞 *532-4900 (information).*
📞 *340-2555 (objets perdus).*
🌐 *www.mta.nyc.ny.us*
PATH Trains
📞 *(800) 234-7284.*
🌐 *www.panynj.com*

EXCURSION D'UNE JOURNÉE

De nombreux sites, en dehors de la ville, valent une visite. Ceux indiqués ci-dessous se situent dans un périmètre de 200 km autour de Manhattan. Si vous avez le temps, allez-y. Renseignez-vous auprès du New York Convention and Visitors Bureau *(p. 352).*

Une vue pittoresque de Tarrytown

Westbury House, Old Westbury
La copie par John Phipps, en 1906, d'un manoir Charles II, avec de jolis jardins à l'anglaise.
🚆 *39 km à l'est. Long Island Rail Road à partir de Penn Station. 40 min.*

Stony Brook
Un paisible village côtier. Entrée du district historique des trois villages.
🚆 *93 km à l'est. Long Island Rail Road à partir de Penn Station. 2h.*

The Hamptons
Des bars élégants et des boutiques dans un décor historique. Le Beverly Hills de Long Island.
🚆 *161 km à l'est. Long Island Rail Road à partir de Penn Station. 2h50.*

Montauk Point
Parc situé à l'extrémité est de Long Island. Belles vues sur l'océan
🚆 *193 km à l'est. LIRR à partir de Penn Station. 3h.*

Tarrytown
La demeure « Sunnyside » de Washington Irving et la résidence de Jay Gould.
🚆 *40 km au nord. Metro North à partir de Grand Central, puis taxi. 40 à 50 min.*

Hyde Park
La propriété de Franklin D. Roosevelt et la résidence Vanderbilt.
🚆 *119 km au nord. Metro North à partir de Grand Central jusqu'à Poughkeepsie puis bus. 2h.*

New Haven, Connecticut
Yale University.
🚆 *119 km au nord. Metro North à partir de Grand Central Terminal. 1h46.*

Hartford, Connecticut
Maison de Mark Twain, Musée Atheneum et Old State House.
🚆 *180 km au nord. Amtrak à partir de Penn Station. 2h45.*

Winterthur, Delaware
Collection d'art primitif américain de Henry du Pont, musée et jardins.
🚆 *187 km au nord. Amtrak à partir de Penn Station jusqu'à Wilmington, puis bus. 2h.*

Yale University à New Haven, Connecticut

ATLAS DES RUES

L es références accompagnant les indications sur les sites, hôtels, restaurants, bars, boutiques et spectacles se rapportent aux plans de cette partie du guide *(voir, ci-contre, Comment utiliser le plan ?)*. Ces plans couvrent la totalité de Manhattan. Le répertoire des noms de rues et de lieux se trouve dans les pages suivantes. Le plan d'ensemble, ci-dessous, correspond aux différentes zones de l'Atlas. Les sites touristiques – et tout ce qui peut être intéressant à découvrir à Manhattan – y sont indiqués selon un code de couleurs.

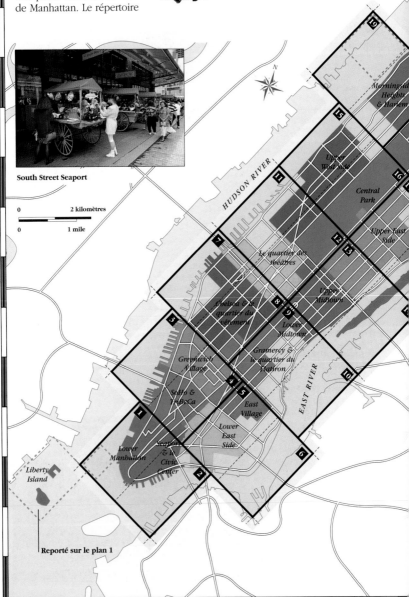

South Street Seaport

0   2 kilomètres

0   1 mile

HUDSON RIVER

EAST RIVER

Morningside Heights & Harlem

Upper West Side

Central Park

Upper East Side

Le quartier des théâtres

Upper Midtown

Chelsea & le quartier du vêtement

Lower Midtown

Gramercy & le quartier du Flatiron

Greenwich Village

Soho & TriBeCa

East Village

Lower East Side

Lower Manhattan

Seaport & le Civic Center

Liberty Island

Reporté sur le plan 1

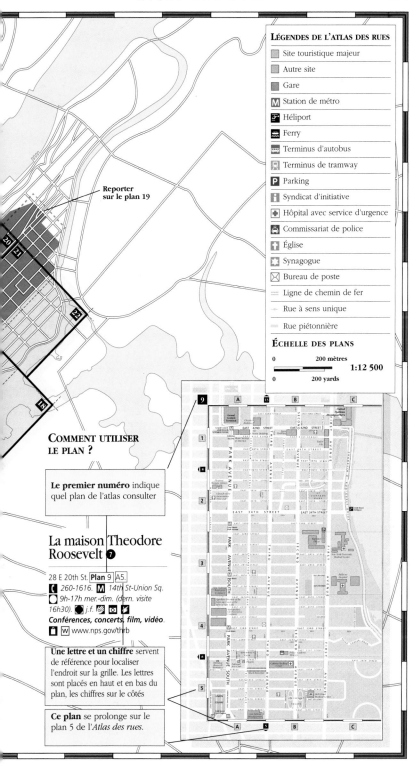

LÉGENDES DE L'ATLAS DES RUES

▢	Site touristique majeur
▢	Autre site
▢	Gare
Ⓜ	Station de métro
🚁	Héliport
⛴	Ferry
🚌	Terminus d'autobus
🚊	Terminus de tramway
Ⓟ	Parking
ℹ	Syndicat d'initiative
✚	Hôpital avec service d'urgence
🚔	Commissariat de police
✝	Église
✡	Synagogue
⊠	Bureau de poste
═	Ligne de chemin de fer
→	Rue à sens unique
▬	Rue piétonnière

ÉCHELLE DES PLANS

```
0          200 mètres
                          1:12 500
0          200 yards
```

Reporter
sur le plan 19

**COMMENT UTILISER
LE PLAN ?**

Le premier numéro indique
quel plan de l'atlas consulter

La maison Theodore
Roosevelt ❼

28 E 20th St. **Plan 9** A5.
☎ 260-1616. Ⓜ 14th St-Union Sq.
🕐 9h-17h mer.-dim. (dern. visite
16h30). ⬤ j.f. ▨ ▢ ▢
Conférences, concerts, film, vidéo.
▢ W www.nps.gov/thrb

Une lettre et un chiffre servent
de référence pour localiser
l'endroit sur la grille. Les lettres
sont placés en haut et en bas du
plan, les chiffres sur le côtés

Ce plan se prolonge sur le
plan 5 de l'*Atlas des rues.*

Répertoire des noms de rues

Chaque nom de lieu est suivi par son quartier (sauf pour Manhattan) et par son report au plan.

Chaque nom de lieu est suivi par son quartier (sauf pour Manhattan) et par son report au plan.

Chaque nom de lieu est suivi par son quartier (sauf pour Manhattan) et par son report au plan.

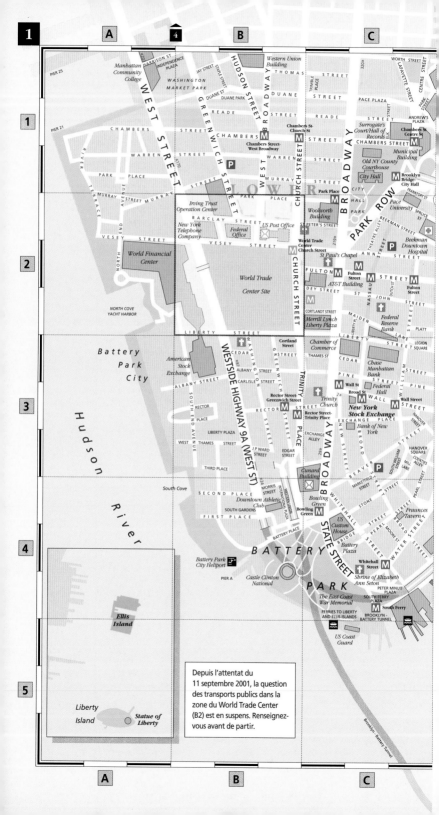

Depuis l'attentat du 11 septembre 2001, la question des transports publics dans la zone du World Trade Center (B2) est en suspens. Renseignez-vous avant de partir.

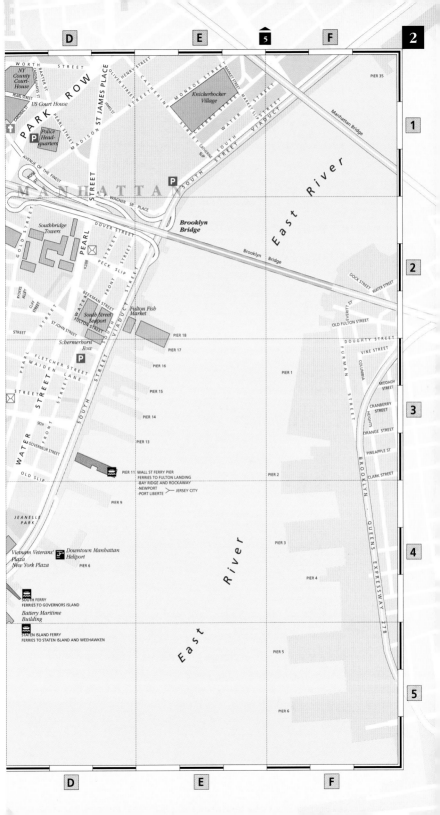

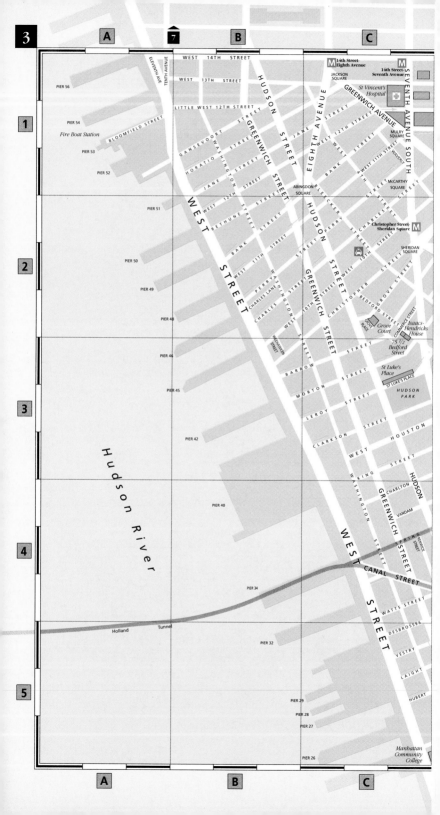

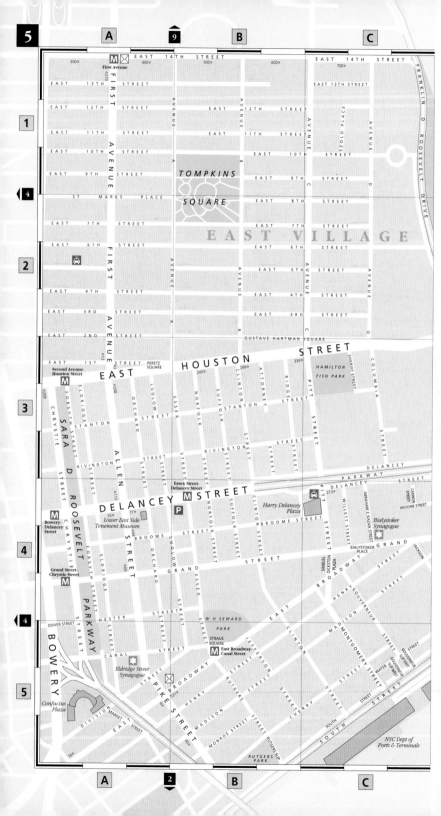

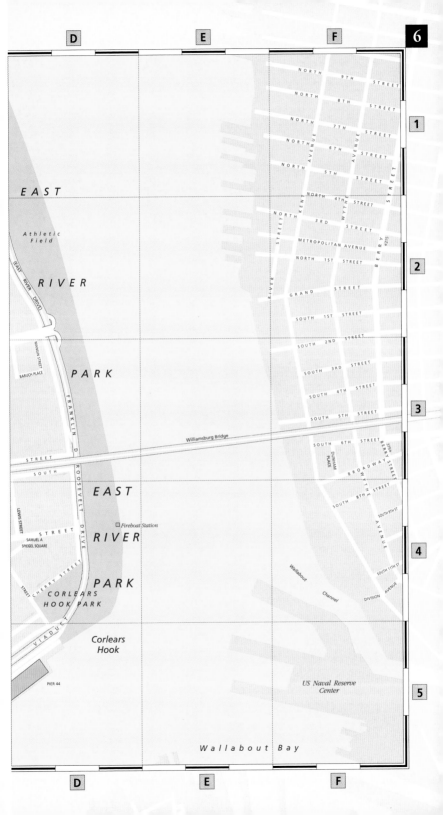

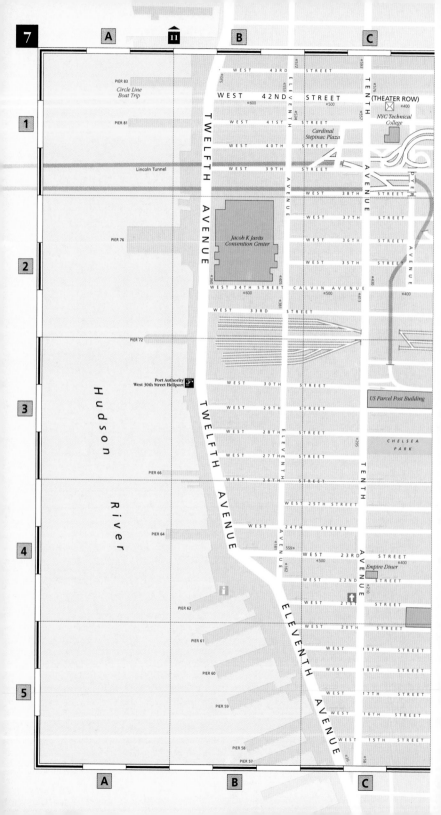

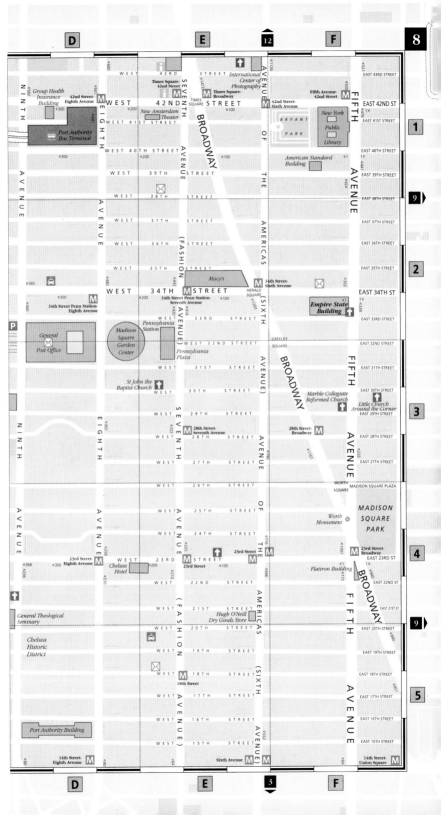

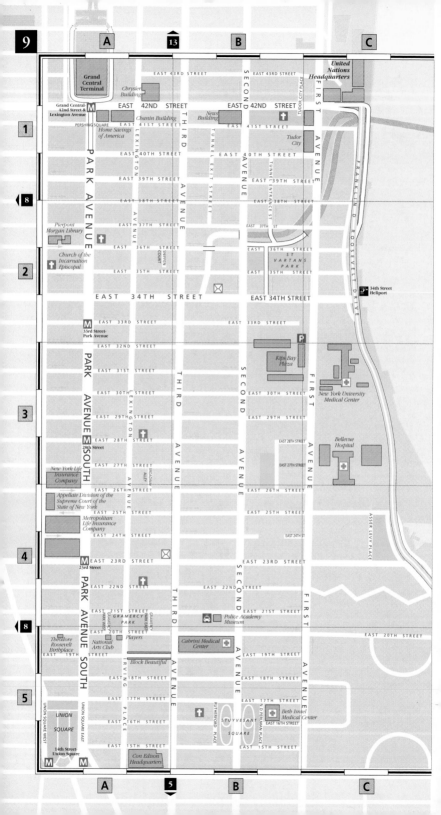

East

River

Belmont
Island

Queens - Midtown Tunnel 495

50TH STREET

AVENUE

51ST AVENUE

2ND (EAST) STREET

54TH (FLUSHING) AVENUE

55TH STREET

55TH AVENUE

56TH AVENUE

VERNON BLVD

JACKSON AVENUE

BORDEN AVENUE

AVENUE

Pulaski Bridge

M Vernon Jackson Boulevard

Long Island City Station

Newton Creek

COMMERCIAL STREET

DUPONT STREET

CLAY STREET

BOX STREET

MANHATTAN AVENUE

EAGLE STREET

FRANKLIN STREET

FREEMAN STREET

WEST STREET

GREEN STREET

HURON STREET

INDIA STREET

JAVA STREET

KENT STREET

GREENPOINT AVENUE

Manhattan
Marina

East

River

PIER 70

PIER 69

PIER 68

PIER 67

FRANKLIN D ROOSEVELT DRIVE (EAST RIVER DRIVE)

AVENUE C

AVENUE C

EAST 16TH STREET

EAST 15TH STREET

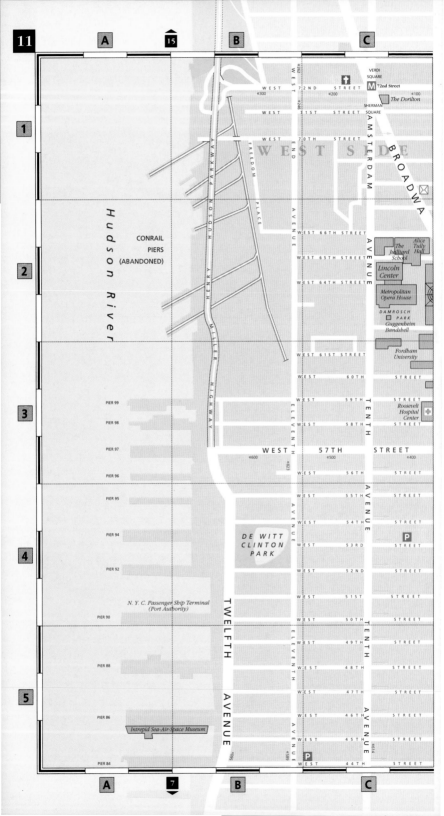

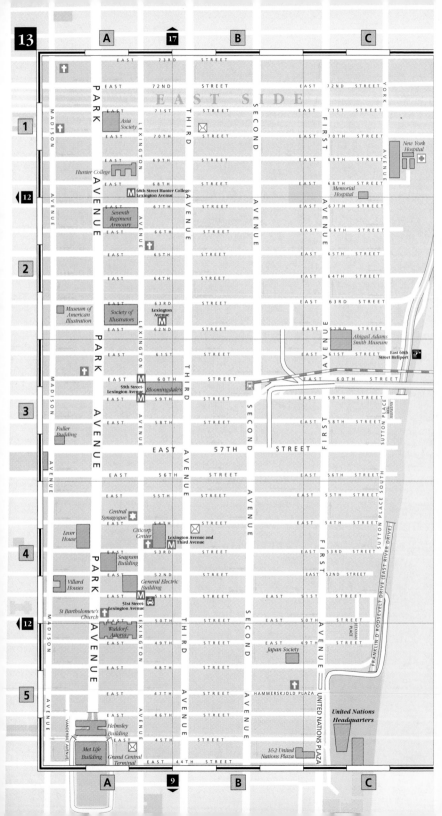

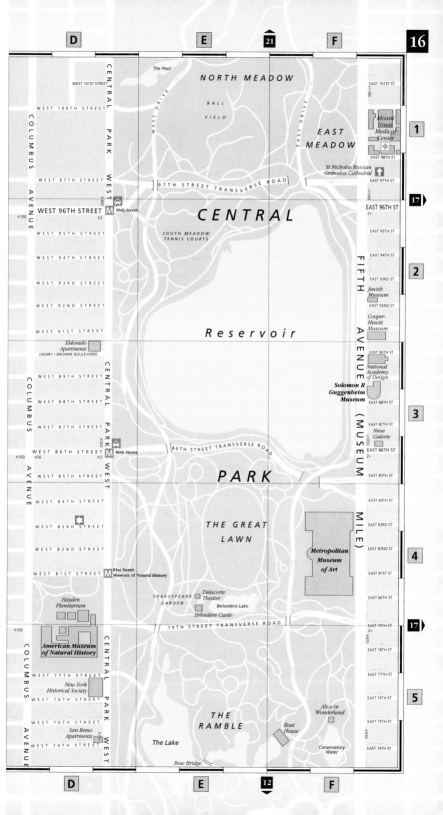

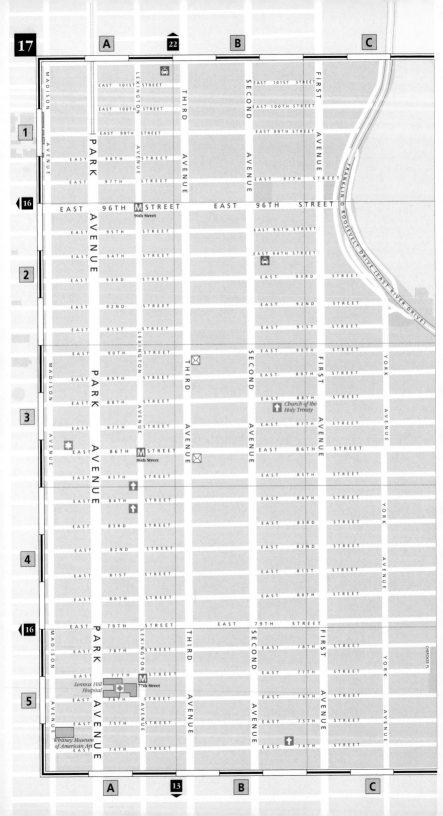

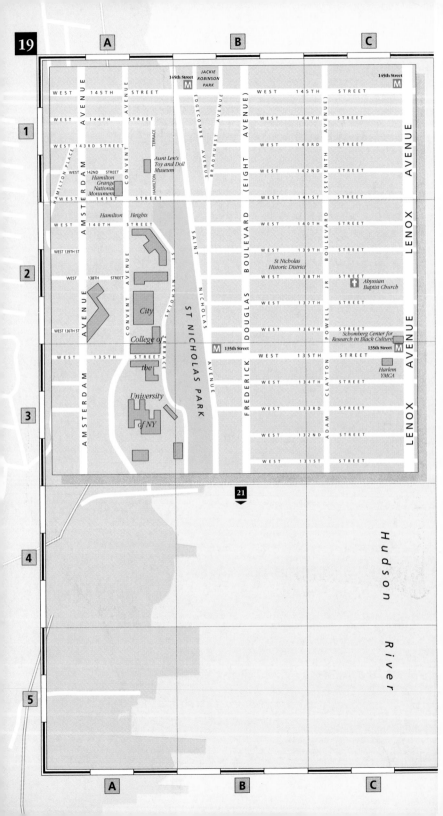

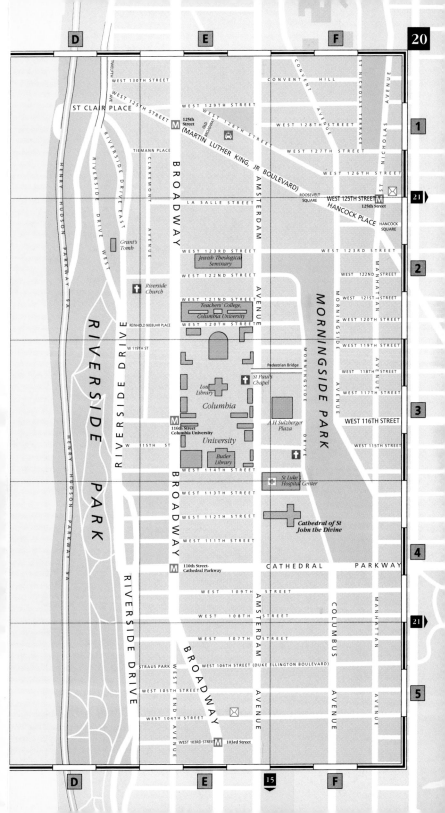

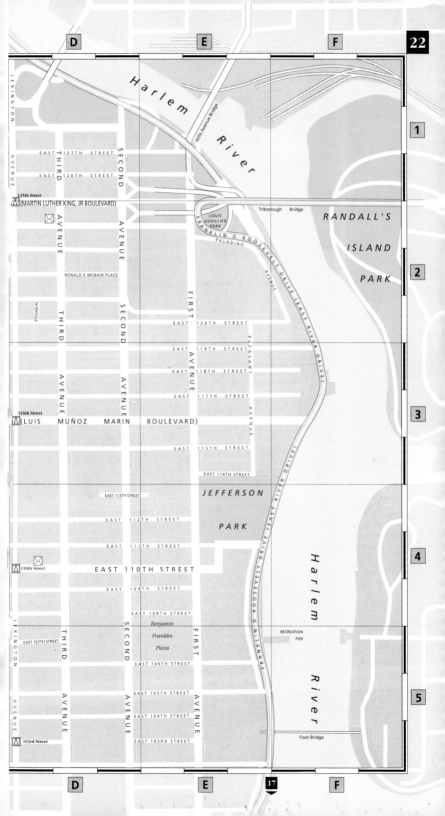

Harlem River

Willis Avenue Bridge

LEXINGTON AVENUE

EAST 127TH STREET

THIRD

SECOND

EAST 126TH STREET

125th Street

M (MARTIN LUTHER KING, JR BOULEVARD)

✉

LOUIS GUVILLIER PARK

Triborough Bridge

RANDALL'S

ISLAND

PARK

FRANKLIN D ROOSEVELT DRIVE

PALADINO

AVENUE

AVENUE

RONALD E MCNAIR PLACE

SYLVAN PL

THIRD

SECOND

FIRST

AVENUE

EAST 120TH STREET

EAST 119TH STREET

PLEASANT

EAST 118TH STREET

EAST 117TH STREET

AVENUE

116th Street

M (LUIS MUÑOZ MARIN BOULEVARD)

EAST 115TH STREET

AVENUE

AVENUE

AVENUE

EAST 114TH STREET

EAST 113TH STREET

JEFFERSON

PARK

EAST 112TH STREET

EAST 111TH STREET

FRANKLIN D ROOSEVELT DRIVE (EAST RIVER DRIVE)

Harlem

EAST 110TH STREET

M 110th Street

✉

EAST 109TH STREET

EAST 108TH STREET

Benjamin

LEXINGTON AVENUE

Franklin

FIRST

RECREATION PIER

EAST 107TH STREET

THIRD

SECOND

Plaza

AVENUE

EAST 106TH STREET

River

EAST 105TH STREET

AVENUE

AVENUE

AVENUE

EAST 104TH STREET

M 103rd Street

EAST 103RD STREET

Foot Bridge

1   2   3   4   5

Index

Remerciements

L'éditeur remercie les organismes, les institutions et les particuliers suivants dont la contribution a permis la préparation de cet ouvrage.

AUTEUR
Habitant New York, Eleanor Berman est l'auteur de nombreux guides de voyage. Son ouvrage *Away for the Weekend : New York* est un best-seller depuis 1982. Parmi ses autres guides, citons, dans la collection *Away for the Weekend : Mid-Atlantic, New England* et *Northern California ;* aussi les ouvrages *Travelling on Your Own* et *Reflections of Washington D.C.*

COLLABORATEURS
Michelle Menendez, Lucy O'Brien, Heidi Rosenau, Elyse Topalian, Sally Williams.

L'éditeur exprime également sa reconnaissance aux documentalistes et chercheurs de Websters International Publishers : Sandy Carr, Matthew Barrell, Sara Harper, Miriam Lloyd, Ava-Lee Tanner, Celia Woolfrey.

PHOTOGRAPHIE D'APPOINT
Edward Heuber, Eliot Kaufman, Karen Kent, Norman McGrath, Howard Millard, Paul Solomon, Chuck Spang, Chris Stevens.

ILLUSTRATION D'APPOINT
Steve Gyapay, Kevin Jones, Dinwiddie MacLaren, Janos Marffy, Chris D Orr, Nick Shewring, John Woodcock.

CARTOGRAPHIE
Cartographie dessinée (Cheshire), Contour Publishing (Derby), Europmap Ltd (Berkshire). Plan de l'atlas des rues : ERA-Maptec Ltd (Dublin) adapté à partir des cartes originales Shobunsha (Japan), avec leur autorisation.

RECHERCHE CARTOGRAPHIQUE
Roger Bullen, Tony Chambers, Ruth Duxbury, Ailsa Heritage, Jayne Parsons, Laura Porter, Donna Rispoli, Joan Russell, Jill Tinsley, Andrew Thompson.

COLLABORATION ARTISTIQUE ET ÉDITORIALE
Keith Addison, Ron Boudreau, Linda Cabasin, Carey Combe, Maggie Crowley, Guy Dimond, Simon Farbrother, Tom Fraser, Alex Gray, Emily Green, Marcus Hardy, Sasha Heseltine, Pippa Hurst, Kim Inglis, Jeanette Leung, Helen Partington, Leigh Priest, Nicki Rawson, Marisa Renzullo, Ellen Root, Liz Rowe, Anaïs Scott, Anna Streiffert, Clare Sullivan, Andrew Szudek.

AVEC LE CONCOURS DE :
Beyer Blinder Belle, John Beatty du Cotton Club, Peter Casey de la New York Public Library, Nicky Clifford, Linda Corcoran de l'International Wildlife Conservation Park, Susan Ely de la Morgan Library, Jane Fischer, Deborah Gaines du New York Convention and Visitors Bureau, Dawn Geigerich du Queens Museum of Art, Peggy Harrington de St John the Divine, Pamela Herrick de la Van Cortlandt House, Marguerite Lavin du Museum of the City of New York, Gary Miller du New York Stock Exchange, Fred Olsson de la Shubert Organization, Dominique Palermo de la Police Academy Museum, Royal Canadian Pancake House, Lydia Ruth de l'Empire State Building, David Schwartz de l'American Museum of the Moving Image, Joy Sienkiewicz de South Street Seaport Museum, Pam Snook du New York City Transit Authority, staff du Lower East Side Tenement Museum, Mgr Anthony Dalla Valla de St Patrick's Cathedral.

ASSISTANCE RECHERCHE
Christa Griffin, Steve McClure, Sabra Moore, Jeff Mulligan, Marc Svensson, Vicky Weiner, Steven Weinstein.

RÉFÉRENCES PHOTOGRAPHIQUES
Duncan Petersen Publishers Ltd.

CRÉDITS PHOTOGRAPHIQUES
L'éditeur remercie les responsables d'institutions qui ont autorisé la prise de vues dans leur établissement :
American Craft Museum, American Museum of Natural History, Aunt Len's Doll and Toy Museum, Balducci's, Home Savings of America, Brooklyn Children's Museum, The Cloisters, Columbia University, Eldridge Street Project, Federal Hall, Rockefeller Group, Trump Tower.

h = haut ; hg = en haut à gauche ; hc = en haut au centre ; hd = en haut à droite ; chg = centre haut à gauche ; ch = centre haut ; chd = centre haut à droite ; cg = centre gauche ; c = centre ; cd = centre droit ; cbg ; centre bas à droite ; bg = bas à gauche ; b = bas ; bc = bas au centre ; bd = bas à droite.

Les œuvres d'art ont été reproduites avec l'aimable autorisation de : © ADAGP, Paris et DACS, London 1993 : 67cg (*Quatre Arbres,* avril 1971-juillet 1972, par Jean Dubuffet), 170bg, 186hg, 187cbd, 199cbd ; *Alice In Wonderland*, 1959 © Jose de Creeft/DACS, London/VAGA, New York 1993 : 53cg, 205cl ; © DACS 1993 : 34hd, 113hc, 160hd (don du gouvernement norvégien, 1952), 171cb, 172cd, 186bg, 187cdh, 187bg, 188cgh ; © Estate of STUART DAVIS/DACS, London/VAGA, New York 1993 : 199cd ; © DEMART PRO ARTE BV/DACS 1993 : 172cg ; *The American Merchant Mariners Memorial*, 1991, © MARISOL ESCOBAR/DACS, London/VAGA, New York 1993 : 55bc ; © JASPER JOHNS/DACS, London/VAGA, New York 1993 : 199ch ; © ROY LICHTENSTEIN/DACS 1993 : 173hg (pour le compte de l'Equitable Life Assurance Society of the United States), 173hg, 198cbg

; © Estate of David Smith/DACS, London/VAGA, New York 1993 : 199bg.

© 1993 The Georgia O'Keeffe Foundation/ARS, New York : 198c ; © 1993 Frank Stella/ARS, New York : 190hd. Avec la permission de Ellsworth Kelly : 35cd.

Avec la permission de E Jan Nadelman : 199bd.

Imprimé avec la permission de la Norman Rockwell Family Trust © 1961 the Norman Rockwell Family Trust : 161bd.

© 1993 The Andy Warhol Foundation for the Visual Arts, Inc : 198cgh.

© The Whitney Museum of American Art, NY : 35br (*The Brooklyn Bridge : Variation On An Old Theme*, 1939, par Joseph Stella), 198bg.

L'éditeur remercie les particuliers, les organismes ou les agences de photos qui l'ont autorisé à reproduire leurs clichés :

Agence France Presse : Doug Kanter 31hd ; Algonquin Hotel, NY : 272bg ; Aquarius, UK : 169hd ; American Museum-Hayden Planet-arium, NY : 216hg ; American Museum of the Moving Image : Carson Collection © Bruce Polin 246hg ; American Museum of Natural History, NY : 37bg, 214ch ; Ashmolean Museum, Oxford : 15hc, 16c ; The Asia Society, NY : 185cg ; Avery Architectural et Fine Art Library, Columbia University in the City of New York : 135cg ; Avery Fisher Hall : © N McGrath 1976 331hd.

© The George Balanchine Trust : *Apollo*, choreography de George Balanchine, photo de P Kolnik 5hc ; *Stravinsky Violin Concerto*, choreography de George Balanchine, photo de P Kolnik 328hc ; George Balanchine's *The Nutcracker*, SM, photo de P Kolnik 331cb ; The Bettmann Archive, NY : 4bd, 16bcg, 17cgh, 17cd, 17bg, 18cg, 20cbd, 20bg, 20-21, 23bd, 25cdh, 26cgh, 26cdh, 26cbd, 26bd, 30cgh, 31hg, 40hg, 43cbg, 47cd, 47bc, 49c, 54bc, 71hg, 74cg, 79cd, 79bd, 109bg, 175cgh, 183bd, 207h, 210cgh, 223cd, 229h, 239hd, 265hd ; Bettmann News-photos/Reuters : 31hd ; Bettmann/UPI : 27cdh, 27bc, 28bcd, 29bd, 30cdh, 30bg, 30bd, 31ch, 44cg, 47cdh, 48cg, 49bg, 72ch, 72c, 78cg, 151c, 161c, 264bd, 265cd ; Bloomingdale's : 27cbd ; BFI : courtesy of Paramount Pictures 46b ; © Roy Export Company Establish-ment 173hd ; The British Library, London : 14 ; Brooklyn Historical Society : (détail) 89hg ; The Brooklyn Museum : 34cdb (*Climbing Into The Promised Land*, 1908, photo de Lewis Wick Hine), 36bg, 37c, 248c, 248cdh, 248bg, 249h, 249cdh, 249c, 249bg, 249b, 250h, 250hd, 251cd, 251bg ; la Cantor Collection 251cg ; photo de J Kerr 248c, 250bg ; photo de P Warchol : 249cd ; Brown Brothers : 67bd, 71bg, 82cdh, 90h, 104bd.

Camera Press : 28cbd, 28bg, 31cb, 125cd ; R Open 48hd ; T Spencer 30cb ; The Carlyle Hotel, NY : 273hd, 328bc ; Carnegie Hall : © H. Grossman 331bd ; J Allan Cash : 31bg, 362cd ; Cathedral Of St John The Divine : Greg Wyatt 1985, 225 hg ; CBS ; Entertainment/Desilu Too : « Vacation from Marriage » 169bd ; Chelsea Piers : Fred George 31 bg ; Colorific ! : A Clifton 373cg ; Colorific/Black Star 47bg, 79cdh ; T Cowell 221cd ; R Fraser 74h ; H Matsumoto 368cd, 371hd ; D Moore 29bg ; T Spiegel 13cd, 348hd ; Corbis uk : Bettmann 367c ; Randy Duchaine 98bd ; Todd Gipstein 75h ; Gail Mooney 205 b, Bill Ross 10h ; Steven E. Sutton 51b ; Mike Zens 256-257. Culver Pictures, Inc : (insert) 9, 17cdb, 18cbg, 19bg, 21hg, 21bd, 24hg, 24cg, 27cb, 27bg, 46hd, 47cb, 48bd, 49hd, 74bg, 75cd, 75cb, 76hg, 78cdb, 83c, 83cdb, 119bg, 122hc, 125bg, 135cd, 145c, 147cg, 227h, 227bc, 227cd, 259cdb. Daily Eagle : (détail) 89cg ; Daily News : 354hg, 354hd. Essex House, NY : 268cd ; Esto : P Aaron 330bg ; Mary Evans Picture Library : 22bd, 46cgb, 47bd, 87bd, 104bg.

Chris Fairclough Colour Library : 369bcg ; The Forbes Magazine Collection, NY : 112hg ; Four Seasons Hotel : Peter Vitale 273 cd ; Fraunces Tavern Museum, NY : 20cgh ; Copyright The Frick Collection, NY : 35bg (*Saint François dans le Désert* par Giovanni Bellini), 200ch, 200cg, 200cgb, 200b, 201hg, 201ch, 201cd, 201bc, 201bd.

Garrard The Crown Jewellers : 143c ; The Solomon Guggenheim Museum, NY : *Blue, Green, Yellow, Orange, Red*, 1966, par Ellsworth Kelly, photo de D Aronowitz 35cd ; photo de D Heald 186tg, 186bg, 186bc, 186bd, 187h, 187cdh, 187cdb, 187bg.

Robert Harding Picture Library : 362hc ; Harpers New Monthly Magazine : 87hg ; Harpers Weekly : 351c ; Milton Hebald : *Prospero and Miranda* 203h, *Romeo and Juliet* 331cd ; The Hotel Millenium, NY : 269hg.

The Image Bank : 89bd ; P McConville 377c ; M Melford 10h, 377bd ; P Miller 367hd ; A Satterwhite 75bd. The Jewish Museum, NY : 182hd, 184c. Copyright © 1993 K-III Magazine Corporation : Tous droits réservés ; reproduit avec la permission de *New York Magazine* 352hd ; T Khapa : 252bc ; The Kobal Collection : 211hc. Frank Leslie's Illustrated Newspaper : 86bd, 87hd, 267c ; Library of Congress : 18bc, 21cgh, 25bg, 25bd ; Life Magazine © Time Warner Inc/Katz/A Feininger : 8-9 ; Georg John Lober : *Hans Christian Anderson*, 1956, 204bd ; The Lowell Hotel, NY : 273cg ; Mary Ann Lynch : 310bc, 356cg.

Madison Square Garden : 132d, 330cd ; Magnum Photos : © H Cartier-Bresson 173c ; Erwitt 33cd ; G Peres 12bd, 92 ; Metro-

NORTH COMMUTER RAILROAD : F English 154hdh, 154cg ; THE METROPOLITAN MUSEUM OF ART, NY : 33bg (*Jeune Femme à l'aiguière* par Johannes Vermeer), 35cdb (*Figurine d'Hippopotame*, faience, Egypt, 12th Dynasty), 180hc, 188cg, 188cgb, 188bc, 188bd, 189hg, 189hd, 189cd, 189bg, (photo Al Mozell) 189bd, 190hd, 190c, 190bg, 190bd, 191hg, 191hd, 191c, 191bg, 192hg, 192hd, 192c, 192b, (détail) 193hg, 193hd, 193b, 194h, 194cg, 194cd, 194b, 195hg, 195cd, 195bg, 234hd, 234cg, 234cd, 234b, 235ch, 235cd, 235bg, 235bd, 236hg, 236hd, 237hd, 237c, 237b ; MORRIS-JUMEL MANSION, INC NY : 17hg ; A Rosario 21cdb ; THE MUSEUM OF THE CITY OF NEW YORK : 15b, 16cdh, 16-17, 17hd, 18ch, 19cdb (photo J Parnell), 20hg, 20cbg, 22hg (attribuée à Samuel Lovett Waldo), 22cgh, 22cgb, 23cd, 23cdb, 23bc, 24cb, 25hg, 25cdb, 25cb, 26bg, 27hd, 28hg, 28cd, 29hc, 29c, 30hd, 35hd (silver porringer), 87cd (Talfour) ; THE MUSEUM OF MODERN ART, NY : 33ch (*La Nuit étoilée* par Vincent Van Gogh, 1889), 34h (*La Chèvre* par Pablo Picasso, 1950), 6bg (Cisitalia « 202 » GT car), 165hc, 170c, 170bg, 171hc, 171cdh, 171cdb, 171cb, 171bg, 172cg, 172cd, 172bc, 173hg, 173b.

NATIONAL BASEBALL LIBRARY, Cooperstown, NY : 4hd, 23bg, 28cg ; NATIONAL MUSEUM OF THE AMERICAN INDIAN/SMITHSONIAN INSTITUTION : 16c. ; NATIONAL PARK SERVICE : Ellis Island Immigration Museum 78ch, 78bd ; Statue of Liberty National Monument 75bg ; THE NEW MUSEUM OF CONTEMPORARY ART, NY : 105cg ; NEW YORK BOTANIC GARDEN : Jason Green 240 cd ; Tori Butt 240b, 241h/cg/b ; NEW YORK CITY FIRE DEPARTMENT : 357bd. NEW YORK CITY TRANSIT AUTHORITY : 374bc ; PHIL BARTLEY 375 hc, 375 ch, 375 cg ; Collection du NEW YORK HISTORICAL SOCIETY : 47hd ; Neustaadt Collection 216hd ; THE NEW YORKER MAGAZINE INC : Cover drawing de Rea Irvin, © 1925, 1953, Tous droies réservés, 28bcg ; THE NEW YORK PALACE, NY : 25hd ; NEW YORK POST : 354hg ; NEW YORK PUBLIC LIBRARY : Collection spéciale Office, Schomburg Center for Research in Black Culture 28ch, 29cgh ; Collection Stokes 21hd ; NEW YORK STATE DEPARTMENT OF MOTOR VEHICLES : 370b ; THE NEW YORK TIMES : 354hg ; NPA : © CNES 1993 10b ; THE PENINSULA, NY : 271bc ; PERFORMING ARTS LIBRARY : Clive Barda : 210bg ; Collection de THE PIERPONT MORGAN LIBRARY, NY : 34cd (*Blanche de Castille et le roi Louis IX, écrivain dictant à un scribe*, Bible, de 1230), 162bc, 162cgb, 162bd, 163hg, 163c, 163bg, 163bd ; POPPERFOTO : 29cd, 29cdh, 260cgh ; PLAZA HOTEL, NY : 272hd. COLLECTION DU QUEENS MUSEUM OF ART : achetée grâce aux fonds de la fondation George et Mollie Wolfe 29cbd ; souvenir officiel, achat 30bcd. RENSSELAER POLYTECHNIC INSTITUTE : 86-87, 87bg ; REX FEATURES LTD : 376hg ; Sipa-Press 52hd, 52bd ; avec la permission de ROCKEFELLER CENTER © The Rockefeller Group, Inc : 29cbg.

LUIS SANGUINO : *Les Immigrants*, 1973, 256b ; THE ST. REGIS, NY : 270c ; SCIENTIFIC AMERICAN : édition du 18 Mai 1878 86hd ; édition du 9 November 1878 88bg ; THE SOCIETY OF ILLUSTRATORS : 196hg ; SPECTRUM COLOUR LIBRARY : 376bg ; FRANK SPOONER PICTURES : Gamma 158cg ; Gamma/B Gysenbergh 367hg ; Liaison/Gamma/Anderson : couverture cgb, 158hg, 159cgh ; Liaison/Levy/Halebian : 42hd, 45c ; Sygma/A Tannenbaum 47ch.

TURNER ENTERTAINMENT COMPANY : 135bd, 183bd ; UNITED NATIONS, NY : 159cdh, 160hd, 160bc, 161hc, 161cg, 161bd ; UNITED NATIONS PHOTO : 158 hd © US POSTAL SERVICE : 361h, © THE US POSTAL SERVICE 1981 : 361c, © US POSTAL SERVICE 1991 : 361ch. Avec la permission de UN PLAZA HYATT HOTEL, NY : 273bg.

© JACK VARTOOGIAN, NY : 61bc, 156h. JUDITH WELLER : *Ouvrier du vêtement* 128h ; LUCIA WILSON CONSULTANCY : Ivar Mjell 2-3, 13bd, 164 ; Collection du WHITNEY MUSEUM OF AMERICAN ART, NY : 198cgh, 198c, 198cgb, 199h, 199ch, 199cd, 199cdb (grâce aux fonds recueillis lors d'une campagne de souscription en mai 1982. La moitié de ces fonds a été donnée par le Robert Wood Johnson Junior Charitable Trust. D'autres sommes importantes furent offertes par les Lauder Foundation ; Robert Lehman Foundation, Inc ; Howard and Jean Lipman Foundation, Inc ; et un mécène anonyme ; TM Evans Foundation, Inc. ; MacAndrews & Forbes Group Incorporated ; DeWitt Wallace Fund, Inc ; Martin & Agnes Gruss ; Anne Phillips ; Mr et Mrs Laurance S. Rockefeller ; Simon Foundation, Inc. ; Marylou Whitney ; Bankers Trust Company ; Mr et Mrs Kenneth N Dayton ; Joel et Anne Ehrenkranz ; Irvin et Kenneth Feld ; Flora Whitney Miller. plus de 500 personnalités provenant de plus de 26 États et de l'étranger ont également contribué à cette campagne), 199bg, 199bd (achetées grâce aux fonds du Mr and Mrs Arthur G Altschul Purchase Fund, du Joan and Lester Avnet Purchase Fund, du Edgar William and Bernice Chrysler Garbisch Purchase Fund, du Mrs Robert C Graham Purchase Fund en souvenir de John I H Baur, du Mrs Percy Uris Purchase Fund et du Henry Schnakenberg Purchase Fund en souvenir de Juliana Force) ; WHEELER PICTURES : 78h. WILDLIFE CONSERVATION SOCIETY, BRONX ZOO : Dennis DeMello 24hd, 242bg ; ROBERT WRIGHT : 41h, 138b, 140 (les quatre), 141hg/bg, 154bd, 155hg, 285 hd, 356cg, 357c.

YU YU YANG : *Sans titre*, 1973, 57bd.

Couverture. Première de couverture : DK PICTURE LIBRARY : Dave King b, cl ; GETTY IMAGES : Joseph Pobereskin photo principale. Quatrième de couverture : IMAGE STATE : Mark Segal h ; The Solomon R. Guggenheim Foundation, New York : b. Dos : GETTY IMAGES : Joseph Pobereskin.

Toutes les autres photographies © Dorling Kindersley.

PAYS

Afrique du Sud • Allemagne • Australie • Canada
Cuba • Égypte • Espagne • France • Grande-Bretagne
Irlande • Italie • Japon • Maroc • Mexique
Nouvelle-Zélande • Portugal, Madère et Açores
Singapour • Thaïlande

RÉGIONS

Bali et Lombock • Barcelone et la Catalogne
Bretagne • Californie
Châteaux de la Loire et vallée de la Loire
Écosse • Florence et la Toscane • Floride
Grèce continentale • Guadeloupe • Hawaii
Îles grecques • Jérusalem et la Terre sainte
Martinique • Naples, Pompéi et la côte amalfitaine
Nouvelle-Angleterre • Provence et Côte d'Azur
Sardaigne • Séville et l'Andalousie • Sicile
Venise et la Vénétie

VILLES

Amsterdam • Berlin • Bruxelles, Bruges, Gand et Anvers
Budapest • Delhi, Agra et Jaipur • Istanbul
Londres • Madrid • Moscou • New York
Nouvelle-Orléans • Paris • Prague • Rome
Saint-Pétersbourg • Stockholm • Vienne

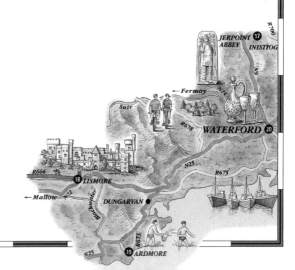

Le métro de Manhattan

COMMENT UTILISER CE PLAN

Les transports en commun fonctionnent 24 heures sur 24, mais cela ne concerne pas toutes les lignes. Les lettres ou les numéros de lignes situés sous cette carte sous le nom des stations indiquent les horaires standard d'ouverture (de 6h à minuit). Une lettre ou un numéro en **gras** signifie que toutes les rames s'arrêtent à cette station entre 6h et minuit. Une lettre ou un numéro normal signifie que la ligne ne fonctionne pas en permanence ou que certains trains ne s'arrêtent pas à la station. Les répercussions de l'attentat du World Trade Center sur le réseau de métro ne sont pas connues dans l'état actuel des choses. Pour des destinations précises, renseignez-vous auprès du NYCTA Travel Information Center au (718) 330-1234 (24h/24) ou sur son site : www.mta.nu.us/nyct/subway/index.

Pour chaque site, dans ce guide, la station de métro la plus proche est indiquée. Pour plus de détails, voir p. 374-375.

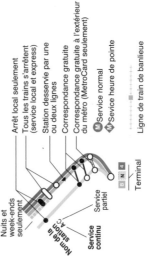

Arrêt local seulement

Tous les trains s'arrêtent (service local et express)

Station desservie par une ou deux lignes

Correspondance gratuite

Correspondance gratuite à l'extérieur du métro (MetroCard seulement)

M Service normal

◆ Service heure de pointe

Ligne de train de banlieue

Nuits et week-ends seulement

Service partiel

Service continu

Nom de la station

A-C

B N 4 Terminal

Stations accessibles aux handicapés

Les stations suivantes sont accessibles aux passagers en fauteuil roulant. Pour plus d'informations, téléphonez 24 heures sur 24 au (718) 596-8585 de 6h à 21h.